Deutsche Sprache und Landeskunde

Fourth Edition

John E. Crean, Jr.
University of Hawaii

Marilyn Scott
University of North Carolina

Jeanine Briggs
Coordinating Author/Editor

Consulting Editor: Joanna M. Ratych, Rutgers University

McGraw-Hill, Inc.
New York   St. Louis   San Francisco   Auckland   Bogotá
Caracas   Lisbon   London   Madrid   Mexico   Milan
Montreal   New Delhi   Paris   San Juan   Singapore
Sydney   Tokyo   Toronto

This is an FBI book.

Deutsche Sprache und Landeskunde

1 2 3 4 5 6 7 8 9 0 DOH DOH 9 0 9 8 7 6 5 4 3 2

ISBN 0-394-013512-6 (Student Edition)
      0-394-013513-4 (Instructor's Edition)

This book was set in Times Roman and Univers by Interactive Composition Corporation.
The editors were Leslie Berriman, Gregory Trauth, and Stacey Sawyer;
the production supervisor was Diane Baccianini;
the project editor was Stacey Sawyer;
the text designer was Francis Owens;
the illustrators were Axelle Fortier and Katherine Tillotson;
the photo researcher was Judy Mason;
the color section designer was Nancy Carroll;
the cover designer was Francis Owens.
R. R. Donnelley & Sons Co. was printer and binder.

Cover illustration: Ingrid Schmeck, *Marktplatz Goslar*, 1989; courtesy Stubengalerie
Tiedt, Goslar, Germany

Library of Congress Cataloging-in-Publication Data
Crean, John E.
   Deutsche Sprache und Landeskunde / John E. Crean, Jr.; Marilyn Scott; Jeanine
Briggs, coordinating author/editor. — 4th ed., instructor's ed.
      p.   cm.
   Includes bibliographical references and index.
   ISBN 0-07-013512-6: $41.00. — ISBN 0-07-013513-4 (instructor's ed.)
   1. German language—Grammer—1950-1   2. German language—Textbooks for
foreign speakers—English.   3. German language—Readers—Germany.   I. Scott,
Marilyn.   II. Briggs, Jeanine.   III. Title.
PF3112.C7   1993
438.2'421—dc20   92-30218
                                                                          CIP

Acknowledgments for copyrighted material appear on the last pages of the book, which
are an extension of this copyright page.

Contents

und Landeskunde

- German university town of Tübingen
- student cafés
- **Ruhetag** (*day a restaurant is closed*)
- **Mittagspause** (*lunch break*)
- **Numerus clausus** (*restricted entry to a university*)
- **Studienplatz** (*place of study*)

Kapitel 2 • *Wo wohnen die Studenten?* 45

Deutsche Sprache

- describing common objects and furniture
- talking about rooms and apartments
- saying what you and others have or do not have
- responding to ads for housing

und Landeskunde

- **Wohngemeinschaft** (*people sharing living quarters*)
- **warm/kalt** (*heat included or not included in the rent*)
- Universität Tübingen
- **Wohnungsnot** (*housing shortage*)

Kapitel 3 • *Ankunft in Europa* 67

Deutsche Sprache

- arriving and getting around in a German-speaking country
- going through customs
- asking and answering various types of questions
- making telephone calls from the United States to Germany

und Landeskunde

- Marburg and other cities from the Middle Ages
- **Wandertag** (*class outing for **Gymnasium** students*)
- Grimm Brothers and the Fairy-Tale Road
- fairy tales and legends, including: „**Der Rattenfänger von Hameln**" / „**Die Weiber von Weinsberg**" / „**Die Geschichte von der heiligen Elisabeth aus Marburg**"
- Martin Luther
- Lucas Cranach

Deutsche Sprache

- describing foods and restaurants
- shopping for foods
- asking for and reading a menu
- ordering a meal
- asking for and paying the bill

und Landeskunde

- German cuisine
- **Wurst** and other specialties
- expected social behavior in German restaurants (being seated, ordering beverages, tipping)
- **das Mittagessen und das Abendessen/ Abendbrot** (*lunch and dinner*)
- German restaurants and fast-food places
- **Stammgäste und Stammtisch** (*regular customers and their usual table*)

Deutsche Sprache

- talking about professions and future plans
- discussing social behavior
- expressing congratulations and best wishes
- naming calendar dates
- reading and writing personal ads

Kapitel 14 • *Freizeit und Sport*   355

Kapitel 15 • *An der Uni*   381

und Landeskunde

- similarities and differences between American and German university systems
- educational system in Germany

Deutsche Sprache

- talking about unlikely situations
- expressing wishful thinking
- making hypothetical plans
- expressing opinions with **als ob**

und Landeskunde

- opening of the Berlin Wall
- problems following the fall of the Wall
- brief history of events leading up to the unification
- **Montagsdemonstrationen** in Leipzig
- overview of each new **Bundesland**

Deutsche Sprache

- using passive-voice constructions and alternatives

und Landeskunde

- recipe for making a **Sachertorte**

- geographical, historical, and cultural highlights of Austria
- Vienna and other Austrian cities and villages
- a brief political look at Austria from 1955 to the present

Kapitel 18 • *In der Schweiz* 449

Deutsche Sprache

- recognizing and understanding the use of Subjunctive I constructions, especially in reportage

und Landeskunde

- German-speaking region of Switzerland: overview of culture, history, geography
- William Tell legend from the viewpoints of the German classical author Friedrich Schiller and the contemporary Swiss author Max Frisch
- 700-year celebration of Switzerland

Preface

Deutsche Sprache und Landeskunde is a proven and successful first-year German program that develops speaking, listening, reading, and writing skills by presenting the German language within the context of everyday life and culture in German-speaking countries. Revised in consultation with instructors who have used the program, the fourth edition builds on the strengths of previous editions:

- practical vocabulary;
- clear and succinct grammar explanations;
- thorough grammar practice through an array of guided exercises and open-ended activities that emphasize communication skills;
- cultural material presented in dialogues, readings, authentic materials, and **Kulturecke** sections.

Improvements in the Fourth Edition

The fourth edition of **Deutsche Sprache und Landeskunde** features the following improvements.

- Each chapter begins with a photo and a brainstorming activity, the **Vorschau**, that introduces the theme and helps students to start thinking and talking about it in German.
- The **Wortgebrauch** section (called **Vorschau** in previous editions) has a sharpened focus on vocabulary study that helps familiarize students with much of the vocabulary before they encounter it in the dialogues and readings.
- Several short **Kulturecke** sections, written in English, enhance, explain, or expand the thematic material in each chapter. An activity for pair work, often based on realia, accompanies many of the **Kulturecke** sections, thereby giving students an opportunity to apply or react to the information in German.
- Many of the dialogues have been revised or replaced to present more natural, contemporary language and to set a semantic stage for the grammar explanations that follow.
- New role-play situations and writing tasks have been added to the exercise sections.

- Most translation exercises have been moved to the *Instructor's Resource Kit*, where they can be used at the instructor's discretion.
- Several of the **Sammeltexte** have been updated or replaced with topics of more general interest.
- All readings and cultural materials have been updated to reflect the recently unified Germany. In the accompanying exercises and activities, students think about and discuss the issues presented in the readings.
- The **Anwendung** sections have been shortened and are now livelier and more manageable. Authentic texts replace some of the readings of the previous edition.
- Chapters 16, 17, and 18 now include active practice of all grammar points.
- A new and inviting design enlivens the text.
- Many new photos, illustrations, cartoons, and realia add visual appeal and often serve as springboards for exercises and activities.

Program Components

The fourth edition of **Deutsche Sprache und Landeskunde** consists of the following components:

- The *Student Text*, including vocabulary and grammar presentations, dialogues, readings, and exercises and activities, developed to build proficiency in the four skills; appendices include dialogue translations, verb charts, German-English vocabulary, and English-German vocabulary.
- The *Workbook*, by Joanna M. Ratych, containing vocabulary and grammar practice as well as reading and writing activities.
- A complete *Laboratory Program*, by John E. Crean, Jr. and Jeanine Briggs, emphasizing listening comprehension and speaking practice; program components include a student *Laboratory Manual*, cassette tapes, and a *Tapescript* of the recorded material for the instructor's use.
- The annotated *Instructor's Edition*, containing abundant on-page instructional notes that offer addi-

tional information on content, expansions and variations on exercises and activities, and other helpful suggestions for using the instructional materials.

• The *Instructor's Manual*, by John E. Crean, Jr., Marty Knorre, and Heidi Madden, with a special section by Beate Engel-Doyle, which includes additional activities, suggestions for course planning, and recommendations for using **Deutsche Sprache und Landeskunde** in a proficiency-oriented classroom.

• The *Instructor's Resource Kit*, containing transparency masters, additional realia, enlarged art and realia from the student text, translation exercises, and additional activities and readings.

• The *Testing Program*, by Marilyn Scott, Helga Bister, and Heidi Madden, providing thirty complete tests for aural comprehension, grammatical achievement, reading comprehension, and oral proficiency.

• The *McGraw-Hill Electronic Language Tutor* (*MHELT 2.0*), computer materials containing single-response exercises from the *Student Text*, available for IBM and Macintosh computer systems. The *MHELT* software program has been completely revised and updated.

• A video entitled *The McGraw-Hill Video Library of Authentic Materials: A German TV Journal*, accompanied by an *Instructor's Guide* and including authentic segments from German television (**ZDF**). Topics relate directly to major themes in the text. The *Instructor's Guide* contains a variety of pre- and post-viewing activities that can be duplicated for students.

• *Color Slides*, accompanied by a pamphlet of commentary and questions.

• *A Practical Guide to Language Learning: A Fifteen-Week Program of Strategies for Success*, by H. Douglas Brown (San Francisco State University), a brief introduction to language learning written for beginning language students.

The ancillary program is designed to complement your instruction and to enhance your students' learning experience. Please contact your local McGraw-Hill sales representative for information on availability and costs of supplementary materials.

Chapter Organization

Chapters 1–15 of this edition follow the organization as listed. Chapters 16–18 have the same sections ex-

cept for the **Sammelübungen** and the **Anwendung**. In addition to the following parts, each chapter also includes from three to five **Kulturecke** sections.

Vorschau	A photo accompanied by a brainstorming activity opens each chapter.
Wortgebrauch	Many of the vocabulary items for the chapter are introduced through the exercises in this section.
Wortschatz	The vocabulary list includes the words that students need to understand the chapter materials and to participate fully in the exercises and activities.
Grammatik	The core of each regular chapter consists of three sections—A, B, C—each organized as follows: A brief dialogue or reading sets the semantic stage by introducing the grammar topic within a culturally plausible context and is followed by two sets of questions. The first set checks comprehension and reinforces linguistic patterns, whereas the second set personalizes content and context by encouraging students to express their own views on the topic. Clear and concise explanations of the grammar topics, illustrated with pertinent examples, follow the questions.
Übungen	A variety of exercises provides students an opportunity to practice the grammar point presented in each section of the **Grammatik**. The exercises progress from simple, guided grammar practice to more open-ended spoken and written communication of facts, ideas, and opinions.

The chapter content is summarized and reviewed in the following sections.

Sammeltext The "recombination text" offers culturally pertinent information and further develops the situations or topics introduced in the shorter dialogues and readings in the **Grammatik**. A brief comprehension activity accompanies this text.

Sammelübungen The "recombination exercises" integrate the structures and offer a built-in review of the chapter—and of previous chapters as well. Like the other exercise sections, this set concludes with communicative situations and activities.

Students have a chance to apply and to expand on what they have learned in the section that concludes the chapter.

Anwendung The "application" section features authentic texts and realia and offers skills-integrated activities that focus on contemporary, culturally relevant topics and issues.

Authors of the Student Text

In conjunction with Eirik Børve, Professor John E. Crean, Jr., University of Hawaii, conceived the methodology for **Deutsche Sprache und Landeskunde**. Professor Crean wrote the grammar explanations and most of the notes for the *Instructor's Edition*. Professor Marilyn Scott, University of North Carolina at Chapel Hill, wrote the dialogues and short readings that precede the grammar explanations, as well as the readings in the **Sammeltext** sections; she also supplied much of the information for the **Kulturecke** sections. Jeanine Briggs wrote the preliminary chapter, the **Vorschau** and **Wortgebrauch** sections, the **Übungen**, **Sammelübungen**, and **Kulturecke** sections, the activities in the **Anwendung**, and some of the notes for the *Instructor's Edition*; she also served as coordinating author/editor.

Acknowledgments

The authors wish to thank the following persons who contributed to the development of this edition of **Deutsche Sprache und Landeskunde**: Professor Joanna M. Ratych, who served as consulting editor through all four editions of the text, offering expert advice, careful attention to linguistic and cultural details, helpful suggestions, and much-appreciated support; Heidi Madden, who worked closely with Marilyn Scott and wrote some of the dialogues and readings in this edition, wrote the photo captions, and also offered creative ideas as she edited the manuscript for style and authenticity; Claude Hill, Professor Emeritus of Rutgers University, who authored the cultural readings in the first two editions of the text, three of which appear in revised and abbreviated form in the **Anwendung** sections of this edition; Kenneth Wilcox, who authored a number of sections in the first edition and whose creative work continues in part and in revised format in this edition; Professor Jean Godsall-Myers of Widener University, whose annotated copy of the third edition provided a number of good suggestions for the *Instructor's Edition*; Karin Vanderspek, who prepared the end vocabulary and the index; and Raymond Meyer, who made many helpful suggestions during the book's later stages of development.

The authors and publisher would like to express their gratitude to those instructors who reviewed the third edition of **Deutsche Sprache und Landeskunde** and offered valuable advice and criticism. The appearance of their names does not necessarily constitute an endorsement of this text or its methodology:

Thomas Evans	Towson State University
Jean Godsall-Myers	Widener University
George E. Harding	Francis Marion College
Ingeborg Henderson	University of California, Davis
Donald D. Hook	Trinity College, Hartford
George A. Jocums	Boise State University
Suzanne Lord	California Polytechnic State University
Maryann Overstreet	University of Hawaii, Manoa
Hans J. Petermann	College of the Desert

Deanna Riedlsperger	California Polytechnic State University
Dorothy Robbins	Central Missouri State University
Bianca Rosenthal	California Polytechnic State University
Brigitte Rossbacher	University of California, Davis
Peter Schroeck	Raritan Valley Community College
Carsten E. Seecamp	University of Colorado, Denver
Francis M. Sharp	University of the Pacific
Susan O. Sorheim	North Hennepin Community College
Carolyn Spanier	Mt. San Antonio College
Nancy Wagner	Trinity College
Peter Winkel	Trenton State College

The authors are indebted to a number of others who made important contributions to this edition: Brigitte Nikolai, who spent precious time in Europe collecting much of the new realia that enhances this text; John E. Crean III, who gathered additional realia; Mirjam Bohnet, who provided valuable information about German film and media and whose contributions to the third edition can be found in these pages as well; Stephen Newton, who read galleys; Valerie Rynne, who read page proofs; Judy Mason, who collected photos that reflect the contemporary German-speaking world; Axelle Fortier and Katherine Tillotson, whose engaging illustrations enliven the book and play an important role in the language-learning process; and Francis Owens, whose bright, new design adds an interesting dimension to the book and makes its pages particularly inviting.

Sincere thanks are due: Stacey Sawyer, who not only copyedited the manuscript but who also expertly guided the manuscript through production; Karen Judd, Phyllis Snyder, Diane Baccianini, and other members of the McGraw-Hill production editorial staff, who negotiated the manuscript through the complex editing, production, and manufacturing phases; and Tim Stookesberry and the marketing and sales staff, who provide a vital link between the publisher and the users of this book.

Finally, the authors wish to thank the McGraw-Hill editorial staff: Gregory Trauth, who offered many valuable suggestions and insights during his reading and editing of the manuscript and who handled many of the in-house details connected with the project; and Thalia Dorwick, Leslie Berriman, and Lesley Walsh, whose continued support and guidance made the fourth edition of this book possible. Thanks also to Eirik Børve, who inspired the program and who made it all happen in the first place.

Zur deutschen Sprache und Landeskunde

Vorschau. Use the dialogue pattern and appropriate gestures to greet students and to acquaint them with the pronunciation and intonation of the phrases: *Guten Tag, (Jennifer)! Wie geht's? Gut? Es geht mir auch gut. Und dir, (David)?*

Vorschau

MARIA: **Guten Tag, Ernst! Wie geht's?**
ERNST: **Es geht mir gut. Und dir?**
MARIA: **Gut, danke.**

Look at the photo and the dialogue. What is your general impression of what the two persons are saying to each other? Are they greeting each other or saying good-bye? Are they friends, or are they meeting for the first time?

Sounds of German

Cognates

German and English both belong to a family of northern European languages known as the Germanic languages, and because of their common ancestry, they have many similarities. During your study of German, you will encounter many cognates—words that look and sound similar and have essentially the same meaning in both German and English.

You will immediately recognize these names for colors: **blau**, **braun**, **grau**, **grün**, **orange**, **violett**, and **weiß**. You will have no trouble remembering such numbers as **sechs** or **neun** or the names for these days of the week: **Sonntag**, **Montag**, **Freitag**. The names of the seasons **Sommer** and **Winter** are already familiar, as are the names of the months: **Januar**, **Februar**, **März**, **April**, **Mai**, **Juni**, **Juli**, **August**, **September**, **Oktober**, **November**, **Dezember**.

The following sections will help you say these words with the correct German pronunciation.

Cognates. Throughout chapter, ask students simple yes/no and either/or questions with cognates and helpful gestures, to get them used to hearing German and recognizing sounds and patterns in meaningful contexts. Examples: *Haben wir jetzt September oder Oktober? Ist Jennifers Bluse blau oder braun? Sind Jasons Schuhe braun oder weiß? Haben wir heute Montag oder Dienstag?*

Alphabet

German has the same twenty-six-letter alphabet as English, although German has an additional letter, the ess-tset (**ß**), which is similar to **ss**. German also has an umlaut (¨), which is used with the vowels **a**, **o**, and **u** and with the diphthong **au** to create sounds represented by **ä**, **ö**, **ü**, and **äu**.

Letters and Pronunciation

The following list of words, which includes the names of many animals, will give you some practice in hearing and pronouncing various sounds in German. Your instructor will model these words for you, along with the names of the letters of the alphabet. Listen carefully to the sounds modeled by your instructor, and try to imitate them.

Bitte, noch mal das hohe »A«!

a
der Adler

der Affe

ä
der Bär
der Käfer

das Känguruh

b
die Biene

das Kalb

c
das Chamäleon

d
der Delphin

der Hund

e
der Esel

die Ente

f
der Fisch

g
der Goldfisch
der Trog

h
der Hamster

i
der Igel

das Insekt

j
das Jo-Jo

k
das Krokodil

l
das Lamm

m
die Motte

n
das Nashorn

o
der Otter
der Orang-Utan

ö
der Löwe

die Frösche

p
der Papagei

q
die Qualle

r
die Raupe

s
der Salamander
das Wiesel
die Maus

ß
der Strauß

t
der Tiger
der Thunfisch

u
der Uhu

der Wurm

ü
die Würmer
die Hühner

v
die Vase
der Vogel

w
der Wolf
die Möwe

x
die Xerokopie

y
der Yeti

der Zyklop
der Zyklus

z
die Ziege

Diphthongs

A diphthong is a combination of two vowels within the same syllable. Listen carefully as your instructor models the following examples; try to imitate the sounds.

au
die Taube

äu
die Mäuse

eu
die Eule

ei
der Eisbär

Consonant Clusters

The following words illustrate some of the consonant combinations you will encounter in German. Listen carefully to your instructor's pronunciation of these words, and try to imitate what you hear.

ch
das Eichhörnchen

chs
der Fuchs

chts
das Nichts

gn
das Gnu

kn
der Knochen

pf
das Pferd

ps
das Pseudonym

schl
die Schlange

schm
der Schmetterling

schw
das Schwein

sp
die Spinne

spr
der Sprinter

st
der Stier

str
der Strandläufer

tsch
die Klatsche

tz
die Katze

zw
die Zwillinge

die Katze. You might give male form, *der Kater* (tomcat; hangover).

der Stier. You might provide female form, *die Kuh* (cow).

KULTURECKE

The **Deutsche Wildstraße** is a name given a highway that connects three wild animal parks in Germany. Here one can observe animals in their natural habitats. At the **Wild- und Freizeitpark Eifel in Gondorf** one can see several species of deer, wild boars, wild sheep, ibex, brown bears, lynx, wildcats, marmots, hare, and pygmy goats. As its name implies, the **Hirsch- und Saupark in Daun** features various species of deer and pigs. The **Adler- und Wolfspark Kasselburg in Pelm Gerolstein** features not only eagles and wolves but falcons, buzzards, hawks, kites, vultures, a variety of owls, wild horses, foxes, wildcats, martens, polecats, pigs, and rabbits.

Spelling and Pronunciation

German words are generally pronounced as they are spelled. Each letter or letter combination is usually clearly and distinctly pronounced: **Gnom, Knie**.

Spelling and Pronunciation. Compare pronunciation of *der Gnom, die Gnomen* with English "gnome, gnomes"; *das Knie, die Knie* with "knee, knees."

Glottal Stop

Syllables and words are not slurred or run together in German. The glottal stop is a breathing sound made by rapidly closing and reopening the glottis, the space between the vocal chords, in order to separate sounds. It is used much more frequently in German than in English. For example, the English question *what time is it?* often sounds like one word (*whatimizit?*), whereas the equivalent sentence in German is spoken with a clear break between each word (**Wie / spät / ˀist / ˀes?**), giving the language a crisper, more forceful sound.

Accent

Most German words are stressed on the first syllable: **ˈAdler, ˈAffe, ˈBiene**. However, there are exceptions to this pattern: **Ka ˈninchen**. Some prefixes are not stressed: **Ent ˈschuldigung** (*excuse me*), **Ver ˈzeihung** (*pardon me*). Also, the first syllable of many German words of foreign origin is not stressed: **Stu ˈdent, Dia ˈlog**.

Accent. Correct syllable accent and authentic phrase intonation are more easily taught and learned by imitation than by rules. Have students pay close attention to your pronunciation and that of Tape Program, if you are using it.

Intonation

As in English, the voice usually falls at the end of a statement or command and rises at the end of a yes/no or simple question.

Entschuldigung!↘	*Excuse me.*
Wie spät ist es?↘	*What time is it?*
Es ist sieben Uhr.↘	*It's seven o'clock.*
Wie, bitte?↗	*How is that?*
Ist es schon sieben?↗	*Is it already seven?*

Übungen

A. Wie heißen Sie? (*What's your name?*) *Tell the class your name; then spell it in German.*

BEISPIEL: Ich heiße Steven Jones. Steven: S t e v e n. Jones: J o n e s.

B. Farben (*colors*). *Tell which color(s) you associate with each animal.*

1. Tiger
2. Wolf
3. Krokodil
4. Goldfisch
5. Fuchs
6. Maus

braun
gelb *yellow*
grau
grün
orange
rot *red*
schwarz *black*
weiß

C. Montag, Dienstag, . . . *German business calendars begin with Monday and end with Sunday. Say the names of the days of the week aloud; accent the first syllable of each word.*

Montag	Dienstag	Mittwoch	Donnerstag	Freitag	Samstag*	Sonntag

D. Januar, Februar, . . . Frühling, Sommer, . . . *Listen as your instructor models the names of the months and seasons. Notice which syllable is accented in each word. Practice saying the words aloud.*

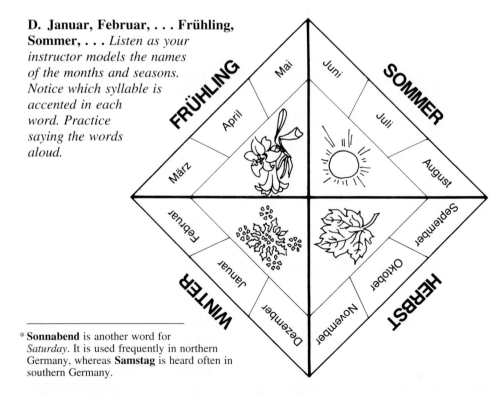

****Sonnabend** is another word for *Saturday.* It is used frequently in northern Germany, whereas **Samstag** is heard often in southern Germany.

E. Eins, zwei, drei, . . . *Listen carefully as your instructor models the numbers; then count aloud from one to twenty.*

null	0	elf	⊖
eins	I	zwölf	
zwei	II	dreizehn	
drei	III	vierzehn	
vier	IIII	fünfzehn	
fünf	⊺⊦⊦⊦	sechzehn	
sechs	⊺⊦⊦⊦ I	siebzehn	
sieben	⊺⊦⊦⊦ II	achtzehn	
acht	⊺⊦⊦⊦ III	neunzehn	
neun	⊺⊦⊦⊦ IIII	zwanzig	
zehn	⊺⊦⊦⊦ ⊺⊦⊦⊦		

F. Zwei, vier, . . . *Count aloud to twenty in even numbers.*

G. Eins, drei, . . . *Count aloud to nineteen in odd numbers.*

H. Wie viele? (*How many?*) *Working with a partner, write a number between one and twenty, or indicate the number by using your hands. Your partner should say the number aloud in German. Take turns choosing and saying numbers.*

B

Greetings and Everyday Expressions

Guten Morgen, Kris!
—Guten Morgen!

Guten Tag, Herr Fischer!
—Guten Tag, Frau Kandel!

Tag, Susi! —Tag!

Guten Abend, Maria!
—Guten Abend!

Depending on the time of day, **guten Morgen**, **guten Tag**, or **guten Abend** is the standard German greeting. In casual situations, friends may simply say **Tag** to one another.

Unless first names are used, a man is addressed with **Herr** (*Mr.*). Regardless of their age or marital status, most German-speaking women prefer to be addressed with **Frau** (*Mrs., Ms.*); **Fräulein** means *Miss*.

The standard German farewell is **auf Wiedersehen** or simply **Wiedersehen**. Literally, this expression means *until we see each other again* (**wieder** = *again*, **sehen** = *to see*).

Gute Nacht is said only at bedtime. When friends leave a party late at night, for example, they say **auf Wiedersehen**, not **gute Nacht**.

In German, all nouns are capitalized, whereas only proper nouns are capitalized in English. The words **Abend**, **Morgen**, **Nacht**, and **Wiedersehen** are nouns; therefore, they begin with a capital letter.

Auf Wiedersehen!
—Wiedersehen!

Gute Nacht, Sylvie!
—Gute Nacht, Moritz!

Kulturecke. Point out that *tschau* comes from Italian *ciao*; *ade* from Latin *ad deum*, French *adieu*.

Photo. Handshake is generally one firm motion, not up-and-down pumping action.

KULTURECKE

HALLO

In German-speaking countries—Germany, Austria, and Switzerland—the handshake is part of the everyday greeting and farewell and is usually accompanied by a slight nod of the head. Both men and women routinely shake hands.

Just as in English, German greetings and farewells vary according to the ages of and relationship between the speakers and depending on the geographical area. Relatives, close acquaintances, and young people, for example, often greet one another with **hallo** and part with **tschüs**.

In southern Germany and Austria, people usually say **grüß Gott**—short for **grüß Sie Gott** (*God greet you*)—or, among close friends or students, the familiar form **grüß dich**. In Switzerland, people say **grüezi**. **Grüß Gott** is also frequently used as a farewell. Other words for farewell in southern Germany and Austria include **Servus**, **ade**, and **tschau**.

Forms of Address

German has three words for *you*: **Sie**, **du**, and **ihr**. The following guidelines present situations in which each is used.

FORMAL	APPROPRIATE FOR
Sie (singular and plural)	one or more adults who are not family members or close friends anyone addressed by last name
INFORMAL	
du (singular)	a family member a close friend a fellow student a child a person addressed by his/her first name
ihr (plural)	two or more persons addressed individually with **du**

The rules for using the forms of address are not as rigid and clearly defined as they used to be. If in doubt, use **Sie**. Note that the formal **Sie** is always capitalized in written German.

Ich heiße Anna Schmidt.
Wie heißen Sie?

Ich heiße Theo. Und du?

—Ich heiße Maria. Und ihr?
—Ich heiße Stefan.
—Und ich heiße Paula.

LAURA
Frauen- und Kinderbuchladen
Burgstraße 3   3400 Göttingen
Tel. 0551/47317
Mo—Fr 10.00—18.00 Uhr
Sa 10.00—14.00 Uhr

KULTURECKE

The use of formal and informal forms of address exemplifies the effect of culture on language. With the rise of courtly society in the thirteenth century, both German and English distinguished between persons of superior and inferior rank. As a sign of respect, an individual of superior rank was addressed with the plural pronoun **ihr** (*ye*). The singular pronoun **du** (*thou*) was used to address someone of inferior rank. In English this distinction disappeared in the sixteenth century with the disintegration of the feudal class structure. *Ye*, which eventually became *you*, was used to address everyone, regardless of social status. Changes of a different nature were made in German: **ihr** was now used only as a plural form for inferiors and intimates; **du** continued to be used, but only as a singular form; and **Sie**, borrowed from the third-person plural **sie** (*they*) and capitalized, became the formal form of address, both singular and plural.

Idioms

When you are speaking and writing German, it is important to think in German and to communicate meaning in that language, rather than simply to translate from English. Idioms or idiomatic expressions are words or phrases that lose meaning when translated literally from one language to another, as the following examples illustrate.

---

* **Ihnen** is the formal and **dir** is the informal singular form for *you* in this particular construction.

GERMAN IDIOM	EQUIVALENT ENGLISH IDIOM	LITERAL TRANSLATION
Wie geht es Ihnen (*for.*)? Wie geht es dir (*infor.*)? }	*How are you?*	*How goes it to you?*
Wie heißen Sie? Ich heiße . . .	*What's your name?* *My name is . . .*	*How are you called?* *I am called . . .*

Idioms. Point out no difference in meaning between *wie geht es dir?* and *wie geht es Ihnen?* Different wording reflects person addressed.

Context is often important in determining the meaning of a word or phrase. As shown in the following drawings, **bitte** is a word that has several different meanings, depending on the situation.

bitte. You might also introduce contrast between *bitte* (yes, please) and *danke* (no, thanks): *Möchten Sie noch etwas Kaffee? —Bitte. / —Danke.*

Danke schön. —Bitte schön.
Thank you very much.
—You're very welcome.

Bitte. —Danke.
Here you are.
—Thank you.

Guten Abend, Herr Meyer. Wie geht es Ihnen?
—Wie bitte?
Good evening, Mr. Meyer. How are you?
—What did you say, please?

Cola, bitte.
Coke, please.

Entschuldigung, bitte! —Bitte.
Excuse me, please. —That's all right.

Verzeihung! —Bitte.
Excuse me! —That's all right.

Übungen

A. Sie? du? ihr? *Which German pronoun would you use to address the following people?*

1. your parents
2. your professor
3. a group of children
4. a stranger
5. a friend
6. a couple of students

B. Und ____? *In each situation, indicate the appropriate phrase to follow.*

1. Guten Tag! Ich heiße Frau Gerhardt. __?__
   a. Und ihr?   b. Und Sie?

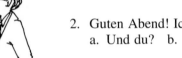

2. Guten Abend! Ich heiße Karl Leitner. __?__
   a. Und du?   b. Und Sie?

3. Tag! Ich heiße Karin. __?__
   a. Und du?   b. Und Sie?

4. Guten Morgen, Frau Keller. __?__
   a. Wie geht es Ihnen?   b. Wie geht es dir?
   —Es geht mir gut, danke. __?__
   a. Und Ihnen?   b. Und dir?

Übung C. Alternate activity: Pass out situation cards and have students circulate through room soliciting desired response. Some sample cards: You accidentally bump into someone. / It is bedtime. What do you say to your parents or roommate?

5. Klaus, wie geht's? —Nicht schlecht. __?__
   a. Und dir?   b. Und Ihnen?

Guten Tag Falter!

Bund Naturschutz in Bayern e.V.

Falter = Schmetterling   *butterfly*

C. Guten Tag! *Say each of the following expressions to another student. He/She should give an appropriate response.*

BEISPIEL: s1:* Guten Tag!
            s2: Tag! Wie geht's?

1. Guten Tag!   4. Guten Morgen!   7. Auf Wiedersehen!
2. Entschuldigung!   5. Wie geht's?   8. Guten Abend!
3. Danke sehr.   6. Verzeihung!   9. Ich heiße ____.
                                                  Und du?

_____

*s1 = **Student** (*male*) / **Studentin** (*female*) 1. These abbreviations will be used for all student exchanges.

D. Sie oder du? *Whom would you address with* Sie*? Why? Whom would you address with* du*? Why? Whom would you address with* ihr*? Why?*

Cardinal Numbers and Counting

The cardinal numbers are those used in counting. You are already familiar with the numbers from 1 to 20. In counting by tens above 20, note in particular the spelling of **dreißig** (30).

0	null				
1	eins	11	elf		
2	zwei	12	zwölf	20	zwanzig
3	drei	13	dreizehn	30	dreißig
4	vier	14	vierzehn	40	vierzig
5	fünf	15	fünfzehn	50	fünfzig
6	sechs	16	sechzehn	60	sechzig
7	sieben	17	siebzehn	70	siebzig
8	acht	18	achtzehn	80	achtzig
9	neun	19	neunzehn	90	neunzig
10	zehn				

100	(ein)hundert*	1 000	(ein)tausend*	1 000 000	eine Million
200	zweihundert	2 000	zweitausend	2 000 000	zwei Millionen

---

* The word **ein** is often omitted before **hundert** and **tausend**.

Cardinal Numbers and Counting. Aloud, count number of students in class. Encourage students to count with you. Do this at beginning of each class period until students have good grasp of basic numbers.

Reinforce names of months as students practice numbers above 20. Ask, *Hat Februar 28 oder 30 Tage? Hat (September) 30 oder 31 Tage? Wie viele Tage hat (Juli)?*

Write random numbers on board. Students should say them aloud quickly but clearly.

Mention that German term for "billion" is *(eine) Milliarde.*

Similar to older English forms (*four-and-twenty*), cardinal numbers between 21 and 99 in German are given as one word connected by **und**: **vier** + **und** + **zwanzig** = **vierundzwanzig** (24).

21	einundzwanzig		26	sechsundzwanzig
22	zweiundzwanzig		27	siebenundzwanzig
23	dreiundzwanzig		28	achtundzwanzig
24	vierundzwanzig		29	neunundzwanzig
25	fünfundzwanzig			

Any cardinal number up to 1 million is written as a single word, regardless of its length.

46	sechsundvierzig (sechs + und + vierzig)
601	sechshunderteins (sechs + hundert + eins)
870	achthundertsiebzig (acht + hundert + siebzig)
999	neunhundertneunundneunzig
	(neun + hundert + neun + und + neunzig)
11 020	elftausendzwanzig (elf + tausend + zwanzig)

In German, four-digit numbers less than 2 000 may be expressed in hundreds or thousands.

$$1\ 100 \quad \begin{cases} \text{(ein)tausendeinhundert} \\ \text{elfhundert} \end{cases}$$

In German, a space or a period is sometimes used where a comma would be used in English, and a comma (**Komma**) is placed where there would be a decimal point in English. The figure **1,25** is read **eins Komma fünfundzwanzig**.

GERMAN	ENGLISH
1 250,00	
1.250,00	1,250.00
1,25	1.25

Übungen. This chapter contains many exercises on numbers, from which you can choose appropriate amount for your class. All need not be covered now; some may serve well as review/refresher material throughout course.

Übung C (page 15):
Variation. Write numbers, scrambled, on board. Have students match with cities in photo: *fünfundsechzig: Füssen.* Expand: *Wie weit ist . . . ?* ("How far is . . . ?")

BEISPIEL: S1: *Wie weit ist Kempten?*
S2: *Kempten ist neunundsechzig Kilometer von hier.*

For additional practice with alphabet, have students spell name of business and names of cities in photo.

Übung E (page 15). Have students work in pairs. One opens book at random pages; other says page numbers aloud. Then they reverse roles.

Variationen. Open book and point to photo or picture: *Auf welcher Seite ist dieses Foto/Bild?* Point to page number: *Es ist auf Seite 36.* Walk around room and ask several students same question about different pages. Tell students: *Machen Sie das Buch auf Seite 201 auf! auf Seite 45 auf!* Have students continue practicing pattern in pairs: S1: *Auf Seite 11!* S2: (only after correctly opening book to page 11) *Auf Seite 81!*

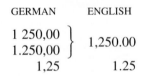

Übungen

Übung A. Begin writing various series of numbers on board. Students should figure out pattern and say aloud next number in German as quickly as they can. Examples: 78, 79, 80, . . . 100, 99, 98, . . . 311, 313, 315, . . . 2010, 2020, 2030, . . . 50.000, 100.000, 150.000, . . .

A. Drei, dreizehn, dreißig, dreihundert, dreitausend. *Practice saying each group of numbers aloud.*

1.	6	16	60	600	6 000		4.	9	19	90	900	9 000
2.	2	12	20	200	2 000		5.	8	18	80	800	8 000
3.	7	17	70	700	7 000		6.	5	15	50	500	5 000

B. Wieviel Grad? (*How many degrees?*)

BEISPIEL: 10° C → zehn Grad Celsius

1.	12° C	3.	14° C	5.	0° C
2.	9° C	4.	18° C	6.	21° C

C. Wieviel Kilometer?

> BEISPIEL: S1: Wieviel Kilometer bis München?
> S2: Achtundfünfzig Kilometer.

Wieviel Kilometer bis Kempten? bis Memmingen? bis Füssen? bis Garmisch-Partenkirchen? bis Weilheim? bis Dießen?

D. Wieviel Mark?

> BEISPIEL: DM* 15 → fünfzehn Mark

1. 200 DM	3. DM 99	5. 6 000 000 DM
2. 4 000 DM	4. DM 184	6. DM 70 000

E. Welche Seite? (*Which page?*)

> BEISPIEL: S. 250 → Seite zweihundertfünfzig

1. S. 344	3. S. 1805	5. S. 263
2. S. 32	4. S. 589	6. S. 71

F. Wieviel Prozent?

> BEISPIEL: 11,5% → elf Komma fünf Prozent

1. 66%	3. 100%	5. 12,8%
2. 4,33%	4. 56%	6. 19,75%

G. Telefonnummer für Redaktion (*editorial department*) und für Anzeigen ([*newspaper*] *ads*).

1. Write the number for the ***Berliner Morgenpost*** as figures.
2. Write the two telephone numbers for the ***Regensburger Wochenzeitung*** as words: first as words for the individual digits (5 4 0 9 6) and then as words for one- and two-digit numbers: (5 40 96).

Realia. Mention that on telephone *zwei* is often rendered as *zwo* so as not to be confused with *drei*.

Telefonnummer. Explain that first set of digits following 0 is city code—e.g., 0 40 for Hamburg and 0 89 for Munich. Mention that word for prefix is *Vorwahl*.

H. Wie, bitte? *Say any number aloud in German. Your partner may ask you to repeat it (Wie, bitte?) before he/she writes it as a figure. Give at least five numbers, then reverse roles.*

---

*The currency sign is seen sometimes after and sometimes before the figure: **20 DM** or **DM 20**. In either case, it is read the same way: **zwanzig Mark** or **zwanzig D-Mark (DM = deutsche Mark)**.

KULTURECKE

MUSIKFABRIK

Instrumente und Anlagen

FIS
ela-technik GmbH

Kastanienallee 40
3300 Braunschweig
Telefon 05 31 / 7 48 68

Adresse. An address in a German-speaking country is given with the number following the name of the street, rather than preceding it, as would be the case in the United States.

Postleitzahl. In Germany, a four-digit ZIP code precedes the name of the city, whereas in the United States a five-digit (or five-plus-four-digit) ZIP code follows the state. Large cities in Ger-

many have a two-part ZIP code; the latter number refers to the postal district: **8000 München 40.**

Telefonnummer. Telephone numbers in Germany do not have a uniform number of digits, as do numbers in the United States.

BISTRO ROSARIUM

Hoppestraße 3, Telefon 2 68 85

Und Sie? Was ist Ihre (*your*) Adresse? Ihre Postleitzahl? Ihre Telefonnummer? Auf deutsch, bitte!

Telling Time

D

Wieviel Uhr ist es?
Wie spät ist es? } *What time is it?*

Es ist neun Uhr.   Es ist zehn Uhr.   Es ist elf Uhr.   Es ist zwölf Uhr.

In German, as in English, there are different ways to express time in everyday conversation.

3.20 {
Es ist zwanzig (Minuten) nach drei.
Es ist drei Uhr zwanzig.
}

3:20 {
It's twenty (minutes) past three.
It's three twenty.
}

3.50 {
Es ist zehn (Minuten) vor vier.
Es ist drei Uhr fünfzig.
}

3:50 {
It's ten (minutes) to four.
It's three fifty.
}

Notice the contrast between German and English in the casual expression regarding the half hour.

3.30 {
Es ist **halb vier**.
Es ist drei Uhr dreißig.
}

3:30 {
It's half past three.
It's three thirty.
}

German and English have the same alternative ways of expressing the quarter hour.

3.15 {
Es ist Viertel nach drei.
Es ist fünfzehn (Minuten) nach drei.
Es ist drei Uhr fünfzehn.
}

3:15 {
It's a quarter past three.
It's fifteen (minutes) past three.
It's three fifteen.
}

3.45 {
Es ist Viertel vor vier.
Es ist fünfzehn (Minuten) vor vier.
Es ist drei Uhr fünfundvierzig.
}

3:45 {
It's a quarter to four.
It's fifteen (minutes) to four.
It's three forty-five.
}

When numbers are used to indicate time in German, a period—not a colon—separates the hour from the minutes: **3.10**.

    German also has an official time system—similar to military time in the United States—based on the twenty-four-hour clock (0.00 to 24.00): 0.00 to 12.00 corresponds to A.M. hours; 12.00 to 24.00 to P.M. hours. Official time is used throughout Europe to list or announce transportation schedules, cultural programs, sports events, television and radio programs, business agendas, and other official or public information.

3.00 Es ist drei Uhr.
15.00 Es ist fünfzehn Uhr.

3.05 Es ist drei Uhr fünf.
15.05 Es ist fünfzehn Uhr fünf.

3.38 Es ist drei Uhr achtunddreißig.
15.38 Es ist fünfzehn Uhr achtunddreißig.

Übungen

A. Es ist _____ Uhr. *Look at each clock, and tell the time aloud in German.*

1.

2.

3.

4.

5.

6.

Übungen B–C. Numbers are spelled out in examples so that students learn how to pronounce and spell them correctly.

B. Wie spät ist es? *Express each time in two different ways.*

BEISPIEL: 8.30 → Es ist halb neun.
            Es ist acht Uhr dreißig.

1. 4.30
2. 6.30
3. 9.30
4. 2.30
5. 7.30
6. 10.30

C. Wieviel Uhr ist es? *Express each time in three different ways.*

BEISPIEL: 2.15 → Es ist Viertel nach zwei.
Es ist fünfzehn Minuten nach zwei.
Es ist zwei Uhr fünfzehn.

1. 5.15
2. 11.45
3. 8.15
4. 12.15
5. 3.45
6. 4.45

D. Wie spät ist es, bitte? *Express each time as you would in casual German conversation.*

Übung E. Hint for students having difficulty: subtract 12!

E. Um wieviel Uhr . . . ? *Tell the printed time for each TV program or film, then express the time as you would in casual conversation.*

BEISPIEL: 22.15 Panama →
„Panama" ist um zweiundzwanzig Uhr fünfzehn.
„Panama" ist um Viertel nach zehn.

13.10 Hotel
14.00 Politik in Berlin
15.30 Tele-Ski
18.45 Guten Abend, Deutschland
19.15 Sechs Sommer in Quebec
21.40 Maskulin-Feminin

Wortschatz

Expressions

auf Wiedersehen	good-bye
bitte	please; you're welcome; here you are; that's all right
bitte schön	you're very welcome
bitte sehr	you're very welcome
wie, bitte?	what's that? what did you say?
danke	thank you, thanks
danke schön	thank you very much
danke sehr	thank you very much
Entschuldigung	excuse me
gute Nacht	good night
guten Abend	good evening
guten Morgen	good morning
guten Tag	good day, hello
Verzeihung	pardon me
wie geht es dir? (*infor.*)	how are you?
wie geht es Ihnen? (*for.*)	how are you?
wie geht's?	how's it going?
es geht mir gut	I'm fine
es geht mir schlecht	I'm not doing well
gut, danke	fine, thanks
nicht schlecht	not bad
und dir? (*infor.*)	and you?
und Ihnen? (*for.*)	and you?

wie heißen Sie?	what's your name?
ich heiße . . .	my name is . . .
wie spät ist es?	what time is it?
wieviel Uhr ist es?	what time is it?

Words of Address

Frau	Mrs.; Ms.
Fräulein	Miss
Herr	Mr.

Reference Lists

You are not expected to learn all the following words at this time; however, the lists will provide you with a handy reference tool for use throughout the course.

COLORS

blau	blue
braun	brown
gelb	yellow
grau	gray
grün	green
orange	orange
rosa	pink
rot	red
schwarz	black
violett	purple
weiß	white

MONTHS

der Januar	January
der Februar	February
der März	March
der April	April
der Mai	May
der Juni	June
der Juli	July
der August	August
der September	September
der Oktober	October
der November	November
der Dezember	December

DAYS

der Sonntag	Sunday
der Montag	Monday
der Dienstag	Tuesday
der Mittwoch	Wednesday
der Donnerstag	Thursday
der Freitag	Friday
der Samstag/Sonnabend	Saturday

SEASONS

der Frühling	spring
der Sommer	summer
der Herbst	fall
der Winter	winter

CARDINAL NUMBERS

null	zero
eins	one
zwei	two
drei	three
vier	four
fünf	five
sechs	six
sieben	seven
acht	eight
neun	nine
zehn	ten
elf	eleven
zwölf	twelve
dreizehn	thirteen
vierzehn	fourteen
fünfzehn	fifteen
sechzehn	sixteen
siebzehn	seventeen
achtzehn	eighteen
neunzehn	nineteen
zwanzig	twenty
einundzwanzig	twenty-one
dreißig	thirty
vierzig	forty
fünfzig	fifty
sechzig	sixty
siebzig	seventy
achtzig	eighty
neunzig	ninety
(ein)hundert	(one) hundred
(ein)tausend	(one) thousand
zweihundert	two hundred
zweitausend	two thousand
eine Million	one million
zwei Millionen	two million

Days, Months, Seasons. To prepare for next chapter, have students say *der* with all days, months, and seasons: good reinforcement, and easy way to learn them all.

Reference Lists. Tell students these and other thematically based lists throughout book are mentioned in index under "Vocabulary."

Copy handout of classroom expressions from Instructor's Manual (IM) for student distribution. Students should keep it in notebook for quick reference. Model expressions you use most frequently in class. Encourage students to add other useful expressions they hear in class.

Realia (below). Ticket from article of clothing from Karstadt, German department store chain, includes size (*Größe*), sales price (*Verkaufspreis*), and various code numbers.

KARSTADT 0750600
Größe 031
40 Verkaufspreis 3 9 . 9 0
B 1882 031

Neue Städte, neue Freunde

1

Vorschau. Ask questions and use gestures to establish patterns. Encourage students to answer simply with *ja* or *nein: Ich bin (nicht) neu in (Portland). Und du? (Andrew), bist du neu hier? Ich komme aus (Salem). Und du, (Peter)? Kommst du aus (Salem)? Anna studiert Musik. (Mary), studierst du Musik?*

Vorschau

ANNA: **Ich bin neu in Frankfurt. Du auch?**
JULIA: **Ja, ich komme aus Bonn und studiere hier Musik. Und du?**
ANNA: **Ich bin aus Kassel und studiere Medizin.**

Ja oder nein? Sind sie (Anna und Julia) neu in Frankfurt? Studieren sie in Frankfurt? Kommt Julia aus Bonn? Kommt Anna auch aus Bonn? Studiert Julia Medizin?

Wortgebrauch

leben/wohnen

Both **leben** and **wohnen** mean *to live*. **Wohnen** refers to one's place of residence (*to reside*); **leben** refers to the state of being alive.

Max und ich wohnen in Tübingen.   Rolf und Sabine leben gut.

arbeiten/lernen/studieren

Arbeiten may refer to the act of studying, earning money, or working in general. **Lernen** refers to the act of learning, studying, or memorizing material as well as to one's initial study of a subject. **Studieren** refers to long-term study of a particular discipline, usually one's major, or to one's occupation as a student.

Gabriele und ich arbeiten zusammen.

Peter und Elke arbeiten samstags.

Monika und ich lernen Englisch.

Kris und Ursula studieren Chemie.

gehen/reisen

The verb **gehen** (*to go*; *to walk*) generally refers to movement on foot. The verb **reisen** refers to travel of some duration and distance away from one's home site.

Paul und ich gehen zu Fuß.

Anna und Susi reisen nach Aachen.

sagen/fragen

Sagen means *to say*, and **fragen** means *to ask*.

Dieter, Ute und Paula sagen: „Wiedersehen!"

Maria und Karin fragen: „Wieviel Uhr ist es?"

Übung A. When students use inappropriate verb, try to dramatize or show through gestures why verb does not work in context. Point out in 4 how adverb *gut* has same form as adjective in German. Other verbs with 4: *backen, fotografieren, kochen, schwimmen, tanzen.*
1. *fragen* 2. *gehen* 3. *studieren* 4. *leben/arbeiten/lernen/reisen* 5. *studieren* 6. *sagen* 7. *lernen* 8. *arbeiten/lernen* 9. *wohnen/studieren/arbeiten* 10. *reisen* 11. *sagen*

A. Verben. *Supply an appropriate verb to complete each sentence. Some verbs will be used more than once; more than one verb may be appropriate for some sentences.*

1. Michael und Bernd _____ : „Wie geht's?"
2. Thomas und ich _____ zu Fuß.
3. Renate und Uwe _____ Theologie in Tübingen.
4. Herr und Frau Busch _____ gut.
5. Angela und ich _____ Literatur.
6. Ute und Niklaus _____ : „Tag!"
7. David und Victoria _____ Deutsch.
8. Brigitte und Jürgen _____ freitags.
9. Joachim und Luise _____ in Stuttgart.
10. Herr und Frau Werner _____ nach (*to*) Bremen.
11. Andreas und ich _____ : „Gut!"

arbeiten
fragen
gehen
leben
lernen
reisen
sagen
studieren
wohnen

You could follow exercise with slides of students doing the various activities. Cue students with verb choices: *Sagen sie etwas oder fragen sie?* Or simply ask *Was machen sie?*

Sonntag, sonntags, Montag, montags . . .

You already know the names of the days of the week in German: **Sonntag, Montag, Dienstag, Mittwoch, Donnerstag, Freitag,** and **Samstag (Sonnabend)**. These words are capitalized because they are nouns. However, if they are used as adverbs to indicate habitual activity, they are not capitalized and they end in **s**.

    Karin und Dieter arbeiten **samstags**.   *Karin and Dieter work Saturdays.*

Other nouns can be used as time adverbs in the same way: **abends, morgens, nachts,** and so on.

Übung B. Additional verbs: *schwimmen, tanzen, singen.*

Personalize this after students have done it structurally; find out when they work and study: *Arbeiten Sie abends? samstags? Lernen Sie morgens?* Check comprehension by asking one student when previous student studies or works: *Arbeitet sie/er morgens?*

B. Wer? Was? Wann? (*Who? What? When?*) *Tell who does what when. Choose an appropriate word or phrase from each column.*

BEISPIEL: Erich und Hans arbeiten dienstags.

Erich und Hans	lernen	abends
Ursula und Karin	arbeiten	morgens
Erika und ich		sonntags
Peter und ich		montags
		dienstags
		mittwochs
		donnerstags
		freitags
		samstags

Encourage students to learn one another's names by personalizing exercise: *Gloria und ich, Frank und Doris*, etc.

C. Geschäftszeiten (*business hours*). *Tell when the following places are open.*

BEISPIEL: S1: Galerie Burkhardt

S2: montags bis freitags von neun bis achtzehn Uhr und samstags von neun bis zwölf Uhr

Galerie Burkhardt
Mo.–Fr. 9–18 Uhr
Sa. 9–12 Uhr

1.
Restaurant Max-Josef
Mo–Sa von 11 bis 24 Uhr

2.
Marias Boutique
10–12.30
14–18.30
Mo.–Fr.

3.
Café Leopold
Di.–So. 9.30–23.00 Uhr

4.
Alles Museum
Di.–Sa. 10–16 Uhr
So. 10–13 Uhr

Übung C: Variation. S1 asks question with complete sentence; students respond as in text. S1: *Was sind die Geschäftszeiten von Galerie Burkhardt?*

Übung D. Students can also write exercise as complete paragraph. Make sure they omit words in parentheses.

D. Erich und Paula. *Tell about Erich and Paula. Complete the paragraph with appropriate words from the list.*

Spanisch	Berlin	Musik	Bonn
gut	Psychologie	abends	Leipzig
morgens	Köln	Englisch	?

Erich und Paula kommen aus _____ . Sie (Erich und Paula) wohnen jetzt in _____ . Sie studieren dort _____ . Sie lernen auch _____ . Sie leben _____ . Sie arbeiten _____ . Sie reisen heute nach _____ .

Activity. Make sign showing your office hours. Have each student make own sign to share orally with class. Signs should show business/office hours of library, doctor or dentist office, bookstore, cafeteria, favorite pub, various businesses, etc. Write on board expressions such as *geschlossen* (dienstags), *außer* (montags), *ab* (12 Uhr).

gern

The word **gern*** expresses one's liking for an activity. **Gern** may be intensified by the word **sehr** (*very much*). The phrase **nicht gern** expresses one's dislike of a particular activity. Note that **gern, sehr gern,** and **nicht gern** all follow the verb.

Rolf und Helga arbeiten **gern**.
Petra arbeitet **sehr gern**.
Erika und Hans arbeiten **nicht gern**.

Rolf and Helga like to work.
Petra very much likes to work.
Erika and Hans don't like to work.

---

* For stylistic reasons, an **e** is sometimes added to **gern**: **gerne**.

Gern (or the phrase **nicht gern** or **sehr gern**) also follows a time adverb in a sentence.

<table>
<tr><td>Petra und ich arbeiten freitags sehr gern.</td><td>Petra and I very much enjoy working on Fridays.</td></tr>
</table>

E. Und Sie? *Talk with other students about your habits. Choose an appropriate word or phrase from each column.*

BEISPIEL: S1: Ich arbeite montags gern.
S2: Ich arbeite montags nicht gern. Ich arbeite abends sehr gern.

ich	lerne	morgens	gern
	arbeite	abends	sehr gern
		sonntags	nicht gern
		donnerstags	
		nachts	
		mittwochs	
		___?___	

Übung E. Could be done in pairs or small groups.

Adverbs of Time. Point out differences between *morgen*, *morgens*, and *Morgen* (*guten Morgen*).

KULTURECKE

Tübingen. Tübingen, the setting for this chapter, is a university town located where the Neckar River joins the Ammer. The university, one of the oldest in Europe, was founded in 1477.

Wortschatz

Adjectives and Adverbs

alle (*pl.*)	all
auch	also, too
da	here; there
dort	there
(un)freundlich	(un)friendly
gern	like to, enjoy (*with verb*)
gut	good; well; fine
hier	here
(un)interessant	(un)interesting
mehr	more
meistens	mostly; usually
neu	new
nicht	not
nicht mehr	no longer
nicht wahr?	isn't that right?
schon	already
schön	beautiful(ly), nice(ly)
sicher	certain(ly)
überall	everywhere
zusammen	together

ADVERBS OF TIME

heute	today
heute abend	this evening, tonight
immer	always
jetzt	now
morgen	tomorrow
morgen früh	tomorrow morning

(The following are adverbial forms of nouns you already know.)

morgens	mornings
abends	evenings
nachts	nights
sonntags	Sundays
montags	Mondays
dienstags	Tuesdays
mittwochs	Wednesdays
donnerstags	Thursdays
freitags	Fridays
samstags/sonnabends	Saturdays

Nouns

Amerikaner/Amerikanerin	American (*male/female*)
Deutsch	German (*language*)
auf deutsch	in German
Englisch	English (*language*)
Freunde	friends
Kaffee	coffee
Käsekuchen	cheesecake
Kellner/Kellnerin	waiter/waitress
Kuchen	cake
Literatur	literature
Mittagspause	lunch break
Musik	music
Papier	paper
Student/Studentin	student (*male/female*)

Pronouns

du	you (*infor. sg.*)
er	he
es	it
ich	I
ihr	you (*infor. pl.*)
Sie	you (*for. sg. and pl.*)
sie	she; they
wir	we

Wortschatz: Suggest to students that they study list by covering English column, uncovering only to check meaning of unknown words. Students should then cover German column to see if they know all German equivalents for English words.

INDEFINITE PRONOUN

man	one, people, they, you

Verbs

arbeiten	to work; to study
brauchen	to need
fragen	to ask; to question
gehen	to go; to walk
zu Fuß gehen	to go by foot
heißen	to be called
kennen	to be acquainted with, familiar with (to know)

kommen	to come	**ist hier noch frei?**	is this seat free?
aus (Köln) kommen	to come from (Cologne)	**ja**	yes
leben	to live	**nein**	no
lernen	to learn	**von (zwölf) bis (eins)**	from (twelve) to (one)
machen	to do; to make	**was?**	what?
reisen	to travel	**wer?**	who?
nach (Bonn) reisen	to travel to (Bonn)	**wie lästig!**	how annoying!
sagen	to say	**wie schön!**	how nice!
sein	to be		
spielen	to play		
(Karten) spielen	to play (cards)		
studieren	to study		
wohnen	to live (*somewhere*), reside		
in (Tübingen) wohnen	to live in (Tübingen)		

Useful Words and Phrases

doch	oh yes, of course (*in positive answer to a negative question*)

Nouns. Since definite articles are not treated until next chapter, they are not listed in *Wortschatz* with these nouns, which do not require articles in chapter context. You may wish, however, to have students write in articles in preparation for next chapter.

Grammatik

Studentencafé in Tübingen. Hans ist Student, und er kommt aus Köln. Karin ist Studentin, und sie arbeitet als Kellnerin. Sie sind Freunde.

HANS: Tag, Karin, wie geht's dir?
KARIN: Gut, danke. Und dir?
HANS: Ach, nicht schlecht. Kaffee und Käsekuchen, bitte. Und auch „Die Zeit".
KARIN: „Die Zeit" ist nicht mehr da. Hier ist die „Tübinger Wochenchronik".*
    Sie ist interessant.
HANS: Wie bitte? Die „Tübinger Wochenchronik"? Naja, gut.
KARIN: Bitte schön.

Dialogue can be acted out as skit, complete with coffee, newspapers, chair, and table. Hans's reaction to local versus international newspaper could be variously interpreted. Roles of Hans and Karin could be reversed, with Hans as *Kellner*.

Dialogue. All dialogues are translated in Appendix 1. Refer students to translations as you deem necessary.

Bring copies of major German newspapers and weeklies to class. Point out format differences in German papers: absence of comic strips, stress on politics, etc.

A. Richtig oder falsch? *Respond to each statement with* richtig (*true*) *or* falsch (*false*).

    1. Hans und Karin sind in Tübingen.   2. Karin ist Kellnerin.   3. Hans kommt aus Bonn.   4. „Die Zeit" ist da.   5. Die „Tübinger Wochenchronik" ist uninteressant.

B. Fragen Sie Ihren Nachbarn / Ihre Nachbarin: Wie geht es dir?

Footnote. Ask students: *Wie heißt die Zeitung an* (name of your college/university)? *Wie heißt die Zeitung in* (name of your city)?

---

*The **Tübinger Wochenchronik** is a local calendar of events. **Die Zeit** is a well-known weekly newspaper of international interest.

KULTURECKE

Studentencafés. European students spend much of their time in **Studenten-cafés**, where they can sip a cup of coffee, perhaps eat a piece of pastry, and sit for hours reading newspapers, discussing politics, or simply talking with friends in an informal atmosphere.

Personal Pronouns; *sein*

Personal Pronouns

A personal pronoun is a word that stands for a noun: **Hans und Karin sind in Tübingen. Er ist Student. Sie ist Studentin.** In the last two sentences the words **er** and **sie** are pronouns: **er** stands for **Hans**; **sie** stands for **Karin**.

	SINGULAR		PLURAL	
FIRST PERSON	ich	*I*	wir	*we*
SECOND-PERSON INFORMAL	du	*you*	ihr	*you*
THIRD PERSON	er	*he*		
	sie	*she*	sie	*they*
	es	*it*		
SECOND-PERSON FORMAL		Sie	*you*	

As you recall, German has three words for *you*: the formal **Sie**, the informal singular **du**, and the informal plural **ihr**. The German words for *he, she,* and *it* are **er, sie,** and **es**. The word for *they* is **sie**. Note that the singular pronoun **sie**, the plural pronoun **sie**, and the formal pronoun **Sie** all sound the same. These words do not function in the same way, however, and they can be distinguished in a sentence by context and/or the verb form used with them.

Personal Pronouns. Grammatical explanations are most effective when read by students outside class—as preparation or review, depending on your approach. It is desirable to present material in some fresh way, complementing rather than reproducing text's explanation.

Paradigms such as this can be put on board before class to free students from book as you introduce new material.

Pronouns can be effectively presented by use of photos, stick-figure drawings, or students in class.

Chart. Mention that *er* and *sie* can also mean "it" when referring to masculine or feminine noun. Gender and number of nouns—including pronoun agreement—will be treated in Chapter 2.

sein

A verb is a word that expresses an action, a state of being, or a process.

Kurt und Hans **reisen** samstags.	*Kurt and Hans **travel** Saturdays.*
Kurt **lebt** gut.	*Kurt **lives** well.*
Wir **lernen** Deutsch.	*We're **learning** German.*

Sein (*to be*) is one of the most important and most frequently used verbs in German. As with the English verb *to be*, the present tense forms of **sein** are highly irregular.

sein					
ich	bin	*I am*	wir	sind	*we are*
du	bist	*you are*	ihr	seid	*you are*
er		*he*			
sie	ist	*she* is	sie	sind	*they are*
es		*it*			
		Sie	sind	*you are*	

Nouns of Occupation or Nationality with *sein*

Unlike in English, the indefinite article (*a, an*) is not used in German to state someone's occupation or nationality.

Hans ist Student.	*Hans is a student.*

In German, nouns that denote nationality, occupation, or membership in a particular group have distinct forms to indicate male and female. The feminine form is usually indicated by the ending **in**.

Hans ist Student.	Karin ist Studentin.
Peter ist Kellner.	Paula ist Kellnerin.
Jim ist Amerikaner.	Jane ist Amerikanerin.

Übungen

A. Pronomen. *Which German pronoun would you use to talk about the following people?*

1. your sister
2. the members of your class
3. your brother
4. yourself
5. yourself and your friends
6. a man and a woman

B. Pronomen. *Which German pronoun would you use to talk <u>to</u> the following people?*

1. your parents
2. your professor
3. a group of children
4. a stranger
5. a friend
6. two salespersons

C. Wer ist hier? *Tell who is here. Substitute each pronoun in parentheses for the words in italics; change the verb form accordingly.*

Frau Lehner ist hier. (wir, er, ich, du, sie [*sg.*], sie [*pl.*], ihr, Sie, es)

D. Wer ist wo *(where)*? *Tell where everyone is. Use the correct form of* sein.

BEISPIEL: Anna und ich / Basel → Anna und ich sind in Basel.

1. du / Bonn
2. Karl / Frankfurt
3. Ursula und Ingrid / Berlin
4. ihr / Zürich
5. Sie (*for.*) / Salzburg
6. ich / Stuttgart
7. wir / Schwerin
8. Anita / Linz

E. Wer? *Complete the information by supplying an appropriate pronoun. Some sentences have more than one possibility.*

1. _____ ist neu in Tübingen.
2. _____ sind auch neu in Tübingen.
3. _____ ist Studentin.
4. _____ bin auch Studentin.
5. _____ sind interessant.
6. _____ seid auch interessant.
7. _____ bist Kellner.
8. _____ ist auch Kellner.

F. Rollenspiel *(role play). You are a waiter/waitress in a café. Greet two or three other students who are playing the roles of customers. They will ask for coffee, cake, and/or a newspaper.*

KUCHEN

Apfelkuchen

Käsekuchen

Aprikosenkuchen

Himbeerkuchen

Erdbeerkuchen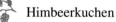

ZEITUNGEN

die „Süddeutsche Zeitung"
„Die Zeit"
die „Frankfurter Allgemeine"
die „Welt am Sonntag"
das „Manager Magazin"
die „Frankfurter Rundschau"
„Die Welt"
das „Handelsblatt" (*paper for business and finance*)
die „Karriere"
die „Wirtschaftswoche" (*a business weekly*)

G. Sie ist empört (*outraged*). **Und Sie?** *Choose appropriate words from the list to describe yourself.*

(un)attraktiv	idealistisch	realistisch
charmant	intelligent	romantisch
(un)emotional	(un)interessant	pessimistisch
enthusiastisch	neu hier	praktisch
(un)freundlich	optimistisch	schön

H. Du bist . . . *Write short notes to other students. Use positive adjectives from the preceding list to compliment them.*

Übung G: Variation.
Have each student choose just one word to describe him/herself. Students work in small groups. Each dramatizes his/her statement, as in cartoon.

B

Studentencafé

DIETER UND SUSI: Entschuldigung, ist hier noch frei?

HANS: Ja, bitte.

SUSI: Karin sagt, du kommst aus Köln und bist neu in Tübingen. Wir studieren auch.

DIETER: Was studierst du?

HANS: Ich studiere Musik und Literatur.

SUSI: Musik? Heute abend spielt „Die Zauberflöte" von Bergman.*

DIETER: Ja, Susi und ich gehen hin. Du auch?

HANS: Ja, klar!

DIETER: Dann gehen wir doch alle zusammen.

Dialogue. Mention that it is not uncommon for people to sit down at a table with strangers who are already seated, but it's important to ask first.

German students generally don't follow our expansive liberal-arts-style curriculum. They study almost exclusively in 1 or 2 special areas.

This café dialogue also lends itself to staging as skit. You could even provide famished students with *Kaffee und Kuchen*.

A. Hans und Dieter. Richtig oder falsch?

1. Dieter kommt aus Köln. 2. Hans ist neu in Tübingen. 3. Er studiert Medizin und Literatur. 4. Heute abend spielt „Die Zauberflöte" von Bergman. Hans geht nicht hin.

B. Und Sie? Richtig oder falsch?

1. Sie kommen aus San Diego. 2. Sie sind neu hier. 3. Sie studieren Musik. 4. Sie lernen Deutsch.

---

*This film by Ingmar Bergman is of Mozart's famous opera of the same title.

KULTURECKE

Stadt Cafe

Neutraubling, Sudetenstr. 9, Tel. 09401/7573
IM SCHLANGENBAU

Öffnungszeiten:
Mo. - Fr. 8.00 - 18.30 Uhr / So. 9.00 - 18.00 Uhr / Sa. Ruhetag
Frühstück · Tagesgerichte · Kuchen u. Torten täglich frisch

Ruhetag. Restaurants and cafés usually have one day of the week designated as the **Ruhetag**, or day that the business is closed. Which day of the week is the **Ruhetag** for the café in the ad? What are the business hours for the rest of the week? This café serves breakfast, daily specials, and cakes and tortes that are baked fresh every day. Which words indicate these items?

Present Tense

Infinitives

The basic form of a verb is the infinitive, which expresses an action, state, or process itself without reference to person (who or what performs the action or is the topic) or time (past, present, or future).

In English, the infinitive is the verb plus the word *to* (*to travel*). In German, the infinitive consists of the verb stem plus the ending (**e)n** (**reisen**).

INFINITIVE	STEM +	**en**	*to* + INFINITIVE	
arbeiten	arbeit	en	*to*	*work*
gehen	geh	en	*to*	*go*
heißen	heiß	en	*to*	*be called*
kommen	komm	en	*to*	*come*
leben	leb	en	*to*	*live*
lernen	lern	en	*to*	*learn*
machen	mach	en	*to*	*make*; *to do*
reisen	reis	en	*to*	*travel*
studieren	studier	en	*to*	*study*
wohnen	wohn	en	*to*	*live (somewhere), reside*

Formation of Present Tense

The present tense of regular German verbs is formed by attaching the present tense endings to the verb stem. There are four different present tense verb endings: **e, st, t, en.**

		leben			

ich	lebe	*I live*	wir	leben	*we live*
du	lebst	*you live*	ihr	lebt	*you live*
er		*he*			
sie	lebt	*she* lives	sie	leben	*they live*
es		*it*			
	Sie	leben	*you live*		

leben. It helps students to hear and recite verb paradigms. Students should read through rules outside class; assure them that they need not assimilate every detail yet. They can apply principles to familiar verbs and will find that new verbs fall into similar patterns.

Point out that endings *e* and *st* are each used once, *t* twice, *en* three times.

If the verb stem ends in **s**, **ss**, **ß**, **tz**, **x**, or **z**, only a **t** is added as a personal ending for the **du** form.

heißen: du heiß**t**   reisen: du reis**t**

An **e** is sometimes inserted between the stem and the endings **st** and **t** to aid pronunciation. This occurs when a verb stem ends in a consonant (such as **d** or **t**) or a consonant combination (such as **gn**) that would make pronunciation very difficult with the endings **st** and **t**.

fin**d**en *to find*: du find**e**st   arbeiten *to work*: du arbeit**e**st
                er find**e**t   er arbeit**e**t
                ihr find**e**t   ihr arbeit**e**t

re**gn**en *to rain*: Es regn**e**t.   *It's raining.*

Use of Present Tense

German has only one present tense form for each person, whereas English has three. Each single German form is equivalent to three forms in English.

			PRESENT TENSE			

ich	lerne	wir	lernen	*I*	*learn / am learning / do learn*	*we*	*learn / are learning / do learn*
du	lernst	ihr	lernt	*you*	*learn / are learning / do learn*	*you*	*learn / are learning / do learn*
er				*he*	*learns*		*learn*
sie	lernt	sie	lernen	*she*	*is learning*	*they*	*are learning*
es				*it*	*does learn*		*do learn*
	Sie	lernen				*you*	*learn / are learning / do learn*

Use of Present Tense. Stress simplicity of 1 form in German as opposed to 3 possible forms in English. Intonation and context convey the different meanings in German.

Discourage students from trying to replicate English structure by incorrectly supplying "to be" or "to do": *er **ist** lernen* (he is learning) or *sie **tut** lernen* (she does learn). Students attempting such constructions at this point may be prone to process all German via translation into English, a habit to be discouraged.

The German present tense is also generally used to express future events. It corresponds to the following ways of expressing future events in English.

PRESENT TENSE

$$I \left\{ \begin{array}{l} work \\ am\ working \\ do\ work \end{array} \right\} tomorrow\ morning.$$

PRESENT TENSE

Ich arbeite morgen früh.

FUTURE TENSE

$$I \left\{ \begin{array}{l} will\ work \\ will\ be\ working \\ am\ going\ to\ work \end{array} \right\} tomorrow\ morning.$$

The future may be indicated simply by context, or it may be expressed with one of several time words, such as **jetzt** (*now*), **heute** (*today*), **heute abend** (*this evening, tonight*), **morgen früh** (*tomorrow morning*), or **morgen** (*tomorrow*).

Übungen

Übung A. Students can prepare and perform dialogue for class audience.

Variation. Substitute names of actual classmates and/or change place names to local setting.

Übung B. Expand to personalized exercise that involves class members by name. It is important early in course for students to learn one another's names and know something about one another, to facilitate authentic conversation. This becomes indispensable for personalized exercises in this and succeeding chapters.

Encourage correct variations on each sentence formed by inviting other students to change them. You might say something like *Ja, richtig! Oder . . .*

Übung C. Students could work in small groups for several minutes, then ask members of other groups *Was macht (Johann) heute? Was machst du morgen?* etc.

A. Dialog. *Complete the dialogue by supplying the correct form of each verb.*

THOMAS: Entschuldigung! _____ hier noch frei? (sein)

SABINE: Ja, bitte. Du _____ Thomas. (sein)

ROLF: Paula _____, du __ __ aus Köln. (sagen/kommen)

THOMAS: Ja. Ich _____ hier Musik. (studieren)

SABINE: Wir _____ auch hier. (studieren)

ROLF: Ich _____ Rolf, und sie _____ Sabine. (heißen/heißen)

B. Sätze (*sentences*). *Create sentences by choosing an appropriate word or phrase from each column. Use correct verb forms.*

wir	lernen	nach Hannover
ich	kommen	aus Köln
Peter und Ingrid	reisen	Deutsch
ihr	heißen	morgen
du	wohnen	heute abend
Sie	arbeiten	Herr und Frau Schmidt
sie (*sg.*)	sagen	in Hamburg
er	fragen	„Guten Tag!"
	studieren	Literatur
		„Wie geht's?"
		Hans

C. Heute . . .   Heute abend . . .   Morgen . . . *Tell some of the things you will do today, this evening (tonight), and tomorrow.*

D. Wer sind Sie? *Introduce yourself to the class. Tell your name, where you are from, where you live, that you are studying here, that you are learning German, and some other personal information.*

E. Wer ist er/sie? *Tell about another member of the class. Give some personal facts about this person, beginning with* Er/Sie heißt . . .

Übung F. It is important in all situational exercises that students take realistic postures—e.g., face each other rather than sit in conventional classroom rows. If authentic communication is to take place, let physical arrangements be natural.

F. Situationen. *Act out the following situations with members of your class.*

1. You walk into a crowded student café and notice an empty seat at a table where two or three other students from one of your classes are sitting. Ask if you may sit down. Introduce yourself.
2. Use what you've heard about another student in the class to start a conversation with that person.

   S1: (Michael) sagt, du kommst aus . . . (du studierst . . . / du bist . . .)
   S2: ___?___

3. Tell another student about a musical program or a movie that is playing this evening. Tell who is going. Perhaps the other student will want to go, too. Begin with **Heute abend spielt . . .**

G. Alte Städte, alte Freunde. *These two statues, which depict wine-growers* (**Weingärtner,** *or as they are popularly called,* **Gögen**), *stand on Lammstraße in Tübingen. Imagine that they are old friends in an argument. What might they be saying to each other? Write or prepare with another student a short exchange. Choose ideas from the box.*

Ich . . . ? Ha! Du . . .

Ich arbeite (morgens, nachts, __?__.)

Ich komme aus . . .

Du spielst (Karten, Golf, __?__.)

Du bist (unfreundlich, untolerant, __?__.)

Du lebst gut.

Du brauchst (Deodorant, Freunde, __?__.)

Du reist morgen nach . . .

Und du . . . ? Du . . .

Ich . . . auch.

Neckargasse

KARIN: Arbeitest du heute nicht?
HANS: Doch. Aber ich brauche Papier.
KARIN: Jetzt? Es ist schon nach zwölf Uhr, nicht wahr? Jetzt ist Mittagspause.
HANS: Mittagspause? Überall? Das kennen wir nicht in Köln. Ist das denn immer so von zwölf bis eins?
KARIN: Da ist man nie sicher.* Mittagspause ist meistens von zwölf bis Viertel vor eins.
PETER: Und manchmal auch von halb eins bis zwei.
HANS: Wie lästig!

Dialogue. You might explain that German universities don't have campuses in American sense, so have no student bookstores. Whatever materials students need are bought in regular stores along *Einkaufsstraße*.

A. Ja (*yes*) **oder nein** (*no*)?

1. Arbeitet Hans heute? 2. Braucht Hans Papier? 3. Ist jetzt Mittagspause?

B. Fragen Sie Ihren Nachbarn / Ihre Nachbarin:

1. Arbeitest du heute? Ja oder nein? 2. Wieviel Uhr ist es jetzt?

KULTURECKE

Mittagspause
12.00–12.45 Uhr

Mittagspause. Young persons who have grown up in large metropolitan areas may be unfamiliar with some of the customs that persist in smaller cities and towns in Germany. Traditionally, Germans took their main meal at midday and a lighter meal later in the evening; therefore, businesses often closed for a couple of hours during each workday afternoon (**Mittagspause**).

Smaller businesses, such as bakeries, meat markets, and magazine stores, still often close in the afternoon between 1:00 and 3:00. However, the **Mittagspause** is gradually fading altogether, even in smaller towns.

Mittagspause
12–13 Uhr

Word Order: *nicht;*
Yes/No Questions

Subject-Verb Statements

Word order is the sequence in which words are written or spoken in a sentence. The placement of the subject and the verb is of key importance in a German statement, question, or command.

---

*Regardless of the English translation, **man** is a third-person singular pronoun and is used with the corresponding verb form: **Man ist nie sicher.** = *You can never be certain.*

A common word order in a statement is subject-verb. This arrangement is called *normal word order*.

1	2	
SUBJECT	VERB	

| Er | lernt | Deutsch. |
| Sie | arbeitet | gern. |

nicht? nicht wahr?

A statement in normal word order can be turned into a request for verification simply by adding the words **nicht** or **nicht wahr** to the end of the sentence.

| Er lernt Deutsch, nicht? | *He's studying German, right?* |
| Sie arbeitet gern, nicht wahr? | *She likes to work, doesn't she?* |

Use and Position of *nicht*

The word **nicht** (*not*) is an adverb. An adverb can modify not only a verb but also other words or phrases or even an entire sentence. The position of **nicht** in a sentence varies, but there are a few general guidelines.

- **Nicht** usually comes at the end of a sentence if it negates the complete statement.

  | Susi kennt Josef **nicht**. | *Susi is not acquainted with Josef.* |

- **Nicht** usually follows time adverbs.

  | Wir arbeiten heute **nicht**. | *We're not working today.* |

- If **nicht** negates only part of a sentence, it usually comes directly before the specific word or phrase it negates.

  | Er arbeitet **nicht** gern. | *He doesn't like to work. (He does work, but he doesn't like to.)* |
  | Ich heiße **nicht** Schmidt. | *My name isn't Schmidt.* |

- **Nicht** usually comes before predicate adjectives and expressions of place.

Es ist **nicht** gut.	*It isn't good.*
Ich wohne **nicht** in Berlin.	*I don't live in Berlin.*
Sie kommt **nicht** aus Bern.	*She doesn't come from Bern.*

- In a German sentence, expressions of time precede expressions of place. **Nicht** usually comes before the expression of place unless the emphasis is specifically on the time expression.

TIME	PLACE

Wir reisen morgen nach Mainz.

Wir reisen morgen **nicht** nach Mainz.

emphasis on time: Wir reisen **nicht** *morgen* nach Mainz; wir reisen **heute** nach Mainz.

We're traveling to Mainz tomorrow.

We're not traveling to Mainz tomorrow.

We're not traveling to Mainz tomorrow; we're traveling to Mainz today.

Word Order. This is a good place to combine yes/no questions and *nicht* with review of time expressions from introductory chapter. If you have large clock with movable hands, ask yes/no questions. *Ist es Viertel vor eins? Ja, es ist Viertel vor eins. / Nein, es ist nicht Viertel vor eins. Es ist halb eins.*

Yes/No Questions

In a question that can be answered simply by *yes* or *no*, the word order is verb-subject. This arrangement is called *inverted word order*.

1	2	
VERB	SUBJECT	
Sind	Sie	Frau Neumann?
Kommt	er	heute abend?

Are you Mrs. Neumann?
Is he coming tonight?

Remember, there is only one set of present-tense forms in German, whereas in English there may be more than one equivalent expression in the present or the future tense. This difference is particularly noticeable in yes/no questions. For example, the question **kommt er heute abend?** can be expressed as *is he coming tonight?* or *will he come tonight?* in English.

ja/nein/doch

A complete answer to a yes/no question begins with **ja** or **nein**, followed by a comma; the rest of the sentence has normal word order: subject-verb.

ja/nein/doch. Improvise short exercise here by making negative statements you know to be untrue or incorrect; invite students to protest with strong *doch*. Model typical German intonation curves and voice inflection. Example: *Sie studieren nicht hier, Frau Schmidt.* s1: *Doch, ich studiere hier!* s2: *Doch (doch), sie studiert hier!* Double *doch* also welcome!

ANSWER	SUBJECT	VERB	
Ja,	ich	bin	Frau Neumann.
Nein,	ich	bin	nicht Frau Neumann.

The word **doch** is used to give a positive answer to a negative question.

Reist du nicht gern?
Doch, ich reise gern.

Don't you like to travel?
Yes, of course I like to travel.

A. Was sagt Peter? Was fragt Monika? *Monika questions everything Peter says about his friends. Change each statement into a yes/no question.*

Übungen A–B. Cue should be read aloud first, by yourself or a student, before response is formulated. Students will then hear distinct difference between question and statement intonation contours, and you will be able to monitor intonation patterns.

BEISPIEL: Peter sagt: „Ursula wohnt in Frankfurt." →
Monika fragt: „Wohnt Ursula in Frankfurt?"

1. Peter sagt: „Sie studiert dort Literatur."
2. Peter sagt: „Hans und Paul arbeiten heute."

Übung A. Students can perform exercise in pairs: one makes statements, other asks questions. A third might offer answers for reinforcement.

3. Peter sagt: „Sie reisen morgen nach München."
4. Peter sagt: „Er heißt Josef Müller."
5. Peter sagt: „Josef lernt Englisch."
6. Peter sagt: „Er ist Student."

B. Doch. *Offer the expected positive answer to each question.*

BEISPIEL: Studiert Paul nicht Medizin? → Doch, Paul studiert Medizin.

1. Kennen Anna und Maria Paul nicht?
2. Arbeitet Paul abends nicht?
3. Kommt Maria nicht aus Köln?
4. Reist Anna morgen früh nicht nach Stuttgart?
5. Studieren Anna und Maria nicht Musik?
6. Lernt Paul nicht Englisch?

C. Nein. *Give a negative answer to each question. Use a pronoun subject.*

BEISPIEL: Ich lerne gern. Und Erich? → Er lernt nicht gern.

1. Wir lernen gern Deutsch. Und Robert?
2. Ute arbeitet gern. Und Erika?
3. Du reist gern nach Köln. Und Heinrich und Inge?
4. Ich bin gern hier. Und Monika?
5. Er kommt gern nach Berlin. Und Anna?
6. Sie studiert gern Philosophie. Und Karl?

D. Ja oder nein? *Answer each question about yourself with a complete sentence.*

1. Kommen Sie aus Amerika?
2. Kommen Sie aus Chicago?
3. Studieren Sie in Amerika?
4. Studieren Sie Musik?
5. Arbeiten Sie gern?
6. Reisen Sie gern?

E. Personenverwechslung (*mistaken identity*). *Someone mistakes you for someone else. Deny the information, and then correct it.*

BEISPIEL: Herr Müller sagt, Sie kommen aus Leipzig. →
            Nein. Ich komme nicht aus Leipzig. Ich komme aus San Diego.

1. Herr Müller sagt, Sie wohnen jetzt in Wiesbaden.
2. Herr Müller sagt, Sie studieren in Mainz.
3. Herr Müller sagt, Sie lernen jetzt Spanisch.
4. Herr Müller sagt, Sie arbeiten dienstags bis freitags.
5. Herr Müller sagt, Sie reisen morgen nach Hamburg.
6. Herr Müller sagt, Sie heißen Kris Weiner.

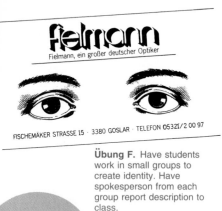

Übung F. Have students work in small groups to create identity. Have spokesperson from each group report description to class.

F. Identität. *Give the person behind the eyes an identity. Use the following verbs to make up information:*

arbeiten	reisen	studieren
heißen	lernen	wohnen
kommen	sein	

You may also use the adverbs gern, nicht, *or* nicht gern *in your sentences.*

G. Fragen. *Work with a partner. Ask each other yes/no questions about the person in the ad. Answer the questions with complete sentences according to the information you provided in Exercise F.*

BEISPIEL: S1: **Heißt er Hans Schmidt?**
             S2: **Nein,** *sie* **heißt nicht Hans Schmidt.** *Sie* **heißt Helga Braun.**

Sammeltext

Hans Hoffmann kommt aus Köln und studiert jetzt Literatur und Musik in Tübingen. Er lernt auch Englisch. Er ist neu dort, aber Tübingen ist sehr klein,° und er kennt schon Karin, Dieter und Susi. Sie studieren auch.
Hans sagt, er arbeitet zuviel:° dienstags, donnerstags und freitags studiert er Musik; montags, dienstags und donnerstags studiert er Literatur. Abends ist manchmal° Chorprobe° von achtzehn bis zwanzig Uhr. Aber Hans arbeitet nicht immer:° Er reist oft° und gern. Nach München reist er besonders° gern.

small

too much

sometimes / choir practice

always / often / especially

Name:	Hans Hoffmann
Adresse:	Gartenstraße 33
	Tübingen 1
Telefon:	07 (13 48 75)

Chart. Ask what Hans does in his free time during or after school: *Lernt er montags von 10 bis 12 Uhr? Spielt er freitags von 6 bis 8 Uhr abends Karten? Tennis? ___?___ Reist er oft nach Berlin? Arbeitet er samstags?*

Vorlesung *lecture*
Literaturgeschichte *literary history*
Mittagstisch *lunch club*

	Mo	Di	Mi	Do	Fr	Sa–So
8–10	Englisch	Englisch	Englisch		Englisch	Reisen
10–12		Musiktheorie		Musiktheorie		
12–14			Mittagstisch° (Englisch)			
14–16	Vorlesung:° Literaturgeschichte°				Vorlesung: Musikgeschichte	
16–18		Vorlesung: Literatur		Seminar: Literatur		
18–20				Chorprobe		

A. Wer ist Hans Hoffmann? *Answer each question with a complete sentence according to the* Sammeltext.

1. Kommt Hans Hoffmann aus Köln?
2. Studiert er Biologie?
3. Lernt er auch Englisch?
4. Ist er neu in Köln?
5. Kennt er Karin, Dieter und Susi?
6. Arbeitet Hans samstags und sonntags?
7. Reist er gern nach München?

B. Wer bist du? *Ask another student each of the questions in Exercise A. Use the* du-*form.*

KULTURECKE

Numerus clausus. In some disciplines, such as medicine, dentistry, pharmacy, biology, and veterinary medicine, entry into a German university is restricted, because the number of applicants far exceeds the number of students a university can accommodate. Only a relatively small number of applicants is admitted—i.e., receives a **Studienplatz** (*study place*) in those disciplines with restricted entry (**Numerus clausus**). Criteria include academic rank based on the **Abitur**, an exam taken by students at the end of their study at a **Gymnasium** (*college preparatory school*), and, for medicine, an aptitude test. The rest of the applicants are put on a waiting list; depending on their ranking and their chosen field, the wait can amount to several years.

studien

◆ **Studienplatztausch Medizin: Biete Göttingen** (Direkttausch), Würzburg, Ulm (Ringtausch), **suche Berlin** zum 4. klin. Sem. zum WS 87/88. Brigitte ☎ **624 98 00** ab Mo. **05592/15961**

In **Numerus clausus** disciplines that do not have long waiting lists, applicants are allotted study places by a computer in Dortmund. Students fill out a form, and the computer assigns each to a university where space is available, although not necessarily to the university of choice. As the ad shows, students often try to exchange **Studienplätze**. In the ad, for example, Brigitte wants to study medicine in Berlin and offers a direct exchange for Göttingen or a three-way exchange involving either Würzburg or Ulm.

In disciplines not governed by **Numerus clausus**, students apply directly to the school of their choice.

Sammelübungen

A. Was sagt Susi? *Question what Susi says. Form two yes/no questions from each statement.*

> BEISPIEL: Susi sagt, du bist Student und kommst aus Köln. →
> Bist du Student? Kommst du aus Köln?

1. Susi sagt, Peter ist in Hamburg und studiert dort Philosophie.
2. Susi sagt, Ursula wohnt jetzt in Hannover und ist Kellnerin.
3. Susi sagt, Hans und Kurt studieren Musik und lernen auch Englisch.
4. Susi sagt, wir arbeiten montags und reisen dienstags.
5. Susi sagt, ihr seid neu hier und studiert Medizin.
6. Susi sagt, sie arbeitet jetzt und lebt gut.
7. Susi sagt, er heißt Karl und ist Kellner.

B. Wer ist David Johnson? *Read the paragraph, and then answer each question with a complete sentence. If the answer is* nein, *give an additional sentence to correct the information.*

> BEISPIEL: Heißt er David Hansen? →
> Nein, er heißt nicht David Hansen. Er heißt David Johnson.

Er heißt David Johnson. Er kommt aus Dallas und ist neu in Bloomington. Er studiert dort Musik und lernt auch Deutsch. Er arbeitet montags, mittwochs und donnerstags. Er reist gern nach Chicago.

1. Kommt David aus San Francisco?
2. Ist er neu in Bloomington?
3. Ist er Student?
4. Studiert er Literatur?
5. Lernt er auch Deutsch?
6. Arbeitet er dienstags und freitags?
7. Reist er gern nach Indianapolis?

Übung C. Have pairs of students prepare and perform dialogue in front of class. If they have trouble, model various possibilities with student as Erich.

C. Dialog. *You are an American student who is studying literature in Tübingen. At a student café you meet Erich, a music student from Frankfurt. Make up a "getting acquainted" dialogue with another student.*

> BEISPIEL: SIE: Entschuldigung, ist hier noch frei?
> ERICH: ___?___

Übung D. Allow students to move around room gathering facts. Listen and take notes on what you hear so you can draw on information and expand when appropriate.

D. Neue Freunde. *Find out at least one fact about each member of your German class (his/her name, where he/she comes from, what he/she studies, what he/she likes to do, his/her travel plans, and so on). Share these facts with the whole class.*

> BEISPIEL: Er heißt . . . , Sie ist . . . , Michael reist . . .

Anwendung

Name, Nationalität, Beruf, Land

A. Expand activity by writing names of countries on board: *England, Mexiko, Japan, Italien, Holland, Nigeria, Iran, die Schweiz / aus der Schweiz, Österreich, Amerika,* etc. Have students expand information: *Mark ist Engländer; Mary ist Engländerin. Mark und Mary kommen aus England.* Treat *aus der Schweiz, aus der Bundesrepublik,* etc. as set phrases.

A. Er ist . . . , und sie ist . . . *Give the missing masculine or feminine form.*

BEISPIEL: Mark ist Engländer; Mary ist Engländerin.

1. Carlos ist _____; Rosa ist Mexikanerin.
2. Masami ist Japaner; Mika ist _____.
3. Romano ist Italiener; Anna ist _____.
4. Hans ist _____; Birgit ist Holländerin.
5. Chi ist Nigerianer; Oni ist _____.
6. Amir ist Iraner; Sepand ist _____.
7. Peter ist Schweizer (*Swiss*); Brigitte ist _____.
8. Anton ist _____; Maria ist Österreicherin (*Austrian*).
9. Und Sie? Ich bin _____.

B. Offer your own opinions to reinforce and expand student responses: *Nein, die Frau hat schwarze Haare und dunkle Augen, aber meiner Meinung nach ist sie keine Mexikanerin. Vielleicht ist sie Iranerin oder Ungarin aus Budapest.* Offer additional nationalities, countries, and/or languages, which students can write in books.

B. Name? Nationalität? *Give a name and a nationality to each person in the photo. Who disagrees with you? What does he/she say?*

Weak masculine nouns that indicate nationalities are treated in Chapter 4.

BEISPIEL: S1: Ich sage, das ist Carmen, und sie ist Mexikanerin.
S2: Ich sage, das ist Juanita, und sie ist Amerikanerin.

der Ägypter / die Ägypterin
der Amerikaner / die Amerikanerin
der Argentinier / die Argentinierin
der Australier / die Australierin
der Brasilianer / die Brasilianerin

der Inder / die Inderin
der Iraner / die Iranerin
der Italiener / die Italienerin
der Japaner / die Japanerin
der Kanadier / die Kanadierin

der Nigerianer / die Nigerianerin
der Norweger / die Norwegerin
der Österreicher / die Österreicherin
der Schweizer / die Schweizerin

C. Wer ist wer? *Talk with other students about famous people.*

BEISPIEL: S1: Wer ist Boris Becker?
S2: Er ist Tennisspieler.
S3: Er kommt aus Deutschland.

NAME	BERUF (*PROFESSION*)	LAND
Boris Becker	Sänger/Sängerin	aus Österreich
Alice Walker	Senator/Senatorin	aus England
Julio Iglesias	Tennisspieler/	aus Amerika
Dolly Parton	Tennisspielerin	aus Deutschland
Steffi Graf	Premierminister/	aus der Schweiz
Eddie Murphy	Premierministerin	aus Spanien
John Major	Komiker/Komikerin	___?___
Edward Kennedy	Autor/Autorin	
___?___	___?___	

Aktivitäten

Was machen Sie gern? *Get to know other members of your class. Share your likes and dislikes.*

joggen
lernen (Joga, Karate, Italienisch, Deutsch, ___?___)
reisen (nach New York, nach ___?___)
reiten *to ride horseback*
schwimmen
singen
spielen (Tennis, Fußball [*soccer*], Karten, Schach [*chess*], ___?___)
tanzen (Freitag abends, Samstag abends, ___?___)
trinken (Kaffee, Bier, Tee, Cola, ___?___)
wandern *to hike*

Was machst du gern?
—Ich schwimme gern,
und ich spiele gern
Tennis. Und du?

Wo wohnen die Studenten?

2

Vorschau. Before talking about photo, point out items in classroom; use gestures to convey meaning of adjectives as well as nouns. Convey idea of *Studentenheim* by naming specific dorms on campus.

Vorschau

Land: Deutschland; Stadt: Frankfurt am Main; Universität: Goethe Universität; Ort (*place*): ein Studentenheim.

Sind die zwei Männer Studenten oder Professoren? Lernen sie jetzt oder spielen sie Karten? Ist das Studentenzimmer luxuriös oder gemütlich? modern oder alt? Wo (*where*) ist der Tisch? (Hier ist . . .) Wo ist das Fenster? Wo sind zwei Stühle?

Wortgebrauch

das Zimmer

1. das Bett
2. das Fenster
3. die Kochecke
4. die Waschecke
5. der Schrank
6. der Tisch
7. der Stuhl
8. der Schreibtisch
9. die Schreibmaschine
10. der Bleistift
11. das Heft

Übung A. Try to use gestures and objects at hand as well as illustration to "fix" meanings of these common vocabulary items.

A. Das Zimmer. *Describe the student's room in the picture. Use an appropriate adjective to describe each item.*

die Schreibmaschine	ist	hoch *high; tall*
der Schreibtisch		alt *old*
das Heft		neu
der Tisch		groß *big*
der Stuhl		klein *small*
das Bett		luxuriös
der Schrank		gemütlich *cozy*
die Kochecke		möbliert *furnished*
die Waschecke		großartig *great, wonderful*
das Fenster		modern
das Zimmer		privat
der Bleistift		schön
		(un)interessant

Übung B. If possible, bring meter stick to class. Expand discussion of measurements to include words such as *lang, hoch, weit, tief.*

If meter stick is unavailable, convert yardstick by making additional markings on it. This might have cultural adaptation value for students to whom German culture still seems remote.

B. Das Klassenzimmer. *Describe items you see in the classroom by appearance, size, or color—see the following review list of colors. If you have a meter stick, measure large items; if not, guess at the measurements in meters.*

BEISPIELE: S1: Das Heft ist rot.
S2: Der Schreibtisch ist sehr alt.
S3: Das Fenster ist ein Meter zwanzig mal zwei Meter (1,20 m × 2 m).

blau	grau	rot
braun	grün	schwarz
gelb	orange	weiß

C. Wie heißt das auf deutsch?

BEISPIEL: S1: Nummer eins—Wie heißt das auf deutsch?
S2: Das heißt: eine Universitätsstadt.

1. *a university city*
2. *a corner for cooking*
3. *a corner for washing*
4. *a rental agency*
5. *a Murphy bed**
6. *a desk or writing table*
7. *a dormitory for students*
8. *monthly rent*
9. *a large city*
10. *a water bed*

a. ein Schrankbett
b. eine Großstadt
c. Monatsmiete
d. eine Zimmervermittlung
e. ein Studentenheim
f. eine Kochecke
g. eine Universitätsstadt
h. ein Wasserbett
i. ein Schreibtisch
j. eine Waschecke

Übung C. This kind of example is purposely designed to make students stay with German and avoid repeating printed English equivalents.

KULTURECKE

Wohngemeinschaft (WG). To combat the cost of high rent and the difficulty of finding private housing, students frequently group together to form a **Wohngemeinschaft**. The group rents a large apartment or a house and sublets rooms as they become vacant. The student in the ad is looking for a room that is immediately (**ab sofort**) available in a **Wohngemeinschaft** in Göttingen or its environs (**Umgebung**).

---

* A Murphy bed folds or swings down from a closet.

Wortschatz

Wortschatz. Point out and expand word family connected with *die Miete*: *Miete zahlen*; *mieten* (to rent); *der Mieter, - / die Mieterin, -nen* (tenant); *die Mieterhöhung* (rent increase); *das Mietrecht* (rent law); *der Mietschutz* (rent control); *der Mietvertrag* (*lease*); *der Vermieter, - / die Vermieterin, -nen* (landlord/lady); *vermieten* (to rent [out]); *der Untermieter, - / die Untermieterin, -nen* (subtenant); *untermieten* (to sublet), etc.

Adjectives and Adverbs

alt	old
berühmt	famous
dunkel	dark
eigentlich	actual(ly), real(ly)
frei	free(ly)
gemütlich	cozy
genug	enough
(un)glaublich	(un)believable, (un)believably
groß	big, large
großartig	great, fabulous
hoch	tall; high(ly)
ideal	ideal
inbegriffen	included
klein	small
luxuriös	luxurious(ly)
(un)möbliert	(un)furnished
modern	modern
privat	private(ly)
sogar	even
teuer	expensive
viel	much, a lot
wirklich	really

Nouns*

die Aussicht	view
das Auto, -s	car
das Bett, -en	bed
der Bleistift, -e	pencil
der Computer, -	computer
die Ecke, -n	corner
das Fenster, -	window
das Geld	money
das Haus, ̈er	house
das Heft, -e	notebook
die Heizung	heat
das Kind, -er	child
die Kirche, -n	church
die Kochecke, -n	cooking niche
der Mann, ̈er	man
die Miete, -n	rent

die Möbel (*pl.*)†	furniture
der Monat, -e	month
pro Monat	per month
die Monatsmiete, -n	monthly rent
der Österreicher, - / die Österreicherin, -nen	Austrian (*person*)
der Professor, -en / die Professorin, -nen	professor
der Schrank, ̈e	(freestanding) closet
das Schrankbett, -en	Murphy bed
die Schreibmaschine, -n	typewriter
der Schreibtisch, -e	desk
der Schweizer, - / die Schweizerin, -nen	Swiss (*person*)
der See, -n	lake
die Stadt, ̈e	city
der Strom	electricity
das Studentenheim, -e	student dormitory
der Stuhl, ̈e	chair
der Tisch, -e	table
die Universität, -en	university
der Vermieter, - / die Vermieterin, -nen	landlord/landlady
die Wand, ̈e	wall
die Waschecke, -n	washing niche
das Wasser	water
die Wohnung, -en	apartment
das Zimmer, -	room
die Zimmervermittlung, -en	renting of rooms; rental agency

---

*Beginning with this chapter, plural patterns are listed after the noun. Some nouns are listed only in the singular since they are rarely used in the plural.

†The singular of **die Möbel** is **das Möbelstück** (*piece of furniture*), which also has a plural form: **die Möbelstücke** (*pieces of furniture*).

Verbs

haben	to have
(Autos) gern haben	to like (cars)
Platz haben	to have space/room
kosten	to cost
suchen	to look for
zahlen	to pay
Miete zahlen	to pay rent

Useful Words and Phrases

da drüben	over there
da unten	down below
das ist unglaublich	that's unbelievable
das reicht doch	that's enough, that'll do
ein bißchen	a little bit

Diese Studentin hat Glück (*luck*). Die Möbel sind neu und gemütlich.

Dialogue. Mention that student rooms in Germany are usually singles that tend to be small and somewhat austere.

Grammatik

A

Das Studentenheim: Walters Zimmer

PETER: Ach Walter, das Zimmer ist luxuriös. Ist die Miete hoch?

WALTER: Nein, das Zimmer kostet nur 350 DM pro Monat. Das Wasser, der Strom und die Heizung sind inbegriffen.

PETER: Das ist unglaublich. Ich zahle 400 DM kalt.

WALTER: Ja, aber eigentlich ist das Zimmer ja nicht so groß: vier Meter mal drei Meter.

PETER: Das Bett, der Computer, der Schreibtisch und der Schrank haben Platz. Das reicht doch, nicht?

Fragen A, 4. Make sure students answer according to structure given in dialogue and question: *Ja, das Bett, der Computer, der Schreibtisch und der Schrank haben Platz.* Or: *Ja, sie haben Platz.*

A. Walters Zimmer

1. Ist Walters Zimmer groß? Ist die Miete hoch? Ist das Wasser inbegriffen? der Strom? die Heizung?   2. Zahlt Peter 350 DM pro Monat?   3. Ist Walters Zimmer drei Meter mal drei Meter?   4. Haben das Bett, der Computer, der Schreibtisch und der Schrank Platz?

B. Fragen Sie Ihren Nachbarn / Ihre Nachbarin! *Ask your neighbor about his/her room.*

1. Ist das Zimmer groß? luxuriös?   2. Ist die Miete hoch?   3. Ist das Wasser inbegriffen? der Strom? die Heizung?

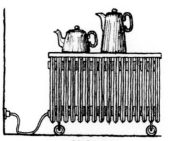

Heizung

KULTURECKE

warm/kalt. Rooms and apartments are frequently advertised as **warm**, meaning that heat is included in the rent, or **kalt**, meaning that heat is not included. The student in the ad wants to sublet his room in a **Wohngemeinschaft**. What is the rent? Does it include heat or not? How big is the room? In what city is the **Wohngemeinschaft** located? What is the street address? What is the student's name? What is his phone number? For what period of time is the room available?

ich vermiete mein

Zimmer (21 m², in WG)
in

BRAUNSCHWEIG

vorübergehend   von Anfang Mai
bis ca. Ende November

Warmmiete: 335,– DM

Jochen Ewert
Reichenbergstr. 13
3300 Braunschweig
Tel.: 0531/347226

Definite Article with Nouns

Nouns

German nouns are designated by

1. gender: *der* **Tisch** (masculine), *die* **Ecke** (feminine), *das* **Fenster** (neuter)
2. number: *ein* **Tisch** (singular), *zwei* **Tische** (plural)
3. case (nominative, accusative, dative, or genitive): **Der Tisch ist neu.**
    (**der Tisch** = subject of the sentence = nominative case)

Definite Article

An *article* is a word that is used before a noun. The *definite article* specifies a particular person, place, thing, or idea. In English, the definite article has only one form: *the*. In German, the definite article takes different forms, depending on the gender, number, and case of the noun. The nominative singular forms of the definite article are **der** (masculine), **die** (feminine), and **das*** (neuter).

Nouns. Try introducing concept of gender by asking students to pick out nouns in dialogue, noting different words for "the."

Be sure to stress that designations of masculine, feminine, and neuter have nothing to do with actual characteristics of inanimate objects.

---

* Used without a noun, the word **das** often means *that* or *it*: **Das ist unglaublich.** (*That's/It's unbelievable.*)

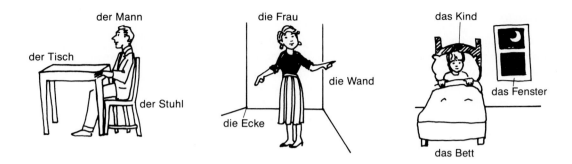

Since the definite article indicates the gender of a noun and since gender is often unpredictable, it is important to learn each noun with the definite article as a unit: **der Tisch**, **die Ecke**, **das Fenster**. Note the gender of the nouns you have already learned.

	MASCULINE	FEMININE	NEUTER
NOMINATIVE	der Abend	die Amerikanerin	das Papier
	der Amerikaner	die Frau	
	der Kaffee	die Kellnerin	
	der Kellner	die Literatur	
	der Kuchen	die Musik	
	der Mann	die Nacht	
	der Morgen	die Studentin	
	der Student		
	der Tag*		

Note the gender of the nouns introduced in this chapter.

	MASCULINE	FEMININE	NEUTER
NOMINATIVE	der Bleistift	die Aussicht	das Auto
	der Computer	die Ecke	das Bett
	der Monat	die Heizung	das Fenster
	der Schrank	die Kirche	das Geld
	der Schreibtisch	die Miete	das Haus
	der See	die Schreibmaschine	das Heft
	der Strom	die Stadt	das Kind
	der Stuhl	die Universität	das Studentenheim
	der Tisch	die Wand	das Wasser
		die Wohnung	das Zimmer

Definite Article. First list consists of already familiar Chapter 1 vocabulary but supplies genders. Second list comprises nouns from Chapter 2. Encourage students to commit both lists to memory right away.

Students can drill one another outside class on gender and meaning. s1: *Monat*, s2: *der Monat* ("month"); or s1: month, s2: *der Monat*.

Students who have difficulty memorizing genders should be encouraged to use color-coded flash cards to help them learn correct articles.

---

* All the days of the week are also masculine: **der Sonntag, der Montag,** and so on.

Nominative Case

The *nominative case* indicates the subject of a sentence. It is also the form in which nouns and pronouns appear in vocabulary lists and dictionaries. The personal pronouns you learned in Chapter 1 are all nominative forms. Pronouns must correspond in gender and number to the nouns they replace. For example, a masculine singular noun (**der Schrank**) must be replaced with the masculine singular pronoun (**er**). In reference to things, **er**, **sie**, and **es** all correspond to *it*.

	NOMINATIVE SINGULAR NOUN (SUBJECT)	NOMINATIVE SINGULAR PRONOUN (SUBJECT)
MASCULINE	**Der Schrank** ist da.	**Er** ist alt.
FEMININE	**Die Kirche** ist da.	**Sie** ist sehr groß.
NEUTER	**Das Bett** ist da.	**Es** ist neu.

Compound Nouns

Compound nouns—nouns composed of two or more words—are very common in German. The gender of a compound noun is determined by the last component. For example, if a compound is made up of two or more nouns, the gender of the compound is the same as that of the last noun.

der Monat + s	+	**die** Miete	=	**die** Monatsmiete
month		*rent*		*monthly rent*
der Schrank	+	**das** Bett	=	**das** Schrankbett
closet		*bed*		*Murphy bed*
die Studenten	+	**das** Heim	=	**das** Studentenheim
students		*home*		*student dormitory*
die Universität + s	+	**die** Stadt	=	**die** Universitätsstadt
university		*city*		*university city*
das Zimmer	+	**die** Vermittlung	=	**die** Zimmervermittlung
room		*agency*		*rental agency*

One or more of the components of a compound noun may not be a noun but rather an adjective, an adverb, or a verb. In any case, compound nouns begin with a capital letter, as do all nouns in German.

groß	+	**die** Stadt	=	**die** Großstadt
large		*city*		*large city*
koch(en)	+	**die** Ecke	=	**die** Kochecke
to cook		*corner*		*cooking niche*
wasch(en)	+	**die** Ecke	=	**die** Waschecke
to wash		*corner*		*washing niche*
schreib(en)	+	**der** Tisch	=	**der** Schreibtisch
to write		*table*		*desk*

Knowing the meaning of even one component can help you guess the meaning
of a compound noun.

Übungen

Übung A. Exercise could
be handled in 2 ways: (1)
Rapid oral drill—Go down
or across row, having
each student read 1 sen-
tence aloud; (2) Written
exercise—Have students
write description as ad.
They should include each
of nouns with article but
can change description,
add to it, and/or embellish
it with art.

Übung B. Give some
attention to contrasting
question/answer intonation
patterns when doing this
orally.

A. Der, die oder das? *Complete the description with the correct definite article for each noun.*

_____ Zimmer ist luxuriös. _____ Miete ist hoch. _____ Heizung ist nicht inbegriffen. _____ Wasser und _____ Strom sind aber inbegriffen. _____ Zimmer ist möbliert: _____ Schreibtisch und _____ Stuhl sind neu. _____ Schrankbett ist alt. _____ Waschecke und _____ Kochecke sind modern. _____ Fenster ist groß.

B. Ja, . . . *Someone inquires about a room for rent. Give a "yes" answer to each question. Use a pronoun subject.*

BEISPIEL: Ist das Zimmer möbliert? → Ja, es ist möbliert.

1. Ist die Miete hoch?
2. Ist die Heizung inbegriffen?
3. Ist der Strom inbegriffen?
4. Kostet das Wasser extra?
5. Ist der Schrank groß?
6. Ist das Bett neu?
7. Ist der Schreibtisch modern?
8. Ist das Zimmer frei?

C. Nein, . . . *You keep track of the people who live in your apartment building. Give a negative answer to each question. Use a pronoun subject.*

Übung C. Vary information for further oral practice by substituting other
nouns, numbers, etc.

Übung D. This is well
suited to skit, with s1
behind and s2 in front
of desk.

Übung E. Give students
blank sheet of paper. Suggest objects and have
them draw room contain-
ing them. Have them cor-
rectly label each object.

*Fragen: Ist das Zimmer
weiß? blau? __?__ Ist
das Zimmer möbliert oder
unmöbliert? Wie groß
ist das Zimmer? Wieviel
kostet es pro Monat?
Ist das billig? teuer? Ist
die Heizung inbegriffen?
der Strom? das Wasser?
Ist das Zimmer in (name
of dormitory)? Wie viele
Zimmer hat (name of dor-
mitory)? Ist das Studen-
tenheim / das Haus / die
Wohnung weit von hier?*

BEISPIEL: Heißt der Vermieter Schmidt? → Nein, er heißt nicht Schmidt.

1. Zahlt der Amerikaner 370 DM pro Monat?
2. Kostet das Zimmer 400 DM pro Monat?
3. Spielt die Studentin gern Karten?
4. Lernt die Schweizerin Englisch?
5. Studiert der Student Musik?
6. Reist der Österreicher morgen nach Wien?
7. Arbeitet die Amerikanerin heute abend?
8. Wohnt der Professor hier?

D. Die Zimmervermittlung: Das Zimmer ist ideal. *You work at a rental agency. Try to convince a student that you have the ideal room for him/her.*

BEISPIEL: S1: Das Zimmer ist ideal. Es ist . . .
           S2: ___?___
           S1: ___?___

E. Das Zimmer. *Describe your own room as fully as possible. Your instructor and/or other students may ask you questions about it.*

Ein Haus in Tübingen: Peters Zimmer

WALTER: Das Zimmer ist doch gemütlich.

PETER: Ja, es ist aber ein bißchen dunkel. Das Fenster ist sehr klein.

WALTER: Die Aussicht ist aber großartig. Ich kenne Tübingen noch nicht gut. Ist das ein See da unten?

PETER: Nein, das ist kein See. Das ist der Neckar.*

WALTER: Das ist wohl die Stiftskirche da drüben?

PETER: Nein, das ist nicht die Stiftskirche; das ist die „Alte Universität".

Dialogue. Have students locate Tübingen and the Neckar on map. Have them name other important rivers in German-speaking countries. If they are interested, name various German universities and university towns.

A. Peters Zimmer

1. Ist Peters Zimmer luxuriös?   2. Ist das Fenster groß?   3. Kennt Walter Tübingen gut?   4. Ist das ein See da unten?   5. Ist das die Stiftskirche da drüben?

B. Fragen Sie Ihren Nachbarn / Ihre Nachbarin! *Ask your neighbor about his/her room.*

1. Ist das Zimmer groß und luxuriös oder klein und gemütlich?   2. Ist es dunkel?   3. Ist die Aussicht großartig?

der Rhein

Mannheim

der Neckar

Tübingen

DER SCHWARZWALD

Übung A. Point to known objects in classroom or in pictures and ask *Wie heißt das auf deutsch?*

Übung B. For variants, draw on items in **A** or give base forms of nouns corresponding to photos or pictures you have brought in. Visuals work well, particularly if you miscue, since students can then not only negate but also tell what object actually is.

Auf der Zwingermauer in Tübingen treffen sich (treffen . . . *meet one another*) junge Leute zum Rendez-vous.

---

*The Neckar is a river in southern Germany that originates on the eastern edge of the Black Forest (**Schwarzwald**) and flows into the Rhine (**Rhein**) at Mannheim. From Peter's window in Tübingen, the river could be mistaken for a lake, since it is lined with trees and does not appear to flow.

KULTURECKE

Universität Tübingen. German students are often surprised to see the clusters of buildings and the expanses of green on American university campuses. Most German universities do not have campuses on which all the university buildings and facilities are located. In Tübingen, for example, the oldest parts of the university are located near the Neckar, behind the fifteenth-century Evangelical **Stiftskirche**. The new university facilities (1930–1931) are located on Wilhelmstraße; the university clinics are on the slopes of the Schnarrenberg; and, farther up, on the Morgenstelle, is the College of Science.

Some well-known historical figures are associated with Tübingen. From 1514 to 1518 the reformer Philip Melanchthon lectured in the **Bursa**, part of the Old University. The philosophers Hegel and Schelling, the poets Hölderlin and Mörike, and the famous philosopher and astronomer Kepler were all students in Tübingen.

EIN FUTON

BETT

SILENZIO

Indefinite Article and *kein*

The *indefinite article* refers to an unspecified person, place, thing, or idea. English has two forms of the indefinite article: *a* and *an*. In German, the indefinite article—like the definite article—has different forms to indicate the gender and the function of a noun within a sentence. The nominative singular forms are **ein** (masculine and neuter) and **eine** (feminine). **Kein** (*no, not a, not any*) is the negative form of **ein** and is used to negate nouns. Its forms are the same as those for **ein**.

	MASCULINE	FEMININE	NEUTER
NOMINATIVE	ein / kein } Schrank	eine / keine } Kirche	ein / kein } Fenster

Kein negates nouns that would be preceded by **ein** or by no article in a positive statement.

Das ist **ein** Schrank.	Das ist **kein** Schrank.
Das ist **eine** Kirche.	Das ist **keine** Kirche.
Das ist **ein** Fenster.	Das ist **kein** Fenster.
Er ist Student.	Er ist **kein** Student.
Sie ist Amerikanerin.	Sie ist **keine** Amerikanerin.

Nicht is used to negate nouns that are expressed with the definite article: **der**, **die**, **das**.

Das ist **die** Stiftskirche.   Das ist **nicht die** Stiftskirche.
Das ist **der** Neckar.   Das ist **nicht der** Neckar.
Das ist **das** Beethovenhaus.   Das ist **nicht das** Beethovenhaus.
Hans ist **der** Student aus Köln.   Hans ist **nicht der** Student aus Köln.
Julie ist **die** Amerikanerin aus   Julie ist **nicht die** Amerikanerin
    Boston.   aus Boston.

Übungen

A. Wie heißt das auf deutsch? *Use the correct form of the indefinite article.*

BEISPIEL: Bett → Das ist ein Bett.

1. Tisch   5. Stuhl
2. Computer   6. Frau
3. Fenster   7. Mann
4. Heft   8. Kind

B. Nein, . . . *Give a negative answer to each question. Use the correct form of* kein.

BEISPIEL: Ist das ein Zimmer? → Nein, das ist kein Zimmer.

1. Ist das ein Haus?
2. Ist das eine Stadt?
3. Ist das eine Universität?
4. Ist das eine Schreibmaschine?
5. Ist das ein Bleistift?
6. Ist das ein Schrank?
7. Ist das eine Kirche?
8. Ist das ein See?

Übung C. As extension, ask students to supply some positive information after negation—e.g., 5: *Nein, er ist kein Schweizer. Er ist Österreicher.*

C. Nein, . . . *Use* nicht *or the correct form of* kein, *whichever is appropriate, to answer each question negatively.*

BEISPIELE: Ist das die Frau aus Mexiko? →
             Nein, das ist nicht die Frau aus Mexiko.
             Ist die Frau Mexikanerin? → Nein, sie ist keine Mexikanerin.

1. Ist das der Student aus Hamburg?
2. Ist Maria Amerikanerin?
3. Ist Herr Braun Professor?
4. Ist das die Vermieterin?
5. Ist Dieter Schweizer?
6. Ist das die Professorin?
7. Ist Angela Österreicherin?
8. Ist Herr Schmidt der Vermieter?

D. Was ist das? *Work with another student to ask and answer questions about each item in the drawing.*

> BEISPIEL: S1: Was ist Nummer eins?
> S2: Das ist ein Haus.
> S1: Ist es neu?
> S2: Ja, es ist neu.
> S1: Ist es groß?
> S2: Nein, es ist nicht sehr groß.
> S1:   ___?___

E. Wer sind Sie? *Work with a partner and ask each other yes/no questions about occupations and talents.*

> BEISPIEL: S1: Bist du Professorin?
> S2: Nein, ich bin keine Professorin.
> S1: Bist du Studentin?
> S2: Ja, ich bin Studentin.

Architekt/Architektin
Autor/Autorin
Fotograf/Fotografin
Journalist/Journalistin
Kellner/Kellnerin
Koch/Köchin
Mathematiker/Mathematikerin
Mechaniker/Mechanikerin

Musiker/Musikerin
Politiker/Politikerin
Polizist/Polizistin
Reporter/Reporterin
Sänger/Sängerin
Schwimmer/Schwimmerin
Tänzer/Tänzerin
Tennisspieler/Tennisspielerin

Die Zimmervermittlung

STUDENTIN: Ich suche ein Zimmer.

HERR BRAUN: Ich habe gerade drei Zimmer frei.

STUDENTIN: Gut. Aber ich habe nicht viel Geld.

HERR BRAUN: Das Zimmer hier ist nicht so teuer. Es hat eine Kochecke und eine Waschecke.

STUDENTIN: Ist es auch möbliert?

HERR BRAUN: Ja; zwei Stühle, ein Tisch, ein Schreibtisch und Schränke. Die Möbel sind modern und schön. Das Schrankbett ist sogar neu.

STUDENTIN: Ein Tisch und auch ein Schreibtisch? Das ist ideal.

Dialogue. Although dialogue actually contains accusative direct objects, they aren't obvious, since they are feminine or neuter. Let this be passive information for now that will be explained later with accusative case. Mr. Braun is pointing out listing to student when he says *Das Zimmer hier.*

A. Die Zimmervermittlung

1. Sind vier Zimmer gerade frei? 2. Hat die Studentin viel Geld? 3. Ist ein Zimmer teuer? 4. Hat es eine Kochecke und eine Waschecke? 5. Ist das Zimmer möbliert? 6. Sind die Möbel alt?

B. These types of questions follow nearly every dialogue. You can also have students ask you these questions to practice *Sie*-form.

B. Fragen Sie Ihren Nachbarn / Ihre Nachbarin:

1. Hast du viel Geld? 2. Sind Zimmer hier teuer?

Plurals of Nouns. Students can drill one another on singular/plural gender forms. It is worthwhile listening/speaking habit to develop early. One exchange that works: s1: *Flugzeug,* s2: *das Flugzeug, die Flugzeuge.*

Students should also practice learning nouns from plural to singular. Forms can be drilled in class as team game.

Plurals of Nouns; *haben*

Plurals of Nouns

The plural of the definite article is **die** for all genders. There is no plural of the indefinite article. The plural of **kein** for all genders is **keine**.

	SINGULAR			PLURAL
	Masculine	*Feminine*	*Neuter*	*All Genders*
DEFINITE ARTICLE	der ⎫	die ⎫	das ⎫	die ⎫ Stühle
INDEFINITE ARTICLE	ein ⎬ Stuhl	eine ⎬ Ecke	ein ⎬ Zimmer	— ⎬ Ecken
kein	kein ⎭	keine ⎭	kein ⎭	keine ⎭ Zimmer

The plurals of German nouns are formed in different ways, just as in English (*student, students*; *house, houses*; *city, cities*; *man, men*; *mouse, mice*; and so on). There are certain patterns that you will begin to recognize, but the plurals of many nouns cannot be predicted. Therefore, it is best to learn the plural of a noun along with the gender: **der Mann, die Männer**; **die Frau, die Frauen**; **das Kind, die Kinder**.

DIE Frauen

Delphi Filmverleih

The women

135 Frauen, kein Mann und nur ein Thema. Gnadenlos weiblich.

Eine Komödie

58

PATTERN	NOUN LISTING	PLURAL
- (no change)	der Amerikaner, -	die Amerikaner*
	das Fenster, -	die Fenster
̈	der Garten, ̈	die Gärten
-e	das Heft, -e	die Hefte
	der Tag, -e	die Tage
̈e	die Nacht, ̈e	die Nächte
	der Schrank, ̈e	die Schränke
-n	die Ecke, -n	die Ecken
	die Kirche, -n	die Kirchen
-en	die Frau, -en	die Frauen
	der Student, -en	die Studenten
-nen	die Amerikanerin, -nen	die Amerikanerinnen†
	die Studentin, -nen	die Studentinnen
-er	das Kind, -er	die Kinder
̈er	das Haus, ̈er	die Häuser
	der Mann, ̈er	die Männer
-s	das Auto, -s	die Autos

In dictionaries and in the vocabulary lists of this book, the plural pattern is indicated after the noun. The preceding table lists the most common plural patterns of German nouns and shows you how to form the plural of a noun when you see it listed this way.

The plural of a compound noun is formed in the same way as the plural of the last component.

das Bett, -en	das Schrankbett, -en
die Miete, -n	die Monatsmiete, -n
die Stadt, ̈e	die Universitätsstadt, ̈e
der Tisch, -e	der Schreibtisch, -e

---

* The plurals of most masculine nouns ending in **er** that signify nationality or occupation are the same as the singular forms: **die Kellner, die Österreicher,** and so on.

† The plurals of feminine nouns ending in **in** (usually signifying nationality or profession) are formed with the ending **nen: die Kellnerinnen, die Österreicherinnen,** and so on.

haben

Haben and **sein** are the most frequently used verbs in German. **Haben**—like **sein**—is an irregular verb. In the second- and third-person singular, the **b** is omitted from the verb stem.

	haben		
ich	habe	wir	haben
du	hast	ihr	habt
er sie es	hat	sie	haben
	Sie	haben	

Der Professor **hat** zwei Hefte. **Hast** du auch zwei Hefte?

The phrase **gern haben** means *to like* something or someone.

Hast du Computer **gern**?   *Do you like computers?*
Nein, ich **habe** Computer **nicht**   *No, I don't like computers.*
gern.

haben. Point out that *b* is voiced in *habe* and *haben* but voiceless [*p*] in *habt* [*hapt*].

Use of (*nicht*) *gern haben* resembles that of separable prefix verb or two-pronged verbal expression, wherein particle stands in final position:

(*Lust haben*)
Er hat . . . Lust.

(*gern haben*)
Er hat . . . gern.

When (*nicht*) *gern* is used with another true separable prefix verb or two-pronged verbal expression, it usually stands in next-to-final position:

(*Tennis spielen*) *Er spielt* (*nicht*) *gern Tennis.*

However, location of *gern* depends on desired stress:

Er spielt Tennis nicht gern.

This implies that he likes to play something else instead.

Übungen

A. Wer hat genug Geld? *Substitute each word or phrase in parentheses for the one in italics; change the verb form accordingly.*

Hat *der Mann* genug Geld? (du, wir, die Frauen, ich, Sie, Ursula, ihr, er, die Studentin)

Übung B. This could be in-class chain drill in which students build on prior information. s1: *Die Betten kommen aus Deutschland.* s2: *Die Computer und die Betten kommen aus Deutschland.*

B. Die Möbel kommen aus Deutschland. *Change each item in the sentence from singular to plural.*

Das Bett, der Computer, der Schrank, der Schreibtisch, der Stuhl und der Tisch kommen alle aus Deutschland.

Übung C. Refer to noun lists in *Grammatik A* and substitute other plausible nouns in these models to elicit various plural patterns.

C. Ein Amerikaner, David Johnson, ist in Deutschland. Was sagt er? *Make each subject plural, and change the verb form accordingly.*

1. Das Haus ist modern.
2. Die Kirche ist sehr alt.
3. Das Studentenheim ist neu.
4. Das Studentenzimmer ist klein.
5. Die Universität ist berühmt.
6. Die Stadt ist schön.

D. Je mehr, desto besser! (*The more the better!*) *Restate each sentence in the plural. Use the numbers in parentheses with the subject.*

BEISPIEL: Ein Student wohnt hier. (3) → Drei Studenten wohnen hier.

1. Eine Studentin reist morgen nach Kiel. (4)
2. Ein Kellner arbeitet hier. (7)
3. Eine Amerikanerin lernt Deutsch. (20)
4. Ein Amerikaner studiert hier Musik. (6)
5. Eine Österreicherin kommt heute abend. (9)
6. Ein Mann und eine Frau arbeiten zusammen. (2/5)

E. Was sagt die Vermieterin? *Restate each sentence in the singular.*

BEISPIEL: Keine Studentenheime sind da drüben. →
           Kein Studentenheim ist da drüben.

1. Keine Amerikaner wohnen hier.
2. Keine Studenten haben Geld.
3. Keine Kinder spielen hier.
4. Keine Zimmer haben Möbel.
5. Keine Fenster sind wirklich groß.
6. Keine Häuser sind ideal.

F. Die Stadt. *Answer each question as it pertains to the city in which you live.*

1. Ist die Stadt sehr groß? sehr schön?
2. Hat die Stadt Kirchen?
3. Sind die Kirchen meistens alt oder modern?
4. Sind die Häuser meistens groß oder klein?
5. Hat die Stadt Studentenheime?
6. Sind die Studentenheime meistens neu oder nicht neu?
7. Ist die Universität berühmt?

G. Fragen Sie Ihren Nachbarn / Ihre Nachbarin! *He/She should answer each question with a complete sentence.*

1. Brauchst du Papier?
2. Hast du genug Bleistifte?
3. Brauchst du Möbel?
4. Hast du viel Geld?
5. Brauchst du Geld?
6. Hast du Freunde?

H. Was haben sie gern? *Ask others about their likes and dislikes.*

BEISPIELE: Herr Professor, haben Sie Computer gern?
            Jason, hast du Kuchen gern?
            Katherine und Jane, habt ihr Rock-Musik gern?

Pizza	Bier	Popmusik	Filme
Kuchen	Kaffee	Jeans	Literatur
Spaghetti	Jazz	T-Shirts	Computer
Tee	Rock-Musik	Sandalen	

Sammeltext

Tübingen ist eine Universitätsstadt. Die Universität ist alt und berühmt. Tübingen hat etwas mehr als 70 000 Einwohner,° und die Universität hat 25 000 Studenten. Etwa 1500 Ausländer° studieren in Tübingen. Es ist also° keine Großstadt.

— *residents*
— *foreigners / therefore*

Eine Universitätsstadt braucht Studentenwohnungen. Das ist manchmal° problematisch. Tübingen hat auch Studentenheime, aber sie haben nicht genug Zimmer, und die Studenten wohnen oft privat. Wo findet man Zimmer und Wohnungen? Es ist wirklich nicht immer leicht.° Die Zimmervermittlung ist meistens privat. Hier bezahlt° man eine Monatsmiete als Gebühr.° Die Studenten organisieren auch Zimmervermittlungen. Das ist kostenlos.°

— *sometimes*
— *easy*
— *pays / als. . . as a fee*
— *free of charge*

Natürlich,° wie° in Amerika, haben auch die Zeitungen° Inserate.° Zum Beispiel° findet man:

— *of course / as / newspapers / ads / zum. . . for example*

ZU VERMIETEN.° Zimmer, Bad, separater Eingang.° Nichtraucher.° Telefon (18–20 Uhr): 62 88 07.

— *zu . . . for rent*
— *entrance / nonsmoker*

Sammeltext: Words *etwas* (a little) and *etwa* (about) should pose no problem in overall understanding of respective sentences, but point out meanings if students are concerned with details.

Examples of real ads could be shown and read aloud. Have students try to figure out meaning of abbreviations. Also see activity on ads for rooms/roommates in *Anwendung*.

Tübingen

1. Wie viele Einwohner hat Tübingen?
2. Wie viele Studenten hat die Universität?
3. Was braucht eine Universitätsstadt?
4. Was organisieren die Studenten?

KULTURECKE

Wohnungsnot. Finding housing in university cities such as Heidelberg and Göttingen and in major cities such as Hamburg and Munich has been a problem for students for many years. In Göttingen, for example, the waiting time for student housing varies from six to thirty months. Vacancies are filled from a waiting list. There are no double rooms, and the applicants have virtually no choice of rooms. Private dormitories are considerably more expensive, but there is only a short waiting period for them. Many students try to rent an apartment with other students. Others look for furnished rooms sublet by a family; such rooms are often separate from family quarters and have their own kitchen facilities and bath.

Students are not the only ones frustrated by the lack of housing in major German cities. Within a year after the German unification, for example,

Sammelübungen

A. Wer sind Monika und Gisela? *Add the missing words to complete the information.*

Monika und Gisela sind _____ (*students*). Monika ist _____ (*Austrian*) und kommt aus Wien. Gisela ist _____ (*Swiss*) und kommt aus Luzern. _____ (*The women*) studieren jetzt Medizin in Göttingen. Göttingen ist _____ (*a*) Universitätsstadt. _____ (*The*) Universität ist sehr alt und berühmt.

Monika und Gisela wohnen privat. Sie _____ (*have*) Zimmer in Göttingen. Monikas Zimmer ist nicht teuer, und _____ (*the*) Heizung, _____ (*the*) Strom und _____ (*the*) Wasser sind alle inbegriffen. _____ (*The*) Zimmer ist auch möbliert. _____ (*The*) Bett, _____ (*the*) Schreibtisch, _____ (*the*) Schrank und _____ (*the*) zwei _____ (*chairs*) sind alt, aber schön.

Giselas Zimmer ist modern, und _____ (*the*) Monatsmiete ist sehr hoch. _____ (*The*) Möbel—_____ (*a*) Bett, zwei _____ (*tables*) und vier _____ (*chairs*)—sind neu. _____ (*The*) Zimmer _____ (*has*) zwei _____ (*windows*), und _____ (*the*) Aussicht ist großartig.

Monika sagt: „Gisela, du _____ (*have*) viel Geld."

Gisela sagt: „Nein, ich _____ (*have*) nicht so viel Geld. Ich wohne hier aber gern."

Monika sagt: „Ja, Göttingen ist _____ (*no*) Großstadt, aber _____ (*it*) ist wirklich schön."

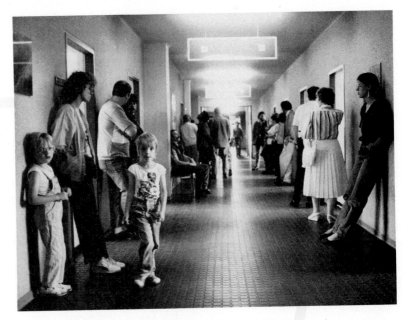

Berlin lacked as many as 150,000 apartments, and rents for existing units skyrocketed. The influx of major corporations, along with foreign journalists and entrepreneurs, into the new German capital is largely responsible for the housing crisis. Resettlement of citizens throughout Germany also accounts for housing problems in many other cities.

Wohnungen sind knapp (*scarce*). Manchmal wohnen Studenten sogar in Wohnwagen (*trailers*).

B. Möbelstücke. *Based on the ad, answer each question with at least one complete sentence.*

1. Was ist Nummer 5?
2. Was sind Nummer 4 und 6? (Das sind . . .)
3. Ist Nummer 15 ein Schrank?
4. Wie viele (*how many*) Tische sehen (*see*) Sie?
5. Nummer 13 ist eine Kommode. Wie viele Kommoden sehen Sie?
6. Sind Nummer 1 und 8 Sofas?
7. Wie viele Stühle sehen Sie?
8. Wie viele Möbelstücke sehen Sie?

C. Peter ist ein „Prahlhans" (*show-off*). **Sind Sie auch ein „Prahlhans"?**
Someone takes the part of Peter. Try to outdo each of his claims in one way or another. Perhaps another student will try to outdo you.

BEISPIELE: PETER: Ich habe 200 DM.
              SIE: Ich habe 300 DM.

              PETER: Ich habe zwei Computer.
              SIE: Ich habe zwei Computer und auch zwei Schreibmaschinen.

1. Ich habe 400 DM.
2. Ich habe zwei Zimmer; sie sind groß und modern.
3. Ich zahle 450 DM Miete pro Monat.
4. Ich habe zwei Computer.
5. Ich kenne Hamburg; Hamburg ist eine Stadt in Deutschland.
6. Ich kenne zwei Studentinnen aus Österreich.
7. Ich kenne drei Schweizer.
8. Ich reise nach England.

D. Rollenspiel: Sie sind Student/Studentin in Tübingen. Sie kennen schon Paul. *Create a dialogue with another student. Follow the script, but expand it as much as possible.*

> ERIKA: Paul sagt, du bist neu in Tübingen und studierst Musik.
> SIE: ___?___
> ERIKA: Ich bin auch neu hier. Ich komme aus Regensburg. Kennst du Regensburg?
> SIE: ___?___
> ERIKA: Findest du Tübingen interessant?
> SIE: ___?___
> ERIKA: Wohnst du gern in Tübingen?
> SIE: Ja, aber ich finde alles ein bißchen teuer. Ich bezahle 420 Mark Monatsmiete. Mein (*my*) Zimmer ist aber nicht sehr groß. Es . . .
> ERIKA: Mein Zimmer . . .
> SIE: Was machst du gern?
> ERIKA: Ich . . . Und du? Was machst du gern?
> SIE: ___?___

Note Erika's line beginning with *Mein Zimmer* . . . The *mein* should cause no problem for students in this context. If they use *mein* with feminine nouns, however, correct them.

Anwendung

Zimmer

A. Richtig oder falsch?

1. Peter und Stefan suchen eine Wohnung.
2. Karin braucht ein Zimmer.
3. Karins Telefonnummer ist 3 67 64.
4. Peter und Stefan haben ein 14m²-Zimmer zu vermieten.
5. Karin denkt (*thinks*), 290 Mark pro Monat ist zu teuer.
6. Peter und Stefan wohnen zusammen.
7. Die zwei Studenten wohnen in einem Wohnheim.
8. Karin braucht eine Wohnung zum 8. (achten) Januar.

Wir, Peter + Stefan, suchen zum 1.8. neue Mitbewohner für 14 qm – Zimmer, 290,– inkl. im Papenberg Wohnheim Tel. 36764

36764 36764 36764 36764

Suche Wohnung oder Zimmer, zum 1.8., bis 350,– inkl. zentral! Karin, Tel. 36092

1.8. = 1. (ersten) August
für *for*
Mitbewohner *roommates*
Wohnheim *apartment house, dormitory*
zum *from (the)*

B. Rollenspiel: Das Pro und Kontra. *Suppose you and another student are looking for housing in Regensburg. Argue the pros and cons of the rooms and apartments listed in the newspaper ad.*

> BEISPIEL: S1: Nummer sechs ist gut.
> S2: Ja, aber es ist nicht in Regensburg.
> S1: Aber es ist neu möbliert.
> S2: Ich habe schon Möbel.
> S1: Die Miete ist nicht hoch.
> S2: 450 Mark? Das ist zu teuer.

C. Provide wall space where students can tack or tape ads for class to peruse. Not a bad way to exchange telephone numbers.

C. Ein Inserat. *Write an ad for your own room or apartment. Use whatever words and phrases apply. Check a newspaper or call a bank for the current exchange rate to determine the monthly rent in German marks. Make your ad as attractive as possible to a prospective renter.*

D. Inserate. *Read through the following ads for rooms and apartments. If you need help, check the key to abbreviations and vocabulary lists.*

Balk. = Balkon
ca. = circa
inkl. = inklusive
m². = qm. (Quadratmeter)
möbl. = möbliert
Rgbg. = Regensburg
Str. = Straße
südl. = südlich *south*
Terr. = Terrasse
Uni. = Universität
unmöbl. = unmöbliert
v. = von
verm. = vermieten *to rent*
WC = Wasserklosett (die Toilette)
Whg. = Wohnung
Zi. = Zimmer

ab *from*
das Bad *bathroom*
das Dachstudio *attic studio*
die Dusche *shower*
die Nähe *vicinity*
sofort *immediately*
voll *completely*

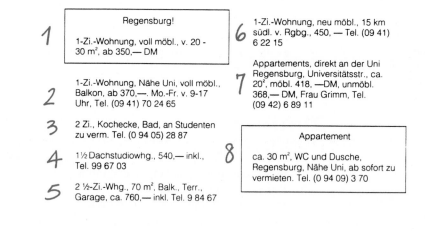

1
Regensburg!
1-Zi.-Wohnung, voll möbl., v. 20 - 30 m², ab 350,— DM

2
1-Zi.-Wohnung, Nähe Uni, voll möbl., Balkon, ab 370,—. Mo.-Fr. v. 9-17 Uhr, Tel. (09 41) 70 24 65

3
2 Zi., Kochecke, Bad, an Studenten zu verm. Tel. (0 94 05) 28 87

4
1½ Dachstudiowhg., 540,— inkl., Tel. 99 67 03

5
2 ½-Zi.-Whg., 70 m², Balk., Terr., Garage, ca. 760,— inkl. Tel. 9 84 67

6
1-Zi.-Wohnung, neu möbl., 15 km südl. v. Rgbg., 450, — Tel. (09 41) 6 22 15

7
Appartements, direkt an der Uni Regensburg, Universitätsstr., ca. 20², möbl. 418, —DM, unmöbl. 368,— DM, Frau Grimm, Tel. (09 42) 6 89 11

8
Appartement
ca. 30 m², WC und Dusche, Regensburg, Nähe Uni, ab sofort zu vermieten. Tel. (0 94 09) 3 70

Ankunft in Europa

3

Vorschau. You may wish to introduce *fliegen* and *Flugschein/Flugkarte* (to compare with *Fahrkarte*) for active use: *Fliegen Sie gern? Sind Flugscheine teuer? Fahren Sie gern per Flugzeug? Bus? Auto? Taxi? Zug? Schiff?*

Vorschau

Ist das der Flughafen oder der Bahnhof? Wie viele Männer sehen Sie? Wie viele Frauen? Wie viele Kinder? Wie viele Koffer? Wer reist heute? Wer arbeitet heute? Woher kommen die Männer und Frauen vielleicht? Wohin reisen sie vielleicht? Brauchen sie jetzt Flugscheine (Flugkarten) oder Bücher?

Wortgebrauch

A. Ankunft in Europa. Was brauchen Sie? *Match each German sign with the American counterpart.*

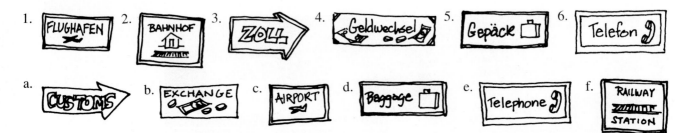

Übung B. Two students could do this in chain-drill fashion. Prepositional phrases and other premature structures can be neatly avoided by having s2 answer, *Das ist der Zoll* or *Das ist der Flughafen.*

This exercise could also be reversed: *Das ist der Bahnhof. Was sagt man?* Have all students assume task of asking as well as answering.

B. Wo sagt man was? *Read each expression or conversational exchange, then choose the most likely setting for it:* der Flughafen, der Zoll, die Telefonzelle, der Bahnhof, die Geldwechselstube (*exchange booth*), der Zug.

1. „Haben Sie etwas zu verzollen?"
   „Ja, wir haben Zigaretten."
2. „Ich habe Dollars. Ich brauche D-Mark, bitte."
3. „Das ist der Zug nach Bonn. Ich habe schon zwei Fahrkarten."
4. „Wohin telefonieren Sie?"
   „Nach Bonn."
   „Brauchen Sie Münzen?"
5. „Hier ist das Gepäck. Der Bus kommt schon."
6. „Entschuldigung! Ist dieser Platz frei?"

Übung C. Offer *dann und wann* as additional choice in directions. Point out idiom in *Beispiel: Zeitung lesen.* It might also be helpful to supply—or ask good student to supply—another example before proceeding with exercise itself.

Watch for proper intonational emphasis on adverb and on terminal fade contour of answer. Note also built-in review features of exercise: yes/no questions, first-person singular present tense forms, plurals, etc.

C. Was machen Sie? Wie oft? Immer, oft, manchmal, oder nie?

BEISPIEL: Die Männer lesen Zeitung. Lesen Sie Zeitung? →
Ja, ich lese oft Zeitung.

68

1. Die Studenten
   brauchen Geld.
   Brauchen Sie Geld?

2. Die Studentinnen
   lesen Bücher. Lesen
   Sie Bücher?

3. Der Mann und die
   Frau essen Pizza.
   Essen Sie Pizza?

4. Die Österreicher
   sprechen Deutsch.
   Sprechen Sie
   Deutsch?

5. Die Journalisten
   halten Interviews.
   Halten Sie
   Interviews?

6. Die Frauen fahren
   (= reisen) nach
   Mexiko. Fahren Sie
   nach Mexiko?

7. Die Journalistinnen
   telefonieren nach
   Europa.
   Telefonieren Sie
   nach Europa?

8. Der Mann und die
   Frau geben
   Geschenke. Geben
   Sie auch
   Geschenke?

Zeitungsleser sind immer gut informiert

Wortschatz

Adjectives and Adverbs

bald	soon
dann	then
fast	almost
hungrig	hungry
irgendwo	somewhere
leider	unfortunately
manchmal	sometimes
müde	tired
nachmittags	afternoon(s); in the afternoon
nett	nice
nie	never
nur	only
offen	open
oft	often
selten	rarely
vielleicht	maybe
weit (weg)	far (away)
zollpflichtig	dutiable, subject to import tax
zuerst	first

Coordinating Conjunctions

aber	but, however
denn	because, for
oder	or
sondern	but, on the contrary
und	and

der-Words

dieser	this; that
jeder	each; every
mancher	some
solcher	such
welcher	which

ein-Words

dein	your (*infor. sg.*)
euer	your (*infor. pl.*)
ihr	her; its; their
Ihr	your (*for.*)
mein	my
sein	his; its
unser	our

Interrogative Words

wann	when
warum	why
was	what
wer	who
wie	how
wieviel	how much
wie viele	how many
wo	where
woher	(from) where
wohin	(to) where

Interrogative Words. Note that *wer?* and *was?* were listed in Chapter 1 under "Useful Words and Phrases."

Wieviel Geld (singular noun) *haben Sie? Wie viele Bücher* (plural noun) *haben Sie?*

Nouns

der Bahnhof, ̈-e	railway station
der Beamte, -n (ein Beamter) / die Beamtin, -nen	official, clerk
die Blume, -n	flower
das Buch, ̈-er	book
der Bus, -se	bus
der Deutsche, -n (ein Deutscher) / die Deutsche, -n	German (*person*)
die Fahrkarte, -n	ticket
die Farbe, -n	color
die Flasche, -n	bottle
der Flughafen, ̈	airport
der Freund, -e / die Freundin, -nen	friend
das Gepäck	baggage, luggage
das Geschenk, -e	present
das Interview, -s	interview
der Journalist, -en / die Journalistin, -nen	journalist

Nouns. Point out similarities between German/English: *Blume*/bloom; *Flasche*/flask.

Accusative case of all nouns is treated in Chapter 4. *Journalist* is listed with weak masculine nouns in that section.

Nouns. *das Parfüm, -e* has another possible plural pattern, *-s*. It is less confusing to students, however, to learn just one. Related words: *die Parfümerie, das Parfümfläschchen, parfümieren.*

der Koffer, -	suitcase
das Land, ¨er	country
die Mark, -	German mark (*currency*)
die Münze, -n	coin
das Parfüm, -e	perfume
das Problem, -e	problem
die Sache, -n	thing, object
die Telefonzelle, -n	phone booth
die Zeit	time
die Zeitung, -en	newspaper
die Zigarette, -n	cigarette
der Zollbeamte, -n (ein Zollbeamter) / die Zollbeamtin, -nen	customs official
der Zug, ¨e	train

Verbs

bekommen	to get, receive
essen (ißt)	to eat
fahren (fährt)	to travel, go; to drive
geben (gibt)	to give
die Hand geben	to shake hands, extend one's hand
halten (hält)	to hold; to keep
Interviews halten	to conduct interviews
laufen (läuft)	to run
lesen (liest)	to read

nehmen (nimmt)	to take
Platz nehmen	to sit down, take a seat
sehen (sieht)	to see
sprechen (spricht)	to speak
telefonieren	to phone
vergessen (vergißt)	to forget
werden (wird)	to become

Verbs. Make sure students understand difference in meaning between *bekommen* (to get, receive) and *werden* (to become, get) and that *bekommen* ≠ become.

Useful Words and Phrases

alles	everything
also	well then, now; therefore
etwas	something
haben Sie etwas zu verzollen?	do you have anything to declare?
heute nachmittag	this afternoon
um (sieben)	at (seven)
erst um (sieben)	not until (seven)
willkommen (in Deutschland)	welcome (to Germany)
Zeitung lesen	to read a newspaper

Dialogue. To prepare, role-play customs officer and bring pictures of items subject to duty: *Ich bin der Zollbeamte / die Zollbeamtin. Diese Sachen sind zollpflichtig: Zigaretten* etc. Appropriate sign on desk and some indication that this is meant to be *Flughafen* setting enhance atmosphere. Dialogue can then be performed as skit, complete with all paraphernalia. Official can be played as *geduldig/freundlich* or *ungeduldig/amtlich.*

Grammatik

Frankfurt: der Flughafen

DER ZOLLBEAMTE: Haben Sie etwas zu verzollen?

SARAH: Ich bin nicht sicher. Welche Sachen sind denn zollpflichtig?

DER ZOLLBEAMTE: Zigaretten, Schnaps, Wein, Parfüm . . . Ist das Ihr Gepäck?

SARAH: Ja. Der Koffer ist schon offen.

DER ZOLLBEAMTE: Gut. Sie haben drei Stangen Zigaretten, zwei Flaschen Whisky und Parfüm. Ist das alles?

SARAH: Ja, das ist alles. Aber das ist mein Parfüm. Nur diese Sachen sind Geschenke.

DER ZOLLBEAMTE: Diese Zigaretten und dieser Whisky sind zollpflichtig.

A. Der Zoll

1. Welche Sachen sind zollpflichtig?   2. Hat Sarah Zigaretten? Whisky? Parfüm?   3. Sind die Zigaretten und der Whisky Geschenke?

B. Sie fahren mit anderen (*with other*) Studenten und Studentinnen nach Europa. Fragen Sie Ihren Nachbarn / Ihre Nachbarin: Hast du etwas zu verzollen? Welche Sachen sind Geschenke?

KULTURECKE

Frankfurt am Main. Despite its long history as an imperial city dating back to the ninth century, Frankfurt may be the most modern city in Germany today. Built on the banks of the Main, a tributary of the Rhine river, Frankfurt is not only an important economic and commercial center but also a major junction for international travel. The newly constructed **Frankfurter Messeturm**, rising 256.5 meters with an illuminated pyramid at the top, is the tallest skyscraper on the European continent. Frankfurt has clearly become a **vertikale Stadt**, leading semanticists to ponder: **Liegt oder steht Frankfurt am Main?** (**liegen** = *to lie, to be situated*: **stehen** = *to stand*).

der- and *ein-*Words

*der-*Words

You recall that the definite article is a word used before a noun: *der* **Koffer**, *die* **Blume**, *das* **Gepäck**, *die* **Sachen**. The so-called **der**-words also stand before nouns and have endings that correspond to those of the definite article. The **der**-words are **dieser** (*this*, *these*), **jeder** (*each*, *every*), **welcher** (*which*), **mancher** (*some*), and **solcher** (*such*).

*der-*Words. Note that *jener* (that) has been omitted from active student use in this first-year program, since it is not common in contemporary conversation. However, you might wish at some point to introduce pair *dieser/jener*, in sense of "the former/the latter."

You might want to mention use of *manch ein . . .* and *solch ein . . .* and provide examples. You might also mention *alle*, which is used in plural. If students have trouble, have them write English equivalents next to chart.

NOMINATIVE			
Masculine	*Feminine*	*Neuter*	*Plural*
der	die	das	die
dieser	diese	dieses	diese
jeder	jede	jedes	—
welcher	welche	welches	welche
mancher	manche	manches	manche
solcher	solche	solches	solche

Note that **jeder** is used only in the singular. **Mancher** and **solcher** are used mainly in the plural.

MASCULINE SINGULAR	**Jeder Koffer** ist hier.
FEMININE SINGULAR	Nicht **jede Kirche** ist alt.
NEUTER SINGULAR	**Jedes Buch** ist interessant.
PLURAL	**Manche Beamten** sind sehr nett.
	Solche Zigaretten sind teuer.

Der-words, like the definite article, must agree in gender, number, and case with the noun they modify.

> **Dieser Mann** kommt aus Amerika.
> **Welches Parfüm** kostet viel Geld?

ein-Words (Possessive Adjectives)

Like **der**-words, **ein**-words stand before nouns, but they have endings that correspond to those of the indefinite article. The **ein**-words include **kein** and all the possessive adjectives.

Each personal pronoun has a corresponding possessive adjective, which is used to indicate possession or relationship.

ich → mein *my*		wir → unser *our*	
du → dein *your*		ihr → euer *your*	
er → sein *his, its*	⎫		
sie → ihr *her, its*	⎬	sie → ihr *their*	
es → sein *its*	⎭		
	Sie → Ihr *your*		

Note that the formal possessive adjective **Ihr**, like the formal pronoun **Sie**, is capitalized.

Possessive adjectives take the same endings as **ein**. Like **kein**, the plural forms take an **e** ending.

NOMINATIVE

Masculine		Feminine		Neuter		Plural	
ein		eine		ein		—	
kein		keine		kein		keine	
mein		meine		mein		meine	
dein		deine		dein		deine	
sein		seine		sein		seine	
ihr	} Koffer	ihre	} Zeitung	ihr	} Gepäck	ihre	} Geschenke
sein		seine		sein		seine	
unser		unsere*		unser		unsere*	
euer		eure		euer		eure	
ihr		ihre		ihr		ihre	
Ihr		Ihre		Ihr		Ihre	

Note that the second-person plural stem changes from **euer** to **eur** when an ending that begins with **e** is attached: **euer Koffer**, **euer Gepäck**; *but* **eure Zeitung, eure Geschenke.**

der Beamte / der Deutsche

Some *masculine* German nouns (principally those formed from adjectives) have endings. In the nominative case, these nouns end in **e** if they follow a **der**-word.

> Das ist **der Zollbeamte**.
> **Der Beamte** sagt etwas.
> **Welcher Deutsche** kommt heute?

If such words stand alone or follow an **ein**-word in the nominative case, they end in **er**.

> Peter ist **Zollbeamter**.
> **Kein Deutscher** kommt heute. **Ein Deutscher**, Herr Jahn, kommt aber morgen.

The feminine singular of **der Beamte** is **die Beamtin**; the feminine plural is **die Beamtinnen**. The feminine counterpart of **der Deutsche** is **die Deutsche**. The plural for both masculine and feminine is **die Deutschen**.

---

* In conversation, **unsere** often becomes **unsre**: **unsre Zeitung, unsre Geschenke.**

Übung A. Since questions/answers are involved, pay close attention to authentic intonation contours. Some students tend to level out question/answer contours when going through exercises.

In small groups, have students reorganize sentences into logical exchange between official and traveler. They shouldn't have to add more than 1 or 2 brief lines. Have several groups perform their versions for class.

A. Zoll. *Replace the italicized word with the correct form of the word in parentheses. Remember, when* welcher *is used, the sentence becomes a question.*

1. *Der* Zollbeamte fragt: „Haben Sie etwas zu verzollen?" (jeder)
2. *Die* Amerikanerin sagt: „Ich bin nicht sicher." (welcher)
3. *Diese* Sachen sind zollpflichtig. (welcher)
4. Sind *diese* Geschenke zollpflichtig? (solcher)
5. *Die* Zigaretten und *das* Parfüm sind Geschenke. (dieser/dieser)
6. *Das* Buch kommt aus Deutschland, nicht? (dieser)
7. Ist *der* Koffer schon offen? (jeder)
8. *Diese* Zigaretten sind teuer, nicht? (mancher)
9. Kommen *die* Blumen aus Deutschland? (dieser)

B. Fragen, Fragen, Fragen. *Complete each question according to the cue.*

1. _____ Mann ist der Zollbeamte? (*which*)
2. _____ Zollbeamten sind freundlich, nicht wahr? (*some*)
3. Fährt _____ Amerikaner oft nach Deutschland? (*this*)
4. Sind _____ Sachen Geschenke? (*these*)
5. _____ Sachen sind denn Geschenke? (*which*)
6. _____ Geschenke sind teuer, nicht? (*such*)
7. Ist _____ Koffer neu? (*each*)
8. Ist _____ Flasche offen? (*each*)
9. _____ Flasche ist schon offen? (*which*)
10. Ist _____ Geschenk hier? (*each*)
11. Sind _____ Koffer teuer? (*such*)
12. Ist _____ Zeitung interessant? (*this*)

C. Komplimente. *Replace the italicized word with the correct form of each word in parentheses.*

1. *Die* Blumen sind wirklich schön. (Ihr, dein, euer)
2. *Das* Buch ist interessant. (sein, kein, ihr)
3. *Der* Freund ist wirklich nett. (mein, dein, unser)
4. *Diese* Wohnung ist luxuriös. (sein, euer, Ihr)

Übung D. This can be continued with gestures as *Was ist was?* Exhibit object or picture, point to student or to yourself, and call on someone for sentence. For example, point to male student while holding up book. Person you call on responds *Das ist sein Buch.* For some suggested objects, consult *Übung E.*

Variation. Give each student identity card (*Professor, Freund,* etc.) and task card (look for your professor, look for your friend, etc.). Students circulate, asking one another *Wer sind Sie?* As soon as match is located student calls out, *Das ist mein (Freund).* You can then ask additional questions of other students: *Ist das sein Freund?* In large classes, duplicate cards will allow for easy practice of plurals as well.

D. Wer ist wer? *Complete each sentence according to each cue.*

1. Das ist _____ Frau.* (*my, his, your* [*infor. sg.*])
2. Das ist _____ Mann.* (*her, your* [*for.*]*, my*)
3. Das sind _____ Kinder. (*our, their, your* [*infor. pl.*])
4. Das ist _____ Freund. (*his, her, our*)
5. Das ist _____ Professorin. (*your* [*infor. pl.*]*, our, your* [*infor. sg.*])
6. Das sind _____ Freundinnen. (*my, your* [*infor. sg.*]*, his*)

_____

*In this context, **Frau** means *wife*, and **Mann** means *husband*.

E. Das sind meine Sachen, und das sind deine Sachen. *Distinguish between the owners of each item or set of items.*

>BEISPIEL: Gepäck / (ich, er) →
>Das ist mein Gepäck, und das ist sein Gepäck.

1. Fahrkarte / (ich, sie [*sg.*])
2. Flasche / (du, er)
3. Koffer / (ich, Sie)
4. Bücher / (wir, ihr)
5. Geschenke / (ihr, sie [*pl.*])
6. Parfüm / (sie [*sg.*], du)

F. Das ist _____ Buch. *Look around the classroom; point to various objects and indicate ownership.*

>BEISPIELE: Das sind meine Bleistifte.
>Das ist sein Buch.

der Bleistift, -e	das Heft, -e	der Stuhl, ¨e
das Buch, ¨er	das Papier	der Tisch, -e
das Geld	der Schreibtisch, -e	

G. Freunde? *Respond in your own way to each unkind remark.*

>BEISPIELE: Unsere Koffer sind neu. Dein Koffer ist alt. →
>Mein Koffer ist nicht so alt.
>*oder*: Eure Koffer sind nicht so neu.
>*oder*: Eure Koffer sind neu aber klein. Mein Koffer ist alt aber groß.
>*oder*: Ja, eure Koffer sind sehr schön. Mein Koffer ist alt und nicht mehr schön.

1. Unsere Zimmer sind groß. Dein Zimmer ist klein.
2. Unsere Freunde sind berühmt. Sind deine Freunde berühmt?
3. Unsere Geschenke sind teuer. Deine Geschenke sind nicht so teuer.
4. Unsere Blumen sind wirklich schön. Deine Blumen sind nicht so schön.
5. Unsere Stadt ist interessant. Deine Stadt ist uninteressant.
6. Unsere Autos sind luxuriös. Hast du ein Auto? Ist es luxuriös?

H. Welche . . . ? *Fragen Sie Ihren Nachbarn / Ihre Nachbarin:*

1. Welche Geschenke bekommst du gern? Parfüm? Blumen? Geld? Bücher? _____?
2. Welche Städte besuchst du gern?
3. Welche Monate hast du gern?
4. Welche Autos hast du gern?
5. Welche Farben hast du gern?

Frankfurt: der Flughafen

CHRISTOPH: Tag, Sarah. Willkommen in Deutschland. Hier sind Blumen.

SARAH: O Christoph, wie nett. Wie geht's dir? (*Sarah gibt Christoph die Hand.*)

CHRISTOPH: Gut, danke. Wir haben leider nicht viel Zeit. Der Zug nach Bonn fährt um zehn nach eins.

SARAH: Wir haben nur zwanzig Minuten. Ich brauche aber D-Mark.

CHRISTOPH: Kein Problem. Ich habe schon zwei Fahrkarten. D-Mark bekommst du heute nachmittag in Bonn.

B

A. Note that with fixed sum or monetary denomination, *s* is not added (*Das kostet zehn Dollar.*), whereas individual bills, not representing price or sum, do have *s* plural (*Ich habe keine Dollars.*).

Get current *Dollarkurs*, mark/dollar exchange rate, from bank, newspaper, or TV news. Then do some simple conversions for ticket prices, etc. Bring those pocket calculators (*Taschenrechner*)!

Kulturecke. The *Zweihundertmarkschein* was introduced at the end of 1992.

You might mention that plural of *Schilling* is *Schillinge*, that of *Pfennig*, *Pfennige*. With amounts, however, singular is used: *Wie viele Schilling/Pfennig . . . ? 10 Schilling/Pfennig.*

Assign several students to call or visit large banks to get exchange rates to report to class. This could be continuing source of meaningful conversation *über den heutigen Dollarkurs.*

A. Der Flughafen

1. Fährt der Zug bald nach Bonn?   2. Hat Sarah Dollars?   3. Braucht sie D-Mark?   4. Hat Christoph schon zwei Fahrkarten?   5. Bekommt Sarah D-Mark in Frankfurt?

B. Fragen Sie Ihren Nachbarn / Ihre Nachbarin: Hast du heute viel Zeit?

KULTURECKE

Geld. The monetary unit in Germany is the **Deutsche Mark (DM)**, which is divided into 100 **Pfennig**. The denominations are as follows:

(der) **ein Pfennig**, -	(der) ein Fünfmarkschein, -e
(das) ein Zweipfennigstück, -e	Zehnmarkschein
Fünfpfennigstück	Zwanzigmarkschein
Zehnpfennigstück	Fünfzigmarkschein
Fünfzigpfennigstück	Hundertmarkschein
(die) **eine Mark**, -	Zweihundertmarkschein
ein Zweimarkstück	Fünfhundertmarkschein
Fünfmarkstück	Tausendmarkschein

The monetary unit in Austria is the **Schilling (öS)**, which is divided into 100 **Groschen**.

The Swiss monetary system is based on the **Franken (sfr)**, which is divided into 100 **Rappen** (officially called **centimes**).

Stem-Changing Verbs

As you recall, the stem of a verb is the infinitive minus the **en** ending: **komm, geh**. Some verbs have an alternate stem; that is, the stem vowel—and sometimes a stem consonant as well—changes in the second- and third-person singular of the present tense. Such verbs are called *stem-changing verbs*. The stem-vowel changes are **e → i, e → ie, a → ä / au → äu**.

Stem-Vowel Change: *e → i*

The **d** is omitted from the stem of **werden** in the second-person singular.

sprechen			
ich	spreche	wir	sprechen
du	sprichst	ihr	sprecht
er			
sie	spricht	sie	sprechen
es			
		Sie	sprechen

werden			
ich	werde	wir	werden
du	wirst	ihr	werdet
er			
sie	wird	sie	werden
es			
		Sie	werden

Another verb with a stem-vowel change from **e** to **i** is **geben**: **du gibst, er/sie/es gibt**.

The stem **nehm** changes to **nimm**; the stem **ess** changes to **iß/eß**.

nehmen			
ich	nehme	wir	nehmen
du	**nimm**st	ihr	nehmt
er			
sie	**nimm**t	sie	nehmen
es			
		Sie	nehmen

essen			
ich	esse	wir	essen
du	**iß**t	ihr	**eß**t
er			
sie	**iß**t	sie	essen
es			
		Sie	essen

Another verb conjugated like **essen** is **vergessen: du vergißt, er/sie/es vergißt**.

Stem-Changing Verbs. Focus somewhat on vowel quality/quantity shifts within stem-changing verbs to instill clear pronunciation from beginning. Remind students that *h* is lengthening sign and that doubled consonants signal preceding short vowels.

All these verbs need extensive oral drilling within paradigms before proceeding to "real" sentences. Board diagram summarizing (or previewing) 3 types would also help.

Verb drilling lends itself to team activity and forces everyone to stay involved. Pace should be brisk, and drills should be done briefly several times rather than in one marathon session.

Stem-Vowel Change: e → i. Put present conjugation of *geben* on board or go through it orally. Do same for *vergessen* and *halten*. Draw particular attention to *du hältst* (no *e*, as in *du arbeitest*, since both are *t*-stems).

essen / vergessen. Students should observe identical spelling in second- and third-persons singular of *essen* (*ißt*) and *vergessen* (*vergißt*).

Stem-Vowel Change: *e → ie*

lesen			
ich	lese	wir	lesen
du	**lie**st	ihr	lest
er sie }	**lie**st	sie	lesen
es			
	Sie	lesen	

sehen			
ich	sehe	wir	sehen
du	**sie**hst	ihr	seht
er sie }	**sie**ht	sie	sehen
es			
	Sie	sehen	

Stem-Vowel Change: *a → ä / au → äu*

fahren			
ich	fahre	wir	fahren
du	**fä**hrst	ihr	fahrt
er sie }	**fä**hrt	sie	fahren
es			
	Sie	fahren	

laufen			
ich	laufe	wir	laufen
du	**läu**fst	ihr	lauft
er sie }	**läu**ft	sie	laufen
es			
	Sie	laufen	

Another verb with a stem-vowel change from **a** to **ä** is **halten**: **du hältst**,
er/sie/es hält.

Übungen

Übung A. Describe *Sauerbraten* to those who have never heard of or tried it.

Übung B. To involve more students in typically paired exchange, ask for third-person response. To avoid rote response, put in occasional decoy of false information: *Fährt er/sie nach Bonn?* Response: *Nein, er/sie fährt nach Berlin.*

A. Willkommen in Deutschland. Was macht man hier? *Restate the paragraph with a singular subject; make all necessary changes.*

Diese Touristen sprechen Deutsch. Sie essen Sauerbraten. Sie lesen „Die Zeit". Sie fahren nach Bonn. Sie sehen dort Familie und Freunde. Sie vergessen Deutschland nie.

B. Was sagt man? Was fragt man? *Follow each statement with a question.*

BEISPIEL: Ich nehme Platz. Nimmst du auch Platz?

1. Ich esse zuviel.
2. Ich halte gern Interviews.
3. Ich spreche gut Englisch.
4. Ich werde selten müde.
5. Ich lese gern Bücher.
6. Ich sehe oft Freunde.
7. Ich laufe gern.
8. Ich gebe gern Geschenke.
9. Ich fahre oft nach Berlin.
10. Ich vergesse Freunde nie.

C. Was macht Willi? *Restate each sentence in Exercise B with* Willi *as the subject.*

BEISPIEL: Willi nimmt Platz.

D. Fragebogen (*questionnaire*). *Answer each question with a complete sentence.*

Übung D. You could work out humorous "one-liners" as possible answers, should students get stumped. Or students might be asked to prepare, outside class, strictly "off-the-wall" rather than serious answers.

1. Sprechen Sie Deutsch? Englisch? Spanisch?
2. Brauchen Sie oft mehr Geld? mehr Zeit?
3. Lesen Sie gern Bücher? Zeitungen?
4. Fahren Sie gern?
5. Essen Sie gern? Essen Sie vielleicht zuviel?
6. Laufen Sie oft?
7. Werden Sie oft müde?
8. Haben Sie Probleme?

E. Sie halten Interviews. *Ask a member of your class each question in Exercise D (use* du*). Or use the questions in Exercise D to interview two members of your class together (use* ihr*). Then report the responses to your questions in the third person:* Dieser Student / Diese Studentin . . . *or* Diese Studenten / Diese Studentinnen . . .

F. Rollenspiel: Ankunft in Amerika. *You go to the airport to greet a friend who is just arriving from Germany. What do you do? What do you say to each other?*

C

Bonn: der Bahnhof

SARAH: Wann fährt der Bus nach Bad Godesberg?*

CHRISTOPH: Er fährt erst um halb sieben.

SARAH: O, da haben wir ja Zeit. Siehst du irgendwo eine Telefonzelle?

CHRISTOPH: Ja, da drüben ist eine, und sie ist sogar „international".

SARAH: Ach, es ist ein Kartentelefon, aber ich habe nur Münzen.

CHRISTOPH: Hier, ich habe eine Telekarte.

Dialogue. Pre-activity: Review telling time. When introducing dialogue, props will increase interest. Have practice clock set at appropriate time; telephone (or picture of one) can be set up in corner.

A. Der Bahnhof

1. Was fragt Sarah? 2. Wann fahren Sarah und Christoph nach Bad Godesberg? 3. Was sieht Christoph? 4. Was braucht Sarah?

B. Fragen Sie Ihren Nachbarn / Ihre Nachbarin: Telefonierst du gern? Wohin telefonierst du meistens?

---

* Bad Godesberg is a district of Bonn.

KULTURECKE

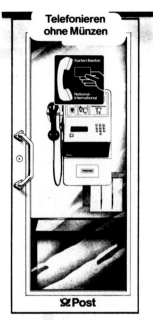

Telefonkarten. Collecting discarded telephone cards has become a popular new hobby in Germany. More than 300 different designs were already in existence by 1990, with the promise of hundreds more to come, since by 1995 half of all public telephones in Germany will require the use of a plastic card rather than coins. Hobbyists, in the tradition of stamp collectors, buy and trade cards—which they display in special albums—join clubs, and peruse newly issued catalogues. What information can you gather from this **Telefonkarte?**

Word Order

Coordinating Conjunctions

In German, as in English, two or more sentences can be joined by a word such as **und** (*and*) or **aber** (*but*) to form a compound sentence. The words used to join the sentences (or coordinate clauses) are called *coordinating conjunctions*. In German, the following words are often used as coordinating conjunctions: **aber, sondern, und, oder, denn.**

aber	*but, however*	Das Postamt ist weit, **aber** wir haben noch vierzig Minuten.
sondern	*but, on the contrary*	Der Zug fährt nicht um sieben, **sondern** (er fährt) um acht.
und	*and*	Hier sind die Fahrkarten, **und** jetzt brauchen wir D-Mark.
oder	*or*	Essen Sie jetzt **oder** telefonieren Sie zuerst?
denn	*for, because*	Sie fährt nach Europa, **denn** sie hat Freunde dort.

The word order of the independent clauses does not change when the clauses are combined by a coordinating conjunction. Note that a comma separates coordinate clauses.

> Ich telefoniere nicht. Ich habe kein Geld.
> Ich telefoniere nicht, **denn** ich habe kein Geld.

Realia. This example is very simple; many cards, like postage stamps, have colorful, elaborate designs. Information: 500 years of German postal service; 750 years of trade fairs in Frankfurt; 40 units of calling for 12 marks. Each *Einheit* translates into a certain number of seconds, depending on distance. Long-distance calls use up more *Einheiten* per minute than local calls. Callers had to put coins into old telephones very fast; a *Karte* is more convenient and saves time.

Coordinating Conjunctions. Term "coordinating" can be explained by using adjective "coordinate": order or rank of 2 clauses is equal (co-). And since they are on equal terms, both clauses retain normal word order.

There is a difference between **aber** and **sondern**. **Sondern** means *but* in the sense of *rather* or *on the contrary*. It follows a negative phrase or clause and introduces new information that corrects the negative information.

Ich fahre nicht, **sondern** ich gehe.

I'm not driving, but (rather) I'm walking.

Sie studiert in Berlin, **aber** sie wohnt in Bonn.

She's studying in Berlin, but she lives in Bonn.

Note that subject following *sondern* may be omitted for stylistic brevity, if it is identical to or stands for subject of first clause.

Two "but's" will need some attention, since American English makes no neat distinction. This small point is easily missed.

Denn and **aber** are used not only as coordinating conjunctions but also often as untranslated emphatic particles.

denn, *aber* as Particles. Other untranslated emphatic particles: *ja*, *doch*.

COORDINATING CONJUNCTION

Ich gehe jetzt, **denn** es ist schon spät.
I'll go now because it's already late.
Erika wohnt in Deutschland, **aber** sie reist oft nach Österreich.
Erika lives in Germany, but she often travels to Austria.

PARTICLE

Was machst du **denn**?
What (on earth) are you doing?
Das ist **aber** schön!
That's (really) beautiful!

Interrogative Word Questions

In a yes/no question, as you recall, the verb stands first, the subject comes next, and then all other elements follow.

1	2	3
VERB	SUBJECT	OTHER ELEMENTS
Hält	sie	heute Interviews?
Fährt	der Bus	heute abend nach Köln?

A question may also begin with an interrogative word, such as **wie** (*how*), **wo** (*where*), **wohin** (*where to*), **woher** (*where from*), **wann** (*when*), **warum** (*why*), **wieviel** (*how much*), or **wie viele** (*how many*). The interrogative word begins the question, the verb follows in second position, the subject usually follows in third position, and then come all the other elements.

1	2	3	4
INTERROGATIVE WORD	VERB	SUBJECT	OTHER ELEMENTS
Wie	reisen	Sie	nach Köln?
Wo	ist	Ihr Gepäck?	
Wohin	fährt	der Bus	heute abend?
Woher	kommen	die Geschenke	eigentlich?
Wann	fährt	der Bus	nach Bonn?
Warum	reist	du	so oft nach Europa?

Interrogative Word Questions. Have students work in groups to perform humorous skits that illustrate concepts of word order in German: statement, yes/no question, interrogative word question, compound sentence with coordinating conjunction, element-verb-subject, etc. Encourage imagination and originality.

Students should observe that all interrogatives begin with w. They might consult alphabetical listing of all interrogatives in *Wortschatz*. It's a good idea to distinguish clearly from the beginning between *wo, woher*, and *wohin*, since in American English "where" is equivalent to all 3, "whence" (*woher*) and "whither" (*wohin*) now being archaic.

Was (*what*) and **wer** (*who*) are interrogative pronouns. **Was** refers only to things; **wer** refers to people.

Was ist das? Das ist **mein Gepäck.**

Wer fährt nach Bonn? **Sarah** fährt nach Bonn.

Element-Verb-Subject Statements

The normal word order of a statement, as you recall, is subject-verb, followed by all other elements.

1	2	3
SUBJECT	VERB	OTHER ELEMENTS
Das Gepäck	ist	schon hier.
Ich	telefoniere	bald nach Amerika.
Der Bus	fährt	heute abend nach Köln.

It is sometimes preferable to begin a sentence with an element (a word or word group) other than the subject, especially in answer to a question or for emphasis. When such an element occupies the first position, it is followed immediately by the verb, then the subject, then all other elements. As you recall, this arrangement of verb-subject is called *inverted word order.*

1	2	3	4
ELEMENT	VERB	SUBJECT	OTHER ELEMENTS
Hier	ist	das Gepäck.	
Bald	telefoniere	ich	nach Amerika.
Heute abend	fährt	der Bus	nach Köln.

The position of the verb in a statement represents a major difference between German and English. In German, the verb occupies the second position in a statement, whether the subject precedes or follows it.

Die Fahrkarte	kostet	jetzt 80 DM.	⎰ *The ticket costs 80 DM now.*
Jetzt	kostet	die Fahrkarte 80 DM.	⎱ *The ticket now costs 80 DM.*
			Now the ticket costs 80 DM.

Übungen

A. Der Bahnhof. *Use the coordinating conjunction to make one sentence out of two.*

1. Der Zug nach Hamburg fährt um halb acht. Der Zug nach Bremen fährt um halb neun. (und)
2. Fahren Sie nach Hamburg? Fahren Sie nach Bremen? (oder)

3. Da ist eine Telefonzelle. Sie ist noch nicht frei. (aber)
4. Der Zug kommt nicht aus Tübingen. Er kommt aus Köln. (sondern)
5. Die Studenten fahren nach Kassel. Sie haben Freunde dort. (denn)
6. Elke liest Zeitung. Der Zug ist noch nicht da. (denn)

B. Was ist die Frage? *Ask the question that each sentence answers; use the question word in parentheses.*

BEISPIEL: Der Zug fährt nach München. (wohin) →
            Wohin fährt der Zug?

1. Der Bus fährt um sieben nach Regensburg. (wann)
2. Der Beamte kommt aus Berlin. (woher)
3. Die Amerikanerin fährt nach Düsseldorf. (wer)
4. Die Fahrkarte kostet 80 DM. (wieviel)
5. Paul fährt nach Leipzig, denn seine Freundin wohnt dort. (warum)
6. Fünf Studenten fahren heute nach Bonn. (wie viele)
7. Der Flughafen ist in Frankfurt. (wo)
8. Wir brauchen Fahrkarten. (was)

C. Wie, bitte? *Use the appropriate interrogative word to question the italicized portion of each statement.*

BEISPIEL: Der Zug nach Bonn fährt *um halb sieben.* →
            Wie, bitte? **Wann** fährt der Zug nach Bonn?

1. Die Fahrkarte kostet nur *60 DM.*
2. Der Zug fährt bald *nach Wiesbaden.*
3. Diese Sachen kommen *aus Österreich.*
4. Wir fahren morgen früh, *denn kein Zug fährt heute nach Aachen.*
5. Unsere Freunde fahren *morgen* nach Ulm.
6. Diese Stadt hat *zwei* Bahnhöfe.
7. Wir bekommen D-Mark *in Bonn.*
8. *Mein Freund* heißt Paul Schulz.
9. Der Zollbeamte da ist *sehr nett.*
10. *Dieser Flughafen* ist berühmt.

D. Wir sind in Deutschland und machen Pläne. *Restate the plans. Begin each sentence with the word or phrase in italics.*

1. Wir fahren *bald* nach Stuttgart.
2. Wir bekommen *dort* D-Mark.
3. Wir sind *um halb vier* schon da.
4. Wir telefonieren *zuerst* nach Amerika.
5. Wir brauchen *dann* D-Mark.
6. Wir essen *vielleicht* um sieben.
7. Wir fahren *morgen früh* nach Tübingen.
8. Wir sind *morgen abend* in Ulm.
9. Unsere Freunde wohnen *dort.*

Übung B. Other questions may be possible for these answers. Encourage students to think of some. You may wish to embellish on interrogative words/phrases, e.g., *um wieviel Uhr, in welche Richtung, welche Person* etc.

Übung C. Other elements could be highlighted as well, to elicit different interrogatives; e.g., 7: *Wir bekommen D-Mark in Bonn. Was bekommen wir in Bonn?* You can orally "highlight" additional items simply by saying new phrase aloud. Or ask s1 to pick out another sentence element, for which s2 formulates appropriate question.

Übung D. Have one student pretend to be hard of hearing (*schwerhörig*). He/ She asks reconfirmation question, e.g., 1: *Wir fahren wann nach Stuttgart?*

Variation. In each sentence having more than one free element, pick out another element and have student invert that; e.g., *Der Kurs ist schlecht* **heute.** **Heute** *ist der Kurs schlecht.*

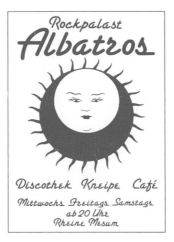

E. Mittwochs, freitags und samstags tanzen wir. *Tell or write about your own activities and plans.*

1. Samstags und sonntags . . .
2. Dienstags und donnerstags . . .
3. Heute abend . . .
4. Morgen früh . . .
5. Bald . . .
6. Manchmal . . .

Wer ist Maradona?

F. Wer ist dieser Mann? *Formulate eight questions about the man in the cartoon. Use words from the fourth column only when needed.*

wie	sein	dieser Mann	in Deutschland
wie alt	machen	er	gern
wie berühmt	wohnen		Fußball
wie oft	brauchen		sechs Fußbälle
wie viele Fußbälle	spielen		Zigaretten
warum	haben		
was	kommen		
wohin	rauchen		
woher	(*to smoke*)		
wo	gehen		

G. Ein Charakter. *Write a brief paragraph about the man in the cartoon. Make up information and organize your ideas in a logical sequence. The questions you formulated in Exercise F will give you some ideas.*

Sammeltext

Sarah ist Amerikanerin. Sie spricht gut Deutsch, denn ihre Mutter° ist Deutsche. Sie liest auch gern Bücher und Zeitungen aus Deutschland. Sie fährt oft nach Europa, besonders° nach Deutschland, denn sie hat Freunde und Verwandte° dort.

Sie reist nicht nur zum Spaß,° denn sie ist Journalistin, und die Wirtschaftspolitik° in Europa ist ihr Spezialgebiet.° Jetzt arbeitet sie in Bonn, aber bald fährt sie nach Berlin. Berlin ist die Hauptstadt, aber Bonn ist noch Regierungssitz.° Also pendelt° Sarah zwischen Bonn und Berlin. Sie hält Interviews. Politiker° und Professoren sind ihre Gesprächspartner.°

Christoph ist schon lange ihr Freund. Er ist Englischlehrer° in Bonn. Er und Sarah sprechen manchmal Englisch und manchmal Deutsch. So wird es nie langweilig.° Bald hat er Ferien,° und dann besucht° er Sarah und ihre Mutter in Amerika.

mother

especially
relatives
zum. . . for fun / economic policy
specialty
seat of the government / commutes
politicians
interviewees
English teacher
boring
a vacation / visits

Wie gut kennen Sie Sarah?

1. Warum spricht Sarah gut Deutsch?
2. Was liest Sarah gern?
3. Wohin fährt Sarah oft? Warum?
4. Sarah reist nicht nur zum Spaß. Warum?
5. Wo arbeitet Sarah jetzt?
6. Wohin fährt Sarah bald?
7. Was macht Sarah in Bonn und Berlin?
8. Wer sind Sarahs Gesprächspartner?
9. Wer ist Sarahs Freund?
10. Bald hat Sarahs Freund Ferien. Was macht er dann?

Sammeltext. Prereading: Have students locate German cities mentioned in reading on map. Ask who likes to travel, to read, to conduct interviews, to speak German. Postreading: *Woher kommt Sarah? Warum spricht sie gut Deutsch?* Have students continue asking questions. Can they ask at least one question for each sentence?

KULTURECKE

Bonn oder Berlin? Following the unification of Germany, discussion continued for months regarding the location of the German capital: Should it be Bonn, Berlin, or another city? In the summer of 1991, the question was settled: Berlin became the capital of Germany again and will become the seat of government. The presidency and the **Bundestag**—the lower house of the German parliament, which represents the populace—will eventually be located there. Until the move to Berlin is complete, however, the **Regierungssitz** will remain in Bonn. The **Bundesrat**—the upper house, which represents the states—is to remain permanently in Bonn. What images or symbols come to mind when you think of Berlin? of Bonn?

Sammelübungen

A. Wie wird man Interviewer/Interviewerin? *Formulate questions that someone might ask about becoming an interviewer.*

> BEISPIEL: wie viele Interviews / pro Monat halten →
> Wie viele Interviews hält man pro Monat?

1. wo / arbeiten
2. wann / Interviews halten
3. wohin / fahren
4. wieviel Geld / pro Monat bekommen
5. wie oft / nach Berlin telefonieren
6. welche Sprachen / sprechen
7. welche Zeitungen / lesen
8. wie / berühmt werden

B. Zehn Fragen: Wer ist der Mann? *Write at least ten questions about the mystery man. Then exchange papers with another student and, making up information, write answers to each other's questions.*

C. Und Sie? *Complete the information about yourself.*

1. Ich bin . . . , und mein Freund / meine Freundin ist . . .
2. Ich fahre manchmal nach . . . , denn . . .
3. Ich spreche . . . , aber . . .
4. Ich esse zuviel, denn . . .
5. Ich wohne nicht in . . . , sondern in . . . , denn . . .
6. Ich habe jetzt . . . , aber ich brauche . . .
7. Ich brauche . . . , denn . . .
8. Ich werde oft müde, denn . . .

D. Rollenspiel: Ankunft in Deutschland. Was fragt der Zollbeamte / die Zollbeamtin? Was fragen Sie? *With another student, take the parts of a German customs official and an American who has just arrived in Germany. Ask and answer questions.*

DER ZOLLBEAMTE / DIE ZOLLBEAMTIN

Wie heißen Sie, bitte?
Sprechen Sie Deutsch?
Wo ist Ihr Gepäck, bitte?
Ist das Ihr Koffer?
Haben Sie etwas zu verzollen?
Haben Sie Geschenke?
Haben Sie Zigaretten?
Haben Sie Wein? wie viele Flaschen?
Woher kommen Sie?
Wohin fahren Sie?
Was brauchen Sie?
Was sind Sie? Sind Sie vielleicht Student/Studentin?
 Journalist/Journalistin?
Warum fahren Sie nach Deutschland?
___?

Übung D. This is ideal for dialogue skit. Pairs of students could be assigned to prepare it outside of class and then act it out in class with props.

Students should be encouraged to add more phrases/questions/topics. Each team of 2 can develop its own subplots!

DER TOURIST / DIE TOURISTIN

Welche Sachen sind zollpflichtig?
Sprechen Sie Englisch?
Wo ist eine Telefonzelle?
Wann fährt der Zug nach ___?
Wo bekommt man D-Mark? hier?
 da drüben?
Sind die Banken noch offen?
Wo ißt man?
Wo ist das Postamt? Ist es weit von hier?
Sind solche Bahnhöfe (Städte, Flughäfen, Beamten, ___?) typisch für Deutschland?
___?

Monitor role-play: Encourage inverted word order when appropriate. Model responses for students, not to correct their speech but to get them accustomed to hearing natural speech patterns.

Die Bundesrepublik Deutschland

Die Bundesrepublik Deutschland. Point out that in reference to states within Germany, term *das Land,* ⁻*er* is short for *das Bundesland,* ⁻*er.*

A pair of real or even toy telephones will facilitate role-play situation.

Wie gut kennen Sie die Bundesrepublik? *Work with a partner: Look at the map and quiz each other. In spoken German, an article must accompany each of the following names of countries and rivers; the other names of countries on the map do not require an article.*

die Bundesrepublik Deutschland die Tschechoslowakei die Mosel
die Niederlande (*pl.*) die Donau der Rhein
die Schweiz die Elbe

The following words for directions will also help you ask and answer questions.

im Norden, nördlich, nordöstlich, nordwestlich
im Osten, östlich

im Süden, südlich, südöstlich, südwestlich
im Westen, westlich

BEISPIELE: Wie viele Länder hat die Bundesrepublik?
Liegt (*is . . . located*) Bayern im Norden oder im Süden?
Liegt Brandenburg im Osten oder im Westen?
Liegt Erfurt in Thüringen oder in Hessen?
Liegt Potsdam südlich oder nördlich von Berlin?
Fließt (*flows*) der Rhein oder die Donau durch (*through*) Bayern?
Wie weit (*far*) ist Hamburg von Schwerin?
Grenzt (*borders*) Mecklenburg an die Niederlande? an die Schweiz? an die Tschechoslowakei? an Polen?

Deutsch und Dialekte

Wer spricht Deutsch?

Es gibt° drei Sprachfamilien in Europa: die slawische, die romanische und die germanische. Im Osten° gibt es slawische Sprachen wie Russisch und Polnisch. Französisch, Spanisch und Italienisch sind romanische Sprachen; und Schwedisch, Norwegisch, Dänisch, Englisch und Deutsch sind germanische Sprachen.

es. . . *there are*
im. . . *in the East*

Wer spricht Deutsch?
Mention that one hears German spoken in other countries near German border. For example, many Germans like to drive to Luxembourg and Belgium to buy duty-free cigarettes. European countries are relatively small, and in terms of distance, one can often cross national borders on a Sunday drive.

Die Hauptstadt von Luxemburg ist die Stadt Luxemburg an der Alzette.

Das Schloß Vaduz ist immer noch die Residenz des Landesfürsten (*rulers*) von Liechtenstein.

Ungefähr° 120 Millionen Menschen° in der Welt° sprechen Deutsch. In Europa spricht man die deutsche Sprache in fünf Ländern. Diese Länder sind: die Bundesrepublik Deutschland,° Österreich, die Schweiz, Luxemburg und Liechtenstein. Aber nicht alle Schweizer sprechen Deutsch: Als Muttersprache° sprechen 65 Prozent Deutsch, 18 Prozent Französisch, 12 Prozent Italienisch und 1 Prozent Rätoromanisch.° Die Luxemburger haben ihre eigene Sprache, das Luxemburgische, aber sie sprechen auch Deutsch und Französisch.

Die deutsche Sprache hat viele Dialekte, und diese Dialekte sind oft schwer° zu verstehen. Die Norddeutschen verstehen zum Beispiel oft die Bayern° und Schweizer nicht. Schüler und Schülerinnen° in den deutschsprachigen Ländern lernen aber Hochdeutsch.° An der Universität, auf der Bühne,° im Radio und im Fernsehen° hört man auch Hochdeutsch.

approximately / people / world

Bundesrepublik . . . Federal Republic of Germany

als. . . as (their) native language

Rhaeto-Romanic

difficult
Bavarians
Schüler. . . school children
standard German / stage
TV

A. Fragen

1. Welche drei Sprachfamilien gibt es in Europa?
2. Wie viele Menschen in der Welt sprechen Deutsch?
3. Wie heißen die Länder, wo man Deutsch spricht?
4. Wie viele Schweizer sprechen Deutsch als Muttersprache?
5. Warum verstehen die Norddeutschen oft die Bayern und Schweizer nicht?
6. Was lernen Schüler und Schülerinnen?

B. Diskussionsfragen

1. Welche Sprachen hört man oft in Amerika? Warum?
2. In Amerika hört man viele Akzente. Amerikaner aus Boston sprechen zum Beispiel oft anders als Amerikaner aus Texas. Woher kommen die Studenten und Studentinnen in der Klasse? Haben sie Akzente?

KULTURECKE

Dialekte. Those dialects spoken in the southern parts of Germany, including Bavaria, are collectively referred to as **Oberdeutsch: ober** because the terrain is relatively high and mountainous. The dialects spoken in the northern parts of Germany are called **Nieder-** or **Plattdeutsch: nieder** or **platt** because the terrain is quite low or flat.

Im schönen Regental

Landgasthof Heilinghausen
Tel. (0 94 02) 42 38

Am Samsta und Sunnta, dös is da 15. und 16. August, geht's auf zur

Drittn Heilinghausener Dorfkirwa

Eingladn seid's alle! Zum Essen hab'n ma gnua!
Gfrein tuan ma uns bsondas af dö Stodara.
An Antn-, Wuidsau-, Reh- und Gansbrat'n ham ma a!
Und dazua a grouße Speis'kartn. Selbabochane Kiachln gibt's a!
Füa a trumm Gaudi sorgn a poar „lustige Musikantn".
Bei schlechtn Weda voziagn ma uns in unsan schena historisch'n Stodl.
Eilod'n tuan Eich: **Dö Wirtsleit Hanni und Bertl mit Gesinde**

Bischofshof Bier Das Bier, das uns zu Freunden macht

Bayrischer Dialekt: Oberdeutsch

Ostfriesen trinken THIELE TEE
Der Tee, der immer noch wie früher schmeckt!

THIELE TEE

BROKEN SILBER

THIELE TEE
BROKEN SILBER

...dor weetst' wat du hest!

Plattdeutsch

Find a word of dialect in each of the two advertisements, and say the same word in standard German.

Realia. Point out that *Kirwa = Kirchweih,* originally annual festival or fair to celebrate patron saint's name day, now village feast featuring *Antnbraten,* or *Entenbraten* (roast duck), and *Wuidsau,* or *Wildsaubraten* (roast wild hog).

Deutschland direkt

Wie telefonieren Sie aus den USA direkt nach Deutschland? „Deutschland direkt" funktioniert von jedem Telefon in den USA, und Sie brauchen keine Münzen. Sie rufen den Operator in Frankfurt/Main an.° Der Operator spricht deutsch. Sie geben Ihre Telekartennummer an, auch Ihre Fernmeldekontonummer,° Ihren Namen und die Telefonnummer.

rufen . . . an *call*

long-distance account number

A. Fragen

1. Welche Nummer wählt (*dials*) man?
2. Braucht man Münzen?
3. Was braucht man?
4. Welche Sprache spricht der Operator?
5. Welche Informationen gibt man an?

B. Rollenspiel.

Take the part of a telephone operator in Germany. Your partner dials from a city in the United States. Ask for the necessary information, which your partner will make up and supply. Then exchange roles.

OPERATOR

Deutschland direkt, Operator.
Ihre Telekartennummer bitte.
Ihre Fernmeldenummer.
Ihr Name bitte.
Und welche Nummer wünschen (*wish*) Sie?
Vorwahl (*area code*). Telefonnummer.
Ich verbinde (*connect*).
Es ist besetzt (*busy*).

Alles einsteigen, bitte!

4

Vorschau. Brainstorming ideas: *Bahnhof: Zollbeamten, Zoll, Gepäck, Koffer, Züge, Wagen, Speisewagen, Schlafwagen, Abteile, Plätze, Schaffner, Schaffnerinnen, Fahrkarten, Pässe*

Vorschau

Willkommen an Bord! Ist dieser Zug modern oder alt? Ist das der Speisewagen oder ein Schlafwagen? Ist das Fenster groß oder klein? Wie viele Plakate sehen Sie? Hat jeder Tisch eine Tischdecke? Servietten? Wie viele Männer sitzen hier? Wie viele Frauen? Mädchen? Jungen? Was essen die Leute vielleicht? Brot mit Butter? eine Wurstplatte? ein Stück Torte? Was trinken sie? Kaffee? Cola? Milch? Tee?

Wortgebrauch

der Zug

1. der Wagen, -
2. der Schlafwagen, -
3. das Abteil, -e
4. der Platz, ⸚e
5. der Verkäufer, -
6. die Minibar, -s
7. der Schaffner, -

A. Der Zug. *Complete each sentence with an appropriate word. Use the definite article when necessary.*

1. Wir fahren über Nacht. Wo ist _____ ?
2. _____ bringt die Minibar.
3. Entschuldigung! Ist dieser _____ frei?
4. _____ kommt jetzt. Wo sind unsere Fahrkarten?
5. Wie viele _____ hat dieser Zug?
6. Ich habe Hunger. Wann kommt _____ ?
7. Dieses _____ hat zwei Fenster.

Autoreisezüge

Deutsche Bundesbahn

der Speisewagen, -

1. die Gabel, -n
2. das Messer, -
3. die Wurst, ⁝e

4. die Tischdecke, -n
5. das Kännchen Kaffee
6. die Serviette, -n

7. die Speisekarte, -n
8. die Torte, -n
9. der Ober, -

B. Wir nehmen den Zug. *Choose the sentence on the right that most logically follows each sentence on the left.*

1. Der Speisewagen ist schön.
2. Herr Schmidt hat Hunger.
3. Der Schaffner sagt:
4. Hans Müller ist Student.
5. Die Verkäuferin sagt:
6. Frau Felder nimmt Platz.
7. Der Ober sagt:
8. Frau Koch hat Durst.
9. Dieser Zug fährt über Nacht.
10. Herr Braun verläßt sein Abteil.
11. Peter möchte eine Cola.
12. Die Deutschen halten das Messer rechts und die Gabel links.

a. Er sagt: „Auf Wiedersehen."
b. Zuerst fragt sie: „Ist dieser Platz frei?"
c. Er kauft einen Junior-Paß.
d. Er hat Schlafwagen.
e. „Wurst, Cola . . ."
f. Er hat Tischdecken und Stoffservietten. (Stoff = *cloth*)
g. „Ihre Fahrkarte, bitte."
h. Sie bestellt ein Kännchen Kaffee.
i. Er bestellt eine Wurstplatte.
j. Die Amerikaner halten die Gabel rechts.
k. „Hier ist die Speisekarte. Was wünschen Sie, bitte?"
l. Er fragt: „Siehst du die Minibar?"

C. Sie fahren nach Hannover. *Describe your train trip from Frankfurt to Hannover. Arrange the sentences in a logical sequence.*

Ich bestelle eine Cola.
Ich nehme Platz.
Ich bin schon in Hannover.
Ich kaufe eine Fahrkarte.

Die Verkäuferin bringt die Minibar.
Ich bin jetzt in Frankfurt.
Der Zug fährt nach Hannover.
Ich habe Durst.

Übung D. For variety, give students expression *Ich habe . . . am liebsten.*

D. Lieblingsdinge (*favorite things*). Fragen Sie Ihren Nachbarn / Ihre Nachbarin:

Was ist . . .
deine Lieblingsfarbe? (rot? blau? __?__)
dein Lieblingsgeschenk?
dein Lieblingsbuch?
dein Lieblingsfilm?
deine Lieblingsstadt?
dein Lieblingsrestaurant?
__?__

Wer ist . . .
dein Lieblingsautor / deine Lieblingsautorin?
dein Lieblingssänger / deine Lieblingssängerin?
dein Lieblingsfilmstar?
__?__

KULTURECKE

Die Bahn. The railway is a popular mode of transportation in Europe. All of Europe is interconnected by extensive railroad networks, including the **Deutsche Bundesbahn (DB)** and the formerly East German **Deutsche Reichsbahn (DR)**. Trains traveling long distances are equipped with **Speisewagen** and **Schlafwagen**. On some trains, particularly those that have only first class, a **Zuschlag** (*surcharge*) is required in addition to the ticket. Seats may be reserved on some trains by purchasing a **Platzkarte**. A reservation chart is posted on the door of the **Abteil**. Trains may have a **Minibar** with snack foods and drinks sold by vendors who walk through the cars, or a **Speisewagen**. As a general rule, food purchased on a train is relatively expensive.

Europeans generally observe certain courtesies of train travel: One asks „**Ist dieser Platz frei?**" before sitting down and asks everyone's permission in the **Abteil** before opening a window; one also greets the others in the **Abteil** upon entering and says goodbye when departing.

Wortschatz

Adjectives and Adverbs

allein	alone
bestimmt	certainly
billig	cheap(ly), inexpensive(ly)
einfach	one way; simple; simply
gültig	valid
hin und zurück	round trip
links	left
noch	still
rechts	right
tatsächlich	really

Interrogative Pronoun

wen (*acc.*)	whom

Nouns

das Abteil, -e	(train) compartment
das Angebot, -e	offering, selection
das Brot	bread
die Cola, -s	cola
der Durst: Durst haben	thirst: to be thirsty
die Fahrt, -en	trip
die Gabel, -n	fork
der Hunger: Hunger haben	hunger: to be hungry
der Junior-Paß, *pl.* **Junior-Pässe**	junior pass
das Kännchen, -	pot
die Leute (*pl.*)	people
das Mädchen, -	girl
das Messer, -	knife
die Minibar, -s	(portable) snack bar
das Mittagessen, -	lunch
der Ober, -	waiter
der Paß, *pl.* **Pässe**	pass; passport
das Plakat, -e	poster
der Platz, ̈e	seat; place
ist dieser Platz frei?	is this seat taken?
der Preis, -e	price
der Schaffner, - / die Schaffnerin, -nen	(train) conductor
der Schlafwagen, -	sleeping car
die Serviette, -n	napkin
die Sonderfahrt, -en	chartered trip, special excursion

die Speisekarte, -n	menu
der Speisewagen, -	dining car
das Stück, -e	piece
die Stunde, -n	hour
die Tischdecke, -n	tablecloth
die Torte, -n	torte, cake
der Verkäufer, - / die Verkäuferin, -nen	vendor, salesperson
der Wagen, -	(train) car; car
die Wurst, ̈e	sausage (*frankfurter, bologna, etc.*)
die Wurstplatte, -n	plate of cold cuts

Nouns. Throughout chapter, *der Verkäufer, - / die Verkäuferin, -nen* is used in the sense of "vendor."

WEAK MASCULINE NOUNS*

der Herr, -en	gentleman
der Junge, -n	boy
der Kunde, -n	customer
der Mensch, -en	human being; person; *pl.* people
der Nachbar, -n	neighbor
der Name, -n	name
der Neffe, -n	nephew
der Student, -en	student
der Tourist, -en	tourist

Verbs

bestellen	to order
besuchen	to visit
dauern	to last
finden	to find
interessieren	to interest
kaufen	to buy
(mögen)	(to like)
ich möchte	I would like
reduzieren	to reduce
reservieren	to reserve
trinken	to drink
verkaufen	to sell
verlassen (verläßt)	to leave
wünschen	to wish

Verbs. *Mögen* is in parentheses because it is not presented in this chapter, only subjunctive form *möchte*.

Useful Words and Phrases

(die) Lieblings(torte)	favorite (torte, cake)
über Nacht	overnight

---

* Some of these nouns also have feminine forms: **die Kundin, die Nachbarin, die Studentin, die Touristin**. The plural ending for these forms is **nen**.

Grammatik

Der Bahnhof in Oberstdorf: der Fahrkartenschalter

EDITH: Wieviel kostet ein Junior-Paß?*

DER BEAMTE: Der Paß kostet 110 DM.

EDITH: Ist er immer gültig?

DER BEAMTE: Ja.

EDITH: Gut, ich kaufe den Paß, und ich brauche auch zwei Fahrkarten nach Stuttgart.

DER BEAMTE: Einfach, oder hin und zurück?

EDITH: Einfach, bitte.

DER BEAMTE: Diese Fahrkarten kosten je 46 DM, aber der Junior-Paß reduziert Ihre Karte um 50 Prozent. Die Karten und der Paß kosten zusammen also 179 DM.

Dialogue. Some railway passes are *der Junior-Paß, der Familien-Paß,* and *der Senioren-Paß.* One is often asked to produce one's ID card: *Ausweis, bitte.* For Americans or other foreigners traveling abroad this is generally the passport, *der Reisepaß.*

A. Edith kauft einen Junior-Paß und eine Fahrkarte.

1. Wen (*whom*) fragt Edith?   2. Wieviel kostet der Junior-Paß? Wie lange ist dieser Paß gültig?   3. Was braucht Edith noch?   4. Wieviel kostet das alles?

B. Fragen Sie Ihren Nachbarn / Ihre Nachbarin:

1. Reist du gern?   2. Nimmst du gern den Zug, den Bus oder das Flugzeug?

Accusative Case

As you recall, the grammatical case of a noun or a pronoun depends on how it is used in a sentence. For example, if it functions as the subject, it is in the nominative case. One use of the accusative case is to designate the direct object in a sentence. The direct object is the noun or pronoun that is directly acted on by the subject. The direct object answers the question *whom?* or *what?* about the action in a sentence.

Accusative Case. If term "accusative" seems remote to some students, relate "accusation" and "to accuse someone," thereby underscoring dynamic effect of subject on direct object.

Examples in English are sometimes helpful; solicit some from students. Remind them that phrases that include "to," "from," etc. are prepositional phrases, not same as direct objects.

SUBJECT (NOMINATIVE)	VERB	DIRECT OBJECT (ACCUSATIVE)
Die Frau	sieht	den Mann.
Sie	kauft	einen Wagen.

---

* The **Junior-Paß** may be purchased by anyone 12 to 23 years old or by any student under 27.

In German, *who* is expressed by **wer**, and the accusative case form is **wen** (*whom*); *what* is expressed by the interrogative pronoun **was**, which does not change form.

NOMINATIVE	wer (*who*)	was (*what*)
ACCUSATIVE	we**n** (*whom*)	was (*what*)

Wen sieht die Frau?   Die Frau sieht **den Mann**.

Was kauft sie?   Sie kauft **einen Wagen**.

Nouns with *der-* and *ein*-Words

The **der**-words, as you recall, include the forms of the definite article as well as **dieser**, **jeder**, **welcher**, **mancher**, and **solcher**. The **ein**-words include **ein**, **kein**, and all the possessive adjectives: **mein**, **dein**, **sein**, **ihr**, **unser**, **euer**, and **Ihr**. In the accusative case, the masculine forms of all the **der**-words and **ein**-words end with **en**. The feminine, neuter, and plural forms are identical to those in the nominative case.

	MASCULINE	FEMININE	NEUTER	PLURAL
NOMINATIVE	der dieser ein kein	die diese eine keine	das dieses ein kein	die diese — keine
ACCUSATIVE	den } Zug diesen einen keinen	die } Karte diese eine keine	das } Buch dieses ein kein	die } Blumen diese — keine

	NOMINATIVE	ACCUSATIVE
MASCULINE	Dieser Ein } Zug fährt nach Bern.	Ich nehme {diesen / einen} Zug nach Bern.
FEMININE	Die Eine } Minibar kommt jetzt.	Der Verkäufer bringt {die / eine} Minibar.
NEUTER	Das Kein } Brot ist gut.	Wir essen {das / kein} Brot.
PLURAL	Die Keine } Leute fahren heute.	Er sieht {die / keine} Leute.

The verbs **sein**, **werden**, and **heißen** equate the subject of a sentence with a noun in the predicate. Both the subject and the predicate noun (called the *predicate nominative*) are in the nominative case. Be careful not to confuse a predicate nominative (used with **sein**, **werden**, or **heißen**) with a direct object (used with other verbs).

sein, werden, heißen. You might have students add *bleiben* to list of verbs that require predicate nominative. Offer appropriate examples.

PREDICATE NOMINATIVE

Er ist **der Verkäufer**.
Das heißt **die Minibar**.

DIRECT OBJECT

Er sieht **den Verkäufer**.
Sehen Sie **die Minibar**?

Übungen

Übung A. Students should be keenly aware of whether noun in question is subject or direct object. You can bring this out by varying the sentences; e.g., 6: *Was brauchen die Studenten? Was braucht mein Freund?*

A. Der Bahnhof: Wer, wen oder was? *Answer each question with the correct form of each phrase in parentheses.*

BEISPIEL: Wen interviewt die Journalistin? (der Schaffner, der Ober, die Beamtin) →
Sie interviewt den Schaffner. Sie . . .

1. Wen sieht die Frau? (ihre Kinder, ihr Mann, ihre Freundin)
2. Was wünscht der Herr? (ein Kaffee, ein Paß, ein Platz)
3. Was kauft der Tourist? (eine Zeitung, ein Koffer, ein Buch)
4. Wer bekommt diesen Koffer? (die Touristin da, der Amerikaner, das Mädchen)
5. Was braucht die Touristin? (eine Fahrkarte, ihr Koffer, ihr Gepäck)
6. Wer sucht einen Platz? (die Studentin, mein Freund, der Schweizer)

Die große Bahnhofshalle in Frankfurt am Main

B. Was machen diese Leute? *Use the correct form of each phrase in parentheses to complete each sentence.*

1. Paul nimmt _____ nach Köln. (der Zug, sein Wagen, ein Bus)
2. Elke reserviert _____. (ein Platz, ein Zimmer, dieser Tisch)
3. Robert und Karin suchen _____. (der Speisewagen, ihre Freunde, der Fahrkartenschalter)
4. Karl bestellt _____. (kein Kaffee, ein Stück Torte, eine Wurstplatte)

C. Wie, bitte? *Ask the question that each statement answers. Use* wer, wen, *or* was, *whichever corresponds to the word or phrase in italics.*

1. Die Frauen haben *Geld*.
2. *Der Student* braucht eine Fahrkarte.
3. Der Verkäufer reduziert *den Preis*.
4. Der Schaffner sieht *seinen Freund*.
5. Der Mann besucht *die Frau*.
6. *Der Ober* hat die Speisekarte.
7. Diese Frau ist *die Schaffnerin*.
8. Das Mädchen vergißt nie *diese Touristen*.
9. *Dieser Mann* heißt Karl Schmidt.
10. Der Beamte kennt *unsere Freunde*.

D. Wer oder wen? *Use the correct form of the cue to complete each sentence.*

1. Helmut Kleist ist _____. (der Schaffner)
2. Dieser Mann wird bald _____ hier. (der Ober)
3. Wir kennen _____ nicht. (dieser Verkäufer)
4. _____ heißt Hans Schroeder? (welcher Schaffner)
5. Der Beamte hat _____ gern. (jeder Amerikaner)
6. _____ sucht der Schaffner? (welcher Mann)

Reisen mit der Bahn

Gruppenreisen.

E. Was sehen Sie? *Look at the picture to answer the questions.*

1. Was braucht Frau Schiller?
2. Was liest Herr Lorenz?
3. Was ißt Jürgen?
4. Was trinkt Peter?
5. Was hat Frau Martens?
6. Was findet Marianne interessant?
7. Was kauft Herr Bruhn?
8. Was bekommt der Verkäufer?
9. Was verkauft Herr Bayer?
10. Wen sucht Frau Braun?

F. Wer macht was? *Use the information in the picture to ask questions beginning with* wer.

BEISPIEL: S1: Wer liest die Zeitung?
S2: Herr Lorenz liest die Zeitung.

Übung G. This could be done in groups of 3, with S3 taking notes and reporting to class later in third person.

G. Interview. *Find out as much as you can about another student; take notes.*

1. Hast du . . . ? (ein Auto, einen Volkswagen, einen Mercedes, __?__)
2. Brauchst du . . . ? (Geld, Freunde, Brot, __?__)
3. Liest du . . . ? (das Deutschbuch, die Zeitung, Bücher, __?__)
4. Kaufst du heute . . . ? (ein Buch, einen Bleistift, ein Heft, __?__)
5. Bestellst du oft . . . ? (einen Kaffee, eine Cola, einen Tee, __?__)
6. Hast du . . . ? (einen Koffer, einen Schreibtisch, einen Stuhl, __?__)
7. Hast du . . . ? (einen Freund, eine Freundin, viele Freunde, __?__)
8. Suchst du . . . ? (ein Zimmer, eine Wohnung, ein Auto, __?__)

InterCity-Verbindungen.

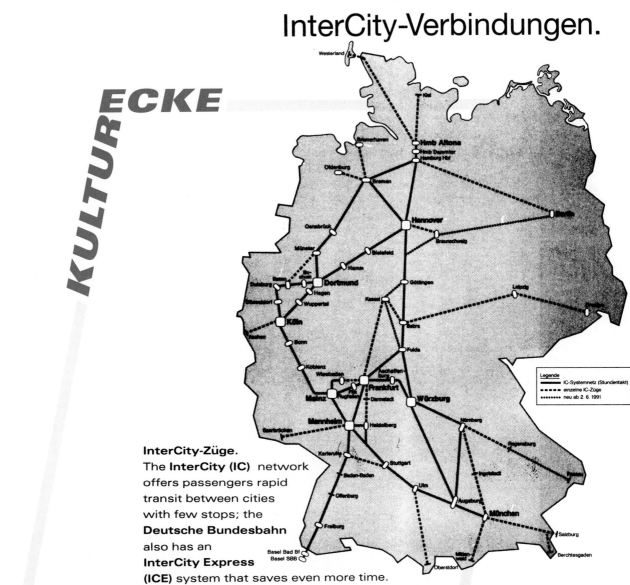

KULTUR **ECKE**

InterCity-Züge.
The **InterCity (IC)** network
offers passengers rapid
transit between cities
with few stops; the
Deutsche Bundesbahn
also has an
InterCity Express
(ICE) system that saves even more time.
IC and **ICE** trains are not only extremely fast and modern, but the systems
also offer many services to make travel easier and more comfortable.

InterCity-Verbindungen. *Work with a partner.*

S1: Ich möchte von (Hannover) nach (Leipzig) fahren.
S2: Sie nehmen einen IC-Zug von (Hannover) über (Göttingen und Bebra) nach
(Leipzig). Ich möchte . . .

Der Bahnhof in Oberstdorf

FRAU RICHTER: Unser Zug ist ein IC, aber ich sehe ihn noch nicht.
EDITH: Er kommt ja bald. Siehst du dieses Plakat? Eine Sonderfahrt nach Dresden. Dort wohnt deine Kusine.
FRAU RICHTER: Das interessiert mich sehr. Ich finde Dresden wunderschön, und du kennst diese Stadt noch nicht. Warum fahren wir nicht mal zusammen nach Dresden?

Dialogue. The German railway (*Deutsche Bundesbahn, DB*) usually runs special excursion or charter trips during festivals (e.g., *Oktoberfest*) and seasonal sporting events, where large numbers of participants will need safe and sober travel.

A. Edith und Frau Richter machen eine Reise.

1. Ist der Zug schon da?   2. Was sieht Edith? Interessiert sie das? Interessiert es Frau Richter?   3. Wer kennt Dresden schon?   4. Wohin fahren mal Frau Richter und Edith zusammen?

B. Fragen Sie Ihren Nachbarn / Ihre Nachbarin:

1. Welche Stadt in Deutschland interessiert dich?   2. Welche Stadt oder Städte in Deutschland kennst du schon?

Der restaurierte „Zwinger"

104

KULTURECKE

Dresden. One of the most beautiful cities in Germany, Dresden was devastated by bombing during World War II. Many of its splendid buildings have been rebuilt or are in the process of being rebuilt, according to original plans. Dresden on the Elbe is known particularly for music, architecture, and art museums and collections, which also include examples of the famous **Meißener Porzellan** along with early Chinese, Japanese, and Korean pieces. **Der Zwinger**, a complex of palace and museums patterned after Versailles, tops every visitor's list of sights.

Accusative Case

Personal Pronouns

Some personal pronouns have distinct accusative case forms. Others have the same forms in both the nominative and the accusative cases.

NOMINATIVE		ACCUSATIVE			
ich	wir	**mich** *me*		**uns** *us*	
du	ihr	**dich** *you*		**euch** *you*	
er		**ihn** *him; it*			
sie	sie	sie *her; it*		sie	*them*
es		es *it*			
Sie		Sie *you*			

Personal Pronouns. A rapid-fire chain drill will help students memorize these forms early. S1 says any nominative form (*du*) and calls on S2 for accusative (*dich*). Fairly swift pace heightens challenge of such exercises and helps prevent monotony.

NOMINATIVE					ACCUSATIVE
Ich sehe					mich.
Du siehst					dich.
Er					ihn.
Sie } sieht	ACCUSATIVE	NOMINATIVE			sie.
Es	die Leute.	Die Leute sehen			es.
Wir sehen					uns.
Ihr seht					euch.
Sie sehen					sie.
Sie sehen					Sie.

Remember, pronouns must agree in gender and number with the nouns they stand for. The case depends on how they are used in a sentence.

Der Zug kommt. **Er** ist wirklich modern. Sehen Sie **ihn**?

Weak Nouns

Some masculine singular nouns require an **n** or **en** ending in the accusative case. These are called *weak nouns*, to distinguish them from strong nouns (the vast majority of nouns), which require no ending in the accusative singular. The plural of weak nouns is normally formed by adding (**e**)**n**.

NOMINATIVE SINGULAR	ACCUSATIVE SINGULAR	NOMINATIVE AND ACCUSATIVE PLURAL
der Journalist	den Journalisten	die Journalisten
der Student	den Studenten	die Studenten
der Tourist	den Touristen	die Touristen
der Junge	den Jungen	die Jungen
der Kunde	den Kunden	die Kunden
der Name	den Namen	die Namen
der Neffe	den Neffen	die Neffen
der Herr	den Herrn	die Herren
der Mensch	den Menschen	die Menschen
der Nachbar	den Nachbarn	die Nachbarn

Der Tourist liest das Plakat. Das Plakat interessiert den Tourist**en**.
Ich habe einen Neffe**n** in Deutschland. Mein Neffe studiert in Göttingen.

Nouns that end in **ist** (**der Tourist**) and **ent** (**der Student**) are of foreign origin and are weak. In German the second syllable of these nouns is stressed (**der Tou ˈrist, der Stu ˈdent**), whereas in English the first syllable is stressed (*the* ˈtourist, *the* ˈstudent).

Masculine nouns that end in **e** (**der Name, der Junge, der Neffe, der Kunde**) are weak nouns and add only an **n** in the accusative case. Many nouns of nationality (for example, **der Chinese, der Schwede**) are included in this group.

Weak Nouns. If students have difficulty with term "weak," they might think of these nouns as "weird."

Note that **der Herr** adds only an **n** in the singular accusative but an **en** in the plural.

Masculine adjectival nouns also end in **en** in the accusative case.

Kennen Sie **diesen Beamten**?
Ich sehe **den Deutschen** nicht.

Übungen

A. Es ist gegenseitig (*mutual*). Ergänzen (*supply*) Sie die Pronomen!

1. Ich sehe _____ , und du siehst _____ . (*you* [*infor. sg.*] / *me*)
2. Er interessiert _____ , und sie interessiert _____ . (*her* / *him*)
3. Wir besuchen _____ montags, und ihr besucht _____ freitags. (*you* [*infor. pl.*] / *us*)
4. Ihr sucht _____ , und sie suchen _____ . (*them* / *you* [*infor. pl.*])
5. Wir haben _____ gern, und Sie haben _____ gern. (*you* [*for.*] / *us*)
6. Das Kind braucht _____ , und sie brauchen _____ . (*them* / *it*)

Übung B. Additional items: 1. *den Bahnhof, die Blume, das Buch* 2. *diese Frau, dieses Mädchen, diesen Herrn* 3. *diesen Flughafen, diese Leute, diese Bank* 4. *Wurst, Wurstbrot, Salat* 5. *das Flugzeug, den Wagen, die Straßenbahn* 6. *diese Stadt, den Mann, das Kind*

B. Und wer noch? Ergänzen Sie die Pronomen!

1. Ich sehe ein Plakat. Seht ihr _____ auch?
2. Ich kenne diesen Mann. Kennen Sie _____ auch?
3. Ich habe dieses Buch gern. Habt ihr _____ auch gern?
4. Ich esse gern Torte. Ißt du _____ auch gern?
5. Ich nehme den Zug. Nimmst du _____ auch?
6. Ich besuche die Universität. Besuchen Sie _____ auch?

Übung C. You could vary drill to express italicized nouns and accompanying pronouns in plural (sentences 1–3 and 6–8).

C. Der Bahnhof. Ergänzen Sie die Pronomen! *Be careful to use the correct case.*

1. *Diese Sonderfahrt* interessiert mich. Interessiert _____ dich?
2. *Unser Zug* kommt. Ich sehe _____ schon.
3. Wir suchen *den Zug* aus Bonn. Ist _____ vielleicht ein IC?
4. Seht *ihr* das Plakat? Interessiert es _____ ?
5. *Wir* reisen nach Österreich. Die Reise dauert sieben Stunden. Das macht _____ müde.
6. Ich finde *diesen Mann* wirklich interessant. Interessiert _____ dich?
7. *Der Schaffner* ist wirklich nett. Kennen Sie _____ ?
8. Kennst du *diese Zeitung*? Ich lese _____ oft.

Übung D. Expand drill by cueing students orally with other nouns from current and previous vocabulary lists. Cue with base German forms (*sein Freund, der Franzose*) rather than with English equivalents.

You might have students turn sentences 1–8 and 10 into questions with *wer/wen*; e.g., 1: *Wen kennt der Verkäufer?* Students might answer question 9, *Der Junge sieht. . . .*

D. Wer und wen? Vervollständigen (*complete*) Sie die Sätze!

1. Der Verkäufer kennt _____ . (*his customers*)
2. Die Frau besucht _____ . (*her nephew*)
3. Dieser Zug interessiert _____ . (*the boy*)
4. Der Ober fragt _____ etwas. (*the* [*male*] *tourist*)
5. Dieser Tourist ist _____ . (*no student*)

6. Die Nachbarn kennen ＿＿ nicht. (*Mr. Becker*)
7. Die Beamtin vergißt ＿＿ nie. (*this person*)
8. Dieser Mann heißt ＿＿. (*Mr. Hübner*)
9. ＿＿ sieht der Junge? (*which student*)
10. Die Schaffnerin kennt ＿＿. (*each name*)

Übung E. Once the conversation is over, S3 can restate it in third person.

E. Wie gut kennen sich (*one another*) **die Studenten und Studentinnen?**
Fragen Sie sie!

> BEISPIELE: SIE: Max, kennst du den Studenten da?
> MAX: Ja, ich kenne ihn. Er heißt Thomas.
> oder: Nein, ich kenne ihn nicht. Wie heißt er denn? . . .
> Kennst du die Studentin da?
> SIE: Ja, ich kenne sie gut. Sie heißt Anna und kommt aus . . .
> Sie spricht schon gut deutsch, und sie studiert . . .

Übung F. You might want to list following on board: *der Bulgare / die Bulgarin, der Däne / die Dänin, der Deutsche / die Deutsche, der Finne / die Finnin, der Brite / die Britin, der Guatemalteke / die Guatemaltekin, der Portugiese / die Portugiesin, der Rumäne / die Rumänin, der Tschechoslowake / die Tschechoslowakin.*

F. Nationalitäten. Fragen Sie einen Studenten / eine Studentin!

> BEISPIELE: S1: Bist du Chinese?
> S2: Nein, ich bin Vietnamese. Ich kenne aber viele Chinesen und Chinesinnen.
> S1: Kennst du einen Russen?
> S2: Ich kenne keinen Russen, aber ich kenne zwei Russinnen. Sie heißen Natasha und Tatiana.

der Chilene / die Chilenin	der Pole / die Polin
der Chinese / die Chinesin	der Russe / die Russin
der Franzose / die Französin	der Schwede / die Schwedin
der Grieche / die Griechin	der Sudanese / die Sudanesin
der Jugoslawe / die Jugoslawin	der Türke / die Türkin
der Norweger / die Norwegerin	der Vietnamese / die Vietnamesin

G. Rollenspiel: Ihr Partner / Ihre Partnerin macht bald eine Zugreise. Hat er/sie alles? Fragen Sie ihn/sie!

> BEISPIEL: S1: Hast du deine Fahrkarte?
> S2: Ja, ich habe sie schon. /
> Nein, ich kaufe sie morgen.

Fahrkarte
Juniorpaß
Koffer
Geld
Bücher
Bleistift
Heft
Fl. Mineralwasser
Brot

Fl. = Flasche

Der Speisewagen. Frau Richter und Edith lesen die Speisekarte.

DER OBER: Was wünschen Sie, bitte?

FRAU RICHTER: Ich bestelle nur ein Kännchen Kaffee.

EDITH: Möchtest du wirklich kein Mittagessen? Ich habe solchen Hunger. Das Angebot ist groß; sie haben sogar deine Lieblingstorte.

FRAU RICHTER: Tatsächlich? Schwarzwälder Kirschtorte? Die* möchte ich gern.

DER OBER: Also, Sie möchten ein Kännchen Kaffee und ein Stück Torte. Und die Dame?

EDITH: Ich nehme eine Wurstplatte und eine Cola, bitte.

Dialogue. This is well suited for staging with real props and cast of 3.

A. After introducing dialogue, you could introduce names of several foods through pictures and ask personalized questions about likes and dislikes.

B. Be ready with some culinary research beforehand, and your students will consider you a pastry gourmet! Examples: *Prinz-Regenten-Torte* (*München*), *Sachertorte* (*Wien*).

A. Was möchten Edith und Frau Richter essen?

1. Was lesen Frau Richter und Edith? 2. Hat Edith Hunger? 3. Wie ist die Speisekarte? Ist das Angebot groß? 4. Was ist Frau Richters Lieblingstorte? Bestellt sie ein Stück? 5. Was bestellt Edith?

B. Fragen Sie Ihren Nachbarn / Ihre Nachbarin:

1. Ißt du Torte auch gern? Was ist deine Lieblingstorte? 2. Ißt du gern Wurst? 3. Trinkst du gern Cola?

möchten

Möchten (*would like*) is a special form of **mögen**, an auxiliary or helping verb that will be treated in later chapters. The forms of **möchten** are as follows:

möchten. If you wish, you might point out that *möchten* is not infinitive as such, but rather form used with *Sie*, *wir*, and *sie* (pl.). You could explain that *möchte* is Subjunctive II stem of *mögen* and that students will learn about Subjunctive II in Chapter 18, but that for now they will have no trouble using this very practical set of forms.

Pay attention to articulation and production of [œ] in anticipation of more formal treatment of *ö* sounds in Chapter 7.

möchten			
ich	möchte	wir	möchten
du	möchtest	ihr	möchtet
er } sie } es	möchte	sie	möchten
	Sie	möchten	

Möchten is often used in polite requests or questions. It may be used by itself in a sentence or with the infinitive of the main verb. In the latter construction, a form of **möchten** occupies the appropriate verb position, and the infinitive of the main verb is placed at the end of the sentence.

Footnote. Point out footnote and use of definite article as demonstrative pronoun. Offer other examples in classroom that students can relate to.

---

* The definite article is often used as a demonstrative pronoun to mean *that (one)*, *this (one)*, or *it*.

möchten ONLY

Ich möchte ein Stück Torte.
I'd like a piece of cake.

Möchten Sie einen Kaffee?
Would you like [a cup of] coffee?

möchten PLUS INFINITIVE

Ich möchte ein Stück Torte essen.
I'd like to eat a piece of cake.

Möchten Sie einen Kaffee trinken?
Would you like to drink [a cup of] coffee?

Möchten as an auxiliary adds the meaning *would like* to the main verb.

Er bestellt eine Cola.
He's ordering a cola.

Sie reist nach Köln.
She's traveling to Cologne.

Er möchte eine Cola bestellen.
He'd like to order a cola.

Sie möchte nach Köln reisen.
She'd like to travel to Cologne.

Übungen

Übung A. Easy expansion: Plug in all personal pronouns as well as some first names of class members.

A. Wer möchte was?

BEISPIEL: Wer möchte ein Kännchen Kaffee? (ich, Andrea) →
Ich möchte ein Kännchen Kaffee. Andrea . . .

1. Wer möchte die Wurstplatte? (ich, die Touristen)
2. Wer möchte dieses Brot? (wir, der Kunde)
3. Wer möchte ein Stück Torte? (der Herr da, du)
4. Wer möchte Kaffee und Kuchen? (der Mann und die Frau, ihr)

Übung B. Exercise could be reduced to simple yes/no questions (e.g., *Trinkt ihr etwas?* → *Möchtet ihr etwas trinken?*) or upgraded to elicit actual answers to each word question (*Der Herr möchte eine Wurstplatte bestellen.*).

Expand by having students make up answers to questions.

Übung C. Remind students that more than one infinitive may work. Challenge them to find several possibilities.

B. Was möchten diese Leute machen? *Rephrase each question with the correct form of* möchten.

BEISPIEL: Was liest du? → Was möchtest du lesen?

1. Was trinkt ihr?
2. Was essen Sie?
3. Was bestellt der Herr?
4. Was kauft ihr?
5. Was fragst du den Beamten?
6. Wen besucht die Frau?

C. Wer möchte was machen? *Add an appropriate infinitive to the end of each sentence.*

1. Ich möchte eine Fahrkarte.
2. Frau Werner möchte ein Buch.
3. Wir möchten eine Speisekarte.
4. Du möchtest einen Platz.
5. Herr Engel möchte einen Kaffee.
6. Die Jungen möchten eine Torte.

D. Was möchten Sie machen? *Say what you'd like to do; ask others if they'd like that, too. Refer to the list of verbs.*

BEISPIELE:

SIE: Ich möchte meine Freunde in San Diego besuchen. Linda, möchtest du deine Freunde besuchen?

LINDA: Ja, ich möchte meine Freunde in Detroit besuchen.

SIE: Ich möchte jetzt etwas essen. Jim und Tom, möchtet ihr auch etwas essen?

arbeiten	kaufen
bekommen	lesen
besuchen	sehen
essen	trinken
fahren	verkaufen
fragen	___?___
haben	

Übung E. Have students draw and/or print short ads for the item(s) they want to sell.

E. Rollenspiel: Sie möchten alles verkaufen. Sind Sie gut als Verkäufer/Verkäuferin? *You are going to sell some of your possessions. Convince others that they should buy specific items.*

BEISPIEL:

SIE: Megan, du brauchst einen Schreibtisch, nicht?

MEGAN: Ja.

SIE: Ich verkaufe meinen Schreibtisch. Er ist fast neu, groß und wirklich schön. Möchtest du ihn kaufen?

MEGAN: Ist er teuer?

SIE: Nein, er ist nicht teuer.

MEGAN: Wieviel kostet denn dieser Schreibtisch?

SIE: Nur zweihundert Dollar.

MEGAN: Zweihundert Dollar? Das ist doch sehr teuer. Ich habe nicht viel Geld.

Sammeltext

Frau Richter und ihre Enkelin,° Edith, kommen aus Oberstdorf. Sie machen heute eine Einkaufsfahrt° nach Stuttgart. Sie nehmen einen InterCity-Zug, und die Fahrt dauert etwa drei Stunden.

Jetzt ist es nach zwölf Uhr, und sie möchten etwas essen. Sie verlassen ihr Abteil und suchen den Speisewagen. Sie finden keinen Tisch, aber in der Ecke sitzt° ein Mann allein. Zuerst fragen sie „Ist hier noch frei?" und dann nehmen sie Platz.

Der Speisewagen ist sehr elegant. Die Tische haben Tischdecken und Stoffservietten. Das Essen ist gut aber nicht besonders° billig. Ein Mittagessen kostet fast 25 DM. Edith hat Durst, aber ihre Cola ist ziemlich° warm, denn in Deutschland trinkt man Cola ohne° Eis. Edith sagt: „Diese Cola erfrischt° mich gar nicht. Der Tourist da drüben ist schlau.° Er bestellt Eiswasser." Frau Richter antwortet:° „Ja, er ist bestimmt Amerikaner." Edith fragt: „Warum sagst du das?" Frau Richter sagt: „Er ißt ein bißchen komisch.° Zuerst hält er die Gabel links, dann legt er das Messer hin,° und dann hält er die Gabel rechts. Das ist doch sehr umständlich,° nicht? So dauert das Essen stundenlang."°

Der Tourist beobachtet° Frau Richter und Edith. Er denkt: Ihre Cola ist warm; warum trinkt sie Cola ohne Eis? Das erfrischt doch nicht. Und wie ißt sie? Sie braucht immer zwei Hände. Das ist ja eine Kunst!°

granddaughter	
shopping trip	
is sitting	
especially	
rather	
without / refreshes	
smart / answers	
ein . . . a little funny / legt . . . hin lays down	
complicated	
for hours	
art	

Sammeltext. In connection with *Sammeltext* or *Kulturecke*, you might wish to bring in place setting, *das Besteck*. You or students could then demonstrate *Wie ißt man in Deutschland oder in Europa?* German-style table setting in simulated dining car could be staged, with s1 playing American tourist and s2 narrating *Sammeltext*. s3 could be asked to sit down and dine *nach deutscher Art*, doing "show-and-tell" in simple German, even in incomplete sentences.

Eine Zugreise nach Köln. Ergänzen Sie die fehlenden (*missing*) Wörter!

Frau Richter und _____ Enkelin, Edith, kommen _____ Oberstdorf. Heute machen sie _____ Fahrt nach Stuttgart. Sie nehmen _____ IC-Zug, und die _____ dauert drei Stunden.

Nach zwölf Uhr _____ sie Hunger und sie _____ etwas essen. Sie _____ ihr Abteil und suchen _____ Speisewagen. Sie finden _____ Tisch. Dort sitzt _____ Mann allein. Zuerst _____ sie „Ist hier noch frei?" und dann _____ sie Platz.

Sammelübungen

A. Fragen am Bahnhof. *Form a question from each group of words. Use correct forms.*

1. warum / möchten / der Junge / kein Schaffner / werden?
2. möchten / du / ein Platz / reservieren?
3. warum / möchten / der Beamte / wir / etwas / fragen?
4. reduzieren / die Verkäufer / vielleicht / der Preis?
5. warum / möchten / ihr / dieser Tourist / nicht / sehen?
6. was / fragen / die Beamtin / der Junge?
7. welcher Platz / suchen / der Deutsche?
8. welcher Zug / möchten / der Tourist / nehmen?

KULTURECKE

Tischmanieren. Table manners often differ from one culture to another. Germans, for example, often find American table manners strange, particularly the constant shifting of the fork between the left hand when cutting and the right hand when eating. Germans normally hold the knife in the right hand and the fork in the left throughout the meal.

In many American restaurants ice water is served automatically, whereas in German-speaking countries water is generally not served at the table. In fact, water is rarely drunk—except for mineral water, which is considered good for health and which comes from many natural springs, each with a slightly different taste. In Europe, even soft drinks are often not served with ice as they are in the United States.

Countless culturally inherited habits like these distinguish—on a very superficial level—one nationality from another. Part of the fascination of first impressions when traveling abroad is observing these surface differences.

B. Situationen. Sie reisen durch (*through*) Deutschland. Was machen Sie? Was sagen Sie? Was fragen Sie?

1. Ihr Zug ist noch nicht da. Sie sehen einen Schaffner. Was fragen Sie ihn?
2. Sie finden Ihr Abteil. Drei Leute sind schon da. Was sagen Sie?
3. Sie sehen einen Platz. Was fragen Sie?
4. Ein Mädchen fragt Sie: „Wohin reisen Sie?"
5. Ein Junge fragt Sie: „Wie lange dauert die Fahrt?"
6. Sie verlassen das Abteil. Was sagen Sie?
7. Sie suchen den Speisewagen. Sie sehen einen Herrn. Was fragen Sie ihn?
8. Sie haben keine Speisekarte. Der Ober kommt. Was sagen Sie?
9. Das Angebot ist groß. Der Ober fragt: „Was wünschen Sie?" Was sagen Sie?
10. Wie essen Sie? Halten Sie die Gabel links und das Messer rechts wie die Deutschen? oder wie?
11. Trinken Sie Eiswasser? Warum (nicht)?
12. Trinken Sie Cola mit (*with*) Eis? ohne (*without*) Eis? Warum?
13. Kennen Sie Schwarzwälder Kirschtorte? Möchten Sie ein Stück bestellen?
14. Später kommt die Minibar. Der Verkäufer fragt Sie: „Möchten Sie vielleicht eine Cola? ein Wurstbrot (*cold cuts sandwich*)?" Haben Sie schon Durst? Hunger? Was sagen Sie?

Im „neuen" Berlin verbindet (*connects*) die Straßenbahn wieder alle Stadtteile (*parts of the city*).

Übung C. Remind students that *verlassen* must be used transitively: *Er hat die Stadt schon verlassen*. Students often attempt to say "he left already" by using *verlassen* intransitively instead of saying *er ist schon weggegangen* or *er ist schon fort*. Perhaps latter expression would be easy substitute until separable prefix verbs are approached.

C. Halten Sie ein Interview! Fragen Sie einen Studenten / eine Studentin:

1. Reist du gern? Möchtest du bald eine Reise (*trip*) machen?
2. Wohin möchtest du fahren? Warum?
3. Wann möchtest du fahren? jetzt? heute abend um sieben Uhr? morgen? __?__
4. Wie möchtest du fahren? Möchtest du vielleicht den Zug nehmen? das Schiff? das Auto? das Flugzeug? den Bus?
5. Möchtest du allein fahren? Warum (nicht)?
6. Was möchtest du dort machen? Möchtest du schwimmen? Freunde besuchen? Tennis spielen? alles sehen? __?__

D. Halten Sie noch ein Interview! Ihr Professor / Ihre Professorin ist Ihr Gesprächspartner / Ihre Gesprächspartnerin. *Ask each of the questions in Exercise C. Use the* Sie-*form.*

E. Kinderspiel: Ich mache eine Reise, und ich nehme __?__ mit. *Use words from the following list or others; you can also use* mein *or* kein *instead of* ein.

Übung E. In addition to familiar words given in list, students can be encouraged to look up other meaningful words from prior vocabulary lists to practice in accusative. For fun, students could be selected randomly to make comments or to phrase questions challenging what other students suggest to take along; e.g., *Warum eine Iguana? / Du brauchst doch keine Uniform!*

Draw attention to spelling of *Yo-Yo*, which represents word beginning with *y*. In alphabet list in introductory chapter students saw *Jo-Jo.* Mention that very few words in German begin with *y* and that some of those are usually spelled with *j. Yacht/Jacht, Yak/Jak, Yoga/Joga, Yoghurt/Joghurt.*

BEISPIEL: S1: Ich mache eine Reise, und ich nehme einen Apfel mit.
S2: Ich mache eine Reise, und ich nehme einen Apfel und einen Bleistift mit.
S3: Ich mache eine Reise, und ich nehme einen Apfel, einen Bleistift und eine Cola mit.

der Apfel	der Junge (*wk.*)	das Radio
der Bleistift	der Koffer	die Socken (*pl.*)
die Cola	die Liste	das T-Shirt
der Dobermann(pinscher)	das Mädchen	die Uniform
der Elefant (*wk.*)	der Nachbar (*wk.*) /	die Videokassette
der Freund / die	die Nachbarin	die Wurst
Freundin	die Oboe	das Xylophon
die Gabel	der Pullover	das Yo-Yo
das Heft	das Quiz	die Zeitung
die Iguana		

Anwendung

Essen und Trinken

Jetzt sind Sie in Deutschland. Sie nehmen den Zug von Frankfurt nach Hamburg. Es ist schon elf Uhr. Der Verkäufer bringt die Minibar. Sie haben schon die Speisekarte. Haben Sie Hunger? Haben Sie Durst? Was möchten Sie essen? Was möchten Sie trinken? Was kostet das alles? Haben Sie so viel Geld?

die Dose, -n *can*
die Eiskrem *ice cream*
entkoffeiniert *decaffeinated*
der Imbiß, *pl.* Imbisse
    snack
der Keks, -e *cookie*
das Mandelhörnchen, -
    almond croissant
der Marmorkuchen
    marble cake
die Portion, -en *serving,*
    portion
die Scheibe, -n *slice*
der Senf *mustard*
Verschiedenes *sundries*

Imbiß	DM
1 Bockwurst, 1 Scheibe Brot, Senf	4,50
2 Scheiben Brot, 1 Portion Butter	1,20
1 Portion Käse 50 g, 2 Scheiben Brot, 1 Portion Butter	6,50
Warme Getränke	
1 Kännchen Kaffee	4,50
1 Kännchen Tee	4,50
1 Kännchen entkoffeinierter Kaffee (HAG)	4,50
Verschiedenes	
1 Portion Eiskrem	2,95
Leibniz-Keks 100 g	2,10
Marmorkuchen 100 g	2,95
Mandelhörnchen 50 g	1,80
Kalte Getränke	
1 Dose Exportbier 1 Dose Pilsbier	2,90
1 Flasche Selters Mineralwasser	2,90
1 Dose Pepsi-Cola	2,90
1 Dose Fanta	2,90
1 Dose Florida Boy Orange	2,90

A. Rollenspiel. *Someone takes the part of the vendor* (der Verkäufer / die Verkäuferin), *and two to six others take the parts of passengers* (der/die Reisende, -n [ein Reisender]) *in a train compartment.*

VERKÄUFER/VERKÄUFERIN: Bier, Cola, Kaffee . . . Wünschen Sie etwas?
EIN REISENDER/EINE REISENDE: Ja, ich möchte . . .
VERKÄUFER/VERKÄUFERIN: Das kostet . . .
DER/DIE REISENDE: _____?_____

B. Die Minibar. *Write a paragraph about a minibar scene during a train trip. Answer some or all of the following questions in your paragraph.*

Wohin nehmen Sie den Zug? Warum? Wieviel Uhr ist es jetzt? Haben Sie Hunger? Haben Sie Durst? Bringt ein Verkäufer / eine Verkäuferin die Minibar? Was hat die Minibar? Was bestellen Sie? Warum? Was bestellt Ihr Freund / Ihre Freundin? Warum? Was kostet das alles zusammen?

Abfahrt und Ankunft

abfahren *to depart*   ankommen *to arrive*
die Abfahrt *departure*   die Ankunft *arrival*

When **abfahren** and **ankommen** are used in the present tense, the prefixes **ab** and **an** come at the end of the sentence.

Wann **fährt** der Zug **ab**?   *When does the train leave?*
Wann **kommt** der Zug **an**?   *When does the train arrive?*

When these verbs are used with an auxiliary such as **möchten**, however, the prefix and the verb are joined at the end of the sentence.

Wann **möchten** Sie von Bad   *When would you like to leave*
    Harzburg **abfahren**?   *(depart from) Bad Harzburg?*
Wann **möchten** Sie in   *When would you like to arrive*
    Braunschweig **ankommen**?   *in Braunschweig?*

A. Informationen. *Ask and give information according to the chart.*

Züge Bad Harzburg — Braunschweig

Bad Harzburg ab	Vienenburg ab	Schladen ab	Börßum ab	Wolfenbüttel an	Braunschweig an
a 5.40	5.48	5.58	6.03	6.13	6.25
W 6.37	6.46	6.55	7.02	7.12	7.24
W 7.22	7.30	7.40	7.44	7.53	8.05
8.33	8.41	8.50	8.55	9.03	9.14
9.55	10.04	10.14	10.19	10.28	10.41
W 10.30	10.38	10.47	10.52	11.00	11.12
12.00	12.08	12.18	12.23	12.32	12.46
12.56	13.05	13.14	13.19	13.28	13.39
14.28	14.36	14.45	14.50	14.58	15.09
15.40	15.48	15.58	16.02	16.11	16.24
16.29	16.37	16.48	16.53	17.02	17.16
17.51	17.59	18.08	18.12	18.21	18.32
18.38	18.46	18.55	19.00	19.09	19.20
c 19.34 OU	19.58	20.08	20.12	20.21	20.33
20.52	21.01	21.11	21.15	21.24	21.36

BEISPIEL: S1: Ein Zug fährt von Bad Harzburg um 12.56 Uhr ab. Wann kommt er in Braunschweig an?
S2: Um 13.39 Uhr. Ein Zug fährt von Schladen um 8.50 Uhr ab. Wann kommt er in Wolfenbüttel an?
S1: Um 9.03 Uhr. Ein Zug . . .

B. Rollenspiel. *Read the following dialogue. Then someone will take the part of the official, and others will take the parts of tourists who want to take a train from Bad Harzburg to Wolfenbüttel or Braunschweig. Vary the dialogue as you wish.* (T = der Tourist / die Touristin; B = der Beamte / die Beamtin.)

T: Fährt morgen ein Zug nach Braunschweig?
B: Ja, natürlich. Um wieviel Uhr möchten Sie denn abfahren?
T: Um neun Uhr.
B: Nun, ein Zug fährt um 8.33 Uhr ab.
T: Und wann kommt dieser Zug in Braunschweig an?
B: Um 9.14 Uhr.
T: Ich möchte dann eine Fahrkarte kaufen.
B: Einfach oder hin und zurück?
T: Einfach, bitte. Und ich habe einen Junior-Paß.
B: Gut. Der Paß reduziert den Preis um 50 Prozent.

InterCity-Züge

The following information appeared in a brochure by the **Deutsche Bundesbahn**. Read it the first time with your hand over the glosses on the right. You will understand several facts simply from the words and structures you already know and the many cognates. Then read the passage two or more times, consulting the glosses as necessary, for a thorough understanding.

Kann° ein 750-Tonnen-Zug 200 Stundenkilometer fahren? Bei Nebel,° Glatteis,° Wind und Wetter? 900 Kilometer quer durch° Deutschland von Nord nach Süd, von Ost nach West? Gleichwohl° auf die Minute genau° ankommen? Und das mit Komfort?

can / fog
sheet ice / quer . . . across
nevertheless / exactly

Er schafft° es. Seine Pünktlichkeit° kommt einem Uhrwerk nahe.° Eine zentrale und zehn regionale Leitstellen° überwachen° seine Pünktlichkeit von Minute zu Minute. Bis zu 260 InterCity-Züge täglich bedienen° auf fünf Linien 41 Bahnhöfe im Stundentakt° oder häufiger.°

manages / punctuality / kommt . . . approaches clockwork
control stations / monitor
serve
im . . . every hour / more frequently

Das InterCity-System ist denkbar einfach. Auf jeder Linie fährt jede Stunde ein Zug pro Richtung.° Die Züge halten immer auf demselben° Bahnsteig.° Die Wagen sind immer nach demselben Schema gereiht.° Das macht das Bahnfahren übersichtlich° und zuverlässig.°

direction / the same / platform
sind . . . always follow the same order
clear / dependable

A. Wie viele?

1. Wie viele Tonnen wiegt jeder Zug?
2. Wieviel Kilometer fahren die InterCity-Züge pro Stunde?
3. Wie lang ist die IC-Strecke?
4. Wie viele InterCity-Züge bedienen das System jeden Tag?
5. Auf wie vielen Linien fahren die InterCity-Züge?
6. Wie viele Bahnhöfe bedienen die InterCity-Züge pro Stunde?
7. Wie viele regionale Leitstellen überwachen die Pünktlichkeit?

B. Wie?

1. Wie ist das System? (ein Wort)
2. Wie funktioniert das System? (zwei Wörter)

C. Warum ist das System so einfach? *Find three reasons in the text.*

„Fahrkarte, bitte." Die Schaffnerin entwertet (*cancels*) die Fahrkarte.

Eine Reise durch Deutschland

Vorschau. Brainstorming ideas: *Wetter—bedeckt* (overcast), *heiß, heiter* (clear), *kalt, kühl, mild, neblig* (foggy), *regnerisch, sonnig* (sunny), *stürmisch* (stormy), *trocken, warm, windig, wolkig* (overcast)

Vorschau

Aachen liegt in der Nähe von (*close to*) Belgien und Holland und ist als Kurort seit der Römerzeit (seit . . . *since Roman times*) sehr berühmt. Hier sehen Sie den Elisenbrunnen (*name of springs and drinking well*). Links sehen Sie den Dom (*cathedral*) und rechts die Foillankirche. Was sehen Sie sonst noch? einen Park? Autos? Leute? Häuser? Straßencafés? Wie ist das Wetter heute in Aachen? Regnet es? Schneit es? Ist es kalt? windig? sonnig? schön warm? heiß?

Wortgebrauch

Übung A. Reinforce vocabulary using pictures from calendar that show seasonal changes. This is a good place to review months and seasons.

A. Das Wetter. *Describe the weather in each picture with one or more of the following sentences.*

Es ist windig.

Es ist schön warm.

Es ist kalt.

Es ist kühl.

Es ist heiß.

Es ist mild.

Es ist trocken.

Es ist regnerisch.

Es schneit.

Es regnet.

Die Temperatur ist −2° C
    (minus zwei Grad Celsius).

Die Temperatur ist 20° C.

Die Temperatur ist 32° C.

1.

2.

3.

4.

5.

6.

B. Wie ist das Wetter heute in Europa? *Describe the weather in each city.*

BEISPIELE: schneien / Innsbruck → Es schneit in Innsbruck.
        windig / Zürich → Es ist windig in Zürich.

1. schön / Bern
2. warm / Stuttgart
3. kühl / Hamburg
4. heiß / Rom

5. trocken / Graz
6. mild / Wien
7. kalt / London
8. regnerisch / Berlin

C. Wie ist das Wetter heute in Amerika? *Discuss today's weather in your city and in various places across the nation.*

> BEISPIELE: Wo regnet es? Wo schneit es?
> Wie ist es heute in Miami?
> Wie warm/kalt ist es heute in Kansas City?

D. Was interessiert Sie? Berge? Städte? Wälder? Weinberge? Dünen? Parks? __?__ Sind die Landschaften um Ihre Stadt abwechslungsreich? Was sieht man dort?

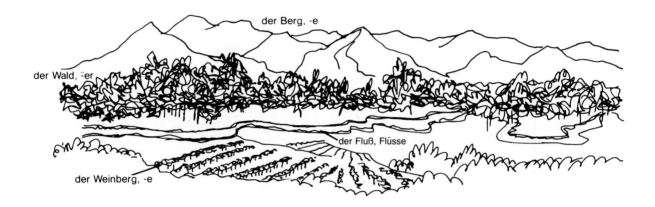

E. Sie machen eine Reise nach Deutschland. Was interessiert Sie dort? die Leute? die Industrie? die Kurorte? die Natur? die Landschaft? die Architektur? __?__

F. Wie ist es in Deutschland? in Amerika?

1. In Deutschland gibt es viele Kurorte. Diese Orte sind gut für die Gesundheit. Gibt es Kurorte in Amerika?
2. Das Ruhrgebiet in Deutschland ist ein Industriegebiet. Essen, Dortmund, Duisburg, Bochum und Recklinghausen sind Industriestädte. Kennen Sie ein Industriegebiet in Amerika? Kennen Sie eine Industriestadt in Amerika?
3. In Norddeutschland gibt es Dünen. Sieht man Dünen in Amerika? Wo?
4. In Deutschland sieht man Weinberge. Sieht man Weinberge auch in Amerika? Wo?
5. Die Temperaturen in Deutschland sind nicht extrem. Sind die Temperaturen in Amerika extrem? Wo ist es besonders heiß? Wo ist es besonders kalt? Wo wohnen Sie? Was ist die Durchschnittstemperatur dort?
6. Die Umweltverschmutzung ist ein Problem in Deutschland. Wo wohnen Sie? Ist die Umweltverschmutzung auch dort ein Problem? Machen Sie etwas gegen dieses Problem?

Wortschatz

Adjectives and Adverbs

abwechslungsreich	varied
besonders	especially
einmal	once
erstaunlich	amazing
früher	earlier
heiß	hot
kalt	cold
kühl	cool
mild	mild
regnerisch	rainy
schwer	hard, difficult
später	later
trocken	dry
vorher	before
warm	warm
wieder	again
windig	windy

Accusative Prepositions

durch	through
für	for
gegen	against
ohne	without
um	around

Nouns

der Berg, -e	mountain
das Dorf, ¨er	village, town
die Düne, -n	dune
der Fluß, *pl.* Flüsse	river
das Gebiet, -e	region, area
die Grenze, -n	border
die Industrie	industry
das Industriegebiet, -e	industrial area
die Industriestadt, ¨e	industrial city
die Jugend	youth
der Kurort, -e	health resort, spa
die Landschaft, -en	country(side), scenery, landscape
die Mauer, -n	wall, *here*: (Berlin) Wall
die Natur	nature

der Park, -s	park
die Regierung, -en	government
die Reise, -n	trip
die Schweiz	Switzerland
der Spaziergang, ¨e	walk
einen Spaziergang machen	to take a walk
die Straße, -n	street
die Temperatur, -en	temperature
der Umweltschutz	environmental protection
die Umweltverschmutzung	environmental pollution
der Wald, ¨er	forest
das Waldsterben	death of the forests
der Weinberg, -e	vineyard
das Wetter	weather
die Woche, -n	week

Verbs

bringen, hat gebracht	to bring
demonstrieren, hat demonstriert	to demonstrate
denken, hat gedacht	to think
dichten, hat gedichtet	to write poetry
diskutieren, hat diskutiert	to discuss
führen, hat geführt	to lead
hören, hat gehört	to hear
kämpfen, hat gekämpft	to fight
landen, ist gelandet	to land
lösen, hat gelöst	to solve
meinen, hat gemeint	to be of the opinion; to mean
mieten, hat gemietet	to rent
nennen, hat genannt	to call (*something*), name
passieren, ist passiert	to happen, occur
protestieren, hat protestiert	to protest
regnen, hat geregnet	to rain
es regnet	it's raining
schneien, hat geschneit	to snow
es schneit	it's snowing
übernachten, hat übernachtet	to stay overnight
verbringen, hat verbracht	to spend (*time*)
verbinden*	to join, combine

Nouns. *Onkel* and *Tante* are used in chapter as part of names (*Onkel Otto*, *Tante Klara*), but *der Onkel,-* and *die Tante, -n* will be introduced as lexical items in Chapter 6, along with nouns for other family members.

---

* Beginning with this chapter, the past participle with the appropriate auxiliary will be listed after all weak and irregular weak verbs. Beginning with Chapter 6, the past participles of strong verbs, including **verbinden**, will be given.

wandern, ist gewandert	to hike
wissen (weiß), hat gewußt	to know

Useful Words and Phrases

bis bald	see you soon, so long
(die) Durchschnitt(s) (temperatur)	average (temperature)
es gibt; gibt's . . . ?	there is/are; is/are there . . . ?

Point out to students: *der Durchschnitt, -e.*

Grammatik

Die Grenze zwischen Belgien und Deutschland. Herr Schmidt, ein Deutscher aus Bremen, und Tom, sein Neffe aus Chicago, machen zusammen eine Autotour durch Deutschland.

HERR SCHMIDT: (*Er sieht ein Straßenschild.*) Hier beginnt die Bundesstraße „B1". Die Straße kenne ich noch von früher her. Sie führt durch Aachen, Braunschweig und Berlin und endet in Küstrin. Jetzt verbindet diese Straße wieder Westen und Osten.

TOM: Wir fahren also drei oder vier Tage?

HERR SCHMIDT: Ja, die B1 ist fast 1000 Kilometer lang. Es sind 500 Kilometer bis Braunschweig. Wir fahren durch Landschaft und Industriegebiete. Das wird abwechslungsreich.

TOM: Für mich sind besonders die Städte interessant.

Dialogue. Since all prepositions will be new, you might get meaning across by abundant facial/hand gestures.

A. Tom und sein Onkel reisen zusammen.

1. Was machen Tom und sein Onkel zusammen? 2. Kennt Herr Schmidt die Straße schon? 3. Wohin führt die Straße? Wo endet sie? 4. Wie lange fahren Tom und sein Onkel? 5. Für wen sind die Städte interessant?

B. Fragen Sie Ihren Nachbarn / Ihre Nachbarin:

1. In Amerika beginnt eine Autobahn in Kalifornien und endet in North Carolina. Kennst du diese Straße? Was für eine Nummer hat sie? 2. Machst du gern Autoreisen? Wohin?

> **Accusative Prepositions.** Objects of these prepositions must simply be put into accusative. English parallels would be "through **him**" (never "through **he**") or "without **her**" (never "without **she**"). A whimsical mnemonic device arranges preposition sequence to spell acronym D-O-G-F-U; i.e., the DOGFU list.

Accusative Prepositions

A preposition (a word such as *through*, *against*, *for*, *without*, *around*) connects a noun or pronoun with other elements in a sentence. It often indicates a relation of time, space, cause, direction, or effect. A prepositional phrase includes the preposition, the noun or pronoun (called the *object of the preposition*), and any article and/or adjectives in between.

Nouns or pronouns that follow the prepositions **durch**, **für**, **gegen**, **ohne**, and **um** must be in the accusative case.

PREPOSITIONS	MEANINGS		PREPOSITIONAL PHRASES
durch	*through*	Der Zug fährt	**durch die Stadt**.
für	*for*	Die Reise ist gut	**für mich**.
gegen	*against*	Was hast du	**gegen diese Reise**?
ohne	*without*	Ich gehe nicht	**ohne dich**.
um	*around*	Wir fahren morgen	**um das Industriegebiet**.

You can often form contractions with the prepositions **durch**, **für**, and **um** and the neuter article **das**.

durch das Zimmer	→	durchs Zimmer
für das Interview	→	fürs Interview
um das Industriegebiet	→	ums Industriegebiet

As you recall, **wen** is the accusative form of **wer**; it is therefore the form used with these prepositions in reference to people. Note that the preposition precedes **wen**.

Für wen ist dieser Computer?
For whom is this computer?

Gegen wen demonstrieren diese Menschen?
Against whom are these people demonstrating?

Ohne wen machen die Studenten eine Reise?
Without whom are the students taking a trip?

> **wen.** One would also say in correct English "through **whom**" rather than "through **who**."

Übungen

A. Für wen? Ohne wen? Gegen wen? Ersetzen (*replace*) Sie die Phrasen!

1. Dieses Buch ist für *meine Eltern.* (der Junge, das Mädchen, ich, ihr, dein Neffe)
2. Wir haben nichts gegen *diese Frau.* (dieser Mann, er, Sie, Ihr Vater, dein Großvater)
3. Wir möchten morgen ohne *dich* arbeiten. (unsere Nachbarn, dieser Mensch, Herr Bachmann, Frau Felder, der Junge)

B. Wohin? Ersetzen Sie die Phrasen!

1. Fahren Sie oft durch *die Schweiz*? (diese Stadt, das Ruhrgebiet, der Wald, dieser Weinberg, die Industriestädte)
2. Machen Sie eine Fahrt um *die Schweiz*? (der Park, die Dünen, der Bahnhof, der Flughafen, die Berge)

C. Fragen. *Complete each question with the correct form of each cue.*

1. Wer geht um _____ ? (die Ecke, der Wagen, das Haus)
2. Reist Stefan ohne _____ ? (ein Koffer, sein Gepäck, seine Freundin)
3. Wer geht durch _____ ? (der Weinberg, der Speisewagen, das Dorf)
4. Hat Paula etwas gegen _____ ? (wir, diese Stadt, ihr Freund)
5. Wer spricht für _____ ? (die Regierung, wir, du)

D. Was machen wir? Wer meint was? Bilden Sie Sätze! *Use the correct form of each word.*

1. wir / fahren / durch / die Dörfer
2. Peter / wandern / um / der Berg
3. er / haben / nichts / gegen / dieser Kurort
4. Eva / möchten / wir / ohne / ihr Mann / besuchen
5. sie (*sg.*) / haben / aber / nichts / gegen / er
6. wir / machen / Spaziergänge / durch / der Wald

E. Du und ich. Ergänzen Sie die Phrasen!

1. Ich kaufe ein Geschenk _____ (*for my nephew*). Kaufst du auch etwas _____ (*for him*)?
2. Ich habe nichts _____ (*against your friends*). Haben sie etwas _____ (*against me*)?
3. Ich sage nichts _____ (*against my [male] professor*). Sagst du etwas _____ (*against him*)?
4. Ich wandere oft _____ (*through the forest*). Möchtest du heute _____ (*through the vineyards*) wandern?

F. Fragen. Ergänzen Sie die Phrasen!

1. _____ ist dieses Paket? (*for whom*)
2. _____ demonstriert man? (*against whom*)
3. Kaufst du eine Fahrkarte _____ ? (*for the boy*)
4. _____ macht ihr einen Spaziergang? (*without whom*)

Reiseversicherung *travel insurance*

Übung C. Consult prior vocabulary lists and enrich this with additional vocabulary items. To make even more challenging, give only base form of additional nouns and let students supply both gender and case.

Have students work in pairs to ask and make up answers to questions: S1: *Wer geht um die Ecke?* S2: *Der Professor geht um die Ecke. Wer geht um den Wagen?*

Übung D. Print one word on each card and distribute cards to students in small groups. They must make as many sentences as possible from cards they have.

5. _____ sind diese Blumen?   (*for which* [*male*] *customer*)
6. _____ demonstrieren diese Menschen?   (*against which problem*)

G. Was sagen Sie?

1. Ich habe nichts gegen . . .
2. Ich habe etwas gegen . . .
3. Ich habe Interesse für . . .
4. Ich habe kein Interesse für . . .
5. Ich möchte durch . . . fahren, denn . . .
6. Ich kaufe Geschenke für . . .
7. Ich reise oft ohne . . .
8. Ich möchte einen Spaziergang durch . . . machen.
9. Ich demonstriere (nicht) gegen . . .

H. Für oder gegen? Fragen Sie einen Studenten / eine Studentin!

BEISPIEL: s1: Bist du für oder gegen Atomwaffen?
s2: Ich protestiere gegen Atomwaffen. Und du? Machst du etwas gegen Atomwaffen?

VERBEN

demonstrieren
etwas haben
etwas machen
kämpfen
protestieren
sein

PROBLEME

Alkohol
Atomkraftwerke (*nuclear power stations*)
Atomwaffen (*nuclear weapons*)
Computer
Drogen
ein Heilmittel (*cure*) gegen AIDS
Industrie
die Natur
die Regierung
Religion
Umweltschutz
Umweltverschmutzung
Wiederverwertung (Recycling)
Zigaretten
_____?

der saure Regen *acid rain*
retten *to save*

Tom schreibt eine Postkarte an zwei Bekannte in Bremen.

Magdeburg, den 23.8.

Liebe Heike und Susanne,
unsere Fahrt durch Deutschland geht weiter. Gestern sind wir von
Braunschweig nach Magdeburg gereist. Hier haben wir übernachtet. Für
meinen Onkel ist es besonders schön, denn er hat als Kind hier gelebt.
Vieles in Magdeburg ist anders als früher, und mein Onkel meint, nur das
Land um diese Stadt bleibt wie immer. Aber heute haben wir den Dom und
auch das Kloster besucht, und sie sind natürlich sehr alt. Für Euch habe ich
in Braunschweig ein Buch über Umweltschutz in Deutschland gekauft. Es
ist erstaunlich, wie aktiv die Leute hier sind, besonders die Jugend. Über
Energieprobleme und Wiederverwertung habe ich viel gelernt.

Bis bald,
Euer Tom

A. Wohin ist Tom gereist?

1. Wohin sind Tom und sein Onkel gereist?   2. Wo haben sie übernachtet?   3. Wer hat als Kind in Magdeburg gelebt?   4. Was haben Tom und sein Onkel in Magdeburg besucht?   5. Was für ein Buch hat Tom gekauft? Für wen ist das Buch?

B. Fragen Sie Ihren Nachbarn / Ihre Nachbarin:

1. Wo hast du als Kind gelebt?   2. Interessiert dich Umweltschutz in Amerika?

Der Magdeburger Dom

KULTURECKE

Magdeburg. As with many European cathedrals, the construction of Magdeburg's **Dom** spanned a number of centuries and offers examples of different architectural styles. The **Dom** originated in 955, was severely damaged by fire in 1207, and was rebuilt over the next 300 years. The choir stalls stem from the fourteenth century, the pulpit from the sixteenth.

Unser Lieben Frauen, the Romanesque convent (**Kloster**) complex in Magdeburg, became a museum in 1974. The church was turned into a concert hall and named after the composer Georg Philipp Telemann, who was born in Magdeburg in 1681.

In the nineteenth century, sugar factories turned Magdeburg into an industrial city. Today wheat and sugar beets still grow in the soil surrounding Magdeburg, but the area has suffered grave environmental damage. **Umweltschutz** is an important issue throughout Germany, however, and innovative steps are being taken in many directions and on many levels to reverse damaging trends.

Present Perfect Tense: Weak Verbs

The present perfect tense is a compound tense that consists of an auxiliary (a helping verb) and a past participle (a verb form used in certain tenses). In English, the present perfect is expressed with the auxiliary *to have*: *I have learned, he has traveled.* In German, most verbs form the present perfect with the auxiliary **haben**. Some verbs—particularly those that do not have a direct object and that express motion toward a place (**reisen, fahren, landen**) or a change of state (**werden**)—use the auxiliary **sein**. The verb **sein** itself also uses **sein** as an auxiliary. (**Fahren, werden,** and **sein** are strong verbs and will be discussed in Chapter 6.)

Weak Verbs. From standpoint of "grammatical psychology," weak verbs might be said to possess "no mind of their own"; they rather "follow the crowd," conforming to "establishment." Strong verbs, in contrast, really "do their own thing." And poor irregular weak verbs are somewhat "schizoid."

Encourage students to think in terms of stems, since German relies so heavily on compound word formation throughout its nominal and verbal systems.

If students have trouble with term "weak," call them "regular" verbs.

Memorization of forms can be greatly facilitated if you deliver them briskly and have students repeat either chorally or individually as class warm-up activity.

PRESENT PERFECT WITH *haben*			
lernen, hat gelernt			
ich	habe gelernt	wir	haben gelernt
du	hast gelernt	ihr	habt gelernt
er sie es	hat gelernt	sie	haben gelernt
	Sie	haben gelernt	

PRESENT PERFECT WITH *sein*			
reisen, ist gereist			
ich	bin gereist	wir	sind gereist
du	bist gereist	ihr	seid gereist
er sie es	ist gereist	sie	sind gereist
	Sie	sind gereist	

Formation of Past Participle

German verbs are categorized according to the way they are conjugated. Weak verbs have regular conjugation patterns and a past participle that ends in (**e**)**t**. Two other categories of German verbs, strong and irregular weak, have irregular forms and will be discussed later.

Generally, the past participle of weak verbs is formed by adding the prefix **ge** to the verb stem, along with the suffix **t** (or **et** if the verb stem ends in **t**, **d**, **gn**, or some other letter or combination that makes pronunciation difficult).

INFINITIVE			PAST PARTICIPLE	
stem	**en**	**ge**	*stem*	**(e)t**
hör	en	ge	hör	t
such	en	ge	such	t
miet	en	ge	miet	et
land	en	ge	land	et
regn	en	ge	regn	et

Paten *sponsors*

Some weak verbs begin with a so-called inseparable prefix (**be**, **emp**, **ent**, **er**, **ge**, **ver**, or **zer**). The **ge** prefix is not added to form the past participle of these verbs; only the (**e**)**t** suffix is added. Therefore, the past participle of these verbs looks the same as the third-person singular in the present tense: **er besucht**, **wir haben besucht**. Similarly, verbs that end in **ieren** have a past participle that is formed simply by adding **t** to the verb stem: **studieren**, **hat studiert**.

When you are learning verbs, it helps to memorize the infinitive, the corresponding auxiliary, and the past participle together. Following is a list of the weak verbs you have learned so far.

Inseparable Prefix Verbs. You might return to *übernachten* later when inseparable/separable verbal prefixes come up, pointing out that here prefix *über* is used inseparably. Important now: Do not stress prefix but rather stem (*über* ˈ *nachten*); meaning of *über* is "over" as in "to sleep overnight."

haben + PAST PARTICIPLE
(WITH **ge** PREFIX)

arbeiten, hat gearbeitet
brauchen, hat gebraucht
dauern, hat gedauert
fragen, hat gefragt
führen, hat geführt
haben, hat gehabt
hören, hat gehört
kämpfen, hat gekämpft
kaufen, hat gekauft
kosten, hat gekostet
leben, hat gelebt

lernen, hat gelernt
lösen, hat gelöst
machen, hat gemacht
meinen, hat gemeint
mieten, hat gemietet
regnen, hat geregnet
sagen, hat gesagt
schneien, hat geschneit
spielen, hat gespielt
suchen, hat gesucht

wohnen, hat gewohnt
wünschen, hat gewünscht
zahlen, hat gezahlt

haben + PAST PARTICIPLE
(WITHOUT **ge** PREFIX)

bestellen, hat bestellt
besuchen, hat besucht
übernachten, hat übernachtet
verkaufen, hat verkauft
demonstrieren, hat demonstriert
diskutieren, hat diskutiert
interessieren, hat interessiert
protestieren, hat protestiert
reduzieren, hat reduziert
reservieren, hat reserviert
studieren, hat studiert
telefonieren, hat telefoniert

sein + PAST PARTICIPLE
(WITH **ge** PREFIX)

landen, ist gelandet
reisen, ist gereist
wandern, ist gewandert

sein + PAST PARTICIPLE
(WITHOUT **ge** PREFIX)

passieren, ist passiert

Word Order

To form sentences in the present perfect tense, place the present-tense form of
the auxiliary in the verb position that corresponds to the sentence type, and place
the past participle at the end of the sentence.

SUBJECT-VERB STATEMENT	Maria **hat** gestern eine Reise **gemacht**.
ELEMENT-VERB-SUBJECT STATEMENT	Gestern **hat** Maria eine Reise **gemacht**.
YES/NO QUESTION	**Hat** Maria gestern eine Reise **gemacht**?
INTERROGATIVE WORD QUESTION	Was **hat** Maria gestern **gemacht**?

Use of Present Perfect Tense

In German, the present perfect tense is routinely used to relate past events in
conversation, whereas the simple past tense (which you will study in Chapter
11) is used in writing. This contrasts with English, in which the simple past
tense is appropriate in either speaking or writing to convey past events.
Remember that the German present perfect may be equivalent to the English
past *or* present perfect tense.

GERMAN: PRESENT PERFECT TENSE
Wir **haben** schwer **gearbeitet**.

ENGLISH: PAST TENSE
We worked hard.
We did work hard.

ENGLISH: PRESENT PERFECT TENSE
We have worked hard.

Use of Present Perfect Tense. This subtlety is extremely important: make sure students know it. It is often overlooked, since native speakers of English are not always so tense-aspect-conscious about their verbs.

Some instructors prefer to teach past tense before or along with present perfect. If this is your preference, you might refer students to Chapter 11. You might also want to bring in examples of narratives (newspaper articles or short stories) to point out difference in formation and use between past and present perfect tenses in German.

KULTURECKE

Briefschreiben auf deutsch. Letters written in German generally follow these stylistic conventions.

- The city and date appear in the upper right corner. The accusative **den** sometimes precedes the number of the day, which precedes the month. Notice the punctuation.

  Hamburg, den 4. September 1994
  or: Hamburg, 4.9.94

- A letter begins with **lieber/liebe** (*dear*), and the person's name is followed by an exclamation point or a comma. The most common form used to address people who are not relatives or personal friends, however, is **sehr geehrter / sehr geehrte**.

  Lieber Gerhard / Liebe Monika / Liebe Freunde (*pl.*) / Sehr
      geehrter Herr Bach! / Sehr geehrte Frau Schmidt!

- If the greeting is followed by a comma, the first word of the letter is not capitalized unless it is a noun or a second-person pronoun.

- Throughout the letter, all second-person pronouns and possessive adjectives (informal as well as formal) are capitalized: **Du, Dich, Dir, Dein; Ihr, Euch, Euer.**

- A cordial letter often concludes with one of these phrases.

  Mit freundlichen Grüßen / Viele Grüße / Herzliche Grüße

- A letter closes with **Dein/Deine** (*informal*) or **Ihr/Ihre** (*formal*) and no punctuation.

  Dein Gerhard / Deine Monika
  Ihr Gerhard Bach / Ihre Monika Schmidt

- The address on the envelope is often preceded by **an** (*to*), and an **n** is added to **Herr**, which is a weak masculine noun. The number follows the street; the postal code precedes the city; the country code precedes the postal code: D (Germany), CH (Switzerland), A (Austria).

  (An)
  Herrn Gerhard Bach / Frau Monika Schmidt
  Lönnrotweg 12B
  D-1000 Berlin 22

Übungen

A. Wer ist durch Deutschland gereist? Wer hat das Ruhrgebiet besucht?

1. Bist du durch Deutschland gereist? (Sie, Herr und Frau Keller, ihr, Thomas)
2. Hast du das Ruhrgebiet besucht? (Sie, sie [*pl.*], ihr, er)

B. Was haben die Leute gestern gemacht? *Restate the question with the correct form of each suggested verb or verbal phrase.*

1. Was haben Ihre Freunde gestern gemacht? (kaufen, sagen, bestellen)
2. Haben Ihre Eltern gestern gearbeitet? (nach Amerika telefonieren, durch die Schweiz reisen [*use* **sein**], einen Spaziergang machen)
3. Haben die Touristen gestern ein Zimmer gemietet? (reservieren, suchen, brauchen)
4. Haben die Studenten gestern in Frankfurt demonstriert? (übernachten, arbeiten, protestieren)

Übung C. With exercises such as this it is better for students to simply scan elements visually rather than read them aloud. Treat such "dehydrated sentence" exercises as you would English → German translation drills.

C. Fragen über Diskussionen. *State each question with the given verb in the present perfect tense.*

1. Wer / die Diskussion? (führen)
2. Was / die Jugend? (meinen)
3. Wer / diese Verse? (dichten)
4. Wer / die Wiederverwertung in Deutschland? (diskutieren)
5. Wer / für den Umweltschutz? (kämpfen)
6. Wer / das Problem? (lösen)

Das Ruhrgebiet. Luftverschmutzung (*air pollution*) hatte Stefan Zweig nicht im Sinn (*mind*) in seinem Gedicht „Steigender Rauch" ("*Rising Smoke*").

D. Ihr Freund hat eine Autofahrt gemacht. Was fragen Sie ihn? Alle Fragen im Perfekt, bitte.

1. Mietest du ein Auto?
2. Wanderst du durch den Wald?
3. Wo übernachtest du?
4. Regnet es dort?
5. Schneit es dort?
6. Hörst du den Wind?

E. Was hat Frau Fischer gemacht? Im Perfekt, bitte!

BEISPIEL: eine Reise machen →
Frau Fischer hat eine Reise gemacht. Sie . . .

1. in Dortmund übernachten
2. nach Essen reisen
3. dort ein Zimmer mieten
4. Kollegen besuchen
5. schwer arbeiten
6. Probleme lösen
7. nach Bonn telefonieren
8. Geschenke für ihre Kinder kaufen

F. Fragen Sie einen Studenten / eine Studentin: Was hast du gestern gemacht?

BEISPIEL: Radio hören → Hast du gestern Radio gehört?

1. Tennis spielen
2. ein Auto mieten
3. ein Buch kaufen
4. Geld brauchen
5. einen Freund oder eine Freundin besuchen
6. ein Problem lösen
7. schwer arbeiten

G. Was haben Sie neulich gemacht? Schreiben Sie einen Brief darüber! *Write to a friend or family member and describe some of your recent activities; use the present perfect tense of some of the following verbs. For guidelines on format, consult the preceding* Kulturecke; *for ideas, reread Tom's letter at the beginning of this grammar section.*

arbeiten	fragen	mieten	übernachten
besuchen	hören	reisen	wandern
brauchen	kaufen	sagen	___?___
demonstrieren	lernen	spielen	
diskutieren	machen	suchen	

Übung F. Students should give more than simple yes/no answers: if yes, state what program they heard or what book they read; if no, state what they did do yesterday.

Übung G. Have students read their informal letters aloud. Mention that present perfect tense is generally used in conversation and not for lengthy narratives. Return to this exercise in Chapter 11 and have students write a lengthier letter in past tense.

Der Rennsteig. Tom und sein Onkel wandern durch den Thüringer Wald.

TOM: Warum heißt dieser Weg „der Rennsteig"?

HERR SCHMIDT: Ich weiß es nicht, man hat ihn aber immer so genannt. Dieser Wanderweg ist sehr alt und auch sehr berühmt.

TOM: (*Er lacht.*) Berühmt? Ich hab's ja gewußt: Goethe hat hier übernachtet!

HERR SCHMIDT: Doch, das hat er, und er hat auch hier gedichtet. „Wandrers Nachtlied" habe ich als Schüler schon gekannt:

> Über allen Gipfeln
> Ist Ruh,
> In allen Wipfeln
> Spürest du
> Kaum einen Hauch:
> Die Vögelein schweigen im Walde.
> Warte nur, balde
> Ruhest du auch.

Poem. Although simple, poem contains unfamiliar words and structures. Use gestures to relay meaning; if necessary, refer students to translation at end of book.

A. Wandern

1. Wie hat man den Wanderweg immer genannt? 2. Wie ist der Rennsteig? 3. Was hat Tom gewußt? 4. Wer ist Goethe? 5. Ist Goethe dort gewandert? Was hat er gedichtet?

B. Fragen Sie Ihren Nachbarn / Ihre Nachbarin:

1. Was für Gedichte oder Kinderreime hast du als Kind gelernt? 2. Hast du den Wald gern? Wanderst du?

KULTUR ECKE

Rennsteig. The earliest written record of the 168-kilometer **Rennsteig** along the ridges of the **Thüringer Wald** dates back to 1330. Long before that, however, this trail formed a natural border between **Thüringen** on one side and **Hessen** and **Franken** on the other. On one side, water flows into the **Elbe** river; on the other side, it flows into the **Weser** and the **Rhein** rivers. The old trail also marks a dialect border; the differences in speech can still be heard today.

Direkt nach Thüringen

Present Perfect Tense: Irregular Weak Verbs; *kennen* and *wissen*

Irregular Weak Verbs

An irregular weak verb is like a weak verb in that the past participle ends in **t**; unlike a weak verb, however, the stem vowel of the past participle differs from that of the infinitive. Notice that the past participles of **bringen** and **denken** undergo consonant changes as well as stem-vowel changes.

Irregular Weak Verbs. Key point is that these are weak, not strong, verbs. Decisive factor is not stem vowel alternation but weak, dental *t* ending in past participle (as well as *te* ending in past tense).

If you are referring to "weak" verbs as "regular" verbs, you might point out that "irregular weak verbs" are "somewhat irregular," or "in-between" verbs.

INFINITIVE				PAST PARTICIPLE		
stem	**en**			**ge**	*stem*	**t**
kenn	en	**e → a**		ge	kann	t
nenn	en			ge	nann	t
denk	en			ge	dach	t
bring	en	**i → a**		ge	brach	t
wiss	en	**i → u**		ge	wuß	t

Wie **nennt** man dieses Gebiet?
—Man **hat** dieses Gebiet den „Schwarzwald" **genannt**.
Wer **bringt** eine Kamera?
—Josef **hat** schon eine Kamera **gebracht**.

What do they call this region?
—They named this region the "Black Forest."
Who's bringing a camera?
—Josef already brought a camera.

The past participle of a verb with a so-called inseparable prefix follows the same pattern as that of the basic verb.

bringen, hat gebracht   *to bring*
verbringen, hat verbracht   *to spend (time)*

kennen and wissen

The verb **wissen** has irregular forms in the first-, second-, and third-person singular of the present tense.

wissen, hat gewußt			
ich	weiß	wir	wissen
du	weißt	ihr	wißt
er sie es	weiß	sie	wissen
		Sie	wissen

The verbs **kennen** and **wissen** both correspond to the English verb *to know*. These two German verbs are not interchangeable, however. **Wissen** means *to know* in the sense of *to have factual knowledge of, know for a fact*. It is used in response to questions or statements about factual information and is often followed by a direct object. (**Wissen** also frequently occurs with a subordinate clause, a construction that will be treated in Chapter 10.)

Wie warm ist es heute in Köln? —Ich weiß es nicht. | *What's the temperature today in Cologne? —I don't know.*
Herr Kandel ist Deutscher. —Ja, das weiß ich schon. | *Mr. Kandel is German. —Yes, I already know that.*
Die Weinstraße ist 83 km lang. Hast du das gewußt? | *The "Weinstraße" is 83 km long. Did you know that?*

Kennen means *to know* in the sense of *to be acquainted with, familiar with*. It is used with a direct object.

Du kennst doch die Stadt Köln, nicht? | *You do know (are familiar with) the city of Cologne, right?*
Kennen Sie meinen Vater? | *Do you know my father?*
Ich habe die Landschaft gar nicht gekannt. | *I wasn't at all familiar with the countryside.*

Übungen

A. Fragen. *Restate each question in the present perfect tense.*

1. Was denken Sie?
2. Was bringen Sie?
3. Kennen Sie diesen Weinberg?
4. Wie nennt man dieses Gebiet?
5. Wie verbringen Sie die Woche?
6. Was wissen Sie?

B. Was ist passiert? Was passiert? *Restate each sentence in the present tense.*

1. Wir haben einen Tag in Landau verbracht.
2. Wir haben dieses Gebiet noch nicht gekannt.
3. Wie hat man dieses Gebiet genannt?
4. Was hat der Kellner gebracht?
5. Wir haben in Schweigen übernachtet.
6. Tante Inge hat in Landau gewohnt. Hast du das gewußt?

C. Kennen oder wissen? *Supply the missing form of* wissen *or* kennen, *whichever is appropriate.*

1. Ich _____ diese Stadt nicht.
2. _____ du die „Deutsche Weinstraße"?
3. _____ ihr das Ruhrgebiet?
4. Essen ist eine Industriestadt. _____ Sie das?
5. Ich _____ diese Stadt, denn ich habe hier zwei Wochen verbracht.
6. Wir haben kein Interesse für die Industriestädte. Das _____ du schon.
7. _____ ihr diesen Mann?
8. Die Umweltverschmutzung ist überall ein Problem. Man _____ das schon.
9. Woher kommt dieser Wein? _____ ihr ihn?
10. Wieviel Kilometer lang ist die B1? Wer _____ das?
11. Wie viele Leute wohnen hier? Vielleicht _____ es der Beamte da.
12. Der Rhein ist sehr berühmt. _____ Sie diesen Fluß?

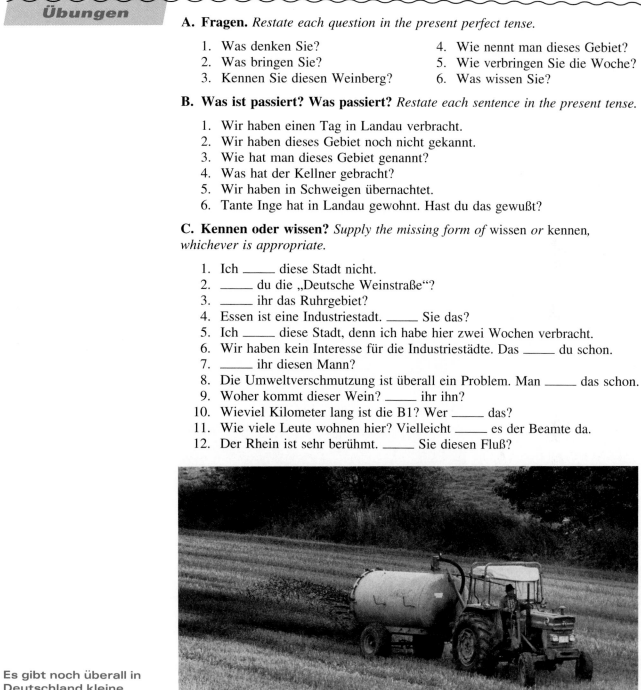

Es gibt noch überall in Deutschland kleine Bauernhöfe (*farms*).

D. Städte. Fragen Sie Ihren Nachbarn / Ihre Nachbarin:

1. Welche Städte in Amerika kennst du besonders gut?
2. Kennst du eine Stadt in Deutschland?
3. Kennst du einen Mann oder eine Frau aus Deutschland? Wie heißt er/sie? Woher kommt er/sie?
4. Wo hast du einmal eine Woche verbracht?
5. Wo möchtest du einen Tag verbringen? Warum?
6. Wo hast du einmal gewohnt? Wie viele Leute wohnen jetzt dort?

Übung D. This kind of exercise, if done orally in class, goes best if students are able to think through both content and vocabulary before class. It requires research as well as imagination!

KULTURECKE

Sylt. The largest and northernmost of the North Frisian Islands, Sylt is known for its expansive dunes and beaches. As in other resort areas along the North Sea coast, **Strandkörbe** often dot the beaches.

These large wicker chairs provide protection from the sun and wind and ensure some privacy.

Sammeltext

Tom und sein Onkel sind durch Deutschland gereist und haben viele Dias° gemacht. Jetzt zeigt° Tom die Dias und erzählt:°
    Wir sind durch ganz Deutschland gereist. Zuerst haben wir eine Woche auf Sylt verbracht. Wir haben in Westerland gewohnt. Dorthin° gehen viele Touristen, denn es gibt Strände,° Dünen, ein Aquarium und ein Casino. Mich hat das Casino unheimlich° interessiert, aber ich bin leider noch zu jung dafür.°

slides

shows / narrates

there

beaches

sehr / for it

Ich habe sehr viel über Umweltschutz in Deutschland gehört, denn viele Leute diskutieren dieses Problem. Überall sieht man Container: hier sammelt° man Papier, Glas und Metall zur Wiederverwertung. Auch die Jugend ist sehr aktiv, zum Beispiel boykottieren Schüler in Hamburg und Schleswig-Holstein Milch in Wegwerfpackungen.°

collects

throw-away cartons

Die Bundesstraße B1 von Aachen nach Küstrin hat mich besonders interessiert. Die Straße ist etwa 1000 Kilometer lang und führt durch Dörfer und Städte. Wir kennen Berlin schon sehr gut, also sind wir um diese Stadt gereist. In Magdeburg und Potsdam haben wir aber übernachtet und viel mehr Zeit verbracht, denn mein Onkel hat schon als Kind in Magdeburg gelebt, und ich habe diese Städte nicht gekannt. Wir haben eine Wanderung durch den Thüringer Wald gemacht und finden die Landschaft im Osten schön. Ich habe sehr viel über den Dichter Goethe gelernt, denn er ist auch gern dort gewandert.

Sammeltext. Bring your slides to class for brief show with commentary in present perfect tense. Ask students to bring slides, photos, or posters of places they have visited, and invite them to share travel experiences, in German, with class.

Help students get meaning of *Wanderung* and *Dichter* by drawing attention to word families; *wandern / der Wanderer / die Wanderung; dichten / der Dichter / die Dichtung.*

Eine Reise durch Deutschland. *Look at the map and briefly summarize, orally or in writing, Tom's trip through Germany.*

Sammelübungen

Übung A. "Dehydrated sentence" exercises, if done orally, should not be read aloud, since incorrect grammatical relationships may be perceived (*du / mieten*; *ohne / sein Sohn*) and be inadvertently recorded in students' memory.

After going through these once, have S1 replace one element. S2 must adjust where necessary and give new sentence.

A. Was hat Frau Rainer gemacht? Bilden Sie Sätze—im Perfekt! *Use the correct form of each word.*

1. Frau Rainer / machen / eine Reise / ohne / ihr Mann
2. das Flugzeug / landen / in Frankfurt
3. sie / mieten / ein Auto / und / reisen / nach Düsseldorf
4. sie / verbringen / zwei Tage / dort
5. sie / machen / ein Spaziergang / durch / ein Park
6. sie / kaufen / auch / ein Koffer / für / ihr Mann
7. später / reisen / sie / durch / die Schweiz

B. Fragen: Was ist passiert? *Complete each question; then restate it in the present perfect tense.*

1. Hat er etwas _____ ? (*against me*)
2. _____ kaufst du diese Blumen? (*for whom*)
3. Reist Frau Schmidt _____ ? (*without her husband*)
4. _____ demonstriert man in Wien? (*against whom*)
5. Wie verbringt Peter diesen Monat _____ ? (*without us*)
6. Kennen Sie die Landschaft _____ ? (*around the city*)
7. Mietest du dieses Zimmer nur _____ ? (*for one month*)
8. Was sagst du _____ ? (*against the government*)

C. Konversation: Eine Reise

Übung C. For comic relief, put words on board that would lead to unlikely combinations. Each student adds to tale; e.g., S1: *Einmal bin ich nach Australien gereist.* S2: *Dort habe ich Parfüm gekauft.*

BEISPIEL: S1: Wohin bist du einmal gereist?
            S2: Einmal bin ich nach . . . gereist.
            S1: Und was hast du dort gemacht?
            S2: Dort habe ich . . .
            S1: Was ist noch passiert? Hast du auch . . . ?
            S2: _____ ?

Niederaussem. Ein Thermokraftwerk (*thermal power plant*). Im Vordergrund (*foreground*) Einfamilienhäuser (*single-family houses*) für die Arbeiter.

D. Konversation: Ein Besuch

BEISPIEL: S1: Wen hast du einmal besucht?
S2: Ich habe einmal . . . besucht.
S1: Wieviel Zeit habt ihr zusammen verbracht?
S2: Wir . . .
S1: Was habt ihr gemacht?
S2: Wir haben . . .
S1: Habt ihr auch . . . ?
S2: ____?____

Übung E. Tell students whether to prepare oral or written presentation.

E. Eine Reise. *Prepare a presentation of a trip you have taken (present perfect tense) or a trip you would like to take someday (present tense +* möchte)*. Use photos, slides, or pictures from magazines to illustrate some of the highlights.*

Anwendung

Die deutschsprachigen Länder. Extensive factual information can be enhanced by use of maps, pictures, and realia. After reading, distribute blank map of region. Have students go through passage and draw in and label as much information as they can.

Geographie und Landschaften

Die deutschsprachigen Länder

Deutschland liegt in Mitteleuropa. Von 1949 bis 1990 gab es° zwei deutsche Staaten: die Bundesrepublik Deutschland und die Deutsche Demokratische Republik. Am 9.° November 1989 hat die DDR Regierung die allgemeine° Reisefreiheit erklärt.° Tausende von DDR Bürgern und West-Deutschen haben die Mauer gestürmt. Am 3.° Oktober 1990 wurden° die beiden deutschen Staaten wieder ein Deutschland.

gab. . . *there were*

neunten
general / declared
dritten / *became*

Österreich liegt südöstlich von Deutschland, die Schweiz südwestlich. Das ganz kleine Liechtenstein liegt zwischen° Österreich und der Schweiz; Luxemburg liegt zwischen Belgien, Frankreich und Deutschland.

between

Norddeutschland ist flach.° Die Großstadt Hamburg liegt im Norden und hat einen wichtigen Hafen° mit viel Schiffsverkehr.° Im Süden liegt die bayrische Kunststadt° München. Dort gibt es eine Universität, eine Oper, ein paar° Theater und viele Museen.

flat
harbor / shipping traffic
art city / ein . . . several

Die drei großen deutschen Flüsse sind der Rhein, die Elbe und die Donau. Der Rhein kommt aus der Schweiz und fließt eine kurze° Strecke durch Frankreich bei Straßburg und dann durch Deutschland nach Holland. Berühmte Städte am Rhein sind Mainz, Koblenz, Köln und Düsseldorf. Hamburg liegt an der Elbe; eine andere berühmte Elbestadt ist Dresden. Die Donau kommt aus Deutschland und fließt durch Wien nach dem Schwarzen Meer.°

short

Schwarzen. . . *Black Sea*

Die Schweiz ist bekannt für die Alpen und besitzt° drei ganz verschiedene° kulturelle Gebiete:° den französischen Teil° im Westen mit der Stadt Genf,° den

possesses / different
areas / part / Geneva

deutschen Teil im Nordosten mit der Großstadt Zürich und den italienischen Teil im Süden mit Lugano und Locarno.

Wien, die Hauptstadt Österreichs, ist berühmt für Musikpflege,° den Walzer und viele Cafés. Westlich von Wien liegt das schöne Salzburg, die Geburtsstadt von Mozart, und Innsbruck, das Ski-Zentrum der Olympiade von 1976.

Feine Beispiele alter° Kultur und Kunst gibt es überall, aber die meisten Ausländer lieben besonders die süddeutsche Landschaft. Die Berge geben Gelegenheit° zum Skisport im Winter und zum Wandern im Sommer. Das Klima in ganz Deutschland ist gemäßigt.° Im Sommer regnet, donnert° und blitzt° es oft, und im Winter schneit es. Der Sommer ist nicht so heiß und feucht° wie in Amerika, und der Himmel° ist oft wolkig und grau. Daher° kommt die bekannte° Sehnsucht° nach dem sonnigen Süden.

cultivation of music

of old
opportunity

moderate / thunders / flashes
  lightning
humid
sky / hence / well-known / longing

A. Wie gut kennen Sie die deutschsprachigen Länder?

1. Wann gab es zwei deutsche Staaten?
2. Wann wurden die zwei deutschen Staaten wieder ein Deutschland?
3. Wo liegt Liechtenstein?
4. Wie ist die Landschaft von Norddeutschland?
5. Welche Stadt hat einen Hafen, Hamburg oder München?
6. Was sind der Rhein, die Elbe und die Donau?
7. Welches Land hat drei kulturelle Gebiete?
8. Welche Stadt ist berühmt für Musikpflege, den Walzer und viele Cafés?
9. Welche Landschaft lieben die meisten Ausländer?
10. Wie ist das Klima in Deutschland?

B. Interview: Deine Heimatstadt (*hometown*). *Ask your partner the following questions and take notes as he/she responds.*

1. Wie heißt deine Heimatstadt?
2. Wo liegt sie? (Liegt sie auch [südwestlich] von _____ ?)
3. Wie ist die Landschaft dort?
4. Wie ist das Wetter dort? Wie ist der Sommer? der Winter?
5. Hat deine Heimatstadt einen Hafen? einen Flughafen? eine Universität? eine Oper? ein Theater? ein Museum? einen Bahnhof? Kirchen? __?__
6. Fließt (*flows*) ein Fluß durch deine Stadt? Wenn ja: Wie heißt dieser Fluß?
7. Hast du deine Heimatstadt gern? Warum (nicht)?

C. Thema: Eine Stadt. *Organize the information you gathered in Exercise B and write a brief essay. Rearrange the topics—Wetter, Geographie, Vorteile/Nachteile (advantages/disadvantages)—as necessary to achieve at least three short but well-constructed paragraphs. Remember, you may begin some sentences with an element other than the subject, but the verb must remain in second position.*

Das Wetter

Das Wetter. If you bring in weather maps from newspapers, you might point out differences in terminology. For example, the map on p. 144 uses *leicht/stark bewölkt* and *wolkig*; others may use *(halb) bedeckt*.

A. Wie ist das Wetter heute in Europa? *Work with a small group of students. Ask and answer questions about the map and the charts on the following page.*

BEISPIELE: Wie ist das Wetter heute in (Madrid)?
Wie kalt ist es heute in (Dubrovnik)?
Wo ist die Temperatur (acht) Grad Celsius?
Wo ist die Temperatur (minus drei) Grad?
Wo regnet es heute?
Wo schneit es heute?
Wo ist es sonnig? heiter?
Wo ist es wolkig? bedeckt? neblig? __?__
Wo gibt es Sprühregen? Schauer? Gewitter? __?__
Wo gibt es Schnee?

B. Der Wetterbericht. *Prepare a weather report to deliver to the class. You can base it on the map in the book or use a weather map of the United States or of your local area.*

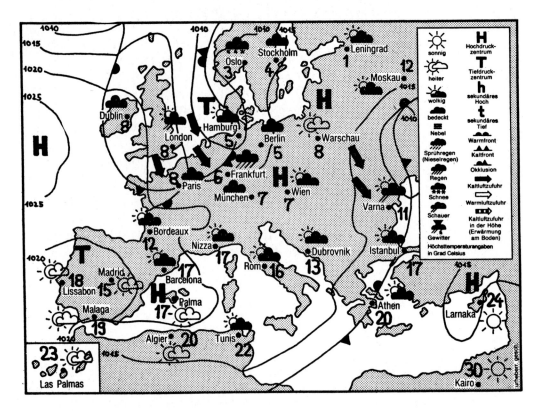

leicht bew. (bewölkt)
 partly cloudy
stark bew. (bewölkt)
 overcast
Schneest. (Schneesturm)
 snowstorm

Wetter und Temperaturen in Grad Celsius vom Sonntag, 14 Uhr (MESZ)

Deutschland:

Bad Hersfeld	wolkig	4	Kempten	wolkig	3			
			Köln/Bonn	leicht bew.	7			
Bendorf/Rh.	leicht bew.	7	Konstanz	wolkig	7			
Berlin	wolkig	5	Leipzig	leicht bew.	4			
Cuxhaven	wolkig	6	Lübeck	wolkig	7			
Dresden	wolkig	3	Magdeburg	wolkig	6			
Düsseldorf	leicht bew.	9	München	wolkig	5			
Emden	wolkig	7	Norderney	wolkig	8			
Feldb./Schw.	leicht bew.	-5	Nürnberg	wolkig	3			
Feldberg/Ts.	leicht bew.	2	Oberstdorf	Schneest.	0			
Frankfurt/M.	wolkig	7	Passau	wolkig	6			
Freiburg	leicht bew.	8	Saarbrücken	wolkig	6			
Freudenstadt	wolkig	3	Schleswig	wolkig	5			
Garmisch	stark bew.	3	Stuttgart	wolkig	6			
Greifswald	wolkig	3	Sylt	wolkig	3			
Hamburg	wolkig	7	Trier	wolkig	8			
Hannover	leicht bew.	8	Weinbiet	wolkig	4			
Helgoland	stark bew.	5	Zugspitze	Schneefall	-15			

Ausland:

Amsterdam	leicht bew.	7	Konstanza	leicht bew.	20	Stockholm	wolkig	3
Ankara	leicht bew.	18	Kopenhagen	wolkig	6	Tunis	wolkig	16
Athen	leicht bew.	19	Larnaka	leicht bew.	22	Varna	leicht bew.	21
Barcelona	leicht bew.	12	Las Palmas	leicht bew.	20	Venedig	wolkig	12
Belgrad	Regen	8	Leningrad	Schneefall	-1	Warschau	wolkig	5
Bordeaux	wolkig	10	Lissabon	leicht bew.	16	Wien	wolkig	7
Bozen	wolkig	12	Locarno	leicht bew.	11	Zürich	leicht bew.	7
Brüssel	leicht bew.	8	London	stark bew.	9			
Budapest	wolkig	9	Madrid	wolkenlos	11			
Bukarest	leicht bew.	17	Mallorca	wolkig	12			
Casablanca	wolkig	19	Moskau	wolkig	6			
Dublin	stark bew.	8	Neapel	stark bew.	13			
Dubrovnik	leicht bew.	13	Nizza	leicht bew.	13			
Helsinki	wolkig	2	Oslo	stark bew.	6			
Innsbruck	Schnee	4	Ostende	wolkig	7			
Istanbul	wolkig	20	Paris	stark bew.	7			
Kairo	leicht bew.	31	Prag	Schnee	4			
			Rom	wolkig	11			

C. Dialog: Was für Wetter haben Sie gern? Fragen Sie einen Studenten / eine Studentin:

1. Was für Wetter hast du besonders gern? Warum?
2. Was für Wetter hast du gar nicht gern? Warum?

Familienleben und Einkaufen

6

Vorschau. Point out and name different articles of clothing and accessories that you and students are wearing; brainstorm and write items on board as you do so.

Vorschau

Ist das ein Kaufhaus oder eine Boutique? Macht die Frau einen Einkaufsbummel oder nur einen Spaziergang? Ist das Kind ihr Sohn? ihre Tochter? ihr Neffe? ihre Nichte? Was trägt die Frau? ein Kleid oder eine Bluse und Jeans? Schuhe oder Sandalen? Was trägt das Kind? ein T-Shirt und eine Hose oder ein Kleid?

Wortgebrauch

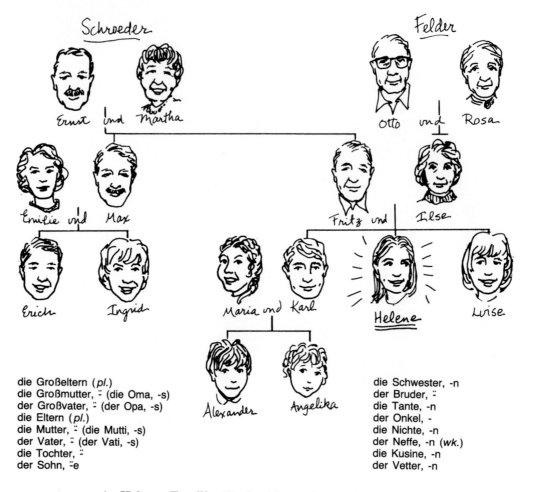

die Großeltern (*pl.*)
die Großmutter, ⸚ (die Oma, -s)
der Großvater, ⸚ (der Opa, -s)
die Eltern (*pl.*)
die Mutter, ⸚ (die Mutti, -s)
der Vater, ⸚ (der Vati, -s)
die Tochter, ⸚
der Sohn, ⸚e

die Schwester, -n
der Bruder, ⸚
die Tante, -n
der Onkel, -
die Nichte, -n
der Neffe, -n (*wk.*)
die Kusine, -n
der Vetter, -n

A. Helenes Familie. *Work with another student. Ask and answer questions about the relationships in Helene's family.*

BEISPIELE:
S1: Wer ist Ilse?
S2: Ilse ist Helenes Mutter.
S1: Ist Karl Helenes Vater?
S2: Nein, Karl ist ihr Bruder. Fritz ist ihr Vater.
S1: Wer sind Erich und Ingrid?
S2: Erich und Ingrid sind Bruder und Schwester. Sie sind Helenes Vetter und Kusine.
S1: Hat Helene eine Schwester?

B. Männer und Frauen. *Give the missing male or female counterpart.*

1. Bruder und _____
2. _____ und Mutter
3. Onkel und _____
4. Großvater und _____
5. _____ und Nichte
6. _____ und Tochter
7. Mann und _____
8. _____ und Kusine

C. „Alter verbindet." (*Age joins [people] together.*) *Tell your age and the ages of various family members.*

der Schwager, ⸚ / die Schwägerin, -nen *brother-in-law / sister-in-law*
der Stiefbruder (-sohn, -vater) *stepbrother (-son, -father)*
die Stiefschwester (-tochter, -mutter) *stepsister (-daughter, -mother)*

BEISPIEL: Ich bin . . . Meine Mutter ist . . . Mein . . .

Übung C. You may want to add *das Einzelkind, die Witwe / der Witwer, verheiratet, geschieden.*

For variety, have students give year of birth: *Mein Jahrgang (Geburtsjahr) ist _____.* Or, have students state age: *Ich bin (Er/Sie ist) _____ Jahre alt.*

Frank ist 18, ich bin 20.
Unser Opa ist jetzt 82.
...18, 20, 82...

Alter verbindet. Gestern, Heute, Morgen, und uns.

Kuratorium Deutsche Altershilfe e.V.
An der Pauluskirche 3 · 5000 Köln 1
Spendenkonto 57 737-500 · Postgiroamt Köln

D. Interview: Familie. *Ask another student about his/her family.*

Übung D. If you wish, introduce term *die Geschwister* (pl.): *Haben Sie / Hast du Geschwister? Das heißt, haben Sie / hast du Brüder und Schwestern?*

BEISPIEL: S1: Hast du Brüder oder Schwestern?
            S2: Ich habe einen Bruder und zwei Stiefschwestern. Sie heißen Daniel, Amy und Laura.
            S1: Wie alt sind sie?
            S2: Mein Bruder ist achtundzwanzig und hat eine Frau. Meine Schwägerin ist neunundzwanzig. Meine Stiefschwester Amy . . .

Übung E. S2 could be assigned the task of reporting in the third person how S1 described himself/herself, possibly elaborating—e.g., *Sein Pullover ist alt, groß,* etc.

E. Was tragen Sie heute? Beschreiben Sie Ihre Kleider!

BEISPIEL: Heute trage ich einen Pullover, Jeans, . . . Mein Pullover ist rot, . . .

1. die Bluse, -n	5. die Socke, -n	9. der Schuh, -e	13. das T-Shirt, -s	17. die Hose, -n*
2. der Hut, ⸚e	6. die Krawatte, -n	10. der Pullover, -	14. der Regenmantel, ⸚	18. der Rock, ⸚e
3. der Anzug, ⸚e	7. das Hemd, -en	11. die Jacke, -n	15. die Strumpfhose, -n	19. die Jeans (*pl.*)
4. der Gürtel, -	8. der Mantel, ⸚	12. der Stiefel, -	16. die Strickjacke, -n	20. das Kleid, -er

Übung F. You can set this up as 2-student, small-group interaction exercise in classroom. S1 asks question and S2 responds; then they reverse roles. Each S1 then reports in third person for benefit of entire class.

F. Ihre Garderobe (*wardrobe*). Welche Kleidungsstücke haben Sie? Welche brauchen Sie? Welche brauchen Sie nicht? Welche möchten Sie bald kaufen?

BEISPIELE: Ich habe eine Strickjacke, . . .
Ich brauche einen Regenmantel, . . . aber keinen Hut, . . .
Ich möchte bald Schuhe, . . . kaufen.

G. Wen beschreiben Sie? *Describe someone in your class. Others will guess who it is.*

BEISPIEL: S1: Diese Person trägt eine Bluse, eine Hose, . . . Die Bluse ist weiß, . . .
S2: Beschreibst du (Amanda)?
S1: Nein, Amandas Bluse ist weiß und schwarz.
S3: Beschreibst du vielleicht . . . ?

Übung G. This could be played like "Twenty Questions." S2 asks S1 a question; if S1 answers *nein*, S3 begins asking. If S1 answers *ja*, S2 may continue asking until she/he hears *nein*. S1 may keep score at board for total of 20 questions.
Beispiel: S2: *Trägt die Person Jeans?* S1: *Nein.* S3: *Trägt sie einen Pullover?* S1: *Ja.* S3: *Hat sie auch einen Regenmantel?* S1: *Nein.* S4: _____?

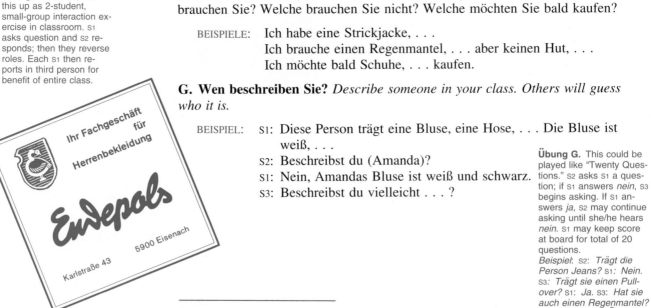

* **Die Hose** is normally used in the singular to refer to one pair of pants.

KULTURECKE

Einkaufen. Shopping in a German-speaking country is in some ways similar to and in other ways different from shopping in the United States. Even though department stores are as common in Europe as in the United States, **Fachgeschäfte**, or **Spezialgeschäfte**, are still very popular. These are small stores that handle one commodity—stores such as the **Gemüseladen** for vegetables and the **Schlachter** (or **Metzger** or **Fleischer**) for meat.

When shopping, a customer is usually asked **Was hätten Sie gern?** or **Was wünschen Sie?** (*What would you like?*). The customer usually replies **Ich möchte** . . . or **Ich hätte gern** . . . or **Ich schaue nur** (*I'm just looking*).

A shopper usually takes along a **Tasche** (*tote bag*), an **Einkaufsnetz** (*shopping net*), or a **Plastiktüte** (*plastic bag*) to smaller stores for carrying purchases that may not otherwise be wrapped or put in sacks. In larger stores, purchases are put into sacks or plastic bags, as in the United States, but often the customer has to pay for them. Interestingly, many Americans now follow the European example of taking a cloth or used plastic bag shopping, to avoid unnecessary wrapping and packaging that simply ends up in a garbage can or recycling bin. The difference is that in Germany shoppers must bag the groceries themselves.

• MÄNNER •								• FRAUEN •						
AMERIKA								AMERIKA						
34	36	38	40	42	44	46		8	10	12	14	16	18	20
EUROPA								EUROPA						
44	46	48	50	52	54	56		36	38	40	42	44	46	48
AMERIKA								AMERIKA						
14	14½	15	15½	15¾	16	16½		32	34	36	38	40	42	44
EUROPA								EUROPA						
36	37	38	39	40	41	42		40	42	44	46	48	50	52

Rollenspiel. If students question why *Blau* is capitalized, explain that it is used in this situation as a noun: *in (der Farbe) Blau.* Other colors would likewise begin with capital letter following preposition *in.*

Rollenspiel: Sie gehen in ein Modegeschäft. Was sagt der Verkäufer / die Verkäuferin? Was sagen Sie? *Refer to the* Kulturecke *and ads on p. 149.*

VERKÄUFER/VERKÄUFERIN	SIE
Guten Tag!	Ich hätte gern . . .
Was hätten Sie gern?	Ich möchte . . .
Was wünschen Sie?	Ich schaue nur.
Welche Größe haben Sie?	Ich brauche Größe . . .
Welche Farbe möchten Sie?	Haben Sie etwas in Größe . . . ?
Ist das für Sie oder ist es ein	Haben Sie (ein Hemd) in (Blau)?
Geschenk?	Wieviel kostet (der Blazer) da?
(Diese Hose) kostet . . .	Haben Sie etwas anderes?
Möchten Sie etwas anderes?	Danke.
Auf Wiedersehen.	

Nouns. Remind students about weak masculine nouns, many of which end in *-e*—e.g., *der Neffe,* also a "family" word, introduced in Chapter 4. Have them distinguish these in form from feminine nouns ending in *-e* (*-n* plural): *die Nichte, die Tante, die Bluse, die Jacke,* etc.

Wortschatz

Adjectives and Adverbs

anders	different(ly)
drüben	over there
farblos	colorless
froh	happy, glad
ganz	entire(ly), complete(ly)
natürlich	natural(ly); of course

Nouns

FAMILIE	FAMILY
der Bruder, ⸚	brother
die Eltern (*pl.*)	parents
die Großeltern (*pl.*)	grandparents
die Großmutter, ⸚ (die Oma, -s)	grandmother (grandma)
der Großvater, ⸚ (der Opa, -s)	grandfather (grandpa)
die Kusine, -n	cousin (*female*)

die Mutter, ⸚ (die Mutti, -s)	mother (mommy)
die Nichte, -n	niece
der Onkel, -	uncle
der Schwager, ⸚ / die Schwägerin, -nen	brother-in-law / sister-in-law
die Schwester, -n	sister
der Sohn, ⸚e	son
der Stief(bruder, ⸚)	step(brother)
die Tante, -n	aunt
die Tochter, ⸚	daughter

der Vater, ⸚ (der Vati, -s)	father (daddy)
der Vetter, -n	cousin (*male*)

KLEIDER / **CLOTHES**

der Anzug, ⸚e	suit
die Bluse, -n	blouse
der Gürtel, -	belt
das Hemd, -en	shirt
die Hose, -n	(pair of) pants
der Hut, ⸚e	hat

die Jacke, -n	jacket
die Jeans (*pl.*)	jeans
das Kleid, -er	dress; *pl.* clothes
die Krawatte, -n	tie
der Mantel, ⸚	coat
der Pullover, -	pullover
der Regenmantel, ⸚	raincoat
der Rock, ⸚e	skirt
der Schuh, -e	shoe
die Socke, -n	sock
der Stiefel, -	boot
die Strickjacke, -n	sweater
die Strumpfhose, -n	tights, pantyhose

Kleider. You might mention that some Germans sometimes say *Jeanshose* instead of just *Jeans*.

OTHER NOUNS

die Apotheke, -n	pharmacy
das Aspirin	aspirin
der Brief, -e	letter
die Briefmarke, -n	postage stamp
das Briefpapier	stationery
der Einkaufsbummel, -	shopping trip
die Einkaufsliste, -n	shopping list
die Erkältung, -en	cold
der Geburtstag, -e	birthday
die Geburtstagskarte, -n	birthday card
das Geschäft, -e	shop, store
die Größe, -n	size
die Imbißstube, -n	fast-food place
das Kaufhaus, ⸚er	department store
der Keks, -e	cookie
der Kopf, ⸚e	head
der Laden, ⸚	store, shop
das Marzipan	marzipan
die (Plastik)Tüte, -n	(plastic) bag, sack
die Postkarte, -n	postcard
die Schokolade	chocolate
das Schreibwarenge-schäft, -e	stationery store
die Süßigkeiten (*pl.*)	sweets
das Vorurteil, -e	prejudice
die Zeitschrift, -en	magazine

Other Nouns. Offer second equivalent for *Apotheke*: "apothecary," term formerly used in USA for business that dispensed pharmaceuticals.

Verbs

beschreiben, hat beschrieben	to describe
duften, hat geduftet	to smell, be fragrant
glauben, hat geglaubt	to believe
lieben, hat geliebt	to love
schauen, hat geschaut	to look
schenken, hat geschenkt	to give, make a present of
schicken, hat geschickt	to send
schlafen (schläft), hat geschlafen	to sleep
schreiben, hat geschrieben	to write
tragen (trägt), hat getragen	to wear; to carry
tun, hat getan	to do
versprechen (verspricht), hat versprochen	to promise

Useful Words and Phrases

als (Kind)	as (a child)
eine Weile	a little while, a short time
einkaufen gehen	to go shopping
etwas anderes	something different, something else
etwas Eßbares	something edible
Fragen stellen	to ask, pose questions
gute Idee!	good idea!
mein Kopf hämmert	my head is throbbing
so (et)was	something/things like that
zu Mittag	at noon
zu Mittag essen	to eat lunch

Grammatik

A

KULTURECKE

1989–1990. The dialogues and **Sammeltext** in this chapter are cast during the period between 1989 and 1990, since the contrasts between citizens in the East and West were most noticeable in the first year of transition. After a four-decade separation, the differences between the two German populations were at first quite striking, and stereotypes quickly emerged. With the passage of time, however, the citizens of the old and new **Bundesländer** have been gaining a better understanding of one another; hence the differences are beginning to fade away, as the similarities become more apparent.

Familie Kurz—Maria, Jan und Tochter Susi—wohnt in Frankfurt an der Oder. Die Familie besucht Marias Kusine Karin in Lübeck.

KARIN: Habt ihr schon zu Mittag gegessen?

SUSI: Ja, wir haben eine Imbißstube gefunden. Nur Mutti hat nichts gegessen.

MARIA: Ich glaube, ich habe eine Erkältung. Mein Kopf hämmert nur so.

KARIN: Brauchst du Aspirin?

MARIA: Danke, ich habe schon zwei genommen. Und in der Apotheke haben wir auch ein Fieberthermometer gekauft. Schau, es hat Digitalanzeige und Piepton.

Dialogue. Adjunct vocabulary: German idiom uses *man nimmt Aspirin gegen eine Erkältung, gegen Kopfschmerzen*, etc., rather than "for a cold," "for a headache," as in English.

Hämmern is a denominative verb based on *der Hammer, ∷*.

Bürgerhäuser (*patrician homes*) in Lübeck. Kennen Sie Thomas Manns Roman (*novel*) „Buddenbrooks"?

Frankfurt an der Oder

A. Zusammen einkaufen gehen

1. Woher kommt Familie Kurz? 2. Wer hat zu Mittag gegessen?
3. Warum hat Maria nichts gegessen? 4. Was hat Maria genommen?
5. Wo hat Maria Aspirin gekauft? 6. Was hat die Familie noch gekauft?

B. Fragen Sie Ihren Nachbarn / Ihre Nachbarin:

1. Wann ißt du zu Mittag? 2. Nimmst du oft Aspirin? 3. Bekommst du oft Erkältungen?

KULTURECKE

Apotheke, Drogerie, Parfümerie, Reformhaus. Prescription drugs and over-the-counter medications can be purchased in an **Apotheke** (*pharmacy*). Various types of toiletries are normally found in a **Drogerie** (*drugstore*). As its name implies, a **Parfümerie** sells perfumes and fragrances. A **Reformhaus**, contrary to what its name suggests to an English-speaker, is a store that specializes in health food (**Reformkost**).

MARIEN-APOTHEKE
APOTHEKERIN MARIA-LUISE SCHRETTENBRUNNER

8411 BERATZHAUSEN
TELEFON 8 18
KIRCHPLATZ 3

Drogerie
Parfümerie
Reformhaus

Present Perfect Tense: Strong Verbs

In Chapter 5 you learned how to form the present perfect tense of weak verbs.

> Ich **habe** Aspirin **gekauft**.
> Gestern **sind** wir nach München **gereist**.

The past participle of strong verbs differs somewhat from that of weak verbs; other than that, the present perfect tense is formed in the same way for both strong and weak verbs.

Like most weak verbs, the past participle of most strong verbs begins with the prefix **ge**. Whereas the past participle of weak verbs ends with **(e)t**, that of strong verbs ends with **en**. In addition, the stem vowel of many strong verbs changes in the past participle; sometimes there are stem-consonant changes as well.

INFINITIVE		AUXILIARY	PAST PARTICIPLE		
stem	**en**		**ge**	*stem*	**en**
komm	en	ist	ge	komm	en
seh	en	hat	ge	seh	en
find	en	hat	ge	fund	en
nehm	en	hat	ge	nomm	en

Like weak verbs, certain strong verbs begin with an inseparable prefix (**be**, **emp**, **ent**, **er**, **ge**, **ver**, or **zer**). The **ge** prefix is not added to the past participle of these verbs. Therefore, the past participle often resembles the infinitive.

INFINITIVE		AUXILIARY	PAST PARTICIPLE	
stem	**en**		*stem*	**en**
bekomm	en	hat	bekomm	en
vergess	en	hat	vergess	en
versprech	en	hat	versproch	en

Because so many strong verbs have vowel and/or consonant changes in the past participle, it is best to learn the parts of the verb along with the infinitive. The parts you are familiar with so far are the infinitive, the present tense of stem-changing verbs in the third-person singular, and the past participle with the corresponding auxiliary.

haben + PAST PARTICIPLE

Infinitive	Present	Auxiliary	Past Participle
essen	ißt	hat	gegessen
finden		hat	gefunden
geben	gibt	hat	gegeben
halten	hält	hat	gehalten
heißen		hat	geheißen
lesen	liest	hat	gelesen
nehmen	nimmt	hat	genommen
schlafen	schläft	hat	geschlafen
schreiben		hat	geschrieben
sehen	sieht	hat	gesehen
sprechen	spricht	hat	gesprochen
tragen	trägt	hat	getragen
trinken		hat	getrunken
tun	tut	hat	getan
bekommen		hat	bekommen
beschreiben		hat	beschrieben
verbinden		hat	verbunden
vergessen	vergißt	hat	vergessen
verlassen	verläßt	hat	verlassen
versprechen	verspricht	hat	versprochen
verstehen		hat	verstanden

sein + PAST PARTICIPLE

Infinitive	Present	Auxiliary	Past Participle
fahren	fährt	ist*	gefahren
gehen		ist	gegangen
kommen		ist	gekommen
laufen	läuft	ist	gelaufen
sein	ist	ist	gewesen
werden	wird	ist	geworden

Footnote. Usage of "transportational" or "vehicular" verbs deserves elaboration. A fine point, but important and easily missed!

* When **fahren** is used with a direct object, **haben** (rather than **sein**) is the correct auxiliary.

Er **ist** nach München **gefahren**.   *He went to Munich.*

but:

Er **hat den Volkswagen** nach München **gefahren**.   *He drove the Volkswagen to Munich.*

Übungen

A. Was haben diese Leute gemacht? Ersetzen Sie die Verben—im Perfekt!

1. Herr Hoffmann *hat* einen Brief *bekommen*. (schreiben, lesen, finden)
2. Die Studentinnen *haben* zu wenig *geschlafen*. (essen, trinken, tun)
3. Frau Wenzel *ist* gestern nach Berlin *gefahren*. (kommen)
4. Die Jungen *haben* ihre Jacken *vergessen*. (tragen, nehmen, bekommen)

B. Fragen, Fragen, Fragen. Ersetzen Sie die Verben—im Perfekt!

1. Was *haben* Sie *gesehen*? (versprechen, vergessen, tragen)
2. Wohin *bist* du *gegangen*? (fahren, laufen)
3. *Hat* er Deutsch *gesprochen*? (schreiben, lesen)
4. *Hast* du etwas *bekommen*? (vergessen, nehmen, finden)
5. Warum *habt* ihr nichts *gegessen*? (trinken, tun, geben)

C. Du und ich. Im Perfekt, bitte!

1. Ich lese Bücher, und du schreibst Briefe.
2. Ich trinke Kaffee, und du ißt ein Stück Torte.
3. Ich fahre nach Magdeburg, und du fährst nach Rostock.
4. Ich nehme den Zug, und du fährst deinen Wagen.

D. Einkaufen in Hamburg. *Retell the story in the present tense.*

Mein Bruder und ich sind nach Hamburg gefahren. Zuerst habe ich den Wagen gefahren, aber ich bin müde geworden. Ich habe ein Aspirin genommen, denn mein Kopf hat so gehämmert. Ich habe eine Weile geschlafen.

In Hamburg sind mein Bruder und ich einkaufen gegangen. Wir haben Geschenke für unsere Familie gekauft. Wir haben eine Apotheke gesehen, und ich habe Tempos* gekauft. Ich habe eine Erkältung bekommen.

E. Was hat Sabine schon getan? *Restate the story in the present perfect tense.*

Sabine braucht Briefpapier. Sie sieht ein Schreibwarengeschäft und kauft das Papier. Die Verkäuferin fragt sie etwas. Sabine sagt „ja" und dann „auf Wiedersehen." Sie nimmt das Papier und verläßt das Geschäft.

Später sucht Sabine ein Café. Bald findet sie das Café Metropol. Dort trinkt sie einen Kaffee und schreibt Briefe.

F. Interview: Was hat der Student / die Studentin getan? *Ask another student as many questions as you can about his/her past activities, using verbs from the list.*

arbeiten	finden	nehmen	tragen
bekommen	kaufen	reisen	trinken
besuchen	lernen	schreiben	tun
brauchen	lesen	sehen	wohnen
fahren	machen	spielen	

* **Tempos** = **Tempo-Taschentücher** (*brand of facial tissue*)

Übung A. Additional items: 1. *vergessen, sehen* 2. *verstehen, tragen* 3. *reisen* 4. *finden*

Übung C. Variation: ask students to substitute *aber* for *und* in answers.

Übung E. For variety, this could become chain drill cued by S1, who rephrases items as question (*Braucht Sabine Briefpapier?*), and answered by S2, who uses present perfect. (*Ja, sie hat Briefpapier gebraucht.*)

Übung F. This might be adapted for small-group work in groups of 3. S1 gives infinitive phrase: *Zeitung lesen.* S2 formulates question from it: *Hast du gestern eine Zeitung gelesen?* S3 gives plausible answer: *Nein, ich habe gestern nichts gelesen.* Examples: 1. *Zeitung lesen* 2. *Briefe schreiben* 3. *Familie sehen* 4. *Geld bekommen* 5. *den Bus nehmen* 6. *etwas vergessen* 7. *gut schlafen* 8. *genug essen*.

G. Was hat Ihr Gesprächspartner / Ihre Gesprächspartnerin gesagt? *Give the results of your interview in Exercise F in an oral or a written report.*

B

Maria und Jan lesen Zeitschriften.

MARIA: Schau, hier ist ein Artikel über Vorurteile in Ost und West. (*Sie liest:*) „So sind sie doch, die Ossis: Blick nach unten, Steppjacken, Jeans, Schuhe sind alt, farb- und formlos, eine Plastiktüte in der Hand."

JAN: So sehen uns die Wessis? Und wie sehen wir sie?

MARIA: (*Sie liest:*) „Sie sind chic, sie duften nach Joop und Lauder, sie tragen Gucci-Schuhe* und haben Kreditkarten."

JAN: Tja, so was hatten wir drüben natürlich nicht. Unser Leben war ganz anders, das verstehen sie hier nicht gut.

Dialogue. Point out that regional differences and prejudices exist among Germans, just as among Americans. Differences between easterners and westerners were particularly pronounced just after fall of Berlin Wall. However, differences and prejudices have always existed between northerners and southerners and among various regions.

Pronunciation of "Joop": [joːp].

A. Vorurteile

1. Was machen Maria und Jan heute?   2. Was lesen sie?   3. Was ist das Stereotyp vom „Ossi"?   4. Was ist das Stereotyp vom „Wessi"?   5. Was hatten die „Ossis" nicht?

B. Fragen Sie Ihren Nachbarn / Ihre Nachbarin:

Fragen B, 3. Explain to students that French *Eau de Cologne* is commonly used for German *Kölnisch-wasser* or *Kölnisch Wasser*, so named because product of fragrant water was first produced in city of *Köln* (Cologne).

1. Was trägst du gern?   2. Findest du Jeans chic?   3. Trägst du immer Parfüm / Eau de Cologne?   4. Hast du Kreditkarten?   5. Bringst du Plastiktüten zum Einkaufen?

*Joop and Lauder fragrances and Gucci shoes are considered luxury items.

KULTURECKE

Altbürger/Neubürger; Westler/Ostler; Wessis/Ossis. The official unification of Germany happened very fast once the border was opened and the wall came down. Since then, however, the two German populations, commonly called the **Wessis** and the **Ossis**, have had to face the challenges of their many differences. The population in the west is much more urban. Most of the citizens in the west earn two to three times more than those in the east, drive their own cars, and travel frequently and widely; in short, they enjoy a more affluent and independent lifestyle, which is not altogether attractive to their counterparts in the east. The availability and wide selection of consumer goods, for example, often overwhelm and offend shoppers who are encountering this opulence for the first time. Economic differences aside, the differences in life experiences and viewpoints over four decades will not vanish overnight. Social unification and integration will take a number of years to achieve.

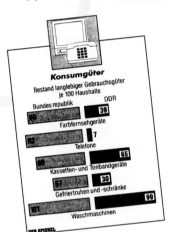

das Farbfernsehgerät, -e *color television set*
die Gefriertruhe, -n *deep freeze*
der Gefrierschrank, ⁼e *freezer*
das Tonbandgerät, -e *tape recorder*

Past Tense: *haben* and *sein*

Although the present perfect tense is preferred in conversation for relating past events, the past tense is commonly used with the verbs **haben** and **sein**. These two words do have present perfect tense forms (**haben, hat gehabt; sein, ist gewesen**), but the past tense forms are more usual. Whereas the present perfect is a compound tense, the past, like the present, is a simple tense. Used in the past tense, **haben** and **sein** are not auxiliaries but independent verbs that correspond to the English past tense forms *had* and *was/were*.

haben			
ich	hatte	wir	hatten
du	hattest	ihr	hattet
er sie es	hatte	sie	hatten
		Sie	hatten

sein			
ich	war	wir	waren
du	warst	ihr	wart
er sie es	war	sie	waren
		Sie	waren

Note that the present perfect tense of other verbs and the past tense of **haben** and **sein** are used in the same context to convey past events.

> Ich **hatte** eine Erkältung, und
>   mein Kopf **hat** so **gehämmert**.
>
> *I had a cold, and my head*
>   *throbbed.*
>
> Die Rosen **waren** frisch und
>   **haben geduftet**.
>
> *The roses were fresh and smelled*
>   *nice.*

The past tense of verbs other than **haben** or **sein** is usually reserved for narrative writing or narrative speech and will be treated in Chapter 11.

Übungen

Übung A. For enrichment, select other city names from German-speaking countries, but avoid using American cities, particularly in such short sentences. Shifting phonetic "gears" like that does not help students to learn good pronunciation habits.

A. Wo waren sie?

BEISPIEL: Heinrich / Leipzig → Heinrich war in Leipzig.

1. Maria / München
2. Johann und Peter / Basel
3. ich / Graz
4. du / Potsdam
5. Sie / Würzburg
6. wir / Erfurt
7. ihr / Luzern
8. Josef / Linz

B. Was hatten sie gern?

BEISPIEL: Herr Schmidt / Musik → Herr Schmidt hatte Musik gern.

1. ich / Bücher
2. Sie / diese Stadt
3. wir / diese Wohnung
4. Inge / dieses Haus
5. du / Jeans
6. ihr / Filme
7. Anton / Literatur
8. Frau Müller / diese Bluse

C. Wie viele? *Restate each question in the past tense.*

1. Wie viele Bücher habt ihr?
2. Wie viele Hemden hat dieser Mann?
3. Wie viele Kleider haben Frau Klein und ihre Tochter?
4. Wie viele Briefmarken haben wir?
5. Wie viele Geschenke hast du?
6. Wie viele Freunde haben Sie?

D. Früher war alles anders.

BEISPIEL: Wir sind noch jung. → Früher waren wir noch jung.

1. Ich bin Student.
2. Du hast nicht viel Geld.
3. Jeans und T-Shirts sind billig.
4. Wir haben viele Freunde.
5. Wir sind froh.
6. Alles ist schön.

E. Gestern: Beschreiben Sie den Tag! Wie war das Wetter? Was war die Temperatur? Hatten Sie gestern eine Deutschklasse? Wenn ja: Wer war da? Was haben Sie gestern getan?

Übung G. Have each student ask you at least one question. Encourage additional questions that are not in book. For ideas, students might consult verb list in Chapter 5, section B, as well as recent vocabulary lists.

Übung H. Possible cues: *Geld haben, froh sein, Jeans tragen, Aspirin nehmen, eine Erkältung bekommen, Student sein, ganz anders leben, nach Hause gehen, dort übernachten, etwas kaufen, Cola trinken, den Wagen fahren.*

Students might do H as written composition, in which they tell how things were in "good old days."

F. Als Kind. Fragen Sie einen Studenten / eine Studentin:

1. Wie warst du als Kind? Warst du froh? freundlich? ___?___
2. Hattest du Freunde und Freundinnen?
3. Hattest du einen Teddybären?
4. Hast du immer T-Shirts und Jeans getragen?
5. Hast du oft eine Erkältung bekommen?
6. Hast du oft Schokolade gegessen?
7. Hast du Baseball gespielt?
8. Hattest du Pizza und Cola gern?

G. Fragen Sie Ihren Professor / Ihre Professorin: „Wie waren Sie als Kind?" *Ask questions similar to those in Exercise F.*

H. Wie war alles früher? *Write about the way things used to be for you and your family and friends. Give as many details as possible. You may use ideas from previous exercises.*

BEISPIEL: Früher . . .

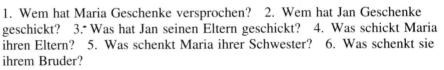

Ein Einkaufsbummel

MARIA: Ich habe meiner Schwester, meinem Bruder und meinen Eltern
        Geschenke versprochen.

  JAN: Ich habe meinen Eltern Eßbares geschickt. Schokolade, Kekse und
        natürlich Lübecker Marzipan.

MARIA: Gute Idee. Vielleicht schicke ich meinen Eltern auch Süßigkeiten und
        Kaffee. Meiner Schwester kaufe ich eine Bluse und meinem Bruder eine
        Trachtenjacke.

Dialogue. Discuss popularity of marzipan (marchpane) and German and Swiss chocolate, which many stores import. Samples may be appreciated! Made from almond paste, sugar, and egg whites, marzipan is a soft dough that can be formed. An early shape was that of the *marzipan*, a medieval coin, from which the name of the confection was derived.

A. Geschenke

1. Wem hat Maria Geschenke versprochen?   2. Wem hat Jan Geschenke geschickt?   3. Was hat Jan seinen Eltern geschickt?   4. Was schickt Maria ihren Eltern?   5. Was schenkt Maria ihrer Schwester?   6. Was schenkt sie ihrem Bruder?

B. Fragen Sie Ihren Nachbarn / Ihre Nachbarin: Welche Delikatessen aus Amerika schickst du Freunden im Ausland (*foreign countries*)?

B. List regional specialties on board as students call them out. Examples: *Weine aus Kalifornien, Sauerteig aus San Francisco, Salzwasser Taffy aus Atlantic City, Käse aus Wisconsin, Orangen aus Florida,* etc.

Dative Case: Nouns

Dative Case

You are already familiar with the uses of the nominative and accusative cases in German. In this chapter you will learn some of the uses of the dative case,

Dative. Word "dative" comes from Latin *datum*, "that which is given" (as in plural form *data*, "things that are given").

KULTURECKE

Eßbares. Lübeck is known for its world-famous marzipan (almond-based sweets). Note the **er** ending following the name of the city: **Marzipan aus Lübeck → Lübecker Marzipan**. Which of the following cities and specialties are familiar to you?—**Dresdner Stollen** (*a type of fruit bread*), **Wiener Schnitzel**, **Königsberger Klopse** (*meatballs*), **Berliner Pfannkuchen** (*doughnuts filled with jam*), **Linzer Torte**.

Trachten. Eine Trachtenjacke is basically made of thick woolen material and is usually seen in colors of loden green or gray or, for women, red. **Eine Volkstracht** is a traditional native costume. Many different **Trachten** identify groups of people who live in specific areas throughout the German-speaking world.

which is used primarily to indicate the indirect object in a sentence. Whereas the subject of a sentence acts directly on the direct object, the indirect object is the person, thing, or abstraction *affected* by that action.

English has two ways to indicate an indirect object:

1. Word order: The indirect object generally precedes the direct object.

   She gives *her father* a hat.

2. Use of a preposition: A preposition is used if the indirect object follows the direct object.

   She gives a hat ***to*** *her father*.

In German the indirect object is indicated by the dative form of the noun or pronoun.

SUBJECT (NOMINATIVE)	VERB	INDIRECT OBJECT (DATIVE)	DIRECT OBJECT (ACCUSATIVE)
Sie	gibt	ihrem Vater	einen Hut.

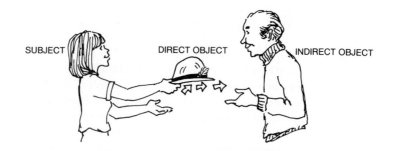

The indirect object answers the question *to whom?* or *for whom?* the action is
done. In German this question is expressed by the dative form of **wer**: **wem**.

NOMINATIVE	wer	*who*
ACCUSATIVE	wen	*whom*
DATIVE	we**m**	(*to, for*) *whom*

Wem gibt sie einen Hut?
Sie gibt **ihrem Vater** einen Hut.

Nouns with *der*- and *ein*-Words

The definite article takes special forms to denote the dative case: **dem** for
masculine and neuter, **der** for feminine, **den** for plural. The **der**-words (**dieser,
jeder, welcher, mancher, solcher**) and the **ein**-words (**kein, mein, dein, sein,
ihr, sein, unser, euer, ihr, Ihr**) all have dative endings that correspond to the
dative forms of the definite article.

	MASCULINE	FEMININE	NEUTER	PLURAL
NOMINATIVE	der dieser ein kein } Mann	die diese eine keine } Frau	das dieses ein kein } Kind	die diese — keine } Leute
ACCUSATIVE	den diesen einen keinen } Mann	die diese eine keine } Frau	das dieses ein kein } Kind	die diese — keine } Leute
DATIVE	dem diesem einem keinem } Mann	der dieser einer keiner } Frau	dem diesem einem keinem } Kind	den diesen — keinen } Leuten

Ich schenke $\left\{ \begin{array}{c} \text{dies}\textbf{em} \\ \text{mein}\textbf{em} \end{array} \right\}$ Mann den Hut.

Er schreibt $\left\{ \begin{array}{c} \text{d}\textbf{er} \\ \text{sein}\textbf{er} \end{array} \right\}$ Familie einen Brief.

Wir kaufen $\left\{ \begin{array}{c} \text{jed}\textbf{em} \\ \text{unser}\textbf{em} \end{array} \right\}$ Kind einen Keks.

Sie verspricht $\left\{ \begin{array}{c} \text{d}\textbf{en} \\ \text{ihr}\textbf{en} \end{array} \right\}$ Eltern Geschenke.

All plural nouns add an **n** in the dative case unless they already end in **n** or **s**.

den $\left\{ \begin{array}{l} \text{Leute}\textbf{n} \\ \text{Tage}\textbf{n} \\ \text{Züge}\textbf{n} \end{array} \right.$ *but*: den $\left\{ \begin{array}{l} \text{Socke}\textbf{n} \\ \text{Auto}\textbf{s} \end{array} \right.$

Monosyllabic masculine and neuter nouns sometimes have an optional **e** ending in the dative singular. This occurs mainly in such fixed expressions as **zu Hause** (*at home*) and **nach Hause** ([*toward*] *home*) and in poetic language.

dem $\left\{ \begin{array}{l} \text{Mann(e)} \\ \text{Haus(e)} \\ \text{Kind(e)} \end{array} \right.$

All weak masculine nouns, including the adjectival nouns (**der Beamte / ein Beamter**; **der Deutsche / ein Deutscher**), add the **n** or **en** ending in the dative as well as in the accusative case.

NOMINATIVE   der Student (Name, Herr, Beamte, Deutsche)

ACCUSATIVE   den Student**en** (Name**n**, Herr**n**, Beamte**n**, Deutsche**n**)

DATIVE   dem Student**en** (Name**n**, Herr**n**, Beamte**n**, Deutsche**n**)

Weak Masculine Nouns. Remind students that dative plural of these nouns is like that of any other noun.

den $\left\{ \begin{array}{l} \textit{Studenten} \\ \textit{Namen} \\ \textit{Herren} \end{array} \right.$

Weak/Adjectival Nouns. Should you wish to mention, there are also true feminine (and neuter) adjectival nouns. *Die Deutsche* would be *der Deutschen* in dative, as *die Gute* or *die Alte* would be *der Guten / der Alten*. It may be advisable to avoid much detail here.

Übungen

A. Wem hat Luise was geschenkt?

Übung A. Additional indirect objects: *mein Onkel, mein Vater, eine Professorin, der Beamte, eine Dame, ein Freund, eine Freundin, ein Student, die Leute, die Familie, der Doktor.*

BEISPIEL: ihr Vater / ein Hut →
              Luise hat ihrem Vater einen Hut geschenkt.

1. ihre Schwester / eine Bluse
2. ihr Neffe / ein Hemd
3. ihre Freunde / T-Shirts
4. die Kinder / Schokolade
5. das Mädchen / ein Kleid
6. Herr Braun / ein Kuchen
7. der Junge / ein Buch
8. ihr Freund / Socken

B. Das Kaufhaus: Was machen die Leute?

BEISPIEL: Die Verkäuferin bringt _____ Müller _____ Anzug.
(Herr / ein) →
Die Verkäuferin bringt Herrn Müller einen Anzug.

1. Der Verkäufer gibt _____ Kunden _____ Buch. (der / das)
2. Frau Bach kauft _____ Kind _____ Geschenk. (jedes / ein)
3. Die Verkäuferin bringt _____ Mutter _____ Schuhe. (meine / diese)
4. Herr Kleinberg gibt _____ Verkäuferin _____ Geld. (die /das)
5. Der Verkäufer bringt _____ Mann _____ Anzug. (dieser / der)
6. Herr Jahn verspricht _____ Eltern _____ Bücher. (seine / die)
7. Frau Schmidt kauft _____ Kusine _____ Rose. (ihre / eine)
8. Onkel Max verspricht _____ Sohn _____ Hut. (unser / ein)

Übung C. For additional structural practice, students could take declarative sentences generated in both C and D and turn them into yes/no questions, possibly even interrogative word questions.

C. Und was haben die Leute schon gemacht? *Restate each sentence in Exercise B in the present perfect tense.*

BEISPIEL: Die Verkäuferin bringt Herrn Müller einen Anzug. →
Die Verkäuferin hat Herrn Müller einen Anzug gebracht.

D. Und diese Leute? Was machen sie?

BEISPIEL: sie (*sg.*) / bringen / das Kind / die Kekse →
Sie bringt dem Kind die Kekse.

1. ich / sagen / die Verkäuferin / meine Größe
2. Ute / kaufen / ihr Vetter / ein Hut
3. ein Kunde / schreiben / Herr Müller / ein Brief
4. der Verkäufer / bringen / die Frau / die Bluse
5. Max / kaufen / der Junge / diese Schuhe
6. er / geben / seine Schwester / zu wenig Geld
7. wir / versprechen / unsere Brüder / Schokolade und Marzipan
8. Herr Klein / schicken / unser Nachbar / eine Geburtstagskarte

EBNET
DAS MODEHAUS IN FALKENSTEIN

E. Die Familie Weber geht einkaufen.

1. Eine Verkäuferin bringt _____ ein Paar Schuhe. (*Mr. Weber*)
2. Frau Weber kauft _____ ein Kleid. (*her aunt*)
3. Erich Weber kauft Briefpapier, denn er hat _____ einen Brief versprochen. (*his grandparents*)
4. Anna Weber gibt _____ das Geld für die Jeans. (*the salesman*)
5. Herr und Frau Weber kaufen _____ Blumen. (*their neighbors*)
6. Herr Weber gibt _____ mehr Geld. (*his children*)

Übung F. Expand this interview by assigning third student to play "eavesdropper." He/She asks impertinent questions of second party, such as *warum? warum nicht? wann? wieso denn? wie, bitte?* Second party must then answer this busybody!

F. Interview. Fragen Sie einen Studenten / eine Studentin:

1. Wem schreibst du Briefe?
2. Wem schickst du Geburtstagskarten?
3. Wem kaufst du Geschenke?

4. Wem gibst du manchmal Geld?
5. Wem versprichst du Postkarten?
6. Wem bringst du manchmal Kekse?

G. Wie bitte? Wem? Was? *Work in groups of three: one person makes a statement; the other two question different aspects of it.*

BEISPIEL: S1: Ich gebe meinem Freund Schokolade.
S2: Wem gibst du Schokolade?
S1: Meinem Freund.
S3: Was gibst du deinem Freund?
S1: Schokolade.

Sammeltext. After reading, have students compile contrasting psychological portraits of the Kurz and Schiebel families. What does reading tell about them? What makes them different from or similar to each other? Students should support observations with text excerpts. Exercise could be carried out in two-student teams.

Bruder / Schwester	ein Buch
Freund / Freundin	etwas
Großmutter / Großvater / Großeltern	ein Geburtstagsgeschenk
	Kekse
Kusine / Vetter	nichts
Neffe / Nichte	Schokolade
Vater / Mutter / Eltern	Socken
?	?

Sprengel
Schokolade
10 Tafeln
7.99

Sammeltext

Ost und West: Nach dem Fall der Mauer 1989 und vor der Vereinigung° 1990. Wie haben die Deutschen in Ost und West gelebt? Was hat man im Westen über „Ossis" gedacht, und was hat man im Osten über „Wessis" gedacht? — *unification*

Familie Kurz im Osten: Vor der Vereinigung haben Herr und Frau Kurz beide° gearbeitet. Sie haben zusammen 1800 Mark pro Monat verdient.° Die Familie hat bescheiden° gelebt. Die 70-Quadratmeter-Wohnung war alt und klein. Sie hat aber nur 48,45 Mark pro Monat gekostet; die Miete war subventioniert.° Um sechs Uhr morgens hat Maria Susi zum Kindergarten gebracht. Der Kindergarten hat 30 Mark pro Monat gekostet. Susi ist nachmittags nie mit Maria einkaufen gegangen. Das Einkaufen dauert fast jeden Tag ein bis zwei Stunden, überall hat man Schlange gestanden.° Eine Reise nach Westdeutschland war kein Konsumtrip.° Sie haben nur Kaffee und Obst, Bücher und Spielzeug gekauft. Das Fieberthermometer war ein Luxus. — *both / earned / modestly / subsidized / Schlange... stood in line / big shopping trip*

Und nach der Vereinigung? Miete und ein Platz für Susi im Kindergarten, das werden Probleme.

Familie Schiebel im Westen: Vor der Vereinigung haben Karin, ihr Mann und zwei Söhne gut gelebt. Herr Schiebel hat 3000 Mark pro Monat verdient. Die Familie hatte eine Wohnung in Lübeck mit 70 Quadratmetern für 700 Mark im Monat, aber jetzt hat sie eine Wohnung mit 130 Quadratmetern gefunden. Sie hatte einen Mikrowellenherd,° eine Waschmaschine, einen Trockner,° eine Videokamera und so weiter, alles neu. Einkaufen war nie ein Problem. Karin war Hausfrau und Mutter. Einen Platz für die Kinder in einer Tagesstätte° oder im Kindergarten hat sie nicht gefunden. Abends hat sie studiert, denn bald macht Herr Schiebel Familienpause,° und Karin sucht einen Job. Der Rollentausch° ist aber noch immer ungewöhnlich in Deutschland. Die Vereinigung von Ost- und Westdeutschland haben sie gern gesehen.

   Und nach der Vereinigung? Steuererhöhung° ist eines von vielen Problemen. Aber Karin sagt: „Wir haben immer gut gelebt, jetzt sind sie drüben mal dran."°

microwave oven / dryer

day-care center
time off work to care for the family
reversal of roles

tax increase
sind. . . it's their turn over there

Wohnfläche je Einwohner *living space per resident*

Übung A. Exercise could be done in three groups or in teams of three students. #1 reports on Kurz family, #2 on Schiebel family, #3 on self.

A. Familie Kurz, Familie Schiebel und Sie. *According to the following model, make a chart with ample space between items. Fill in information from the text and add applicable information about yourself.*

	FAMILIE KURZ VOR 1990	FAMILIE SCHIEBEL VOR 1990	SIE VOR 1990
Einkommen			
Wohnung (Größe)			
Miete			
Kinder			
Einkaufen			
Probleme oder Fortschritte (*improvements*)	NACH 1990	NACH 1990	NACH 1990

Übung B. Brainstorming questions: *Hatten Sie vor 1990 einen Job? Hat Ihre Familie gut oder bescheiden gelebt? Hatte Ihre Familie eine Wohnung oder ein Haus? Hat Ihre Familie Miete bezahlt oder eine Hypothek abbezahlt? Waren Sie noch Schüler/Schülerin? Wieviel hat Ihre Ausbildung pro Jahr gekostet? Welche Haushaltsgeräte hatten Sie oder Ihre Familie? Welche Konsumgüter hat Ihre Familie für Sie gekauft? Was haben Sie selbst gekauft? Kleider? Bücher? Lebensmittel? einen Computer? Haben Sie jetzt einen Studentenjob? Suchen Sie einen Sommerjob? Wie ist das Studentenleben? Leben Sie jetzt gut oder bescheiden? Haben Sie heute mehr oder weniger Geld als früher? mehr oder weniger Freiheit? Zeit? Dinge? Freunde?*

B. Wie haben Sie früher gelebt? Wie leben Sie heute? *Use your notes from Exercise A and ideas from the* Sammeltext *to write two brief paragraphs about your lifestyle before 1990 and now.*

Sammelübungen

Übung A. For variety, you might ask different students to add elements for each sentence. This keeps more students involved and rest of students more attentive to new information.

A. Wer . . . wem . . . was . . . ? Bilden Sie Sätze—im Perfekt bitte!

BEISPIELE: Meine Tante hat meiner Mutter einen Brief geschrieben.
Dieser Mann hat dem Jungen viele Fragen gestellt.

WER?		WEM?	WAS?
Vater	schicken	Sohn	Brief
Onkel	geben	Frau	Koffer
Mann	schreiben	Töchter	Bleistift
Tante	stellen	Neffe	Fragen
Franz	kaufen	Kinder	Hemd
Eltern	schenken	Familie	Geschenk
Leute	versprechen	Junge	Marzipan
?	?	?	?

B. Was ist schon passiert? *Tell about past events. Use* haben *and* sein *in the past tense, other verbs in the present perfect. Then expand the information according to the cue.*

Übung C. For further practice reinforcing present perfect tense, you might ask another student to put last sentence beginning with *oft* into present perfect, thus in example: *Oft hat Herr Schmidt seiner Frau Blumen geschenkt.*

BEISPIEL: Hans kauft seiner Familie Geschenke, denn er hat viel Geld.
(die Kinder) →
Hans hat seiner Familie Geschenke gekauft, denn er hatte viel Geld. Er hat den Kindern auch Geschenke gekauft.

1. Es ist sehr kalt, und Brigitte bringt ihrer Mutter ein Kännchen Kaffee. (ihr Großvater)
2. Eva ist wirklich nett, denn sie schreibt ihren Neffen und Nichten oft Briefe. (ihr Bruder und seine Frau)
3. Karin hat eine Torte, und sie gibt dem Mädchen ein Stück. (der Junge)
4. Ihr seid ein bißchen unfreundlich, denn ihr sagt euren Nachbarn nichts. (Herr Busch)
5. Sie sind nett, denn sie wünschen den Studenten Glück. (die Männer)
6. Wir schreiben unserer Tante und unserem Onkel keine Briefe, denn wir haben keine Zeit. (unsere Großmutter).

Übung D, p. 168. Students may do writing activity individually or collectively in small groups. Encourage students to jot down notes, then to select and arrange ideas in logical sequence. Students need not use all ideas in questions; encourage different approaches.

C. Wem? *Add the given phrase as an indirect object. Then restate the entire sentence in the present tense; begin with* oft.

BEISPIEL: Herr Schmidt hat Blumen geschenkt. (seine Frau) →
Herr Schmidt hat seiner Frau Blumen geschenkt.
Oft schenkt Herr Schmidt seiner Frau Blumen.

Übung E, p. 168. You might begin discussion with brainstorming activity, listing answers on board. Ask students to say whatever adjectives, nouns, or even verbs that come to mind. *Welche Wörter beschreiben eine typische Familie?* Depending on students' backgrounds, answers may vary considerably. Then ask: *Welche Wörter beschreiben eine stereotypische oder eine ideale Familie?* Again, accept all answers, even though they may differ widely. Then turn to picture in book and have students describe and discuss it.

1. Die Eltern haben Geld gegeben. (ihr Sohn)
2. Wir haben Postkarten geschickt. (unsere Familien)
3. Ich habe Schokolade gekauft. (mein Freund)
4. Frau Schmidt hat Geschenke versprochen. (der Junge)
5. Erich hat Briefe geschrieben. (seine Freundin)
6. Die Nachbarn haben Brot gebracht. (Herr Krüger)

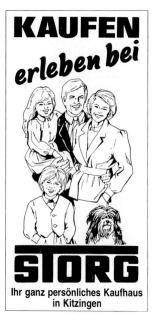

D. Wie beschreibt man diese Familie? *Write about the family in the picture. The following questions will give you ideas, but make up information and organize the material in a logical fashion.*

Wie heißt der Vater? die Mutter? die Tochter? der Sohn? der Hund? Wie alt sind die Kinder? Wie lebt die Familie? Warum ist die Familie froh? Hat sie eine Wohnung gefunden oder ein Haus gekauft? Wenn ja: Wie ist die Wohnung oder das Haus? Was hat die Familie heute zusammen gemacht? Hat sie einen Einkaufsbummel gemacht? Was hat sie gebraucht? Was hat sie für wen gekauft? Wen hat die Familie später besucht? Hat sie Geschenke gebracht? Was hat sie wem geschenkt? Was hat die Familie gegessen? getrunken? Hat die Familie einen Spaziergang oder eine Wanderung gemacht? Hat sie eine Autofahrt gemacht? Wenn ja: wohin und warum?

E. Diskussionsfrage: Typisch oder nicht? Was glauben Sie: Ist die Familie in Übung D typisch? Warum (nicht)? Ist sie stereotypisch? Warum (nicht)? Wie definieren Sie das Wort „Familie"?

Anwendung

Materialien

A. Das Klassenzimmer. Welche Materialien sehen Sie?

BEISPIELE: Die Fenster sind aus Glas. Dieser Tisch ist aus Holz. . . .

Baumwolle *cotton*	Jeansstoff *denim*	Plastik
Glas	Kunstfaser *synthetic*	Porzellan *china*
Gold	*fiber*	Silber
Gummi *rubber*	Leder *leather*	Stahl *steel*
Holz *wood*	Papier	Wolle *wool*

B. Welche Materialien tragen Sie heute?

BEISPIELE: Meine Hose ist aus Baumwolle. Meine Schuhe . . .

C. Woraus macht man . . . ? (*Out of what does one make . . . ?*)

BEISPIELE: S1: Woraus macht man Kleider?
S2: Man macht Kleider aus Baumwolle, Wolle, Leder und Kunstfaser.

Autos	Gabeln	Messer	Schuhe
Bücher	Häuser	Möbel	Zeitungen
Flaschen	Kleider	Ringe	?

Waren

Ost-Produkte

Nach der Vereinigung haben 70 Prozent der Neubürger° kritisiert, daß West-Produkte den Markt überschwemmen.° Aber „jetzt feiern° die Ost-Produkte ein Comeback", sagt ein Sprecher von der Centralen Marketinggesellschaft der deutschen Agrarwissenschaft (CMA) in Bonn. Die CMA vergibt° immer häufiger° auch für Produkte aus den neuen Bundesländern das Label „Markenqualität° aus deutschen Landen".

Kurz nach der Vereinigung wollten° die Leute in der Ex-DDR ihre „Ost-Fressalien"° nicht mehr. Später waren fast nur West-Waren in ihren Geschäften erhältlich.° Die Neubürger haben aber populäre Ost-Produkte wie Spreewälder Gurken,° Eberswalder Wurstwaren, Erfurter Nudeln und Greußener Salami vermißt. Was haben sie nicht vermißt? Die alten DDR-Scheußlichkeiten° wie Marzipan aus Erbsbrei° oder Zitronat° aus unreifen Tomaten. Was hat ein Neubürger vom westdeutschen Ketchup gehalten? Nicht viel. „Unser Ketchup ist tomatiger und einfach natureller." Jetzt kaufen Neubürger jede Woche 5000 Flaschen von diesem Ost-Ketchup und dazu° rund 25 000 Gläser Rotkohl° und eingelegte° grüne Bohnen,° das Glas zwischen 40 und 50 Pfennig. Und vor den Türen° stehen die Leute mittags, wie zu Erich Honeckers* Zeiten, stundenlang Schlange° nach einem Sonderangebot.

Sagt eine Magdeburgerin: „Nach° dem blinden Gekaufe von West-Waren entdecken° wir unsere Produkte wieder neu." Die Magdeburger sind besonders stolz auf° ihre Wurstprodukte von der Fleisch-° und Wurstwaren GmbH Vianda. Diese Produkte sind mit Kümmel,° Pfeffer oder Thymian gewürzt,° und die Firma hat beim internationalen Mannheimer Leberwurstwettbewerb° fünf Silber- und Bronzemedaillen gewonnen. Jetzt „sind wir wieder stolz auf unsere Waren."

Nach der Vereinigung haben viele Neubürger bekannte Produkte wie das Haarfärbemittel° von Florena, Fit-Spülmittel° und die Margarinesorten Sana und Sonja vermißt. Jetzt finden sie diese Produkte in einer neu gegründeten° Handelskette,° genannt Thüringenmarkt. Dort verkauft man Artikel aus früheren DDR-Fabriken.° So kann man Arbeitsplätze erhalten.°

citizens from the new Bundesländer
were flooding / are celebrating

is awarding
immer. . . more and more frequently
brand of quality
wanted
grub
available
pickles
abominations
dried pea paste / candied lemon peel

with it / red cabbage / pickled / beans
doors
stehen . . . Schlange stand in line
after
are discovering
stolz. . . proud of / meat
caraway (seeds) / spiced
liverwurst competition

hair-coloring product
dishwashing detergent

neu. . . newly founded
retail chain

factories
maintain

Frische aus deutschen Landen
Deutsche
Karotten
mit Grün, Bund

1.29

---

*Erich Honecker was the leader of the former DDR and served as the Chairman of Council of State from 1976 until the unification in 1990.

Verbrauch
Lebensmittel pro Kopf und Jahr

Bundesrepublik		DDR
64.0 kg	Mehl	
290	Eier	
82.2 Liter	Milch	
74.2 kg	Kartoffeln	
3.7 kg	Bohnenkaffee	
26.0 Liter	Wein/Sekt	
9.4 Liter	Spirituosen	

der Bohnenkaffee *coffee* (*beans*)
das Ei, -er *egg*
die Kartoffel, -n *potato*
die Lebensmittel (*pl.*) *groceries*
das Mehl *flour*
der Sekt *sparkling wine,*
  champagne

**Bei der Weihnachts-
messe (*Christmas fair*)
findet man Geschenke
und Feststimmung
(*festive atmosphere*).**

B. Have students share
personal lists in class.
Keep in German as much
as possible.

A. In den neuen Bundesländern

1. Was ist im Osten kurz nach der Vereinigung passiert?
2. Was feiern jetzt die Ost-Waren? Warum?
3. Welche Produkte aus der Ex-DDR haben die Neubürger nicht vermißt?
4. Warum stehen die Neubürger, wie zu Erich Honeckers Zeiten, wieder stundenlang Schlange?
5. Wie heißt eine Fleisch- und Wurstwarenfirma im Osten? In welcher Stadt findet man diese Firma? Warum sind die Bürger besonders stolz auf die Wurstprodukte von dieser Firma?
6. Wo kaufen die Neubürger jetzt ihre Lieblingsprodukte?

B. Produkte und Marken (*brands*). Welche Ost-Produkte haben die Neubürger besonders gern? Welche amerikanischen Produkte haben Sie besonders gern? Welche fünf Produkte würden (*would*) Sie besonders vermissen, wenn Sie sie nicht mehr kaufen könnten (*could*)? Machen Sie eine Liste!

POPULÄRE OST-PRODUKTE	MEINE LIEBLINGSPRODUKTE

C. Warum wollen die Neubürger wieder ihre Ost-Waren kaufen? Nennen Sie drei Gründe (*reasons*)!

Massenmedien in Deutschland

7

Vorschau. Ask and write answers (names, titles in English) on board: *Was ist Ihre Lieblingsfernsehserie? Ihr Lieblingskrimi? Ihre Lieblingswerbesendung? Wer ist Ihr/Ihre Lieblings-nachrichtensprecher/in?*

Vorschau

Die Familie sitzt zusammen und sieht fern. Der Vater ist da, auch die Mutter, der Sohn und die Tochter. Trinken sie Tee? Kaffee? Wein? Bier? Sehen sie einen Krimi? die Nachrichten? die Werbesendungen? einen Film? eine Sportsendung? Sehen sie wohl eine Tagesschau oder eine Abendsendung? Sind sie zu Hause, oder sind sie vielleicht bei Freunden oder bei den Nachbarn?

Wortgebrauch

das Fernsehen

die Nachrichten (*pl.*)

die Werbesendung, -en

die Fernsehsendung, -en

der Krimi, -s

das Radio, -s

der Fernseher, -

der Zuschauer, -

fernsehen

Fernsehen (*to watch television*) is a verb with a separable prefix: In the present tense, the prefix (**fern**) is separated from the conjugated verb form and is placed at the end of the sentence.

  Ich **sehe** oft **fern**.   *I often watch television.*

With an auxiliary, such as **möchte**, the prefix is attached as part of the infinitive.

  Ich möchte **fernsehen**.   *I would like to watch television.*

In the present perfect tense, the past participle is formed by inserting the prefix **ge** between the separable prefix (**fern**) and the rest of the past participle (**sehen**).

  Ich **habe** gestern abend **ferngesehen**.   *I watched television last night.*

In Chapter 13 you will learn additional separable prefix verbs and how to use them in other tenses and in other types of sentences.

fernsehen. Although separable prefix verbs are not formally introduced until Chapter 13, basic concept is explained here with just one verb: *fernsehen.* Use of *fernsehen* is, however, limited in chapter and will cause no pedagogical problems. If you wish to expand on principle before Chapter 13, you might introduce and drill 1 or 2 other separable prefix verbs, such as *ansehen* or *aussehen.*

die Brezel, -n

A. Die Massenmedien. Fragen Sie Ihren Nachbarn / Ihre Nachbarin:

1. Hast du ein Radio? Hast du gestern abend Radio gehört? Was hörst du gern? Rockmusik? Jazz? Country-music? Oldies? klassische Musik? Nachrichten?
2. Hast du einen Fernseher? Siehst du oft fern? Hast du gestern abend ferngesehen? Was siehst du gern? Filme? Nachrichten? Kultur? Sport? Politik? Theater und Musik? Dokumentarfilme? Krimis? Werbesendungen? Talk-Shows?
3. Welche Zeitung liest du? Hast du heute schon eine Zeitung gelesen? Liest du Wochenzeitschriften wie „Time" oder „Newsweek"?

B. Wer oder was ist das? Spielen Sie „Jeopardy"!

BEISPIEL: S1: Diese Person sieht fern.
S2: Was ist ein Zuschauer?

1. Für dieses Spiel braucht man einen Fußball.
2. Das ist ein Stück Brot mit Butter.
3. Wir besuchen diesen Arzt / diese Ärztin, denn wir möchten gesunde Zähne haben.
4. Das ist die Kurzform für „Kriminalroman" (*detective novel*) oder „Kriminalfilm".
5. Das ist ein Zimmer. Dort kocht oder bäckt man.
6. Das bezahlt man.

a. ein Butterbrot
b. eine Küche
c. ein Zahnarzt / eine Zahnärztin
d. eine Gebühr
e. ein Fußballspiel
f. ein Krimi

C. Was? *Answer each question with the appropriate word or words:* das Bier, die Brezel, das Butterbrot, der Film, der Krimi, die Nachrichten, das Radio, der Tee, die Werbesendung, die Zeitschrift.

BEISPIEL: S1: Was liest man?
S2: Man liest einen Krimi oder eine Zeitschrift.

1. Was ißt man?
2. Was trinkt man?
3. Was sieht man im Fernsehen?
4. Was hört man?

D. Finden Sie die Gegenteile (*antonyms*)!

BEISPIEL: „Falsch" ist das Gegenteil von „richtig".

1. gesund
2. zuckerfrei
3. beginnen
4. bleiben
5. antworten
6. mit

a. enden
b. ohne
c. krank (*sick, ill*)
d. mit Zucker (*sugar*)
e. gehen
f. fragen

Übung A, 3. You might mention and/or bring in copy of *Der Spiegel*, which resembles *Time* in format and style.

Übung B. Questions can easily be personalized to reveal students' (and, if you wish, your own) recreational habits.

Übung C. Listen for correct accusative forms. As with other exercises of similar nature, students can also write exercise out instead of doing it orally in pairs.

E. Fernsehen in Deutschland und Amerika. *Read each statement to three or four other students, who should give one of the following responses.*

> Das ist richtig.
> Das ist falsch.
> Ich glaube, das ist richtig.
> Ich glaube, das ist falsch.
> Das weiß ich noch nicht.

You will learn the actual answers to these true/false statements as you work through the chapter.

1. Das Fernsehen in Deutschland ist staatlich.
2. In Deutschland bezahlen die Zuschauer eine Gebühr.
3. In Deutschland gibt es keine Werbesendungen.
4. Die Zuschauer finanzieren das Fernsehen in Amerika.
5. Die Deutschen importieren Fernsehsendungen aus Amerika.
6. In Amerika kommen alle Werbesendungen auf einmal. Sie unterbrechen die Sendungen nicht.
7. Amerika hat nur drei Fernsehprogramme.
8. In Deutschland laufen die Fernsehsendungen ohne Unterbrechung.
9. Deutschland hat nur ein Fernsehprogramm.

F. Meine Lieblingszeitschrift. „Hallo! Mein Name ist Wolfgang Schehlmann. Ich bin Polizeibeamter. Ich fahre gern Motorrad. Meine Lieblingszeitschrift ist ‚motorrad, reisen & sport‘. Diese Zeitschrift kostet nur vier Mark. Fahren Sie gern erster Klasse? Diese Zeitschrift ist dann auch für Sie!"

Wie heißen Sie? Wer sind Sie? Was machen Sie gern? Welche Zeitschrift lesen Sie gern? Warum? Wieviel kostet sie? Wem empfehlen Sie diese Zeitschrift?

Write an ad for your favorite magazine. Follow the format of the ad below or make up your own. Write a follow-up paragraph in answer to the questions.

Wortschatz

Adjectives and Adverbs

erfrischend	refreshing
fertig	finished, done
geeignet	suitable; right
gesund	healthy
staatlich	government owned
toll	great, terrific
zuckerfrei	sugar free

Dative Prepositions

aus	out of; from (*origin*)
außer	except, besides
bei	with; near; at the place of
mit	with, in the company of; by (*transportation*)
nach	after; according to; to (*names of geographical places*)
seit	since, for (*time span*)
von	from (*departure point*); of (*about*); by (*authorship*)
zu	to (*persons, things*); for

Verbs. This book lists only *haben* (*stehen, hat gestanden*) in order not to confuse beginning students, even though *sein* is used with *stehen* in southern Germany, Switzerland, and Austria (*stehen, ist gestanden*).

Nouns

das Bier, -e	beer
die Brezel, -n	pretzel
das Butterbrot, -e	sandwich; slice of bread and butter
das Fernsehen	television
der Fernseher	TV (set)
der Film, -e	film, movie
der Fußball	soccer
die Gebühr, -en	fee
der Kaugummi, -s	chewing gum
der Krimi, -s	detective show; detective story
die Küche, -n	kitchen; cuisine
die Nachricht, -en	piece of news; *pl.* news
das Päckchen, -	(small) package, pack
das Programm, -e	TV channel; program
das Radio, -s	radio
der Radiohörer, -	radio listener
die Sendung, -en	program, broadcast
die Serie, -n	series
der Tee	tea
die Unterbrechung, -en	interruption
die Werbesendung, -en	commercial
die Werbung	advertising
der Zahn, ̈e	tooth
der Zahnarzt, ̈e / die Zahnärztin, -nen	dentist
der Zuschauer, -	viewer

Verbs

beginnen, hat begonnen	to begin
bezahlen, hat bezahlt	to pay (*something*)
bleiben, ist geblieben	to stay, remain
empfehlen (empfiehlt), hat empfohlen	to recommend
finanzieren, hat finanziert	to finance
holen, hat geholt	to take; to fetch
importieren, hat importiert	to import
unterbrechen (unterbricht), hat unterbrochen	to interrupt
zeigen, hat gezeigt	to show

DATIVE VERBS

antworten, hat geantwortet	to answer
danken, hat gedankt	to thank
folgen, ist gefolgt	to follow
gefallen (gefällt), hat gefallen	to please
gehören, hat gehört	to belong
glauben, hat geglaubt	to believe
helfen (hilft), hat geholfen	to help
nützen, hat genützt	to be of use
passen, hat gepaßt	to fit
stehen, hat gestanden	(*with dat.*) to suit, look good on

SEPARABLE PREFIX VERB

fern • sehen (sieht fern), hat ferngesehen	to watch television

Useful Words and Phrases

auf einmal	at once
bis dahin	by then
Geschirr spülen	to wash dishes
(meiner) Meinung nach	in (my) opinion
zu Hause	at home
zum Geburtstag	for (one's) birthday

Grammatik

Eine Werbesendung im Fernsehen: Ein Junge geht mit seiner Mutter einkaufen.

DER JUNGE:	Mutti, kaufst du mir bitte diesen Kaugummi?
DIE MUTTER:	Nein, Hänschen, den kaufe ich dir bestimmt nicht. Den* brauchst du nicht. Er ist schlecht für die Zähne.
DIE VERKÄUFERIN:	Aber Frau Müller, warum kaufen Sie ihm nicht diesen zuckerfreien „Gummi-Mint"? Mein Zahnarzt hat ihn mir empfohlen.
DIE MUTTER:	Wirklich? Dann kaufen wir uns vielleicht doch ein Päckchen.
DER JUNGE:	Du, Mutti, dieser Kaugummi ist toll!
DIE VERKÄUFERIN:	Jawohl, Gummi-Mint: erfrischend, gesund und auch für Kinder geeignet. Gummi-Mint.

A. Die Werbesendung

1. Wohin geht die Mutter? Wer geht mit ihr?   2. Was möchte Hänschen?
Wie sagt er das?   3. Wie findet seine Mutter Kaugummi für die Zähne?
4. Welchen Vorschlag (*suggestion*) macht die Verkäuferin?   5. Wer hat ihn
ihr empfohlen?   6. Hat Hänschen „Gummi-Mint" gern? Warum?

B. Fragen Sie Ihren Nachbarn / Ihre Nachbarin:

1. Siehst du gern Werbesendungen im Fernsehen? Warum (nicht)?
2. Welche findest du dumm? Welche sind lustig?   3. Hörst du gern Musik
in Werbesendungen?

Dative Case: Personal Pronouns

The dative forms of the personal pronouns are as follows:

NOMINATIVE	ACCUSATIVE	DATIVE
ich wir du ihr er sie } sie es Sie	mich uns dich euch ihn sie } sie es Sie	**mir** *to me* **uns** *to us* **dir** *to you* **euch** *to you* **ihm** *to him; to it* **ihr** *to her; to it* } **ihnen** *to them* **ihm** *to it* **Ihnen** *to you*

---

*Notice the use of the definite article as a demonstrative pronoun to mean *it*.

Note that the first-person plural and the second-person plural informal are the same in the dative as in the accusative case (**uns**, **euch**). All other personal pronouns have distinct dative-case forms. The second-person formal (**Ihnen**) is capitalized in the dative as in the nominative and the accusative cases (**Sie**).

In each of the following sentences, the *dative* personal pronoun indicates the *indirect object.*

> Großmutter hat **mir** ein Radio geschenkt.
> Habe ich **dir** mein Radio gezeigt?
> Großmutter hat **ihm** das Radio gekauft.
> Heinz schickt **ihr** einen Brief.
> Hat Großvater **uns** etwas gesagt?
> Nein, er hat **euch** nichts gesagt.
> Die Großeltern versprechen **ihnen** Geschenke.
> Wie geht es **Ihnen**, Herr Kurz?

Word Order: Direct and Indirect Objects

In a sentence with both a direct and an indirect object, the usual order of objects is as follows:*

1. If both objects are NOUNS, the INDIRECT OBJECT (dative) is first.

              1   2
   Die Frau gibt dem Mann das Radio.

2. If both objects are PERSONAL PRONOUNS, the DIRECT OBJECT (accusative) is first.

              1 2
   Die Frau gibt es ihm.

3. If one object is a NOUN and the other a PERSONAL PRONOUN, the PRONOUN (dative or accusative) is first.

              1   2
   Die Frau gibt { es   dem Mann.
                       ihm das Radio.

In short, the dative object comes before the accusative object, unless the accusative object is a pronoun.

Direct and Indirect Objects. This general rule for normal emphasis of elements is formulated as guide to students. For teaching purposes you might want to reduce to mnemonic device, such as

If
NOUNS →   DAT first
PRONOUNS → ACC first
MIXED →   PRON first

Ask students questions about sample sentences: *Wer gibt dem Mann das Radio?* (*Wer gibt es dem Mann? Wer gibt ihm das Radio? Wer gibt es ihm?*) *Wem gibt die Frau das Radio?* (*Wem gibt sie das Radio? Wem gibt sie es?*) *Was gibt die Frau dem Mann?* (*Was gibt sie dem Mann? Was gibt sie ihm?*)

Übungen

A. Wer macht was?

Übung A. Two students could work through exercise together: s1 just gives pronoun form; s2 incorporates it (corrected, if necessary) into sentence.

1. Wir schreiben _____ einen Brief. (*him*)
2. Er kauft _____ ein Radio. (*us*)
3. Der Sohn bringt _____ Blumen. (*her*)

---

*The usual order occurs in a typical sentence in which neither object is emphasized more than the other.

Am Zeitungskiosk gibt es was für jeden Geschmack (*taste*) und jedes Alter (*age*).

4. Ihr gebt _____ das Geld. (*them*)
5. Ich schicke _____ bald eine Geburtstagskarte. (*you [infor. sg.]*)
6. Das Mädchen zeigt _____ die Zeitschrift. (*me*)
7. Eure Großmutter schenkt _____ ein Radio. (*you [infor. pl.]*)
8. Ich zeige _____ das Buch. (*you [for.]*)

B. Ja, ja. Beantworten Sie jede Frage!

BEISPIEL: Haben Sie Ihrem Freund ein Buch geschenkt?
Ja, ich habe ihm ein Buch geschenkt.

1. Haben Sie Ihrer Schwester diesen Fernseher gezeigt?
2. Haben Sie Ihren Großeltern einen Brief geschrieben?
3. Haben Sie dem Verkäufer das Geld gegeben?
4. Haben Sie Maria Blumen gekauft?
5. Haben Sie den Kindern eine Torte versprochen?
6. Haben Sie Markus das Briefpapier geschenkt?

Übung B. With both dative and accusative objects in sentences, clear articulation of case endings on definite and indefinite articles becomes crucial.

C. Wann? Morgen früh.

BEISPIEL: Wir kaufen dir das Radio. →
—Wann?
—Wir kaufen es dir morgen früh.

1. Wir schicken euch das Geld.
2. Wir bringen Ihnen die Bücher.
3. Wir zeigen ihr die Fotos.
4. Wir schenken ihm diese Jeans.
5. Wir geben dir ein Geschenk.
6. Wir zeigen ihr das Zimmer.

Übung C. To vary drill, interchange verbs and/or supply others from prior vocabulary lists.

Übung D. *Zeig und Erzähl!* (Show and Tell): After completing this exercise and in preparation for next interaction exercise, you might try pantomime in which pairs (or triads) of students (ideally of both sexes) come up silently in front of class and give, bring, or show one another various items. As S1 shows S2 something, you or S3 gives running narration of what is happening: *Sie zeigt ihm den „Spiegel".*

D. Was möchten Sie? *Mention something you would like. Other members of the class will offer appropriate responses.*

BEISPIELE: SIE: Ich möchte ein Radio.
S1: Ich bringe dir mein Radio. Ich brauche es nicht mehr.
S2: Kauft dein Vater dir vielleicht ein Radio?
S3: Ich zeige dir mein Radio. Vielleicht möchtest du es kaufen.
S4: Haben deine Eltern dir ein Radio versprochen? Vielleicht schicken sie dir ein Radio zum Geburtstag.

Übung E. Exercise differs from that suggested in last note, as students all work together in small groups, communicating for one another's benefit rather than for that of entire class. Lots of talking goes on simultaneously during interaction.

E. Interaktion. *Work with a small group. Students will take turns giving or showing various items to another member of the group. Others will ask questions about the action.*

BEISPIEL: S1: Ich gebe Martin meinen Bleistift.
S2: Wem gibst du deinen Bleistift?
S1: Ich gebe ihn Martin.
S3: Was gibst du Martin?
S1: Ich gebe ihm meinen Bleistift.

Übung F. For further realism, you might consider asking students to perform exercise while student videotapes performance.

F. Die Familie im Fernsehen. *Use the correct forms; most are dative, some are accusative.*

„Der heutige Satellitenfilm zeigt zur Abwechslung mal die Familie Wurzgruber aus Niederholm im Garten ihres Reihenhauses."

FERNSEHSPRECHER: Liebe Zuschauer, heute bringen wir _____ (*you*) die Familie Wurzgruber aus Niederholm. Sie zeigen _____ (*us*) ihren Garten.
HERR WURZGRUBER: Hallo, Mutter. Ich schicke _____ (*you*) morgen ein Geburtstagsgeschenk.
FRAU WURZGRUBER: Tante Inge und Onkel Max, wir schreiben _____ (*you*) bald einen Brief.
HEIKO WURZGRUBER: Hallo, Freunde, jetzt seht ihr _____ (*me*) im Fernsehen. Ich sehe _____ (*you*) aber nicht. Meine Eltern haben _____ (*me*) diesen Swimmingpool zum Geburtstag geschenkt.
HERR WURZGRUBER: Letztes Jahr haben wir _____ (*him*) den Hund geschenkt.
HEIKO WURZGRUBER: Ja, und Vati hat Mutti den Bikini gekauft. Er hat _____ (*her*) auch Blumen gebracht. Und Mutti hat _____ (*him*) die Armbanduhr gekauft.
FRAU WURZGRUBER: Liebe Zuschauer, wir kennen _____ (*you*) nicht, aber wir wünschen _____ (*you*) alles Gute.
FERNSEHSPRECHER: Danke, Familie Wurzgruber. Und auf Wiedersehen.

G. Fernsehen und Rosen. *Choose one of the following options and write about the picture in Exercise F. Use your own ideas.*

1. Describe the family in the TV picture: Who are they? What are they like? What are they wearing? What do they enjoy doing?
2. Write about the person(s) watching the TV show: Who are they? How do they live? Who bought whom the TV set? Who brought whom the roses? What do they enjoy doing?

Konrad Kurz macht heute das Abendessen. Seine Frau sieht fern.

ANGELA: Heute abend kommt „Tatort". Dieser Krimi gefällt dir doch so gut.
KONRAD: Jetzt schon?
ANGELA: Nein, du hast noch zehn Minuten. Jetzt laufen nur die
Werbesendungen.
KONRAD: Was nützen mir zehn Minuten? Bis dahin werde ich nie fertig. Hilfst
du mir vielleicht?
ANGELA: Na gut, du machst die Butterbrote und ich mache den Tee.

Dialogue. Mention that many Germans still eat big meal at lunchtime and then eat sandwiches or something light in evening. Note, however, current trend to indulge in fast food at midday, American style!

A. Konrad und Angela Kurz

1. Welche Sendung gefällt Herrn Kurz? Wann beginnt sie? 2. Welche Sendungen laufen jetzt? 3. Warum nützen Herrn Kurz zehn Minuten nichts? Hilft seine Frau ihm?

B. Fragen Sie Ihren Nachbarn / Ihre Nachbarin:

1. Du hast einen Haushalt und eine Familie: Wer kocht? 2. Wer spült das Geschirr?

KULTURECKE

Krimis. **„Tatort"** ("*Scene of the Crime*") is a particularly popular detective show in German-speaking countries.

Fernsehsendungen. Arbeiten Sie mit zwei Studenten / Studentinnen! Sie haben nur einen Fernseher. Was möchten Sie sehen? Um wieviel Uhr? Warum? Haben Sie den Abenteuerfilm (*adventure film*) schon gesehen?

BEISPIEL: S1: Ich möchte . . . sehen, denn . . .
S2: Das geht nicht. Ich möchte um . . . Uhr . . . sehen, denn . . .
S3: Solche Sendungen interessieren mich nicht. Um . . . Uhr kommt doch . . .

Dative Verbs

Most German verbs take an accusative object: **Ich sehe *den Mann*. Ich sehe *ihn*.** Certain verbs, however, take only a dative object: **Ich helfe *dem Mann*. Ich helfe *ihm*.** These must simply be learned as verbs that are followed by a noun or a pronoun in the dative case only.

Dative Verbs. Note these 2 related verbs that differ in structural usage: *Man beantwortet eine Frage*; *Man antwortet einer Person*. Dative verbs share notion of "to-ness" or "for-ness" with regard to objects. It is not appropriate, however, to speak of these as indirect objects. They are the *only* objects these verbs take. Hence they are simply "dative objects" of these verbs. Recall that true indirect object exists only when direct object is likewise present (e.g., *geben*-type situations).

antworten, hat geantwortet *to answer*	Der Vater **antwortet** *seinem Sohn*. *The father answers his son.*
danken, hat gedankt *to thank*	Der Mann **dankt** *seiner Frau*. *The husband thanks his wife.*
folgen, ist gefolgt *to follow*	**Wem folgen** wir? *Whom do we follow?*
gefallen (gefällt), hat gefallen *to please*	Wie **gefällt** *dir* solche Musik? *How do you like such music?*
gehören, hat gehört *to belong*	Das Radio **gehört** *dem Kind*. *The radio belongs to the child.*
glauben, hat geglaubt *to believe*	**Glauben** Sie *ihnen*? *Do you believe them?*
helfen (hilft), hat geholfen *to help*	Ich **helfe** *Ihnen* doch gern. *I'll be glad to help you.*
nützen, hat genützt *to be of use, benefit*	Was **nützt** *mir* das? *What good is that to me?*
passen, hat gepaßt *to fit*	Diese Jeans **passen** *Ihnen* nicht. *These jeans don't fit you.*
stehen, hat gestanden *here: to suit*	Die Uniform **steht** *ihr* sehr gut. *The uniform suits her very well.*

Note that **glauben** takes a dative object with a person but an accusative object with a thing or an abstraction.

Ich glaube **dir** nicht.
but:
Ich glaube **es** nicht.
Ich glaube **die Nachricht** nicht.

Übung A. Additional items:
1. *deine Großeltern* 2. *euer Freund* 3. *mein Onkel*
4. *deine Tante* 5. *der Junge* 6. *mein Onkel*
7. *ihr Professor* 8. *die Leute* 9. *Herr und Frau Müller*
10. *die Kinder*

Übungen

A. Fragen und Probleme

1. Warum hilfst du *mir* nicht? (deine Mutter, dein Vater)
2. Warum antwortet ihr *uns* nicht? (ich, eure Eltern)
3. Dieses Buch gehört *dir*, nicht? (unser Nachbar, deine Freundin)

4. Gefallen *euch* die Werbesendungen? (du, die Kinder)
5. Diese Jeans passen *mir* nicht. (du, dein Sohn)
6. Diese Jacke steht *ihm* nicht. (mein Neffe, die Frau)
7. Warum glauben sie *uns* nicht? (ich, Sie)
8. Was nützt das *dem Kunden*? (die Familie, Herr Klein)
9. Dankt Herr Schultz *seiner Frau*? (seine Söhne, die Männer)
10. Folgt der Junge *seinem Vater*? (seine Brüder, seine Mutter)

B. Sagen Sie wem!

Übung B. Additional items: 1. him, her 2. a man, the official 3. the professor, the conductor 4. the customer, the teacher 5. the girl, the children 6. her, us 7. you (for.), them 8. me, you (infor. pl.) 9. me, them 10. you (infor. sg.), the people

1. Das Mädchen glaubt _____ . (*her father*)
2. Die Kinder helfen _____ . (*their mother*)
3. Die Frau dankt _____ . (*her husband*)
4. Die Schuhe passen _____ ganz gut. (*the boy*)
5. Diese Sendungen gefallen _____ . (*the viewers*)
6. Ihre Söhne folgen _____ . (*you [for.]*)
7. Ihre Kleider stehen _____ gut. (*the woman*)
8. Herr Groß antwortet _____ . (*his [male] customer*)
9. Dieser Fernseher gehört _____ . (*my [male] neighbor*)
10. Dieses Radio nützt _____ nichts. (*our grandparents*)

C. Wem?

Übung C. Vary exercise by switching genders of cues: *die Männer / die Frauen.* Switch number of pronouns from singular to plural or vice versa.

BEISPIEL: Wem haben Sie geholfen? (die Männer) →
Ich habe den Männern geholfen.

1. Wem hat der Verkäufer geantwortet? (seine Kundin)
2. Wem hast du geglaubt? (mein Freund)
3. Wem hat Anna für das Geschenk gedankt? (ihre Großmutter)
4. Wem hat der Krimi gefallen? (Herr Müller)
5. Wem hat das Geld gehört? (ich)
6. Wem hat dieser Fernseher genützt? (wir)
7. Wem haben diese Jeans gepaßt? (die Studentin)
8. Wem hat dieses Hemd gut gestanden? (der Student)

D. Interview: Was ist deine Meinung (*opinion*) **dazu?** Fragen Sie Ihren Nachbarn / Ihre Nachbarin:

Übung D. Exercise also lends itself well to private, small-group interaction generating much lively, "real," simultaneous communication. This replicates "small talk" environment experienced in restaurant or at party.

1. Deine Eltern sagen „Drogen sind schlecht". Glaubst du ihnen?
2. Deine Freunde sagen „Bier ist okay". Glaubst du ihnen?
3. Madonna und Michael Jackson sind noch sehr populär. Wer gefällt dir?
4. Viele Länder in der Welt haben große Probleme. Welchen Ländern sollen die USA helfen? Welchen nicht?
5. Dein Nachbar im Flugzeug redet viel. Du kennst ihn nicht. Du bist müde. Antwortest du ihm? Was sagst du vielleicht?
6. Siehst du oft fern? Welche Fernsehsendungen gefallen dir? Gefallen dir die Werbesendungen? Warum (nicht)?

Ein Fernsehabend bei der Familie Kurz

ANGELA: Seit einer Stunde läuft der Fernseher schon wieder. Außer den Werbesendungen gibt's jetzt doch nichts.

KONRAD: Nach den Werbesendungen kommt Fußball.

ANGELA: Ach, kommt heute abend nichts als Fußball?

KONRAD: (*scherzend*) Doch! Meine Kollegen kommen heute abend. Fußball-abend bei uns!

ANGELA: Naja, dann hole ich euch Brezeln und Bier aus der Küche . . .

KONRAD: O, wie nett von dir!

ANGELA: . . . und dann gehe ich mit meiner Freundin einkaufen. Heute ist langer Donnerstag. Und du bist ja bei den Kindern zu Hause.

Dialogue. After introducing dialogue, have students note beginning of each sentence and subject. This dialogue, with its "battle of the sexes" humor, lends itself to lively skit, possibly a videotaping opportunity.

A. Der Fußballabend

1. Seit wann läuft der Fernseher?   2. Kommt jetzt etwas außer den Werbesendungen?   3. Was kommt nach den Werbesendungen?   4. Wer kommt zur Familie Kurz? Warum?   5. Woher holt Frau Kurz Brezeln und Bier?   6. Wohin geht Frau Kurz und mit wem?   7. Wo bleibt Herr Kurz?

B. Fragen Sie Ihren Nachbarn / Ihre Nachbarin: Welche Sendungen gefallen dir? Sport? Nachrichten? Werbesendungen? Krimis?

KULTURECKE

Langer Donnerstag / Langer Samstag. Business hours are regulated in Germany by law. One Saturday a month, for example, stores remain open until 4:00 P.M., hence the phrase **langer Samstag**; on all other Saturdays stores open for only half a day. Until October, 1989, stores closed promptly at 6:30 P.M. on weekdays. Since that time, however, stores have been allowed to remain open until 8:30 P.M. every Thursday (**langer Donnerstag**). The extra hours on Thursdays are a blessing for many working people who find the midday break too short and stressful for shopping.

Jeden Donnerstag Einkaufsabend bis 20.30 Uhr!

DONAU EINKAUFS ZENTRUM REGENSBURG

Diese Woche langer Samstag. Bis 16.00 Uhr durchgehend geöffnet.

Öffnungszeiten:	
Montag · Freitag	8.30 – 18.30 Uhr
Samstag	8.00 – 14.00 Uhr
Langer Samstag	8.00 – 16.00 Uhr
Langer Donnerstag	8.30 – 20.30 Uhr

Fach-Markt und Groß-Werkstatt

ABENDVERKAUF jeden Donnerstag bis 20.30 Uhr

Donnerstag bis 20.30 Uhr geöffnet!

Dative Prepositions

As you recall, certain prepositions must be followed by the accusative form of a noun or pronoun. You will now learn some prepositions that must be followed by the dative form. Prepositions that require an object in the dative case are **aus**, **außer**, **bei**, **mit**, **nach**, **seit**, **von**, and **zu**. As the following examples demonstrate, most of these prepositions have more than one meaning.

PREPOSITIONS / MEANINGS		EXAMPLE
aus	*out of*	Die Kinder laufen **aus dem Haus**.
	from (origin)	Er kommt **aus Deutschland**.
außer	*except, besides*	**Außer den Werbesendungen** gibt's jetzt nichts.
bei	*with*	Du bleibst **bei den Kindern**.
	near	Er steht **beim Fenster**.
	at the place of	Sie wohnt **bei Frau Müller**.
mit	*with, in the company of*	Ich gehe **mit meiner Freundin** einkaufen.
	by (transportation)	Wir fahren **mit dem Zug**.
nach	*after*	**Nach den Werbesendungen** kommen die Nachrichten.
	according to	**Meiner Meinung nach*** ist diese Sendung interessant.
	to (geographical places or home)	Sie fahren jetzt **nach Berlin**. Wir gehen jetzt **nach Hause**.
seit	*since (time span)*	**Seit der Reise** hört er nur Rockmusik.
	for (time span)	Sie sind **seit einer Stunde** hier.
von	*from (departure point)*	Sie kommen eben **von der Drogerie**.
	of (about)	Wir sprechen nicht **von der Frau**.
	by (authorship)	Diese Musik ist **von Bach**.
zu	*to (persons, things)*	Er fährt jetzt **zu seinem Vater**. Ich gehe **zur Drogerie**.
	at (home)	Sie bleibt **zu Hause**.
	for	Was essen Sie **zum Frühstück**?

The following contractions are common:

bei dem → beim
von dem → vom
zu dem → zum
zu der → zur

---

*In this usage, ***nach*** usually follows the object.

bei and *mit*

Although **bei** and **mit** can both mean *with* in English, they are not used interchangeably in German. **Bei** indicates one's presence at or inclusion in: to live *at* someone's house, to be employed *at* a place or a business, to be *at* someone's house or place of business, to be included *in* a particular group of people.

Mit indicates relationship, association, or companionship; it also means to live *with* someone, to work *with* someone, to interact *with* someone, or to travel *by* some means of transportation.

Realia. *Die Grünen* is a political party that originated in Germany to advocate environmental protection. Draw attention to realia here, and bring in any recent newspaper articles you may have regarding this or any other political party.

Andere machen Politik mit Frauen –
Bei uns machen Frauen Politik.

Die Grünen Frauen

BEI

Er wohnt **bei** der Familie Neumann.
He lives with (rents a room from) the Neumann family.

Herr Schmidt arbeitet **bei** einer Firma.
Mr. Schmidt works with (at) a company.

Sie ist **beim** Bäcker.
She is at the baker's (at the bakery).

Bei uns in den USA ist es genauso.
It's exactly the same with us in the USA.

MIT

Er wohnt **mit** seinem Bruder zusammen.
He lives with (shares lodging with) his brother.

Herr Schmidt arbeitet **mit** Herrn Braun.
Mr. Schmidt works with (is a co-worker of) Mr. Braun.

Sie spricht **mit** dem Bäcker.
She is speaking with the baker.

Du kommst **mit** uns zum Kaufhaus.
You are coming with us to the department store.

seit

A prepositional phrase with **seit** indicates the beginning of a *time span*. To express an action that began at some point in the past and still continues, one must use the present tense with **seit**. This contrasts with English, in which one uses the present perfect progressive (*has/have been . . . ing*).

GERMAN: PRESENT (+ **seit**)

Herr Schmidt **wohnt** (schon) **seit** einem Jahr in Hamburg.
Seit gestern **geht** es mir schlecht.

Seit einer Stunde **steht** Frau Wenzel da.

ENGLISH: PRESENT PERFECT PROGRESSIVE

Mr. Schmidt has been living in Hamburg for a year.
I haven't been feeling well since yesterday.
Mrs. Wenzel has been standing there for an hour.

Übungen

Übung A. To maintain interest, skip around after pattern has been set. Just give number and cue.

A. Die Großeltern besuchen die Familie Koch. Ersetzen Sie die Phrasen!

1. Die Großeltern sind seit *einem Monat* bei der Familie zu Besuch. (ein Jahr, ein Tag, eine Stunde)
2. Sie bleiben bei *den Kindern* zu Hause. (das Mädchen, der Junge, ihre Tochter)
3. Frau Koch geht mit *ihrem Mann* einkaufen. (ihre Freundin, ihr Sohn, die Familie)
4. Sie kauft nichts außer *den Blumen*. (das Bier, die Brezeln, der Kaugummi)
5. Herr Koch geht aus *dem Haus*. (sein Zimmer, die Wohnung, die Garage)
6. Er geht zu *seinem Freund*. (die Drogerie, das Blumengeschäft, sein Kollege)
7. Nach *dem Mittagessen* macht die Familie einen Spaziergang. (der Film, das Frühstück, die Fernsehsendung)
8. Die Großeltern sprechen oft von *ihm*. (du, ihr, Sie)

B. Das Fernsehen

Übung B. Additional items: 1. in her opinion, in our opinion 2. from Russia, from France 3. for 3 months, for 14 weeks 4. except for the news, except for a film 5. with your friend, with the children 6. after this commercial, after the news 7. with you (*infor. pl.*) 8. to our friends' house (to our friends), to my mother's house (to my mother)

1. _____ ist diese Sendung sehr interessant. (*in my opinion*)
2. Dieser Krimi kommt _____. (*from America*)
3. Diese Serie läuft schon _____. (*for a year*)
4. _____ kommt jetzt nichts. (*except for the commercials*)
5. Möchtest du _____ jetzt fernsehen? (*with me*)
6. _____ kommt ein Film. (*after this detective show*)
7. In Deutschland laufen die Sendungen ohne Unterbrechung. Ist es _____ in den USA genauso? (*with you [for.]*)
8. Möchtet ihr vielleicht _____ kommen? Wir sehen heute abend fern. (*to our house [to us]*)

C. Bilden Sie Fragen! *Use the correct form of each word.*

BEISPIEL: gehen / Frau Becker / mit / ihre Tochter / einkaufen? →
   Geht Frau Becker mit ihrer Tochter einkaufen?

1. kommen / dein Kollege / heute abend / zu / wir?
2. mieten / der Student / ein Zimmer / bei / die Familie Grün?
3. deine Meinung / nach / gehen / es / er / schlecht?
4. wohnen / Frau Neubert / schon / seit / ein Monat / bei / ihr Sohn?
5. kommen / Herr Schmidt / mit / seine Frau / von / der Bahnhof?
6. kaufen / die Frau / etwas / zu / das Frühstück?
7. bleiben / der Vater / bei / seine Söhne / zu / Haus?
8. gehen / Anna / bald / nach / Haus?

D. Und Sie? Vervollständigen Sie die Sätze!

Übung D. Exercise could be converted to memory game. After each item in exercise has been completed—e.g., 1. *"Ich wohne bei der Familie Braun"*—other students phrase questions for each—e.g., *"Wer wohnt bei der Familie Braun?"*. Then other students remember and report—e.g., *"(Frank) wohnt bei der Familie Braun."*

1. Ich wohne bei . . .
2. Ich gehe gern mit . . . zu . . .
3. Ich spreche gern mit . . .

4. Ich gehe nicht gern zu . . .
5. Ich kaufe nichts außer . . .
6. Meine Freunde und ich sprechen oft von . . .
7. Ich fahre oft nach . . .
8. Ich bin seit . . . hier.

E. Was sagen Sie? *Make up sentences that include each of the following phrases.*

1. aus dem Klassenzimmer
2. außer mir
3. bei uns zu Hause
4. mit meiner Familie
5. nach dem Frühstück
6. seit einer Woche
7. von meinen Freunden
8. zur Drogerie

Übung F. This could be done effectively in triads. s1 asks *Was hältst du von _____ ?*; s2 begins *Meiner Meinung nach . . .*; s3 either agrees or disagrees: *Das stimmt (nicht)*. Roles can be interchanged within triads.

F. Meiner Meinung nach . . . *Work with a group of students. Exchange opinions about the following topics.*

BEISPIEL: S1: Meiner Meinung nach gibt es zu viele Krimis, und sie sind alle dumm.
S2: Manche Krimis gefallen mir doch. Mein Lieblingskrimi ist . . .
S3: Habt ihr einmal . . . gesehen? Meiner Meinung nach ist dieser Krimi . . .

Sammeltext. Prereading: Have students scan reading for limited time period. They should list 2 or 3 words or phrases from each paragraph that they think best reflect content. Discuss choices: Did they focus on nouns, verbs, other elements? Why? After reading through passage, ask how their lists affected comprehension.

die Krimis
die Nachrichten
die Abendsendungen
die Werbesendungen

die Sportschau
die Musik von heute
Fernsehsendungen aus England
das Fernsehen in Amerika

Sammeltext

Das Fernsehen in Deutschland ist anders als das Fernsehen in Amerika. Es gibt nicht so viel Werbung, denn die Zuschauer zahlen Gebühren für Radio und Fernsehen. Die Sendungen laufen mit weniger Unterbrechungen, denn die Werbesendungen kommen hauptsächlich° vor dem Abendprogramm zwischen 18 und 20 Uhr. Da denkt ein Amerikaner bestimmt: „Aber dann sieht ja niemand die Werbesendungen!" Das stimmt nicht.° Die Deutschen sehen die Werbung trotzdem,° denn es gibt immer einen Werbespot und dann einen kurzen Zeichentrickfilm.° Manche sind recht lustig.°

Durch Satelliten und Kabelfernsehen gibt es in Deutschland zahlreiche° Fernsehprogramme. Früher gab es nur nachmittags und abends Sendungen im Fernsehen, aber seit 1982 laufen auch morgens Sendungen. Das sind meistens aber nur

mainly

Das. . . That's not so.
nevertheless
cartoon / funny
numerous

Wiederholungen° vom Abendprogramm. Videogeräte sind auch in Deutschland populär und fast so weit verbreitet° wie in Amerika.

    Die Fernsehsendungen in Deutschland sind ähnlich wie die Sendungen in Amerika. Es gibt Quizshows, Musiksendungen, Krimis, Serien, Nachrichten, Informationssendungen, Dokumentarfilme und Spielfilme. Spielfilme aus Amerika oder Serien wie „The Bill Cosby Show", „Highway to Heaven", „Miami Vice" und so weiter sind in Deutschland sehr beliebt.° Die Deutschen machen aber jetzt auch selbst Serien. Eine deutsche Version von Amerikas „Remington Steele" heißt „Monaco Franzl"; das deutsche „General Hospital" heißt „Die Schwarzwaldklinik", nur ist „Die Schwarzwaldklinik" eine Serie und keine Seifenoper.° Seifenopern in dem Sinne° gibt es nicht in Deutschland.

    Natürlich gibt es auch Kindersendungen im deutschen Fernsehen. Sendungen wie „Der Pumuckl", eine Zeichentrickfigur, und „Die Sendung mit der Maus", eine Mischung von Zeichentrickfilm und Aktuellem,° kommen für die Kinder in der Regel° zwischen 15 und 17 Uhr. Kinder wie auch Erwachsene° sehen eine Kindersendung besonders gern: „Das Sandmännchen" erzählt jeden Abend um 19 Uhr seine „Gutenachtgeschichte".° Diese fünf Minuten gefallen Menschen in jedem Alter.°

repeats

weit. . . widespread

populär

soap opera

in . . . as such

current events / in. . . as a rule

adults

"Good Night Story" / age

Was spielt heute im Fernsehen?

8.15 Vormittagsprogramm
Sport treiben — fit bleiben (5)
8.30 Telekolleg. Betriebswirtschaftslehre (1) **9.00** Von der Republik zur Diktatur (1)
9.15 Mathematik. Geometrie. Achsenspiegelung (2)
9.30 Biologie (1) **10.00** Die historischen Wurzeln der Grundrechte (1) **10.20** Italien. 1. Teil. Bis 10.50 Uhr
14.30 IFA-Talk Ende der Ismen Wenn Utopien sterben. **Live** aus dem Café Möhring
Wh. von gestern, Eins Plus
16.00 Fernsehspiel Zweiteilige Sendung. 1. Teil: Der arme Matrose. Moritat von Jean Cocteau. Die Aufführung
16.30 Computertreff Magazin
17.00 Telekolleg
Betriebswirtschaft (1)
17.30 Das Haus mit der Nr. 30
17.58 Lassies neue Freunde
18.21 Philipp Serie für Kinder
18.24 Kinder-Verkehrsspot
18.26 Das Sandmännchen
Für Baden-Württemberg:
18.30 Abendschau
Für Rheinland-Pfalz:
18.30 Das Südwest-Journal
Für Gesamt Südwest 3:

19.00 Service um sieben
19.15 Tele Doktor Zuschauer stellen Fragen. Zuschauer-Telefon: 0621/090
20.00 Die unsterblichen Methoden des F.J. Wanninger Krimiserie. Karambolage
20.25 Auszeit Sport
Für Baden-Württemberg:
20.30 Halb neun Magazin
21.00 Nachrichten
Für Rheinland-Pfalz:
20.30 Kostprobe Magazin
21.00 Nachrichten
Für Gesamt Südwest 3:
21.15 Der Hausmeister und sein Palast (VPS 21.14)
Ein Berliner Schicksal
22.00 Das Verbrechen des Giovanni Episcopo Ital. Spielfilm 1947 (Wh.)
Mit Aldo Fabrizi, Roldano Lupi, Yvonne Sanson, Ave Ninchi, Nando Bruno. Regie: Alberto Lattuada   **89 Min.**
23.30 L.U.S.T. Leute und Spiele bei Arnim Töpel. Aus der Saarbrücker „Garage"
0.30 Schlagzeilen

1. Um wieviel Uhr kommt „Das Sandmännchen"?
2. Welche Sendungen sind besonders für Kinder?
3. Welche Sendung kommt aus Amerika?
4. Um wieviel Uhr kommen Nachrichten?
5. Um wieviel Uhr kommt der italienische Spielfilm? Wie lange dauert er?
6. Um wieviel Uhr stellen Zuschauer Fragen? Was ist die Telefonnummer für Zuschauer?
7. Wie heißt die Krimiserie?
8. Welche Sendungen möchten Sie besonders gern sehen? Warum?

Sammelübungen

A. Das Fernsehen in Deutschland

1. In Deutschland finanzieren die Zuschauer das Fernsehen _____. (*with fees*)
2. Das Abendprogramm kommt _____. (*after the commercials*)
3. _____ laufen auch morgens Fernsehsendungen in Deutschland. (*since the year 1982*)
4. Deutschland importiert Krimiserien _____. (*from America*)
5. Diese Serien _____. (*please some viewers*)
6. Die Programme im Kabelfernsehen _____ auch. (*please the Germans*)
7. Radiohörer bezahlen _____ eine Gebühr. (*for each radio*)
8. In Deutschland bekommt man die BBC, und das _____. (*helps the students*)
9. In Deutschland bekommt man auch Programme _____: Frankreich, Spanien, Italien und anderen. (*from these countries*)

B. Das Familienleben. Bilden Sie Sätze! *Do not change the word order.*

1. seit / eine Stunde / helfen / der Junge / sein Vater
2. die Kinder / folgen / ihre Mutter / aus / das Haus
3. außer / dieser Tisch / gehören / die Möbel / die Familie
4. nach / die Nachrichten / sprechen / der Vater / mit / seine Tochter
5. die Jungen / antworten / ihre Eltern / und / die Eltern / glauben / sie
6. diese Hose / stehen / der Vater / ganz gut / aber / sie / gefallen / er / gar nicht
7. die Mutter / sein / sehr nett / zu / ihr Sohn / und / sie / sprechen / oft / von / seine Arbeit
8. der Sohn / schreiben / seine Mutter / ein Brief / und / danken / sie / für / der Fernseher

Übung C. In addition to basic answer, look for at least one more sentence to elucidate each answer —e.g., 3: *Warum hat Vater immer das Geschirr gespült? —Mutter hat gekocht und damit ihre Arbeit geleistet.*

C. Wie war es bei Ihrer Familie?

1. Wer hatte einen Job oder eine Arbeitsstelle?
2. Wer ist bei den Kindern zu Hause geblieben?
3. Wer hat das Geschirr gespült?
4. Wer ist einkaufen gegangen?
5. Wer hat die Wäsche (*laundry*) gemacht?
6. Wer hat das Essen gemacht?
7. Wer ist oft zu der Familie gekommen?
8. Wer hat oft ferngesehen?

Übung D. Many of these questions could legitimately draw yes/no answer. Encourage students to be a bit less *wortkarg.*

D. Das Fernsehen in Amerika. Fragen Sie einen Studenten / eine Studentin:

1. Gefällt dir das Fernsehen in Amerika? Warum (nicht)?
2. Gefallen dir die Werbesendungen? Welche Werbesendungen amüsieren dich?
3. Gefallen dir die Fernsehserien? Welche ist deine Lieblingsserie? Welche Serien siehst du oft?

4. Glaubst du die Fernsehnachrichten? Sind diese Nachrichten deiner Meinung nach wahr (*true*) oder oft nur sensationell?
5. Wer bestimmt (*determines*) deiner Meinung nach das Fernsehen in Amerika? die Geschäftsleute? die Zuschauer? die Regierung? __?__ Warum sagst du das?

Anwendung

Radio

bieten *to offer*
behindern *to prevent*
der Draht *wire*
das Geschehen *event*
der Informationsweg *information route*
redaktionell *editorial*
spritzig *lively*
trotzdem *otherwise*
vor Ort *on the scene*
das Vorbild *model, example*
was Sache ist *what's happening*
die Welle *wave*
wenn's wo brennt *if something big is going on*
das Ziel *goal*

RADIO M1, München
Wir sind eine Rock-Station nach amerikanischem Vorbild. Wir präsentieren „Rock vom Feinsten" vom brandaktuellen Importtip bis zur Rock'n'Roll Show. Auf der redaktionellen Seite bieten wir Informationen aus der Münchner Musik-Kulturszene sowie Korrespondentenberichte, Kommentare, Satiren und Interviews zu aktuellen, jugendspezifischen Themen. Unser Ziel: ein spritziges, aktuelles Programm rund um die Rock-Musik

RADIO FRANKEN, Nürnberg
Wir sagen was Sache ist in und um Nürnberg und machen trotzdem nicht viel Worte, sondern lieber gute Musik. Wenn's wo brennt, sind unsere Reporter vor Ort. Der Informationsweg vom Geschehen bis zum Hörer ist kurz, und kein großer Apparat behindert den direkten Draht unserer Hörer zu ihren Radio-Machern.

Realia. You might want to mention that phrase *was Sache ist* is not standard German.

A. Radio in Deutschland. Lesen Sie die Anzeigen! Woher kommt Radio M1? Radio Franken? SFB 2? Möchten Sie lieber Radio M1, Radio Franken oder SFB 2 hören? Warum?

B. Radio in den USA. Was ist Ihre Lieblingsradiostation? Warum? *Write a short descriptive ad for your favorite station.*

Interview: Fernsehstar

In the television series „Tatort" Fritz Eckhardt played the part of senior inspector Marek, who moved to New Zealand after his last case and was consequently written out of the series. At the time of the interview, conducted by the television supplementary magazine „rtv", Fritz Eckhardt was 84 years old and was planning his comeback to the series for an episode to be staged in Vienna.

The interview includes four passive-voice constructions in the present tense; that is, present-tense form of **werden** is used with the past participle of the main verb. Note that, in the parallel English constructions, a present-tense form of the verb *to be* is used with the past participle. You will learn how to recognize and to use the passive voice in all tenses in Chapter 17.

In Amerika **werden** alle alten Sachen **ausgegraben**, . . .	*In America all sorts of old things are dug up, . . .*
. . . und er **wird** in einen Ökomord **verwickelt**.	*. . . and he is involved in a murder (related to the ecology movement).*
Eine grüne Abgeordnete **wird** bei einer Demonstration **erstochen**.	*An (elected) representative of the Greens party is stabbed to death at a demonstration.*
Wann **wird gedreht**?	*When is (the episode) to be filmed?*

„Tatorts" Eckhardt als „Marek" und als Mensch

„RTV": Herr Eckhardt, gleich vorweg,° gibt es ein Wiedersehen mit dem Ober-inspektor Marek?   *gleich. . . right up front*

ECKHARDT: Ja. Ich war mit dem Intendanten° vom ORF° zusammen. Nachdem er mich nach Plänen gefragt hat, hab' ich zu ihm gesagt: In Amerika werden alle alten Sachen ausgegraben, warum graben wir nicht den Marek aus?   *director* / *Österreichischer Rundfunk*

„RTV": Aber der Marek ist doch nach Neuseeland übersiedelt°?   *moved*

ECKHARDT: Das ist die Grundidee.° Er kommt als reicher Mann aus Neuseeland zurück. Er hat einen Lottogewinn gemacht, einen hohen,° . . . und er   *basic idea* / *big (one)*

wird in einen Ökomord verwickelt. Eine grüne Abgeordnete wird bei einer Demonstration erstochen. Diesen Mord löst er und noch zwei, die damit zusammen-hängen.°   *die. . . that are connected with it*

„RTV": Wann wird gedreht?

ECKHARDT: Solche Sachen weiß ich nicht. Ich weiß nur, daß ich spiele. . . . Die Handlung° spielt in Klosterneuburg bei Wien. Das Ganze° ist ein Gendarmeriefall.° *— plot / whole thing / case of the local police*

„RTV": Dann spielt ja die Handlung sozusagen bei Ihnen vor der Haustür°? *— front door*

ECKHARDT: Ja, aber nicht ganz.

„RTV": Was sehen wir noch von Ihnen?

ECKHARDT: Ich hab' ein Musical fürs Fernsehen geschrieben: „Sechs Personen suchen ein Musical." Es handelt von° sechs arbeitslosen jungen Menschen. *— handelt. . . concerns*

„RTV": War der „große Durchbruch"° in Deutschland der Inspektor Marek für Sie? *— break*

ECKHARDT: Nein, das war meine Vaterrolle in „Wenn der Vater mit dem Sohne". Ich war der Vater und Peter Weck der Sohn.

„RTV": Sehen Sie gern fern?

ECKHARDT: Ich bin kein Fernseher. Ich seh' mir an: Nachrichten, Sport, Politik. Aus.° Ich glaube, ich bin der einzige° Mensch auf der Welt,° der° Dallas noch nicht gesehen hat. *— that's all / only / auf. . . in the world / who*

„RTV": Wie leben Sie heute, dreieinhalb Jahre nach dem Tod° Ihrer° Frau? *— death / of your*

ECKHARDT: Ich habe das Leben immer genossen,° das tue ich auch noch heute mit 84 Jahren. *— enjoyed*

„RTV": Spielen Sie noch gerne Karten?

ECKHARDT: Das hat mir meine Frau Hilde abgewöhnt.° Ich war zu leichtsinnig.° Meine Frau hat mich völlig verändert.° *— cured / foolish / changed*

„RTV": Zum Guten verändert?

ECKHARDT: Man kann's sehen, wie man will.° Jedenfalls° sterbe° ich nicht als armer° Mensch. *— wants / in any case / will die / poor*

„RTV": Würden° Sie in ein Altersheim° gehen? *— would / home for senior citizens*

ECKHARDT: Selbstverständlich° nicht. Ich leb' ja in ganz anderen Verhältnissen° in meinem Bungalow in Klosterneuburg. Mit Haushälterin° und Gärtner. *— of course / circumstances / housekeeper*

„RTV": Sie essen sehr gerne?

ECKHARDT: Ja, aber die falschen Sachen.

„RTV": Wo essen Sie heute?

ECKHARDT: Heute bin ich in Klosterneuburg. Aus einem bestimmten Grund: Ich will gehen. Spazierengehen kann ich leider nicht mehr viel. Wenn ich in die Stadt fahr', dann fahr' ich in eine Tiefgarage,° und dann geh' ich in der Stadt herum. Ich war aber nie Heurigenbesucher oder Kaffeehausgänger. Das liegt mir nicht.° *— underground garage / liegt. . . doesn't appeal to me*

A. Die neue Episode von „Tatort" und Fritz Eckhardt

1. Woher kommt der Oberinspektor Marek?
2. Warum ist er jetzt ein reicher Mann?
3. Was löst der Oberinspektor?
4. Wo spielt die Handlung?
5. Was hat Fritz Eckhardt geschrieben?
6. Was war Eckhardts „großer Durchbruch"?

KULTURECKE

Heurigenbesucher und Kaffeehausgänger. Der Heurige refers to the new wine made from the most recent grape harvest. This term also refers to a place that serves such wine from its own vineyards. There are many such localities on the outskirts of Vienna and elsewhere in Austria, where visitors can taste the new wine, eat, sing, and dance in a friendly, informal atmosphere. A person who frequents these places is known as a **Heurigenbesucher**.

Coffeehouses form a traditional part of life in Vienna. Someone who spends time in such places is called a **Kaffeehausgänger**.

B. Eckhardt und Ihr Partner / Ihre Partnerin. Stellen Sie Ihrem Partner / Ihrer Partnerin Fragen und füllen Sie die folgende Tabelle aus!

BEISPIEL: Wie alt bist du?

	FRITZ ECKHARDT	MEIN PARTNER/ MEINE PARTNERIN
Wie alt ist er/sie?		
In welcher Stadt wohnt er/sie?		
Mit wem wohnt er/sie zusammen?		
Sieht er/sie gern fern?		
Hat er/sie „Dallas" gesehen?		
Spielt er/sie Karten?		
Ißt er/sie gern?		
Wo ißt er/sie heute?		
Geht er/sie gern?		
Ist er/sie Kaffeehausgänger?		
Ist er/sie Lokalbesucher?		

In Fußgängerzonen (*pedestrian zones*) findet man überall gemütliche Bänke (*benches*).

C. Diskussion: Zeitungen und Zeitschriften. Welche Zeitung lesen die meisten (*most*) Studenten und Studentinnen in der Deutschklasse? Welche Teile (*parts*) lesen sie?

die Schlagzeilen (*headlines*)?
die Karikaturen (*cartoons*)?
die Bildunterschriften (*captions*)?

die Leitartikel?
das Titelblatt (*front page*)?
die Werbeanzeigen?
die Sportnachrichten?
die Annoncen?

das Fernsehprogramm?
den Wetterbericht?
___?___

Welche Zeitschriften lesen die Studenten und Studentinnen in der Deutschklasse regelmäßig (*regularly*)? Warum sind diese Zeitschriften bei jungen Menschen besonders populär?

Andere Länder, andere Sitten

Vorschau. Ask: *Sind Sie manchmal Tourist / Touristin? Was machen Sie? Möchten Sie diese Stadt an der Elbe besuchen? Warum (nicht)? Was möchten Sie in Dresden machen?*

Vorschau

Was machen diese Touristen/Touristinnen? Machen sie eine Stadtrundfahrt (*city tour*)? Fotografieren sie etwas? Gehen sie einkaufen? Kaufen sie Souvenirs? Übernachten sie in Hotels? Essen sie in Restaurants? Machen sie lange Spaziergänge? Besuchen sie Museen und Kirchen? Tragen sie Einkaufstaschen? Kameras? Woher kommen die Leute im Foto vielleicht? Was machen sie in Dresden? Interessiert sie vielleicht die Architektur? die Kultur? die Kunst (*art*)? die Kirchen?

Wortgebrauch

A. Die Straße. Ergänzen Sie die fehlenden Wörter! *Use the picture.*

die Straße, -n

der Straßenmusikant, -en (*wk.*)

1. Diese _____ hat ein Kino, ein Fremdenverkehrsamt, ein Hotel und eine Bäckerei.
2. Der _____ macht Musik in den Straßen.
3. Im _____ bekommt man Informationen über Hotels und Preise.
4. Gäste übernachten im _____ .
5. Im _____ sieht man Filme.
6. In der _____ kauft man Brot und Brötchen.

Allerlei (*all sorts of*) Kuchen, Torten, Gebäck (*pastries*) und Brote, alles heute frisch.

Wien, die Kärntner-
straße: „Musik allein ist
die Weltsprache . . .
(*world language*)"
(B. Auerbach).

B. Wortbildung

BEISPIEL: der Kaffee + die Kanne = die Kaffeekanne
s1: Wie heißt „die Kaffeekanne" auf englisch?
s2: Sie heißt auf englisch *coffeepot.*

1. der Empfang + s + der Chef	a. *breakfast room*
2. einzel(n)* + das Zimmer	b. *hot plate*
3. doppel(t)† + das Zimmer	c. *desk clerk*
4. früh + das Stück	d. *bellhop*
5. das Wasser + das Klosett	e. *single room*
6. die Straße + n + der Musikant	f. *breakfast*
7. das Zimmer + das Mädchen	g. *ballpoint pen*
8. die Fremde + n + der Verkehr + s + das Amt	h. *double room*
	i. *tourist office*
9. das Gepäck + der Träger	j. *toilet*
10. das Frühstück + s + das Zimmer	k. *chambermaid*
	l. *street musician*
11. die Kugel + der Schreiber	
12. die Wärme + die Platte	

C. Bilden Sie Sätze! *Create sentences that use at least six compound words from Exercise B.*

---

*The **n** is omitted in the compound.
† The **t** is omitted in the compound.

DER ERSTE STOCK   DAS ERDGESCHOSS

das Hotel, -s

der Flur, -e

das Zimmermädchen, -

das Doppelzimmer, -

das Bad, ̈er

das WC, -s (Wasserklosett)

der Aufzug, ̈e

der Schlüssel, -

das Frühstückszimmer, -

das Einzelzimmer, -

der Empfang

der Gast, ̈e

der Gepäckträger, -

der Empfangschef, -s

das Formular, -e

der Kugelschreiber, -

D. Das Hotel

1. Der Gast fragt _____: „Haben Sie ein Doppelzimmer?"
   a. die Verkäuferin   b. den Empfangschef   c. den Straßenmusikanten
2. Der Empfangschef sagt: „Ich habe nur noch ein Doppelzimmer mit _____."
   a. Küche   b. Bad   c. Aufzug
3. Die Gäste essen im _____ .
   a. Frühstückszimmer   b. Einzelzimmer   c. Empfang
4. Ein Einzelzimmer hat nur _____ .
   a. ein Frühstück   b. einen Kugelschreiber   c. ein Bett
5. Die Empfangschefin gibt dem Gast _____ und sagt: „Sie haben Zimmer 6."
   a. die Kaffeekanne   b. die Wärmeplatte   c. den Schlüssel
6. Die Gäste nehmen _____ im Erdgeschoß zum zweiten Stock.
   a. das Bad   b. den Aufzug   c. die Küche
7. _____ bringt das Gepäck ins Zimmer.
   a. der Gepäckträger   b. der Straßenmusikant   c. der Ober
8. Der Gast schreibt seinen Namen und seine Adresse auf _____ .
   a. den Schlüssel   b. den Kugelschreiber   c. das Formular

KULTURECKE

Das Erdgeschoß, der erste Stock, der zweite Stock. Floors of hotels (and other buildings) in Germany are numbered differently from those of most buildings in the United States. What is considered here to be the first floor is generally called **das Erdgeschoß** in German-speaking countries. The second floor is **der erste Stock** (*first floor*); the third floor is **der zweite Stock** (*second floor*), and so on. The basement level is referred to as **das Untergeschoß** or **Kellergeschoß**.

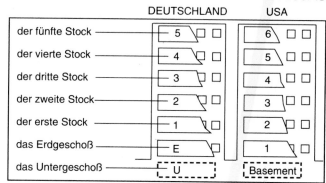

	DEUTSCHLAND	USA
der fünfte Stock	5	6
der vierte Stock	4	5
der dritte Stock	3	4
der zweite Stock	2	3
der erste Stock	1	2
das Erdgeschoß	E	1
das Untergeschoß	U	Basement

Umfrage. Wer hat ein Zimmer oder eine Wohnung im Untergeschoß? Wer wohnt im Erdgeschoß? im ersten Stock? im zweiten Stock? im dritten Stock? . . .

E. Das Frühstück

die Kellnerin, -nen
das Ei, -er
der Kaffee
die Marmelade, -n
das Brötchen, -
die Butter
das Tablett, -e/-s
das Frühstück, -e

1. Was trägt die Kellnerin?
2. Was ißt der Hotelgast zum Frühstück?
3. Was essen Sie zum Frühstück? und Ihre Freunde?

F. Fragen Sie Ihren Nachbarn / Ihre Nachbarin:

1. Ißt du gern Eier? Brötchen? Marmelade?
2. Trinkst du gern Kaffee oder Tee?
3. Was ißt und trinkst du zum Frühstück?
4. Wo frühstückst du gern? zu Hause? im Café? auf einer Terrasse? ___?___

Übung E. Additional questions: *Was für einen Job hat diese Frau? Arbeitet sie zum Beispiel als Empfangschefin? Sie sind Gast im Hotel, und Sie haben Durst. Was hat die Kellnerin für Sie? Sie haben jetzt keinen Hunger, aber Sie möchten Butterbrote für Ihre Reise machen. Was hat die Kellnerin für Sie? Essen Sie gern Brötchen mit Butter? mit Marmelade? mit Honig? mit Käse? mit Wurst? Trinken Sie Kaffee mit Sahne (cream)? mit Zucker? Trinken Sie Tee mit Zitrone? mit Zucker? mit Milch? mit Honig? Trinken Sie manchmal Kamillen- oder Pfefferminztee?*

Übung F, 4. You might mention that some bakeries provide bars for customers to stand at while they drink coffee and eat pastry. This is called *Stehcafé*, as opposed to *Café*, which offers places to sit.

G. Welches Wort paßt nicht? Warum nicht?

BEISPIEL: der Gepäckträger, der Gast, das Zimmermädchen, die
             Empfangschefin →
             Der Gast paßt nicht, denn der Gepäckträger, das Zimmermädchen
             und die Empfangschefin arbeiten alle im Hotel.

1. das Ei, das Brötchen, die Butter, die Bäckerei
2. das Formular, das Tablett, die Kaffeekanne, die Wärmeplatte
3. die Terrasse, der Flur, der Schlüssel, der Empfang
4. die Tür, das Kino, das Hotel, das Fremdenverkehrsamt

Wortschatz

Accusative or Dative Prepositions

an	at; up to, to
auf	on; upon; onto
hinter	behind
in	in; on (*street*); into
neben	next to, beside
über	over, above; across
unter	under, beneath; among
vor	in front of; before
zwischen	between

Adjectives and Adverbs

außerdem	anyway, besides
beleidigt	insulted, offended
böse	angry
draußen	outside
faul	lazy
(un)geduldig	(im)patient(ly)
geradeaus	straight ahead
gleich	right away; equal, same
herrlich	wonderful(ly), splendid(ly)
lieber	rather
schnell	fast
sogar	even
traurig	sad(ly)

Nouns

die Adresse, -n	address
der Aufzug, ⸚e	elevator
die Bäckerei, -en	bakery
die Bank, -en	bank
das Brötchen, -	roll
die Butter	butter
die Drogerie, -n	drugstore

das Ei, -er	egg
der Eingang, ⸚e	entrance
das Einzelzimmer, -	single room
der Empfang	reception area
der Empfangschef, -s / die Empfangschefin, -nen	desk clerk
das Erdgeschoß, *pl.* Erdgeschosse	ground floor
die Ferien (*pl.*)	vacation
der Flur, -e	hallway
das Formular, -e	form (*here*: registration form)
das Fremdenverkehrsamt, ⸚er	tourist office
das Frühstück, -e	breakfast

der Frühstücksraum, ⸚e	breakfast area, space
der Gast, ⸚e	guest
der Gepäckträger, - / die Gepäckträgerin, -nen	bellhop
das Hotel, -s	hotel
die Kaffeekanne, -n	coffeepot
das Kino, -s	movie theater
der Kugelschreiber, -	ballpoint pen
die Marmelade, -n	jam, preserves
der Musiker, - / die Musikerin, -nen	musician

das Postamt, ¨er	post office
der Schlüssel, -	key
das Sofa, -s	sofa
die Straße, -n	street
der Straßenmusikant, -en (*wk.*) / **die Straßen-musikantin, -nen**	street musician, performer
das Tablett, -s	tray
die Terrasse, -n	terrace
das Trinkgeld, -er	tip
die Tür, -en	door
die Wärmeplatte, -n	warming tray
das WC (Wasserklosett), -s	toilet
das Zimmermädchen, - / **der Zimmerkellner, -**	chambermaid/room service waiter

Verbs. Remind students that *lassen*, like *verlassen*, is transitive. English verbs "to leave," "to depart," "to go away" have more complex equivalents in German: *sich verabschieden, weggehen, abfahren.* Two meanings of "to leave" are also sometimes confused.

Verbs

frühstücken, hat gefrühstückt	to breakfast, have breakfast
lassen (läßt), hat gelassen	to leave; to allow, let
legen, hat gelegt	to lay, put down, place
liegen, hat gelegen	to lie, recline
schreiben auf (+ *acc.*)	to write on (*something*)
servieren, hat serviert	to serve
setzen, hat gesetzt	to place, set, put
stellen, hat gestellt	to place, put
warten, hat gewartet	to wait

Useful Words and Phrases

im ersten/zweiten Stock	on the second/third floor
in Ordnung sein	to be fine, in working order
was für (ein)*	what kind of (a)
zur Abwechslung	for a change

Useful Words and Phrases. Draw attention to picture (p. 199) that illustrates ordering of floors in buildings. Use building in which your class meets to point out difference: how floors are ordered in U.S.; how they would be ordered if building were in Europe.

Grammatik

A

Frühstück. Frau Kronz sitzt allein an einem Tisch neben dem Fenster. Die Kellnerin bringt ein Tablett mit Frühstück und stellt es auf den Tisch.

FRAU KRONZ: Ach, das Wetter heute ist so schön. Ich glaube, ich möchte gern auf der Terrasse frühstücken. Geht das?

DIE KELLNERIN: Aber natürlich. Setzen Sie sich draußen an einen Tisch, und ich bringe das Frühstück auf die Terrasse.

FRAU KRONZ: Danke schön. Das ist sehr nett von Ihnen.

Dialogue. Topic lends itself well to actually serving German breakfast in class one day or perhaps making excursion to cooperative German restaurant. Entire situation can be acted out in German.

Footnote. If necessary, review with students explanation of predicate nominative in Chapter 4, end of *Grammatik A.*

* The word **für** does not function as an accusative preposition in this phrase; **ein** and the noun following it are in the case required by the sentence.

SUBJECT (NOMINATIVE)
Was für **Gäste** kommen hierher?   *What kinds of guests come here?*

PREDICATE NOMINATIVE
Was für **ein Schlüssel** ist das?   *What kind of a key is that?*

DIRECT OBJECT (ACCUSATIVE)
Was für **einen Schlüssel** brauchen Sie?   *What kind of a key do you need?*

OBJECT OF **mit** (DATIVE)
Mit was für **einem Kugelschreiber** schreiben Sie?   *What kind of a pen are you writing with?*

A. Wo frühstückt Frau Kronz?

1. Wohin bringt die Kellnerin das Frühstück zuerst? 2. Wo möchte Frau Kronz frühstücken? 3. Wohin geht sie? 4. Wohin bringt die Kellnerin das Tablett mit dem Frühstück?

B. Fragen Sie Ihren Nachbarn / Ihre Nachbarin: Wo frühstückst du?

Accusative or Dative Prepositions

You have learned the prepositions that require an accusative object and those that require a dative object. Now you will learn the so-called mixed prepositions, which require *either* an accusative *or* a dative object, depending on the context.

PREPOSITIONS/MEANINGS

an	*at; up to, to*	über	*over, above; across*
auf	*on; upon; onto*	unter	*under, beneath; among*
hinter	*behind*	vor	*in front of; before*
in	*in; on (street); into*	zwischen	*between*
neben	*next to, beside*		

The following contractions are common.

an dem → am   in dem → im
an das → ans   in das → ins
auf das → aufs

Generally, if there is some kind of motion from one place to another, the accusative is used. If there is an absence of motion, or if the action is localized within one place, the dative is used. To decide which case is appropriate, ask the questions **wohin?** and **wo?**. The accusative case usually answers the question **wohin?**; the dative, **wo?**.

an

ACCUSATIVE	DATIVE

Die Frau geht **an den Tisch**.	Die Frau frühstückt **am Tisch**.

ACCUSATIVE	DATIVE

auf

Das Zimmermädchen stellt die Kaffeekanne **auf die Wärmeplatte.**

Die Kaffeekanne steht **auf der Wärmeplatte.**

hinter

Der Gepäckträger stellt den Koffer **hinter das Sofa.**

Der Koffer steht **hinter dem Sofa.**

in

Heinrich geht **in die Küche**.

Heinrich arbeitet **in der Küche**.

neben

Max stellt die Kaffeekanne **neben die Marmelade**.

Die Kaffeekanne steht **neben der Marmelade.**

Accusative/Dative.
These location/motion distinctions are easily demonstrated with body language and props. It is important that students *visualize* distinctions correctly when they are first introduced. Demonstrate with flair. Students will usually remember their instructor *auf dem Tisch*! You can ask students to demonstrate, too. Avoid speaking in English by giving directions with body language.

Also note and clarify 3 useful verb pairs:

POSITION	MIXED LIST + DAT	MIXED LIST + ACC
horizontal	*liegen*	*legen*
vertical	*stehen*	*stellen*
suspended	*hängen*	*hängen*
	(gehangen)	*(gehängt)*

ACCUSATIVE   DATIVE

 über

Ingrid hängt das Plakat **über den Schreibtisch**.   Das Plakat hängt **über dem Schreibtisch**.

unter

Herr Braun stellt die Schuhe **unter das Bett**.   Die Schuhe stehen **unter dem Bett**.

vor

Der Empfangschef geht **vor die Tür**.   Der Empfangschef wartet **vor der Tür**.

zwischen

   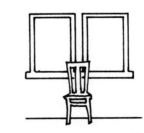

Brigitte stellt den Stuhl **zwischen die Fenster**.   Der Stuhl steht **zwischen den Fenstern**.

ACCUSATIVE

Wohin geht Heinrich?
(To) where is Heinrich going?

Er geht **in die Küche**.
He's going in(to) the kitchen.

DATIVE

Wo arbeitet Heinrich?
Where's Heinrich working?

Er arbeitet **in der Küche**.
He's working in the kitchen.

wohin? wo? Use body language to convey meaning: *Ich komme in dieses Zimmer. / Ich stehe in diesem Zimmer; Ich gehe vor die Klasse. / Ich stehe vor der Klasse.* Give students various commands, which will not only reinforce use of "mixed" prepositions but will prepare them for next 2 sections, on imperative.

You might call attention to American English usage of "go in the house" or "go in the kitchen" instead of "into." This distinction is helpful in making correct dative/accusative choice.

When used with verbs that express mental action, such as thinking, speaking, and writing, the "mixed" prepositions are frequently followed by an object in the accusative case.

ACCUSATIVE

Ich denke **an meinen Vater**.

Der Gast schreibt seinen Namen
auf das Papier.

You will learn more about these and other idiomatic verb/preposition combinations in Chapter 10.

Übungen

Übung A. Exercises A and B, C, and D are designed as pairs, to be combined (A.1 and B.1, C.1 and D.1, etc.). If there are too many exercises for your particular situation, select those that cover all prepositions at least once—e.g., A.1–4 and C.5–9.

A. Wer oder was ist wo? Ersetzen Sie die Phrasen! *Use contractions where appropriate.*

1. Wer steht an *der Ecke*? (der Empfang, das Fenster, die Tür)
2. Was liegt auf *dem Tisch*? (das Tablett, die Straße, der Fernseher)
3. Wer arbeitet in *der Bank*? (das Hotel, diese Geschäfte, dieser Laden)
4. Wer steht hinter *meinem Auto*? (ich, Herr Kohler, die Kinder)
5. Wer steht neben *den Frauen*? (du, mein Freund, meine Freundin)
6. Was hängt über *Ihrem Schreibtisch*? (jedes Fenster, dein Bett, diese Tür)
7. Was liegt unter *dem Bett*? (diese Zeitung, der Stuhl, diese Kleider)
8. Was steht vor *dem Hotel*? (die Bank, sein Haus, der Aufzug)
9. Wer steht da zwischen *dem Postamt und der Bank*? (die Männer, Herr Leister und seine Tochter, der Empfangschef und sein Sohn)

Übung B. Monitor groups. Listen for problems with *stehen/stellen, liegen/ legen, hängen/hängen,* and review those verbs as necessary.

B. Wer? Was? Wo? *Choose questions from Exercise A to ask another student. Based on his/her answer, two other students will continue with a* wo-*question and answer.*

BEISPIEL: S1: Wer steht am Fenster?
S2: Die Professorin steht am Fenster.
S3: Wo steht die Professorin?
S4: Am Fenster.

Übung C. In any regular exercise, break predictable pattern by calling on students at random.

C. Wer? Was? Wohin? Ersetzen Sie die Phrasen! *Use contractions when appropriate.*

1. Wer geht an *die Ecke*? (das Telefon, der Tisch, die Tür)
2. Wer legt den Kugelschreiber auf *den Tisch*? (das Tablett, mein Papier, diese Zeitung)
3. Wer geht hinter *mein Haus*? (der Bus, die Stühle, unser Wagen)
4. Wer geht in *die Küche*? (ihr Zimmer, das Kino, der Flur)
5. Wer legt den Brief neben *die Wärmeplatte*? (der Bleistift, die Kaffeekanne, das Formular)
6. Wer hängt das Plakat über *den Empfang*? (das Bett, der Fernseher, dein Stuhl)
7. Wer legt das Buch unter *das Bett*? (der Schreibtisch, das Sofa, der Schrank)
8. Wer fährt den Wagen vor *das Hotel*? (mein Haus, die Drogerie, der Laden)
9. Wer stellt den Wagen zwischen *die Busse*? (ein Volkswagen und ein Bus, die Drogerie und das Postamt, das Hotel und die Bäckerei)

Übung D. Activity will be more meaningful if students dramatize action by moving around room and/or "placing" various objects.

D. Wer? Wohin? *Choose questions from Exercise C to ask another student. Based on his/her answer, two other students will continue with a* wohin-*question and answer.*

> BEISPIEL: S1: Wer geht an den Tisch?
> S2: Meine Freundin Hillary geht an den Tisch.
> S3: Wohin geht Hillary?
> S4: An den Tisch.

Übung E. Before approaching this and following exercises, review with students forms, meanings, and spatial relationships of following verbs:

horizontal:
liegen, hat gelegen   to lie
legen, hat gelegt   to lay

vertical:
stehen, hat gestanden   to stand
stellen, hat gestellt   to place

dangling:
hängen, hat gehangen   to be suspended
hängen, hat gehängt   to hang up

E. Das Hotel. Ergänzen Sie die Phrasen!

1. Frau Fischer hat _____ gearbeitet. (in / das Hotel)
2. Sie hat _____ gestanden. (an / der Empfang)
3. Die Gäste sind _____ gekommen. (in / das Hotel)
4. Sie sind _____ gegangen. (an / der Empfang)
5. Frau Fischer hat Formulare und einen Kugelschreiber _____ gelegt. (auf / der Tisch)
6. Die Gäste haben ihre Namen und Adressen _____ geschrieben. (auf / die Formulare)
7. Der Gepäckträger hat die Koffer _____ getragen. (in / die Zimmer)
8. Er hat den Koffer _____ gestellt. (neben / der Schrank)
9. Die Gäste haben _____ gegessen. (in / das Frühstückszimmer)
10. Das Frühstückszimmer war klein und elegant: Die Tische haben alle _____ gestanden. (vor / die Fenster)
11. Man hat eine Rose _____ gestellt. (auf / jeder Tisch)
12. Später hat Hans das Geschirr _____ gebracht. (in / die Küche)
13. Hans hat auch _____ gearbeitet. (in / die Küche)

Übung F. For rapid-fire drills, have students ask one another questions and answer with just phrase. S1: *Wohin geht das Zimmermädchen?* S2: *Auf den Flur.*

Expand by asking questions that elicit negative answers—e.g., 1: *Geht das Zimmermädchen auf die Terrasse? —Nein, auf den Flur. (Nein, sie geht nicht auf die Terrasse, sondern auf den Flur.)*

F. Wo? Wohin? Beantworten Sie jede Frage!

1. Wohin geht das Zimmermädchen? (auf / der Flur)
2. Wo wartet der Gepäckträger? (vor / die Tür)

Übung F–G. These can be done as chain drills: S1 gives printed cue, and S2 makes required transformation. S2 then reads next cue and calls on S3, etc.

3. Wo ist der Gast? (in / sein Zimmer)
4. Wo steht die Blumenverkäuferin? (in / die Bahnhofshalle)
5. Wohin geht Herr Schmidt? (an / der Empfang)
6. Wohin fährt das Taxi? (vor / das Hotel)
7. Wo steht die Frau? (zwischen / das Mädchen und der Junge)
8. Wohin läuft der Junge? (hinter / der Tisch)

G. Die Familie Berger. *Ask a question about each statement. Begin with* wo *or* wohin.

1. Herr Berger arbeitet im Postamt.
2. Frau Berger ist in der Bank.
3. Josef Berger geht an den Empfang im Hotel.
4. Margarete Berger fährt ihren Wagen direkt vor das Kaufhaus.
5. Franz Berger steht zwischen zwei Frauen in der Drogerie.
6. Anna Berger ist immer noch im Bett.
7. Onkel Max geht heute ins Kino.
8. Tante Ilse reist bald in die Schweiz.

H. Fragen Sie Ihren Nachbarn / Ihre Nachbarin:

1. Arbeitest du? Wo?
2. Wohnst du in einem Haus, in einer Wohnung, in einem Studentenheim oder in einem Zimmer bei einer Familie?
3. Wo lernst du für deine Examen?
4. Wo kaufst du Aspirin?
5. Wohin möchtest du bald fahren?
6. Möchtest du in einem Hotel übernachten oder bleibst du lieber bei Freunden?

I. Was passiert am Empfang?
Beschreiben Sie das Bild
(*picture*)! Wer macht was?
Was steht wo? Was liegt wo?

Das Hotel zum Adler: der Empfang. Der Vater arbeitet als Empfangschef, und der Sohn arbeitet in den Schulferien als Gepäckträger.

EIN GAST: Ich brauche ein Einzelzimmer mit Bad.

DER EMPFANGSCHEF: Wir haben nur noch ein Einzelzimmer ohne Bad und ein Doppelzimmer mit Bad.

DER GAST: Na, dann geben Sie mir das Doppelzimmer!

(Der Empfangschef gibt dem Gast einen Schlüssel, ein Formular und auch einen Kugelschreiber.)

DER EMPFANGSCHEF: Schreiben Sie bitte Ihren Namen und Ihre Adresse auf dieses Formular! Lassen Sie Ihr Gepäck hier; mein Sohn trägt es gleich aufs Zimmer. (*Er sagt zum Sohn*:) Trag das Gepäck auf Zimmer 25 und zeig dem Herrn auch gleich das Frühstückszimmer!

Dialogue. If available, pass around brochures from German hotels and discuss how they differ from American hotels or motor inns.

A. Im Hotel

1. Was möchte der Gast? Wie sagt er das? 2. Was antwortet der Empfangschef? 3. Was gibt der Empfangschef dem Gast? 4. Was sagt der Empfangschef zum Gast? 5. Was sagt er zu seinem Sohn?

B. Fragen Sie Ihren Nachbarn / Ihre Nachbarin:

1. Arbeitest du in den Ferien? Hast du einmal als Gepäckträger gearbeitet?
2. Du bist in Deutschland. Was für ein Hotelzimmer möchtest du? ein Einzelzimmer mit Bad? ohne Bad? ein Doppelzimmer mit Bad? ohne Bad? Wie sagst du das?

Romantisches Hotel und Gasthof
★ ★ ★
zum
»Goldenen Adler«
Prichsenstadt, Tel. 09383 / 6031
Wir empfehlen uns.

KULTURECKE

Hotelnamen. The name **zum Adler** (*at the sign of the eagle*) is typical of many hotels in southern Germany. In the Middle Ages, monasteries offered shelter to travelers. Hotels that began in or near the monasteries still bear names of the evangelical symbols, such as **Engel** (*angel*), **Löwe** (*lion*), **Adler** (*eagle*), and **Stier** (*bull*). **Lilie** and **Rose**, flowers symbolic of the Virgin Mary, and **drei Könige** (*three kings*), a traveling symbol, are other names of hotels.

Whereas southern Germany is predominantly Roman Catholic, northern Germany is mostly Protestant. Hotel names in the northern part of the country often reflect the name of the city: **Berliner Hof, Hamburger Hof, Stadt Hannover**. Regional interests and features are also reflected in hotel names such as **zum braunen Hirsch** (*deer*), **zum weißen Roß** (*steed*), **zum schwarzen Bären** (*bear*), **zur Linde** (*linden tree*), **alter Turm** (*tower*).

The postal system, founded in 1450, was originally in charge of stagecoach transportation, and many hotels that originated near the old postal stations bear the name **alte Post** or **zur Post**. The postal system is still involved with transportation today, and it operates an extensive bus system.

Imperative

The *imperative* is the verb form used to issue commands, make requests, or give instructions and directions.

The imperative exists only in the second-person singular and plural (**Sie**, **du**, and **ihr**) and in the first-person plural (**wir**).

Gehen Sie ins Zimmer! ⎫
Geh(e) ins Zimmer! ⎬   *Go into the room.*
Geht ins Zimmer! ⎭

Gehen wir ins Zimmer!   *Let's go into the room.*

An imperative statement in German is often followed by an exclamation point.

Formal Imperative

VERB	SUBJECT	OTHER ELEMENTS	
Gehen	Sie	ins Zimmer!	*Go into the room.*
Arbeiten	Sie	nicht im Hotel!	*Don't work in the hotel.*
Lassen	Sie	das Gepäck hier!	*Leave the luggage here.*
Geben	Sie	ihm den Schlüssel!	*Give him the key.*

The word order of the formal imperative is identical to that of the yes/no question. Only the intonation and punctuation are different.

RISING INTONATION   Gehen Sie ins Zimmer?

FALLING INTONATION   Gehen Sie ins Zimmer!

An imperative is negated with the addition of **nicht**. This contrasts with English, in which a negative imperative begins with *do not* or *don't*.

Arbeiten Sie nicht im Hotel!   *Don't work in the hotel.*

Informal Imperative Singular

In the informal imperative singular, the present-tense verb stem comes first, without any expressed subject, followed by all other elements.

VERB (NO SUBJECT)	OTHER ELEMENTS	
Geh(e)	ins Zimmer!	*Go into the room.*
Arbeite	nicht im Hotel!	*Don't work in the hotel.*
Laß	das Gepäck hier!	*Leave the baggage here.*
Gib	ihm den Schlüssel!	*Give him the key.*

In written German an **e** must be added to a verb stem that ends in **d** or **t**: **rede**, **arbeite**. With other verbs the **e** ending is optional: **geh(e)**, **fahr(e)**. This optional ending is not generally used in conversation.

Wo ist Ihre nächste DBB-Filiale?
Fragen Sie uns.

Imperative. You might comment that imperative is not "tense" but rather "mood" (manner, mode, or attitude) of verb: it implies expectation that what is asked will be done. Up to now, students have seen verb forms only in indicative mood. Note also that while exclamation point is traditional punctuation sign in German imperative sentences, period is becoming quite common and generally accepted. Imperative sentences in this book are followed by exclamation point, to make it easier for beginning students to recognize construction.

Formal Imperative. Tell students they are already familiar with formal imperative from reading exercise directions (*Fragen Sie . . . Bilden Sie . . . Ergänzen Sie . . . Ersetzen Sie . . . Vervollständigen Sie . . .*).

Remind students that formal imperative simply applies to situations in which you address person or persons whom you would normally address with *Sie* in indicative. There is nothing especially "formal" about it.

Informal Imperative Singular. Remind students that same principle holds for use of informal imperative as for use of formal imperative. Informal imperative is simply used when talking to person you address with *du*.

With stem-changing verbs of the **e → i** or **e → ie** type, the alternate stem is used but without the **e** ending: **nimm**, **gib**, **lies**. With stem-changing verbs of the **a → ä** or **a → äu** type, the regular stem (no umlaut) is used with or without the **e** ending: **laß**, **fahr(e)**, **lauf**.

Informal Imperative Plural

In the informal imperative plural, the present-tense form of the verb comes first, without any expressed subject, followed by all other elements.

VERB (NO SUBJECT)	OTHER ELEMENTS	
Geht	ins Zimmer!	*Go into the room.*
Arbeitet	nicht im Hotel!	*Don't work in the hotel.*
Laßt	das Gepäck hier!	*Leave the luggage here.*
Gebt	ihm den Schlüssel!	*Give him the key.*

You might mention occasional inclusion of *du* for special emphasis in informal imperative singular. Be careful, however, that students do not begin to use it as matter of course by analogy with formal imperative. Example:

KARL: *Nimm doch ein Bier!*
ANNA: *Nimm du ein Bier! Ich trinke eine Cola.*
KARL: **Have a beer.**
ANNA: **You** have a beer. I'll drink a cola.

Informal Imperative Plural. Point out, as you did in preceding 2 sections, that this imperative form is correct when addressing 2 or more persons with whom you are on *du* terms and whom you collectively address with *ihr*.

Übungen

A. Herr Wald plant seinen Urlaub. *Tell Mr. Wald to carry out each activity.*

BEISPIEL: Ich möchte die Ferien im Süden verbringen.
 Verbringen Sie die Ferien im Süden!

1. Ich möchte mit dem Wagen in die Schweiz fahren.
2. Ich möchte mit dem Zug nach Italien reisen.
3. Ich möchte zwei Tage in Florenz bleiben.
4. Ich möchte in diesem Hotel übernachten.
5. Ich möchte morgens um acht frühstücken.
6. Ich möchte lange Spaziergänge machen.

B. Mach es doch! *Give your friend directions and suggestions.*

BEISPIEL: gehen / links um die Ecke → Geh(e) links um die Ecke!

1. fahren / durch die Stadt
2. trinken / einen Kaffee mit mir
3. sagen / etwas zum Empfangschef
4. kommen / mit mir ins Kino
5. kaufen / ein Geschenk für deine Eltern
6. mieten / ein Zimmer bei der Familie Bloch
7. essen / das Frühstück auf dem Zimmer
8. sprechen / Deutsch mit den Leuten
9. lassen / ein Trinkgeld für den Zimmerkellner im Zimmer
10. geben / mir das Geld für die Karte
11. arbeiten / in der Küche
12. reden / nicht im Kino

Übung A. Alternative adverbial phrases: 1. *mit dem Bus, mit dem Taxi* 2. *nach Dresden, in die Stadt* 3. *noch eine Woche, ein Jahr* 4. *in dieser Stadt, bei Freunden* 5. *im Hotel, später* 6. *zur Drogerie, in dem Park*

Übung B. Additional items: 13. *lernen / Deutsch* 14. *reisen / nach Tokyo* 15. *suchen / den Empfangschef* 16. *schreiben / eine Ansichtskarte*

Übung C. Additional items (those in B may also be used): 6. *rauchen / keine Zigaretten* 7. *sprechen / nicht so laut* 8. *vergessen / das Gepäck* 9. *zählen / das Geld / nicht*

C. Macht es! *Your friends are helping you with breakfast today. Tell them what to do.*

BEISPIEL: warten / im Flur → Wartet im Flur!

1. gehen / in die Küche
2. stellen / die Kaffeekanne auf die Wärmeplatte
3. tragen / dieses Tablett ins Frühstückszimmer
4. stellen / die Marmelade neben die Brötchen
5. bringen / das Geschirr gleich in die Küche

D. Ja, . . . *Respond to each question with the appropriate imperative, depending on who is speaking.*

BEISPIEL: Ilse und Peter: Essen wir auf der Terrasse? →
Ja, eßt auf der Terrasse!

1. Karl: Nehme ich den Bus in die Stadt?
2. Herr Ritter: Warte ich vor dem Eingang?
3. Frau Kaufmann: Bleibe ich hier im Hotel?
4. Angelika und Anna: Sprechen wir mit den Musikern?
5. Monika: Gebe ich dem Mann diesen Schlüssel?
6. Herr und Frau Schell: Frühstücken wir hier am Tisch?

Übung E. This exercise also allows for creative dramatics. Assign students to bring in various props needed for coffeehouse.
You might take part of *Ober* and create problems: *Wir haben keine Brötchen/Wurst (keinen Käse/Schinken) mehr.* Or, take part of dissatisfied customer: *Herr Ober, der Kaffee ist schon kalt. / Dieses Ei ist schlecht. / Sie haben mir nur ein Brötchen gebracht.* Consider videotaping.

E. Rollenspiel: Dialog im Kaffeehaus. Sie haben die Nacht in Salzburg verbracht. Jetzt ist es acht Uhr morgens, und Sie haben Hunger. Sie gehen ins Kaffeehaus. Sie möchten am Tisch vor dem Fenster frühstücken. Ein Mann sitzt schon da, aber es sind noch zwei Plätze frei. Was sagen Sie? Was sagt der Mann? Der Ober kommt. Was sagt er zu Ihnen? Was sagen Sie zu ihm?

Wer spielt mit? DER GAST, DER MANN AM TISCH, DER OBER

Café-Restaurant
Glockenspiel
A-5020 Salzburg
Mozartplatz
Telefon (06 62) 84 14 03
Salzburgs größtes Kaffeehaus
mit Restaurant und Terrasse im 1. Stock.
Das Café ist ganzjährig geöffnet (im Sommer bis 24 Uhr)
Wir freuen uns auf Ihren Besuch!

KLEINES FRÜHSTÜCK

1	Kännchen Kaffee, Tee oder Schokolade, Brot mit Butter und 1 gekochtes Ei	6,—
1	Kännchen Kaffee, Tee oder Schokolade, mit Brot, Butter und 2 Eiern im Glas, Marmelade	7,50

BRÖTCHEN

2	Brötchen mit Butter	2,—
2	Brötchen mit Butter und Käse	4,—
2	Brötchen mit Butter und Wurst	4,—
2	Brötchen mit Butter und Schinken	5,—

F. Braucht Ihr Freund / Ihre Freundin Ihre Hilfe? *Suggest things that another student should do. He/She may or may not take kindly to your suggestions.*

> BEISPIELE: S1: Lies dein Buch heute abend!
> S2: Ich habe es schon gelesen.
>
> S1: Schreib dann deiner Mutter einen Brief!
> S2: Ich schreibe keine Briefe.

Das Hotel zum Adler. Zwei Gäste stehen vor dem Aufzug.

HERR GRUBER: Das Wetter ist heute so herrlich. Machen wir doch zur Abwechslung einen Spaziergang zur Bäckerei, und frühstücken wir dort!

FRAU GRUBER: Aber sie servieren das Frühstück hier sogar auf der Terrasse, und außerdem haben wir es schon bezahlt.

HERR GRUBER: Naja gut, aber dann möchte ich zum Mittagessen in die Stadt.

A. Die Hotelgäste

1. Wo stehen die Gäste?   2. Was sagt Herr Gruber?   3. Wo serviert man das Frühstück im Hotel?   4. Was haben Herr und Frau Gruber schon bezahlt?   5. Wo möchte Herr Gruber zu Mittag essen?

B. Fragen Sie Ihren Nachbarn / Ihre Nachbarin:

1. Ist das Wetter heute herrlich?   2. Machst du oft etwas nur zur Abwechslung?   3. Ißt du oft in einem Restaurant in der Stadt?

KULTURECKE

Wanderlust. Traditionally, Germans have been known as people who love to travel. More than two-thirds of the population living in the western states of Germany traveled to foreign countries in 1990, mostly to Italy, and Austria; one-fourth of the citizens in the eastern states vacationed outside of Germany, and that percentage is expected to rise in coming years. Less than one-third of the entire German population does not travel at all.

On the average, German employees are entitled to six weeks of vacation per year. In the amount of money spent on travel per year, the Germans are second only to the Americans.

Umfrage. Wie viele Studenten und Studentinnen in der Klasse sind ins Ausland gereist? In welche Länder? Wie viele sind durch die USA gereist? Hat jemand schon alle fünfzig Staaten besucht? Wer hat den Heimatstaat noch nie verlassen (*left*)? Wer bleibt gern zu Hause?

Imperative; Time, Manner, Place

First-Person Plural Imperative

In the first-person plural imperative (*let's . . .*), the present-tense form of the verb comes first, followed by the subject **wir**, followed by all other elements.

VERB	SUBJECT	OTHER ELEMENTS	
Gehen	wir	ins Zimmer!	*Let's go into the room.*
Arbeiten	wir	nicht im Hotel!	*Let's not work in the hotel.*
Lassen	wir	das Gepäck hier!	*Let's leave the baggage here.*
Geben	wir	ihm den Schlüssel!	*Let's give him the key.*

Imperative Forms of *sein*

The imperative forms of **sein** are irregular.

FORMAL	Seien Sie			
INFORMAL SINGULAR	Sei	geduldig!	*Be*	*patient.*
INFORMAL PLURAL	Seid			
FIRST-PERSON PLURAL	Seien wir	geduldig!	*Let's be*	*patient.*

The imperative forms of **sein** are normally used with predicate adjectives. In negative expressions, **nicht** precedes the predicate adjective.

Seien Sie		unzufrieden!			*dissatisfied.*
Sei	nicht	beleidigt!	*Don't be*		*insulted.*
Seid		faul!			*lazy.*
Seien wir	nicht	ungeduldig!	*Let's not be*		*impatient.*

Time, Manner, Place

Time expressions generally come before expressions of place in a German sentence. Other adverbial elements, often grouped together under the category of "manner," are usually placed after expressions of time but before expressions of place. The usual order of adverbial elements, then, is *time, manner, place*.

          TIME   PLACE

Wer geht jetzt ins Hotel?
Who's walking into the hotel now?

Imperative Forms of sein. Additional adjective to use with imperative forms of *sein* is *unternehmungslustig* (adventurous). Students may enjoy using this polysyllabic word in class.

Time, Manner, Place. Since students may not have thought about different categories of time, manner, and place—or about adverbs in general—it might be good to generate variety of examples, perhaps first in English and then with German equivalents.

Examples: T   P
Ich reise am Montag nach Bonn.

                P   T
I am traveling to Bonn on Monday.

              T   P
Klaus geht morgen nach Hause.

              P   T
Klaus is going home tomorrow.

           M   P
Wir fahren schnell in die Stadt.

              P   M
We'll drive into the city quickly.

One way to help students remember sequence is *ZAP: Zeit, Art, Platz.*

TIME   MANNER

Er fährt heute sehr schnell.
He's driving very fast today.

MANNER   PLACE

Gehen wir zur Abwechslung in die Stadt!
Let's go into the city for a change.

TIME   MANNER   PLACE

Fahren wir morgen mit dem Volkswagen in die Stadt!
Let's drive the Volkswagen into the city tomorrow.

If there are two or more elements of the same kind in a sentence, the order
usually depends on the context and often parallels the position of adverbs in the
equivalent English sentence.

PLACE

Wie viele Tage bleiben Sie hier | in München?
How many days are you staying here in Munich?

TIME

Frühstücken Sie immer | um acht Uhr | morgens?
Do you always eat breakfast at eight o'clock in the morning?

Übungen

A. Was machen wir? *Make suggestions to your partner.*

BEISPIEL: den Aufzug zum Erdgeschoß nehmen →
Nehmen wir den Aufzug zum Erdgeschoß!

1. zur Abwechslung im Café frühstücken
2. nicht auf der Terrasse essen
3. zum Mittagessen in die Stadt gehen
4. heute abend ins Kino gehen
5. drei Tage in Frankfurt bleiben
6. bald in die Schweiz fahren

B. Was sagen Sie zu anderen Leuten? *Suggest to the following persons how
they should or should not be.*

BEISPIEL: Herr Lenz: nicht beleidigt → Herr Lenz, seien Sie nicht beleidigt!

1. Herr Neumann: praktisch
2. Frau Wallenstein: nicht böse
3. Hans: nett
4. Dieter und Brigitte: tolerant
5. Herr und Frau Bach: geduldig
6. wir: froh
7. Angela: nicht faul
8. Petra, Ulrich und Kurt: nicht traurig
9. wir: realistisch
10. Johann: freundlich

Übung C. Have students expand sentences further by adding phrase you suggest or one they make up. Example: 1. *Herr Mayer fährt heute (um 12 Uhr) mit seinem Bruder nach Österreich.* Encourage students to offer phrases for further expansion: 1. *Herr Mayer fährt heute (um 12 Uhr) mit seinem Bruder (und einem Geschäftsmann aus Köln) nach Österrreich.*

Übung D. Exercise could easily be converted to Jeopardy-style game. After s1 does item, s2 converts to interrogative word question (*eine W-Frage*) corresponding to inserted cue—e.g., 2. *Essen wir heute abend im Restaurant? → Wann essen wir im Restaurant?*

C. Wann, wie, wo oder wohin? *Add the suggested phrase to expand each sentence.*

1. Herr Mayer fährt heute nach Österreich. (mit seinem Bruder)
2. Frau Schmidt fährt mit dem Bus in die Stadt. (morgen)
3. Die Blumenverkäuferin ist gestern um neun Uhr gekommen. (ins Hotel)
4. Herr Wald arbeitet in diesem Hotel. (seit einem Jahr)
5. Frau Baumann arbeitet mit Herrn Weber. (freitags)
6. Die Kinder essen heute auf der Terrasse. (mit ihren Eltern)
7. Franz und Maria gehen morgen in die Stadt. (zum Mittagessen)
8. Die Männer nehmen den Aufzug zum Erdgeschoß. (jetzt)

D. Was machen wir? *Expand each sentence with the phrase in parentheses.*

1. Machen wir einen Spaziergang durch den Park! (morgen früh)
2. Essen wir im Restaurant! (heute abend)
3. Bleiben wir über Nacht! (im Hotel zum Adler)
4. Fahren wir morgen mit dem Bus in die Stadt! (zur Abwechslung)
5. Servieren wir heute das Frühstück auf der Terrasse! (hier)
6. Gehen wir gleich um die Ecke! (in die Hohenstraße)
7. Lassen wir ein Trinkgeld für das Zimmermädchen! (auf dem Tisch)
8. Warten wir hier vor dem Hotel! (zehn Minuten)

E. Ratschläge und Vorschläge. *Give advice and make suggestions to various members of your class. How do they respond?*

BEISPIELE: SIE: Susan und James, gehen wir nach der Klasse zusammen ins Café!

SUSAN: Ja, ich möchte etwas essen. Ich habe Hunger.

JAMES: Danke, aber nach der Klasse gehe ich zu meiner Freundin.

SIE: David, sei froh! Warum bist du immer so traurig?

DAVID: Das ist meine Sache.

Sammeltext

Susan reist mit ihrer Freundin Lynn durch Europa. Sie schreibt einen Brief an ihre Freunde Paul und Jan. Paul, Jan, Lynn und Susan sind alle Deutschstudenten in Amerika.

Liebe Jan, Lieber Paul,

so, nun bekommt Ihr doch endlich einen Brief von mir vor meiner Abreise° nach Frankreich. Seid nur nicht beleidigt, denn ich weiß schon, ich bin etwas schreibfaul.°

departure
lazy about writing

Unsere Reise durch Deutschland war sehr interessant. Wir hatten immer Glück mit den Hotels und Pensionen.° Meistens findet man Informationen über Hotels am Bahnhof. Dort fragt man im Fremdenverkehrsamt nach Hotels und Preisen und auch nach Familien mit Fremdenzimmern.° Überall auf dem Land, aber besonders im Osten, wo Unterkunft° für Touristen immer noch etwas knapp° ist, haben wir privat übernachtet. Da haben wir so viele nette Leute kennengelernt. Es hat richtig Spaß gemacht. *(guest houses)* *(rooms for rent)* *(lodging / in short supply)*

Die Hotels in Deutschland haben wir sehr schön gefunden. Hier bekommt man nicht automatisch ein Zimmer mit Bad; wir haben ein paarmal° Geld gespart° und ein Zimmer ohne Bad genommen. Das war nicht schlimm.° Das WC und die Dusche° waren gleich um die Ecke im Flur. *(ein. . . several times / saved)* *(bad / shower)*

In den Hotels in unserer Preisklasse haben wir nirgends° einen Fernsehapparat oder eine Klimaanlage° gefunden. Aber in Deutschland ist es nicht so schwül° wie in Amerika. Man lebt also sehr gut ohne Klimaanlagen. *(nowhere)* *(air conditioner / humid)*

Der Aufenthalt° in Stuttgart hat mir besonders gut gefallen. Wir haben in einem Hotel in der Fußgängerzone° übernachtet; neben dem Eingang haben Straßenmusikanten gespielt. Man hört solche Musiker oft im Sommer in den Straßen vor Kinos und Geschäften, aber auch in den U-Bahnstationen.° In manchen Städten brauchen diese Musiker schon eine Lizenz, sonst wird der Lärm° vor den Läden und Restaurants zu groß. Ich meine aber, das ist kein Lärm. *(stay)* *(pedestrian mall)* *(subway stations)* *(noise)*

Herzliche Grüße°
Eure Susan *(herzliche. . . warm greetings)*

*   *   *

Lynn schreibt Notizen° in ihr Tagebuch:° *(notes / journal)*

Luxushotels in Deutschland sind oft genauso wie° in Amerika. Im Osten sind Luxushotels früher nur für Parteimitglieder° gewesen. Heute sind sie wieder Privatbetriebe.° Einzelzimmer oder Doppelzimmer mit Bad, Telefon, Fernseher und Klimaanlage. Man frühstückt auf dem Zimmer oder im Frühstücksraum. Meistens ist das Frühstück im Preis inbegriffen, und man bekommt ein Kochei,° Brötchen, Butter, Marmelade und Kaffee oder Tee. Manche Hotels sind alt und haben noch Zimmer ohne Bad und Fernseher, aber diese Hotels sind auch nicht sehr teuer. Dort bekommt man oft Halbpension, das heißt: Frühstück und Mittagessen sind im Preis inbegriffen. Von Tante Barbara und Onkel Hans haben wir etwas gelernt: Vor der Abreise hinterläßt man in Deutschland wie in den USA ein Trinkgeld° für die Zimmermädchen und Zimmerkellner auf einem Tisch im Hotelzimmer. Das haben wir auch gemacht. *(genauso. . . just like)* *((Communist) party members)* *(privately owned establishments)* *(boiled egg)* *(tip)*

Hotels in Deutschland: Richtig oder falsch?

1. In Deutschland bekommt man automatisch ein Zimmer mit Bad.
2. Keine Hotelzimmer in Deutschland haben einen Fernseher.
3. In Deutschland läßt man ein Trinkgeld für die Zimmermädchen und Zimmerkellner auf einem Tisch im Hotelzimmer.
4. Luxushotels in Deutschland sind oft genauso wie in Amerika.
5. In manchen Hotels bekommt man Halbpension, das heißt: nur das Frühstück ist im Preis inbegriffen.
6. Man findet Informationen über Hotels im Fremdenverkehrsamt.

Sammelübungen

Übung A. These "dehydrated" elements could also be used to construct declarative or interrogative sentences.

A. Im Hotel. Bilden Sie Imperativsätze!

1. gehen / wir / um / die Ecke / in / der Flur / und / warten / wir / dort / vor / der Aufzug
2. Anna und Petra, / spielen / eure Musik / hier / auf / die Straße / vor / das Kino
3. frühstücken / wir / heute / auf / das Zimmer / und / nicht / in / der Frühstücksraum
4. essen / wir / hier / in / das Hotel / auf / die Terrasse, / denn / das Frühstück / sein / in / der Preis / inbegriffen
5. Frau Hammer, / nehmen / Sie / bitte / der Aufzug / in / das Erdgeschoß / und / sprechen / Sie / mit / die Empfangschefin
6. Karl, / gehen / an / der Empfang / und / geben / der Mann / dort / dieser Schlüssel
7. Kris, / tragen / dieser Koffer / in / das Zimmer 3, / denn / er / gehören / Herr Müller
8. Heidi und Erika, / sein / nicht faul! / tragen / diese Tabletts / in / das Zimmer / und / bringen / das Geschirr / dann / gleich / zurück / in / die Küche

B. Was sagen Sie zu diesen Leuten? Vervollständigen Sie jeden Satz! *Use appropriate words of your own choosing.*

BEISPIEL: Karl, _____ diese Blumen für _____ ! →
Karl, (kauf) diese Blumen für (deine Freundin)!

1. Angela, bist du traurig ohne _____ ? _____ froh!
2. Herr Leitner, _____ Sie bitte bei _____ !
3. Franz, _____ gleich aus _____ !
4. Christoph und Hans, _____ nicht immer gegen _____ !
5. Frau Schmidt, _____ Sie mit _____ !
6. Vater, _____ wir heute um _____ !
7. Kinder, _____ diesen Brief von _____ !
8. Inge, _____ den Stuhl zwischen _____ !
9. _____ wir mit _____ nach _____ !
10. Herr Sander, _____ Sie bitte in _____ !
11. Frau Wild, _____ Sie bitte den Schlüssel neben _____ !
12. Michael und Erika, _____ nicht vor _____ !
13. Liesl, _____ jetzt zu _____ , aber kauf dort nichts außer _____ !
14. Günther, _____ das Plakat über _____ !
15. _____ wir das Gepäck hinter _____ !
16. Frau Zimmermann, _____ Sie mit _____ durch _____ !

Ferienwohnung
Armin Drescher
Setzweg 7
8702 Obereisenheim
in
FRANKEN

PENSION
Haus Christel
Fremdenzimmer – Ferienwohnung

C. Das Frühstück. Beschreiben Sie dieses Foto! Antworten Sie auf jede Frage!

Die deutsche Eßphilosophie: Frühstück wie ein König (*king*), Mittagessen wie ein reicher Bürger (*citizen*), Abendessen wie ein Bettler (*beggar*).

Übung C. You might mention that hotel room price in Germany (and generally throughout Europe) includes *Frühstück* (continental breakfast), consisting at its most spartan of *Brötchen, Butter, Marmelade*, and *Tee* or *Kaffee*. In better hotels, *ein weich gekochtes Ei* or even *Schinken aus Westfalen* may appear without additional charge.

A reverse exercise would be to describe scene and have students draw what they hear. Humor could be injected by placing objects in unusual places.

1. Wo steht der Tisch?
2. Wer sitzt am Tisch?
3. Frühstückt der Mann allein oder mit einem Freund / einer Freundin? Warum glauben Sie das?
4. Was hält der Mann in der Hand?
5. Was ißt er zum Frühstück?
6. Wie viele Eier stehen in Eierbechern (*eggcups*) auf dem Tisch?
7. Was ist im Korb?
8. Was liegt auf dem Teller (*plate*) neben dem Korb?
9. Wie viele Löffel (*spoons*) sehen Sie auf dem Tisch?
10. Liegt eine Gabel auf dem Tisch? Warum (nicht)?
11. Sehen Sie den Teller zwischen den Schlüsseln und dem Eierbecher? Was liegt auf diesem Teller?
12. Was liegt auf dem Tisch rechts von dem Teller mit Butter und Marmelade?
13. Wer hat die Schlüssel auf den Tisch gelegt?
14. Was steht in der Vase?
15. Wie viele Tischdecken liegen auf dem Tisch?

D. Rollenspiel: Tourist/Touristin in München. *Work with another student. Ask and answer questions about getting from one place to another.*

BEISPIEL: von der Hotel-Pension Occam zum Postamt →

S1: Wie komme ich von der Hotel-Pension zum Postamt?

S2: Gehen Sie rechts in die Occamstraße, geradeaus über den Wedekind-platz und dann rechts über den Platz in die Feilitzschstraße. Gehen Sie geradeaus über die Münchener Freiheit und dann links in die Leopoldstraße. Dort sehen Sie zuerst eine Bank. Neben der Bank steht das Postamt.

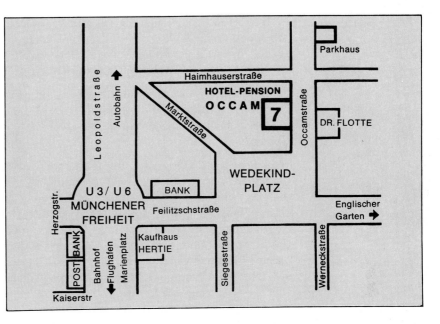

1. vom Postamt zum Parkhaus
2. vom Parkhaus zum Kaufhaus Hertie
3. vom Kaufhaus Hertie zum Englischen Garten
4. von der Hotel-Pension Occam zur Autobahn
5. vom Parkhaus zum Bahnhof
6. ___?___

KULTURECKE

After the unification, Germany issued new banknotes. The old 20-mark banknote, shown here and in the cartoon on page 220, bore the portrait of Elsbeth Tucha by Albrecht Dürer. The new banknote from 1992 pictures poet Annette von Droste-Hülshoff. The old 50-mark banknote featured H. Uhr Müller, a treasurer (*above*); the 1991 replacement features Balthasar Neumann, architect and master builder.

„In aller Welt mag man uns, das macht unser sprichwörtlicher deutscher Charme." (*All over the world people like us; that's what our proverbial German charm does.*)

E. Im Hotel. Beschreiben Sie das Bild! Wer steht am Empfang? Wer steht neben dem Mann? Wer steht hinter den Gästen vor der Tür? Wohin geht er gleich? Wo steht die Pflanze? Wo steht der Koffer? die Reisetasche? Was tragen die Leute? Was haben die Gäste über dem Arm? Was brauchen die Gäste?

F. Rollenspiel: Am Empfang. Arbeiten Sie mit Studenten und Studentinnen. Einer/Eine von Ihnen ist der Empfangschef / die Empfangschefin in einem Hotel in Deutschland. Die anderen sind die zwei Gäste und der Gepäckträger aus Übung E.

Was sagen diese Gäste zum Empfangschef / zur Empfangschefin? Sind sie nett? freundlich? unfreundlich? böse? ungeduldig? __?__ Warum? Was für Unterkunft (*lodging*) brauchen sie? Was fragt der Empfangschef / die Empfangschefin die Gäste? Haben sie schon ein Zimmer in diesem Hotel reserviert? Warum (nicht)? Ist ein Zimmer frei? Wenn ja: Was für ein Zimmer ist es? Woher kommen die Gäste? Wohin fahren sie morgen? Warum möchten sie hier in dieser Stadt übernachten? Für wie viele Nächte möchten sie das Zimmer? Was sagt der Empfangschef / die Empfangschefin zum Gepäckträger? Wie antwortet er ihm/ihr?

Übung F. In addition to or in place of role play, ask students to write dialogue and explanatory notes for scene.

Anwendung

Stereotypen. You might follow with discussion of multiculturalism in USA and also in Germany. Bring in any recent articles from German magazines or newspapers. Write key terms on board.

Stereotypen

A. Was halten die Deutschen von (halten von = *think of*) den Amerikanern? Sind die Amerikaner wirklich so?

Manche Deutschen meinen:

1. Die Amerikaner haben keine Kultur.
2. Die Amerikaner sind offen und freundlich.
3. Die Amerikaner sprechen keine Fremdsprachen.
4. Die Amerikaner tragen Cowboyhüte und Aloha-Hemden aus Hawaii.
5. Die Amerikaner sind politisch naiv.
6. Das Leben in der Großstadt in Amerika ist brutal, und viele Amerikaner tragen eine Pistole.
7. Die Amerikaner denken nur an Macht (*power*) und Geld.
8. Alle Amerikaner verschwenden (*waste*) zu viel Energie.
9. Alle Männer über dreißig sind zu dick.
10. Amerikaner essen meistens Hamburger mit Ketchup.
11. Die Amerikaner sind laut und aggressiv.
12. Die meisten Amerikaner heißen John; die meisten Amerikanerinnen Mary.

Was halten die Amerikaner von den Deutschen? Sind die Deutschen wirklich so? Welche Sätze sind richtig? Welche sind falsch? Warum sagen Sie das?

Manche Amerikaner meinen:

1. Alle Deutschen essen gern Sauerkraut.
2. Alle Deutschen trinken gern Bier.
3. Die Deutschen tragen immer Lederhosen und tanzen Walzer.
4. Die Deutschen lieben Ordnung und Disziplin.
5. Die Deutschen arbeiten viel und gerne.
6. Die Deutschen sind sehr romantisch.
7. Die Deutschen sind sehr autoritär.
8. Deutsche Frauen sind fast alle dick.
9. Fast alle Deutschen haben blaue Augen (*eyes*) und blonde Haare.
10. Alle Deutschen lesen gern Goethe und hören gern Mozart.
11. Die Deutschen sind kalt, exakt und immer pünktlich.
12. Deutsche Frauen heißen meistens Heidi; deutsche Männer heißen meistens Hans.

B. Bring in or ask students to bring in pictures from German and American magazines that depict people in stereotypical ways. Discuss images. Ask students to look for pictures that show people in nontraditional roles.

Discuss differences.

B. Diskussionsthemen: Ihrer Meinung nach, was ist typisch deutsch? Was ist stereotypisch deutsch? Was ist typisch amerikanisch und stereotypisch amerikanisch?

„Go West!"

D. Der stereotypische Mensch. Stellen Sie sich vor (*imagine*): Sie sind ein Wesen (*creature*) vom äußeren Weltraum (*outer space*), und Sie besuchen die Erde zum ersten Mal (zum . . . *for the first time*). Wie beschreiben Sie den stereotypischen Menschen? Hat er (nicht) viel Intelligenz? Warum? Ist er schön oder nicht schön? Wie lebt er? Was macht er? Was braucht er? Was will er?

Hallstatt, ein malerisches (*picturesque*) Dorf in Österreich.

Zu Hause

Vorschau. Ask: *Haben Sie eine Küche, wo Sie wohnen? Eine Kochecke? Haben Sie einen Mikrowellenherd? einen Toaster? einen Kühlschrank?*

Vorschau

Wo arbeiten der Mann und die Frau? Benutzen sie jetzt den Herd oder den Backofen? Warum kochen sie so viel Spargel (*asparagus*)? Kommt jemand heute zu Besuch? vielleicht ihre Familie? ihre Freunde? ihre Nachbarn? Hat das Paar auch schon vielleicht einen Kuchen oder eine Torte für die Gäste gebacken? Und Sie? Kochen Sie gern für Gäste? Backen Sie gern Kekse oder Kuchen?

Wortgebrauch

A. Was findet man in diesem Einfamilienhaus in Deutschland? *Complete each statement according to the floor plan.*

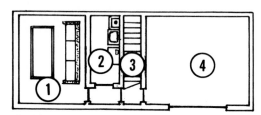

das Untergeschoß

1. das Arbeitszimmer   2. die Waschküche
3. die Treppe   4. die Garage

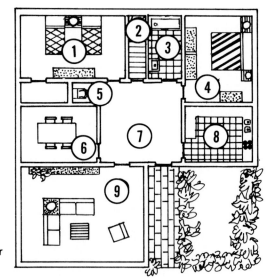

das Erdgeschoß

1. das Gästezimmer   2. die Treppe   3. das Bad
4. das Schlafzimmer   5. die Toilette   6. das Eßzimmer
7. der Flur   8. die Küche   9. das Wohnzimmer

Übung A–B. Use transparencies of accompanying illustrations or other floor plan with overhead projector.

Students could also label various rooms of floor plans, which are easily found in real estate brochures or magazines.

1. Im Untergeschoß findet man das Arbeitszimmer, . . .
2. Im Erdgeschoß findet man ein Gästezimmer, . . .

B. Das Einfamilienhaus. In welchem Zimmer macht man was? *Answer each question according to the floor plan and the given vocabulary.*

1. In welchem Zimmer arbeitet man?
2. In welchem Zimmer schläft man?
3. In welchem Zimmer trinkt man Kaffee und spricht mit Gästen?
4. Wo kocht man?
5. In welchem Zimmer schlafen die Gäste?
6. Wo wäscht man Kleider?
7. In welchem Zimmer ißt man?
8. Was findet man in diesem Haus zwischen dem Gästezimmer und dem Bad? zwischen dem Eßzimmer und dem Gästezimmer?
9. Von welchem Raum im Erdgeschoß geht man in alle Zimmer?
10. Wo steht das Auto?

C. Interview: Lebensstil. Fragen Sie Ihren Nachbarn / Ihre Nachbarin:

1. Hast du früher in einer Großstadt oder in einer Kleinstadt gelebt?
2. Hast du in einem Haus oder in einer Mietwohnung gewohnt?
3. Wie viele Zimmer hatte das Haus oder die Wohnung?

4. Was war dein Lieblingszimmer? Warum?
5. Hast du deine Nachbarn gekannt?
6. Waren deine Nachbarn auch deine Freunde, oder waren sie nur Bekannte?

Übung D. Suggest that students bring in pictures of kitchens and appliances and tell about them in German.

Übung D, 5. *Wo findet man einen Kühlschrank? In welchem Zimmer findet man einen Kleiderschrank? In welchem Zimmer findet man ein Medizinschränkchen? Was ist ein Eckschrank? ein Bücherschrank? ein Plattenschrank? etc.*

D. In der Küche. Fragen Sie Ihren Nachbarn / Ihre Nachbarin:

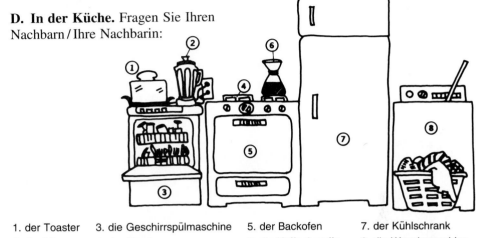

| 1. der Toaster | 3. die Geschirrspülmaschine | 5. der Backofen | 7. der Kühlschrank |
| 2. der Mixer | 4. der Herd | 6. die Kaffeekaraffe | 8. die Waschmaschine |

1. Welche Haushaltsgeräte hast du zu Hause? Hast du eine Kaffeemaschine? eine Geschirrspülmaschine? eine Waschmaschine? Welche Haushaltsgeräte brauchst du?
2. Wie oft benutzt du einen Toaster? einen Mixer? Brauchst du einen Toaster oder einen Mixer?
3. Benutzt du oft den Herd zu Hause? Kochst du manchmal Spaghetti? Kochst du gern? Warum (nicht)?
4. Benutzt du den Backofen zu Hause? Bäckst du manchmal Kuchen, Kekse oder Brot? Wenn ja: Für wen? Wer bäckt manchmal etwas für dich? Ißt du gern Kekse? Wo kaufst du manchmal Kekse?
5. Was findet man in deinem Kühlschrank? Cola? Bier? Butter? Eier? Marmelade? ____?____

E. Türen. Welche Tür beschreibt jeder Satz? Tür Nummer 202, 204, 206 oder 208?

1. Diese Tür ist offen, aber niemand ist da.
2. Diese Tür ist zu.

3. Jemand schließt diese Tür.
4. Jemand öffnet diese Tür.

F. Türen: Offen oder zu? Fragen Sie Ihren Nachbarn / Ihre Nachbarin:

1. Hat jedes Zimmer in deinem Haus eine Tür?
2. Welche Türen stehen meistens offen? Welche bleiben meistens zu? Zum Beispiel: Du bist zu Hause. Steht deine Haustür (*front door*) offen, oder schließt du sie?
3. Du gehst ins Bad. Schließt du die Tür?
4. Deine Freunde kommen zu Besuch. Öffnest du alle Türen im Haus?
5. Bist du selber (*yourself*) meistens offen und freundlich, oder bist du ein bißchen zurückhaltend (*reserved*)?

Wortschatz

Adjectives and Adverbs

ausgezeichnet	excellent(ly)
eigentlich	actual(ly)
genau	exact(ly)
je	each; ever
langsam	slow(ly)
lecker	delicious
leicht	easy; easily
unbedingt	absolute(ly)
wohl	probably
zu	closed

Modals

dürfen (darf)	to be allowed to, may
können (kann)	to be able to, can; to know how to
mögen (mag)	to like
müssen (muß)	to have to, must
sollen (soll)	to be supposed to, should
wollen (will)	to want to

Nouns

HAUS UND HAUSHALT	HOUSE AND HOUSEHOLD
das Arbeitszimmer, -	study, den
der Backofen, ¨	oven
das Einfamilienhaus, ¨er	single family house
das Eßzimmer, -	dining room
die Garage, -n	garage
das Gästezimmer, -	guest room
das Grundstück, -e	lot, plot (*of land*)
das Haushaltsgerät, -e	household appliance
der Herd, -e	stove, range
die Kaffeemaschine, -n	coffeemaker
der Kühlschrank, ¨e	refrigerator
das Mietshaus, ¨er	apartment building
die Mietwohnung, -en	(rental) apartment
der Mixer, -	blender
die Nachbarschaft	neighborhood
der Quadratmeter, -	square meter
der Rasen, -	lawn, yard
das Schlafzimmer, -	bedroom

der Toaster, -	toaster
die Toilette, -n	toilet, restroom
die Treppe, -n	stairs, staircase
das Treppenhaus, ¨er	stairwell
das Untergeschoß, *pl.*	basement
Untergeschosse	
die Waschküche, -n	laundry room
die Waschmaschine, -n	washer, washing machine
das Wohnzimmer, -	living room

OTHER NOUNS

der Architekt, -en (*wk.*) /	architect
die Architektin, -nen	
der Bekannte, -n (ein	acquaintance
Bekannter) / die	
Bekannte, -n	

der Lärm	noise
der Plan, ¨e	plan
das Rezept, -e	recipe
der Strauß, ¨e	bouquet
die Zukunft	future

Pronouns

beide (*pl.*)	both
jemand	someone
niemand	no one

Verbs

backen (bäckt), hat	to bake
gebacken	
bauen, hat gebaut	to build
benutzen, hat benutzt	to use
kochen, hat gekocht	to cook
mähen, hat gemäht	to mow (the lawn)
öffnen, hat geöffnet	to open
pflücken, hat gepflückt	to pick
putzen, hat geputzt	to clean
rauchen, hat geraucht	to smoke
rufen, hat gerufen	to call out, yell
schließen, hat geschlossen	to close
verstehen, hat verstanden	to understand

Useful Words and Phrases

(das) Traum(haus)	dream (house)
zu Besuch	for a visit

KULTURECKE

Freunde und Bekannte. In German-speaking countries, the term **Freund** is used with greater discrimination than the English equivalent *friend* in the United States. There is a fairly sharp distinction between **Freund** and **Be-kannter** (*acquaintance*). In the course of an entire lifetime, a German-speaking person may have only a few **Freunde**, though many **Bekannte**.

Bekanntschaften

Und Sie? Haben Sie viele oder nur ein paar (*a few*) Freunde und Freundinnen? Haben Sie viel mehr Bekannte als Freunde?

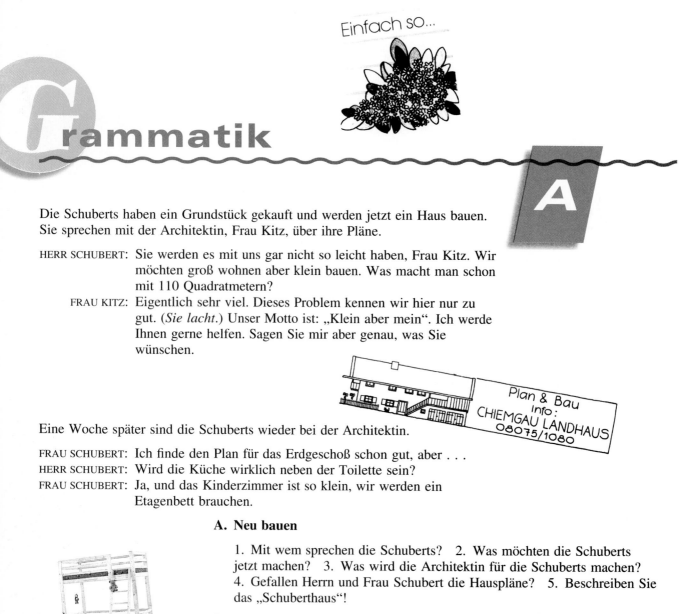

Einfach so...

Grammatik

A

Die Schuberts haben ein Grundstück gekauft und werden jetzt ein Haus bauen. Sie sprechen mit der Architektin, Frau Kitz, über ihre Pläne.

HERR SCHUBERT: Sie werden es mit uns gar nicht so leicht haben, Frau Kitz. Wir möchten groß wohnen aber klein bauen. Was macht man schon mit 110 Quadratmetern?

FRAU KITZ: Eigentlich sehr viel. Dieses Problem kennen wir hier nur zu gut. (*Sie lacht.*) Unser Motto ist: „Klein aber mein". Ich werde Ihnen gerne helfen. Sagen Sie mir aber genau, was Sie wünschen.

Plan & Bau
Info:
CHIEMGAU LANDHAUS
08075/1080

Eine Woche später sind die Schuberts wieder bei der Architektin.

FRAU SCHUBERT: Ich finde den Plan für das Erdgeschoß schon gut, aber . . .
HERR SCHUBERT: Wird die Küche wirklich neben der Toilette sein?
FRAU SCHUBERT: Ja, und das Kinderzimmer ist so klein, wir werden ein Etagenbett brauchen.

A. Neu bauen

1. Mit wem sprechen die Schuberts?   2. Was möchten die Schuberts jetzt machen?   3. Was wird die Architektin für die Schuberts machen? 4. Gefallen Herrn und Frau Schubert die Hauspläne?   5. Beschreiben Sie das „Schuberthaus"!

B. Fragen Sie Ihren Nachbarn / Ihre Nachbarin:

1. Wohnt deine Familie in einem Einfamilienhaus oder in einer Wohnung? Wie viele Zimmer hat dieses Haus / diese Wohnung? Was für Zimmer hat es/sie?   2. Wirst du heute abend dein Zimmer putzen, oder wirst du etwas anderes machen?

Kinder-Etagenbett, 90x190
mit Schubkästen und Treppe **DM 740,-**

Future Tense

As an independent verb, **werden** means *to become* or *get*.

Future Tense. Draw parallels on board between *möchten* and *werden* constructions. Point out differences in intent:

In der Zukunft möchte ich ein Einfamilienhaus kaufen.

In der Zukunft werde ich ein Einfamilienhaus kaufen.

This chapter first treats future tense (using *werden* as auxiliary to mean "will") and next takes up modal auxiliaries, including *wollen* (with its form *will*, meaning "wants to"). This pedagogical order should help students keep English "will" and German *will* separate.

Das Kind **wird** müde.	*The child is becoming/getting tired.*

Used as an auxiliary to form the future tense, however, the present-tense forms of **werden** correspond to the English *will* or *shall*.

The future tense is formed with a present-tense form of **werden** in the appropriate verb position and the infinitive of the main verb at the end of the sentence.

Ich **werde** das Haus **kaufen**.   Wir **werden** das Haus **vermieten**.

Du **wirst** das Haus **mieten**.   Ihr **werdet** das Haus **fotografieren**.

Er
Sie } **wird** das Haus **putzen**.   Sie **werden** das Haus **bauen**.
Es

Sie **werden** das Haus **finanzieren**.

As you recall, in everyday German conversation the present tense frequently refers to future events, particularly when future time is clearly indicated by context or by the use of time expressions (**morgen**, **bald**, and so on) that indicate the future.

Heute abend benutze ich die Kaffeemaschine.	*I'll be using the coffeemaker this evening.*

The future-tense construction with **werden** is often used for the following purposes:

Future Tense, 1. Since this is new structure, it helps at introductory phase for students to read German examples aloud to get feel for rhythm and nuance.

1. to indicate future time when the use of the present tense could be misleading:

FUTURE	PRESENT
Er **wird** zu uns **kommen**.	Er **kommt** zu uns.
He will come to our house.	*He comes to our house.*
	He's coming to our house.
	He will come to our house.

2. to give particular emphasis to what will happen or be:

Sie **werden** bestimmt viel Arbeit **haben**.	*You will definitely have a lot of work.*

3. to make demands on someone (phrased in the second person):

Gretchen, du **wirst** bitte nicht überall die Türen **öffnen**.	*Gretchen, you will please not open the doors everywhere.*

4. to express a present probability or likelihood (often with the word **wohl**):

Das Kind **wird** wohl nur müde **sein**.	*The child is probably just tired.*

Nach dem Einkauf in der Stadt macht die Familie im Straßencafé Pause.

Übungen

A. Was wird die Familie zu Hause tun?

BEISPIEL: Wir bleiben zu Hause. → Wir werden zu Hause bleiben.

1. Ingrid Braun kommt zu Besuch.
2. Ich putze alles.
3. Du machst den Kaffee.
4. Ihr kocht das Essen.
5. Wir spülen zusammen das Geschirr.
6. Die Kinder spielen im Garten.
7. Sie pflücken Blumen.
8. Großvater liest die Zeitung.

Übung B. Note that most situations occur in third person. Such probabilities are not expressed about oneself or about person addressed, but rather about someone else's behavior.

Differentiate again, if necessary, between time frames of straight future tense with *werden* and use of *werden* to express present probability.

Substitute student names, along lines of yearbook question "Where will they be 10 years from now?"

Übung C. Contrast 2 intonation patterns here, calling attention to stronger wording of command form with *werden*. Heavier verbiage delivers weightier message.

B. Das wird wohl so sein.

BEISPIEL: Er bleibt zu Hause. → Er wird wohl zu Hause bleiben.

1. Kris und Max laufen durch das Haus.
2. Susi öffnet überall die Türen.
3. Du benutzt die Waschmaschine.
4. Frau Meyer ist müde.
5. Sie frühstücken am Tisch.
6. Die Familie fährt mit dem Auto in die Stadt.

C. Was sagen Sie zu Ihren Freunden und Bekannten?

BEISPIEL: Annette, bleib zu Hause! → Annette, du wirst zu Hause bleiben.

1. Thomas, komm ins Zimmer!
2. Stefan und Karl, wartet im Flur!
3. Eva, lies das Buch!
4. Erich, öffne die Tür!
5. Anton, kauf einen Blumenstrauß für deine Freundin!
6. Anita und Niklaus, schreibt einen Brief an euren Großvater!

D. In der Zukunft. Fragen Sie Ihren Nachbarn / Ihre Nachbarin! Auf deutsch, bitte!

1. What will you do in the future?
2. Will you travel often? Where to?
3. Where will you work?
4. Will you live in the city or in the country?
5. Will you rent an apartment or buy a house?
6. Will you be happy? Why (not)?

Stuttgart-Halbhöhenlage
Herrschaftliches Stadtpalais

E. Beschreiben Sie Ihr Traumhaus!

Was für ein Haus werden Sie in der Zukunft haben? Wo wird es sein? in der Stadt? auf dem Land? auf einer Insel (*island*)? Wird es groß oder klein sein? Wie viele Zimmer wird es haben? Was für Zimmer wird es haben? Wird es einen Balkon haben? Wird es einen Garten haben? Wird das Haus viele Fenster haben? Wird es viele Türen haben, oder wird alles offen sein? Wer wird mit Ihnen in diesem Haus wohnen?

Im Blumenladen. Gretchen (fünf Jahre alt) und ihr Vater, Herr Schubert, kaufen Blumen.

GRETCHEN:	Vati, ich will Oma auch Blumen schenken!
HERR SCHUBERT:	Wir können ja zwei Sträuße kaufen.
GRETCHEN:	Meinst du, die Oma mag einen Strauß mit Butterblumen?
HERR SCHUBERT:	Solche Blumen kann man nicht kaufen. Die* pflückt man doch einfach.
GRETCHEN:	Schau, diese Blumen möchte ich haben. Sie sind so schön gelb.
HERR SCHUBERT:	Das sind Chrysanthemen. Die* kannst du ihr nicht bringen, denn das sind Friedhofsblumen. Die* soll man nicht schenken. Wie gefallen dir die Rosen hier?
GRETCHEN:	Toll. Die* werde ich kaufen.

B

Dialogue. Germans customarily decorate graves of loved ones with fresh flowers on anniversary of their death.

---

*Notice the use of the definite article as a demonstrative pronoun to mean *those*.

A. Gretchen und ihr Vater kaufen Blumen.

1. Was möchte Gretchen machen?   2. Was für Blumen möchte sie zuerst kaufen? Warum geht das nicht?   3. Welche Blumen will Gretchen ihrer Großmutter dann bringen? Soll man diese Blumen schenken? Warum (nicht)?   4. Welche Blumen kauft Gretchen dann?

B. Fragen Sie Ihren Nachbarn / Ihre Nachbarin:

1. Möchtest du manchmal Blumen bekommen? Von wem?   2. Schenkst du manchmal Blumen? Wem schenkst du sie?   3. Darf man in Amerika Chrysanthemen schenken?

B. In German floral etiquette, *Rosen* are for someone special; red ones signify love. *Nelken* (carnations) are appropriate for hostess gift or other occasion. *Veilchen* (violets) are often presented on top of gift package. *Tulpen* (tulips) are appropriate for any occasion. *Gladiolen* are for funerals and church services, but may also be given as gift.

KULTURECKE

Blumen.   When invited to someone's home in a German-speaking country, it is customary to bring flowers as a small gift for the hostess. According to tradition, an uneven number of stems is purchased, and the paper wrapping is removed before presenting the flowers. Whereas roses are considered a symbol of love, chrysanthemums are generally regarded as cemetery flowers (**Friedhofsblumen**).

EDEKA-FRISCHMARKT

Blumen-WENDL
moderne Floristik - Meisterbetrieb

Inh. Inge Wendl
Marktplatz 13
8411 Laaber
Tel. 0 94 98/6 46

Wir bieten :
Festliche Dekorationen · Frische Blumen · Brautsträuße · Trauergebinde · Gartenbau

Welche Blumen schenken Sie oder bekommen Sie gern? Welche Blumen können Sie einfach pflücken? (Ich kann . . .) Welche müssen Sie kaufen? (Ich muß . . .) Rosen? Chrysanthemen? Margeriten? Gladiolen? Iris? Dahlien? Sonnenblumen? Petunien? Narzissen? Tulpen? Zinnien? Kornblumen?

Modals. Students should have no trouble with modal constructions, since they are already familiar with *möchten* and future tense (*werden*) constructions.
   Terms "mood," "mode," "attitude," "frame of mind," or "disposition" might help students focus on coloration that these modals give to any main verbal action. "Meaning" as well as "attitude" are spelled out here to give students broadest range and description of modals.

Modals

Modals are auxiliary (or helping) verbs that express an attitude toward the action or condition described by the main verb: *We must hurry. We want to be on time.*

   German has six modals: **dürfen, können, mögen, müssen, sollen,** and **wollen.**

INFINITIVE / MEANINGS		ATTITUDE	MODAL + INFINITIVE
dürfen	*to be allowed to, may*	permission	Wir **dürfen** hier nicht **rauchen**.
können	*to be able to, can*	ability	Wir **können** Deutsch **sprechen**.*
mögen	*to like*	personal preference	Wir **mögen** ihn nicht **besuchen**.†
müssen	*to have to, must*	necessity, compulsion	Wir **müssen** zu Hause **bleiben**.
sollen	*to be supposed to, should*‡	obligation	Wir **sollen** heute den Rasen **mähen**.
wollen	*to want to*	desire, volition	Wir **wollen** nach Deutschland **reisen**.

Use examples with different modals to point out how meaning changes: *Sie dürfen etwas sagen. Sie können etwas (auf deutsch) sagen. Sie sollen etwas sagen. Sie müssen etwas sagen. Wollen/Möchten Sie etwas sagen?*

Present Tense

Note that all the modals except **sollen** undergo stem-vowel changes in the singular forms of the present tense.

	dürfen	können	mögen / möchten§	müssen	sollen	wollen
ich	darf	kann	mag / möchte	muß	soll	will
du	darfst	kannst	magst / möchtest	mußt	sollst	willst
er **sie** **es**	darf	kann	mag / möchte	muß	soll	will
wir	dürfen	können	mögen / möchten	müssen	sollen	wollen
ihr	dürft	könnt	mögt / möchtet	müßt	sollt	wollt
sie	dürfen	können	mögen / möchten	müssen	sollen	wollen
Sie	dürfen	können	mögen / möchten	müssen	sollen	wollen

Modals are normally used as auxiliaries together with a main verb. In present-tense constructions, the present tense of the modal is in the appropriate verb position, and the infinitive of the main verb comes at the end of the sentence. In

Ich soll Sie schön grüßen...

dürfen/müssen. Note negative use of *dürfen* and *müssen* as potential problem area for cognate interference:

Er darf nicht kommen.
He may/must not come. (prohibition)

Er muß nicht kommen.
He doesn't have to come. (option)

These sentences are worth modeling and repeating as you introduce topic. This way your students can contrast both morphological and phonological structure patterns early.

---

* Used in this way, **können** implies ability in a field or an area of knowledge (*to know a language,* for example).

† **Mögen** is not often used in positive statements. It occurs more frequently in negative statements or questions and usually with a noun rather than a verb.
  Wir **mögen** diese Musik nicht.
  Hans **mag** keine Brezeln. **Magst** du Brezeln?

‡ Although **sollen** usually means *should* or *supposed to,* it is sometimes used idiomatically to mean that something is said or reputed to be a certain way, expressing an attitude of *reputation* rather than *obligation.*
  Die Musik **soll** wirklich fantastisch sein.   *The music is said to be really fantastic.*

§ You have already learned these special forms that mean *would like to* (rather than simply *like to*). The forms of **möchten** are used much more often than those of **mögen**.

the following examples, notice how the addition of the modal alters the meaning of each sentence.

Sagen Sie etwas!	Sie **dürfen** etwas **sagen**.
Ich **kaufe** nur eine Blume.	Ich **kann** nur eine Blume **kaufen**.
Trinkst du Bier?	**Magst** du Bier (**trinken**)?
Ihr **bleibt** zu Hause.	Ihr **müßt** zu Hause **bleiben**.
Was **schenken** wir?	Was **sollen** wir **schenken**?
Besucht sie ihre Großmutter?	**Will** sie ihre Großmutter **besuchen**?

The main verb is sometimes unstated if it is clearly understood from the context.

Dürfen wir in die Küche (gehen)?	Ich **muß** jetzt nach Hause (gehen).
Sie **können** sehr gut Deutsch (sprechen).	Du **sollst** auf das Postamt (laufen).
Mögen Sie Kaffee (trinken)?	Er **will** ins Arbeitszimmer (gehen).

Present Perfect Tense

When a modal plus infinitive is used in the present perfect tense, the order of verb elements is as follows:

1. The appropriate present-tense form of **haben** (the auxiliary for all modals) is in the usual verb position.
2. The infinitive of the main verb is in the next-to-last position.
3. The infinitive form (*not* the past participle form) of the modal is in the last position.

This is called a *double infinitive construction.*

Wir **haben** in die Küche **gehen dürfen**.	*We were permitted to go into the kitchen.*
Ihr **habt** das Haus nicht **sehen können**.	*You weren't able to see the house.*
Sie **hat** dort nicht **wohnen mögen**.	*She did not like living there.*
Du **hast** ein Zimmer **mieten müssen**.	*You had to rent a room.*
Er **hat** Blumen **schenken sollen**.	*He was supposed to give flowers.*
Ich **habe** das Eßzimmer **sehen wollen**.	*I wanted to see the dining room.*

Although it is important to be able to recognize the double infinitive construction, modals are not frequently used in the present perfect tense, particularly in conversation. Like **haben** and **sein**, modals are used primarily in the present or past tense, which will be discussed in Chapter 11.

Present Perfect Tense: Double Infinitive. Since this will be strange-sounding structure at first, early oral practice (with modeling and repetition) will help "fix" pattern. Improvise some drills patterned on sample sentences.

Wenn's zum Kaffee mal
keinen Kuchen gibt, ißt
man auch gern Brot mit
Nougatcreme.

Übungen

Übung A. Rather than use only printed cues, substitute gestures in this kind of exercise to avoid interrupting flow of communication.

A. Wer macht was in der Küche?

1. *Erika* soll heute abend kochen. (ich, die Eltern)
2. *Jakob* muß die Küche putzen. (wir, du)
3. *Peter* will Kekse backen. (ich, wir)
4. *Die Gäste* dürfen den Herd benutzen. (du, ihr)
5. *Ich* kann das Geschirr spülen. (er, die Kinder)
6. *Wir* mögen diesen Kuchen nicht. (ich, Erika)

B. Im Haushalt

BEISPIEL: können / du / die Waschmaschine benutzen →
Kannst du die Waschmaschine benutzen?

1. dürfen / ihr / die Blumen pflücken
2. sollen / Sie / die Tür schließen
3. müssen / du / den Rasen mähen
4. können / ihr / Kekse backen
5. dürfen / man / hier rauchen
6. mögen / du / das Geschirr nicht spülen

Übung C. Instead of taking each modal cue in order from within parentheses, various students could hold up cue cards with modal infinitive in large print.

C. Aktivitäten

BEISPIEL: Erika bleibt heute abend zu Hause. (wollen, sollen, müssen) →
Erika will heute abend zu Hause bleiben. Erika soll . . .
Erika muß . . .

1. Karin und Fritz gehen zu einer Party. (dürfen, wollen, sollen)
2. Ich spiele Karten. (können, möchten, wollen)
3. Wir besuchen unsere Eltern. (müssen, sollen, möchten)

4. Hans mietet ein Zimmer. (müssen, sollen, wollen)
5. Du schließt die Tür. (dürfen, müssen, sollen)
6. Ihr sprecht gut Deutsch. (können, sollen, wollen)

Übung D. Variation could be *Du auch.* Have students work in pairs and practice second person. In either form, have students pay attention to voice inflection, since second sentence is emphatic restatement of first.

D. Ich auch

BEISPIEL: Kris spricht Deutsch. (können) $\rightarrow$ Ich kann auch Deutsch.

1. Erika geht nach Hause. (müssen)
2. Hans geht ins Kino. (wollen)
3. Karin und Max gehen zur Bank. (sollen)
4. Peter und Karl sprechen Englisch. (können)
5. Anton geht ins Haus. (dürfen)
6. Monika ißt Brötchen. (mögen)

Übung E. Questions may easily be personalized to fit class members.

E. Fragen

BEISPIEL: Erich raucht. (sollen) $\rightarrow$ Soll Erich rauchen?

1. Luise spricht Englisch. (können)
2. Kurt schließt die Tür. (müssen)
3. Du trinkst Bier. (mögen) (*Remember to omit the main verb.*)
4. Ich sage etwas. (dürfen)
5. Wir gehen zur Party. (sollen)
6. Sie kaufen ein Haus. (wollen)

Übung F. Make it clear to students that they are using *sollen* in sense of "something is said or reputed to be."

If classified sections of German newspapers are available, they will provide entertaining extension of exercise.

F. Eine Wohnung in einem Mietshaus. Wie soll alles sein?

BEISPIEL: das Mietshaus / alt $\rightarrow$ Das Mietshaus soll alt sein.

1. die Wohnung / groß
2. die Küche / modern
3. der Flur / lang
4. das Wohnzimmer / dunkel
5. das Bad / klein
6. das Schlafzimmer / schön

Übung G. This is well suited to s1/s2 teams.

G. Nicht heute, sondern gestern

BEISPIEL: Ihr dürft heute ins Kino gehen. $\rightarrow$
Ihr habt gestern ins Kino gehen dürfen.

1. Ich kann heute nicht arbeiten.
2. Wir sollen heute zu Hause bleiben.
3. Er muß heute um sieben nach Hause kommen.
4. Du darfst heute nicht zur Party gehen.
5. Ihr müßt heute nach Salzburg fahren.
6. Die Kinder wollen heute Lärm machen.

H. Stellen Sie noch Fragen!

BEISPIEL: Spricht er Deutsch? (können) $\rightarrow$
Kann er Deutsch sprechen?
Hat er Deutsch sprechen können?

1. Pflückt man diese Blumen? (dürfen)
2. Warum schließen Sie die Türen? (wollen)
3. Warum putzen wir alles? (müssen)

4. Schenkst du Chrysanthemen? (wollen)
5. Kauft Frau Schneider ein Einfamilienhaus? (können)
6. Warum öffnet das Kind immer die Türen? (müssen)
7. Fährt man langsam auf dieser Straße? (sollen)
8. Warum gehen Sie so langsam? (müssen)

Übung I. This could involve teams of up to 4 students. Partners could ask one another questions (*du*); then each pair could question the other (*ihr*).

I. Und Sie? Und Ihr Nachbar / Ihre Nachbarin? Antworten Sie auf jede Frage! Fragen Sie dann Ihren Nachbarn / Ihre Nachbarin mit der du-Form!

1. Was sollen Sie heute tun?
2. Müssen Sie heute abend lernen?
3. Wollen Sie heute abend ins Kino gehen?
4. Welchen Film möchten Sie sehen? Warum?
5. Mit wem möchten Sie ins Kino gehen? Warum?

J. In der Klasse: Fragen und Antworten. Arbeiten Sie mit einem Partner / einer Partnerin!

BEISPIEL:　S1: Darf ich hier rauchen?
　　　　　　S2: Nein, du darfst hier nicht rauchen. Soll ich hier lernen?
　　　　　　S1: Ja, du sollst hier lernen. Willst du hier . . .

dürfen	arbeiten
können	auf deutsch singen
müssen	Bier trinken
sollen	essen
wollen	Lärm machen
	lernen
	lesen
	schlafen
	Englisch sprechen
	tanzen
	_____?

Im Wohnzimmer. Die Oma besucht heute Gretchen und ihre Schwester, Helene.

OMA: Wer hat denn so schön gebacken?

HELENE: Wir haben je einen Kuchen für dich gemacht, Oma. Meiner ist der Gugelhupf . . .

GRETCHEN: . . . und ich habe den Nußkuchen gemacht.

OMA: Dann will ich unbedingt von beiden ein Stück nehmen. Gretchen, dein Kuchen ist lecker, und Helene, ich finde deinen auch ausgezeichnet. Aber, Kinder, woher habt ihr diese Rezepte?

HELENE: Oma, sie sind beide von dir.

OMA: Sind das wirklich meine? Toll.

Dialogue. Have students who are so inclined bake items in dialogue and use during class dramatization. Snack with impromptu German conversation could follow.

A. Kaffee und Kuchen

1. Wer ist heute zu Besuch gekommen?   2. Was haben Gretchen und Helene gemacht?   3. Wie findet Oma Helenes Kuchen? Wie sagt sie das?   4. Woher haben die Kinder die Rezepte?

B. Fragen Sie Ihren Nachbarn / Ihre Nachbarin:

1. Bäckst du manchmal gern?   2. Hast du Rezepte von deiner Oma?

Menu. Point out that *eine Portion* comes in small pitcher with accompanying cup; pitcher contains about two cups of beverage.

KULTURECKE

Kaffee und Kuchen.   Many people in German-speaking countries enjoy **Kaffee und Kuchen** on Sunday afternoons, with or without guests, at home or in a **Café**. A long walk often follows, either in the woods or in the countryside.

WARME GETRÄNKE	
1 Tasse Espresso	DM 3,40
1 Tasse Cappuccino	DM 4,10
1 Glas Tee mit Sahne oder Zitrone	DM 3,40
1 Tasse Kaffee entkoffeiniert	DM 3,40
1 Tasse Schokolade mit Sahne	DM 3,40
1 Portion Milch heiß oder kalt	DM 5,—

KUCHEN, TORTEN und GEBÄCK	
Nußkuchen	DM 3,80
Apfelkuchen	DM 4,10
Käsekuchen	DM 4,10
Schokoladenkuchen	DM 3,80
Schwarzwälder Kirschtorte	DM 4,20
Brezel	DM 3,20

Rollenspiel: Am Sonntag nachmittag im Café.

KELLNER / KELLNERIN

Was möchten Sie bitte?
Was wünschen Sie bitte?
Was hätten Sie gern?
Und zu trinken?
. . . ist ausgezeichnet.
Ja, . . . ist lecker.
Alle Kuchen und Torten sind hier
    täglich frisch.

KUNDE / KUNDIN

Ich möchte . . .
Wieviel kostet . . . ?
Was empfehlen Sie heute?
Ist . . . heute frisch?
Ich will unbedingt ein
    Stück . . . nehmen.

Possessive Pronouns

The possessive adjectives (**mein, dein, sein, ihr, sein** [*neuter*], **unser, euer, ihr** [*pl.*], and **Ihr**) may also function as possessive pronouns: *possessive* since they imply ownership or relationship; *pronouns* since they, like all other pronouns, stand for or take the place of nouns. Possessive pronouns (with the exception of **Ihr**) are not capitalized.

Possessive Pronouns. If students have trouble with this section, refer them to discussion of possessive adjectives in Chapter 3, *Grammatik A.* Watch and listen for potential confusion and errors regarding form and function of possessive adjectives vs. possessive pronouns—e.g., *mein<u>es</u> Haus, mein<u>er</u> Wagen.*

	MASCULINE	FEMININE	NEUTER	PLURAL
NOMINATIVE	sein**er**	sein**e**	sein**(e)s**	sein**e**
ACCUSATIVE	sein**en**	sein**e**	sein**(e)s**	sein**e**
DATIVE	sein**em**	sein**er**	sein**em**	sein**en**

Warum muß ich **deine Türen**
    schließen? **Meine** lasse ich zu
    Hause immer offen.
Ich habe **meinen Schlüssel**
    verloren. Hast du vielleicht
    deinen?
Meine Tochter kommt zu
    Besuch. Kommt **Ihre** auch?
Euer Zimmer ist ja sehr schön.
    Habt ihr **meins** noch nicht
    gesehen?

Why must I close your doors? At
    home I always leave mine
    open.
I've lost my key. Do you have
    yours, perhaps?

My daughter is coming for a
    visit. Is yours coming, too?
Your room is very nice indeed.
    Haven't you seen mine yet?

Possessive pronouns have the same endings as **der**-words. The **e** in **mein(e)s, dein(e)s,** and **sein(e)s** is often omitted in conversation.

   Ein and **kein** may also be used as pronouns with these endings.

Wo sind **die Briefe**? —**Einer**
    liegt auf dem Tisch.
Ich brauche **einen Schlüssel**.
    —Hast du **keinen**?

Where are the letters? —One is
    lying on the table.
I need a key. —Don't you have
    one?

Deutsche Fenster haben keine Fliegendrähte
(*screens*). Es ist also einfach, das Federbett
im Fenster zu lüften (*air*).

Übungen

A. Was passiert? Benutzen Sie die richtigen Endungen!

1. Du fährst deinen Wagen langsam, und ich fahre mein ___ schnell.
2. Anna zeigt mir ihre Wohnung, und ich zeige ihr mein ___ .
3. Sie rufen ihre Kinder, und wir rufen unser ___ .
4. Wir haben einen Fernseher, aber sie haben kein ___ .
5. Ich bleibe in meinem Zimmer, und er bleibt in sein ___ .
6. Ich brauche Geld, denn ich habe kein ___ .
7. Kaufen Sie einen Blumenstrauß? Ich habe gestern ein ___ gekauft.
8. Unsere Kinder sind sehr froh. Sind eur ___ auch froh?
9. Ich spreche mit meinen Freunden, und sie spricht mit ihr ___ .
10. Mein Auto steht vor meinem Haus. Wo steht dein ___ ?

B. Zu Hause

1. Ich schließe meine Türen. Schließt du _____ ? (*yours*)
2. Wir wohnen in einem Einfamilienhaus. Wollen Sie vielleicht auch _____ kaufen? (*one*)
3. Mein Freund kommt gleich zu Besuch. Kommt _____ auch gleich? (*hers*)
4. Mein Wagen steht in der Garage. Fahren wir mit _____ in die Stadt? (*yours* [*infor. sg.*])

5. Mein Vater fährt einen Volkswagen. Habt ihr auch _____? (*one*)
6. Haben Sie eine Wohnung in der Stadt? Ich suche jetzt _____. (*one*)
7. Danke für Ihr Rezept. Hier ist _____. (*mine*)
8. In Deutschland hat jedes Haus einen Flur. Hat jedes Haus in Amerika auch _____? (*one*)
9. Herr und Frau Schultz haben schon sechs Enkelkinder. Wir haben aber _____. (*none*)
10. Ich gehe oft zu meiner Familie. Gehen Sie zu _____? (*yours*)

C. Traumautos und Lieblingssachen. Sprechen Sie mit einem Studenten / einer Studentin!

1. Dieser Gebrauchtwagen (*used car*) kostet 8630 Mark. Wieviel hat deiner gekostet, oder hast du keinen? Wieviel kostet dein Traumauto?
2. Dieser Wagen ist ein Fiat. Was für ein Wagen ist deiner, oder hast du keinen? Was für einen Wagen möchtest du?
3. Hast du einen Lieblingsfilm? Meiner ist . . .
4. Meine Lieblingsstadt ist . . . Was ist deine?
5. Mein Lieblingsbuch ist . . . Was ist deins?

D. Reaktionen. Kommentieren Sie jeden Satz!

BEISPIEL: Mein Haus ist nicht besonders groß. →
Meins ist auch nicht groß.
oder: Dein Haus ist nicht groß, aber es ist schön.
oder: Du hast ein Haus, und ich habe keins.
oder: ___?___

Ein Student / Eine Studentin sagt:

1. Ich lese ein Buch.
2. Ich verbringe meine Ferien in Europa.
3. Ich habe heute meinen Schlüssel vergessen.
4. Ich fahre meinen Wagen in die Stadt.
5. Ich spreche gern mit meinem Freund.
6. Ich kaufe heute eine Zeitung.
7. Ich habe einen Bruder.
8. Ich besuche oft meine Mutter.
9. Meine Freunde kommen oft zu Besuch.
10. Ich kenne meine Nachbarn.

Übung C. Both *der Wagen* and *das Auto* are used here. When referring to make of automobile, the masculine, *der Wagen*, is implied base: hence, **der** *Audi*, **der** *VW*, **der** *BMW*, etc. Remind students that when *das Auto* is immediate antecedent, *es* and all other neuter gender signs are correct as usual.

5. Note that *e* before *s* is omitted in writing (*meins*, etc.), because activity is supposed to emulate colloquial speech—what would actually be said. You might point out that in formal writing, *e* would be inserted (*meines*, etc.).

Übung D. Divide students into small groups. Within group, students take turns making statements and responding to them. Encourage originality. Each group could choose cleverest responses to share with whole class.

Variation. Have S1 read statement. S2 responds; S3 echoes response in third person.

Sammeltext

Sammeltext. Prereading: Have students scan text and form image of Gretchen. Who is she? How old is she? What does she do? Why is she central character of passage?

Jedes Haus in Deutschland hat einen Flur. Sogar Einzimmerwohnungen haben einen Flur, denn man möchte nicht jeden Fremden,° zum Beispiel den Zeitungsverkäufer, den Briefträger° oder den Milchmann,° in die Wohnung führen.° Aber auch Gäste können nur das Wohnzimmer oder vielleicht auch das WC sehen, denn alle Türen bleiben zu. Schon die Kinder müssen viel über Privatsphäre lernen. Sogar bei Verwandten° darf man nicht einfach in alle Zimmer laufen.

    stranger
    mail carrier / milkman
    admit

    relatives

Gretchen kann das nicht verstehen. Warum ist es den Erwachsenen° so peinlich?° Einmal ist sie mit ihrer Mutter zu Tante Emma gegangen. Sie haben im Flur gestanden, und Gretchen ist ins Schlafzimmer gelaufen und hat geschrien:° „Tante Emma hat ihr Bett auch noch nicht gemacht!" Tante Emma ist rot geworden, die Mutter ist böse geworden, und beide haben gesagt: „Das darfst du nie wieder tun!" Aber Gretchen hat das nicht ganz verstanden. Man sitzt im Wohnzimmer oder im Eßzimmer, und alle rufen: „Mach die Tür zu, es zieht°!" Gretchen findet das komisch;° sie denkt: Das ist sicher bloß eine Gewohnheit,° denn meine Frage, „Warum muß ich immer alle Türen schließen?" hat noch kein Erwachsener beantworten können.

    adults
    embarrassing
    yelled

    es. . . it's drafty
    odd / habit

Gretchen bleibt lieber zu Hause, da darf sie viel mehr tun. Ihre Freundin wohnt in einer Mietwohnung. Man darf nicht im Treppenhaus oder vor dem Haus spielen. Und hinter dem Haus auf dem Spielplatz° darf man nicht laut spielen, sonst ruft jemand bestimmt „Ruhe° da unten!"

    playground
    quiet

Gretchens Freundinnen kommen gern zu ihr ins Haus. Gretchen wohnt in einer Straße, wo auf den Schildern° steht: „Spielstraße. Anlieger frei."° Das bedeutet,° wenn man in einem Haus an dieser Straße wohnt, darf man sein Auto langsam und vorsichtig auf dieser Straße fahren. Sonst ist die Straße nicht offen für den Durchgangsverkehr.° Gretchens Eltern haben einen Garten hinter dem Haus, und die Nachbarn haben auch einen. Dort dürfen die Kinder über den Rasen laufen und viel Lärm machen. Diese Nachbarschaft ist besonders kinderfreundlich.°

    signs / Anlieger. . . Residents only. / means

    through traffic

    nice for children

Realia. Tell students that *CDU* stands for *Christlich-Demokratische Union* (*Deutschlands*). Share any recent newspaper articles about activities of *CDU* or other political parties in Germany.

Wir lieben Kinder
CDU

Richtig oder falsch?

1. Einzimmerwohnungen in Deutschland haben einen Flur.
2. In einem deutschen Haus bleiben alle Türen zu.
3. In deutschen Häusern kann ein Gast in alle Zimmer sehen.
4. Gretchen geht gern zu ihren Freundinnen, denn sie darf mit ihnen dort im Treppenhaus oder vor dem Haus spielen.
5. Im Garten hinter Gretchens Haus dürfen die Kinder über den Rasen laufen.
6. Gretchens Nachbarschaft ist besonders kinderfreundlich.

KULTUR ECKE

Die Privatsphäre.   Americans sometimes think Germans are reserved to the point of being standoffish, formal to the point of being unfriendly. Germans often see Americans as amazingly open and uninhibited. This is because Germans, to a much greater extent than Americans, experience a so-called **Privatsphäre**, an imaginary buffer zone maintained by a set of culturally determined, universally recognized rules and formalities.

The **Privatsphäre** is also maintained in building design. In contrast to the typical American floor plan, in which one room runs into another, the typical German house or apartment features a major hallway from which individual rooms open. Each room has a door, and each door usually has its own lock and key. These doors are invariably kept closed.

Balconies or decks are usually walled in. Yards are apt to be surrounded by fences, hedges, or both. Windows are often equipped with **Rolläden**—a kind of Venetian blind on the outside of the house—which, when closed, can render a room pitch black even during the day.

Fertiger **ROHBAU** für 4 DHH

mit Garagen,
in Dietersheim,
zu verkaufen
à DM 345 000,–
MHW-Wohnbau GmbH
Telefon 08131/6093

Und Sie? Haben Sie eine Privatsphäre? Sind Sie immer offen und freundlich oder etwas zurückhaltend (*reserved*)? Haben Sie oft und gern Besuch, oder sind Sie lieber allein zu Hause?

Sammelübungen

A. Was bringt die Zukunft? Was fragt das Kind? Benutzen Sie das Futur!

BEISPIEL: Darf ich ins Kino gehen? →
Werde ich ins Kino gehen dürfen?

1. Können wir in dieser Nachbarschaft wohnen?
2. Dürfen die Kinder auf dieser Straße spielen?
3. Darfst du dort mit deinem Auto fahren?
4. Dürfen wir viel Lärm machen?
5. Darf meine Freundin über den Rasen laufen?
6. Dürft ihr im Treppenhaus spielen?
7. Muß ich immer die Türen schließen?
8. Können die Eltern unsere Fragen beantworten?

B. Was passiert in der Nachbarschaft?

BEISPIEL: Anna zeigt Hans ihr Auto, und Hans zeigt ihr sein ___. (wollen) →
Anna will Hans ihr Auto zeigen, und Hans will ihr seins zeigen.

1. Die Kinder spielen vor ihrem Haus. Sie spielen aber nicht vor unser ___.
(dürfen)
2. Schließt du deine Türen? Schließt Heinrich auch sein ___? (müssen)
3. Vom Fenster sehe ich meinen Volkswagen. Dein ___ sehe ich aber
nicht. (können)
4. Angela schenkt ihrer Großmutter Blumen. Wir schenken unser ___ auch
Blumen. (sollen)
5. Ich besuche deine Familie. Besuchst du mein ___? (möchten)
6. Wir verstehen eure Kinder nicht. Versteht ihr unser ___? (können)
7. Seine Wohnung ist sehr schön. Ist ihr ___ auch so schön? (sollen)

C. Was wird aus diesem Mädchen werden? Was glauben Sie? Was glauben Ihre Nachbarn und Nachbarinnen?

1. Wie heißt das Mädchen? Wie alt ist sie?
2. Wird sie studieren wollen? Wenn ja, was
wird sie studieren wollen? Wo?
3. Wird sie arbeiten wollen? Wo?
4. Wird sie schwer arbeiten müssen?
Warum (nicht)?
5. Wird sie viel Geld verdienen (*earn*)?
Warum (nicht)?
6. Was wird sie kaufen wollen? ein Haus?
einen Wagen? ___?
7. Was wird sie machen wollen? reisen?
berühmt werden? Kinder bekommen?
___?

Was wird aus ihr werden?

D. Diskussionsthemen

1. Soll man zu Hause alle Türen schließen? Warum (nicht)?
2. Soll man im Park über den Rasen laufen? Warum (nicht)?
3. Für wen soll man Vornamen benutzen? Für wen soll man Familiennamen
benutzen?
4. Gibt es einen Unterschied (*difference*) zwischen Freunden und
Bekannten? Wenn ja: Was ist der Unterschied?

Anwendung

Kinder

A. Als Kind: Sie und Ihr Partner / Ihre Partnerin. Füllen Sie die Tabelle aus! Stellen Sie Ihrem Partner / Ihrer Partnerin Fragen mit der du-Form!

WIE WAREN SIE ALS KIND?	ICH	MEIN PARTNER / MEINE PARTNERIN
1. Haben Sie viel Zeit allein zu Hause verbracht?		
2. Haben Sie gern draußen gespielt?		
3. Waren Sie gern mit anderen Kindern zusammen?		
4. Haben Sie Häuser mit Holzklötzchen (*wooden blocks*) gebaut?		
5. Haben Sie gern (Cowboy, Doktor, Mutti, Vati, . . .) gespielt?		
6. Haben Sie Fußball gespielt?		

Felix, der glückliche° Stubenhocker°

happy / homebody

von Monika Seck-Aghte

Geh doch ein bißchen raus, Felix", sagt meine Mutter. „Die Sonne scheint, da ist es eine Sünde,° in der Wohnung zu hocken."°

sin / zu. . . to sit around

„ „Ich will nicht raus", sage ich.

„ Warum denn nicht?" fragt meine Mutter. „Die anderen Kinder spielen auch im Hof."

Zum Beweis° zieht° sie mich ans Küchenfenster.

zum. . . as proof / pulls

Ich lasse meinen Blick° wie einen Stein° vier Stockwerke tief nach unten fallen. Dort sehe ich die anderen Kinder aus unserem Block. Timmi fährt auf dem Skateboard. Sabrina und Juan gucken ihm zu.° Elfi ist in einen Hundehaufen° getreten.° Immer wieder° schubbert° sie mit ihrem Schuh über das Rasenstück zwischen den Mülltonnen.°

gaze / stone

gucken. . . zu *watch / dog mess / stepped*
immer. . . *again and again /*
scrapes
garbage cans

Wieviel schöner kann ich es hier oben haben!

„Ich bleibe hier", sage ich zu meiner Mutter. „Du gehst ja auch nicht runter! Ich möchte zu Hause bleiben, so wie du. Ich mach' auch was Leises,° Ehrenwort."°

was. . . *something quiet / word of*
honor

Meine Mutter holt tief Luft° und dreht die Augen zur Zimmerdecke.°

holt... *takes a deep breath /* dreht... *looks at the ceiling*

„Also gut", sagt sie. „Aber daß du Tag für Tag hier oben in der Wohnung herumhockst—das ist nicht normal."

Dann geht sie ins Schlafzimmer und macht die Tür zu.

Auch ich gehe in mein Zimmer.

Einen Moment denke ich nach. Mit dem Schifferklavier° kann ich jetzt nicht spielen. Aber ich habe eine andere Idee. Ich baue eine Stadt. Eine Schweinestadt. Schweine° aus Knete,° Häuser aus Holz.°

accordion

pigs / playdough / wood

Meine Mutter schläft und schläft.

Ich baue an der Schweinestadt. Überall sind Schweine: in den Läden, auf den Straßen. Nur an der Tankstelle° nicht; da bedient° ein Krokodil die Schweinekunden.

gas station / serves

Es wird dunkel. Das Krokodil macht seine Tankstelle zu und geht in ein Bierlokal. Es trinkt fünf Gläser Bier und beschimpft° den Wirt.°

swears at / innkeeper

Der Bierlokal-Wirt ist ein kräftiges° Schwein, eines mit Muskelbergen° und Reißzähnen.° Gerade will es dem Krokodil eins auf die Schnauze hauen,° da flammt die Deckenlampe° in meinem Zimmer auf.°

powerful / huge muscles

fangs / auf... *to punch in the nose*

ceiling light / flammt... auf *flares up*

Mein Vater steht in der Tür. In der Hand hält er einen nagelneuen° Fußball.

brand new

„Der ist für dich", sagt mein Vater. „Mach dich fertig. Ich ziehe mich um,° dann gehen wir beide auf die Bolzwiese."°

ziehe... *will change clothes*

(*kicking*) *field*

B. Was für . . . ?

1. Was für ein Stubenhocker ist Felix?
2. Was für eine Stadt baut er?
3. Was für Kunden bedient das Krokodil an der Tankstelle?
4. Was für ein Schwein ist der Bierlokal-Wirt? Was für Muskeln und Zähne hat es?
5. Was für eine Lampe flammt im Zimmer auf?
6. Was für einen Fußball hält der Vater in der Hand?
7. Auf was für eine Wiese gehen der Vater und sein Sohn?

C. Und dann? *Write an ending to the story. The following questions will give you some ideas.* Wie antwortet Felix seinem Vater? Geht er mit ihm?

Wenn ja: Was passiert auf dem Fußballfeld? Kann Felix gut Fußball spielen? Kann er schnell laufen? Hat sein Vater Geduld mit ihm? Sind die Fußballspieler freundlich zu ihm? Will Felix Fußballspieler werden? Will er jetzt immer draußen sein?

Wenn nein: Was will Felix sonst tun? Darf er weiter mit seiner Schweine-stadt spielen? Darf er allein im Zimmer bleiben? Wie ist es in seiner Phantasie? Was macht der Vater mit dem Fußball? Kommt die Mutter schließlich (*eventually*) aus dem Schlafzimmer? Was sagen die Eltern beim Abendessen? Will Felix essen? Will er fernsehen? Will er mit den Eltern sprechen? Um wieviel Uhr geht er ins Bett? Schläft er?

Übung D. This exercise, and others like it, could be assigned as essay for written homework or done orally in class. Students could work in pairs to ask/answer questions in German, or to compose essay.

D. Zum Schreiben oder zur Diskussion: Was wird aus Felix werden? Wird er studieren? Wenn ja: Was? Wird er viele Freunde und Bekannte haben? Was wird er gern am Wochenende machen? Was für ein Mann wird er werden? Wird er zum Beispiel offen und freundlich sein? nachdenklich (*reflective*)? sportlich? sympathisch? interessant? ___?___ Wird er Musiker werden? Politiker? Autor? Professor? Architekt? Dichter? Dramatiker? ___?___ Wird er froh sein?

Raucher und Nichtraucher

Leserbriefe°

letters to the editor

Ich bin 25, habe noch nie in meinem Leben eine einzige° Zigarette geraucht und werde nie Raucher werden. Meine Familie hat auch nie geraucht, mit Ausnahme° meines Großvaters. Er hat täglich eine Zigarre geraucht und starb° mit 93 mit einer Zigarre im Mund.° Der Rauch hat uns nie gestört.° Heute müssen wir ganz andere Sachen einatmen,° und diese sind alle gefährlicher° als Zigarren- und Zigarettenrauch.

single

exception
died
mouth
bothered

inhale / more dangerous

Bettina Schuster,
Dortmund

Haben Sie Asthma? Müssen Sie ständig° neben einem Raucher sitzen? Müssen Sie immer qualmverpestete° Luft° in Banken, Postämtern, Läden, Restaurants, Cafés und sogar Krankenhäusern° einatmen°? Haben Sie einen Raucher höflich° gebeten,° doch für kurze Zeit das Rauchen einzustellen° und dann Antworten gehört wie „Suchen Sie sich doch einen anderen Platz"? Dann werden Sie verstehen: Für mich sind Raucher Menschen letzter Klasse.

continually
smoke-filled
air

hospitals / breathe
politely / asked
to stop

Klaus Winkler,
Hamburg

Ich bin 32, habe selber° 17 Jahre geraucht. Seit 2 Jahren bin ich wieder Nichtraucher. Warum? Ich habe einfach zu viele Zigaretten geraucht, und ich will nicht jung sterben.° Meine Frage: Wie kann ich jetzt meine Freundin überzeugen,° auch das Rauchen aufzugeben°? Sie raucht Tag und Nacht, eine Zigarette nach der anderen. Sie raucht bei der Arbeit, nach dem Essen, beim Kaffeetrinken, beim Zeitungslesen, beim Fernsehen—nie sehe ich ihre Finger ohne eine Zigarette. Sie sagt mir: „Ich rauche, denn ich will. Zigaretten schmecken° mir."

myself

die

convince
to give up

taste good

Konrad Rainer,
Göttingen

Diskussionsthemen.
Bring in any recent articles
or letters to editor from
German magazines or
newspapers on issue of
smoking. You might ini-
tiate debate between
Raucher and *Nichtraucher*
about where people may
or may not smoke and
why.

A. Diskussionsthemen

1. Was meint Bettina? Stört der Rauch sie oder ihre Familie? Warum
   (nicht)? Stört er Sie? Warum sagen Sie das?
2. Warum kämpft Klaus gegen das Rauchen? Er raucht nicht, aber er muß
   immer Zigarettenrauch einatmen. Er muß sozusagen „mitrauchen". Ist das
   fair? Was meinen Sie?
3. Warum raucht Konrad nicht mehr? Was fragt er heute? Ist das, Ihrer
   Meinung nach, „sein" Problem? Wie kann er dieses Problem lösen?
4. Sind Sie Raucher oder Nichtraucher? War es immer so?
5. Wenn Sie Raucher sind: Wie viele Zigaretten rauchen Sie pro Tag?
   Rauchen Sie gern? Wann rauchen Sie? Wo rauchen Sie? Fragen Sie
   zuerst: „Darf ich hier rauchen?" Oder: „Stört es Sie, wenn ich rauche?"
   Oder rauchen Sie einfach? Ein Nichtraucher sagt zu Ihnen: „Rauchen Sie
   hier nicht, bitte!" Was sagen Sie zu dieser Person?
6. Wenn Sie Nichtraucher sind: Andere Leute rauchen, und Sie müssen
   dann ihren Rauch einatmen. Stört Sie das? Warum (nicht)? Was sagen
   Sie zu Rauchern? Wie antworten sie Ihnen?

B. Ihr eigener Leserbrief. *Write a short letter to the editor, in which you state
your opinions on smoking. Gather ideas from the preceding three sample letters
and questions.*

Theater und Filme

10

Vorschau. Brainstorming ideas: *Kino: Filme, Kinokarten; Theater: Theaterkarten, Theaterstücke, Opern, Bühne, Regisseure/Regisseurinnen, Schauspieler/Schauspielerinnen*

Vorschau

Wohin gehen diese Leute heute? Was kaufen sie jetzt? Wie viele Kinos gibt es in diesem Gebäude (*building*)? Wie heißen sie? Was machen die Leute nachdem sie den Film gesehen haben? Gehen sie vielleicht sofort nach Hause? in ein Restaurant? in ein Kaffeehaus? einkaufen? Und Sie? Gehen Sie gern ins Kino? Sehen Sie gern Kriminalfilme? Dramen? Komödien? Western? Horrorfilme? alte Stummfilme? Was machen Sie gern nach dem Film?

Das Theater: Heute abend sieht man eine Oper auf der Bühne.

A. Im Theater und im Kino: Definitionen

BEISPIEL: S1: Wer sind die Theaterbesucher und Theaterbesucherinnen?
                          S2: Diese Leute gehen ins Theater.

1. die Bühne
2. das Theater
3. das Kino
4. die Pause
5. das Theaterstück
6. die Schauspieler und Schauspielerinnen
7. die Ermäßigung
8. der Dramatiker / die Dramatikerin

a. Diese Menschen spielen in Theaterstücken.
b. Das sind 15 oder 20 Minuten zwischen den Akten einer Vorstellung. Während dieser Zeit kann man etwas trinken und mit den anderen Theaterbesuchern sprechen.
c. Man singt, tanzt oder spielt Theaterstücke darauf.
d. Damit muß man nicht so viel für eine Theaterkarte bezahlen.
e. Dieser Mensch schreibt Theaterstücke.
f. Das ist ein Schauspiel (eine Komödie, eine Tragödie usw.).
g. Dort sieht man Schauspiele, Ballette und andere Vorstellungen.
h. Dort sieht man Filme.

Übung B. From campus theater with dramatic performances or local performing arts company, students might bring in programs or playbills and formulate simple questions for each other based on exercise.

B. Was spielt im Theater? Lesen Sie das Programm, und antworten Sie auf jede Frage!

Freitag 24. 9	**Der Kaukasische Kreidekreis** Stück von Bert Brecht mit Friedrich Schütter, Angelique Duvier u.v.a. Regie: Harry Buckwitz Ernst-Deutsch-Theater, Hamburg
Samstag 30. 10	**Fräulein Julie** Trauerspiel von August Strindberg mit Christine Buchegger, Michael Degen, Elisabeth Endriss Regie: Ingmar Bergman Bayrisches Staatsschauspiel, München/Münchner Tournee
Freitag 19. 11	**Der Postmeister** Schauspiel von Alexander Puschkin mit Sigfrit Steiner, Renate Schauss u.a. Regie: Gerhard Klingenberg Bühne 64
Donnerstag 20. 1 »J«	**Nathan der Weise** Dramatisches Gedicht von Gotthold Ephraim Lessing mit Traugott Buhre u.v.a. Regie: Claus Peymann Schauspielhaus Bochum
März	**Eine neue Inszenierung vom Düsseldorfer Schauspielhaus**
Freitag 15. 4	**Die Räuber** Schauspiel von Friedrich Schiller Regie: Günther Fleckenstein Deutsches Theater Göttingen

1. Wer hat den „Kaukasischen Kreidekreis" (*Caucasian Chalk Circle*) geschrieben? Kennen Sie den Autor dieses (*of this*) Stückes? Kennen Sie dieses Stück? Haben Sie es auf englisch gelesen? Haben Sie es

vielleicht auf der Bühne gesehen? Kennen Sie andere Werke von Brecht? Welche? Wer spielt in dieser Vorstellung? Wer ist der Regisseur? Wo spielt dieses Stück?

2. Welches Stück hat August Strindberg geschrieben? Was für ein Stück ist es? Wer sind die Schauspielerinnen in dieser Vorstellung des (*of the*) Stückes? Wer ist der Schauspieler? In welchem Theater sieht man dieses Stück? In welcher Stadt findet man dieses Theater? Dieses Stück ist unter der Regie von _____. Kennen Sie Bergman als Filmregisseur? Welche Bergman-Filme kennen Sie?

3. Welches Stück kommt aus Rußland? Wer hat es geschrieben? Wer spielt in dieser Vorstellung? Wer ist der Regisseur? Auf welcher Bühne sieht man diese Vorstellung?

4. Welches Stück hat Deutschlands Klassiker Gotthold Ephraim Lessing geschrieben? Wo spielt dieses dramatische Gedicht (*poem*)? Wer ist einer der Schauspieler? Wer ist der Regisseur?

5. Welches Stück spielt am Freitag, dem 15. (fünfzehnten) April? Welcher Klassiker hat dieses Schauspiel geschrieben? Kennen Sie dieses Stück auf englisch (*The Robbers*)? Kennen Sie andere Werke von Schiller? („Don Carlos"? „Wilhelm Tell"?) Wo spielt man „Die Räuber"? Wer ist der Regisseur?

Übung C. Students could bring in larger movie ads from local newspapers and ask other students questions patterned on those in exercise.

C. Filme. Arbeiten Sie mit einem Studenten / einer Studentin zusammen! Stellen Sie Fragen über die Filme! (*See also ad at top of page 253.*)

BEISPIEL: S1: Wer hat die Musik für „Stille Betrüger" geschrieben?
            S2: Paolo Conte.

Was ist der Titel des (*of the*) Filmes von . . . ?
Wie heißt der Schauspieler / die Schauspielerin in . . . ?
Wie heißt der Regisseur / die Regisseurin von . . . ?
Um wieviel Uhr spielt . . . ?
In welchem Kino spielt . . . ?
Welcher Film hat einen Preis gewonnen? Welchen Preis? Wann?
Welchen Film möchtest du besonders gern sehen? Warum?

Stille Betrüger *silent cheaters*

der Tod *death*

EIN FILM VON
Peter Schamoni

atlas film

MAX ERNST

Mein Vagabundieren-
Meine Unruhe

Filmbühne am Steinplatz
20.30 · Sa/So. 16.30 Uhr, ab 25.7., 19.00 Uhr

Sputnik Kino Südstern
20.00 + 22.30 Uhr, ab 25.7., 20.00 Uhr

die Unruhe *unrest*
das Vagabundieren *life as a
vagabond*

D. Wer ist ein Filmnarr / eine Filmnärrin (*movie buff*)? Fragen Sie andere
Studenten/Studentinnen:

1. Gehst du oft ins Kino? Hast du ein Lieblingskino? Wieviel muß man dort
   für eine Karte bezahlen?
2. Siehst du Filme auf Videokassette zu Hause?
3. Was ist dein Lieblingsfilm? Warum? Wievielmal hast du diesen Film
   gesehen? (einmal? zweimal? siebenmal? __?__)
4. Für welchen Schauspieler schwärmst du? (Welchen Schauspieler magst
   du besonders gern?) In welchen Filmen hat er gespielt?
5. Für welche Schauspielerin schwärmst du? In welchen Filmen hat sie
   gespielt?

Übung D. This lends itself well to
student/student interviews that can be
practiced beforehand in small groups
and then conducted before whole
class, à la TV talk show. Also good
exercise for videotaping.

wenn die Gruppe reisen muß:

030 - 401 38 34

FIDIBUS-REISEN BERLIN

Wortschatz

Adjectives and Adverbs

gruselig	creepy
mindestens	at least

Genitive Prepositions

(an)statt	instead of
trotz	despite, in spite of
während	during, in the course of
wegen	because of, on account of

Nouns

der Austausch	exchange
der Austauschschüler, - /	exchange student
die Austauschschüle-	
rin, -nen	
der Autor, -en / die	author
Autorin, -nen	
die Bühne, -n	stage
die Ermäßigung, -en	discount
das Foyer, -s	lobby
die Geschichte, -n	story; history
das Gymnasium, *pl.*	academic preparatory
Gymnasien	school
die Handlung, -en	plot

der Held, -en (*wk.*) / **die**	hero / heroine
Heldin, -nen	
das Jahr, -e	year
der Klassiker, - / die	classic (*author*)
Klassikerin, -nen	
der Komiker, - / die	comedian /comedienne
Komikerin, -nen	
die Oper, -n	opera
die Pause, -n	intermission
das Projekt, -e	project
der Regisseur, -e / die	stage or film director
Regisseurin, -nen	
die Rolle, -n	role
die Schallplatte, -n	phonograph record
der Schauspieler, - / die	actor/actress
Schauspielerin, -nen	
der Schüler, - / die	student, pupil
Schülerin, -nen	
der Stummfilm, -e	silent film
das Theater, -	theater
der Theaterbesucher, - /	theatergoer
die Theater-	
besucherin, -nen	
die Theaterkarte, -n	theater ticket
das Theaterstück, -e	stage play

WIR MACHEN THEATER

die Uhr, -en	watch; clock
der Vertreter, - / die Vertreterin, -nen	representative
die Vorstellung, -en	performance
die Welt, -en	world

Subordinating Conjunctions

bevor	before
da	since (*cause*)
damit	in order that, so that
daß	that
nachdem	after
ob	whether, if
seitdem	since (*time*)
während	while
weil	because
wenn	if; whenever

Verbs

beeindrucken, hat beeindruckt	to impress
bemerken, hat bemerkt	to notice
besprechen (bespricht), hat besprochen	to discuss
erkennen, hat erkannt	to recognize
lächeln, hat gelächelt	to smile
singen, hat gesungen	to sing

IDIOMATIC VERB/PREPOSITION COMBINATIONS

antworten auf (+ *acc.*)	to respond to
arbeiten an (+ *dat.*)	to work on
denken an (+ *acc.*)	to think of
fragen nach (+ *dat.*)	to ask about
handeln von (+ *dat.*)	to be about
lachen über (+ *acc.*)	to laugh at
schauen auf (+ *acc.*)	to look at
schwärmen für (+ *acc.*)	to be crazy about
sprechen über (+ *acc.*)	to talk about
warten auf (+ *acc.*)	to wait for

Useful Words and Phrases

die (zwanziger) Jahre	the (twenties)
Schlange stehen	to stand in line
prima!	great!
wovon handelt (das Stück)?	what is (the play) about?

Grammatik

Martin ist ein Austauschschüler aus New York. Während er ein Jahr lang auf ein Gymnasium in Deutschland geht, lebt er bei einer deutschen Familie. Margit ist eine Klassenkameradin. Martin trifft sie auf der Straße vor seinem Haus.

MARGIT: Tag, Martin. Gut, daß ich dich sehe. Ich soll dich fragen, ob du heute abend Zeit hast.

MARTIN: Ja, warum?

MARGIT: Weil wir ins Theater gehen wollen.

MARTIN: Prima. Seitdem ich in Deutschland bin, bin ich noch nicht im Theater gewesen. Was wollt ihr sehen?

MARGIT: „Die Dreigroschenoper" von Brecht. Wenn du willst, kommen wir um halb sieben zu dir; dann können wir alle zusammen gehen.

A. Martin und Margit

1. Wo lebt Martin, während er in Deutschland ist? 2. Was soll Margit ihn fragen? Warum soll sie ihn fragen? 3. Geht Martin oft ins Theater? 4. Warum kommen Margit und ihre Freunde um halb sieben zu Martin?

B. Fragen Sie Ihren Nachbarn / Ihre Nachbarin: Was tust du abends, wenn du Zeit hast?

KULTURECKE

Schüler/Schülerinnen und Studenten/Studentinnen. Gymnasium students are called **Schüler** or **Schülerinnen**, whereas university students are called **Studenten** or **Studentinnen**. Students who qualify attend a secondary school, usually called a **Gymnasium**, for about nine years after the initial four years in the **Grundschule**. When they graduate, they are on an academic level roughly equivalent to that of American students who have had one or two years of college.

Hallo, Schüler der 10. Klasse

Austauschprogramme. Waren Sie Austauschschüler/Austauschschülerin? Wenn ja: Wo haben Sie gewohnt? In welchem Jahr? Sind Sie jetzt Austauschstudent/Austauschstudentin? Wenn ja: Woher kommen Sie? Wenn nein: Möchten Sie im Ausland studieren? Wo?

Subordinate Clauses

Subordinating Conjunctions

In German, coordinating and subordinating conjunctions affect word order differently. As you know, *coordinating* conjunctions—**aber, denn, oder, sondern, und**—combine two equal clauses without altering the word order of either. Both clauses are independent and can stand as separate sentences.

INDEPENDENT CLAUSE	INDEPENDENT CLAUSE
Martin kommt nicht zu uns,	**denn** er geht ins Kino.
Martin kommt nicht zu uns.	Er geht ins Kino.

A *subordinating* conjunction, however, joins two unequal clauses: an independent (main) clause and a dependent (subordinate) clause. The dependent clause

Subordinating Conjunctions. Point out that term suggests second clause is of secondary importance to first or main clause. It is "subordered," or ranked beneath it, and exists only to qualify it. A subordinate clause alone amounts to incomplete sentence.

If inequality of clauses bothers any of your more egalitarian students, remind them that even Santa's helpers are merely "subordinate clauses."

cannot stand alone as a complete sentence. When a clause begins with a subordinating conjunction, the verb comes at the end of the clause.

MAIN CLAUSE	SUBORDINATE CLAUSE
Martin kommt nicht zu uns,	**weil** er ins Kino **geht**.
Martin isn't coming to our house	*because he's going to the movies.*

In modal constructions or in a compound tense, such as the present perfect, the conjugated verb generally follows the past participle or the infinitive.

MAIN CLAUSE	SUBORDINATE CLAUSE
Martin ist nicht zu uns gekommen,	**weil** er ins Kino **gegangen ist**.
Martin kommt nicht zu uns,	**weil** er ins Kino **gehen will**.

A subordinate clause may precede or follow the main clause in a sentence. When a subordinate clause follows the main clause, the word order of the main clause remains unchanged: **Martin kommt nicht zu uns, weil er ins Theater geht.** When a subordinate clause *precedes* the main clause, however, the subordinate clause functions as the first element of the entire sentence. The verb of the main clause must then follow directly as the second element. The subject of the main clause and all other elements follow. The word order of the subordinate clause remains the same, regardless of whether the subordinate clause precedes or follows the main clause.

	1	2	3	4
	ELEMENT	VERB	SUBJECT	OTHER ELEMENTS
	SUBORDINATE CLAUSE		MAIN CLAUSE	
PRESENT	Weil Martin ins Kino geht,	**kommt**	er	nicht zu uns.
PRESENT PERFECT	Weil Martin ins Kino gegangen ist,	**ist**	er	nicht zu uns gekommen.

„Wenn's zu laut wird, hört Theo immer seine Cassette mit Meeresrauschen.“

Meeresrauschen *sounds of the sea*

The following list includes the most common subordinating conjunctions. Note the word order in the sample sentences.

daß	*that*	Ich weiß, **daß** er das Buch einmal gelesen hat. *I know that he once read the book.*
damit	*in order that, so that*	Ich komme um sieben zu dir, **damit** wir zusammen ins Theater gehen können. *I'll come to your place at seven, so that we can go to the theater together.*
ob	*whether, if*	Sie fragt, **ob** er heute abend Zeit hat. *She asks whether he is free tonight.*
wenn	*if; whenever*	**Wenn** du Zeit hast, wirst du uns bitte besuchen? *If you have time, will you please visit us?*
da	*since (cause)*	**Da** er so gut Deutsch kann, liest er die Stücke im Original. *Since he knows German so well, he reads the plays in the original.*
weil	*because*	Martin kennt diesen Film, **weil** er das Buch gelesen hat. *Martin is familiar with this film because he read the book.*
bevor	*before*	**Bevor** wir ins Theater gehen, essen wir im Restaurant. *Before we go to the theater we'll eat out.*
während	*while*	**Während** du arbeitest, sehe ich einen Film im Fernsehen. *While you work, I'll watch a film on TV.*
seitdem*	*since (time)*	**Seitdem** ich in Deutschland bin, bin ich noch nicht im Theater gewesen. *Since I've been in Germany I haven't yet been to the theater.*
nachdem†	*after*	Gehen wir ins Theater, **nachdem** wir gegessen haben! *Let's go to the theater after we've eaten.*

---

* Note that **seitdem** is commonly used with the present tense. In conversation, **seitdem** is often shortened to **seit**.

† Note that **nachdem** is generally not used with the present tense but rather with the present perfect or another past tense.

Interrogative Words

Like subordinating conjunctions, interrogative words are frequently used to introduce subordinate clauses.

wann	Wissen Sie, **wann** man „Die Räuber" von Schiller spielen wird?
warum	Margit fragt Martin, **warum** er noch nicht im Theater gewesen ist.
was	Weißt du, **was** das ist?
wer (wen, wem, wessen [*whose*])	Ich möchte wissen, **wer** zu uns kommt.
wo (wohin, woher)	Martin fragt, **wo** das Theater ist.
wie (wieviel, wie viele)	Du fragst, **wie** ich das Stück gefunden habe.

wer/was. Note that except for *wer* and *was*, all interrogative words are relative adverbs. Both *wer* (persons) and *was* (things) are relative pronouns. While neither relative adverbs nor relative pronouns may properly be classified as subordinate conjunctions, they still function structurally to join main and subordinate clauses.

wissen and Subordinate Clauses

As you will recall, the three German verbs **kennen**, **können**, and **wissen** all roughly correspond to the English verb *to know*. They are not used interchangeably, however.

wissen. Structurally speaking, subordinate *daß*-clause following *wissen* is finite verbal expansion of some implied noun or pronoun direct object. It therefore may be classified as "object clause": *Weißt du etwas? Weißt du, daß ich diesen Film gesehen habe?*

kennen = FAMILIARITY

Martin kennt diesen Film.

Martin knows (is familiar with) this film.

können = ABILITY

Martin kann gut Deutsch.

Martin knows (is proficient in) German.

wissen = FACTUAL INFORMATION

Martin weiß die Antwort.

Martin knows (for a fact) the answer.

Unlike **kennen** and **können**, **wissen** most frequently occurs in sentences with a subordinate clause.

Du weißt, daß ich diesen Film gesehen habe.
Wissen Sie, wo das Kino ist?

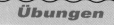

A. Die Austauschschülerin aus New York

Übung A. Avoid having anyone read English form of subordinating conjunction aloud. One student might simply be asked to say correct German subordinating conjunction before others perform transformation.

1. Wo wohnt die Austauschschülerin, _____ sie auf ein Gymnasium in Augsburg geht? (*while*)
2. Ich möchte sie fragen, _____ sie oft ins Theater geht. (*whether*)
3. Ist sie im Theater gewesen, _____ sie in Deutschland ist? (*since* [time])
4. Sie kann heute abend nicht ins Theater gehen, _____ sie so spät keine Karte mehr bekommen kann. (*because*)
5. _____ sie will, kann sie meine Karte haben. (*if*)

6. Sie sagt, _____ sie die Karte haben möchte. (*that*)
7. Sie kommt um sechs zu uns, _____ wir alle zusammen gehen können. (*so that*)
8. Essen wir im Restaurant, _____ wir ins Theater gehen? (*before*)
9. Gehen wir ins Café, _____ wir das Stück gesehen haben! (*after*)
10. _____ die Austauschschülerin schon gut Deutsch spricht, versteht sie bestimmt alles. (*since* [cause])

Übung B. For advanced students, s1: forms yes/no question from each item and s2: answers it: *Beispiel: Kommt Margit nach Hause, nachdem sie den Film gesehen hat? s2: Ja, Margit kommt . . .*

B. Margit und ihre Freunde

BEISPIEL: Margit kommt nach Hause. (nachdem) Sie hat den Film gesehen. →
Margit kommt nach Hause, nachdem sie den Film gesehen hat.

1. Dieter fährt nach Wien. (damit) Er kann dort ein Stück von Peter Handke sehen.
2. Maria ist müde. (seitdem) Sie hat eine Erkältung.
3. Margit fragt den Austauschschüler. (ob) Er hat einen Brief an seine Eltern geschrieben.
4. Sabine liest die Zeitung. (während) Sie hört Radiomusik.
5. Jürgen ist traurig. (wenn) Seine Freunde können nicht zu ihm kommen.
6. Christine liest ein Buch. (bevor) Sie geht schlafen.
7. Margit und Josef bemerken das. (daß) Ein Film von Fassbinder spielt jetzt im Kino. (Omit **das**.)
8. Fritz kauft die Theaterkarte. (da) Sie ist nicht sehr teuer.
9. Stefan geht oft in die Oper. (weil) Er ist Musikstudent.

C. Das Kino, das Theater und die Oper

BEISPIEL: (ob) Wir sehen einen Film von Fassbinder oder einen von Herzog. Es ist uns gleich. (*Omit* **es**.) →
Ob wir einen Film von Fassbinder oder einen von Herzog sehen, ist uns gleich.

1. (bevor) Ihr geht in die Oper. Ihr sollt zuerst den Text lesen.
2. (seitdem) Wir sind in Berlin. Wir gehen mindestens einmal in der Woche ins Theater.
3. (da) Diese Oper ist sehr lang. Es gibt drei Pausen.
4. (während) Man spielt das Theaterstück in München. Wir wollen es sehen.
5. (wenn) Wir sehen diese Komikerin. Wir müssen lachen.
6. (daß) Mozart hat diese Oper geschrieben. Wir wissen das schon. (*Omit* **das**.)
7. (nachdem) Wir haben den Film gesehen. Wir sollen ihn besprechen.
8. (weil) Wir können nicht ins Theater gehen. Wir gehen ins Kino.

D. Warum?

BEISPIEL: Warum stehst du Schlange? (eine Theaterkarte kaufen können)
Ich stehe Schlange, damit ich eine Theaterkarte kaufen kann.

1. Warum arbeitet Peter jetzt? (später ins Kino gehen können)
2. Warum warten die Studenten hier? (mit dem Bus in die Stadt fahren können)
3. Warum geht ihr so früh ins Restaurant? (etwas vor der Vorstellung essen können)
4. Warum bleibt Monika heute abend zu Hause? (ihre Lieblingsfernsehsendung sehen können)

Übung E. To generate ideas, especially if exercise is done orally, you might write "starter" list of verbs on board: *brauchen, besuchen, kaufen, tun, gehen, wollen.*

E. Was planen Sie?

1. Wenn ich nach Hause komme, . . .
2. Während ich in dieser Stadt bin, . . .
3. Seitdem ich Student/Studentin bin, . . .
4. Nachdem ich Deutsch gelernt habe, . . .
5. Weil ich keine Zeit habe, . . .
6. Bevor ich nach Deutschland fahre, . . .
7. Da ich schon ein bißchen Deutsch kann, . . .

F. Stau (*traffic jam*). Arbeiten Sie mit einem Studenten / einer Studentin zusammen! Stellen Sie einander Fragen!

Übung F. You might suggest following phrases for students to use in addition to or in place of *das weiß ich nicht: ich glaube ja/ wohl/schon/nicht.*

BEISPIEL: Fragen: Gibt es große Staus in Deutschland? / Wie heißt der Film?
S1: Weißt du, wie der Film heißt?
S2: Ja, er heißt „Super Stau". / Weißt du, ob es große Staus in Deutschland gibt?
S1: Das weiß ich nicht. Vielleicht.

1. Gibt es große Staus auf amerikanischen Autobahnen?
2. Wovon handelt der Film?
3. Wie wichtig ist dieses Thema in Deutschland?
4. Wer spielt die Hauptrollen in diesem Film?
5. Wer hat die Musik zum Film geschrieben?
6. Wer hat das Buch geschrieben?
7. Wie kann man das Buch bestellen? (An welchen Verlag [*publisher*] kann man schreiben?)
8. Kann man diesen Film in den USA sehen?

B

Im Foyer während der Pause. Martin und Margit wollen etwas trinken. Weil aber viele Theaterbesucher dasselbe wollen, müssen sie Schlange stehen.

MARGIT: Mir gefällt das Stück besonders wegen der Musik von Kurt Weill. Brechts „Dreigroschenoper" haben wir oft zu Hause gehört. Das war eine Lieblingsschallplatte meines Vaters.
MARTIN: Ja, ich kenne die Musik auch schon, aber popularisiert. Ich habe die Moritat* sofort erkannt. (*Er singt ein bißchen.*)
MARGIT: Sing doch auf deutsch statt auf englisch!
MARTIN: (*Er lächelt.*) Als Vertreter der USA heute abend bleibe ich lieber bei Englisch.

Dialogue. If you can, locate recording of *"Mackie Messer"* (and/or of "Mack the Knife") for students to listen to. If German words are available and you are not reluctant to try this, have students sing some stanzas of *Moritat* to get feel of it.

Eine Vorstellung von Brechts „Dreigroschenoper"

A. Im Theater

1. Warum sind Martin und Margit im Foyer? 2. Warum müssen sie Schlange stehen? 3. Warum gefällt Margit das Stück? 4. Wessen (*whose*) Lieblingsplatte war Brechts „Dreigroschenoper"? 5. Was hat Martin sofort erkannt? 6. Wie soll Martin Margits Meinung nach singen?

B. Fragen Sie Ihren Nachbarn / Ihre Nachbarin:

1. Mußt du auch manchmal Schlange stehen? Wann? 2. Wessen Musik gefällt dir? 3. Magst du Opern? Wenn ja, magst du eine Oper wegen der Musik oder wegen der Handlung?

---

* **Die Moritat** is the "Ballad of Mack the Knife" popularized in the early sixties by Bobby Darin, among others.

Zusätzliche Fragen (below). *Schwärmen Sie für die Oper? Wer ist Ihr Lieblingsopernsänger / Ihre Lieblingsopernsängerin? Welche Rollen singt er/sie besonders gut? Was ist Ihre Lieblingsoper? Warum?*

KULTURECKE

Eine kleine Theatergeschichte. In the Western world, the theater as a social institution began in central Europe with the Christian Mass of the early Middle Ages. The forerunners of the theater as we know it today, however, were the "strolling players" of the nonaristocratic classes and the court theaters of the aristocracy in the seventeenth and eighteenth centuries. Beginning in the late eighteenth and throughout the nineteenth century, the municipal theater and the court theater existed side by side. When the aristocracy was abolished as a legal entity in Germany in 1918, the court theater was taken over by the individual states. Today there are **Stadttheater** (under the jurisdiction of city governments) and **Staatstheater** (under the jurisdiction of the individual states, or **Bundesländer**).

The theater is so heavily subsidized by taxes that every effort is made to serve as many people as possible. Ticket prices are kept relatively low, and reduced rates are available to subscribers, theater audience organizations, students, and others.

Thousands of people work in the theater as employees of the state. These include singers, dancers, directors, producers, designers, and musicians. Although most actors are native German speakers, at least 40 percent of the singers are foreigners.

Only about half of all plays performed in Germany are written by German playwrights. The most popular playwrights in Germany since World War II have been Bertolt Brecht, Shakespeare, and Molière. Plays by the German classicists Lessing, Schiller, and Goethe are also very popular.

Schwärmen Sie fürs Theater?

1. Gehen Sie gern ins Theater? Warum (nicht)? Gibt es Theater in Ihrer Stadt? Bekommt man leicht Theaterkarten? Sind die Karten teuer?
2. Welche Theaterstücke haben Sie im Fernsehen gesehen?
3. Welche Schauspieler oder Schauspielerinnen gefallen Ihnen besonders? In welchen Stücken haben sie gespielt?
4. Haben Sie ein Lieblingsstück? Wie heißt das Stück?
5. Wer ist Ihr Lieblingsdramatiker / Ihre Lieblingsdramatikerin? Welche Stücke von ihm/ihr haben Sie gelesen? Welche haben Sie auf der Bühne gesehen?

Genitive Case

Genitive and Possession

A German noun or pronoun may be used in one of four grammatical cases, depending on how it functions in a sentence. You are familiar with the nominative, accusative, and dative. In this chapter you will learn to use the genitive case, which denotes a relationship of possession or dependency, usually between two nouns.

With proper names, possession is indicated by adding an **s**, and the name precedes the noun: **Brechts „Dreigroschenoper", Margits Theaterkarte**. Unlike English, there is no apostrophe before the **s** unless the name ends in **s** or **z**. In such cases, an apostrophe follows the name, and no **s** is added: **Hans' Buch, Heinz' Auto**.

With other nouns, the genitive case is indicated by special forms of the **der**- or **ein**-word and, in the neuter and masculine singular, by an ending on the noun itself. Note that in German the genitive phrase follows the noun to which it refers.

Das ist das Lieblingsstück **meines Vaters**.	*That's my father's favorite play.*
Martin ist ein Gast **der Familie**.	*Martin is a guest of the family.*
Was ist der Preis **dieser Theaterkarten**?	*What is the price of these theater tickets?*

A genitive phrase in a sentence often answers the question *whose?*, which is expressed in German by the genitive form of **wer: wessen**.

NOMINATIVE	wer (*who?*)	**Wer** geht ins Theater? *Who is going to the theater?*
ACCUSATIVE	wen (*whom?*)	**Wen** haben Sie heute gesehen? *Whom did you see today?*
DATIVE	wem ([*to*] *whom?*)	**Wem** gibt die Frau das Geld? *To whom is the woman giving the money?*
GENITIVE	**wessen** (*whose?*)	**Wessen** Karte ist das? *Whose ticket is that?*

Nouns with *der*- and *ein*-Words

The definite article has two forms to indicate the genitive case: **des** for masculine and neuter, **der** for feminine and plural. **Der**-words (**dieser, jeder, welcher, mancher, solcher**) and **ein**-words (**ein, kein, mein, dein, sein, sein, unser, euer, ihr, Ihr**) indicate the genitive case with an **es** ending in the masculine and neuter forms and an **er** ending in the feminine and plural forms. These endings correspond to the genitive forms of the definite article.

Genitive and Possession. It is helpful to introduce genitive by demonstrating possessive concept with students and familiar classroom objects.

If you wish, mention that, in some areas of Germany, genitive possessive is usually replaced by dative *von . . .* in spoken German.

Note that genitive *-s* ending is added to proper first names of both masculine and feminine gender.

wessen. In addition to English equivalent "whose" for *wessen*, some students might find equivalent "of whom" helpful, since it relates more closely to English "who" versus "whom" concept.

Remind students that weak masculine nouns have *-n* or *-en* ending in *all* cases other than nominative singular—i.e., the basic form.

	MASCULINE	FEMININE	NEUTER	PLURAL
NOMINATIVE	der dieser ein kein } Flur	die diese eine keine } Karte	das dieses ein kein } Theater	die diese — keine } Filme
ACCUSATIVE	den diesen einen keinen } Flur	die diese eine keine } Karte	das dieses ein kein } Theater	die diese — keine } Filme
DATIVE	dem diesem einem keinem } Flur	der dieser einer keiner } Karte	dem diesem einem keinem } Theater	den diesen — keinen } Filmen
GENITIVE	des dieses eines keines } Flures	der dieser einer keiner } Karte	des dieses eines keines } Theaters	der dieser — keiner } Filme

Der Preis **unserer Karten** war hoch.	*The price of our tickets was high.*
Das Foyer **dieses Theaters** ist schön.	*The lobby of this theater is beautiful.*

Masculine and neuter nouns of more than one syllable generally end in **s** in the genitive singular.

> die Schallplatte meines Vater**s**   das Zimmer eines Schüler**s**

Masculine and neuter nouns of one syllable usually end in **es** in the genitive singular. This rule also applies to compound nouns that have a one-syllable masculine or neuter noun as the last element.

> die Theaterkarte des Mann**es**
> der Autor dieses Stück**es**
> der Autor dieses Theaterstück**es**

As in the accusative and dative cases, weak masculine nouns take an **n** or **en** ending in the genitive case.

> die Frage eines Student**en**   der Freund des Herr**n**

Feminine and plural nouns take no special endings to indicate the genitive case.

> der Gast der Familie   der Preis ihrer Karten

Genitive Prepositions

You are familiar with those prepositions that take only accusative case objects, those that take only dative case objects, and those that take accusative *or* dative case objects, depending on the context. Prepositions that take genitive case objects include **(an)statt**, **trotz**, **während**, and **wegen**.

Genitive Prepositions. Explain difference between *während* as conjunction and *während* as preposition. Also explain difference between *statt* and *anstatt*. If *anstatt* is used, it is most likely at beginning of sentence: *Anstatt eines Filmes sieht er ein Theaterstück.*

PREPOSITIONS	MEANINGS	
(an)statt	*instead of*	**Anstatt/Statt eines Filmes** sieht er ein Theaterstück. *Instead of a movie he's seeing a stage play.*
trotz	*despite, in spite of*	**Trotz des Preises** hat er die Karte gekauft. *Despite the price he bought the ticket.*
während	*during, in the course of*	**Während der Pause** wollen die Leute etwas trinken. *During the intermission the people want to have a drink.*
wegen	*because of, on account of*	Mir gefällt das Stück besonders **wegen der Musik**. *I like the play particularly because of the music.*

Übungen

A. Fragen

Übung A. Variation: S1 reads question. S2 responds *Nein, das ist die Karte des Studenten.* S3 contradicts S2 by picking up next cue word, and so on. Each ensuing contradiction should be read with appropriate emphasis.

1. Ist das die Karte *des Schülers*? (der Student, die Schülerin, das Kind)
2. Ist sie ein Gast *der Familie*? (der Autor, Ihre Eltern, die Schauspieler)
3. Gehört dieser Schlüssel dem Freund *seines Bruders*? (seine Schwester, Ihr Neffe, sein Vater)
4. Sind diese Karten für die Töchter *deiner Freundin*? (dein Kollege, der Mann, die Autorin)
5. Schreiben Sie an die Eltern *der Schülerin*? (der Schüler, Ihr Gast, das Kind)
6. Wer schließt die Tür *des Theaters*? (das Haus, die Kirche, das Kino)

B. Wer sind diese Menschen?

BEISPIEL: Jürgen Schulz ist der Onkel _____ . (der Schüler) →
Jürgen Schulz ist der Onkel des Schülers.

1. Frau Keller ist eine Kollegin _____ . (meine Mutter)
2. Richard Schneider ist der Vater _____ . (dieser Junge)
3. Jörg ist der Sohn _____ . (ein Schauspieler)
4. Vera ist die Nichte _____ . (unsere Gäste)
5. Ursula ist eine Freundin _____ . (seine Frau)
6. Max ist der Bruder _____ . (unser Freund)

Übung B. Additional items: 1. *mein Onkel* 2. *dieses Mädchen* 3. *eine Professorin* 4. *unser Freund* 5. *mein Sohn* 6. *dieses Kind*

FILMBÜHNE
BISMARCKPLATZ
Öffnungszeiten: 10 – 1 Uhr

Übung C. Additional items: 1. the (female) student's 2. his father's 3. the gentleman's 4. my family's 5. his friend's 6. our colleagues'

C. Wessen?

BEISPIEL: Wessen Volkswagen kauft er? (*my parents'*) →
Er kauft den Volkswagen meiner Eltern.

1. Wessen Brief liegt auf dem Tisch? (*my [male] cousin's*)
2. Wessen Schlüssel hat er? (*his neighbor's*)
3. Wessen Theaterkarte ist das? (*the [male] professor's*)
4. Wessen Haus bemerkt sie? (*our grandmother's*)
5. Wessen Wagen fährt er? (*his [female] cousin's*)
6. Wessen Eltern gehört das Haus? (*our friends'*)

D. Was möchten Sie? Was gefällt Ihnen?

Übung D, 3–4. *trotz/ wegen*: Again, there is some regional preference for using these prepositions with dative (*wegen dem Wetter, trotz dem Regen*, etc.). You may or may not want to mention this to first-year students.

1. Was möchten Sie statt *dieses Filmes* sehen? (diese Oper, dieses Theaterstück, die Nachrichten)
2. Was möchten Sie während *der Pause* machen? (der Tag, die Woche, das Jahr)
3. Möchten Sie trotz *des Wetters* ins Theater? (Ihre Erkältung, Ihr Projekt, der Regen)
4. Gefällt Ihnen das Stück wegen *der Musik*? (die Schauspielerinnen, der Text, die Handlung)

E. Ein Theaterabend

Übung E. Additional items: 1. because of the rain 2. despite the price 3. during the film 4. during the lunch 5. because of your (*infor. sg.*) work 6. instead of the movie

1. _____ sind wir zu spät ins Theater gekommen. (*because of the party*)
2. _____ war die Vorstellung fantastisch. (*in spite of the actress*)
3. _____ haben wir viel gelacht. (*during the performance*)
4. _____ haben wir mit Stefan gesprochen. (*during the intermission*)
5. _____ waren wir alle sehr froh. (*because of the play*)
6. _____ haben wir das Stück besprochen. (*instead of the weather*)

F. Und Sie? Ergänzen Sie jede Phrase—im Genitiv!

BEISPIEL: Ich suche einen Freund _____ . →
Ich suche einen Freund (meines Bruders).

1. Ich besuche oft die Eltern _____ .
2. Ich spreche gern mit einem Bekannten _____ .
3. Ich sehe jetzt das Buch _____ .
4. Das Haus _____ gefällt mir.
5. Ich kenne den Namen _____ nicht.
6. Ich bin oft ein Gast _____ .

G. Fragen Sie Ihren Nachbarn / Ihre Nachbarin! Auf deutsch, bitte!

Do you know a representative . . .
1. of the government?
2. of the students?
3. of the university?
4. of the city?
5. of the industry?
6. of the bank?
7. of the school?
8. of the neighbors?
9. of the church?
10. of the post office?

Übung H. Providing bag of props would be helpful, in addition to things that are in classroom already. Consult earlier chapter vocabularies for cues.

H. Wessen? *Point to various objects in the classroom. Each time ask whose it is.*

BEISPIEL: S1: Wessen Kugelschreiber ist das?

S2: Das ist der Kugelschreiber des Professors.

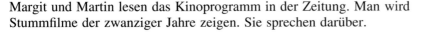

Margit und Martin lesen das Kinoprogramm in der Zeitung. Man wird Stummfilme der zwanziger Jahre zeigen. Sie sprechen darüber.

MARGIT: Du schwärmst doch so für Stummfilme. Schau, am Freitag kommt Murnaus „Nosferatu".

MARTIN: Wirklich? Ich habe den Film schon einmal gesehen. Max Schreck in der Rolle des Nosferatu hat mich sehr beeindruckt. Ist er nicht gruselig?

MARGIT: Ja, du wirst über mich lachen, aber wenn ich nachts an ihn denke, kann ich nicht schlafen.

MARTIN: Na, da muß ich wirklich lachen. Schauen wir lieber noch einmal in das Programm! Da—sieh! Sie zeigen auch Fritz Langs „Metropolis".

Dialogue. Vocabulary: *schwärmen*, cognate "to swarm"; *gruselig* and *grausam*, both related to English "gruesome." Note also name Max *Schreck* and perhaps comment on the implications of *schrecken. Nomen est omen!*

A. Das Kinoprogramm

1. Worüber sprechen Margit und Martin?   2. Wofür schwärmt Martin?
3. Wer hat Martin beeindruckt? Warum?   4. Was passiert, wenn Margit an diesen Schauspieler denkt?   5. Was macht Martin, wenn er das hört?

Szene aus „Nosferatu"

B. Fragen Sie Ihren Nachbarn / Ihre Nachbarin:

1. Schwärmst du für Stummfilme? Wenn ja: Was ist dein Lieblingsstumm- film? Wenn nein: Was für Filme magst du?   2. Hast du „Nosferatu" oder „Metropolis" gesehen?   3. Schwärmst du für Horrorfilme? Welchen findest du besonders gruselig?

da- and *wo*-Compounds; Verbs and Prepositions

da- and *wo*-Compounds

The words **da** and **wo** may combine with prepositions to form compound words with various meanings: **dafür** (*for it /them*), **wofür** (*for what*), **davon** (*about it /them, of it/ them, from it /them*), **wovon** (*about what*), and so on. Notice in the following examples that **da-** and **wo**-compounds refer to something already asked or talked about.

Er hat **für die Plätze** nicht viel bezahlt.	*He didn't pay much for the seats.*	**da-** and **wo**-Compounds. Once again, since words and concept are new, short oral drill would help: saying forms, modeling and repeating, possibly dividing class into thirds.
Er hat **dafür** nicht viel bezahlt.	*He didn't pay much for them.*	
Wofür hat er nicht viel bezahlt?	*For what didn't he pay much?*	
Die Leute sprechen **von der Oper**.	*The people are talking about the opera.*	
Die Leute sprechen **davon**.	*The people are talking about it.*	
Wovon sprechen die Leute?	*What are the people talking about?*	

In statements that refer to an inanimate object or to an idea, it is stylistically preferable to use a **da**-compound instead of a preposition plus a pronoun (such as **sie** [*sg. or pl.*], **es**, **ihn**, **ihm**, **ihr**, or **ihnen**). Similarly, questions about an inanimate object or an idea are formulated with a **wo**-compound instead of with a preposition plus **was**. **Da-** and **wo**-compounds refer only to things or concepts; they do not refer to people.

The following are lists of those prepositions that frequently form compounds with **da(r)** and **wo(r)**. For review and recognition, these compounds are listed according to the groups of prepositions you have learned, except for the genitive prepositions, which do not combine with **da** or **wo**.

Note that if a preposition begins with a vowel, an **r** is inserted between **da** or **wo** and the preposition: **daran**, **woran**.

1. prepositions with only accusative objects (except **ohne**):

durch	→	dadurch	wodurch?
für	→	dafür	wofür?
gegen	→	dagegen	wogegen?
um	→	darum	worum?

2. prepositions with only dative objects (except **außer** and **seit**):

aus	→	daraus	woraus?
bei	→	dabei	wobei?
mit	→	damit	womit?
nach	→	danach	wonach?
von	→	davon	wovon?
zu	→	dazu	wozu?

3. prepositions with either dative or accusative objects:

an	→	daran	woran?
auf	→	darauf	worauf?
hinter	→	dahinter	—
in	→	darin	worin?
neben	→	daneben	—
über	→	darüber	worüber?
unter	→	darunter	worunter?
vor	→	davor	wovor?
zwischen	→	dazwischen	—

Remember, **da**- and **wo**-compounds may be applied to things only. To refer to persons, use a preposition plus the appropriate personal pronoun for statements, or use a preposition plus the appropriate form of **wer** for questions.

—**Auf wen** warten Sie?
—Ich warte **auf Herrn Schmidt**.
—Wir warten auch **auf ihn**.

—Viele Leute haben **nach der Schauspielerin** gefragt.
—Ich habe nicht **nach ihr** gefragt.
—**Nach wem** haben Sie gefragt?

Verbs and Prepositions

In German, as in English, certain prepositions are used with certain verbs to form idiomatic phrases. In addition to learning the particular verb/preposition combination of a given idiom, it is important to learn the case of the noun or pronoun that is required by the preposition. As usual, some prepositions simply require the accusative case, and some simply require the dative.

Verbs and Prepositions. Although one could explain how many of these expressions came to be, object is still for students to commit them to memory and be able to apply them accurately in varied contexts.

schwärmen für (+ *acc.*)	*to be crazy about*	Wofür schwärmen die Leute?
		—Sie schwärmen für diesen Film.
fragen nach (+ *dat.*)	*to ask about*	Hat er nach der Vorstellung gefragt?
		—Ja, er hat danach gefragt.
handeln von (+ *dat.*)	*to be about*	Wovon handelt das Theaterstück?
		—Es handelt von einem Vater und seinem Sohn.

Prepositions of the *either dative or accusative type* do not always follow the usual rules, however, so it is important to learn the case required by a particular verb/preposiition combination. Notice that, in the following combinations with prepositions of the *either/or type*, only **arbeiten an** requires a dative object; all others require an accusative object, even though no motion is implied.

arbeiten an (+ *dat.*)	to work on	Woran arbeiten Sie? —Ich arbeite an einem Projekt.
antworten auf (+ *acc.*)	to respond to, answer	Warum antwortest du nicht auf meine Fragen? —Ich will darauf nicht antworten.
denken an (+ *acc.*)	to think of, about	Woran denken die Studenten? —Sie denken an den Film.
lachen über (+ *acc.*)	to laugh at	Worüber lacht ihr? —Wir lachen über ein Buch.
schauen auf (+ *acc.*)	to look at	Worauf schaust du? —Ich schaue auf die Uhr.
sprechen über (+ *acc.*)	to talk about	Wer spricht über das Theater? —Die Schauspieler sprechen darüber.
warten auf (+ *acc.*)	to wait for	Wartet er auf den Bus? —Ja, er wartet darauf.

When an idiomatic expression includes a preposition that can be followed by either the dative or accusative, the correct case is listed with the idiom in the **Wortschatz**.

Übung A. To fix these new expressions in students' speech memory, try this drill (at least introduce it) in class. Elicit swift-paced choral response from entire group, or break group into halves, thirds, or whatever. Fast pace and maximum repetition will immeasurably enhance mastery here.

Übungen

A. Fragen und Antworten

BEISPIEL: Worauf schaut sie? (die Uhr, der Text, die Bühne) →
Sie schaut auf die Uhr. Sie schaut auf den Text. Sie schaut auf die Bühne.

1. Worauf wartet er? (der Bus, ein Brief, ein Buch)
2. Woran denkt sie? (das Theaterstück, der Film, der Krimi)
3. Worüber lachen sie? (das Buch, die Werbesendung, der Brief)
4. Worauf antwortet er? (meine Grüße, ihre Frage, dieser Brief)
5. Wonach fragt sie? (die Vorstellung, die Karte, ihr Platz)
6. Woran arbeiten sie? (das Projekt, ein Film, eine Oper)
7. Worüber spricht er? (das Programm, der Austausch, die Schallplatte)
8. Wofür schwärmen die Leute? (dieser Film, dieses Stück, dieser Saft)

Übung B. To take exercise one step further, supply additional noun cues from previous vocabularies but without gender markers: let students show correct choice of gender and case for given verbal idiom.

B. Was macht jeder Mensch?

BEISPIELE: Heinz wartet auf _____ . (sein Bruder) →
Heinz wartet auf seinen Bruder. Auf wen wartet Heinz?

Ute denkt an _____ . (die Theaterkarten) →
Ute denkt an die Theaterkarten. Woran denkt Ute?

1. Franz lacht über _____. (ein Buch)
2. Monika spricht über _____. (die Oper)
3. Klaus und Uwe denken an _____. (eine Autorin)
4. Erich fragt nach _____. (die Theaterbesucher)
5. Sibylle schwärmt für _____. (die Klassiker)
6. Michael arbeitet an _____. (ein Aufsatz)
7. Luise wartet auf _____. (der Aufzug)
8. Richard und Ursula denken an _____. (der Film)
9. Elisabeth spricht über _____. (der Autor)

C. Wir auch

BEISPIELE: Helga hat viel **für die Karten** bezahlt. →
Wir haben auch viel **dafür** bezahlt.

Helmut hat **von dem Komiker** gesprochen. →
Wir haben auch **von ihm** gesprochen.

1. Die Leute haben von dem Theaterstück gesprochen.
2. Herr und Frau Sommer haben Karten für die Vorstellung bestellt.
3. Susanne hat an Herrn Schmidt gedacht.
4. Die Studenten haben oft an die Zukunft gedacht.
5. Die Theaterbesucher haben auf die Schauspieler gewartet.
6. Man hat gestern gegen die Umweltverschmutzung demonstriert.
7. Frau Ziegler ist mit dem Zug nach Salzburg gefahren.
8. Brigitte hat an Frau Müller geschrieben.
9. Die Kinder haben über den Komiker gelacht.
10. Rolf hat über die Oper gesprochen.

Übung D. This could be 3-student chain drill.

D. Was sagen Petra und Dieter? Was fragt Eva?

BEISPIEL: PETRA: Ich arbeite an diesem Projekt. →
DIETER: Ich arbeite auch daran.
EVA: Woran arbeitest du?

1. Ich denke an unsere Zukunft.
2. Ich warte auf diesen Film.
3. Ich möchte über die Oper sprechen.
4. Ich muß nicht viel für die Karte bezahlen.
5. Ich soll nicht immer auf die Uhr schauen.
6. Ich bitte um die Adresse.
7. Ich schwärme für diese Krimis.
8. Ich antworte auf die Fragen.

Übung E. Some cues: 1. my doctor, our professor 2. a film, the opera 3. no, TV programs, the movies 4. no, my homework, my girlfriend 5. yes, a film, a TV program 6. the project, a letter 7. no, my teachers', my parents' 8. no, against demonstrations, against professors

E. Interview. Stellen Sie Ihrem Nachbarn / Ihrer Nachbarin jede Frage! Benutzen Sie die du-Form!

1. Auf wen müssen Sie oft warten?
2. Woran denken Sie heute?
3. Denken Sie immer an Ihre Arbeit?

4. Denken Sie oft an die Zukunft?
5. Haben Sie heute über etwas gelacht? Worüber?
6. Worüber sprechen Sie gern mit Ihrem Freund / Ihrer Freundin?
7. Antworten Sie immer auf die Fragen Ihrer Freunde?
8. Haben Sie etwas gegen die Umweltverschmutzung? gegen die Regierung? gegen die Universität?

F. Wofür schwärmen Sie? Fulda ist eine Stadt in Deutschland. Manche Leute schwärmen dafür. Fragen Sie einen Studenten / eine Studentin, wofür er/sie schwärmt!

BEISPIEL: Stadt
S1: Für welche Stadt schwärmst du?
S2: Ich schwärme für Boston. Und du?
S1: Ich schwärme auch dafür.
oder: Ich kenne Boston nicht, aber ich schwärme für Santa Fe.

1. Land
2. Film
3. Fernsehsendung
4. Autor
5. Autorin
6. Filmschauspieler
7. Filmschauspielerin

Sammeltext. This brief summary stays true to novel but also does not stray too far from American film version of story. A number of differences exist between novel and film, and, if you are familiar with both, it might be interesting to students to point out contrasts. Perhaps you could show film in class or recommend that students plan a get-together and rent film for viewing on their own.
   To avoid confusion, accents omitted from French names.

Sammeltext

Eine kurze Zusammenfassung° von der „Unendlichen Geschichte"

summary

von Michael Ende

Bastian Balthasar Bux ist zehn Jahre alt, klein, dick und unsportlich; dazu ist er bei seinen Klassenkameraden unbeliebt.° Die Klassenkameraden lachen oft über Bastian und hänseln° ihn. Heute ist es besonders schlimm.° Sie fangen° ihn und werfen° ihn in eine Mülltonne.°

Es regnet, und Bastian läuft in Herrn Koreanders Antiquariat.° Jetzt sitzt er da, naß° vom Regen, unglücklich und einsam.° Wo soll er jetzt hin? Seine Mutter ist vor kurzem gestorben.° Sein Vater ist zu Hause, denn er ist Zahntechniker und hat eine Praxis im Wohnhaus—da arbeitet er von morgens bis abends und ignoriert den Jungen. Und in die Schule will er nicht, weil da wieder diese Jungen in der Pause auf ihn warten.

„Was willst du hier?" brüllt° die Stimme° von Herrn Koreander. „Geh weg, ich mag Kinder nicht. Die Kinder von heute, die lesen nicht mehr . . . "

unpopulär

tease

schlecht / catch / throw / trash can
store that sells old books
wet / lonely

ist. . . recently died

roars / voice

Übung A. Check sentences for correct word order, punctuation, and genitive forms. Have students ask one another the questions verbally and answer according to **Sammeltext**.

A. Bastian und Atreju. Vergleichen (*compare*) Sie Bastian und Atreju! Machen Sie eine Tabelle, und füllen Sie sie aus!

	Bastian	Atreju
Alter:		
Charaktereigenschaften:		
Familie:		
Freunde:		

B. Die Handlung der Geschichte. Setzen Sie die folgenden Sätze in die richtige Reihenfolge (*sequence*)!

_____ Bastian ist Atreju zur Kaiserin gefolgt.

_____ Die Schildkröte sagt, daß die Kaiserin einen neuen Namen braucht.

_____ Bastian erzählt seinem Vater die „Unendliche Geschichte".

_____ Atreju und der Drachen kommen zum Südlichen Orakel.

_____ Mondenkind gibt Bastian das Symbol ihrer Macht.

_____ Bastian weiß, was er wirklich will.

_____ Atreju sieht Bastian im Zauber Spiegel.

_____ Atrejus Pferd versinkt in den Sümpfen der Traurigkeit.

_____ Bastian will Kaiser sein.

_____ Die Kaiserin gibt Atreju das Symbol ihrer Macht.

_____ Bastian gibt der Kaiserin den Namen Mondenkind.

_____ Atreju befreit den Glücksdrachen aus einem Spinnennetz.

Sammelübungen

A. Fragen über die „Unendliche Geschichte". Schreiben Sie die Fragen auf deutsch!

1. Who is the hero of the story?
2. Who says that he does not like children, because they no longer (**nicht mehr**) read?
3. What does Bastian do when Mr. Koreander goes to the telephone?
4. What happens when one is sad?
5. What must Atreju do before he can speak with the empress (**die Kaiserin**)?
6. Who must accept (**akzeptieren**) that he is small and fat (**dick**)?

B. Woran denken Sie? An wen denken Sie? Warum? Schreiben Sie mindestens sechs Sätze!

BEISPIEL: Ich denke an die Kinder, weil ich sie gern habe.
            Ich denke auch an die Straßen, weil sie unsicher (*unsafe*) sind.

Freund / Freundin	daran arbeiten
Sohn / Tochter / Kinder	gern haben
Vater / Mutter / Eltern	hassen
Studenten / Studentinnen	(interessant) finden
___?___	lernen
Deutschland	lieben
Film	(schön) sein
Musik / ein Musikstück	(sehen) möchte
Politik	Spaß machen
Theater / ein Theaterstück	studieren
___?___	___?___

C. Und Sie? Antworten Sie auf jede Frage!

1. Wann müssen Sie auf einen Bus warten?
2. Wann denken Sie an Ihre Arbeit?
3. Wann denken Sie an Ihre Familie?
4. Wonach fragen Sie Ihre Eltern?
5. Schauen Sie immer auf die Uhr? Wollen Sie immer wissen, wieviel Uhr es ist? Warum (nicht)?
6. Gehen Sie oft ins Theater? in die Oper? Warum (nicht)?
7. Wann sind Sie froh?
8. Wann sind Sie traurig?

D. Filme. Fragen Sie Ihren Nachbarn / Ihre Nachbarin:

1. Wie oft gehst du ins Kino?
2. Mußt du Schlange stehen, wenn du eine Kinokarte kaufen willst?
3. Wieviel kostet es, wenn du ins Kino gehst?
4. Findest du, daß der Preis der Kinokarten zu hoch ist?
5. Arbeitest du nachmittags, damit du abends ins Kino gehen kannst?
6. Was bemerkst du, wenn du ins Kino gehst?
7. Schwärmst du für Filme aus Deutschland im Original? Verstehst du, was passiert? Verstehst du, was die Schauspieler auf deutsch sagen?
8. Welche Filme haben dich besonders beeindruckt? Warum?

nwendung

Jugendaustausch

Gastfamilien gesucht

Sie kommen aus Europa, Amerika oder der Dritten Welt,° möchten hier in die Schule gehen und sind neugierig° auf das Leben und den ganz normalen Alltag° bei uns. Dafür suchen sie Gastfamilien in ganz Deutschland für sechs Wochen im Juli/August oder für zehn Monate von September bis Juni. Familien, aber auch Alleinerziehende° und kinderlose Paare, die Lust haben,° einen der 15 bis 18 jährigen Jugendlichen bei sich aufzunehmen, können sich melden° bei „American Field Service".

Dritten. . . Third World

curious

everyday life

single parents / die. . . who want

sich. . . contact

A. Ein Austauschprogramm. *Choose the phrase or phrases that accurately complete each sentence.*

1. Durch diese Annonce sucht „American Field Service"
   a. Gastfamilien in Amerika.
   b. Schüler und Schülerinnen aus Amerika.
   c. Gastfamilien in Deutschland.
2. Schüler und Schülerinnen kommen
   a. aus ganz Deutschland.
   b. aus Amerika und Europa.
   c. aus der Dritten Welt.
3. Die Schüler und Schülerinnen brauchen Unterkunft (*lodging*)
   a. für sechs Wochen im Juli und August.
   b. für zehn Monate von September bis Juni.
   c. für das Schuljahr.
4. Die Schüler und Schülerinnen suchen Unterkunft
   a. bei Familien.
   b. bei Alleinerziehenden.
   c. bei kinderlosen Paaren.

B. Rollenspiel: Austauschschüler/Austauschschülerin oder Gastfamilie. Schreiben Sie einen Brief an „American Field Service"! Wählen Sie eine der folgenden Rollen!

1. Sie sind Austauschschüler/Austauschschülerin und suchen eine Gastfamilie in Deutschland. Beschreiben Sie sich selbst (*yourself*)! Erklären Sie, wo in Deutschland Sie besonders gern wohnen möchten und warum! Erklären Sie auch, bei was für einer Gastfamilie Sie besonders gern wohnen möchten!

If *Europa* is available on videocassette, you might rent it for class viewing. You might have class as a whole work on collective review of film. Brainstorm ideas on board, then break class into small groups and have each group write up one part of the review.

2. Sie möchten, daß ein Schüler oder eine Schülerin aus Deutschland für das Schuljahr oder für den Sommer bei Ihnen wohnt. Beschreiben Sie sich selbst, Ihre Familie und Ihr Haus oder Ihre Wohnung! Erklären Sie, was man in Ihrer Stadt machen kann! Erklären Sie auch, was für einen Austauschschüler oder eine Austauschschülerin Sie besonders gern aufnehmen möchten!

Eine Filmkritik

„Europa" von Lars von Trier

Auszug° aus einer Kritik von Gregor Dotzauer   excerpt

„Europa" ist eine Reise in die Nacht des alten Kontinents, nach Frankfurt am Main im Oktober 1945—wenn man der historischen Szenerie glauben soll. Denn in diesem Deutschland des Jahres Null beginnt nichts mehr. Es ist eine Welt am Ende der Zeit. Die Schuttberge° bestehen aus° den Trümmern° aller Kriege,° und die ausgemergelten° Gesichter° der Überlebenden° erzählen von einer Angst,° die° älter ist als die Bomben der Vergangenheit.°

Ein junger Amerikaner mit deutschen Vorfahren° kommt in diesem imaginären Universum an. Leopold Kessler (Jean-Marc Barr) ist ein hoffnungsvoller Idealist— und als solcher natürlich ein hoffnungsloser Fall.°

mountains of rubble / bestehen. . . consist of / ruins wars / emaciated / faces / survivors fear / which / past ancestors

case

A. Informationen aus der Filmkritik. Machen Sie eine Tabelle wie die folgende, und füllen Sie sie aus!

Titel des Filmes:	
Zeit der Handlung:	
Ort (*place*) der Handlung:	
Beschreibung der Welt in diesem Film:	
Name des Hauptcharakters:	
Name des Schauspielers:	
Beschreibung des Hauptcharakters:	

B. Diskussionsthema: „Europa". Haben Sie diesen Film schon gesehen? Wenn ja: Sind Sie der Meinung des Kritikers? Hat der Film Ihnen gefallen? Warum (nicht)?

C. Eine Filmkritik. Welchen Film haben Sie letzte Woche oder letzten Monat gesehen? Schreiben Sie eine kurze Filmkritik darüber! Wer spielt die Hauptrolle? Beschreiben Sie den Hauptcharakter! Wovon handelt der Film? Was ist Ihre Meinung über diesen Film? Empfehlen Sie ihn den anderen Studenten und Studentinnen? Warum (nicht)?

Berichte und Geschichten

Vorschau. Brainstorming ideas: *mittelalterlich und/ oder modern? Marktplätze, Rathäuser, Kirchen, Wolkenkratzer (skyscrapers), Flughäfen, Bahnhöfe, Schlösser, Büros, Studentenheime, Universitäten, Kinos, Fremdenverkehrsämter*

Vorschau

Frankfurt am Main ist heute eine moderne Großstadt, die (*which*) aus dem Mittelalter stammt. Suchen Sie im Foto die Gebäude mit mittelalterlicher (*medieval*) Architektur! Man mußte diese historischen Gebäude nach dem Zweiten Weltkrieg (*WW II*) rekonstruieren. Hier in der Altstadt findet man den „Römerberg", Frankfurts Rathaus. Welche Gebäude im Foto finden Sie besonders schön? interessant? charmant? Möchten Sie eines Tages Frankfurt am Main besuchen? Warum (nicht)?

Wortgebrauch

Kapitel 11. This chapter will be of special interest to history and literature students. You might supplement text materials with short narratives in past tense: newspaper articles, short stories, short historical accounts of various points of interest from tourist brochures and pamphlets.

For extra credit, ask students to scan publications you bring in to find articles of particular interest to their fields of study. Have them read article and summarize main points in 1 or 2 sentences.

Der Rattenfänger von Hameln   Ein Weib von Weinsberg   Die heilige Elisabeth

Übung A, e. If you want to add additional vocabulary with regard to city government, you could rephrase: *In diesem Gebäude sprechen die Ratsvorsitzenden und der Bürgermeister / die Bürgermeisterin über Probleme der Stadt.*

A. Was ist das?

BEISPIEL: S1: Was ist eine Ratte?
            S2: Das ist ein kleines Tier.

1. ein Rattenfänger
2. ein Rathaus
3. ein Schloß
4. ein Dorf
5. ein Märchen
6. eine Flöte
7. ein Fremder
8. ein Fremdenführer

a. Das ist ein musikalisches Instrument.
b. Diese Person ist neu in der Stadt; niemand kennt ihn.
c. Diese Person fängt (*catches*) Ratten.
d. Das ist eine Geschichte für Kinder.
e. In diesem Gebäude spricht man darüber, was in der Stadt passiert.
f. Diese Person führt Touristen durch die Stadt.
g. Hier haben ein König und eine Königin gewohnt.
h. Das ist eine kleine Siedlung (*settlement*) auf dem Land.

B. Geschichten: Wer hat was getan?

WORTSCHATZ

bereuen, hat bereut *to regret*
erobern, hat erobert *to conquer*
ertrinken, ist ertrunken *to drown*
erzählen, hat erzählt *to tell*
fordern, hat gefordert *to demand*
heiraten, hat geheiratet *to marry*

predigen, hat gepredigt *to preach*
retten, hat gerettet *to save*
töten, hat getötet *to kill*
verwandeln, hat verwandelt *to transform*

1. Die Fremdenführerin hat den Schülern eine Geschichte _____ .
2. Martin Luther hat in dieser Kirche _____ .
3. Die Ratten sind im Fluß _____ .
4. Der Rattenfänger hat sein Geld _____ .
5. Die Leute haben ihre Untaten _____ .
6. Die Armee hat die Stadt _____ .
7. Der General hat keinen Mann _____ .
8. Die Frauen haben ihre Männer _____ .
9. Elisabeth hat Ludwig _____ .
10. Gott hat das Brot in Rosen _____ .

KULTURECKE

Städte aus dem Mittelalter. About 2,000 cities were founded in Germany during the Middle Ages; most originated with a castle occupied by a member of the aristocracy. The burgher class inhabited the city in what was later called the **Altstadt**, which was typically built around a large **Marktplatz**. The peasant class lived and worked at the **Fronhof**, a farm owned by a feudal lord. Marburg is one of the cities that developed in this way during the Middle Ages.

Marburg: eine Stadt aus dem Mittelalter! Und Ihre Stadt?

1. Marburg hat eine Altstadt mit einem Marktplatz. Hat Ihre Stadt eine „Altstadt"? Hat sie einen Marktplatz?
2. Marburg an der Lahn: Die Lahn ist ein Fluß. Gibt es einen Fluß in der Nähe Ihrer Stadt? Wenn ja: Wie heißt er?
3. Marburg ist eine Stadt aus dem Mittelalter. Viele Städte in Deutschland stammen aus dem Mittelalter. Wie alt ist Ihre Stadt?
4. In Deutschland sieht man viele Schlösser. Es gibt zum Beispiel ein Schloß auf einem Berg in der Nähe von Marburg. Gibt es ein Schloß in der Nähe Ihrer Stadt? Wenn ja: Wie heißt das Schloß? Gibt es Berge in der Nähe Ihrer Stadt?
5. Das Schloß in der Nähe von Marburg ist 600 Jahre alt. Gibt es Gebäude in Amerika, die (*which*) 600 Jahre alt sind? Wenn ja: Wo sind sie? Wer hat sie gebaut?
6. Marburg ist heute eine Kleinstadt mit 74 000 Menschen. Wohnen Sie in einer Kleinstadt? in einem Dorf? in einer Großstadt? in der Hauptstadt? Wie viele Menschen wohnen in Ihrer Stadt?

Wortschatz

Adjectives and Adverbs

blöd	dumb
früh	early
kaum	hardly
krank	sick, ill
lahm	lame
schließlich	finally, eventually
verzweifelt	in despair

Nouns

die Altstadt	old (part of) city
die Armee, -n	army
der Bürger, -	citizen
das Ding, -e	thing
der Einfall, ⸚e	notion, brainstorm
das Erstaunen	amazement
die Flöte, -n	flute
der Fremde, -n (ein Fremder) / die Fremde, -n	stranger
der Fremdenführer, - / die Fremdenführerin, -nen	tour guide
das Gebäude, -	building

die Hilfe	help
der König, -e / die Königin, -nen	king/queen
die Krankheit, -en	illness
der Lohn, ⸚e	payment, pay, wages
das Mitleid	compassion
das Mittelalter	Middle Ages
das Rathaus, ⸚er	city hall
die Ratte, -n	rat
der Rattenfänger, -	ratcatcher; pied piper
die Rede, -n	speech
der Rücken, -	back
das Schloß, *pl.* Schlösser	castle
die Untat, -en	misdeed, crime
der Wandertag, -e	outing, field trip

Verbs

bereuen, hat bereut	to regret
bewundern, hat bewundert	to admire
erklären, hat erklärt	to declare; to explain
erobern, hat erobert	to conquer

ertrinken, ertrank, ist ertrunken*	to drown
erzählen, hat erzählt	to tell
fordern, hat gefordert	to demand
heiraten, hat geheiratet	to marry, get married
hinein·führen, hat hineingeführt†	to lead into
hinein·marschieren, ist hineinmarschiert†	to march into
predigen, hat gepredigt	to preach
retten, hat gerettet	to save
stammen (aus), hat gestammt	to stem (from), come from originally
sterben (stirbt), starb, ist gestorben*	to die
töten, hat getötet	to kill
verbieten, verbot, hat verboten (+ *dat.*)*	to forbid
verwandeln, hat verwandelt	to change, transform

Useful Words and Phrases

am Fuße (+ *gen.*)	at the foot
am nächsten Tag	(on) the next day
auf Wandertag gehen	to go on a field trip
die heilige (Elisabeth) / der heilige (Augustinus)	Saint (Elizabeth) / Saint (Augustine)
in der Nähe (von)	near, close, in the vicinity (of)
obwohl	although
x-mal	countless times
zur Welt kommen	to be born, come into the world

Café
Rathaus

4712 Werne, Markt 9, Tel. 02389/3639

Grammatik

A

Anne-Marie und Petra sind zwei Schülerinnen einer Gymnasialklasse, die an einem Wandertag Marburg besucht. Die Schüler, die schon etwas ungeduldig geworden sind, sitzen zusammen im Tour-Bus, während der Fremdenführer durch das Mikrophon spricht.

DER FREMDENFÜHRER: Vor uns sehen wir das Michelchen. Das ist die Kirche, in der Martin Luther gepredigt hat.

ANNE-MARIE: Und das ist eine Rede, die ich bestimmt schon x-mal gehört habe! Ich finde es so blöd, wenn Schüler, die schon siebzehn oder achtzehn Jahre alt sind, noch auf Wandertag gehen müssen.

---

* Beginning with this chapter, all three principal parts of strong verbs will be listed: infinitive, past tense of the third person singular, past participle.

† **Hineinführen** and **hineinmarschieren** are separable prefix verbs and are treated in the same way as **fernsehen** (**sieht fern, sah fern, hat ferngesehen**) in Chapter 7. Separable prefix verbs will be treated in detail in Chapter 13.

PETRA: Aber ich finde es manchmal interessant, wenn ich über
Dinge oder Leute höre, deren Geschichte ich schon gut
kenne. Die heilige Elisabeth, zum Beispiel, ist eine Frau,
die ich schon lange bewundere.

A. Am Wandertag

1. Was sagt der Fremdenführer über das Michelchen?   2. Warum findet
Anne-Marie die Rede des Fremdenführers nicht interessant?   3. Was findet
Anne-Marie auch blöd?   4. Über wen hört Petra gern Geschichten?
5. Wer ist, für Petra, die heilige Elisabeth?

B. Fragen Sie Ihren Nachbarn / Ihre Nachbarin: Wer ist eine Person, die du bewunderst?

KULTUR ECKE

Wandertage.   Gymnasium classes still preserve the custom of the **Wandertag**. This day was originally set aside for hiking, but it now includes cultural outings as well. After graduation, students sometimes take a class trip to Greece, Italy, or elsewhere for a week or so.

Und Sie? Hatten Sie Wandertage in der High-School? Wenn ja: Wohin ist die Klasse gegangen? Was hat sie dort gemacht?

Relative Pronouns

A relative pronoun begins a relative clause and refers back to a noun (called the *antecedent*) in the main clause.

MAIN CLAUSE	RELATIVE CLAUSE
Das ist **eine Kirche,**	**die** sehr interessant ist.
That is a church	*that is very interesting.*

MAIN CLAUSE	RELATIVE CLAUSE
Das ist **der König,**	**dessen** Namen ich vergessen habe.
That is the king	*whose name I've forgotten.*

KULTURECKE

Marburg: Eine Stadttour. Arriving in Marburg at the **Bahnhof** along the Lahn River, visitors follow the **Bahnhofstraße** to arrive at the **Elisabethkirche**. Influenced by the designs of the French cathedrals of Reims and Amiens, this church represents one of the earliest examples of Gothic architecture in Germany. The nearby **Michelchen** is known primarily as a site where Martin Luther preached. The **Philipps-Universität**, the second Protestant University in Europe,* was founded in 1527 by Count Philipp of Hesse. Continuing upward along the slopes of the **Schloßberg**, visitors approach the **Marktplatz** and the **Rathaus**. The **Schloß**, which stands farther up the slope, is where Martin Luther met the Swiss Reformer Zwingli to discuss their positions on the new Protestantism. The debate, known as the Marburg Colloquy, ended without resolution.

Und wo Sie wohnen? Gibt es viele Kirchen, wo Sie wohnen? Synagogen? Moscheen (*mosques*)? Tempel? ___?___

The relative pronoun has the same forms as the definite article, except that an **en** ending is added to the dative plural and to all forms in the genitive case. Note that in the masculine and neuter genitive forms the **s** is doubled before the **en** ending: **dessen**.

	MASCULINE	FEMININE	NEUTER	PLURAL
NOMINATIVE	der	die	das	die
ACCUSATIVE	den	die	das	die
DATIVE	dem	der	dem	de**nen**
GENITIVE	des**sen**	der**en**	des**sen**	der**en**

Chart. It is helpful to have students repeat this paradigm in one way or another, especially concentrating on hearing and saying genitive and dative series.

When forming a relative clause in German, you need to remember the following:

1. Unlike in English, the relative pronoun is never omitted in German: **der Mann,** *den* **ich gesehen habe** (*the man I saw*).
2. Like other prepositional objects, the relative pronoun follows the preposition in a phrase: **der Bus,** *auf den* **wir warten**.
3. A relative clause is set off by commas.

Relative Pronouns. Explanations have been designed for self-study outside of class. Follow-up questions are in order during next class meeting.

---

*The first Protestant University in Europe was founded in Wittenberg, the city in which Martin Luther nailed his 95 theses to the door of the castle church.

4. Like other dependent clauses, a relative clause ends with the conjugated verb.
5. The relative pronoun must agree with the *antecedent* in *gender* and *number*.
6. The *case* depends on the *function* of the relative pronoun within its own clause—that is, whether it is a subject (nominative), a direct object (accusative), an indirect object (dative), or a prepositional object (accusative, dative, or genitive, depending on the preposition and verb) or whether it expresses a type of possessive relationship (genitive).

NEUTER SINGULAR	(SUBJECT) NOMINATIVE
Wo ist **das Kind**,	**das** auf dem Wandertag war?
	(**Das Kind** war auf dem Wandertag.)
Where is the child	*who was on the school outing?*
	(The child was on the school outing.)

MASCULINE SINGULAR	(DIRECT OBJECT) ACCUSATIVE
Ist das **der Bus**,	**den** wir genommen haben?
	(Wir haben **den Bus** genommen.)
Is that the bus	*that we took?*
	(We took the bus.)

MASCULINE SINGULAR	(PREPOSITIONAL OBJECT) DATIVE
Der Bus,	**mit dem** wir gefahren sind, steht da.
	(Wir sind **mit dem Bus** gefahren.)
The bus	*on which we came is standing there.*
	(We came by bus.)

FEMININE SINGULAR	(PREPOSITIONAL OBJECT) DATIVE
Die Kirche,	**von der** wir sprechen, ist bestimmt sehr alt.
	(Wir sprechen **von der Kirche**.)
The church	*of which we're speaking is certainly very old.*
	(We're talking about the church.)

FEMININE SINGULAR	(OBJECT OF DATIVE VERB) DATIVE
Die Studentin,	**der** ich eben geantwortet habe, ist meine Freundin.
	(Ich habe **der Studentin** geantwortet.)
The student	*whom I just answered is my friend.*
	(I answered the student.)

PLURAL	(POSSESSIVE) GENITIVE
Diese Leute,	**deren** Geschichte wir lernen, haben hier gewohnt.
	(Wir lernen die Geschichte **dieser Leute**.)
These people,	*whose history we're studying, lived here.*
	(We're studying these people's history.)

Relative Pronouns, Examples. It may help to use same noun in a number of different relative phrases requiring different forms and cases.
Der Mann, der den Hut trägt, heißt Otto Lutz.
Der Mann, den die Schüler bewundern, heißt Otto Lutz.
Der Mann, mit dem die Schüler sprechen, heißt Otto Lutz.
Der Mann, dessen Namen wir oft hören, heißt Otto Lutz.
Use similar sentences with other subjects such as *die Frau, das Kind, die Leute.*

A. Was interessiert Sie?

BEISPIEL: eine Kirche → Das ist eine Kirche, die mich interessiert.

1. ein Dorf
2. eine Geschichte
3. ein Film
4. ein Krimi
5. eine Stadt
6. ein Projekt

B. Wessen Namen haben Sie vergessen?

BEISPIEL: der Mann → Das ist der Mann, dessen Namen ich vergessen habe.

1. die Frau
2. das Geschäft
3. der Schauspieler
4. der Fluß
5. das Krankenhaus
6. die Bäckerei

C. Machen Sie alles klar! *Supply the correct relative pronoun to complete each sentence.*

1. Das Buch, von _____ Sie sicher schon gehört haben, ist sehr interessant.
2. Die Leute, mit _____ wir gestern gesprochen haben, wohnen in Köln.
3. Das ist das Projekt, an _____ ich sehr lange gearbeitet habe.
4. Ich mag die Sendung nicht, für _____ die Leute schwärmen.
5. Das ist eine Rede, _____ ich nicht mehr hören will.
6. Das Schloß, in _____ der König gewohnt hat, ist sehr alt.
7. Elisabeth, _____ Geschichte ich kenne, hat in Marburg gewohnt.
8. Der Fremdenführer, auf _____ wir gewartet haben, kennt die Geschichte dieses Gebietes sehr gut.
9. Die Schüler, _____ wir gestern geholfen haben, waren auf Wandertag.
10. Wir stehen jetzt vor der Kirche, in _____ Luther gepredigt hat.
11. Der Schauspieler, an _____ du immer denkst, stammt aus diesem Dorf.

D. Wie kann man das noch sagen?

BEISPIEL: Das ist das Geschäft, in dem wir das Aspirin gekauft haben. →
Wir haben das Aspirin in diesem Geschäft gekauft.

1. Das ist ein Mensch, den ich schon lange bewundere.
2. Das ist eine Rede, die ich nie vergessen werde.
3. Das ist der Autor, mit dem ich sprechen will.
4. Das ist ein Stück, das ich schon gut kenne.
5. Das ist der Mann, dessen Sohn mein bester Freund ist.
6. Das ist die Familie, bei der ich wohne.

E. Der Wandertag. Auf deutsch, bitte!

The students, who have already grown somewhat impatient, are sitting together on the tour bus. Mrs. Stein, who is their tour guide today, is speaking through a microphone. "In front of us we see the church in which Martin Luther preached."

HEINZ: That's a church I've certainly seen countless times!

SUSI: And that's a speech we've heard countless times in school.

THOMAS: Don't you (*infor. pl.*) find it dumb that students who are seventeen or eighteen years old still have to go on school outings?

ANDREAS: I find it interesting when I hear about things or people whose history I already know well. Martin Luther, for example, is a man whom I've admired for a long time.

F. Sprechen Sie mit Ihrem Nachbarn / Ihrer Nachbarin! *Use the following vocabulary and ask your partner to name specific persons, places, or things.*

BEISPIELE: S1: Nenne eine Stadt, die du besuchen möchtest!

S2: Berlin ist eine Stadt, die ich besuchen möchte.

S1: Nenne einen Autor, dessen Bücher du lesen möchtest!

S2: Thomas Mann ist ein Autor, dessen Bücher ich lesen möchte.

ein Land	sehen
eine Frau	besuchen
ein Mann	kennen
ein Dorf	sprechen mit
ein Buch	kaufen
ein Film	helfen
eine Fernsehsendung	danken
eine Stadt	besprechen
ein Autor / eine Autorin	sprechen über
ein Auto	wohnen

G. Fotos und Bilder. *Bring several snapshots, postcards, and/or magazine pictures to class. Be prepared to tell about them and to answer questions.*

BEISPIELE: S1: Hier ist ein Foto von meinem Bruder Michael, der jetzt in Minneapolis wohnt. Und das ist seine Frau Emily, die in einer Bank arbeitet.

S2: Wer ist der Junge?

S1: Das ist Jason. Er ist Emilys Sohn und der Stiefsohn meines Bruders.

S3: Hier ist ein Bild von einem Auto, das ich eines Tages kaufen möchte.

S4: Wieviel kostet dieses Auto?

Der Rattenfänger von Hameln

Vor Jahren waren die Bürger der Stadt Hameln ganz verzweifelt. In ihrer Stadt lebten so viele Ratten, daß die Menschen nichts mehr zu essen hatten.

Eines Tages besuchte ein Fremder die Stadt und sagte: „Ich kann euch helfen, aber nur, wenn ihr mir viel Geld für meine Hilfe versprecht." Die Bürger waren froh und akzeptierten sein Angebot.

Der Rattenfänger spielte auf seiner Flöte, und alle Ratten folgten ihm, sogar als er in einen Fluß hineinmarschierte. Alle Ratten ertranken im Fluß.

Später, als der Rattenfänger seinen Lohn forderte, wollten die Bürger ihn nicht bezahlen. Er mußte die Stadt ohne sein Geld verlassen.

Eine Woche später konnte man den Rattenfänger wieder in der Stadt sehen. Es war Sonntag, und alle Leute außer den Kindern waren in der Kirche. Der Rattenfänger spielte wieder auf seiner Flöte, aber jetzt folgten ihm nicht die Ratten, sondern alle Kinder der Stadt. Er führte die Kinder von Hameln in einen Berg hinein.

Ein Junge konnte dem Rattenfänger nicht folgen, weil er lahm war. Also konnte er später den Bürgern von Hameln alles erzählen. Obwohl die Bürger ihre Untat bereuten und die Kinder lange suchten, konnten sie ihre Kinder nie wiederfinden.

Story. You might point out separable prefix verbs in story: hineinmarschieren, hineinführen. Students do not need to manipulate them, but they should be familiar with form. You might remind students of use of fernsehen in Chapter 7 or of abfahren/ankommen in Anwendung of Chapter 4.

Der Rattenfänger von Hameln

Möchten Sie Hameln besuchen?

1. Welches Problem hatten die Bürger der Stadt Hameln? 2. Wie konnte der Fremde den Bürgern helfen? 3. Was sollten die Bürger dann für ihn tun? 4. Wie befreite der Fremde die Stadt von den Ratten? 5. Warum mußte er die Stadt ohne seinen Lohn verlassen? 6. Was passierte später, als der Fremde nach Hameln zurückkam und wieder auf seiner Flöte spielte? 7. Von wem hörten die Eltern die Geschichte?

Kulturecke (next page). Bring in book of Grimm's fairy tales in German (or a book of Andersen's fairy tales in German translation) to share with students. You might divide them into groups and assign fairy tale to each group—to read and prepare dramatization, narrative summary, or humorous, modernized skit for rest of class.

KULTURECKE

Die Brüder Grimm. Along the Fairy-Tale Road, visitors glimpse the settings that inspired the fairy tales. The route begins in **Hanau**, the birthplace of the brothers, and continues north to **Steinau**, where they grew up. Farther north, a side trip to the west takes visitors to **Marburg**, where the brothers studied. **Kassel**, not far from the Harz Mountains, is where they worked as librarians for the royal court. Inspiration for "**Hänsel und Gretel**" may have come from nearby **Reinhardswald** and for "**Dornröschen**" ("*Sleeping Beauty*") from **Schloß Sababurg**. **Hameln**, of course, is famous for the story of the Pied Piper, and **Bremen** is associated with the donkey, cat, and rooster musicians. Although there were three Grimm brothers—Ludwig Emil, Jacob, and Wilhelm—only the latter two are associated with the 210 tales that have been told and retold in many languages around the world.

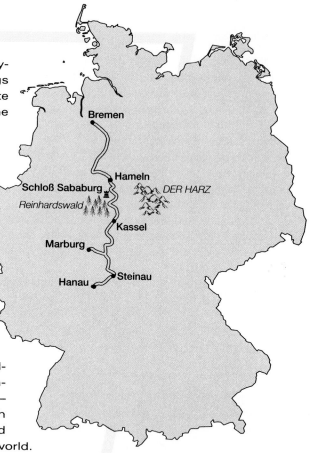

Welche Grimm-Märchen kennen Sie? Welches ist Ihr Lieblingsmärchen? Warum?

Aschenputtel

Die Bremer Stadtmusikanten

Rumpelstilzchen

Hänsel und Gretel

Rapunzel

Dornröschen

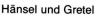

Rotkäppchen

Past Tense: Weak Verbs; Modals

The past tense, like the present tense, is a simple tense that consists only of the conjugated verb form. In this chapter you will learn how to form and use the past tense of all three types of German verbs: weak, strong, and irregular weak.

PRESENT TENSE

WEAK VERB	Ratten **leben** in Hameln.
STRONG VERB	Die Bürger **gehen** in die Kirche.
IRREGULAR WEAK VERB	Die Eltern **denken** an ihre Kinder.

PRESENT PERFECT TENSE

WEAK VERB	Ratten **haben** in Hameln **gelebt**.
STRONG VERB	Die Bürger **sind** in die Kirche **gegangen**.
IRREGULAR WEAK VERB	Die Eltern **haben** an ihre Kinder **gedacht**.

PAST TENSE

WEAK VERB	Ratten **lebten** in Hameln.
STRONG VERB	Die Bürger **gingen** in die Kirche.
IRREGULAR WEAK VERB	Die Eltern **dachten** an ihre Kinder.

As far as meaning is concerned, the present perfect and the past tense are often virtually interchangeable in German. The English *I visited*, for example, can be expressed either as **ich habe besucht** (present perfect) or as **ich besuchte** (past). The present perfect tense is generally preferred in conversation, however, whereas the past tense is preferred in written or more formal verbal accounts—particularly those that relate a series of events that occurred in the past. In short, the present perfect tense can be thought of as the *conversational past* and the past tense as the *narrative past*.

Weak Verbs

The past tense of weak verbs is formed by adding the past endings, which begin with **t**, to the verb stem. Note that the **ich** and **er**, **sie**, **es** forms are the same.

leben			
ich	lebte	wir	lebten
du	lebtest	ihr	lebtet
er/sie/es	lebte	sie	lebten
		Sie	lebten

As in the present tense, an **e** is inserted between the verb stem and the past-tense ending when pronunciation would otherwise be difficult: **ich arbeitete**; **ich öffnete**; **es regnete**.

Modals

The past tense of modals is formed by adding the past endings of weak verbs to the verb stem minus any umlaut. Note that the past stem of **mögen** is **moch**.

INFINITIVE	dürfen	können	mögen	müssen	sollen	wollen
PAST STEM	**durf**	**konn**	**moch**	**muß**	**soll**	**woll**
ich	durf**te**	konn**te**	moch**te**	muß**te**	soll**te**	woll**te**
du	durf**test**	konn**test**	moch**test**	muß**test**	soll**test**	woll**test**
er sie es	durf**te**	konn**te**	moch**te**	muß**te**	soll**te**	woll**te**
wir	durf**ten**	konn**ten**	moch**ten**	muß**ten**	soll**ten**	woll**ten**
ihr	durf**tet**	konn**tet**	moch**tet**	muß**tet**	soll**tet**	woll**tet**
sie	durf**ten**	konn**ten**	moch**ten**	muß**ten**	soll**ten**	woll**ten**
Sie	durf**ten**	konn**ten**	moch**ten**	muß**ten**	soll**ten**	woll**ten**

Sentences with modals in the past tense are formed just as in the present tense, with the modal in the appropriate verb position and the infinitive of the main verb at the end.

Die Bürger **konnten** ihre Kinder nicht finden.

The townspeople couldn't find their children.

Modals. Key factor to stress is de-umlauting in past tense of all modals. Contrastive drills between first 2 principal parts help "fix" this feature orally and aurally (*dürfen/durfte; mögen/mochte*, etc.).

Students tend to retain umlaut throughout and need early correction to avoid fixing incorrect phoneme.

Übungen

Übung A. Additional practice could be gained if students also expressed sentences in present perfect.

Übung A, 8. Whether they recognize separable prefix verb or not, students should have no trouble putting sentence in past tense.

Übung B. Remind students that umlauts are totally absent from past forms of modal verbs. Sometimes students carry over umlauts from present infinitives into past tense forms.

Übungen B–C. Have students read dialogue once more, if necessary.

A. Der Rattenfänger von Hameln. Erzählen Sie die Geschichte im Imperfekt (*past tense*)!

1. Die Bürger sind verzweifelt.
2. Viele Ratten leben in ihrer Stadt.
3. Eines Tages besucht ein Fremder die Stadt.
4. Er kann den Bürgern helfen.
5. Die Bürger akzeptieren sein Angebot.
6. Der Rattenfänger spielt auf seiner Flöte.
7. Alle Ratten folgen ihm.
8. Er führt die Ratten in den Fluß hinein.

B. Fragen über die Geschichte. Stellen Sie jede Frage im Imperfekt!

1. Wer kann den Leuten helfen?
2. Warum müssen die Ratten ertrinken?
3. Warum muß der Rattenfänger die Stadt ohne sein Geld verlassen?
4. Warum kann ein Kind dem Rattenfänger nicht folgen?
5. Können die Bürger die Kinder finden?

Übung C. Another expansion: Students reexpress these in present perfect. Remind them of double infinitive construction with modals in present perfect or past perfect tenses.

C. Fragen und Antworten. Stellen Sie einem Studenten / einer Studentin jede Frage in Übung B!

> BEISPIEL: S1: Wer konnte den Leuten helfen?
> S2: Der Fremde konnte den Leuten helfen.

D. Was machten die Touristen in der deutschen Stadt? *Restate each sentence first with* ich *and then with* wir *as the subject.*

> BEISPIEL: Sie wollten alles sehen. →
> Ich wollte alles sehen. Wir wollten alles sehen.

1. Sie mußten im Tour-Bus sitzen.
2. Sie mochten den Tour-Bus nicht.
3. Sie konnten den Fremdenführer gut verstehen.
4. Sie durften die Universität besuchen.
5. Sie sollten eine Stunde in der Altstadt verbringen.
6. Sie mußten drei Kirchen besuchen.

E. Alle Ratten verließen die Stadt Hameln und ertranken in dem Fluß. Und dann? Erzählen Sie den Rest der Geschichte auf deutsch!

The Pied Piper demanded his payment, but the people did not want to pay him. He had to leave the town without his money. One week later the Pied Piper visited the town again. He played his flute, and all the children followed him. He led them into a mountain, and their parents could never find them.

Die Wartburg bei Eisenach: Hier blühten (*flourished*) im Mittelalter Kunst (*art*), Kultur und Handel (*trade*).

F. Als Kind . . . Sie möchten einen Studenten / eine Studentin besser kennen-lernen. Stellen Sie Fragen!

> BEISPIEL: müssen / immer früh nach Hause gehen →
>
> s1: Mußtest du als Kind immer früh nach Hause gehen?
>
> s2: Ja, ich mußte immer um neun Uhr nach Hause gehen. / Nein, ich konnte nach Hause gehen, wann ich wollte.

1. dürfen / oft ins Kino gehen
2. sollen / das Geschirr spülen
3. können / Deutsch sprechen
4. wollen / immer im Park spielen
5. mögen / Pizza und Cola
6. müssen / an Schultagen früh ins Bett gehen

G. Erzählen Sie von einer Stadt, die Sie einmal besucht haben! *Tell or write about your experiences in a narrative. Answer the following questions.*

1. Welche Stadt besuchten Sie einmal?
2. Was machten Sie dort?
3. Wen besuchten Sie dort?
4. Was wollten Sie dort sehen?
5. Warum mußten Sie schließlich die Stadt verlassen?
6. Mochten Sie diese Stadt? Warum (nicht)?

C

Die Weiber* von Weinsberg

Vor vielen Jahren kam eine Armee nach Weinsberg und eroberte die Stadt. Der General der Armee wollte alle Männer der Stadt töten. Mit den Frauen hatte er jedoch Mitleid, und er sagte: „Morgen dürft ihr alle die Stadt verlassen, und die Dinge, die ihr auf eurem Rücken tragen könnt, dürft ihr auch aus der Stadt bringen."

Die Frauen schliefen in dieser Nacht kaum. Sie wußten nicht, was sie tun sollten und dachten nur an ihre Männer, die am nächsten Tag sterben mußten.

Als es am nächsten Tag wieder hell wurde, verließen die Frauen die Stadt. Aber zu dem Erstaunen des Generals trug jede Frau ihren Mann auf dem Rücken. Der General bewunderte diesen Einfall der Frauen so sehr, daß er die Männer deswegen nicht tötete. So konnten die Weiber von Weinsberg ihre Männer retten.

Die Weiber von Weinsberg

1. Was wollte der General machen, dessen Armee Weinsberg eroberte? 2. Wie zeigte er sein Mitleid mit den Frauen? 3. Wann sollten die Frauen die Stadt verlassen? 4. Welchen Plan machten die Frauen in der Nacht vorher? 5. Wie verließen die Frauen die Stadt? 6. Warum tötete der General die Männer nicht?

---

* **Weiber** = **Frauen**. Today the word **das Weib, -er** has a negative connotation.

Past Tense: Strong Verbs; Irregular Weak Verbs

Strong Verbs

In the past tense of strong verbs, the stem vowels—and sometimes the stem consonants—differ from those of the infinitive. The past endings of strong verbs are the same as the present endings, except that no ending is added to the first- and third-person singular forms.

kommen			
ich	kam	wir	kam**en**
du	kam**st**	ihr	kam**t**
er sie es	kam	sie	kam**en**
		Sie	kam**en**

gehen			
ich	ging	wir	ging**en**
du	ging**st**	ihr	ging**t**
er sie es	ging	sie	ging**en**
		Sie	ging**en**

Irregular Weak Verbs

The past tense of irregular weak verbs is formed by adding the past endings of weak verbs to the verb stem. As with strong verbs, however, the stem vowel of the past tense differs from that of the infinitive. The stem consonants of some irregular weak verbs also change.

Irregular Weak Verbs. Call students' attention to similarities with same verbs in English: think (*denk*); thought (*dacht*); bring (*bring*); brought (*bracht*).

kennen			
ich	kannte	wir	kann**ten**
du	kann**test**	ihr	kann**tet**
er sie es	kannte	sie	kann**ten**
		Sie	kann**ten**

bringen			
ich	brachte	wir	brach**ten**
du	brach**test**	ihr	brach**tet**
er sie es	brachte	sie	brach**ten**
		Sie	brach**ten**

Principal Parts

The three principal parts of verbs are the infinitive, the past-tense form of the third-person singular, and the auxiliary plus the past participle.

WEAK VERB	wohnen, wohnte, hat gewohnt
STRONG VERB	kommen, kam, ist gekommen
IRREGULAR WEAK VERB	bringen, brachte, hat gebracht

The principal parts of weak verbs are regular and predictable, but the principal parts of strong verbs must be learned individually. Many strong verbs have a different stem vowel in each of the three principal parts: **finden**, **fand**, **hat gefunden**. By knowing the principal parts, you will be able to form all the tenses of the verb. The following is a reference list of the verbs you have learned so far.

	INFINITIVE	PAST	AUXILIARY + PAST PARTICIPLE
WEAK	wohnen	wohnte	hat gewohnt
IRREGULAR WEAK	bringen	brachte	hat gebracht
	denken	dachte	hat gedacht
	haben	hatte	hat gehabt
	kennen	kannte	hat gekannt
	nennen	nannte	hat genannt
	wissen	wußte	hat gewußt
STRONG	beginnen	begann	hat begonnen
	bleiben	blieb	ist geblieben
	essen	aß	hat gegessen
	fahren	fuhr	ist gefahren
	finden	fand	hat gefunden
	geben	gab	hat gegeben
	gefallen	gefiel	hat gefallen
	gehen	ging	ist gegangen
	halten	hielt	hat gehalten
	heißen	hieß	hat geheißen
	helfen	half	hat geholfen
	kommen	kam	ist gekommen
	lassen	ließ	hat gelassen
	laufen	lief	ist gelaufen
	lesen	las	hat gelesen
	liegen	lag	hat gelegen
	nehmen	nahm	hat genommen
	rufen	rief	hat gerufen
	schlafen	schlief	hat geschlafen
	schließen	schloß	hat geschlossen
	schreiben	schrieb	hat geschrieben
	sehen	sah	hat gesehen
	sein	war	ist gewesen
	singen	sang	hat gesungen
	sitzen	saß	hat gesessen
	sprechen	sprach	hat gesprochen
	stehen	stand	hat gestanden

Chart. List provides students with handy reference tool for reviewing verbs encountered thus far. Appendix 2 also lists all strong and irregular weak verbs used in text.

Principal parts of these verbs should be drilled frequently, in teams or small groups.

Students might use blank space in margin to list English meanings, if they feel it is necessary or helpful.

	INFINITIVE	PAST	AUXILIARY + PAST PARTICIPLE
STRONG (*cont.*)	sterben	starb	ist gestorben
	tragen	trug	hat getragen
	treffen	traf	hat getroffen
	trinken	trank	hat getrunken
	tun	tat	hat getan
	verbieten	verbot	hat verboten
	verbinden	verband	hat verbunden
	vergessen	vergaß	hat vergessen
	verlassen	verließ	hat verlassen
	werden	wurde	ist geworden

The principal parts of verbs with the so-called inseparable prefixes (**erkennen, beschreiben, verlassen**) follow the same pattern as those of the basic verbs (**kennen, schreiben, lassen**), except that the past participle form has no **ge** prefix.

kennen	kannte	hat gekannt
erkennen	erkannte	hat erkannt
schreiben	schrieb	hat geschrieben
beschreiben	beschrieb	hat beschrieben

Übungen

Übung A. Have students work in small groups to "plan" their party and say who will bring what. Then tell them party is over and ask who brought what.

A. Peter gab eine Party. Erzählen Sie, was jede Person brachte!

BEISPIEL: ich / Blumen → Ich brachte Blumen.

1. wir / das Bier
2. du / das Brot
3. Helga / die Wurst
4. Sie / die Brezeln
5. Max / nichts
6. ihr / eine Torte
7. ich / den Kaffee
8. Anna und Karl / die Musik

B. Einige Jahre später. Erzählen Sie, was jede Person wurde!

BEISPIEL: Elisabeth Fischer / Schauspielerin →
Elisabeth Fischer wurde Schauspielerin.

1. Dieter Berg / Historiker
2. wir / Freunde
3. ich / Reiseführerin
4. Sie / Architekt
5. Rudolf Mayer und Maria Schwarz / Mann und Frau
6. du / Politikerin
7. ihr / Studenten
8. Margarete Engel / Nonne

Übung C. Students could also express sentences in present perfect.

C. Herr Jones, ein Amerikaner, machte eine Reise nach Europa. Was tat er in jeder Stadt? Erzählen Sie die Geschichte im Imperfekt!

1. Herr Jones bleibt eine Woche lang in Paris.
2. Er nimmt den Zug nach Frankfurt.
3. In Heidelberg geht er aufs Schloß.
4. Er sieht einige Kirchen in Mainz.
5. Er trinkt Bier in München.
6. Er schreibt Postkarten in Zürich.
7. Er trifft Freunde in Salzburg.
8. Er verläßt Österreich und fährt nach Rom.

D. Ich . . . / Wir . . . *Restate the story in Exercise C with different subjects:* ich, *then* wir.

> BEISPIEL: Herr Jones blieb eine Woche lang in Paris. →
> Ich blieb eine Woche lang in Paris. . . .
> Wir blieben eine Woche lang in Paris. . . .

E. Die Weiber von Weinsberg. Ergänzen Sie die Verben im Imperfekt!

Eine Armee _____ (kommen) nach Weinsberg und _____ (erobern) die Stadt. Der General _____ (wollen) alle Männer der Stadt töten. Mit den Frauen _____ (haben) er Mitleid. Sie _____ (dürfen) die Stadt verlassen, aber sie _____ (dürfen) nur die Dinge, die sie auf dem Rücken tragen _____ (können), aus der Stadt bringen.

Die Frauen _____ (schlafen) kaum. Sie _____ (wissen) nicht, was sie tun _____ (sollen). Sie _____ (denken) nur an ihre Männer, die am nächsten Tag sterben _____ (müssen).

Am nächsten Tag _____ (tragen) die Frauen ihre Männer auf dem Rücken aus der Stadt und _____ (retten) sie.

Übung F. After asking question in German, S1 could call on S2 to answer in past tense; then S2 could restate question in present perfect and call on S3 to answer in that tense. In any case, avoid oral reading of sentences in English.

F. Stellen Sie Fragen über die Geschichte in Übung E! Auf deutsch, bitte!

1. Who came to Weinsberg and conquered the town?
2. Why did the women of the town hardly sleep?
3. Why did they think only of their husbands?
4. Did they know how they could save their husbands?
5. How did the women leave the town?
6. What did they carry on their backs?

Übung G. You might remark that accounts started in past tense occasionally jump into present when action starts ("vivid past"). Exercise could be creatively expanded to include this switch, whether in oral or written format.

G. Gestern. Was taten Sie? Wohin gingen Sie? Was aßen Sie? Was tranken Sie? Was sahen Sie? Wen besuchten Sie? Wer kam zu Ihnen? Mit wem sprachen Sie? Was lasen Sie? Was mußten Sie schreiben? Schliefen Sie während des Tages? Blieben Sie den ganzen Tag zu Hause? Sahen Sie fern?

1. Fragen Sie Ihren Nachbarn / Ihre Nachbarin, was er/sie gestern alles machte!
2. Erzählen Sie der Klasse, was er/sie gemacht hat!

Sammeltext

Sammeltext. Prereading: With books closed, ask students to jot down answers to several content questions regarding who, when, where, or what. (You could provide multiple-choice answers.) Students have already heard part of story earlier in chapter. Have them read or scan text for 4 minutes; then ask questions again. Students should note difference among their sets of responses.

Die Geschichte von der heiligen Elisabeth aus Marburg

Marburg ist eine Stadt aus dem Mittelalter, die auch modern ist. Während manche Gebäude der Universität neu sind, stammen viele Gebäude der Altstadt und das Schloß noch aus dem Mittelalter. Ungefähr° zehn Minuten zu Fuß° vom Rathaus entfernt° ist die Elisabethkirche, die schon über 600 Jahre alt ist. Man hat sie nach der heiligen Elisabeth benannt.°

Elisabeth kam 1207 in Ungarn zur Welt. Sie war die Tochter des Königs. Als sie vier Jahre alt war, brachte man sie auf die Wartburg. Ihr Spielkamerad,° den man mit ihr zusammen auf der Wartburg erzog,° war Landgraf° Ludwig IV.* von Thüringen. Schon in diesem jungen Alter verlobte° man Elisabeth mit Ludwig, und als sie vierzehn war, heiratete sie ihn. Sie lebten zusammen auf der Wartburg in Thüringen; auch Marburg gehörte der Familie des Grafen.

Elisabeth liebte Ludwig, und er liebte sie auch, doch konnte er ihre Barmherzigkeit° nie ganz verstehen. Sie ging fast jeden Tag in das Dorf, wo sie den Leuten half. Ludwig verbot ihr das.

Eines Tages verließ Elisabeth das Schloß mit einem Korb° voll Brot. Ludwig wollte in den Korb schauen. Nach der Sage° verwandelte Gott das Brot in Rosen. Als Elisabeth die Leute dann erreichte,° denen sie das Brot geben wollte, verwandelte Gott die Rosen wieder in Brot.

Ludwig ging 1227 nach Italien, wo Kaiser Friedrich II.† einen Kreuzzug° organisierte. Während Ludwig aber noch in Italien war, starb er an einer Krankheit.

Elisabeth ging dann nach Marburg. Doch wohnte sie nicht in dem Schloß, das ihr seit ihrer Hochzeit° gehörte. Sie entsagte° der Welt und wurde Nonne. Sie gründete° am Fuße des Berges in der Nähe des Flusses ein Krankenhaus.° Dort arbeitete sie, bis sie 1231 starb. Aus ganz Deutschland kamen Leute zu ihrem Grab.° Man sagte, daß Menschen, die krank waren und das Grab besuchten, wieder gesund wurden.° Im Juni 1235 sprach der Papst° Elisabeth heilig,° und im August begann man mit dem Bau° der Elisabethkirche.

approximately / zu. . . on foot / away
called

playmate
brought up / Count
betrothed

compassion

basket
legend
reached

crusade

wedding / renounced / founded
hospital
grave
wieder. . . regained health
pope / sprach . . . heilig declared a saint
construction

Elisabeth aus Marburg

1. Woher stammte Elisabeth?
2. Wer war ihr Vater?

---

* Read as **Ludwig der Vierte**.
† Read as **Kaiser Friedrich der Zweite**.

299

3. Wie alt war Elisabeth, als man sie auf die Wartburg brachte?
4. Wen heiratete Elisabeth?
5. Warum ging Elisabeth jeden Tag ins Dorf?
6. Was verwandelte Gott in Rosen?
7. Wie und wo starb Ludwig?
8. Wie alt war Elisabeth, als sie starb?
9. Wann begann man mit dem Bau der Elisabethkirche?
10. Wie alt ist die Elisabethkirche?

Sammelübungen

A. Wer war Elisabeth?

Elisabeth _____ (*came*) 1207 in Ungarn zur Welt und war die Tochter _____ _____ (*of the king*). Als sie vier Jahre alt war, _____ (*brought*) man sie auf die Wartburg. Ihr Spielkamerad, _____ (*whom*) man mit ihr zusammen auf der Wartburg erzog, _____ (*was*) Ludwig IV. von Thüringen. Als sie vierzehn war, _____ (*married*) Elisabeth Ludwig, und sie _____ (*lived*) zusammen auf der Wartburg in Thüringen.

Übungen B–C. Sentences in both exercises might be reproduced on cards so that students can organize them in proper sequence. For advanced groups, you might even mix cue cards from both exercises so that students have to sort out correct story lines.

B. Eine Liebesgeschichte. Erzählen Sie die Geschichte im Imperfekt!

Margarete kommt in Deutschland zur Welt. Sechs Jahre später bringen ihre Eltern sie nach Österreich. Die Familie zieht in ein großes Haus, das zwanzig Zimmer hat. Sie wohnt auf dem Land in der Nähe von Salzburg. Mit siebzehn heiratet Margarete Friedrich, dessen Familie viel Geld hat. Weil Friedrich sie liebt, gibt er Margarete ein Schloß, das ihm gehört, als Geschenk. Margarete und Friedrich wohnen dreißig Jahre zusammen auf diesem Schloß.

C. Heinrich. Erzählen Sie die Geschichte im Präsens!

Der König und die Königin konnten ihren Sohn Heinrich nicht verstehen. Sie gaben Heinrich alles, aber er wollte nur den armen (*poor*) Leuten helfen, die im Dorf wohnten. Eines Tages verließ Heinrich das Schloß mit viel Brot, das er den Leuten geben wollte. Die Königin sah das Brot und verbot ihm das. Heinrich ging nach Italien, wo er Mönch (*monk*) wurde.

D. Deutsche Literatur. *Each of the following sentences is the opening of a short story by a well-known author, as indicated. Use the correct past-tense form(s) to complete each sentence.*

1. Joseph Roth: Es _____ (sein) einmal ein Kaiser.
2. Hans Bender: Mein Leutnant _____ (haben) immer Hunger.
3. Peter Altenberg: Sie (*fem. sg.*) _____ (können) den Pudel nicht mit in das Theater nehmen. So _____ (bleiben) der Pudel bei mir im Café, und wir _____ (erwarten) die Herrin.

4. Robert Walser: Ich ＿＿＿ (sehen) einst im Theater einen Tänzer, der mir und vielen anderen Leuten, die ihn ebenfalls ＿＿＿ (sehen), einen tiefen Eindruck (*impression*) ＿＿＿ (machen).
5. Franz Kafka: Es ＿＿＿ (sein) sehr früh am Morgen, die Straßen rein (*clear*) und leer (*empty*), ich ＿＿＿ (gehen) zum Bahnhof.
6. Hans Bender: Krasno Scheri ＿＿＿ (heißen) das Dorf seit der Revolution.
7. Wilhelm Schäfer: Einmal ＿＿＿ (fahren) der boshafte Spötter (*malicious mocker*) Otto Erich Hartleben in der ersten Klasse, weil er allein sein ＿＿＿ (wollen).
8. Wolfgang Borchert: Dabei ＿＿＿ (sein) mein Onkel natürlich kein Gastwirt (*innkeeper*). Aber er ＿＿＿ (kennen) einen Kellner. Dieser Kellner ＿＿＿ (verfolgen) meinen Onkel so intensiv mit seiner Treue (*loyalty*) und mit seiner Verehrung (*veneration*), daß wir immer ＿＿＿ (sagen): „Das ist sein Kellner." Oder: „Ach so, sein Kellner."

Anwendung

Berühmte Menschen

A. Ein Quiz: Wer war die Person, die . . . ? Fragen Sie einen Studenten / eine Studentin!

BEISPIEL: S1: Wer war der Künstler (*artist*), der „Um den Fisch" malte (*painted*)?
S2: Das war Paul Klee. Wer war . . . ?
S1: Das war . . .

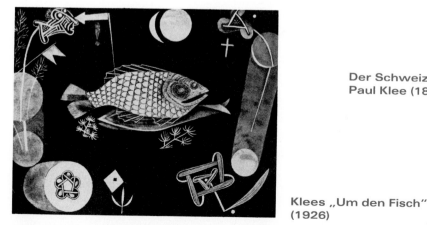

Klees „Um den Fisch" (1926)

Der Schweizer Maler, Paul Klee (1879–1940)

Wolfgang Amadeus Mozart	Thomas Mann	Hannah Arendt
Ingeborg Bachmann	Richard Wagner	Martin Luther
Ludwig van Beethoven	Günter Grass	Peter Weiss
Maria Theresia	Marlene Dietrich	Johann Wolfgang von Goethe
Nelly Sachs	Albert Einstein	

A. *Antworten:*
*1. Beethoven 2. Grass
3. Luther 4. Maria
Theresia 5. Wagner
6. Dietrich 7. Mozart
8. Sachs 9. Einstein
10. Arendt 11. Goethe
12. Bachmann 13. Mann
14. Weiss*

Wer war . . .

1. der Komponist, der neun Sinfonien komponierte?
2. der Autor, der „Die Blechtrommel" schrieb?
3. der Mönch, der für die protestantische Reformation verantwortlich (*responsible*) war?
4. die Frau, die Kaiserin von Österreich wurde?
5. der Opernkomponist, der den Text und die Musik von dem „Ring des Nibelungen" schrieb?
6. die blonde Filmschauspielerin, die durch ihre romantischen Rollen in der ganzen Welt bekannt wurde?
7. der Komponist, der „Eine kleine Nachtmusik" komponierte?
8. die Autorin, die 1966 den Nobelpreis für Literatur bekam?
9. der Wissenschaftler (*scientist*), der entdeckte (*discovered*), daß Raum (*space*) und Zeit relativ sind?
10. die emigrierte politische Philosophin, die in Amerika lehrte und durch ihre Bücher Aufsehen erregte (*caused a sensation*)?
11. der große deutsche Klassiker, der „Faust" schrieb?
12. die österreichische Schriftstellerin (*writer*), die besonders durch ihre Gedichte (*poetry*) und Erzählungen (*short stories*) bekannt wurde?
13. der Autor, der „Buddenbrooks" schrieb?
14. der Dramatiker, der das Theaterstück „Marat/Sade" schrieb?

B. Wie heißt . . . ? Stellen Sie Fragen über berühmte Menschen!

BEISPIEL: Wie heißt die Autorin, die „The Color Purple" schrieb?

Wie heißt der Schauspieler / die Schauspielerin, . . . ?

der Autor / die Autorin,	der Filmstar,
der Sänger / die Sängerin,	die Frau,
der Komiker / die Komikerin,	der Mann,
der Rockstar,	____ ?

Martin Luther

Martin Luthers Leben: Eine Chronologie

1483	wurde in Eisleben als Sohn eines Bergmannes (*miner*) geboren
	ging zur Schule in Mansfeld, Magdeburg und Eisleben
	studierte in Erfurt
1505	wurde Augustinermönch
1507	wurde Priester
1508	lebte mit Unterbrechungen in Wittenberg
	wurde Theologieprofessor

1510	machte eine Reise nach Rom
1512	wurde Doktor der Theologie
1517	nagelte seine 95 Thesen an die Tür der Schloßkirche zu Wittenberg
1517–1533	übersetzte (*translated*) die Bibel aus dem Hebräischen und Griechischen ins Deutsche
1519	disputierte mit Eck in Leipzig
1520	wurde exkommuniziert
1521	stand vor dem Reichstag zu Worms und sagte: „Hier stehe ich! Ich kann nicht anders. Gott helfe mir! Amen."
1521–1522	brachte Friedrich ihn auf die Wartburg, wo er an der deutschen Übersetzung des Neuen Testaments arbeitete
1523–1524	schrieb Hymnen
1525	heiratete Katharina von Bora
1546	starb in Eisleben

Martin Luther. Explain that Martin Luther's 95 theses challenged Roman Catholic Church by calling attention to various excesses and abuses. This action launched Reformation.

A–B (below). Students practice form and style in controlled situation before moving to freer writing activity. Exercise A prepares for B, although some students may skip actual writing in A and write assignment only for B.

Lutherdenkmal mit Nikolaikirche und -tor am Karlsplatz

,EISENACH'

V.R.HEDWIG 1991

A. Eine Biographie. Schreiben Sie eine kurze Biographie von Martin Luther! *Use the list of events, and write about them in a narrative format. The following tips will help.*

1. Vary your sentences so that you do not always begin with the subject or with a date. Remember, however, that the conjugated verb must go in second position.

   1483 wurde Martin Luther als Sohn eines Bergmannes in Eisleben geboren.

   Martin Luther wurde 1483 als Sohn eines Bergmannes in Eisleben geboren.

   Als Sohn eines Bergmannes wurde Martin Luther 1483 in Eisleben geboren.

2. In German sentences a time phrase precedes a place phrase when both elements are present.

Luther wurde 1483 in Eisleben geboren.

3. Vary your subject: **Martin Luther**, **Luther**, **er**.

4. Use transitional adverbs or phrases to improve the flow of your narrative.

Während dieser Zeit . . .
(Zwei) Jahre später . . .
Hier . . .
Später . . .

B. Eine Autobiographie. Schreiben Sie zuerst eine Chronologie und dann die Geschichte Ihres Lebens!

C. Lucas Cranach. Lucas Cranach war ein deutscher Künstler (*artist*) der Reformationszeit. Lesen Sie die Anzeige (*ad*) von der Deutschen Stiftung für Denkmalschutz (*name of a foundation for the protection of historical monuments*), und beantworten Sie dann die folgenden Fragen!

1. Was will man schützen? Warum?
2. Was passiert, wenn keine Hilfe kommt?
3. Wessen Porträts schuf Lucas Cranach hier?
4. Wen malte er hier?
5. Was wurde hier in Holz geschnitten?
6. Wie kann man mehr Informationen über den Cranach-Hof bekommen?

RETTE MIT – WER KANN!

Wo Lucas Cranach Martin Luther malte.
Der Cranach-Hof in Wittenberg. Wenn nicht schnell Hilfe kommt, stirbt das Haus und mit ihm ein Stück Reformationsgeschichte. Hier schuf Cranach d. Ä. die Porträts seines Freundes Luther. Hier malte er Katharina, Luthers Ehefrau. Die Illustrationen der ersten Luther-Bibel – hier wurden sie in Holz geschnitten. Möchten Sie mehr wissen über den Cranach-Hof, und wie wir ihn gemeinsam retten können, schicken Sie den Coupon an uns. Danke!

DEUTSCHE STIFTUNG DENKMALSCHUTZ

Schirmherr: Bundespräsident Dr. Richard von Weizsäcker

✂--

d. Ä = der Ältere *elder*
die Ehefrau *wife*
gemeinsam *zusammen*
der Hof *farm*
in Holz *in wood*
malen, hat gemalt *to paint*
schaffen, schuf, hat
  geschaffen *to create*
wurden . . . geschnitten
  were . . . carved

Guten Appetit!

Vorschau. Brainstorming ideas: Bring in fruits and vegetables and identify them for students. Write on board: *Auf dem Markt: frisches Obst, frische Gemüsesorten*. Have students call out names of fruits and vegetables.

Fragen: Tragen die Kundinnen Papiertüten? Plastiktüten? Einkaufstaschen aus Stoff?

Dialog: Students might make up short dialogue for scene.

Vorschau

Kaufen diese Leute Obst und Gemüse in einem Supermarkt oder auf dem Marktplatz? Kaufen die Mutter und ihre Tochter rote Äpfel? grüne Äpfel? Wieviel kostet das Kilo? Was sagen die Kundinnen zur Verkäuferin? Was sagt die Verkäuferin zu ihnen? Kaufen diese Kundinnen wohl auch frische Birnen (*pears*)? frische Tomaten? frische Eier?

Wortgebrauch

das Obst und das Gemüse

 der Apfel, ⸚

die Banane, -n

 die Erdbeere, -n

die Kirsche, -n

der Pfirsich, -e

die Bohne, -n

 die Kartoffel, -n

 der Kopfsalat

die Möhre, -n

die Tomate, -n

 das Brot, -e   das Brötchen, -

 das Fleisch

 der Fisch, -e

 die Wurst, ⸚e

der Schinken, -

 das Ei, -er

 der Käse, -

die Butter

das Eis

Übung A. Topic of food lends itself to frequent use of magazine ads, facsimile menus, and other realia such as wine lists, wine labels, dessert menus, etc. While American realia can be used, "souvenirs" from German, Austrian, or Swiss establishments are even more effective.

A. Essen und Trinken. Fragen Sie Ihren Nachbarn / Ihre Nachbarin:

1. Welche Obstsorten magst du? Welche magst du nicht?
2. Welche Gemüsesorten ißt du gern? Welche ißt du nicht gern?
3. Welche Suppen und welche Salate ißt du gern? Gemüsesuppe? Gemüsesalat? Bohnensuppe? Bohnensalat? Kartoffelsuppe? Kartoffelsalat? Tomatensuppe? Tomatensalat?
4. Magst du Fleisch? Fisch? Wurst? Schinken? Käse?
5. Ißt du gern Eier zum Frühstück? zum Mittagessen? zum Abendessen?
6. Wie oft ißt du Brot? jeden Tag? zweimal in der Woche? nie? Ißt du morgens Brötchen mit Butter und Marmelade? Ißt du oft belegte Brote zum Mittagessen?

306

7. Was ißt du gern zum Nachtisch? Eis? Kirschtorte? Apfelstrudel? Apfelkuchen? Käsekuchen? Pudding? Schokolade?

8. Was trinkst du gern? Wasser? Mineralwasser? Cola? Apfelsaft? Bier? Rotwein? Weißwein? Kaffee? Tee? Milch?

B. Suchen Sie die Synonyme!

BEISPIEL: „Die Vorspeise" und „das Vorgericht" sind Synonyme.

1. der Nachtisch
2. Durst haben
3. Hunger haben
4. das Spezialgericht
5. das Gericht
6. „Guten Appetit!"

a. die Spezialität
b. die Nachspeise
c. hungrig sein
d. „Mahlzeit!"
e. die Speise
f. durstig sein

C. Was ist...?

Übung C. Ask students to give own definitions of these words: *das Landbrot, die Landeier.*

1. You might point out that after indefinite pronoun *etwas*, indefinite relative pronoun *was* should be used.

BEISPIEL: S1: Was ist das Mittagessen?
S2: Das ist das Essen, das man zu Mittag ißt.

a. das Abendessen
b. der Arbeitstag
c. der Ecktisch
d. der Gasthof
e. die Gaststätte

f. der Nachtisch
g. der Rotwein
h. der Schnellimbiß
i. der Sommertag
j. die Speisekarte

k. der Stammgast
l. der Stammtisch
m. die Weinkarte
n. der Weißwein

1. Das ist etwas, was man am Ende des Essens ißt.
2. Das ist ein Restaurant, in dem man besonders schnell etwas zu essen bekommen kann.
3. Das ist ein Tisch in der Ecke.
4. Das ist ein Gast, der regelmäßig (*regularly*) ins Restaurant kommt.
5. Das ist ein Tag im Sommer.
6. Das ist ein Wein, der klar ist.
7. Das ist ein Essen, das man am Ende des Tages ißt.
8. Das ist ein Tag, an dem man arbeitet.
9. Das ist ein Restaurant, das auch ein Hotel sein kann.
10. Das ist eine Karte, auf der man die Angebote eines Restaurants liest.
11. Das ist ein Wein, der rot ist.
12. Das ist ein Restaurant.
13. Das ist eine Karte, auf der man die Weinliste findet.
14. Das ist ein Tisch, der für Stammgäste reserviert ist.

D. Situationen: Was sagen Sie?

a. Mm, es schmeckt gut!
b. Guten Appetit!
c. Einmal Sauerbraten und einmal Wiener Schnitzel.
d. Ist hier noch frei?
e. Bringen Sie uns die Weinkarte, bitte!
f. Herr Ober, zahlen bitte!
g. Warte doch nicht auf mich! Sonst wird es kalt!
h. Herr Ober, die Speisekarte bitte!

1. Sie gehen an einen Tisch, wo zwei Leute sitzen. Vier Plätze sind noch frei. Was fragen Sie, bevor Sie Platz nehmen?
2. Sie möchten die Speisekarte sehen. Was sagen Sie?
3. Sie bestellen Sauerbraten für sich (*yourself*) und Wiener Schnitzel für Ihren Freund / Ihre Freundin. Was sagen Sie zum Ober?
4. Sie möchten die Weinkarte sehen. Was sagen Sie zum Ober?
5. Der Ober bringt Ihrem Freund / Ihrer Freundin das Wiener Schnitzel. Was sagen Sie zu Ihrem Freund / Ihrer Freundin?
6. Ihr Freund / Ihre Freundin ißt nicht, weil der Ober Ihnen Ihr Gericht noch nicht gebracht hat. Was sagen Sie zu Ihrem Freund / Ihrer Freundin?
7. Sie finden den Sauerbraten ausgezeichnet. Was sagen Sie?
8. Sie möchten zahlen. Was sagen Sie?

E. Was wünschen Sie? Schauen Sie auf die Speisekarte, und dann beantworten Sie die Fragen!

1. Was haben Sie schon einmal probiert?
2. Was haben Sie noch nicht gegessen?
3. Was möchten Sie vielleicht probieren?
4. Was möchten Sie bestimmt nicht probieren? Warum?
5. Was möchten Sie jetzt bestellen? Wieviel kostet das alles? Finden Sie das teuer oder billig?

Zur Goldenen Krone

Vorspeisen

Suppen		*Salate*	
Gulaschsuppe	6,10	Heringssalat	7,30
Nudelsuppe	5,30	Tomatensalat	6,—
Tagessuppe	5,—	Endiviensalat	6,—

Hauptgerichte

Filetsteak mit Spätzle	23,50
Sauerbraten mit Nudeln	22,80
Wiener Schnitzel mit Kartoffeln	22,80
Rippchen mit Sauerkraut	17,50
Omelette mit Spinat und Butterreis	13,30
Würste mit Kartoffeln und Äpfeln	12,—

Nachtische

Schokoladentorte	4,20
Käsekuchen	4,10
Apfelstrudel	4,10

ALLES FRISCH

Wortschatz

Adjectives and Adverbs

andere (*pl.*)	other
berufstätig	professional(ly); working
besetzt	occupied, taken
frisch	fresh
hausgemacht	homemade
jung	young
knusprig	crusty
mager	lean
nächst	nearest
nötig	necessary
riesig	huge, gigantic
romantisch	romantic
stark	strong

Nouns

ESSEN UND RESTAURANTS	FOOD AND RESTAURANTS
das Abendessen, -	evening meal
der Apfel, ¨	apple
die Banane, -n	banana
die Bohne, -n	bean
das Eis	ice cream
der Eisbecher, -	ice cream sundae
die Erdbeere, -n	strawberry
das Essen	food, meal
der Fisch, -e	fish
das Fleisch	meat
der Gasthof, ¨e	restaurant; inn
die Gaststätte, -n	restaurant
das Gemüse	vegetable
die Gemüsesorte, -n	sort/type of vegetable
das Gericht, -e	dish, course
das Getränk, -e	drink, beverage
die Kalorie, -n	calorie
die Kartoffel, -n	potato
der Käse	cheese
die Kirsche, -n	cherry
der Kopfsalat	(head of) lettuce
die Küche	(*here*) cuisine
die Möhre, -n	carrot
der Nachtisch, -e	dessert
das Obst	fruit
die Obstsorte, -n	sort/type of fruit
der Pfirsich, -e	peach
das Restaurant, -s	restaurant
der Rotwein, -e	red wine
der Salat, -e	salad

Deutsche Zucchini Hkl. II, 1 kg

der Schinken, -	ham
der Schnellimbiß, *pl.* **Schnellimbisse**	fast-food place
die Spezialität, -en	specialty
der Stammgast, ¨e	regular customer
der Stammtisch, -e	table reserved for regular customers
das Steak, -s	steak
die Suppe, -n	soup
die Tomate, -n	tomato
das Vorgericht, -e	appetizer
der Wein, -e	wine
der Weißwein, -e	white wine

OTHER NOUNS	
das Bild, -er	picture
der Vormittag, -e	(late) morning, forenoon

Verbs

probieren, hat probiert	to try, sample
schmecken, hat geschmeckt (+ *dat.*)	to taste
es schmeckt mir	I like it, enjoy it

Useful Words and Phrases

auf dem Weg nach Hause	on the way home
(kalter) Aufschnitt	cold cuts, cold meat
das belegte Brot	(open-faced) sandwich
das stimmt so	keep the change; that's OK
einmal (Sauerbraten)	one order of (sauerbraten)
es ist mir egal	I don't care
guten Appetit	enjoy your meal
mir läuft das Wasser im Mund zusammen	my mouth waters
zahlen bitte	the check, please
zusammen oder getrennt (zahlen)	(to pay) together or separately

Grammatik

Herr und Frau Braun—junge, berufstätige Leute—sind eines Abends auf dem Weg nach Hause.

FRAU BRAUN: Ich habe riesigen Hunger. Können wir nicht zum Schnellimbiß gehen? Da gibt es doch auch gute Wurst und frischen Salat.

HERR BRAUN: Aber auf dem Markt bekommt man heute frische Landeier und knuspriges Landbrot. Mir läuft das Wasser im Mund zusammen, wenn ich daran denke.

FRAU BRAUN: Na gut, dann machen wir zu Hause einen „Strammen Max";* das geht ja auch schnell.

A. Herr und Frau Braun

1. Arbeiten Herr *und* Frau Braun? 2. Wer hat Hunger? 3. Wohin will Frau Braun gehen? 4. Was gibt es im Schnellimbiß? 5. Was bekommt man auf dem Markt? 6. Denkt Herr Braun gern an Landbrot? Woher wissen Sie das? 7. Welches Abendessen kann man schnell machen?

B. Fragen Sie Ihren Nachbarn / Ihre Nachbarin:

1. Gibt es in amerikanischen Schnellimbissen auch frischen Salat? 2. Ißt du gern in einem Schnellimbiß? 3. Gibt es einen Markt in deiner Stadt? 4. Wenn ja: Was kauft man dort?

Kulturecke. Refer students to dialogue B in Chapter 7 for another example of *Abendbrot*.

KULTURECKE

Das Mittagessen und das Abendessen/Abendbrot. According to tradition, the main meal of the day in German-speaking countries is the **Mittagessen**; the **Abendessen** is a lighter meal, often consisting of open sandwiches. Because bread usually plays some role in the evening meal, **Abendessen** is often called **Abendbrot**. Traditions change, however, and many working people, especially in the cities, now eat their main meal in the evening, since the lunch break is often shorter than it used to be and offers only enough time for something quick.

Mahlzeit!

*****Strammer Max** is an open-faced sandwich consisting of bread, a slice of fried ham, and a fried egg.

Und Sie? Essen Sie die Hauptmahlzeit (*main meal*) zu Mittag oder am Abend? Wie oft essen Sie belegte Brote zum Abendessen?

Strong Adjective Endings

Attributive Adjectives

An adjective is a word that modifies (qualifies, limits, clarifies, specifies, or otherwise describes) a noun or noun equivalent. You have learned how to use *predicate adjectives*, which describe the subject of a sentence and which are usually placed in the predicate *after* a verb such as **sein**, **werden**, or **bleiben**.

PREDICATE	Der Salat ist **frisch**.	*The salad is fresh.*
ADJECTIVES	Die Wurst ist **gut**.	*The sausage is good.*
	Das Brot ist **billig**.	*The bread is cheap.*
	Die Getränke sind **kalt**.	*The drinks are cold.*

An adjective that appears directly *before* the noun it modifies is called an *attributive adjective*. Attributive adjectives take special endings according to the gender, number, and case of the nouns they modify.

ATTRIBUTIVE	Es gibt hier **frischen** Salat.	*There's fresh salad here.*
ADJECTIVES	Es gibt hier **gute** Wurst.	*There's good sausage here.*
	Es gibt hier **billiges** Brot.	*There's cheap bread here.*
	Es gibt hier **kalte** Getränke.	*There are cold drinks here.*

There are two kinds of adjective endings in German: strong and weak. Attributive adjectives that follow neither **der**- nor **ein**-words take strong endings; those that follow **der**-words take weak endings; those that follow **ein**-words take a combination of strong and weak endings.

Strong Endings

An attributive adjective that follows neither a **der**-word nor an **ein**-word takes strong adjective endings. These endings match those of the definite article, except in the masculine and neuter genitive. The genitive forms of strong attributive adjectives are not used very often in modern German.

	MASCULINE	FEMININE	NEUTER
NOMINATIVE	frisch**er** Salat	gut**e** Wurst	billig**es** Brot
ACCUSATIVE	frisch**en** Salat	gut**e** Wurst	billig**es** Brot
DATIVE	frisch**em** Salat	gut**er** Wurst	billig**em** Brot
GENITIVE	frisch**en** Salat(e)s	gut**er** Wurst	billig**en** Brotes

	PLURAL
NOMINATIVE	kalt**e** Getränke
ACCUSATIVE	kalt**e** Getränke
DATIVE	kalt**en** Getränken
GENITIVE	kalt**er** Getränke

Adjectives that end in **el** or **er** (**dunkel**, **teuer**) drop the **e** when endings that begin with **e** are added: **dunkle**, **teure Restaurants**; **dunkles**, **teures Bier**.

When more than one adjective precedes a noun, all the adjectives in the sequence have the same ending.

> Hier serviert man gut**en**, frisch**en**, billig**en** Salat.
> Hier serviert man viel**e**, gut**e**, kalt**e** Getränke.

The indefinite plural adjectives **andere**, **einige**, **viele**, and **wenige** (*few*) are treated like other plural adjectives.

Ich bin mit **einigen guten** Freunden ins Restaurant gegangen.	*I went to the restaurant with some good friends.*

Übung A (below). Remind students to listen for whether food cue is given in singular or plural.

Vary sentences and cues as follows, for quick oral drill:

N: 1. *Frischer Fisch schmeckt ihr gut.* (*Brot, Milch, Eier, Salat*)

A: 2. *Peter kauft nur frische Bananen.* (*Äpfel, Kopfsalat, Wurst, Kuchen*)

D: 3. *Was trinkt man zu hausgemachter Suppe?* (*Wurst, Eis, Schinken, Salat*)

G: 4. *Der Geschmack* (taste) *frischer Äpfel ist herrlich.* (*Eier*)

Übungen

A. Was ißt und trinkt jede Person gern? Ersetzen Sie!

BEISPIEL: Anna mag alles frisch. Frischer Fisch schmeckt ihr gut. (Butter) →
Frische Butter schmeckt ihr gut.

1. Anna kauft nur frische Eier. (Brot)
2. Sie trinkt nur frischen Apfelsaft. (Milch)
3. Peter mag alles warm. Er ißt gern warme Suppe. (Brot)
4. Er bestellt gern warmen Kartoffelsalat. (Brezeln)
5. Was trinkt Hans dazu? Zu hausgemachter Gemüsesuppe trinkt er deutschen Weißwein. (Wurst / Bier)
6. Zu ausgezeichnetem Kuchen trinkt Maria erfrischenden Tee. (Salate / Mineralwasser)

CAFÉ BISTRO

Picasso

● warme Küche
tgl. von
10.00 bis 1.00 Uhr
Freitag u. Samstag
von 10.00 bis 2.00 Uhr

● reichhaltige
Frühstücksauswahl

● Kuchen- und
Tortenbuffet

Unter den Schwibbögen 1 /
Eingang Weiße Hahnengasse
Telefon 5 36 57

Öffnungszeiten:
tgl. ab 10 Uhr bis 1 Uhr
Fr / Sa bis 2 Uhr

Übung B. You could extend exercise by dropping Mr. and Mrs. Huber and redirecting questions to fit your students' personal tastes.

Übung C. This could also be personalized by asking students about meals they've had in various cities in U.S. or abroad.
Use names of various local restaurants and fast-food places and ask students: *Was für Essen bekommt man bei (Sam's Diner)? Wie ist die Bedienung da?*

Übung E. This would be good opportunity to divide students into mini-teams of 3 to go through exercise and improvise about their real culinary preferences.

B. Herr und Frau Huber sprechen über internationale Küche. *Use the correct form of each adjective in parentheses.*

HERR HUBER: Ich esse gern _____ Gerichte. (chinesisch)

FRAU HUBER: Ich trinke gern _____ Tee. (japanisch)

HERR HUBER: Ich esse gern Fisch mit _____ Tomaten. (italienisch)

FRAU HUBER: Ich esse gern Schinken mit _____ Brot. (französisch)

HERR HUBER: Ich mag _____, _____, _____ Rotweine. (gut, alt, französisch)

FRAU HUBER: Ich mag _____, _____ Weißweine. (jung, deutsch)

HERR HUBER: Zu _____ Brot soll man _____ Bier trinken. (deutsch / deutsch)

FRAU HUBER: Und zu _____ Weißbrot soll man _____, _____ Kaffee trinken. (französisch / heiß, stark)

HERR HUBER: Ich gehe gern in _____ Restaurants. (schwedisch)

FRAU HUBER: Ich esse gern in _____ Restaurants. (dänisch)

HERR HUBER: _____ Restaurants sind interessant. (amerikanisch)

FRAU HUBER: _____ _____ Restaurants gefallen mir nicht, aber ich finde _____ _____ Restaurants sehr gemütlich. (groß, amerikanisch / klein, amerikanisch)

C. Herr Schrenzel spricht über das Essen und die Getränke in Italien. *Use the correct form of the italicized adjective to complete the second sentence.*

1. Das Essen in Pisa war sehr *gut*. Ich bekam _____ Essen in Pisa.
2. Die Restaurants in Rom waren *interessant*. Ich aß in _____ Restaurants in Rom.
3. Der Rotwein in Venedig war *schlecht*. Ich trank _____ Rotwein in Venedig.
4. Die Tomaten in Italien waren *schön* und *rot*. Ich sah _____, _____ Tomaten in Italien.
5. Der Kaffee war sehr *stark*. Morgens trank ich _____ Kaffee.
6. Alles war sehr *frisch*. In Italien aß ich _____ Fisch, _____ Brot und _____ Eier.

D. Angela ist neu hier. Was sagt sie? Ergänzen Sie die richtigen Endungen!

1. Ich kenne schon viel__ interessant__ Leute.
2. Einig__ gut__ Freunde von mir wohnen im Studentenheim.
3. Ich spreche gern mit ander__ amerikanisch__ Studenten.
4. Man sieht wenig__ alt__ Leute im Studentencafé.

E. Fragen Sie Ihren Nachbarn / Ihre Nachbarin:

BEISPIEL: S1: Magst du Restaurants, die klein und romantisch sind?
S2: Ja, ich mag kleine, romantische Restaurants.
oder: Nein, ich mag kleine, romantische Restaurants nicht.

1. Magst du Brot, das frisch und knusprig ist?
2. Magst du Bier, das aus Deutschland kommt?
3. Magst du Gemüsesuppe, die kalt ist?
4. Schmeckt dir Salat, der frisch und kalt ist?
5. Schmeckt dir Schinken, der mager ist?

6. Kaufst du Eier, die schlecht sind?
7. Trinkst du Kaffee, der stark und heiß ist?
8. Trinkst du Rotwein, der gut und alt ist?
9. Ißt du gern in Restaurants, die dunkel sind?

F. Was schmeckt Ihnen? Und den anderen Studenten und Studentinnen? Fragen Sie sie!

BEISPIEL: S1: Was schmeckt dir?
             S2: Mir schmeckt frischer Fisch mit grünem Salat und knusprigem, französischem Brot. Zum Nachtisch schmecken mir besonders frische, rote Erdbeeren. Und dir, (Steve)?

ausgezeichnet	Äpfel
deutsch	Bananen
französisch	Brot
frisch	Brötchen
grün	Eis
gut	Erdbeeren
hausgemacht	Fisch
herrlich	Kartoffelsuppe/Kartoffelsalat
kalt	Käsekuchen
knusprig	Pfirsiche
mager	Salat
teuer	Schinken
warm	Wurst
___?___	___?___

B

Herr und Frau Braun gehen zum Mittagessen.

HERR BRAUN: Nach solch einem langen Vormittag bin ich wirklich froh, wenn ich einfach ins nächste Restaurant gehen kann.

FRAU BRAUN: Ja, aber schau, der Ecktisch ist heute besetzt.

HERR BRAUN: Es gibt noch Plätze an dem riesigen Stammtisch da hinten.

FRAU BRAUN: Fragen wir den Ober, ob der jetzt reserviert ist.

HERR BRAUN: Nicht nötig. Die Stammgäste kommen bestimmt erst später, und bis dahin ist der kleine Tisch vielleicht frei, und wir können dann dort sitzen.

A. Im Restaurant

1. Was möchte Herr Braun machen, wenn er lange gearbeitet hat? 2. Was ist schon besetzt? 3. Wo gibt es noch Plätze? 4. Was will Frau Braun den Ober fragen, bevor sie und Herr Braun Platz nehmen? 5. Was meint Herr Braun? 6. Was können Herr und Frau Braun machen, wenn die Stammgäste kommen?

B. Fragen Sie Ihren Nachbarn / Ihre Nachbarin:

1. Was machst du gern nach langer Arbeit?　2. Sitzt du gern an einem Tisch mit anderen Leuten zusammen?

KULTURECKE

Restaurants. Dining out in a German-speaking country may be similar to dining out in this country, but with a few interesting differences:

A menu is posted in a glass case outside the restaurant so that you can study what is offered, along with the prices, before going inside.

It is not impolite or uncommon to share a table with strangers. If you seat yourself, you should ask the other people at the table **Ist hier noch frei?** before sitting down.

A **Stammtisch** is a table reserved for regular customers, often a group that meets regularly to play cards, drink, and discuss politics. **Stammgäste** usually don't meet during peak meal hours. If the **Stammtisch** is empty, anyone is permitted to sit there after asking permission from the **Ober**. If the **Stammgäste** arrive, however, anyone sitting at the **Stammtisch** is asked to move to another table.

Landgasthaus »Zur Eiche«
Goslar – OT Hahndorf

Küche von
12 bis 14.30 Uhr
und 18 bis 22.30 Uhr.

Montags Ruhetag.

Gut Speis und Trank man im Landgasthaus "Zur Eiche" fand.

Das beliebte **Speiserestaurant und Wildbretstation im Vorharz.** Eine Speisekarte mit über 40 Gerichten erwartet Sie.

Kulturecke. Mention that waiter/waitress in German restaurant will bring glass of water if you request it, but it will probably be lukewarm tap water. He/She would probably think you needed water to take pill or another sort of medication.

In Vienna coffeehouses, however, small glass of water (no ice) is often brought to table on tray with your coffee and pastry.

Relate your own experiences with German restaurants and cafés.

Ruhetag und Spezialitäten: An welchem Tag hat das Landgasthaus „Zur Eiche" Ruhetag? Um wieviel Uhr kann man hier Mittagessen bestellen? Um wieviel Uhr kann man Abendessen bestellen? Das Landgasthaus „Zur Eiche" ist auch Wildbretstation. Das heißt, man kann hier Wild (*wild game*) essen. Haben Sie je Wild gegessen?

Weak Endings: Adjectives Following *der*-Words

The **der**-words, as you recall, include the definite article, **dieser**, **jeder**, **mancher**, **solcher**, and **welcher**. An attributive adjective that follows a **der**-word takes a weak ending. There are only two weak adjective endings: **e** and **en**. The **e** ending is used only in the nominative singular (all genders) and the accusative singular (feminine and neuter).

Weak Endings. You might want to do brief, improvised substitution drill right away, plugging *der*-words into paradigm.

Plural adjectives *alle, andere, einige, mehrere, viele,* and *wenige* refer to indefinite number of persons or things. *Alle* is treated as *der*-word; adjectives that follow it have weak adjective endings. Other indefinite plural adjectives are treated as any other plural adjective: any adjectives following them have appropriate endings. Sample sentences:

Alle neuen Formulare habe ich schon ausgefüllt. Ich habe auch andere gute Bilder dort gesehen.

	MASCULINE	FEMININE	NEUTER
NOMINATIVE	der frisch**e** Salat	die gut**e** Wurst	das billig**e** Brot
ACCUSATIVE	den frisch**en** Salat	die gut**e** Wurst	das billig**e** Brot
DATIVE	dem frisch**en** Salat	der gut**en** Wurst	dem billig**en** Brot
GENITIVE	des frisch**en** Salat(e)s	der gut**en** Wurst	des billig**en** Brotes

	PLURAL
NOMINATIVE	die kalt**en** Getränke
ACCUSATIVE	die kalt**en** Getränke
DATIVE	den kalt**en** Getränken
GENITIVE	der kalt**en** Getränke

Attributive adjectives in a sequence all have the same ending.

> Dieser gut**e**, frisch**e**, grün**e** Salat schmeckt mir.
> Ich möchte mal solche gut**e**, frisch**e**, heiß**e** Wurst kaufen.

Adjectives that follow the plural **alle** have the same endings as those that follow the plural **der**-words.

> **Diese** klein**en**, romantisch**en** Restaurants gefallen mir.
> **Alle** klein**en**, romantisch**en** Restaurants gefallen mir.

"Erst wenn
der letzte Baum gerodet
der letzte Fluss vergiftet
der letzte Fisch gefangen
werdet Ihr feststellen
daß man Geld
nicht essen kann!"

Weissagung der Cree

Realia: Instructor's Resource Kit includes an enlarged version of saying with an accompanying activity.

Übungen

Übungen. You might begin exercise section with quick oral drill:

N: 1. *Der alte Mann war schon hier. (jung, fremd, gut)*
A: 2. *Siehst du das berühmte Gebäude? (alt, modern, romantisch)*
D: 3. *Das Bier schmeckt der alten Frau. (jung, nett, fremd)*
G: 4. *Der Geschmack (taste) der frischen Wurst war toll. (hausgemacht, teuer, deutsch)*

Übung A. You might ask 3 pairs of students to prepare and perform dialogue, each with different set of substitutions (*cont.*).

A. Hanni und Josef möchten etwas zu Mittag essen. Was sagen sie? Ersetzen Sie!

> BEISPIEL: Gehen wir ins nächste *Restaurant*! (der Schnellimbiß) →
> Gehen wir in den nächsten Schnellimbiß!

HANNI: Gehen wir ins nächste *Restaurant*! (die Gaststätte, der Gasthof, das Café)

JOSEF: Möchtest du bei *dem* großen *Fenster* sitzen? (die Türen, der Schrank, die Lampe)

HANNI: Siehst du *die* schöne *Aussicht*? (die Rosen, der Ecktisch, das Plakat)

JOSEF: *Dieser* kleine *Tisch* gefällt mir. (diese Ecke, dieses Messer, diese Blumen [gefallen])

B. Herr und Frau Busch haben eine Reise nach Österreich gemacht. Was sagen sie darüber? Ergänzen Sie die richtigen Endungen!

HERR BUSCH: Das alt___, romantisch___ Hotel, in dem wir übernachtet haben, war teuer.

Entertaining variation: Several students describe where Hanni and Josef choose to sit. Other students draw pictures according to what they hear. (Stick figures are fine!)

Übung B. Students could work in pairs to prepare dialogue. Ask one pair to present completed dialogue to class. Students should listen carefully and write down any errors, which they can point out afterward. Correction, however, should be handled in positive manner.

FRAU BUSCH: Ja, aber das groß ___ Zimmer mit den schön ___ Möbeln hat mir gefallen.

HERR BUSCH: Wir haben alle berühmt ___, alt ___ Kirchen gesehen.

FRAU BUSCH: Ja, und die modern ___ Gebäude waren auch interessant.

HERR BUSCH: Die österreichisch ___ Küche hat mir sehr geschmeckt.

FRAU BUSCH: Der jung ___, österreichisch ___ Weißwein, den wir zu den österreichisch ___ Gerichten getrunken haben, war herrlich.

HERR BUSCH: Die gemütlich ___ Gaststätten in den klein ___ Dörfern haben mir besonders gefallen.

FRAU BUSCH: Wir haben solche nett ___, freundlich ___ Leute in jedem klein ___ Dorf getroffen.

HERR BUSCH: In welcher klein ___ Bäckerei haben wir das frisch ___, knusprig ___ Landbrot gekauft?

FRAU BUSCH: Das weiß ich nicht. Alle österreichisch ___ Bäckereien haben gut ___ Brote und Brötchen.

HERR BUSCH: Wir müssen dieses schön ___ Land noch einmal besuchen.

FRAU BUSCH: Ja, mir gefällt dieses Land wegen der schön ___ Landschaften und der freundlich ___ Leute.

C. Fritz schreibt über seinen Abend im Restaurant.

BEISPIEL: Das Restaurant war *klein* und *dunkel*. Ich habe den Abend in diesem _____, _____ Restaurant verbracht. →
Ich habe den Abend in diesem kleinen, dunklen Restaurant verbracht.

Übung C. For variety, rerun exercise, asking students to think of opposite (or nearly opposite) adjectives and make other appropriate changes—e.g., 1: S1: *Der Ober war geduldig und freundlich.* S2: *Ich wollte mit dem geduldigen, freundlichen Ober (nicht) sprechen.*

1. Der Ober war *ungeduldig* und *unfreundlich*. Ich wollte mit dem _____, _____ Ober nicht sprechen.
2. Ich sah einen Tisch, der *groß* war und *freie* Plätze hatte. Ich ging an den _____ Tisch mit den _____ Plätzen.
3. Drei Leute, die *jung* waren, saßen an diesem Tisch. Ich fragte die _____ Leute: „Ist der Platz noch frei?"
4. Die Speisekarte war *lang*. Ich las die _____ Speisekarte.
5. Die Spezialität war *frisch* und *hausgemacht*. Ich bestellte die _____, _____ Spezialität.
6. Der Wein war *gut*. Ich mußte nicht viel für den _____ Wein bezahlen.
7. Der Abend war *schön*. Ich denke oft an diesen _____ Abend.

Bayerische und jugoslawische Spezialitäten

» **Restaurant Werdenfels** «

im Kurgästehaus

Café-Terrasse mit Gebirgsblick
Konferenzraum · Kegelbahn
Bierstüberl

Kein Ruhetag!

Übung D. In addition to drawing on vocabulary items provided here, students could consult various *Wortschatz* sections in earlier chapters for appropriate adjectives.

Encourage humor in student renditions of paragraph. You might have your own version ready to offer as example, either before or after student presentations.

D. Horst und Brigitte. *Embellish the story. Add at least one appropriate adjective before each italicized noun.*

alt	frisch	jung	(un)freundlich
amerikanisch	gemütlich	kalt	warm
deutsch	groß	klein	___?___
dick	hausgemacht	modern	
elegant	interessant	neu	

Horst und Brigitte gehen in die *Gaststätte*. Sie sitzen an dem *Tisch* vor dem *Fenster*. Der *Ober* bringt ihnen die *Speisekarte*. Horst bestellt das *Fischgericht*, das ihm sehr gut schmeckt. Brigitte bestellt die *Gemüsesuppe*, die eine Spezialität des Hauses ist. Während des Essens spricht Brigitte über das *Buch*, das sie gestern gelesen hat. Horst spricht von den *Filmen*, die ihm besonders gefallen. Nach dem *Abend* in der *Gaststätte* trinken Horst und Brigitte zu Hause Tee.

E. Und jetzt sind Sie in Ihrem Lieblingsrestaurant . . . Beschreiben Sie es! Wo sitzen Sie? Was sehen Sie? Wen sehen Sie? Wer kommt an Ihren Tisch? Was bringt diese Person? Was bestellen Sie? Warum? *Try to include* der-*words with adjectives in your answers.*

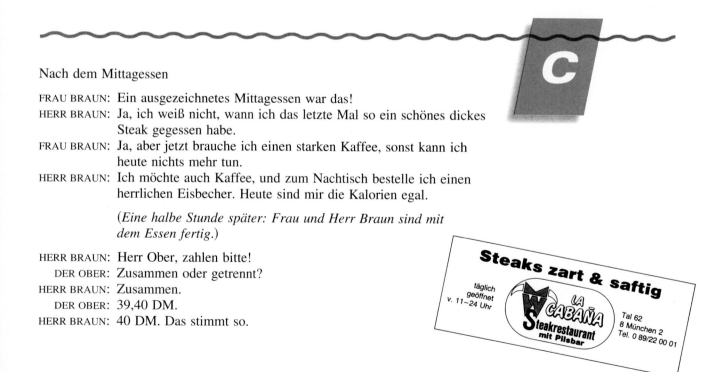

Nach dem Mittagessen

FRAU BRAUN: Ein ausgezeichnetes Mittagessen war das!

HERR BRAUN: Ja, ich weiß nicht, wann ich das letzte Mal so ein schönes dickes Steak gegessen habe.

FRAU BRAUN: Ja, aber jetzt brauche ich einen starken Kaffee, sonst kann ich heute nichts mehr tun.

HERR BRAUN: Ich möchte auch Kaffee, und zum Nachtisch bestelle ich einen herrlichen Eisbecher. Heute sind mir die Kalorien egal.

(Eine halbe Stunde später: Frau und Herr Braun sind mit dem Essen fertig.)

HERR BRAUN: Herr Ober, zahlen bitte!

DER OBER: Zusammen oder getrennt?

HERR BRAUN: Zusammen.

DER OBER: 39,40 DM.

HERR BRAUN: 40 DM. Das stimmt so.

A. Nach dem Mittagessen

1. Wie beschreibt Frau Braun ihr Mittagessen? 2. Was für ein Steak hat Herr Braun gegessen? 3. Was trinkt man nach einem guten Essen?
4. Was bestellt Herr Braun heute trotz der Kalorien?

B. Fragen Sie Ihren Nachbarn / Ihre Nachbarin:

1. Trinkst du mittags gern Wein, oder macht dich das müde? 2. Ißt du gern kalorienreiche (*calorie-rich*) Eisbecher? 3. Denkst du bei jedem Essen an die Kalorien?

KULTURECKE

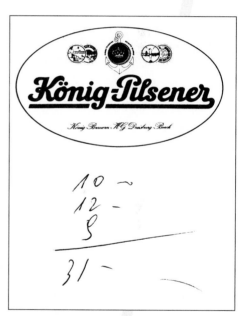

Im Restaurant. Germans usually drink beer, bottled water, or nothing at all with their midday meal. Many young people drink cola. Since tap water is usually not consumed as a beverage, ice water is not brought to the tables.

To signal the waiter/waitress to bring the menu, for example, the customer may use the term **Bedienung**. To pay, the customer simply says (**ich möchte**) **zahlen bitte**. The waiter/ waitress carries a black leather purse full of bills and change, and the customer pays directly. Prices include the tax and tip, but it is customary to increase the tip slightly by rounding off the bill. If the bill were **14.25**, for example, a customer would pay **15 Mark**. If the bill were **15.85**, however, the customer would pay **17 Mark**, since it would be embarrassing to give less than **50 Pfennig** extra.

Rollenspiel: Zahlen. *You and two friends have just finished a late night refreshment after the theater. Call the waiter/waitress to your table, so you can pay the bill. The waiter/waitress asks if you want to pay separately or together; you choose the latter. The waiter/waitress says each figure aloud while writing it on the bill, then tells you the sum:* Das macht zusammen . . . *You tell the waiter/waitress the amount that you intend to pay.*

Weak/Strong Endings: Adjectives Following *ein*-Words

The **ein**-words, as you will recall, include **ein**, **kein**, and all the possessive adjectives: **mein**, **dein**, **sein**, **ihr**, **sein**, **unser**, **euer**, **ihr**, **Ihr**. An attributive adjective that follows an **ein**-word takes the strong endings in the masculine nominative and the neuter nominative and accusative, where there is no ending on the **ein**-word. In all other instances there is an ending on the **ein**-word, and the adjective takes a weak ending (**e** or **en**).

	MASCULINE	FEMININE	NEUTER
NOMINATIVE	ein frisch**er** Salat	eine gut**e** Wurst	ein gut**es** Brot
ACCUSATIVE	einen frisch**en** Salat	eine gut**e** Wurst	ein gut**es** Brot
DATIVE	einem frisch**en** Salat	einer gut**en** Wurst	einem gut**en** Brot
GENITIVE	eines frisch**en** Salat(e)s	einer gut**en** Wurst	eines gut**en** Brotes

	PLURAL
NOMINATIVE	unsere kalt**en** Getränke
ACCUSATIVE	unsere kalt**en** Getränke
DATIVE	unseren kalt**en** Getränken
GENITIVE	unserer kalt**en** Getränke

Weak/Strong Endings. Call attention to fact that wherever *ein* occurs as such, without ending, it may be considered "bare stem"; it is indeterminate. You could say *ein Tisch* or *ein Buch* and not know which was masculine and which neuter, or whether both were one gender or other. Adjective coming between *ein* and its noun clarifies gender by carrying tell-tale gender marker, either *r* or *s*.

Think of series of adjectives as kind of electric circuit known as "series circuit": If one bulb is lit, all are lit; if one is out, all are out. Your electrical engineers will like this analogy!

Deutsche mögen Wurst mit Senf (*mustard*) und Pommes frites (*french fries*) mit Mayonnaise.

Remember, attributive adjectives that appear in a sequence all have the same ending.

> Möchten Sie noch etwas zu Ihrem kalt**en**, frisch**en** Salat?
> Kaufen Sie heute kein gut**es**, frisch**es**, knusprig**es** Brot?

Summary of Adjective Endings

Endings on **der**-words, **ein**-words, and attributive adjectives help to identify the number, gender, and case of a German noun. The following chart shows the endings on adjectives that don't follow an **ein**- or **der**-word, those that follow **der**-words, and those that follow **ein**-words.

	MASCULINE		FEMININE		NEUTER	
NOMINATIVE		frisch**er**		heiß**e**		gut**es**
	der	frisch**e** — Salat	die heiß**e** — Wurst		das gut**e** — Brot	
	ein	frisch**er**	eine heiß**e**		ein gut**es**	
ACCUSATIVE		frisch**en**		heiß**e**		gut**es**
	den	frisch**en** — Salat	die heiß**e** — Wurst		das gut**e** — Brot	
	einen	frisch**en**	eine heiß**e**		ein gut**es**	
DATIVE		frisch**em**		heiß**er**		gut**em**
	dem	frisch**en** — Salat	der heiß**en** — Wurst		dem gut**en** — Brot	
	einem	frisch**en**	einer heiß**en**		einem gut**en**	
GENITIVE		frisch**en**		heiß**er**		gut**en**
	des	frisch**en** — Salat(e)s	der heiß**en** — Wurst		des gut**en** — Brotes	
	eines	frisch**en**	einer heiß**en**		eines gut**en**	

	PLURAL	
NOMINATIVE		kalt**e**
	die	kalt**en** — Getränke
	unsere	kalt**en**
ACCUSATIVE		kalt**e**
	die	kalt**en** — Getränke
	unsere	kalt**en**
DATIVE		kalt**en**
	den	kalt**en** — Getränken
	unseren	kalt**en**
GENITIVE		kalt**er**
	der	kalt**en** — Getränke
	unserer	kalt**en**

Summary. Point out that *der*-word endings are always present, whether on article or adjective.

> frisch**er** Salat
> *der* frisch**e** Salat
> ein frisch**er** Salat

Students should remember page number of this summary so they can refer to and review it later. Mastery of adjective endings doesn't come overnight for most; it may not come at all in first-year course for some students.
Students might find it helpful to fill in all blank spaces on chart with Ø to indicate unpreceded adjectives.

Was ist die Tagessuppe?

Übung B. You might expand exercise by providing opposite or alternative adjective cues for second run through sentences. There is definite value in students repeatedly hearing correct adjective endings.

Übungen

A. Was passiert im Restaurant? Ersetzen Sie!

1. *Ein* freundlicher *Ober* kommt an unseren Tisch. (eine Kellnerin, ein Kind, unsere Nachbarn [kommen])
2. Der Ober bringt mir *ein* gutes *Steak*. (eine Suppe, ein Salat, ein Vorgericht)
3. Bestellst du ein deutsches Bier zu *deinem* deutschen *Wurstbrot*? (deine Würste, dein Fleischgericht, dein Kartoffelsalat)

B. Jakob schaut auf die Speisekarte. Er denkt: „Was soll ich denn bestellen?" Ergänzen Sie die Sätze!

BEISPIEL: Manchmal bestelle ich einen _____ Heringssalat und ein _____ Mineralwasser. (erfrischend) →
Manchmal bestelle ich einen erfrischenden Heringssalat und ein erfrischendes Mineralwasser.

1. Soll ich einen _____ Kartoffelsalat und eine _____ Wurstplatte bestellen? (warm)
2. Ein _____ Steak interessiert mich, und eine _____ Bohnensuppe interessiert mich auch. (dick)
3. Was soll ich zu meinem _____ Fisch und meinen _____ Tomaten trinken? (frisch)
4. Soll ich ein _____ Bier oder einen _____ Weißwein trinken? (deutsch)
5. Man serviert hier eine _____ Schokoladentorte und auch einen _____ Käsekuchen, aber ich muß an die Kalorien denken. (ausgezeichnet)
6. Ich kann keinen _____ Kaffee trinken, aber ich möchte gern einen _____ Tee. (heiß)

C. Anna und Georg haben eine lange Reise durch die Schweiz gemacht. Was sagt Georg darüber? Ergänzen Sie die richtigen Endungen!

1. Wir sind mit unserem alt__, gelb__ Volkswagen bis nach Basel gefahren, dann haben wir einen modern__ Zug nach Zürich genommen.
2. Wir haben in einem luxuriös__ Hotelzimmer in Zürich übernachtet.
3. Das Zimmer hatte ein schön__ Bett, einen groß__ Schrank und eine herrlich__ Aussicht auf die Stadt.
4. Ich habe eine schön__, teur__ Uhr gekauft, und Anna hat Geschenke für unsere klein__ Kinder gekauft.
5. Wir haben unsere gut__ Freunde besucht, die in einem klein__ Dorf wohnen.
6. Ich denke noch an meinen krank__ Bruder, den wir in Luzern besucht haben.
7. Wegen seiner schwer__ Krankheit muß er noch eine ganz__ Woche im Krankenhaus bleiben.
8. Wir haben mit einem nett__, interessant__ Mann in Luzern gesprochen.
9. Anna hat ihre gut__ alt__ Freundin besucht, die jetzt eine berühmt__ Schweizer Schauspielerin ist.

10. Es war eine gut___ Reise: Wir haben unsere groß___ Familie und unsere viel___ Freunde gesehen.

D. Wer ist das? / Was ist das? Ergänzen Sie die Sätze!

1. Das ist der Sohn _____. (*of an excellent actress*)
2. Das ist die Tochter _____. (*of a famous [male] professor*)
3. Das sind die Kinder _____. (*of our old friends*)
4. Das ist das Haus _____. (*of my American [male] friend*)
5. Das ist die Jacke _____. (*of a little child*)
6. Das ist das Auto _____. (*of a German [female] student*)

E. Was sehen Sie? *Describe something you see in the classroom. The other students will try to guess what it is.*

BEISPIEL: S1: Ich sehe etwas, was groß und blau ist.
S2: Ein großes, blaues Bild hängt an der Wand. Ist es das Bild?
S1: Nein.
S3: Mark trägt einen langen, blauen Mantel. Ist es Marks Mantel?
S1: Ja.

F. Menschen, die Sie kennen. Erzählen Sie etwas von Ihrer Familie und Ihren Freunden!

BEISPIELE: Ich habe eine kleine, interessante Familie. Meine berufstätigen Eltern . . .

Ich habe viele gute Freunde. Mein alter Freund Peter . . .

G. Wie kann man Sie und Ihre Bekannten beschreiben? Schreiben Sie mindestens acht Sätze! *Note that the presence of an attributive adjective necessitates the use of* ein/eine *in sentences where the indefinite article would otherwise be omitted:* Ich bin Wiener; *but* Ich bin ein freundlicher Wiener.

BEISPIEL: Mein Freund Sam ist ein ausgezeichneter Student.

ich	ausgezeichnet	Amerikaner / Amerikanerin
mein Freund	berufstätig	Fahrer / Fahrerin
meine Freundin	berühmt	Frau
mein Nachbar	faul	Journalist / Journalistin
meine Nachbarin	freundlich	Koch / Köchin
mein Professor	froh	Mann
meine Professorin	intelligent	Mechaniker / Mechanikerin
mein Bruder	kompetent	Mensch
meine Schwester	optimistisch	Sänger / Sängerin
___?___	praktisch	Tänzer / Tänzerin
	realistisch	___?___
	romantisch	
	___?___	

Sammeltext

Herr und Frau Braun wohnen am Rande° einer großen Stadt, und jeden Morgen fahren sie mit ihrem neuen Auto zur Arbeit. Sie arbeiten in demselben° Stadtteil, und wenn sie in der langen Mittagspause beide° Lust auf ein richtiges Mittagessen haben,° dann gehen sie in ein kleines Restaurant. Das machen sie besonders an heißen Sommertagen, wenn sie keine belegten Brote zur Arbeit mitnehmen wollen. Deutsche essen auch lieber ein warmes Mittagessen, denn in Deutschland essen die meisten Leute die große Mahlzeit° nicht am Abend, sondern am Mittag.

Wenn Herr und Frau Braun den langen Arbeitstag beendet haben, gehen sie oft noch schnell zum Markt; in Bonn kann man dort auch um sechs Uhr abends noch frisches Obst, frisches Gemüse und andere frische Sachen kaufen. Abends essen sie gern eine kleine, leichte° Mahlzeit. Wenn sie keine Zeit haben, oder nicht kochen wollen, gehen sie manchmal in einen kleinen Schnellimbiß am Rande des Marktplatzes. Hausgemachte Wurst ist eine Spezialität dort, aber man kann auch billig hausgemachte Salate bekommen. Wenn die Brauns zu Hause nicht kalten Aufschnitt mit frischem Brot und frischen Tomaten essen, dann machen sie gern einen Strammen Max. Für einen herrlichen Strammen Max braucht man mageren Schinken, den man in der Pfanne° mit einem Ei brät° und dann auf Brot serviert.

Es gibt in Deutschland noch viele private Schnellimbisse, die nicht Teil° einer riesigen Schnellimbißkette° sind. Man findet freilich° auch Filialen° amerikanischer Schnellimbißketten, für die besonders Jugendliche° schwärmen. Aber die große Mehrheit° der Leute geht gern in die kleinen Restaurants mit ihren hausgemachten Spezialitäten und den gemütlichen Sitzecken,° wo man noch lange nach dem Mittagessen mit einer Zeitung und einem starken Kaffee sitzen kann.

edge

the same / both

Lust auf . . . haben want, feel like

meal

light

pan / fries

part
fast-food chain / of course / branches
young people
majority

corner booths

Sammeltext. Text lends itself well to *Nacherzählung*, either in written form or as oral exercise in which each student must add piece of information until all points have been recalled. Books should be closed, of course. Beforehand, cue students to read for information with focus on nouns, descriptive adjectives, etc.

Richtig oder falsch?

1. Herr und Frau Braun wohnen in einem kleinen Dorf.
2. Jeden Morgen fahren sie mit ihrem alten Volkswagen zur Arbeit.
3. Wenn sie Lust auf ein richtiges Mittagessen haben, dann gehen sie in einen Schnellimbiß, der Teil einer riesigen amerikanischen Schnellimbißkette ist.
4. Abends essen die Brauns eine kleine, leichte Mahlzeit.
5. Manchmal essen die Brauns in einem kleinen, privaten Schnellimbiß, in dem hausgemachte Wurst eine Spezialität ist.

Sammelübungen

A. Wer ist David? Ergänzen Sie jeden Satz!

Übung A. Students could personalize exercise.

1. Ich heiße David, und ich bin ein _____ Student. (amerikanisch)
2. Ich studiere an der _____ Universität in Freiburg. (alt)
3. Ich komme aus einer _____ Stadt in Texas. (klein)

4. Jetzt wohne ich in einem _____ Studentenheim. (neu)
5. Ich habe jetzt _____ Hunger. (riesig)
6. Ich gehe in ein _____ Restaurant. (deutsch)
7. Ich sitze an dem _____ Tisch bei dem _____ Fenster. (lang / offen)
8. Ich habe _____ Durst. (groß)
9. In _____ Restaurants bringen die Ober automatisch Eiswasser, aber das ist hier nicht so. (amerikanisch)
10. Der Ober bringt eine _____ Speisekarte. (lang)
11. Ich bestelle sofort ein _____ , _____ Bier. (gut, deutsch)
12. Später bestelle ich ein _____ Brot. (belegt)

B. Fragen über die Brauns. Ergänzen Sie jede Frage!

1. Wohnen Herr und Frau Braun in _____ oder in _____? (*a small village / a big city*)
2. Fahren sie mit _____ oder mit _____ zur Arbeit? (*their new Volkswagen / their old car*)
3. Was machen sie in _____? (*the long lunch break*)
4. Gehen sie jeden Tag in _____? (*a little restaurant*)
5. Wollen sie an _____ _____ zur Arbeit mitnehmen? (*hot summer days / sandwiches*)
6. Was machen Herr und Frau Braun, wenn sie _____ beendet haben? (*the long work day*)
7. Wo kaufen sie _____ , _____ und _____? (*fresh fruit / fresh vegetables [sg. noun] / other fresh things*)
8. Wann gehen die Brauns in _____? (*a small fast-food place*)
9. Kann man _____ mit _____ im Schnellimbiß bestellen? (*homemade sausage / a homemade salad*)
10. Essen die Brauns gern _____ mit _____ und _____? (*cold cuts / fresh bread / fresh tomatoes*)
11. Wofür brauchen die Brauns _____ und _____? (*lean ham / fresh eggs*)

C. Was ist anders? Beschreiben Sie jedes Bild! Benutzen Sie viele Adjektive!

D. Beschreiben Sie ein Bild oder ein Foto! *Bring a picture (photo, artwork, illustration, postcard, or poster) to class. Describe it as completely as possible, using attributive adjectives.*

Anwendung

Frankfurter und Hamburger

Das Frankfurter Würstchen

In Amerika ist das Wort „Frankfurter" oder „Frankforter" überall als Synonym für *hot dog* bekannt. Man produziert das echte° Frankfurter Würstchen aber nur in der Umgebung° von Frankfurt. Für dieses Würstchen benutzt man nur das beste Schweinefleisch° und umhüllt° es mit Naturdärmen.° — *genuine / environs / pork / wraps / natural casings*

Das Frankfurter Würstchen ist mehr als fünfhundert Jahre alt. Wahrscheinlich° waren die ersten „Frankfurter" etwas derb° und hatten mit dem heutigen Produkt nur entfernte Ähnlichkeit.° 1975 beschrieb der Frankfurter Autor Heinz P. Müller in seinem Buch „Frankfurter Küch° und Sprüch"° das heutige Produkt als "schlank° und elegant, zierlich,° aber prall° und ohne Fältchen,° zart besaitet,° mit leicht gebräuntem Teint, angenehmem Äußeren,° pikant und von hohem inneren Wert."° — *probably / crude / entfernte. . . vague similarity / Küche / sayings / mager / dainty / full / wrinkles / zart. . . thin-skinned / appearance / quality*

Was gut und erfolgreich° ist, versucht man aber immer zu imitieren. Das gilt auch für die Frankfurter Würstchen. So kam es im Jahre 1929 zu einem Prozeß.° Nach einer Entscheidung° des Berliner Kammergerichts° ist „Frankfurter Würstchen" eine Herkunftsbezeichnung° und nur die Fabrikanten° im Wirtschaftsgebiet Frankfurt haben das Recht, dieses Würstchen „Frankfurter" zu nennen. — *successful / lawsuit / decision / Supreme Court / designation of origin / producers*

Obwohl° im allgemeinen° Sprachgebrauch° die Amerikaner fast alles „Frankfurter" nennen, was dem originalen Frankfurter ähnelt,° schützen° auch sie das echte Produkt. Nach den *regulations governing meat inspections* darf man nur die Würstchen, die tatsächlich° aus dem Wirtschaftsgebiet Frankfurt kommen, als „Frankfurter" oder „Frankforter" verkaufen. — *although / common / parlance / resembles / protect / wirklich*

A. Das Würstchen

1. Woher kommt das echte Frankfurter Würstchen?
2. Woraus macht man dieses Würstchen?
3. Wie alt ist das Frankfurter Würstchen?
4. Wer ist Heinz P. Müller? Wie beschrieb er das Produkt?
5. Andere Fabrikanten wollten das Würstchen imitieren. Wann kam es zu einem Prozeß?
6. Wer darf das Würstchen „Frankfurter" nennen?
7. Wie schützen die Amerikaner das Produkt von Frankfurt am Main?

B. Diskussionsthema: der Hamburger

Auf deutsch steht das Wort „Hamburger" für ein „Hamburger Steak", das man aus gehacktem Rindfleisch (*ground beef*) macht und zwischen den getoasteten Hälften eines Brötchens serviert. Das echte Hamburger Steak kommt natürlich aus der deutschen Stadt Hamburg.

Was ist Ihrer Meinung nach ein guter, saftiger (*juicy*), amerikanischer Hamburger? Beschreiben Sie ihn! Essen Sie ihn gern mit Ketchup, Senf (*mustard*) oder Mayonnaise? mit Gürkchen- (*pickle*), Tomaten- oder Zwiebelscheiben (*onion slices*)? mit geschnitzeltem (*shredded*) Kopfsalat? Essen Sie ihn gern auf einem Brötchen?

Wie oft essen Sie Hamburger? Wenn nie: Mögen Sie sie nicht? Sind Sie vielleicht Vegetarier/Vegetarierin?

Pizza

A. Rollenspiel: Im Restaurant. Sie gehen mit einigen guten Freunden in die Gaststätte „Zum Schöppche".

ERSTE SZENE: Sie suchen einen Tisch. Wo finden Sie einen?
ZWEITE SZENE: Der Ober bringt die Speisekarte. Sie suchen auf der Speisekarte etwas, was Ihnen schmeckt. Natürlich müssen Sie alles lesen. Was sagen Sie und Ihre Freunde? (Welche Zutaten [*ingredients*] hat Nummer 4? Wieviel kostet Nummer 2?
DRITTE SZENE: Sie und Ihre Freunde bestellen.
VIERTE SZENE: Der Ober bringt das Essen. Was sagt er? Was sagen Sie?
FÜNFTE SZENE: Sie sind mit dem Essen fertig und möchten jetzt dafür zahlen. Was machen Sie? Was sagen Sie? Was sagt der Ober?

B. Eine gute, frische Pizza. Beschreiben Sie eine Pizza, die Sie besonders gern essen möchten! *The following new words will help.*

die Anschovis
die Peperoni
die Tomatensoße
die Kruste
die Salami

NEU · NEU · NEU · NEU · NEU · NEU

Original Italienische

PIZZA

1. Pizza Salame
belegt mit: geschälten Tomaten, geriebenem Käse, herzhafter Plockwurst und schmackhaften Champignons DM **9,—**

2. Pizza Carbonara
belegt mit: geschälten Tomaten, geriebenem Käse, saftigem Vorderschinken und schmackhaften Champignons DM **9,50**

3. Pizza San Martino
belegt mit: geschälten Tomaten, geriebenem Käse, saftigem Vorderschinken herzhafter Plockwurst, schmackhaften Champignons und aromatischen Paprikastreifen DM **10,50**

4. Pizza Speziale
belegt mit: geschälten Tomaten, geriebenem Käse, saftigem Vorderschinken, schmackhaften Champignons, schwarzen Oliven, aromatischen Paprikastreifen, würzigen Kapern und feinen Artischocken DM **11,50**

belegt *covered*
der Champignon, -s *mushroom*
gerieben *grated*
geschält *peeled*
herzhaft *hearty*
die Kaper, -n *caper*
der Paprikastreifen, - *pepper strip*
die Plockwurst *salami made from beef, pork, and bacon*
saftig *juicy*
schmackhaft *tasty*
der Vorderschinken *shoulder of ham*
würzig *spicy*

Probleme im Restaurant

A. Eine Fliege in der Suppe! Erzählen Sie, was in der Zeichengeschichte (*cartoon strip*) passiert! Beschreiben Sie den Gast, den Ober und den Tisch! Was sagt der Gast? Was macht der Ober? Was bringt er? Warum?

LACHEN MIT HÖRZU

Von Stein

der Deckel, - *lid*
fangen (fängt), fing, hat
  gefangen *to catch*
die Fliege, -n *fly*
der Frosch, ⸚e *frog*
das Handtuch, ⸚er *towel*
die Suppe bespritzt den Gast *the
  soup splashes on the guest*
der Teller, - *plate*
die Zunge, -n *tongue*

**B. Der Ober bringt et-
was, was . . .** Point out
use of indefinite relative
pronoun *was* following
etwas.

B. Rollenspiel: Sie haben ein Problem im Restaurant. Was sagen Sie? Was sagt der Ober? Was passiert? *Choose one or more of the following problems to act out with another student.*

- Sie sehen ein Haar in der Suppe.
- Sie brauchen eine andere Gabel, weil die Gabel, die auf dem Tisch liegt, ein bißchen schmutzig (*dirty*) ist.
- Der Ober bringt etwas, was Sie nicht bestellt haben.
- Das Essen ist schlecht. Die Suppe ist schon kalt, und der Salat ist nicht mehr frisch. Sie wollten Ihr Steak innen rosa haben, aber Sie haben ein durchgebratenes (*well-done*) Steak bekommen.
- Erst nach dem Essen entdecken (*discover*) Sie, daß Sie gar kein Geld bei sich haben.

Straßencafé in Genf

Junge Menschen

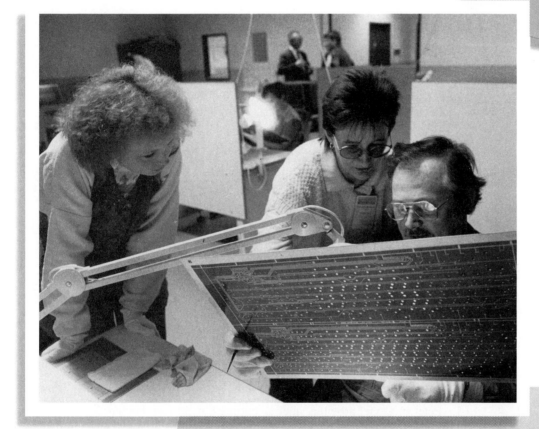

Vorschau. Ask: *Haben Sie Interesse am Finanzwesen? an Jura (law)? Medizin? Landwirtschaft (agriculture)? Pädagogik (education)? Raumfahrt (aerospace)? Theologie? Mode?*

Vorschau

Diese Leute arbeiten bei Robotron, einer großen Computerfirma in Dresden. Glauben Sie, daß sie viel Geld verdienen? daß sie ihre Arbeit faszinierend finden? daß ihnen diese Arbeit Spaß macht? Warum (nicht)? Haben Sie Interesse an Computern? Möchten Sie einen Beruf als Computertechniker/ Computertechnikerin ausüben? Warum (nicht)? Werden Sie in Ihrem späteren Beruf Computer benutzen?

A. Welcher Satz beschreibt welches Bild?

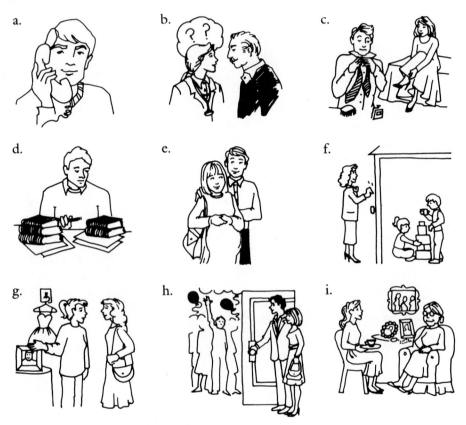

1. Peter muß viel arbeiten, aber er hat noch nicht angefangen.
2. Frau Kandel hat den ganzen Tag bei der Bank gearbeitet. Jetzt muß sie ihre Kinder bei Frau Körner abholen.
3. Max hat Susi zu einer Party eingeladen. Susi mag Partys und hat seine Einladung gern angenommen.
4. Rolf möchte seine Freundin etwas fragen. Er ruft sie an.
5. Heute abend gehen Herr und Frau Keller aus.
6. Frau Schrenzel ist fast neunzig Jahre alt und hat viel erlebt.
7. Frau Scheel erwartet ein Kind.
8. Monika fragt Renate, ob sie mit ihr ins Kino gehen möchte, aber Renate hat schon etwas vor.

9. Helga hat Medizin studiert. Sie weiß aber nicht, ob sie diesen Beruf ausüben will. Ihr Vater schlägt vor, daß sie mit ihren Professoren sprechen soll.

B. Und Ihr Nachbar / Ihre Nachbarin? Fragen Sie ihn/sie:

1. Benutzt du gern das Telefon? Rufst du oft deine Freunde und Freundinnen an? Wie viele Minuten verbringst du pro Tag am Telefon?
2. Kannst du heute abend ins Kino gehen, oder hast du schon etwas vor?
3. Erwartest du eine Einladung zum Kaffee? ins Kino? zum Essen? Wenn ja: Wirst du diese Einladung annehmen? Wenn nein: Wen möchtest du zum Essen einladen?
4. Was hast du erlebt? Hast du einmal eine lange Reise gemacht? Hast du einmal einen Abend in einem deutschen Restaurant verbracht? im Theater? bei einem Rock-Konzert? bei einem Fußballspiel?
5. Gehst du abends oft aus, oder bleibst du meistens zu Hause? Arbeitest du, wenn du zu Hause bist? Siehst du fern? Liest du?

C. Das Gesellschaftsleben (*social life*). Was sollen Ihrer Meinung nach Männer und Frauen tun, wenn sie ausgehen?

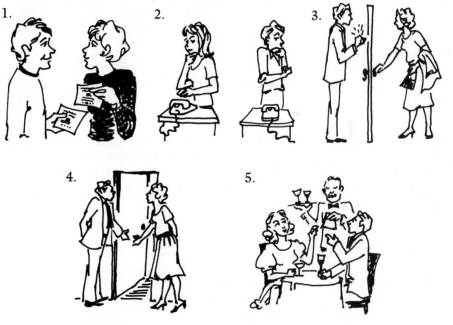

1. Wer soll wen einladen?
2. Wer soll wen anrufen?
3. Wenn sie zusammen ausgehen, soll der Mann die Frau abholen, oder soll er sie irgendwo (*somewhere*) treffen?
4. Soll der Mann oder die Frau zuerst in ein Gebäude oder in ein Zimmer hineingehen?

5. Soll der Mann alles (z.B. das Essen, die Kinokarten, die Theaterkarten) bezahlen? Soll die Frau alles bezahlen? Oder soll jeder für seinen Anteil (*share*) bezahlen?

D. Ihre berufliche Zukunft. Was erwarten Sie von einem Beruf? Zum Beispiel: Ist es Ihnen wichtig, daß Sie viel Geld verdienen? daß Sie sehr berühmt werden? daß Sie mit Ihrem Beruf zufrieden sind? daß Sie anderen Leuten helfen? daß Sie oft reisen? __?__ Warum? (Es ist mir wichtig, daß . . . , denn . . .)

Übung E. Students could cut from magazines and bring in pictures depicting various professions. Objects in pictures could trigger responses to the question why they are interested in particular field.

E. Woran haben Sie Interesse? Haben Sie zum Beispiel Interesse an Medizin? Physik? Chemie? Elektronik? Politik? Musik? Informatik (*computer science*)? Bauwesen (*construction*)? Maschinenbau (*mechanical engineering*)? an der Filmindustrie? am Theater? __?__ Warum? (Ich habe Interesse an . . . , weil . . .)

F. Berufe und Erwartungen (*expectations*). Sprechen Sie mit anderen Studenten und Studentinnen über ihre Berufspläne und Erwartungen!

BEISPIEL: S1: Welchen Beruf möchtest du ausüben?
s2: Ich möchte Astronaut/Astronautin werden.
s1: Warum? Was erwartest du von diesem Beruf?
s2: Als Astronaut/Astronautin kann ich . . .

BERUFE	ERWARTUNGEN
Architekt/Architektin	gut verdienen
Arzt/Ärztin	in einem Büro/Labor arbeiten
Astronaut (*wk.*)/Astronautin	im Freien (*outdoors*) arbeiten
Bäcker/Bäckerin	in der Stadt / auf dem Land
Bauer/Bäuerin	arbeiten
Bürokaufmann/Bürokauffrau	vielen Leuten helfen
(*company buyer*)	viele interessante Leute treffen
Designer/Designerin	(*meet*)
Fotograf/Fotografin	mit Kindern und jungen Leuten
Jurist (*wk.*)/Juristin (*lawyer*)	arbeiten
Lehrer/Lehrerin	unabhängig sein
Maler/Malerin (*painter*)	berühmt werden
Musiker/Musikerin	in alle Ecken der Welt reisen
Physiker/Physikerin	mit neuen Ideen arbeiten
Politiker/Politikerin	die Welt ändern
Polizist (*wk.*)/Polizistin	viel Spaß haben
Schauspieler/Schauspielerin	andere Leute froh machen
_____ ?	kreativ sein
	Macht (*power*) haben
	beruflich tun, was ich auch gern
	in meiner Freizeit mache
	mit meiner Arbeit zufrieden sein
	_____ ?

Wir suchen für sofort
• **Maler** •
Tel. 0871/27071

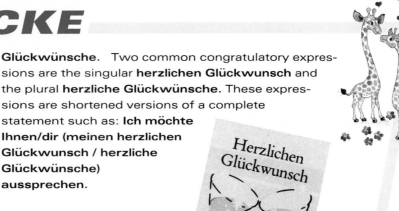

KULTURECKE

Glückwünsche. Two common congratulatory expressions are the singular **herzlichen Glückwunsch** and the plural **herzliche Glückwünsche**. These expressions are shortened versions of a complete statement such as: **Ich möchte Ihnen/dir (meinen herzlichen Glückwunsch / herzliche Glückwünsche) aussprechen.**

Herzlichen Glückwunsch

Eine Glückwunschkarte. Kennen Sie jemanden, der bald Geburtstag hat? der bald heiratet? der verlobt ist? der eine Prüfung (*test*) bestanden (*passed*) hat? der eine neue Stellung (*position*) in einer Firma angefangen hat? Schreiben Sie ihm/ihr eine Glückwunschkarte!

herzlichen Glückwunsch	zum Geburtstag
herzliche Glückwünsche	zur Verlobung
	zur Hochzeit
	zur bestandenen Prüfung
	zur neuen Stellung
	____?____

Wortschatz

Adjectives and Adverbs

(un)abhängig	(in)dependent
ledig	single, unmarried
nebenbei	besides
sofort	immediately
umsonst	in vain
verheiratet	married
verlobt	engaged (to be married)
(un)wichtig	(un)important
(un)zufrieden	(dis)satisfied, (dis)content

Nouns

der Anruf, -e	(phone) call
der Beruf, -e	profession
das Büro, -s	office
die Ehe, -n	marriage
die Einladung, -en	invitation
das Enkelkind, -er	grandchild
die Hochzeit, -en	wedding
der Job, -s	job
das Leben	life
der Lehrer, - / die Lehrerin, -nen	teacher
die Party, -s	party
das Studium, *pl.* Studien	(course of) study
die Überraschung, -en	surprise

Separable Prefix Verbs

ab·holen, hat abgeholt*	to pick up
an·fangen (fängt an), fing an, hat angefangen	to begin, commence
an·klopfen, hat angeklopft	to knock
an·kommen, kam an, ist angekommen	to arrive
an·nehmen (nimmt an), nahm an, hat angenommen	to accept
an·rufen, rief an, hat angerufen	to call up, phone
auf·machen, hat aufgemacht	to open
auf·stehen, stand auf, ist aufgestanden	to get up
aus·gehen, ging aus, ist ausgegangen	to go out
aus·sehen (sieht aus), sah aus, hat ausgesehen	to look, appear
ein·laden (lädt ein), lud ein, hat eingeladen	to invite
groß·ziehen, zog groß, hat großgezogen	to raise (*children*)
her·kommen, kam her, ist hergekommen	to come from (*toward the speaker*)
hin·fahren (fährt hin), fuhr hin, ist hingefahren	to travel to (*away from the speaker*)
mit·kommen, kam mit, ist mitgekommen	to come along, accompany
vorbei·kommen, kam vorbei, ist vorbeigekommen	to come by; to pass

---

* To help you identify separable prefix verbs, they are listed in this book with a dot: **ab·holen**. In context, however, there would be no separation in the infinitive: **abholen**.

vor·haben (hat vor), hatte vor, hat vorgehabt	to plan to (do), intend	**ernähren, hat ernährt**	to feed, support
vor·schlagen (schlägt vor), schlug vor, hat vorgeschlagen	to suggest	**erwarten, hat erwartet**	to expect
		klappen, hat geklappt	to work out, go smoothly
		es klappt	it'll work out
weiter·kommen, kam weiter, ist weitergekommen	to progress	**planen, hat geplant**	to plan
		verdienen, hat verdient	to earn

Useful Words and Phrases

wieder·kommen, kam wieder, ist wiedergekommen	to come again, return
zurück·fahren (fährt zurück), fuhr zurück, ist zurückgefahren	to travel back
zurück·kommen, kam zurück, ist zurückgekommen	to come back, return

der öffentliche Dienst	public service
einen Beruf ausüben	to pursue a career
Glück haben	to be lucky, fortunate
Hauptsache, . . .	(the) main thing (is that) . . .
herzlichen Glückwunsch	best wishes, congratulations
in (seinem) Alter	at (his) age
Interesse an (+ *dat.*) **haben**	to have an interest in
(das) macht nichts	(that) doesn't matter
mit (18)	at the age of (18)
Spaß haben	to have fun
Spaß machen	to be fun
zum (letzten) Mal	for the (last) time

OTHER VERBS

ändern, hat geändert	to change
bedeuten, hat bedeutet	to signify, mean
erleben, hat erlebt	to experience

Useful Words and Phrases.
Additional phrase to introduce and use in class: *Karriere machen* (to be successful at the career one pursues).

Expressions to introduce with *Spaß machen: ich mache nur Spaß* (I'm just kidding) and *mach dir keinen Spaß mit mir!* (don't kid me).

Grammatik

Karl, 25, studiert Maschinenbau in Aachen, und Claudia, 28, ist Assistenzärztin. Sie wohnen im Moment noch in Claudias alter Studentenbude, aber sie wollen unbedingt eine Zweizimmer-Wohnung.

CLAUDIA: Na, Schatz, hast du heute Glück gehabt?

KARL: Ja und nein. Ich war der erste am Bahnhofskiosk, habe die Zeitung gekauft und bin gleich mit den Wohnungsangeboten zur Telefonzelle.*

CLAUDIA: Und?

KARL: Der erste Anruf war umsonst, der zweite Anruf war umsonst, . . .

CLAUDIA: Und der dritte?

KARL: Beim dritten Anruf hat's geklappt. Aber die Wohnung liegt etwas außerhalb, und wir müssen sie renovieren.

CLAUDIA: Macht nichts. Hauptsache, wir haben was.

Dialogue. Students can personalize and dramatize dialogue, changing characters and situation as necessary. Vocabulary is particularly useful to students looking for housing.

---

*In casual conversation, native speakers often omit **gegangen** at the end of a sentence such as this. In writing or in less casual speech, however, **gegangen** would be included:

Ich bin zur Telefonzelle gegangen.

A. Karl sucht eine Wohnung

1. Wohin ist Karl heute morgen gegangen?   2. War er der erste Kunde am Kiosk?   3. Wohin ist er mit der Zeitung gegangen?   4. Welche Anrufe waren umsonst?   5. Bei welchem Anruf hat es geklappt?   6. Ist Claudia froh?

B. Fragen Sie Ihren Nachbarn / Ihre Nachbarin:

1. Wo wohnst du?   2. Hast du die Wohnung selbst gefunden?   3. Wie viele Wohnungen hast du vorher besichtigt (*looked at*)?   4. Wenn du ein Zimmer oder eine Wohnung suchst, ist dein erster Anruf gewöhnlich erfolgreich (*successful*) oder umsonst?

KULTURECKE

Verlobung und Trauung (*engagement and marriage ceremony*). When couples get engaged in Germany, usually both the man and the woman put an engagement band on their left hand. When they marry, couples sometimes replace a silver engagement ring with a gold wedding ring, which they wear on the right hand. Or, if the engagement ring is gold, they simply transfer it, often after having it engraved, to the right hand.

Most Germans have two wedding ceremonies: a civil one at the **Standesamt** and a religious one (optional) in a **Kirche**. The civil ceremony is mandatory, as a result of a law passed in 1875 that was part of Bismarck's **Kulturkampf** against the Roman Catholic church.

A. Ringe. Tragen Sie gern Ringe? Beschreiben Sie Ihren Lieblingsring oder einen Ring, den Sie eines Tages haben möchten! Ist er aus Gold? Silber? Jade? __?__ Hat er einen großen Diamanten oder vielleicht mehrere kleine Diamanten? Hat er einen Rubin (oder mehrere Rubine)? einen Saphir (Saphire)? einen Topas (Topase)? einen Opal (Opale)? einen Onyx (Onyxe)? eine Perle (Perlen)? __?__ Wenn Sie Ringe nicht mögen, warum nicht?

B. Hochzeit. Lesen Sie die Familienanzeige auf Seite 336 (unten)! Wer hat geheiratet? Wo war die standesamtliche Trauung? die kirchliche Trauung? Sind Sie vielleicht verlobt? Wenn ja: Wo wird die Trauung sein? Sind Sie vielleicht verheiratet? Wo war Ihre Trauung?

Ordinal Numbers

Cardinal numbers are used in counting; ordinal numbers are adjectives that indicate the order of elements in a sequence.

CARDINAL NUMBER	ORDINAL STEM
eins	erst
zwei	zweit
drei	dritt
vier	viert
fünf	fünft
sechs	sechst
sieben	siebt*
acht	acht
neun	neunt
zehn	zehnt
zwanzig	zwanzigst
hundert	hundertst
tausend	tausendst

In German, the ordinal stem consists of the cardinal number plus **t** for numbers up to twenty and the cardinal number plus **st** for numbers above twenty. Note the following exceptions, however:

eins → erst

drei → dritt

sieben → siebt (**en** is dropped from the cardinal number)

acht → acht (no change)

Like all other attributive adjectives, ordinal numbers must agree in gender, number, and case with the nouns they modify. The adjective endings are added to the ordinal stem.

Wie war das erst**e** Zimmer?

Was machen Sie in der zweit**en** Woche?

Was ist beim dritt**en** Anruf passiert?

---

* The ordinal stem **sieb*en*t** is also correct, although **siebt** is more common.

In German, ordinal numbers are abbreviated with a period after the figure: **1.**, **2.**,
3., **4.**, ... (*1st, 2nd, 3rd, 4th, ...*).

> Den wievielten haben wir heute? Den **zwölften** Oktober. (Den **12.**
> Oktober.)
> Wann ist die Hochzeit? Am **vierundzwanzigsten** Mai. (Am **24.** Mai.)

In dates, note that **am (an dem)** is equivalent to the English *on (the)*: **am ersten
Februar** (*on the first of February, on February first*).

Übungen

A. Daten

BEISPIEL: Die Party war am _____. (2. September; 8. März; 31. Oktober) →
Die Party war am zweiten September . . . am achten März . . .
am einunddreißigsten Oktober.

1. Ist Ihr Geburtstag am _____? (12. Juli; 16. August; 25. September)
2. Die Hochzeit ist am _____. (1. Oktober; 11. November; 30. Dezember)
3. Gestern war der _____. (6. Januar; 3. Februar; 12. März)
4. Heute haben wir den _____. (2. April; 7. Mai; 28. Juni)

B. Nummer X

BEISPIEL: Monika hat die _____ Karte gekauft. (1.; 25.; 1 200.) →
Monika hat die erste Karte gekauft . . . fünfundzwanzigste . . .
zwölfhundertste . . .

1. Sie sind die _____ Person, die die Fernsehstation angerufen hat.
   (4.; 14.; 40.)
2. Geben Sie jedem _____ Kind ein kleines Geschenk! (5.; 15.; 20.)
3. Ich höre dieses Musikstück zum _____ Mal. (10.; 100.; 1 000.)
4. Wir möchten diesen ausgezeichneten Film zum _____ Mal sehen.
   (2.; 8.; 9.)
5. Hans ist der _____ Student, der unsere Einladung annimmt. (3.; 13.; 23.)
6. Das ist das _____ Mal, daß wir diese blöde Rede hören. (50.; 500.;
   5000.)

C. Fragen. *Use appropriate ordinal numbers to complete each question.*

1. Siehst du dieses Stück zum _____ oder _____ Mal?
2. Kauft Petra ihren _____ oder ihren _____ Wagen?
3. Sind wir die _____ oder die _____ Generation (*fem.*) unserer Familie, die
   in dieser Stadt wohnt?
4. Reist dein Vater vom _____ zum _____ oder vom _____ zum _____ Juli?
5. Hat der Schwimmer den _____ oder den _____ Platz gewonnen (*Did . . .
   win*)?
6. Haben wir heute den _____ oder den _____ März?

Die schönsten
Bilder von Ihrer ~ Hochzeit

Wir machen sie.

Atelier, Freilicht,
Standesamt,
Kirche, Video,
Gruppenbild,

Foto-Atelier
Wenzel
Neupfarrplatz 11, Tel. 09 41 / 5 37 00
8400 Regensburg

- Info kostenlos -
, Parkplätze vor
dem Hause.

Übung D. Extension: Ask students to prepare flash cards or to go to board to write either dates (*der 15. April*) or events (*der IRS-Tag*). They then ask other students to supply corresponding event or date.

Additional extension: Invite students to bring their *Monatskalendar* to class and to field questions from other (curious!) students: *Was tust du am . . . ?* *Am dritten gehe ich fürs Wochenende nach Hause* or *Am dreißigsten kommt meine Freundin an.* You could return to this exercise and incorporate separable prefix verbs after finishing *Grammatik B.*

D. Welche Daten sind Ihnen besonders wichtig? Zum Beispiel, wann haben Sie Geburtstag? Wann hat Ihr Freund / Ihre Freundin Geburtstag? Ist der 25. Dezember Ihnen wichtig? Warum (nicht)? Was wollen Sie in der vierten Dezemberwoche tun? Ist der 1. Januar Ihnen wichtig? Warum (nicht)? der 14. Februar? der __?__ *Give some dates that are important to you, and tell why they are important.*

E. Interview: Was hast du vor? Was machst du nächsten Monat?

> BEISPIEL: S1: Was machst du am ersten?
> S2: Ich weiß es noch nicht. Am ersten habe ich nichts vor.
> S1: Und am zweiten?
> S2: Am zweiten will ich den neuen Film im Century-Kino sehen.
> S1: Und am dritten?

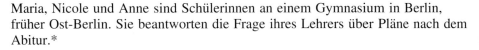

Maria, Nicole und Anne sind Schülerinnen an einem Gymnasium in Berlin, früher Ost-Berlin. Sie beantworten die Frage ihres Lehrers über Pläne nach dem Abitur.*

MARIA: Wenn ich bei dem MBB[†] reinkomme,[‡] will ich als Fluggerätebauerin[§] anfangen und nebenbei Maschinenbau studieren. So kann ich Geld verdienen und mit dem Studium weiterkommen.

NICOLE: Ich will sofort mit dem Studium anfangen, Anglistik und Germanistik in München.

ANNE: Ich möchte unabhängig sein und einen Job finden, aber nicht erst jahrelang auf die Uni gehen. Vielleicht kann ich bei einer Bank oder im öffentlichen Dienst arbeiten.

A. Die Schülerinnen diskutieren ihre Pläne.

1. Wessen Frage beantworten die jungen Frauen? 2. Wo will Maria arbeiten? 3. Was will sie nebenbei tun? Warum? 4. Womit will Nicole sofort anfangen? 5. Was für einen Job will Anne?

B. Fragen Sie Ihren Nachbarn / Ihre Nachbarin:

1. Hast du Ehrgeiz (*ambition*)? 2. Willst du im Beruf weiterkommen oder nur einfach Geld verdienen? 3. Willst du nach dem College-Abschluß (*graduation*) weiterstudieren oder sofort in den Beruf gehen?

---

*The **Abitur** is an exam that completes a student's **Gymnasium** studies and qualifies him or her to study at a university.
[†] **MBB** = **Messerschmidt-Bölkow-Blohm** (*a space travel firm*)
[‡] **hereinkomme**
[§] A **Fluggerätebauerin** is a female mechanic who helps assemble airplanes on the factory floor.

Separable and Inseparable Prefix Verbs

Separable Prefixes

As you recall, a separable prefix verb consists of a basic verb (**sehen**) plus a prefix (**fern**): **fernsehen**. The prefix is *separable* because in an independent clause in the present or past tense it is detached from the verb; that is, the conjugated form of the basic verb is in the appropriate verb position, but the prefix is at the end of the clause.

Wir	sehen	heute abend	fern.	*We're watching TV tonight.*
Ich	sah	gestern	fern.	*I watched TV yesterday.*
	Sehen	Sie oft	fern?	*Do you often watch TV?*

A separable prefix may be a preposition (such as **an** or **mit**), an adverb (such as **wieder** or **zurück**), or another verb (such as **kennen**: **kennenlernen**). There are many separable prefixes and prefix/verb combinations in German. Each prefix alters the meaning of a basic verb, and a single verb may take on many shades of meaning through the addition of various prefixes. Look at the verb **kommen**, for example, and notice how the meaning changes with each prefix.

	kommen	*to come*
an	kommen	*to arrive*
mit	kommen	*to come along with*
vorbei	kommen	*to come by; to pass*
wieder	kommen	*to come again, return*
zurück	kommen	*to come back, return*

"Kinder gehen vor!"

Principal Parts

The infinitive of a separable prefix verb consists of the prefix plus the infinitive of the basic verb (**anfangen**).

The past participle of a separable prefix verb consists of the prefix plus the past participle of the basic verb: **an** + **gefangen** = **angefangen**.

The separable prefix is the stressed syllable, regardless of the verb form: ˈan·fangen (fängt ˈan), fing ˈan, ˈangefangen.

Position of Separable Prefix

The separable prefix is detached from the conjugated verb in an independent clause in the present and past tenses.

> Er **nimmt** die Einladung **an**.
> Er **nahm** die Einladung **an**.

The separable prefix is attached to the verb in the following constructions:

1. infinitive

   > Er **wird** die Einladung **annehmen**.
   > Er **muß** die Einladung **annehmen**.

2. past participle

   > Er **hat** die Einladung **angenommen**.
   > Er **hatte** die Einladung **angenommen**.

3. dependent clause

   > Ich weiß, daß er die Einladung **annimmt**.
   > Ich weiß, daß er die Einladung **annahm**.

Directionals: *hin* and *her*

Directionals. You might wish to indicate alternate, more emphatic phrasing of questions with *wohin* and *woher*: *Wo fährt der Bus hin? Wo kommt der Bus her?*

The separable prefixes **hin** and **her** have opposite meanings: **Hin** indicates motion directed away from the speaker; **her** indicates motion directed toward the speaker.

> Der Bus **fährt** zur Stadtmitte **hin**. Wo**hin fährt** der Bus?
> Der Bus **kommt** von der Stadt **her**. Wo**her kommt** der Bus?

Hin and **her** are often combined with other separable prefixes to give more specific directions. The resulting combinations function as single separable prefixes: **herein·kommen, hinunter·gehen**.

> **Kommen** Sie bitte **herein**!   *Come in, please.*
> Ich **gehe** die Treppe **hinunter**.   *I'm going downstairs.*

Inseparable Prefix Verbs

An inseparable prefix verb consists of a basic verb plus a prefix that is a fixed part of the verb and cannot be separated from it.

be: bezahlen	*to pay*
emp: empfehlen	*to recommend*
ent: entschuldigen	*to excuse*
er: erleben	*to experience*
ge: gefallen	*to please*
miß: mißfallen	*to displease*
ver: verdienen	*to earn*
zer: zerstören	*to destroy*

An inseparable prefix may subtly or considerably change the meaning of a basic verb: **kommen** (*to come*); **bekommen** (*to get*). Since the prefix is a fixed part of the verb, the principal parts of an inseparable prefix verb resemble those of other verbs, except in the past participle, where the prefix **ge** is not added: **bezahlen, bezahlte, hat bezahlt**. The past participles of some *strong* inseparable prefix verbs look the same as the infinitives: **gefallen** (**gefällt**), **gefiel, hat gefallen; bekommen, bekam, hat bekommen**.

To pronounce inseparable prefix verbs properly, remember that the stress is on the verb stem: **be ˈzahlen, be ˈzahlte, hat be ˈzahlt; ge ˈfallen, ge ˈfiel, hat ge ˈfallen**.

Summary: The following are the basic differences between separable and inseparable prefixes.

SEPARABLE PREFIX	INSEPARABLE PREFIX
1. a preposition, an adverb, another verb, or a noun	1. usually a syllable that cannot carry independent meaning
2. detached from the verb in an independent clause in the present and past tense	2. a fixed part of the verb that cannot be detached
3. stressed	3. not stressed (the stress is on the verb stem)
4. added to the regular past participle of the basic verb	4. part of the past participle; no **ge** prefix

Inseparable Prefix Verbs. You might prepare more examples showing wider semantic range of these prefixes. Compounds of verb *kommen* can be "eye-opener" regarding shifted nuances: *entkommen* "to escape from" (*ent* being prefix of separation) and *verkommen* "to decay" (*ver* being high-level, either positive or negative intensifier, as seen positively in *versprechen* "to speak solemnly," thus "to promise").

Übungen

A. Was plant Peter im Dezember für das nächste Jahr? Was sagt er im Mai?

Übungen A–B. Extension: In 2–5, make statements about Peter in third person.

BEISPIEL: Ich komme in der zweiten Januarwoche in Hamburg an. →
Ich bin in der zweiten Januarwoche in Hamburg angekommen.

1. In der dritten Januarwoche fange ich den Job an.
2. Freitagabends gehe ich mit Freunden aus.
3. Manchmal lade ich Freunde ein.
4. Ich verdiene viel, und ich bezahle die neuen Möbel.

5. Im März mache ich eine Reise nach Spanien.
6. Im April fahre ich zurück.

B. Was schreibt Peter im Mai? Formulieren Sie die Sätze in Übung A im Imperfekt!

BEISPIEL: Ich komme in der zweiten Januarwoche in Hamburg an. →
Ich kam in der zweiten Januarwoche in Hamburg an.

Übung C. For additional practice, students could restate each sentence in C in past tense.

C. Wie, bitte? Sie sprechen mit Petra, aber Petra spricht undeutlich (*indistinctly*).

BEISPIEL: PETRA: Stefan ruft mich an.
SIE: Wie, bitte?
PETRA: Ich habe gesagt, daß Stefan mich anruft.

1. Stefan lädt mich ins Kino ein.
2. Er holt mich gleich ab.
3. Er klopft bei mir an.
4. Ich mache die Tür auf.
5. Stefan kommt herein.
6. Johanna und Dieter kommen auch vorbei.
7. Stefan und ich gehen ins Kino, und Johanna und Dieter kommen mit.
8. Wir verbringen alle vier den Abend im Kino.

D. Petra, was hast du gestern abend gemacht? Wie antwortet Petra auf diese Frage? Formulieren Sie die Sätze in Übung C im Perfekt!

BEISPIEL: Stefan ruft mich an. → Stefan hat mich angerufen.

Die Schiffsschaukel ist bei jung und alt beliebt.

Übung E. Students could formulate not only required sentence based on given infinitive phrase but also supply the reason why person is performing this action—e.g., *Ich habe auf Sie gewartet. Ich möchte mit Ihnen reden,* etc.

If students have trouble with imperative forms, refer them to Section B of Chapter 8.

E. Was sagt man in jeder Situation?

BEISPIELE:

ins Zimmer hereinkommen→
Kommen Sie bitte ins Zimmer herein!

ins Haus hineingehen→
Geh ins Haus hinein!

1. hier herauskommen

2. bitte die Treppe hinuntergehen

3. herunterkommen und mit deinen Freundinnen spielen

4. heraufkommen

5. dort hinausgehen

6. die Treppe hinaufgehen und herausfinden, ob Herr Schwarz morgen um elf Uhr frei ist

Übung F. This could be done in small groups of 3 or 4 students. s1: *Hast du heute abend etwas vor?* s2: *Nein, ich habe heute abend nichts vor.* s3: *Er hat gefragt, ob sie heute abend etwas vorhat.* s4: *Sie hat gesagt, daß sie heute abend nichts vorhat.*

F. Interview. Fragen Sie einen Studenten / eine Studentin:

1. Hast du heute abend etwas vor?
2. Gehst du freitagabends oft aus?
3. Mit wem möchtest du ausgehen?
4. Wen rufst du oft an?
5. Wer ruft dich manchmal an?
6. Du planst eine Party. Wen möchtest du einladen?
7. Du bekommst eine Einladung zu einer Party. Nimmst du die Einladung automatisch an? Warum (nicht)?
8. Deine Freunde möchten Samstagabend zusammen ausgehen, aber sie wissen noch nicht, wohin sie gehen wollen oder was sie machen wollen. Was schlägst du ihnen vor?

Übung G. Students should be able to engage in both sides of invitation process by exchanging roles of inviter/invitee.

This need not be strictly pairs activity. Students can work in small groups or as class to plan outing during which they will speak only German to one another.

G. Pläne. Fragen Sie einen Studenten / eine Studentin, ob er/sie mit Ihnen ausgehen will. Wenn er/sie Ihre Einladung annimmt, machen Sie Pläne! Zum Beispiel, was schlagen Sie vor? Möchten Sie ins Kino gehen? ins Theater? ins Restaurant? __?__ Wann fängt der Film oder das Theaterstück an? Wenn Sie die andere Person abholen, wann kommen Sie vorbei? Rufen Sie noch einmal an? Warum? Kommen andere Studenten auch mit?

VERBEN

| abholen | anrufen | mitkommen | annehmen | vorhaben |
| anfangen | ausgehen | einladen | vorbeikommen | vorschlagen |

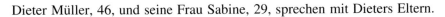

Dieter Müller, 46, und seine Frau Sabine, 29, sprechen mit Dieters Eltern.

DIETER: Wir haben eine tolle Überraschung.
FRAU MÜLLER: Ja? Was ist es denn?
SABINE: Wir erwarten ein Kind.
FRAU MÜLLER: Was! Mein erstes Enkelkind. Daß ich das noch erlebe! Wie schön.
HERR MÜLLER: Herzlichen Glückwunsch! Aber einfach wird das nicht. Und später hast du mit 60 noch einen Teenager im Haus. Als ich in deinem Alter war, hatten wir unsere Kinder schon großgezogen.

A. Dieter und Sabine haben eine Überraschung.

1. Was erwarten Dieter und Sabine?   2. Warum ist Frau Müller besonders froh?   3. Was hatte Herr Müller mit 46 schon gemacht?   4. Was findet Herr Müller problematisch?

B. Fragen Sie Ihren Nachbarn / Ihre Nachbarin:

1. Was hatten deine Eltern in deinem Alter schon gemacht?   2. In welchem Alter willst du Kinder haben, wenn überhaupt (*at all*)? Oder: In welchem Alter hast du Kinder schon gehabt?   3. Waren deine Eltern deiner Meinung nach zu jung, zu alt oder im richtigen Alter, als du zur Welt kamst?

KULTURECKE

Ältere Väter. A number of men in Germany are experiencing fatherhood later in life, some for the first time, others again after their first children have already reached adulthood. What do these fathers say about their experience?

HANS-WERNER, 46, LEHRER: Meine Frau arbeitet halbtags als Bewegungstherapeutin (*physical therapist*). Ich habe meine wöchentlichen Unterrichtsstunden (*teaching hours*) an der Schule von 23 auf 18 Stunden reduziert. Dadurch haben wir beide viel Zeit für das Kind und können uns die Arbeit im Haushalt teilen (*share*).

JÜRGEN, 49, HAUSMEISTER (*janitor*): Er (mein Sohn) ist mein Sonnenschein! . . . Ich füttere (*feed*) ihn, bade ihn, ich fahre ihn spazieren . . . Früher bin ich abends oft zum Kegeln (*bowling*) gegangen, dazu habe ich heute weder (*neither*) Lust noch (*nor*) Zeit. Am liebsten sitze ich mit meiner Frau in der Nähe unseres Sohnes.

MICHAEL, 50, BÜROKAUFMANN: Als meine beiden Kinder aus erster Ehe noch klein waren, hatte ich nie Zeit. Ich war Tag und Nacht unterwegs (*on the road*), weil ich eine Familie zu ernähren hatte. . . . Vielleicht war ich auch einfach noch zu jung. Zehn Jahre nach meiner Scheidung (*divorce*) bin ich zum dritten Mal Vater geworden. Janika ist ein Wunschkind, ein Kind, das meine Lebensgefährtin (*life's companion*) Petra und ich unbedingt haben wollten.

DIETER, 51, KAUFMANN: Früher hatte ich keine Geduld (*patience*). Die Kinder gab es—ja gut. Natürlich habe ich sie geliebt. Aber ein guter Vater? Das war ich wohl nicht. Heute möchte ich meinen Jüngsten (*youngest*) aufwachsen (*grow up*) sehen. Ich möchte für ihn dasein, ihm helfen, wenn ich kann.

GERHARD, 53, POLIZEIBEAMTER: Unsere Kinder Hannah und Philipp sind toll! Für mich gibt es nichts Schöneres (*more beautiful*) als stundenlang mit ihnen herumzutollen (*romp around*), sie zu beobachten (*watch*) oder mit ihnen zu kuscheln (*cuddle*).

Eltern und Kinder: Wie beschreiben Sie den idealen Vater? die ideale Mutter? die ideale Familie?

Kulturecke: Fragen.
1. Welche Berufe üben diese fünf Männer aus? 2. Warum hat Hans-Werner seine Unterrichtsstunden reduziert? 3. Was machte Jürgen früher? Was macht er heute? 4. Warum war Michael früher immer unterwegs? 5. Was für ein Vater war Dieter früher? Und jetzt? 6. Was macht Gerhard besonders gern?

Past Perfect Tense

TIME	past		present	future
TENSE	past perfect	present perfect (conversational) *or* past (narrative)	present	present *or* future

You are familiar with four tenses in German: future, present, present perfect, and past. Now you will learn the past perfect tense, which is used to describe an event that occurred before another, more recent past event.

PAST TENSE	PAST PERFECT TENSE
Als sie in unserem Alter waren,	hatten sie schon viel mitgemacht.
When they were our age,	*they had already gone through so much.*

Formation

The past perfect tense resembles the present perfect, except that the *past* tense of the auxiliary **haben** or **sein** is used instead of the present tense.

PAST PERFECT TENSE WITH haben			
ich	hatte erlebt	wir	hatten erlebt
du	hattest erlebt	ihr	hattet erlebt
er sie es	hatte erlebt	sie	hatten erlebt
	Sie hatten erlebt		

PAST PERFECT TENSE WITH sein			
ich	war gegangen	wir	waren gegangen
du	warst gegangen	ihr	wart gegangen
er sie es	war gegangen	sie	waren gegangen
	Sie waren gegangen		

PRESENT PERFECT
Er **hat** viel **erlebt**.
Sie **ist** nach Hause **gegangen**.

He has experienced a lot.
She went home.

PAST PERFECT
Er **hatte** schon viel **erlebt**.

Sie **war** schon nach Hause **gegangen**.

He had already experienced a lot.
She had already gone home.

Modals

The past perfect tense of modals is formed in the same way as the present perfect, except that the past tense of **haben** is used instead of the present tense. The double infinitive—or the past participle of the modal, if the main verb is unstated—is at the end of the clause or sentence.

Richard **hatte** bis sieben **arbeiten müssen**.
Angela **hatte** nicht **ausgehen wollen**.
Sie **hatten** nicht ins Kino **gewollt**.

Richard had had to work until seven.
Angela hadn't wanted to go out.

They hadn't wanted to go to the movies.

Sequence of Tenses

In German, as in English, the past perfect tense usually occurs in a context in which one past action precedes another in time. The more distant event is described by the past perfect tense, the more recent event by the present perfect or the past tense. When these events are described in the same sentence, the clauses are often joined by the subordinating conjunctions **bevor**, **als**, or **nachdem**.

> Bevor wir nach Hause **kamen**, **hatten** wir Marias Eltern **besucht**.
> *Before we came home, we had visited Maria's parents.*

> Als sie in unserem Alter **waren**, **hatten** sie schon viel **mitgemacht**.
> *When they were our age, they had already gone through a lot.*

> Nachdem er **gegessen hatte**, **ist** er wieder nach Hause **zurückgefahren**.
> *After he had eaten, he drove back home again.*

Sequence of Tenses. Point out that the past perfect tense is typically used in *nachdem* clauses. The simple past or present perfect tense is used in *als* and *bevor* clauses with the main clause in the past perfect tense.

Übungen

A. Wer hatte was schon gemacht?

BEISPIEL: Ich bin aufgestanden. (Erich) → Erich war schon aufgestanden.

1. Ich habe an die Tür geklopft. (Karin)
2. Ich habe Hans angerufen. (seine Eltern)
3. Ich bin in die Stadt gefahren. (Ute)
4. Susi und Kurt sind zusammen ausgegangen. (wir)
5. Wir haben geheiratet. (ihr)
6. Paula und Brigitte sind vorbeigekommen. (Stefan)
7. Karl hat unsere Einladung angenommen. (du)

Übung A. Substitute subjects: 1–3 *du/wir*; 4 *ihr/mein Freund und ich*; 5–7 *ich/sie* (sg.).

B. Und Sie? Ich hatte schon . . . / Ich war schon . . .

BEISPIEL: Vera trank einen Kaffee. →
Ich hatte schon einen Kaffee getrunken.

1. Vera aß zwei Brötchen.
2. Sie fuhr in die Stadt.
3. Sie ging in die Bank.
4. Sie arbeitete schwer.
5. Sie verbrachte eine Stunde im Restaurant.
6. Sie kam nach Hause zurück.
7. Sie sah die Nachrichten im Fernsehen.
8. Sie las die Zeitung.

Übung B. For additional practice, sentences could be restated (1) in present perfect and (2) as questions with subject *du*.

Übung C. To offer additional level of language practice, you could ask students to reduce sentences to "dehydrated" elements and write them on board.

Junge Liebe

C. Was hatte jede Person machen müssen, bevor sie ausgehen konnte?

BEISPIEL: Ariane mußte arbeiten. →
Ariane hatte arbeiten müssen, bevor sie ausgehen konnte.

1. Ich mußte einen Brief schreiben.
2. Du mußtest ein Buch lesen.

3. Wir mußten essen.
4. Ihr mußtet das Haus putzen.
5. Andreas mußte seinen Vater anrufen.
6. Sie mußten die Nachrichten hören.

Übung D. You could further personalize exercise, depending on ages of students, their sensibilities, etc. Some students may be eager, others reluctant to express themselves on these issues.

D. Interview: du und deine Familie. Fragen Sie einen Studenten / eine Studentin:

1. Bist du progressiv oder konservativ? Und deine Eltern?
2. Findest du, daß deine Eltern eine ganz andere Generation sind?
3. Was hatten deine Eltern schon gemacht, als sie in deinem Alter waren?
4. Weißt du, was deine Großeltern schon gemacht hatten, als sie in deinem Alter waren?
5. Was hattest du schon erlebt, als du 18 warst?
6. Was hattest du schon tun dürfen, bevor du 18 warst?

Sammeltext

Sammeltext. Reading contains many compound nouns; useful vocabulary exercise would be to ask students to list those nouns and divide them into their components: *der Elternurlaub = die Eltern* (parents) + *der Urlaub* (vacation, leave).

Die alte Denke°

°way of thinking

Früher war alles einfacher gewesen. Die Männer hatten spätestens mit 25 einen Beruf ergriffen,° von dem sie eine Familie ernähren konnten. Die Frauen waren zu Hause geblieben und hatten sich um Kinder und Haushalt gekümmert.° Mit 45 hatte man die Kinder großgezogen.

°taken up

°cared for

Kinder-Küche-Kirche war eine sarkastische Definition der Rolle der Frau in den fünfziger Jahren.° Heute ist vieles anders. Frauen erlernen Berufe, und immer mehr Mütter von Kleinkindern wollen ihren Beruf weiter ausüben. Aber wer übernimmt° die Verantwortung° für die Kinder? Und wer übernimmt zahlreiche andere soziale Verpflichtungen,° die die Frauen erfüllten?

°in . . . in the 1950s
°assumes
°responsibility
°duties

Die Antwort ist natürlich einfach in der Theorie. Männer müssen ihr Rollenverständnis° ändern, und die neue soziale Realität muß auch den Arbeitsplatz verändern. Wie steht es damit in Deutschland?

°understanding of roles

Deutschland hat eine liberale Familienpolitik. Seit 1986 kann jeder Arbeitnehmer° achtzehn Monate Erziehungsurlaub° bekommen. Das bedeutet, daß Vater und Mutter zusammen drei Jahre lang bei ihrem Kind zu Hause bleiben können. Wenn der Vater oder die Mutter ganz zu Hause bleibt, zahlt das Bundesfamilienministerium bis zu 600 DM monatlich, oft für die ganze Dauer° des Erziehungsurlaubs. Dazu kommt, daß man zum Arbeitsplatz zurückkommen kann. Ein tolles Angebot. Aber wie sieht die Wirklichkeit° aus? „Der Spiegel" berichtet, daß von 681 500 Vätern nur 10 000 diesen Urlaub nehmen. Von diesen waren die meisten zur Zeit des Urlaubs arbeitslos, oder sie waren noch Studenten. Das heißt, nur ein Drittel der berufstätigen Männer unterbrach eine Karriere. Beamte können sogar noch länger Familienpause machen, aber in Nordrhein-Westfalen, zum Beispiel, nahmen 2200 Lehrerinnen, aber nur 13 Lehrer Elternurlaub. Man kann verstehen, daß Frauen als

°employee / leave for bringing up children
°duration
°reality

erste mit dem Neugeborenen zu Hause bleiben wollen. Aber warum wollen die Männer nach achtzehn Monaten die Pflege° der Kinder nicht übernehmen? Vor dreißig Jahren war diese Idee radikal gewesen, aber wie steht es heute damit? Bei einer Umfrage gaben 88% der befragten Männer zwischen 18 und 33 zu,° daß sie zur Kindererziehung ihren Beruf nicht aufgeben wollen. Und Männer, die zu Hause bleiben, berichten, daß man sie beim Einkaufen und Spazierengehen ständig° fragt: „Ja, wo ist denn die Mutti?" Die „alte Denke" ist also nicht nur bei Männern noch intakt.

    Wohin also mit den Kindern? Im alten West-Berlin allein warteten 1991 fast 20 000 Eltern von Kleinkindern auf Betreuungsplätze.° In der alten DDR hatte es für jedes Kind einen Platz gegeben, denn der Staat hatte die Kinderbetreuung subventioniert.° Heute sind dort die Horte° geschlossen. Tagesmütter° sind eine Alternative, aber diese Lösung ist sehr teuer für die Eltern.

    Eine neue Generation von Männern und Frauen muß diese Probleme lösen. Welche Gefühle,° positive oder negative, haben Kinder, wenn sie alle paar Wochen oder Monate neue Gesichter° sehen? Was empfinden° sie, wenn Vater und Mutter während der Woche nur abends Zeit haben? Das wird die „Tagesstättengeneration"° uns selbst sagen müssen. Egal was dabei herauskommt, eines ist sicher: Männer und Frauen haben das Recht auf befriedigende° Arbeit. Im Moment sieht man Kindererziehung als eine Pflicht° der Frau an, eine Pflicht, bei der die Männer helfen sollen. Solange Männer keinen Elternurlaub nehmen, wird der Elternurlaub einer Frau ihrer Karriere schaden.° Eine neue Generation betrachtet° vielleicht die Betreuung von Kleinkindern als ein Grundrecht° menschlicher Existenz, auf das sie als Arbeitnehmer bestehen° werden. Und wenn die „alte Denke" ganz verschwunden° ist, wenn wir aufhören° können, „arbeitende Mütter" und „Hausmänner" zu kritisieren, kann die Gesellschaft° vielleicht endlich Männern und Frauen helfen, Arbeit und Familie harmonisch zu kombinieren.

Margin glossary:
- care
- gaben . . . zu *admitted*
- constantly
- places in daycare
- subsidized / daycare facilities / private sitters
- feelings
- faces / feel
- daycare generation
- satisfying
- duty
- harm / will view
- basic right
- insist
- disappeared / stop
- society

A. Männer und Frauen. Wie war es früher? Wie ist es heute?

1. Wie war alles früher für Männer? für Frauen?
2. Was für eine Familienpolitik hat Deutschland?
3. Wie viele Monate Erziehungsurlaub bekommt jeder Arbeitnehmer?
4. Wieviel zahlt das Bundesfamilienministerium für den Erziehungsurlaub?
5. Was passiert am Ende des Erziehungsurlaubs?
6. Warum wollen viele Männer den Erziehungsurlaub nicht nehmen?
7. Wie viele Eltern warteten 1991 auf Betreuungsplätze im alten West-Berlin?
8. Warum hatte jedes Kind in der alten DDR einen Betreuungsplatz?
9. Welche Fragen können uns nur die Kinder von heute beantworten?
10. Wie wird eine neue Generation die Kindererziehung vielleicht sehen?

B. Fragen zur Diskussion

1. Was bedeutet Ihrer Meinung nach „Kinder-Küche-Kirche"? Gilt (*is . . . valid*) diese Definition auch für die Rolle der amerikanischen Frau in den fünfziger Jahren? Was ist heute anders in Deutschland? Wie haben Frauen und auch Männer in den USA ihre Rollen geändert?

In Deutschland geht man viel zu Fuß. Kinder müssen gut auf den Verkehr (*traffic*) aufpassen (*watch out*)

2. Wer soll Ihrer Meinung nach was in einer Ehe oder in einer langfristigen Beziehung (*long-term relationship*) machen? Wer soll zum Beispiel studieren? einen Beruf ausüben? die Familie ernähren? die Kinder großziehen? den Haushalt führen? ___?___

Sammelübungen

Übung A. Another student could make a personal statement based not on past but on future— e.g., *Aber ich werde Michael am 15. April anrufen.*

Übung B. Exercise can become team competition. By spinning bottle, drawing cards, or other random means, team A asks question in whatever tense comes up. Team B answers accordingly. Teams then rotate roles. This can enhance concentration and facilitate rapid shifting of tenses.

A. Daten. Sie hatten alles schon früher getan: Ich hatte/war schon am...

BEISPIEL: Sabine rief Michael am 5. März an. (3. März) →
Ich hatte Michael schon am 3. März angerufen.

1. Jörg nahm am 1. April die Einladung an. (31. März)
2. Ursula und Thomas fuhren am 5. Mai in die Stadt. (2. Mai)
3. Eva erlebte am 23. Juni einen Studentenprotest. (4. Juni)
4. Karl zog am 22. Juli in die neue Wohnung. (15. Juni)
5. Susi fing am 17. August den neuen Job an. (1. August)
6. Hans und Uwe fuhren am 26. Oktober nach Frankfurt zurück. (7. Oktober)

B. Vater und Tochter. Was fragt Herr Stein seine Tochter, bevor sie ausgeht? nachdem sie nach Hause zurückgekommen ist?

BEISPIEL: Warum gehst du aus? → Warum bist du ausgegangen?

1. Um wieviel Uhr kommst du zurück?

2. Um wieviel Uhr fängt der letzte Film an?
3. Kommt deine Schwester mit?
4. Was schlägt dein Freund für den Abend vor?
5. Was hast du nach dem Film vor?

C. Nachdem Paula...

BEISPIEL: aufstehen / Kaffee machen →
Nachdem Paula aufgestanden war, hat sie Kaffee gemacht.

1. frühstücken / zur Arbeit gehen
2. die Einladung annehmen / ein Kleid für die Party kaufen
3. zurückkommen / zwei Stunden fernsehen
4. ins Haus gehen / die Fenster aufmachen
5. in die Stadt ziehen / einen neuen Job anfangen
6. den Job verlieren / kein Geld verdienen können

WER   Die Pressestelle der
Bayerischen Zahnärzte sucht

WANN   zum 1. Juli

WEN   eine/n engagierte/n

Journalistin/en

WOFÜR   für die Chefredaktion des
Bayerischen Zahnärzteblattes
sowie für die in einer Körperschaft
übliche Pressearbeit

WARUM   Weil wir SIE brauchen!!!

WIR ERWARTEN   ein hohes Maß an Einsatzfreude,
konzeptionelle Arbeit und
Gespür für standespolitische Themen

WIR BIETEN   ein interessantes Betätigungsfeld
und angemessene Bezahlung

Bitte richten Sie Ihre Bewerbungsunterlagen an den

Vorsitzenden des Vorstandes der
Kassenzahnärztlichen Vereinigung Bayerns (KZVB)
Fallstraße 34
8000 München 70

D. Journalist/Journalistin. Schreiben Sie die vollständigen (*complete*) Fragen, die die Anzeige (*ad*) beantwortet!

BEISPIEL: wer → Wer sucht eine Journalistin / einen Journalisten?

1. wann	3. warum	5. was bietet (*offers*) man
2. wen	4. was erwartet man	

angemessen *appropriate*
das Betätigungsfeld *field of activity*
die Bewerbungsunterlagen (*pl.*) *application documents*
die Chefredaktion *chief editorship*
die Einsatzfreude *enthusiasm*
das Gespür *feel*
die in einer Körperschaft übliche Pressearbeit *the usual press work (connected with) this type of organization*
das Maß *measure*
die Pressestelle *press office*
standespolitisch *politically important to a specific profession*
das Zahnärzteblatt *newspaper for dentists*

Fragen zur Diskussion: Nennen Sie drei Qualifikationen, die die Pressestelle von einem Journalisten / einer Journalistin erwartet. Welche anderen Qualifikationen muß Ihrer Meinung nach ein Journalist / eine Journalistin haben? Welche von diesen Qualifikationen haben Sie? Möchten Sie für eine Pressestelle arbeiten? Warum (nicht)?

nwendung

Interview: Britta aus Halle

Name: Britta geboren: 4. 10. 73 in Halle	Berufswunsch: Bürokauffrau Familienstand: ledig

- **Was war das schönste° Erlebnis° in deinem Leben?**   *most beautiful / experience*
  Als die Grenzen geöffnet wurden. Jetzt kann ich in jede Ecke der Welt reisen.
- **Wer ist der wichtigste° Mensch in deinem Leben?**   *most important*
  Meine Mutter, sie ist wie eine Freundin, mit ihr kann ich alles bereden.
- **Wie wohnst du?**
  Zu Hause.
- **Wie denkst du über Wessis?**
  Diese Trennung° zwischen Ossis und Wessis finde ich Quatsch.° Es gibt auf jeder   *division / nonsense*
  Seite nette und weniger° freundliche Typen.   *less*
- **Welches Thema beschäftigt° dich zur° Zeit am meisten?**   *concerns / at this*
  Ich bin zur Zeit auf der Suche nach einer Lehrstelle.° Das ist gar nicht so einfach.   *apprenticeship*
- **Was machst du in deiner Freizeit?**
  Ab und zu arbeite ich als Fotomodell. Dieses Geld spare ich für meine Fahrerlaub-
  nis.° Ich reite sehr gerne, gehe schwimmen und fahre oft Moped mit meinem   *driver's license*
  Freund.
- **Wie stehst du zur Ehe, zu Kindern?**
  Heiraten möchte ich nicht, eine Lebensgemeinschaft° wäre° mir lieber. Ich wün-   *long-term relationship / would be*
  sche mir später ein Kind, höchstens° aber zwei.   *at the most*
- **Was ist dein Lieblingsessen?**
  Ich mag alle Nudelgerichte, am liebsten Spaghetti à la Bolognese.
- **Wer sind deine Lieblinge: in der Musik, bei Film und Fernsehen?**
  Musik: Gruppe Talk Talk; Film: Manfred Krug und alle lustigen° Spielfilme.°   *funny / feature films*

A. Wer ist Britta? *Write the information from the preceding interview in narrative form, using the third person. The following tips will help you get started.*

- Underline the facts that you want to incorporate in your report.
- Number the underlined facts in the order in which you want to present them. Use the ordering that makes the most sense to you.
- Combine facts when it makes sense to do so: **Britta ist am 4. 10. 73 in Halle geboren.**
- Reword or simplify when possible: **Sie ist wirklich froh, daß die Grenzen offen sind.**

B. Sie als Interviewter/Interviewte. Wie beantworten Sie die Fragen, die man an Britta gestellt hat? Beantworten Sie zuerst die folgenden Fragen schriftlich (*in writing*)!

1. Was ist Ihr Name?
2. Wann und wo sind Sie geboren?
3. Welchen Beruf möchten Sie ausüben?
4. Was ist Ihr Familienstand? Sind Sie ledig? verheiratet? getrennt? geschieden (*divorced*)? verwitwet (*widowed*)?

Beantworten Sie jetzt die anderen Fragen aus dem Interview schriftlich. *Omit the question regarding the* Wessis.

Bekanntschaften

A. Anzeigen (*ads*). Viel mehr Deutsche als Amerikaner suchen einen Partner / eine Partnerin durch Anzeigen. Ein paar Beispiele:

absäbeln *to chop off*
arm *poor*
der Bayer (*wk.*) / die
  Bayerin *Bavarian (person)*
einfühlsam *understanding*
das Gemüt *warmheartedness*
großgewachsen *tall*
hassen *to hate*
liebenswert *lovable*
sensibel *sensitive*
der Sportler / die
  Sportlerin *athlete*
der Verstand *common sense*

Immer zusammen frühstücken? Das wünscht eine Berlinerin, Sekretärin, die gern ins Theater geht, die die Sonne und Reisen liebt und die einen liebenswerten Partner sucht.

Student, 28, sucht Partnerin für Reise nach Bulgarien und Istanbul im August.

Mutter (27) und Sohn (2) suchen Partner und Vater, nicht zu jung, nicht zu arm.

Münchner Geschäftsfrau, attraktiv und gutsituiert, sucht IHN für private und berufliche Aktivitäten.

Arzt sucht schicke, intelligente Sie aus gutsituierter Familie.

Individualistin, sensibel, radikal, kreativ, sucht Bekanntschaft mit intellektuellem, großgewachsenem Mann.

Ein Bayer, der das Leben liebt, Sportler, sucht Sportlerin mit Verstand und Gemüt.

Gibt es IHN? SIE, blond, offen und einfühlsam, sucht humorvollen IHN mit Interesse an Literatur, Geschichte, Natur und mehr.

Ich habe Dich vom 1.–14. Juli fast jeden Tag am Strand zwischen Timmendorf und Scharbeutz gesehen. Du warst dort mit deiner Familie und hattest den blauen Strandkorb Nr. 46, ich hatte den grünen Nr. 61. Ich bin der rothaarige Junge, der Deinem Vater mit dem Frisbee fast den Kopf „abgesäbelt" hat. Schreib ganz schnell einen langen Brief an mich, dann schreibe ich einen langen Brief an Dich!

Suche den Jungen, mit dem ich an einem schönen Abend im Februar im Café Metropol gesprochen habe. Du hast schwarze Haare, liebst Musik und spielst Gitarre. Ich bin das Mädchen mit den blonden Haaren, dem roten Pullover und den Jeans, das Chemie und Physik haßt, aber Bücher und Ballet liebt. Schreib bitte mit Foto.

B. Antworten Sie auf eine dieser Anzeigen! Schreiben Sie einen Brief an die Person, die einen Partner / eine Partnerin sucht!

C. Schreiben Sie eine Anzeige, in der Sie Fragen wie diese beantworten: Wer sind Sie? Wie alt sind Sie? Wie sehen Sie aus? Was interessiert Sie? Was für einen Partner / eine Partnerin suchen Sie?

Freizeit und Sport

Vorschau. Brainstorming ideas: *Skilaufen/ Schlittschuhlaufen/ Rollschuhlaufen/Windsurfen gehen, ins Kino/ Museum/Kaffeehaus gehen, Kekse backen, segeln, wandern, ein Picknick machen, in der Sonne liegen*

Vorschau

Wie verbringen diese jungen Männer ihre Freizeit heute? Und Sie? Verbringen Sie Ihre Freizeit lieber allein oder mit Freunden? Was machen Sie gern mit Freunden? Spielen Sie gern Karten? Fußball? Football? Baseball? Basketball? Volleyball? Golf? Verbringen Sie das Wochenende lieber in der Stadt oder auf dem Land? Was machen Sie gern an kalten Wintertagen? Und an heißen Sommertagen?

Wortgebrauch

der Fußball

der Football

der Baseball

der Basketball

der Volleyball

das Laufen

das Skilaufen

das Rollschuhlaufen

das Schlittschuhlaufen

das Segeln

das Wandern

das Reiten

das Turnen

das Schwimmen

das Autorennen

das Tennis

das Tischtennis

das Schach

Übung A. A children's game in Germany called *Raufball* is something like our football. Also mention difference between *Basketball* and *Korbball*, which is children's street game played with ball and basket placed on ground.

Übung B. This is ideal for pairs. Students will create classroom atmosphere not unlike restaurant or hotel lobby, where multiple conversations are going on simultaneously. Allow volume level of conversations to rise naturally, creating realistic conversational setting.

Übung D (next page). Working in pairs, students create several simultaneous conversations. Listen as students talk, and list names with various responses on board. Use facts to initiate further discussion with whole class: *Jim schwimmt gern. Lisa, schwimmst du auch?* LISA: *Ja, ich schwimme jeden Abend. / Maria und Jason schwärmen für Filme. Michael, bist du auch Filmnarr?*

A. Sport und Spiele

1. Welcher Sport braucht Partner? Mannschaften?
2. Wie viele Spieler hat eine Fußballmannschaft? eine Footballmannschaft? eine Baseballmannschaft? eine Volleyballmannschaft? eine Basketballmannschaft?
3. Welchen Sport kann man allein treiben?
4. Welchen Sport spielt man mit einem Ball?
5. Welcher Sport ist ein Wintersport? ein Sommersport?
6. Welcher Sport ist aktiv? passiv?

B. Interview. Fragen Sie einen Studenten / eine Studentin:

1. Spielst du manchmal Schach?
2. Treibst du gern Sport? Was ist dein Lieblingssport? Warum?
3. Spielst du Tennis? Tischtennis? Fußball? Football? Golf? Volleyball? Baseball? Basketball?
4. Gehst du gern Skilaufen? Rollschuhlaufen? Schlittschuhlaufen?
5. Magst du Zuschauersport? Welche Sportsendungen siehst du am liebsten (im Fernsehen)?
6. Was für ein Spiel hast du gesehen? ein Baseballspiel? ein Fußballspiel? ein Footballspiel? ein Tennisspiel? ein Tischtennisspiel? ein Basketballspiel? ein Volleyballspiel?

C. Autos und Autorennen

die Ampel, -n der Straßenkreuzer, -*

die Kreuzung, -en

die Geschwindigkeitsbegrenzung, -en

1. Fahren Sie Auto? Warum (nicht)?
2. Was für ein Auto fahren Sie (oder Ihr Freund / Ihre Freundin)? Beschreiben Sie es!
3. Was für ein Auto möchten Sie haben? Warum?
4. Mögen Sie Autosport?
5. Sehen Sie gern Autorennen im Fernsehen? Warum (nicht)?
6. Was ist die Geschwindigkeitsbegrenzung in den USA? Finden Sie, daß alle Fahrer sie beachten? Finden Sie, daß Busfahrer und Taxifahrer die Geschwindigkeitsbegrenzung in der Stadt beachten?
7. Gibt es Autobahnen, wo Sie wohnen? Fahren Sie gern auf solchen Strecken ohne Ampeln und Kreuzungen?

*****Straßenkreuzer** was the humorous term given the long, wide American cars that were produced before compact models became fashionable.

D. Interview: Freizeit. Fragen Sie einen Studenten / eine Studentin:

Wie verbringst du gern deine Freizeit? Wanderst du? Schwimmst du? Reitest du? Spielst du mit Freunden Karten? Liest du Bestseller? Schläfst du? Machst du lange Spaziergänge? Gehst du ins Kino?

Wortschatz

Adjectives and Adverbs

aggressiv	aggressive(ly)
begeistert (von)	enthusiastic (about); enthusiastically
ernst	serious(ly)
gefährlich	dangerous(ly), treacherous(ly)
kommend	coming
kurz	short(ly)
lang	long; tall
populär	popular(ly)
spannend	exciting
sportlich	sporty; athletic
unheimlich	incredible; incredibly
(un)wahrscheinlich	(im)probable; (im)probably

Nouns

SPORT UND SPIELE	SPORTS AND GAMES
das Autorennen	car racing; car race
der Ball, ¨e	ball
die Mannschaft, -en	team
das Publikum	audience
der Rennwagen, -	racecar
das Rollschuhlaufen	roller skating
das Schach	chess
das Schlittschuhlaufen	ice skating
das Skilaufen	skiing
das Spiel, -e	game
der Spieler, - / die Spielerin, -nen	player
der Sport	sport(s)
die Sportart, -en	type of sport
der Sportler, - / die Sportlerin, -nen	athlete
das Tennis	tennis
der Tennisplatz, ¨e	tennis court

das Tischtennis	table tennis
das Tor, -e	goal (*sports*); gate
der Turnlehrer, - / die Turnlehrerin, -nen	physical education teacher

VERKEHR	TRAFFIC
die Ampel, -n	traffic light
die Autobahn, -en	freeway
die Geschwindigkeitsbegrenzung, -en	speed limit
die Kreuzung, -en	intersection
die Strecke, -n	stretch (*of highway*)

OTHER NOUNS	
die Freizeit	leisure time
das System, -e	system
der Vorort, -e	suburb
die Wiederholung, -en	repeat, repetition
das Wochenende, -n	weekend

Verbs

auf·springen, sprang auf, ist aufgesprungen	to jump up
beachten, hat beachtet	to observe, heed
beweisen, bewies, hat bewiesen	to prove
enden, hat geendet	to end
gewinnen, gewann, hat gewonnen	to win
jagen, hat gejagt	to chase, pursue, hunt
reiten, ritt, ist* geritten	to ride
rennen, rannte, ist* gerannt	to race
schießen, schoß, hat geschossen	to shoot
schwimmen, schwamm, ist* geschwommen	to swim

---

*The auxiliary **haben** is used with verbs such as **reiten**, **rennen**, and **schwimmen** when a direct object is present:

Ich **bin** gestern geritten.
but: Ich **habe** das weiße Pferd geritten

turnen, hat geturnt	to do gymnastics
überholen, hat überholt	to pass, overtake
übertragen (überträgt), übertrug, hat übertragen	to broadcast, relay
vergleichen, verglich, hat verglichen	to compare

Useful Words and Phrases

aus der Übung kommen	to get out of practice
(das) Benzin schlucken	to guzzle gas
der (Fußball)narr, -en (wk.) / die (Fußball)-närrin, -nen	(soccer) fan, fool
guck mal!	hey, look!
im Hintergrund	in the background
die lahme Ente	lame duck
Sport treiben, trieb, hat getrieben	to go in for sports
was ist los?	what's happening?

Grammatik

A

Auf dem Tennisplatz nach dem Spiel. Theo, ein deutscher Turnlehrer aus Frankfurt am Main, besucht seinen jüngeren Vetter, Simon, in Los Angeles. Der sportliche Deutsche möchte jeden Tag Sport treiben, weil er nicht aus der Übung kommen will.

SIMON: Mensch, Theo, du hast mich ganz schön über den Tennisplatz gejagt. Du spielst viel besser als ich, und ich habe gedacht, ihr spielt nur Fußball in Deutschland.

THEO: Nein, gar nicht. Tennis ist genauso populär bei uns wie bei euch. Und nicht nur als Zuschauersport.

SIMON: Ja, das haben Becker und Graf doch bewiesen.

THEO: Klar. Ich meine, gerade wegen Boris und Steffi wollen immer mehr Leute Tennis spielen.

A. Vettern in Deutschland und Amerika

1. Wer ist Simon?   2. Wer ist der bessere Tennisspieler, Theo oder Simon?   3. Was haben Becker und Graf bewiesen?   4. Warum wollen so viele Deutsche jetzt Tennis spielen?

B. Additional student/student questions: *Was weißt du über Steffi Graf oder Boris Becker? Wo hast du das gehört? gelesen? gesehen?*

B. Fragen Sie Ihren Nachbarn / Ihre Nachbarin:

1. Spielst du Tennis? Wenn ja: Wer spielt besser, du oder dein Partner / deine Partnerin?   2. Hast du schon von Steffi Graf, Boris Becker oder

Michael Stich gehört? Wenn ja: Hast du von ihnen in Zeitungs- und Zeitschriftenartikeln gelesen? Hast du sie vielleicht im Fernsehen gesehen? 3. Welche anderen berühmten deutschen Sportler/Sportlerinnen kennst du?

KULTURECKE

Sportvereine und Deutscher Sportbund. German sports teams are independent clubs (**Vereine**). All these clubs, both amateur and professional, belong to an organization called **Deutscher Sportbund (DSB)**, which is partially subsidized, but in no way controlled, by the federal government.

In 1970 **Deutscher Tennisbund (DTB)** had only 273,000 members, but since then this sport has become increasingly popular, due in large part to the success and recognition of tennis stars Boris Becker and Steffi Graf. As of December 1989, **DTB**, with 2 million members, was the third-largest amateur sport organization in the **Bundesrepublik**. The largest amateur sport organization at that time was **Deutscher Fußballbund (DFB)** with 4.7 million members; the second largest was **Deutscher Turnerbund** with 3.7 million members.

Staatlich geprüfte
**TENNISSCHULE
R. + R. HUBER**
Poschinger Allee, Telefon (08841) 4411
TENNIS MACHT SPASS UND HÄLT FIT

Einzel- und Gruppentraining für Erwachsene und Kinder, Anfänger bis Turnierspieler. Modernste Geräte vorhanden auch für Behinderte geeignet.

Und Sie? Spielen Sie Tennis? Fußball? Turnen Sie? Möchten Sie als Zuschauer lieber ein Tennisspiel oder ein Fußballspiel sehen?

Comparison of Adjectives and Adverbs

Degrees of Comparison

Adjectives and adverbs have three degrees of comparison with which they express gradation in quality or quantity or rate two or more persons or things. You are familiar with the positive degree, which is the basic form of an adjective or adverb. In this chapter you will learn to use the comparative and superlative degrees. Unlike English, German adjectives and adverbs follow the same patterns whether they have one or more than one syllable.

POSITIVE	schnell	*fast*	gefährlich	*dangerous*
COMPARATIVE	schnell**er**	*faster*	gefährlich**er**	*more dangerous(ly)*
SUPERLATIVE	schnell**st**-	*fastest*	gefährlich**st**-	*most dangerous(ly)*

Positive Degree

The positive degree is the form by which an adjective simply describes a noun or by which an adverb simply describes a verb, adjective, or other adverb.

POSITIVE STEM	**schnell**
	fast
ATTRIBUTIVE ADJECTIVE	Das **schnelle**, rote Auto gehört Stefan.
	The fast red car belongs to Stefan.
PREDICATE ADJECTIVE	Diese Rennwagen sind wirklich **schnell**.
	These racecars are really fast.
ADVERB	Christa läuft sehr **schnell**.
	Christa runs very fast.

The structure (**nicht**) so (+ *adjective or adverb*) **wie**, which equates or compares similar persons or things, also employs the positive degree of the adjective or adverb.

Ist dieser Sport **so gefährlich wie** Fußball?
Is this sport as dangerous as soccer?

Ja, dieser Sport ist genau**so gefährlich wie** Fußball.
Yes, this sport is just as dangerous as soccer.

Nein, dieser Sport ist **nicht so gefährlich wie** Fußball.
No, this sport is not as dangerous as soccer.

An infinitive or a past participle usually precedes **wie**, rather than coming at the end of a sentence or clause.

Hans kann nicht so schnell **laufen** wie du.
Elke ist so schnell **gelaufen** wie Hans.

Comparative Degree

The positive degree is often used to draw comparisons in the construction (**nicht**) **so . . . wie**. Otherwise, the comparative degree is used to compare two unequal items or activities. In German the comparative degree is formed by adding **er** to the adjective stem. The case endings of attributive adjectives are added after this **er** ending: **ein gefährlicheres Spiel** (*a more dangerous game*). When two unequal entities are compared, the word **als** is used after the comparative form of the adjective or adverb, just as the word *than* is used in English.

COMPARATIVE STEM	**schneller**
	faster
ATTRIBUTIVE ADJECTIVE	Wer hat den **schnelleren** Rennwagen, Peter oder Karl?
	Who has the faster racecar, Peter or Karl?
PREDICATE ADJECTIVE	Karls Rennwagen ist **schneller als** Peters.
	Karl's racecar is faster than Peter's.
ADVERB	Elke läuft **schneller als** Christa.
	Elke runs faster than Christa.

Positive Degree: *wie.* Case of noun or pronoun following *wie* depends on nature of verb. When subject of sentence is point of comparison, nominative case will be employed, as in these examples. But also point out this situation: *Ich danke **dir** ebenso wie **ihm**.*

Comparative Degree. Since comparative and superlative forms increase number of syllables, greater care must be taken with pronunciation, especially of vowel quantities: *ge-fähr-li-cher-es* has 5 syllables and can prove to be *Zungenbrecher*, if not total catastrophe!

In deutschen Wäldern
findet man leicht gute
Reit- und Wanderwege.

Variations

Some adjectives and adverbs—especially (but not exclusively) those with just
one syllable—have an umlaut on the stem vowel (**a**, **o**, or **u**) in the comparative
degree.

POSITIVE	COMPARATIVE
alt	älter
gesund	gesünder
groß	größer
hoch	höher
jung	jünger
kurz	kürzer
lang	länger
oft	öfter
stark	stärker

If an ending that begins with a vowel is added to **hoch**, the **c** is dropped.

> Der Berg ist **hoch**.
> Das ist ein **hoher** Berg.
> Ich habe **höhere** Berge gesehen.

Just as in English, some adjectives and adverbs in German have irregular forms
in the comparative degree.

gern(e) *gladly*	lieber *rather, preferably*
gut *good/well*	besser *better*
viel, viele *much, many*	mehr *more*

Variations. You might
share with students that
when umlautable vowels
(*a, o, u*) or irregularities
are involved, forms are
best learned by heart, just
like plurals. Like classes
of noun plurals, irregular
comparisons are most
easily learned by rote
rather than by logical
patterns.

When used before a comparative adjective or adverb, the word **immer** indicates progression.

Elke läuft **immer schneller**.	*Elke runs faster and faster.*
Das Fußballspiel wird **immer gefährlicher**.	*The soccer game is becoming more and more dangerous.*
Immer mehr Leute treiben Sport.	*More and more people are going in for sports.*

immer. Neat yet sobering expression is *immer schlimmer*, once used by instructor to indicate direction test scores would take should certain class continue to "coast" . . .

Übungen

A. Wer ist der bessere Sportler / die bessere Sportlerin?

BEISPIEL: Rolf läuft nicht so schnell wie Heinz. →
Heinz läuft schneller als Rolf.

1. Elke ist nicht so sportlich wie Margit.
2. Helmut schwimmt nicht so langsam wie Andreas.
3. Luise spielt nicht so aggressiv Tennis wie Ingrid.
4. Jürgen reitet nicht so vorsichtig wie Hans.
5. Karin segelt nicht so konservativ wie Monika.
6. Richard fährt nicht so gefährlich wie Dieter.

Übung A. Vary drill by substituting students' names where appropriate. Students could also substitute family members: *meine Mutter, mein Onkel, meine Schwestern*, etc.

B. Erklären Sie alles!

BEISPIEL: Ist Klaus so alt wie sein Vetter? → Klaus ist älter als sein Vetter.

1. Ist Maria so jung wie Christine?
2. Ist Karl so stark wie Johann?
3. Ist Eva so klein wie diese Frauen?
4. Ist Ulrich so groß wie diese Männer?
5. Spielen die Brauns so oft Schach wie die Müllers?
6. Bleibt der Turnlehrer so lange hier wie seine Studenten?

Übung C. Adjective substitutions: 1. *gutes* 2. *netten* 3. *aggressiven* 4. *alten* 5. *langes* 6. *kleines*

Übung D. Remind students to focus on whole thoughts rather than word-for-word translations. They should also pay special attention to prepositional phrases.

Story could be rewritten and embellished as dialogue and performed as skit. Questions following could be rephrased from standpoint of Susanne or her sister: *Ist Susanne älter oder jünger als ich?*, etc.

C. Meinungen

BEISPIEL: UTE: Ich habe ein interessantes Buch gelesen.
SIE: Ich habe nie ein interessanteres Buch gelesen.

1. Ich habe ein spannendes Fußballspiel gesehen.
2. Ich habe mit einem begeisterten Zuschauer gesprochen.
3. Ich habe in einer starken Mannschaft gespielt.
4. Ich habe einen großen Wagen gefahren.
5. Ich habe ein schönes Wochenende erlebt.
6. Ich habe ein altes Auto gefahren.

D. Susanne und Monika. Erzählen Sie die Geschichte, und dann stellen Sie jede Frage! Auf deutsch, bitte!

Susanne, a German tennis teacher, is visiting her older sister in Los Angeles. Susanne wants to play tennis because she doesn't want to get out of practice. After the first day, Susanne says: "Monika, you really chased me over the tennis court. You play much better than I." Monika says: "I play tennis every day."

1. Is Susanne older or younger than her sister?
2. Why does Susanne want to play tennis?
3. Who is the better tennis player, Susanne or Monika?
4. How often does Monika play tennis?

Übung E. As "starter," write several student-suggested adverbs on board to generate ideas. Encourage students to consult prior vocabulary lists, should they run out of spontaneous words.

E. Ich werde immer . . .

BEISPIEL: Ich werde . . . → Ich werde immer (älter).

1. Ich spreche . . .
2. Ich arbeite . . .
3. Ich gehe . . .
4. Ich lese . . .
5. Ich fahre . . .
6. Ich esse . . .

Übung F. Another potential 3-student team exercise: S1 asks questions; S2 answers; S3 reports results in third person. Student positions could be rotated twice so that each student plays each role.

F. Fragen Sie Ihren Nachbarn / Ihre Nachbarin:

1. Hast du einen jüngeren Bruder? eine jüngere Schwester?
2. Hast du einen älteren Bruder? eine ältere Schwester?
3. Sprichst du genauso gut Deutsch wie Englisch?
4. Möchtest du lieber Golf oder Tennis spielen?
5. Hast du mehr Basketballspiele oder mehr Baseballspiele gesehen?

Neue Sportarten wie Gleitfliegen finden schnell Anhänger (*fans*).

Simon und Theo fahren auf der Autobahn durch einen Vorort von Los Angeles.

THEO: Ich fahre am liebsten so wie hier, lange Strecken ohne Ampeln und ohne Kreuzungen.

SIMON: Ja, wir haben wahrscheinlich das größte Autobahnsystem der Welt.

THEO: Du hast ja nicht gerade das schnellste Auto.

SIMON: Was willst du denn? Ich beachte nur die Geschwindigkeitsbegrenzung.

THEO: Guck mal, der alte Straßenkreuzer da vorne. Das sind die langsamsten Autos, und die schlucken das meiste Benzin. Überhol ihn doch!

SIMON: Warum denn? Ich fahre doch schnell genug!

THEO: Das kann ich nicht verstehen, daß du diese lahme Ente nicht überholen willst.

Dialogue. Cultural sidelight about German driving habits and attitudes could be included here.

Additional Vocabulary. *die Verkehrsampel, -n; der Geschwindigkeitsmesser* (speedometer); *das Kreuz, kreuzen, die Kreuzung, der Straßenkreuzer;* note *überholen* as inseparable verb with stem, not prefix, accent.

Kulturecke. If you have a few minutes at beginning or end of class, exercise offers students a chance to review names of letters of alphabet and to practice pronunciation of country names.
   Simple oral exercise: S1 spells out particular *Kennzeichen*, e.g., *I-R-L;* S2 says *Irland;* S3 spells out country *I-R-L-A-N-D.*

A. Auf der Autobahn

1. Was für Straßen mag Theo am liebsten? 2. Wie ist das Autobahnsystem in Los Angeles? 3. Was sagt Theo über Simons Auto? 4. Warum fährt Simon so vorsichtig (*carefully*)? 5. Wie beschreibt Theo den alten Straßenkreuzer? 6. Was soll Simon tun? 7. Was kann Theo nicht verstehen?

B. Fragen Sie Ihren Nachbarn / Ihre Nachbarin:

1. Beachtest du immer die Geschwindigkeitsbegrenzung, wenn du fährst?
2. Fährst du gern die neuesten Modelle, oder schwärmst du für die ältesten Straßenkreuzer?

KULTURECKE

Fahrschulen und Kennzeichen.   Germans are eligible for a driver's license at age 18. Driver education courses are not offered in the public schools, so one must go to a **Fahrschule**, which is expensive. Some people combine a driver education course with a vacation (**Ferien-Fahrschule**). To obtain a license, one must pass a written and a practical test given by the state. The license is valid for a lifetime.

European drivers identify their country by putting a **Kennzeichen**, a large white sticker with black lettering, on the back of their cars. Following is a list of national abbreviations.

A	Österreich	E	Spanien	N	Norwegen
B	Belgien	F	Frankreich	NL	die Niederlande
BG	Bulgarien	FL	Liechtenstein	P	Portugal
CH	die Schweiz	GB	Großbritannien	PL	Polen
	(Confoederatio	GR	Griechenland	RO	Rumänien
	Helvetica)	H	Ungarn	S	Schweden
D	die Bundesrepublik	I	Italien	SF	Finnland
	Deutschland	IRL	Irland	YU	Jugoslawien
DK	Dänemark	L	Luxemburg		

Welches Land hat welches Kennzeichen? (*See list on p. 365.*)

BEISPIEL: S1: Welches Land hat das Kennzeichen FL?
S2: Liechtenstein. Was ist das Kennzeichen für die Niederlande?

Superlative Degree

The superlative degree assigns the highest rating to a specific person or thing. In German, the superlative of an adjective or adverb is formed by adding the ending **st** to the adjective stem (or **est** if pronunciation is difficult or impossible without an **e**). The case endings of attributive adjectives are added to the superlative ending: **der gefährlichste Sport** (*the most dangerous sport*).

The superlative of an adverb is formed with the word **am** (contraction of **an dem**) plus the superlative stem, to which the ending **en** is added: **am schnellsten**, **am gefährlichsten**.

SUPERLATIVE STEM	**schnellst-**
	fastest
ATTRIBUTIVE ADJECTIVE	Der **schnellste** Rennwagen gehört Claudia.
	The fastest racecar belongs to Claudia.
PREDICATE ADJECTIVE	Dieser Rennwagen ist der **schnellste**.
	This racecar is the fastest.
ADVERB	Horst läuft morgens **am schnellsten**.
	Horst runs fastest in the morning.

When a predicate adjective does not refer to a specific noun, the superlative form is the same as that for the superlative adverb.

PREDICATE ADJECTIVE	In Wien ist es immer **am schönsten**.
	It's always most beautiful in Vienna.

Variations

Adjectives and adverbs that have an umlaut in the comparative degree retain the umlaut in the superlative degree as well.

POSITIVE	COMPARATIVE	SUPERLATIVE
alt	älter	ältest- / am ältesten
gesund	gesünder	gesündest- / am gesündesten
groß	größer	größt- / am größten
hoch	höher	höchst- / am höchsten
jung	jünger	jüngst- / am jüngsten
kurz	kürzer	kürzest- / am kürzesten
lang	länger	längst- / am längsten
oft	öfter	öftest- / am öftesten
stark	stärker	stärkst- / am stärksten

If an ending that begins with a vowel is added to **hoch**, the **c** is dropped.

hoch / hoh(er)   höher   höchst- / am höchsten

Der Berg ist **hoch**.
Das ist ein **hoher** Berg.
Ich habe **höhere** Berge gesehen.
Das ist der **höchste** Berg der Welt.

As in English, **gut** and **viel** have irregular superlative as well as comparative forms.

gut *good/well*   besser *better*   best- / am besten *best*
viel / viele *much, many*   mehr *more*   meist- / am meisten *the most*

Das ist der **beste** Wagen.   *That's the best car.*
Dieser Wagen fährt **am besten**.   *This car drives best.*
Die **meisten** Leute fahren Auto.   *Most people drive cars.*
Er fährt **am meisten** in der   *He drives the most in the family.*
    Familie.

The adverb **gern** also has distinct forms in the comparative and superlative degrees.

gern *gladly*   lieber *rather*   liebst- / am liebsten *most (or best) of all*

Ich arbeite **gern**.   *I like to work.*
Ich spiele **lieber** Fußball.   *I prefer to play soccer.*
Am liebsten gehe ich zu einem   *Most of all I like to go to a*
    Fußballspiel.   *soccer game.*

Übung A. Monitor endings carefully, because some students become so involved with form that they forget to attach proper ending.

Übungen

A. Wer sind diese Personen? Beschreiben Sie jede im Superlativ!

BEISPIEL: Jürgen / der / aggressiv / Spieler →
            Jürgen ist der aggressivste Spieler.

1. Maria / die / gesund / Sportlerin
2. Kurt / unser / jung / Vetter
3. Erika / meine / alt / Schwester
4. Niklaus / dein / gut / Freund
5. Elisabeth / die / sportlich / Frau
6. Max / der / nett / Student

B. Antworten Sie im Superlativ!

BEISPIEL: Fährt der Deutsche einen schnellen Rennwagen? →
            Er fährt den schnellsten Rennwagen.

1. Haben die Schmidts einen großen Wagen?
2. Hat Rolf einen teuren Fußball gekauft?
3. Wohnt Annemarie in einem neuen Vorort?
4. Hat dieses Land ein großes Autobahnsystem?
5. Kennt dein Vater einen guten Turnlehrer?
6. Hast du ein spannendes Spiel gesehen?

Übung A. Variation:
Beispiel: Jürgen ist der aggressivste Spieler.
(*jung, gut*)

1. *Maria ist die gesündeste Sportlerin.* (*alt, aggressiv*)
2. *Kurt ist unser jüngster Vetter.* (*reich, nett*)
3. *Erika ist meine älteste Schwester.* (*jung, klein*)
4. *Niklaus ist dein bester Freund.* (*alt, nett*)
5. *Elisabeth ist die sportlichste Frau.* (*stark, groß*)
6. *Max ist der netteste Student.* (*gut, intelligent*)

Übung B. Excellent s1/s2 opportunity, possibly involving 4 students interacting alternately.

Übung B, 2. You might mention that if adjective ends in *r* or *l*, preceding *e* is often dropped when endings that begin with *e* are added: *teuer* → *der teuerste Ball.* but *der teure Ball.*

In Hallenschwimmbäder
ist man vom Regen-
wetter unabhängig.

C. Hans, Karl und Peter. Vergleichen Sie diese drei Männer!

BEISPIEL: schnell laufen →
Hans läuft schnell, Karl läuft schneller, aber Peter läuft am schnellsten.

1. laut singen
2. langsam schwimmen
3. gern wandern

4. vorsichtig fahren
5. gut turnen
6. das Spiel ernst nehmen

D. Geographie. Fragen Sie andere Studenten und Studentinnen:

BEISPIEL: S1: Welcher Fluß ist der längste, der Rhein, der Amazonas oder der Nil?
S2: Ich glaube, der Amazonas.
S3: Das ist falsch. Der Amazonas ist länger als der Rhein, aber er ist nicht so lang wie der Nil. Der Nil ist der längste Fluß.

1. Welche Insel (*island*) ist die größte, Grönland, Madagaskar oder Kuba?
2. Welche Stadt hat die meisten Einwohner, Los Angeles, London oder Mexiko City?
3. Welches Land ist das größte, die USA, China oder Kanada?
4. Welches Land ist das kleinste, Liechtenstein, Luxemburg oder Belgien?
5. Welcher Berg ist der höchste, Mount McKinley, Mount Everest oder Mount Shasta?
6. Welcher See ist der größte, der Bodensee, der Neusiedlersee oder der Zürichsee?

E. Es gibt Menschen, die man nur in Superlativen beschreiben kann.
Beschreiben Sie einen solchen Menschen!

BEISPIEL: Mein Onkel John ist der netteste Mann, den ich kenne. Er hat vielleicht das wenigste Geld und er fährt das älteste Auto, aber . . .

Theo hat ein deutsches Fußballspiel auf Videokassette. Seine Eltern haben es ihm geschickt, weil sie wissen, was für ein Fußballnarr ihr Sohn ist.

PUBLIKUM: (*im Hintergrund*) Zicke, zacke, zicke, zacke, heu, heu, heu . . .

THEO: Schieß doch . . . los!

DER ANSAGER: Da ist es! Knapp drei Sekunden vorm Ende des Spiels schießt Frankfurts gefährlicher Mittelstürmer den Ball ins Tor.

THEO: (*springt auf*) Tor, Tor, Tor . . .

DER ANSAGER: Und damit endet das Spiel mit sechs zu fünf für Eintracht Frankfurt. Das nächste Spiel ist am kommenden* Samstag in Kaiserslautern. Wir werden das Spiel direkt übertragen, und am Abend bringen wir eine Wiederholung.

SIMON: Das war unheimlich spannend. Eines Tages möchte ich ein solches Spiel in Deutschland erleben.

A. Das Fußballspiel

1. Hat Theo deutschen Fußball gern? 2. Was macht Frankfurts gefährlicher Mittelstürmer (*center forward*)? Wann? 3. Was macht Theo während des Spiels? 4. Wie endet das Spiel? 5. Wer hat gewonnen? 6. Wann und wo ist das nächste Spiel? 7. Wie kann man das Spiel zweimal sehen? 8. Was möchte Simon einmal erleben?

B. Fragen Sie Ihren Nachbarn / Ihre Nachbarin:

1. Machst du auch Videokassetten von interessanten Sportsendungen? Wenn ja, von welchen? 2. Siehst du Fußballsendungen? Wann kommt das nächste Spiel im Fernsehen? 3. Was machst du während des Spiels?

KULTURECKE

Fußballigen. There are three levels of soccer leagues in Germany: the **1. Bundesliga**, the **2. Bundesliga**, and the **Amateurligen**. Each team in the **1. Bundesliga** plays each of the others twice during the season, once at home and once away. The regional champions then play in the **Europapokal**, and the national team, made up of the best players from the regional teams, plays in the **Weltmeisterschaft** (*world championship*). The teams in the **2. Bundesliga** are divided into two groups: **Gruppe Nord** and **Gruppe Süd**.

Sport

---

* The infinitive of a German verb (**kommen**) plus **d** forms the present participle: **kommend** (*coming*). When it is used as an attributive adjective, the appropriate adjective endings are added: **am kommenden Samstag.**

369

Welche Mannschaften spielen am kommenden Wochenende?

BEISPIEL: S1: Wer spielt heute um 20 Uhr gegen Dresden?
S2: Hamburg. Wer spielt am Samstag um . . . ?

1. FUSSBALL-BUNDESLIGA

2. Spieltag

	Vorjahr	
Heute, 18.45 Uhr:		
Wattenscheid – Leverkusen SR: Schmidhuber (Ottobrunn)	1:2	1:2
20 Uhr:		
Mönchengladbach – Duisburg SR: Amerell (München)	–	–
Hamburg – Dresden SR: Albrecht (Baisweil)	–	–
Samstag, 15.30 Uhr:		
Dortmund – Bremen SR: Fux (Stutensee)	1:1	1:1
München – Rostock SR: Löwer (Unna)	–	–
Nürnberg – Düsseldorf SR: Gläser (Breitungen)	3:0	0:3
Frankfurt – Schalke SR: Osmers (Bremen)	–	–
Kaiserslautern – Bochum SR: Strigel (Horb)	4:1	2:0
Köln – Stuttgarter K. SR: Stenzel (Forst)	–	–
VfB Stuttgart – Karlsruhe SR: Habermann (Weißensee)	2:2	0:0

Time Expressions

Definite Time with Prepositions

Names of the days of the week are preceded by the preposition **an** (+ *dat.*), months and seasons by **in** (+ *dat.*), and clock time by **um** (+ *acc.*): **am ersten Dienstag im September um sieben Uhr**. A specific year either is used without a preposition (**1848**) or is preceded by the phrase **im Jahr**(**e**) (**im Jahr**[**e**] **1848**). This contrasts with the English expression *in 1848*.

Time Expressions. It is important here that students become conversant with what these terms—such as "definite" versus "indefinite" time, "specific" versus "nonspecific" time, and "duration" of time—mean, so they understand what each case usage implies. Proper use of *in* versus *an* needs additional stress to develop students' *Sprachgefühl.*

AN

An Fußballtagen ist es immer so.	*It's always this way on soccer days.*
An diesem Dienstag bin ich sicher da.	*This Tuesday I'll certainly be there.*
Das Fußballspiel ist **am Freitagnachmittag**.	*The soccer game is on Friday afternoon.*

IN

Im Frühling macht er Ferien.

In the spring he's taking a vacation.

Gehen wir **im Januar** zu einem Autorennen!

Let's go to an auto race in January.

but: **1985 (Im Jahr 1985)** sind wir nach Europa gereist.

In 1985 we took a trip to Europe.

UM

Das Spiel fängt **um zwei (Uhr)** an.

The game begins at two (o'clock).

Definite Time: Accusative Case

A specific point in time—a day, week, month, or other time unit—is expressed in the accusative case.

Das ist doch **jeden Samstag** so.

But that's the way it is every Saturday.

Er kommt **nächsten März** nach Wien.

He's coming to Vienna next March.

Diesen Winter möchte ich in die Alpen.

This winter I'd like to go to the Alps.

A time period (or span) of specified duration is also expressed in the accusative case, often modified by the adjective **ganz**.

Er ist **den ganzen Tag** zu Hause.

He is at home all day.

Sie lernt **die ganze Zeit**.

She studies the whole time.

Ich war nur **einen Tag** in Wien.

I was in Vienna only (for) one day.

Ein Volleyballspiel kann man schnell organisieren!

Indefinite Time: Genitive Case

A nonspecific date or time—usually a time word modified by **ein**—is expressed in the genitive case.

Eines Tages werde ich Tennis spielen.	*Someday I'll play tennis.*
Eines Abends ging sie ins Theater.	*One evening she went to the theater.*

Time Adverbs: Review

Time adverbs that express the sequence of days (**vorgestern**, **gestern**, **heute**, **morgen**, **übermorgen**) are often used in combination with adverbs that express parts of the day (**früh**, **morgen**, **vormittag**, **mittag**, **nachmittag**, **abend**, **nacht**).

Morgen früh gehe ich zum Fußballspiel.	*Tomorrow morning I'm going to the soccer game.*
Was hast du **gestern nachmittag** gemacht?	*What did you do yesterday afternoon?*

Habitual action is expressed by time adverbs that end in **s** (**nachts**). Such adverbs may be used alone or in combination with days of the week (**montagvormittags**).

Ich bin **morgens** immer müde.	*I'm always tired in the morning.*
Samstagabends geht er ins Kino.	*On Saturday evenings he goes to the movies.*
Sie bleibt **donnerstags** zu Hause.	*She stays home on Thursdays.*

When a series of adverbs or adverbial phrases occurs in a sentence, the usual order of these expressions is time, manner, place.

Ich gehe am 3. März mit meinem Vater zu einem Fußballspiel, und am 4. März fahre ich allein nach Frankfurt.	*I'm going to a soccer game with my father on March 3rd, and on March 4th I'm going to Frankfurt by myself.*

Time Adverbs. Remind students of difference between one-time happening and habitual action. Adverbs such as *morgens, vormittags, mittags, nachmittags, abends, nachts, sonntags,* etc., all have *s* and hence indicate routine activity.

Time, Manner, Place. Note built-in review of adverbial word order, first introduced in Chapter 8, *Grammatik C.* It might be worthwhile for students to look at those pages again.

Übungen

A. Angelika liebt Sport. Was hat sie letzte Woche gemacht?

1. _____ hat sie ein Fußballspiel gesehen. (*on Sunday*)
2. _____ hat sie Tennis gespielt. (*last Monday*)
3. _____ ist sie geschwommen. (*on Tuesday*)
4. _____ hat sie mit mir Schach gespielt. (*last Wednesday*)
5. _____ hat sie Volleyball mit anderen Studenten und Studentinnen gespielt. (*the day before yesterday*)
6. _____ ist sie radgefahren. (*yesterday morning*)
7. _____ hat sie ein Polospiel gesehen. (*yesterday afternoon*)
8. _____ ist sie Rollschuhlaufen gegangen. (*yesterday evening*)

B. Otto und Ludwig sprechen über Sport.

OTTO: _____ habe ich ein spannendes Fußballspiel gesehen. (*on Saturday, last March, yesterday afternoon*)

LUDWIG: _____ will ich ein Autorennen sehen. (*this weekend, on Sunday, one day*)

OTTO: Hast du _____ Tennis gespielt? (*every Thursday evening, on Tuesday, last Friday*)

LUDWIG: Nein, aber ich bin _____ geschwommen. (*Wednesday afternoons, on Monday, last Monday*)

C. Was steht auf Juttas Kalender? *As shown by the example, the answers may be stated in different ways.*

Mo	Di	Mi	Do	Fr	Sa	So
		1	2	3	4	5
		← Münster →		Theater	Einkaufen	Tennis
6	7	8	9	10	11	12
←		Bonn		→	Hochzeit	Tennis
13	14	15	16	17	18	19
	Zahnarzt		Einkaufen	Party	Fußballspiel	Tennis
20	21	22	23	24	25	26
	←		Großeltern	→	Einkaufen	Tennis
27	28	29	30			
			Filmabend			

BEISPIEL: Wann war Jutta in Bonn?
Letzte Woche war sie in Bonn.

oder: Von Montag bis Samstag der vorigen (*previous*) Woche war sie in Bonn.

oder: Vom sechsten bis zum elften April war sie in Bonn.

oder: In der zweiten Aprilwoche war sie in Bonn

1. Wann war Jutta in Münster?
2. Wann ist Jutta ins Theater gegangen?
3. Wann war die Hochzeit?
4. Wann ist Jutta zum Zahnarzt gegangen?
5. An welchem Tag ist die Party?
6. An welchem Tag ist das Fußballspiel?
7. Wann sind die Großeltern bei Jutta?
8. Wann geht Jutta einkaufen?
9. Wann spielt Jutta Tennis?
10. Wann ist der Filmabend?

Übung D. A blank grid is included in the Instructor's Resource Kit for photo-copying and distributing to students. Or, students can make their own. Either way they should complete the calendar and write in events, *auf deutsch!* Working in pairs, s1 asks s2 questions similar to those in Exercise C, using present perfect for past events and present or future for future events—e.g., s1: *Wann bist du ins Theater gegangen?* s2: *Ich bin am Freitag (am dritten) ins Theater gegangen,* etc.

D. Was steht diesen Monat auf Ihrem Kalender? Was haben Sie schon gemacht? Was haben Sie noch vor? Schreiben Sie einen Absatz (*paragraph*) darüber! Benutzen Sie Übung C als Beispiel!

Sammeltext

Theo ist ein Fußballnarr und auch ein Autonarr. Das ganze Jahr lang geht er fast jedes Wochenende ins Fußballstadion. Er hat Fußball am liebsten, aber andere Sportarten interessieren ihn auch, besonders die schnelleren wie Tennis, Volleyball oder auch Autorennen. Die langsameren Sportarten wie Golf interessieren ihn nicht, und er möchte bestimmt nie an einem schönen Tag zu Hause sitzen und Schach oder Domino spielen. Wenn er schon mal zu Hause bleibt, dann tut er das nur, weil er ein Fußballspiel im Fernsehen sehen möchte.

Fußball ist der populärste Sport in Deutschland überhaupt,° und manchmal nehmen die Zuschauer den Sport zu ernst, besonders beim Männerfußball. Sie laufen aufs Feld° und belästigen° den Gegner.° Darum gibt es am Rande° des Feldes Polizei mit Schäferhunden,° die die Zuschauer in Schach° halten sollen.

Theo findet amerikanischen Football langsamer als deutschen Fußball, weil es dabei immer so viele Unterbrechungen gibt. Aber sein Vetter Simon meint, man findet immer das Spiel am interessantesten, das man selbst als Kind gespielt hat, weil man dieses Spiel am besten kennt. Theo zum Beispiel weiß nichts über amerikanischen Football, und wenn er während des Spieles den Ball nicht sieht, weiß er nicht, was los ist.

Viele Deutsche sind genauso begeistert vom Sport wie Theo. Es hat große Unterschiede° in der Förderung° von Sport in der alten DDR und in der alten BRD gegeben. Ein sehr gutes Beispiel ist der Sportverein in den beiden Ländern. Sportvereine gibt es schon lange in Deutschland: die meisten stammen aus der Zeit vor dem ersten Weltkrieg. Einer der ältesten Vereine ist die Hamburger Turnerschaft (1816). In der früheren BRD hat man immer noch die traditionellen Sportvereine behalten. Im Jahre 1989 waren über 24 Millionen Menschen, ein Drittel aller Bundesbürger, in Sportvereinen und haben aktiv Sport getrieben. Wie sah Sport in der alten DDR aus? Dort hat man Sportklubs und -vereine verbannt. Die Regierung hat aus politischen Gründen° Sport gefördert,° allerdings° nicht für alle Bürger, sondern nur für die Hochleistungssportler.° Man hat in der alten DDR sehr früh an der systematischen Förderung des Spitzensports° gearbeitet, weil man dadurch internationale Anerkennung° für den Staat gewinnen wollte. Und dieses Ziel° hat die frühere DDR auch erreicht.° Das hat allerdings die negative Folge gehabt, daß das Interesse an Sport für Kinder und Jugendliche dramatisch nachgelassen° hat; für Behinderte° gab es in der alten DDR so gut wie gar nichts. Eine der ersten Aufgaben° nach der Wiedervereinigung war die Gründung von Sportvereinen im Osten, damit Sport für alle Leute noch einmal möglich werden sollte. Die Hochleistungsathleten der früheren DDR haben auch eine schwere Umstellung° in dem freien System: Ab 1992 haben sie auf die Suche nach privaten Sponsoren gehen müssen.

In der alten Bundesrepublik waren nahezu ein Drittel° der Sportler in den Vereinen Frauen. Die Frauen interessieren sich immer mehr für Sportarten, die traditionell Männern vorbehalten° waren. Am klarsten ist der Fortschritt° der Frauen

of all

field / badger / opponent / edge
German shepherds (dogs) / in. . . in check

differences / promotion

reasons / promoted / although
most competitive athletes
top sports
recognition / goal
reached
reduced
handicapped (people) / assignments

adjustment

ein. . . one-third

reserved (for) / progress

beim Fußball; seit einigen Jahren schon kämpfen 2 300 Damenmannschaften um
Titel und Meisterschaften.° 2 000 bis 10 000 Zuschauer ist bei diesen Spielen zwischen Frauenmannschaften durchaus° normal.

championships
quite

Theo, Simon und Sie

1. a. Wie oft geht Theo ins Fußballstadion?
   b. Gehen Sie genauso oft wie Theo ins Fußballstadion?
2. a. Hat Theo Fußball gern?
   b. Haben Sie Fußball so gern wie Theo?
3. a. Welche Sportarten interessieren Theo? Welche interessieren ihn nicht?
   b. Welche Sportarten interessieren Sie? Welche interessieren Sie nicht?
4. a. Wie findet Theo amerikanischen Football?
   b. Wie finden Sie amerikanischen Football?
5. a. Welches Spiel findet man immer am interessantesten, Simons Meinung nach?
   b. Und Ihrer Meinung nach?
6. a. Ist die Hamburger Turnerschaft ein alter Sportverein?
   b. Gibt es Sportvereine in Amerika? Wenn ja, wie heißen sie?
7. a. Was wollte man in der alten DDR durch Sport gewinnen?
   b. Was wollen Amerikaner Ihrer Meinung nach durch Sport gewinnen?
8. a. War Sport für alle Leute in der alten DDR möglich?
   b. Können alle Leute in den USA Sport treiben?
9. a. Wie viele Sportler in den Vereinen der alten Bundesländer waren Frauen?
   b. Treiben amerikanische Frauen genauso aktiv Sport wie deutsche Frauen?
10. a. Welche Sportarten werden bei den Frauen in Deutschland immer populärer?
    b. Sind diese Sportarten auch bei den Frauen in Amerika populär?

Sammelübungen

A. Theo und Sport

Sammelübungen.
Additional exercise: Students could be asked to select newspaper article covering recent local sporting event and report on it to class in simple German. Other students could ask various types of questions based on content.

1. _____ lang geht Theo fast _____ ins Fußballstadion. (*the whole year / every weekend*)
2. Er sieht Fußball _____ , aber _____ wie Tennis und Volleyball interessieren ihn auch. (*best of all / the faster games*)
3. _____ wie Golf interessieren ihn nicht. (*the slower games*)
4. _____ sitzt Theo nie zu Hause. (*on a beautiful day*)
5. Theo findet amerikanischen Football _____ . (*slower than German soccer*)
6. Vielleicht findet man das Spiel _____ , das man _____ kennt. (*the most interesting / the best*)

B. Theo als Autonarr

Theo ist nicht nur Fußballnarr sondern auch Autonarr, und da ist er nicht allein. Jeder möchte gern glauben, daß er das _____ (*fastest*), das _____ (*most beautiful*) oder das _____ (*most expensive*) Auto hat. Auf der deutschen Autobahn, wo es keine Geschwindigkeitsbegrenzung gibt, kann man zeigen, wer am _____ (*best*) fährt. Einen Mercedes kann man nicht leicht mit einem _____ (*smaller*) Auto überholen. Das weiß der Mercedesfahrer. Also macht es Theo die _____ (*greatest*) Freude (*joy*), wenn er einem _____ (*bigger*) Auto mit seinem _____ (*small*) VW mal so richtig zeigen kann, wer am _____ (*fastest*) fährt. Simon findet das kindisch. Für ihn ist beim Fahren die Sicherheit (*safety*) am _____ (*most important*).

C. Die Familie Wendt.
Es ist zehn Uhr an einem Samstagmorgen. Was macht die Familie Wendt? Was wollen Herr Wendt und sein Vater machen? Was wollen die drei Schwestern machen? Wie beschreiben und vergleichen Sie die zwei Männer? die drei Mädchen? Jedes Mädchen trägt eine Tasche (*bag*). Wer hat die größte Tasche? die kleinste Tasche? Benutzen Sie viele Adjektive im Positiv, Komparativ und Superlativ!

Petra Wendt   Anna Wendt   Rolf Wendt   Heinz Wendt   Silke Wendt

Übung D. Such interviews could be rehearsed inside or outside class and then performed before entire class. Other students could address further questions to interviewee.

D. Interview: Was . . . du gern? lieber? am liebsten? Wann?
Fragen Sie einen Studenten / eine Studentin!

vormittags	im Herbst
nachmittags	im Frühling
abends	während der Wintermonate
montagmorgens	während des Schuljahres
an heißen Sommertagen	am Wochenende
an kalten Winterabenden	_____?

1. Was für Musik hörst du gern? lieber? am liebsten? Wann? Was hörst du gar nicht gern? Warum? (klassische Musik, Jazz, Beethoven, Opern, Willie Nelson, Ballettmusik, Rockmusik, __?__)

2. Was liest du gern? lieber? am liebsten? Wann? Was liest du gar nicht gern? Warum? (Dramen, die Abendzeitung, Zeitschriften, Gedichte [*poems*], deutsche Romane [*novels*], Agatha Christie, Liebesbriefe, Lehrbücher [*textbooks*], __?__)

3. Was siehst du gern? lieber? am liebsten? Wann? Was siehst du gar nicht gern? Warum? (Filme aus Frankreich, Sport im Fernsehen, Komödien, Western, Ballett, Filme von Doris Dörrie, __?__)

4. Was spielst du gern? lieber? am liebsten? Mit wem? Wann? Was spielst du gar nicht gern? Warum? (Tennis, Golf, Baseball, Fußball, Football, Volleyball, Basketball, Schach, Karten, __?__)

5. Was machst du gern? lieber? am liebsten? Wann? Was machst du gar nicht gern? Warum? (turnen, schwimmen, reiten, wandern, segeln, Auto fahren, Skilaufen gehen, Rollschuhlaufen gehen, Schlittschuhlaufen gehen, in der Sonne liegen, surfen, __?__)

Anwendung

Sommersport

Sportprogramm für die Sommerferien

Mit dem Surfbrett über den Guggenberger See gleiten, wie Boris oder Steffi dem gelben Filzball° nachjagen, die Donau mit dem Kanu befahren: Dies sind nur drei Beispiele aus dem Kursprogramm des Sportamtes für die kommenden Sommerferien. Damit bei den Kindern und Jugendlichen in den Sommerferien keine Langeweile° aufkommt,° bietet das Sportamt in Zusammenarbeit mit dem Regensburger Sportverein Kurse in acht Sportarten an.°

Das Sommersportprogramm bietet für Wasserratten genauso attraktive Möglichkeiten° wie für angehende Tenniscracks und Tischtennisnarren. Sommer und Wassersport gehören zusammen. Aus diesem Grund° überwiegen° die Angebote für Freunde des nassen° Elements. Die Teilnehmer° an den Kanu-, Segel- und Surfkursen müssen selbstverständlich° schwimmen können.

Für die Kinder und Jugendlichen, die durch die Tennisprofis° in Wimbledon auf den Geschmack gekommen sind,° bietet das Sportamt drei Tenniskurse an. Bei diesen Kursen ist eine rasche° Anmeldung° zu empfehlen, da diese Kurse in den vergangenen Jahren immer schnell ausgebucht° waren. Wenn der Tennisball zu groß ist, sollte man es vielleicht mit Tischtennis versuchen. Anfänger und Fort-

felt ball

boredom / springs up
bietet . . . an offers

possibilities
reason / predominate
wet / participants
of course
professional tennis players
auf. . . have acquired a taste
immediate / registration
booked up

geschrittene° können an dem Tischtenniskurs teilnehmen.° Für intensives Training steht ein Tischtennis-Roboter zur Verfügung.°

Die Nachfrage nach° dem Kegelkurs war bei seiner Premiere im letzten Jahr sehr erfreulich.° Aus diesem Grund haben sich der Sport-Club-Regensburg und das Sportamt entschlossen,° auch diesen Sommer einen Kegelkurs zu bieten. Die Kurse im Rollschuhlaufen erfreuen sich° seit Jahren großer Beliebtheit.

Zuletzt noch die schlechte Nachricht für die Freunde des Reitens. Der Reitkurs, der seit Jahren zu den Attraktionen des Sommersportprogramms gehört, ist schon ausgebucht.

advanced (players) / participate
zur. . . (is) available
Nachfrage. . . demand for
gratifying
sich . . . entschlossen decided
erfreuen. . . enjoy

A. Das Sommersportprogramm. Beantworten Sie mit Hilfe des Textes die folgenden Fragen!

1. Wie heißt der See in der Nähe von Regensburg, über den man mit dem Surfbrett gleiten kann?
2. Wer sind „Boris" und „Steffi", und was ist „der gelbe Filzball"?
3. Wie heißt der Fluß in der Nähe von Regensburg, den man mit dem Kanu befahren kann?
4. Wie viele Sportarten stehen auf dem Sommerprogramm in Regensburg?
5. Für wen bietet das Sommersportprogramm attraktive Möglichkeiten?
6. Welche Sportarten gehören zusammen?
7. Was müssen die Teilnehmer am Wassersport können?
8. Warum empfiehlt man bei den Tenniskursen eine rasche Anmeldung?
9. Was steht den Tischtennisspielern zur Verfügung? Wofür?
10. Welcher Kurs gehört seit Jahren zu den Attraktionen des Sommersportprogramms?
11. Was ist die schlechte Nachricht für die Freunde des Reitens?
12. Nennen Sie die Sportarten, die zum Sommersportprogramm gehören!

B. Welche Sportart können Sie besonders gut?
Nehmen wir an (*let's assume*), daß Sie einen Kurs in
dieser Sportart anbieten wollen! Für wen ist dieser
Kurs? für Kinder oder Jugendliche? (in welchem
Alter?) für Erwachsene (*adults*)? für Senioren
(*senior citizens*)? für Anfänger? für Fortgeschrittene?
Wann bieten Sie den Kurs an? Wo? Wieviel kostet
er? Wen kann man anrufen, wenn man Fragen hat?
An wen kann man schreiben? Was sind die Telefon-
nummer und Adresse?

Autos

Die Deutschen und ihre Autos

Der stolze° deutsche Autobesitzer,° der emsig° und gründlich° seinen Wagen wäscht, putzt und poliert,° ist täglich in der Bundesrepublik zu sehen.°
Im Unterschied zu Amerika, wo seit Henry Ford das Auto das wichtigste
und oft sogar einzige Verkehrsmittel° geworden ist, steht dem durchschnittlichen
Deutschen ein ausgedehntes° öffentliches Transportnetz zur Verfügung.° Eisenbahn,° Bus und Straßenbahn bringen ihn überall hin. Ein eigener Wagen ist für ihn
selten eine Lebensnotwendigkeit.° Wenn er sich trotzdem ein Auto leistet,° dann
pflegt° er es liebevoll, weil es etwas Besonderes° ist und weil er es seinen Freunden
stolz vorführen° will.

proud / car owner / eagerly /
   thoroughly
polishes / zu. . . to be seen

mode of transportation

extensive / steht . . . zur
   Verfügung *is available*
railway
vital necessity / sich . . . leistet
   treats himself to
takes care of / special

show off

Die Bundesrepublik ist heute eines der am meisten motorisierten Länder, und ihre Autoindustrie ist durch Modelle wie Mercedes, BMW, Audi und Porsche auf der ganzen Welt berühmt. Die größte Autofabrik in der Bundesrepublik ist das Volkswagenwerk in Wolfsburg bei Hannover, mit vielen Filialen° in mehreren Ländern. Das zweitgrößte westdeutsche Automobilunternehmen sind die Fabriken von Daimler-Benz, die den teuren Prestigewagen Mercedes herstellen.°

Leider hat die Liebe für den eigenen Wagen in Deutschland auch zu negativen Resultaten geführt. Deutsche Autofahrer gelten als° rücksichtslos,° und auch deutsche Zeitungen sind voll von Klagen° darüber. Warum ist es so? Der Hauptgrund° ist wohl die Tatsache,° daß für viele das Auto zum wichtigsten und sichtbarsten° Statussymbol geworden ist. „Was nützt mir ein Mercedes, wenn ich nicht damit auf der Autobahn jeden Golf überhole? Ich will zeigen, was mein Wagen leisten° kann."

branches

produce

*gelten. . . are considered /
    reckless
complaints
main reason / fact
most visible*

tun

A. Und die amerikanischen Autobesitzer? Schreiben Sie einen kurzen Aufsatz (*composition*), in dem Sie einen typischen amerikanischen Autobesitzer beschreiben! (Ist diese Person ein Mann oder eine Frau? Wie alt ist diese Person? Wie sieht er/sie aus? Wo wohnt er/sie? Was für ein Auto fährt er/sie? Wie oft kauft er/sie ein neues Modell? Ist er/sie besonders stolz auf dieses Auto? Wie pflegt er/sie es? Ist das Auto für ihn/sie eine Lebensnotwendigkeit oder nur ein Statussymbol? Warum?)

Übung B. Indispensable realia here are German newspapers and magazines. Try to bring as many different types as you can from local sources.

B. „Zeige mir dein Auto, und ich sage dir, wer du bist!" Suchen Sie ein Bild oder ein Foto von irgendeinem (*any kind of*) Auto! Beschreiben Sie dann den Besitzer (*owner*) dieses Autos! Benutzen Sie Ihre eigenen Ideen und Ihre Phantasie!

An der Uni

Vorschau

Welche Vorlesung besuchen wohl diese Studenten und Studentinnen an der Universität Basel in der Schweiz? Eine Vorlesung in Philosophie? Physik? Medizin? Mathematik? Theologie? Finden sie die Vorlesung interessant oder uninteressant? Sieht der Hörsaal wie einer an Ihrer Universität aus? Was ist ähnlich (*similar*)? Was ist anders?

Wortgebrauch

der Kopf, ⸚e
die Haare
das Auge, -n
die Nase, -n
das Ohr, -en
der Zahn, ⸚e
der Mund, ⸚er
das Gesicht, -er

der Arm, -e
die Hand, ⸚e
der Finger, -
das Bein, -e
der Fuß, ⸚e

Übung A. Expand discussion with following verbs: *Fußball* (*Karten, Schach, Tennis, ___?___*) *spielen, Gitarre* (*Klavier, Flöte, Trompete, ___?___*) *spielen, lachen, lächeln, lernen, lesen, Probleme lösen, schwimmen, singen, springen, tanzen, trinken, ___?___*. Point to parts of body to demonstrate meaning and write following nouns on board, if students want to be more specific: *der Daumen, -; der Ellbogen, -; das Gehirn; der Hals, ⸚e; die Kehle, -n; das Knie, -; die Lippe, -n; der Rücken, -; die Schulter, -n; die Stimme, -n; der Zeh, -en* or *die Zehe, -n; die Zunge, -n; ___?___*. Ask: *Womit* (*spielt*) *man Fußball?*

Übung B. Variation: Bring in color photos of popular figures in current events and ask students to describe them.

Übung D. Variation: Students could each be asked to bring in photo of family member or friend. Other students could guess *Wer ist diese Person?* and then go on to describe her/him.

382

A. Anatomie. Beschreiben Sie den menschlichen Körper! Benutzen Sie die Substantive (*nouns*) auf dem Bild und die folgenden Verben! Fangen Sie so an: Der menschliche Körper hat einen Kopf, . . . Man denkt mit . . .

denken	hören	sehen
essen	riechen (*to smell*)	sprechen
haben	schreiben	___?___

B. Beschreiben Sie den Professor und die Professorin im Bild! *Use nouns for various parts of the face and body along with adjectives such as* groß, klein, kurz, lang, dunkel, jung. Was tragen sie? Wie sehen sie aus? (ernst? nett? müde? froh? gesund? krank? ___?___) Wer ist älter? jünger? größer? kleiner? ___?___

C. Selbstporträt. Beschreiben Sie sich selbst (*yourself*)!

D. Und Ihr Nachbar / Ihre Nachbarin? Beschreiben Sie ihn/sie! Welche Farbe haben die Haare? die Augen? Was trägt er/sie heute? Wie sieht er/sie heute aus?

E. Ihre Gesundheit (*health*). Fragen Sie andere Studenten und Studentinnen!

BEISPIEL: S1: Was machst du, wenn dir der Kopf weh tut?
S2: Ich nehme Aspirin.

Was machst du,

wenn dir der Kopf weh tut?
der Zahn
_____?

wenn dir die Augen weh tun?
die Ohren
_____?

wenn du die Grippe (*flu*) hast?
eine Erkältung
Fieber
_____?

zum Zahnarzt / zur Zahnärztin gehen
den Arzt / die Ärztin anrufen
Asprin nehmen
ins Bett gehen
heißen, starken Kaffee trinken
Hühnersuppe (*chicken soup*) kochen
nichts tun
_____?

F. Studienfächer

Biologie
Botanik
Chemie
Geologie
Ingenieurwissenschaft[†]
Mathematik
Medizin
Physik
Zoologie

Anthropologie
Geschichte
Jura (*law*)
Psychologie
Soziologie
Wirtschaftswissenschaft
(*economics*)

Anglistik[*]
Architektur
Germanistik
Kunst (*art*)
Kunstgeschichte
Linguistik
Musik
Pädagogik
(*education*)
Philosophie
Romanistik
Theologie

1. Welche Kurse belegen Sie?
2. Was ist Ihr Lieblingsfach?
3. Was ist Ihr Hauptfach?

G. An der Uni. Wo studieren Sie?

1. Wie hoch sind die Studiengebühren pro Jahr?
2. Wer trägt die Kosten Ihres Studiums?
3. Haben Sie einen Job neben Ihrem Studium?
4. Haben Sie ein Stipendium?

---

[*] **Anglistik**, **Germanistik**, and **Romanistik** are the studies of English, German, and Romance language and literature, respectively.
[†] The word **Wissenschaft** means *science* or *academic study* and is often compounded with the names of subjects; for example, **Rechtswissenschaft** is often used instead of **Jura**, **Sozialwissenschaft** instead of **Soziologie**, **Sprachwissenschaft** instead of **Linguistik**.

KULTURECKE

Universität. The German university is an exclusively academic institution: It has few dormitories and rarely has a campus, sports teams, or school-sponsored social events. Originally there were only four fields of study (**Fakultäten**) at a German university (theology, law, medicine, and the humanities), but that has long since changed. Most American students find it surprising that, in the arts, German universities have few graduation requirements, few tests, and almost no assignments aside from an occasional seminar paper—and that attendance is often not mandatory. The major hurdle for those who plan to teach at a **Gymnasium** or **Realschule** or to become physicians, dentists, lawyers, or architects, for example, is the comprehensive **Staatsexamen** or **Diplomprüfung** given at the end of four or five years of study. How an individual prepares for this exam is up to his/her own discretion, as academic counselors are a rarity. Other students go on to study for a degree of **Dr. phil.**, equivalent to the Ph.D.

Übung H. Encourage students to take questions seriously rather than produce negative clichés.

H. Diskussionsthema: Ihre Meinung über das amerikanische Universitätssystem

1. Wie ist das Arbeitstempo? zu schnell? angenehm (*pleasant*)? zu langsam?
2. Gibt es zu viele Prüfungen (*tests*)?
3. Soll man Noten (*grades*) bekommen? Warum (nicht)?
4. Muß man immer pauken (*cram*)?
5. Sind zu viele Studenten in den Vorlesungen (*lectures*)?
6. Sind die Professoren und Professorinnen freundlich?
7. Sind die Kosten für den durchschnittlichen (*average*) Studenten zu hoch?
8. Sind Sie mit Ihren Professoren zufrieden? mit Ihren Kursen? mit den anderen Studenten? mit dem Prüfungssystem? mit Ihren Noten?

Wortschatz

Adjectives and Adverbs

(un)angenehm	(un)pleasant(ly)
durchschnittlich	average
intensiv	intensive; intensely
selbständig	on one's own, independent(ly)
ständig	constant(ly)

Nouns

AUSBILDUNG	EDUCATION
die Arbeit, -en	work
die Bibliothek, -en	library
die Bude, -n	room; "digs"
das Fach, ¨er	subject
der Grund, ¨e	reason

das Hauptfach, ¨-er	(academic) major
die Kosten (*pl.*)	expenses
der Kurs, -e	course
die Mensa, *pl.* Mensen	student cafeteria
die Note, -n	grade
die Prüfung, -en	test, exam
der Spielplan, ¨-e	film (or theater) schedule
das Stipendium, *pl.* Stipendien	scholarship
der Stoff, -e	material, subject matter; cloth, fabric
die Studiengebühren (*pl.*)	tuition
die Vorlesung, -en	lecture

KÖRPERTEILE	PARTS OF THE BODY
der Arm, -e	arm
das Auge, -n	eye
das Bein, -e	leg
der Finger, -	finger
der Fuß, ¨-e	foot
das Gesicht, -er	face
das Haar, -e	hair
die Hand, ¨-e	hand
der Körper, -	body
der Mund, ¨-er	mouth
das Ohr, -en	ear

Reflexive Verbs

sich amüsieren, hat sich amüsiert	to enjoy oneself, have a good time
sich an·ziehen, zog sich an, hat sich angezogen	to get dressed
sich ärgern (über + *acc.*), hat sich geärgert	to be upset (about)
sich beeilen, hat sich beeilt	to hurry
sich beklagen (über + *acc.*), hat sich beklagt	to complain (about)
sich beschäftigen (mit), hat sich beschäftigt	to be concerned (with), occupy oneself (with)
sich blamieren, hat sich blamiert	to disgrace oneself, lose face
sich duschen, hat sich geduscht	to shower
sich entspannen, hat sich entspannt	to relax; to recuperate
sich erinnern (an + *acc.*), hat sich erinnert	to remember

sich erkälten, hat sich erkältet	to catch a cold
sich freuen (auf + *acc.*), hat sich gefreut	to look forward to
sich fühlen, hat sich gefühlt	to feel (some way)
sich fürchten (vor + *dat.*), hat sich gefürchtet	to be afraid (of)
sich gewöhnen (an + *acc.*), hat sich gewöhnt	to get used to, accustomed to
sich interessieren (für), hat sich interessiert	to be interested (in)
sich kämmen, hat sich gekämmt	to comb one's hair
sich (*dat.*) leisten, hat sich geleistet	to afford
(sich) rasieren, hat sich rasiert	to shave (oneself)
sich schleppen, hat sich geschleppt	to drag oneself
sich setzen, hat sich gesetzt	to sit down
sich treffen (mit) (trifft sich), traf sich, hat sich getroffen	to meet (with)
sich unterhalten (mit; über + *acc.*) (unterhält sich), unterhielt sich, hat sich unterhalten	to converse (with; about)
sich verstehen (mit), verstand sich, hat sich verstanden	to get along (with)
sich vor·bereiten (auf + *acc.*), hat sich vorbereitet	to prepare oneself (for)
sich wundern (über + *acc.*), hat sich gewundert	to be surprised (at)

Other Verbs

fehlen (+ *dat.*), **hat gefehlt**	to be missing, absent
es fehlt mir	I miss, lack
klagen (über + *acc.*), **hat geklagt**	to complain (about)
pauken, hat gepaukt	to cram (for an exam)
wiederholen, hat wiederholt	to review; to repeat

Useful Phrases

einen Kurs belegen	to take a course
mir tut (der Kopf) weh	(my head) hurts

Grammatik

Bloomington, Indiana, USA. Renate, eine deutsche Studentin, geht fast jeden Tag in die Mensa. Dort trifft sie sich um vier Uhr nachmittags mit ihren deutschen Bekannten, und sie trinken einen Kaffee.

(Renate sitzt an einem Tisch; Ingrid kommt.)

RENATE: Setz dich! Was gibt's? Fühlst du dich nicht gut?

INGRID: Doch. Ich ärgere mich nur über meine Kurse. Hier muß man immer pauken.

RENATE: Ja, ich weiß. Ich kann mich auch nicht recht daran gewöhnen.

INGRID: Ich habe nicht viel Zeit. Ich muß mich beeilen. Morgen gibt's wieder eine Prüfung.

A. Renate und Ingrid

1. Mit wem trifft sich Renate jeden Tag?   2. Wo sitzt Renate?   3. Wer soll sich setzen?   4. Worüber ärgert sich Ingrid? Warum?   5. Woran kann Renate sich nicht gewöhnen?   6. Warum muß Ingrid sich beeilen?

B. Fragen Sie Ihren Nachbarn / Ihre Nachbarin:

1. Ärgerst du dich über Prüfungen? Wann hast du wieder eine Prüfung?
2. Mußt du immer pauken?

Accusative Reflexive Pronouns

You are familiar with several kinds of pronouns—words that stand for or take the place of nouns or noun equivalents—and now you will learn to use *reflexive* pronouns. A reflexive pronoun relates back to the subject of a sentence; the subject and the reflexive pronoun indicate the same person or thing. This section

Accusative Reflexive Pronouns.
Students might think of reflex action, something that "bends back" to its source, as reflexive pronoun bends back to subject.

Comparable English statements: I could kick myself. I have to remind myself.

discusses accusative reflexive pronouns. Dative reflexive pronouns will be introduced in the next section.

If helpful, expand translation of dative example to "I'm washing my hands (with my interest in mind)."

ACCUSATIVE	Ich wasche **mich**.	*I'm washing myself.*
DATIVE	Ich wasche **mir** die Hände.	*I'm washing my hands.* (lit. *I'm washing for myself the hands.*)

When the subject of a sentence acts directly on itself, the direct object takes the form of an accusative reflexive pronoun.

		DIRECT OBJECT	
SUBJECT	VERB	REFLEXIVE PRONOUN	
Ich	wasche	mich.	*I'm washing myself.*

In English, the reflexive pronoun is formed by adding the suffix *-self* or *-selves* to a personal pronoun: *himself, themselves.* In German, the accusative forms of the reflexive pronouns are the same as those of the personal pronouns, except in the third-person singular and plural and the second-person formal. There is a single form for these three exceptions: **sich.** Unlike **Sie, Ihnen,** and **Ihr,** the reflexive pronoun **sich** is not capitalized when it refers to the second-person formal.

mich	uns
dich	euch
sich	**sich**
sich	

Sie hat **sich** an das Tempo gewöhnt.	*She has accustomed herself to the pace.*

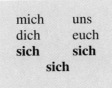

Neben der Universitätsbibliothek gibt es an der Uni für jedes Studienfach eine Fachbibliothek.

The plural reflexive pronouns are often used to indicate reciprocal action; in this sense, they mean *each other* or *one another*.

Wir treffen **uns** um vier Uhr.	*We'll meet (each other or one another) at four o'clock.*

Word Order

Word Order. Since sentences contain new structural element, it is worth taking time to model them and elicit repetition as soon as topic is introduced.

The reflexive pronoun usually follows the verb or the subject, depending on the sentence type.

After the verb:

SUBJECT-VERB STATEMENT	Die Studenten unterhalten **sich**.

After the subject:

IMPERATIVE STATEMENT	Setzen Sie **sich**!
YES/NO QUESTION	Müssen Sie **sich** immer beeilen?
INTERROGATIVE WORD QUESTION	Worüber ärgerst du **dich**?
ELEMENT-VERB-SUBJECT STATEMENT	Morgens wäscht er **sich**.
SUBORDINATE CLAUSE	Ich möchte wissen, ob ihr **euch** an den Namen des Professors erinnert.
RELATIVE CLAUSE	Wo ist der Student, der **sich** nicht gut fühlt?

After the verb or subject:

In a question, the reflexive pronoun often comes directly after the verb if the subject is a proper or common noun.

Interessieren **sich** die Studenten für Politik?
or: Interessieren die Studenten **sich** für Politik?

Worauf freut **sich** Renate?
or: Worauf freut Renate **sich**?

Reflexive Verbs

Reflexive Verbs. It is important that students realize which verbs are reflexive only, which are nonreflexive only, and which may be used either way. As students encounter new verbs, they can categorize them accordingly.

A German verb that is used reflexively—that is, in such a way that the action of the verb refers back to the subject—requires a reflexive pronoun. Very often the English equivalent of such a verb is not reflexive.

Ich **wasche mich** jeden Morgen.	*I wash every morning.*

Many German verbs may be used reflexively or nonreflexively, as the context requires. Some have little or no change in meaning when they are used reflexively, whereas others undergo a definite shift in meaning.

NONREFLEXIVE	REFLEXIVE	
ärgern	**sich ärgern (über** + *acc.*)	
Es **ärgert** den Studenten, daß er nicht mehr Geld hat.	Die Studentin **ärgert sich** über ihre Kurse.	
It annoys the student that he doesn't have more money.	*The student is upset about her courses.*	
erinnern (an + *acc.*)	**sich erinnern (an** + *acc.*)	
Der Professor **erinnert** uns an die Prüfung.	**Erinnerst** du **dich** an den Film?	
The professor reminds us about the test.	*Do you remember the movie?*	
freuen (*impersonal*)	**sich freuen (auf** + *acc.*)	***sich freuen.*** Expression *sich freuen über* (to be happy about) is also useful: *Er freut sich sehr über seinen neuen Job.*
Das **freut** mich aber sehr.	Wir **freuen uns** auf die Party.	
That really makes me happy.	*We're looking forward to the party.*	
fühlen	**sich fühlen**	
Der Mann **fühlt** den schweren Stoff.	Der Mann **fühlt sich** nicht gut.	
The man feels the heavy cloth.	*The man doesn't feel well.*	
gewöhnen (an + *acc.*)	**sich gewöhnen (an** + *acc.*)	
Ich **gewöhne** den Hund an die Leine.	Ich **gewöhne mich** an die Uni.	
I'm getting the dog used to the leash.	*I'm getting used to the university.*	
interessieren	**sich interessieren (für)**	
Das Buch **interessiert** mich gar nicht.	**Interessieren** Sie **sich** für Politik?	
The book doesn't interest me at all.	*Are you interested in politics?*	
treffen	**sich treffen**	
Wir **treffen** den Mann um sieben.	Wir **treffen uns** um sieben.	
We'll meet the man at seven.	*We'll meet (each other; one another) at seven.*	
verstehen	**sich verstehen (mit)**	
Ich **verstehe** den Lehrer.	Ich **verstehe mich** mit dem Lehrer.	
I understand the instructor.	*I get along with the instructor.*	
waschen	**sich waschen**	
Ich **wasche** meinen Wagen.	Ich **wasche mich**.	
I'm washing my car.	*I'm washing myself.*	
wundern (*impersonal*)	**sich wundern (über** + *acc.*)	***sich wundern.*** Listen for misuse of *sich wundern* (to be surprised). Students sometimes confuse this verb with *sich fragen* (to wonder).
Es **wundert** mich, daß du hier bist.	Ich **wundere mich** über gar nichts mehr.	
It surprises me that you're here.	*I'm not surprised at anything anymore. (Now I've heard everything.)*	

Certain verbs are used only reflexively.

sich beeilen
Du **mußt dich** aber **beeilen**.
You'd better hurry (up).

sich erkälten
Du **hast dich** gestern **erkältet**.
You caught a cold yesterday.

Note that, like other verbal expressions, reflexive verbs are used in idiomatic expressions with certain prepositions. The appropriate preposition may differ from the English counterpart and should be learned with the correct case, along with the reflexive verb.

sich interessieren **für** *to be interested in*
sich gewöhnen **an** (+ *acc.*) *to get used to*

Übungen

Übung A. Variation: Put cues on individual cards and then apply them at random to sentences. Perhaps student who correctly gives new sentence could select next cue and sentence.

A. Wie steht's mit Hans? Wie steht's mit den anderen Leuten?

1. Hans trifft sich mit seinen Freunden. (ich, wir)
2. Hans interessiert sich für Politik. (ihr, die Studentinnen)
3. Hans ärgert sich über seine Kurse. (ich, Ingrid und Paula)
4. Hans fühlt sich nicht gut. (du, Karin)
5. Hans kann sich an das System nicht gewöhnen. (wir, die deutschen Studenten)
6. Hans wundert sich, daß er so viel Arbeit hat. (wir, ich)
7. Hans fürchtet sich vor der nächsten Prüfung. (Anna, wir)
8. Hans unterhält sich mit den anderen Studenten. (ihr, ich)

B. Dialoge

BEISPIEL: HANS: Worüber ärgerst du dich?
PETRA: Ich ärgere mich über meine Kurse.

ANNA: Tag, Paul und Karin! Freut ihr _____ auf den Filmabend?
PAUL: Ja, und wir freuen _____ auch auf den Tanzabend.

HERBERT: Warum mußt du _____ immer beeilen?
MONIKA: Weil ich immer so viel Arbeit habe. Ich muß _____ auch immer auf Prüfungen vorbereiten.

JOCHEN: Die Studenten, die im Studentenheim wohnen, verstehen _____ gut.
JOSEF: Ja, und sie amüsieren _____ auch oft auf Partys.

Übung C. Additional item: *7. Deutsche Studenten müssen oft für ihre Seminare viel Arbeit leisten. / Deutsche Studenten können sich nur selten ein eigenes Auto leisten.*

C. Was ist los? Jedes Satzpaar auf englisch, bitte!

1. Dieser Student interessiert mich. / Dieser Student interessiert sich für Politik.
2. Wir verstehen deutsche Studenten, wenn sie Deutsch sprechen. / Wir verstehen uns gut mit deutschen Studenten.

3. Der Professor erinnert den Studenten an das Stück, das Freitagabend spielt. / Der Professor erinnert sich an ein Stück, das er einmal gesehen hat.
4. Es ärgert die Studentinnen, daß sie so schwer arbeiten müssen. / Die Studentinnen ärgern sich über das schnelle Tempo.
5. Margit wäscht ihr neues Auto. / Margit wäscht sich, wenn sie morgens aufsteht.
6. Es wundert mich, daß diese Studenten so schwer arbeiten müssen. / Ich wundere mich über die Arbeiten, die diese Studenten schreiben müssen.

Übung D. Supplementary exercise: *Sagen Sie etwas Ihrem Hauswirt, Herrn Schneider! Beispiel: sich setzen → Setzen Sie sich, Herr Schneider!* 1. *sich nicht erkälten* 2. *sich nicht über meine Freunde ärgern* 3. *sich mit mir im Restaurant treffen* 4. *sich an mein Deutsch gewöhnen* 5. *sich nicht über meine Kleider wundern* 6. *sich nächstes Jahr an mich erinnern*

D. Das Studentenleben. Gestern war ein typischer Tag für Peter. Beschreiben Sie den Tag! *The vocabulary will guide you, but fill in details and include your own ideas.*

Um sieben Uhr ist Peter aufgestanden.
Dann hat er . . .

1. sich duschen

2. sich rasieren

3. sich anziehen

4. sich kämmen

5. frühstücken

6. sich beeilen

7. sich treffen

8. sich beschäftigen

9. sich entspannen

10. sich schleppen

E. Interview. Stellen Sie Ihrem Nachbarn / Ihrer Nachbarin jede Frage, aber benutzen Sie die du-Form! Machen Sie Notizen!

1. Mit wem unterhalten Sie sich gern?
2. Mit wem verstehen Sie sich besonders gut?
3. Erkälten Sie sich oft? Warum (nicht)?
4. Müssen Sie sich immer beeilen? Warum (nicht)?
5. Worüber ärgern Sie sich besonders? (über Ihre Kurse? über die Professoren? über die Kosten? über __?__)
6. Worauf freuen Sie sich? auf eine Party? (auf einen Film? auf eine Reise? auf __?__)
7. Wofür interessieren Sie sich? (für Politik? für Filme? für Musik? für __?__)

F. Ein Bericht. Beschreiben Sie die Persönlichkeit Ihres Nachbarn / lhrer Nachbarin! Benutzen Sie Ihre Notizen aus Übung E! *Use transitional words and phrases and rearrange the information as necessary to achieve a sense of flow and cohesiveness.*

BEISPIEL: Sam interessiert sich besonders für alte Filme. Oft unterhält er sich mit Claudia, weil sie auch Filmnärrin ist. Sie verstehen sich besonders gut und gehen oft zusammen ins Kino. Manchmal . . .

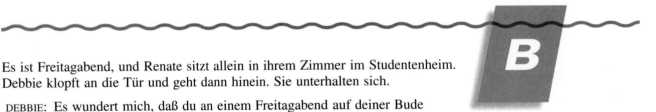

Es ist Freitagabend, und Renate sitzt allein in ihrem Zimmer im Studentenheim. Debbie klopft an die Tür und geht dann hinein. Sie unterhalten sich.

DEBBIE: Es wundert mich, daß du an einem Freitagabend auf deiner Bude hockst.* Hast du denn nichts vor?

RENATE: Ist heute abend was los?

DEBBIE: Es gibt freitags und samstags immer etwas an der Uni. Du interessierst dich doch für Filme. Warum holst du dir nicht mal einen Spielplan?

RENATE: Filmabende kann ich mir im Moment nicht leisten. Ich habe zuwenig Geld und zuviel Arbeit.

DEBBIE: Diese Filme sind gratis, und wenn du dich richtig entspannst, geht die Arbeit viel besser.

A. Renate und Debbie

1. Wer unterhält sich mit wem?   2. Wo bleibt Renate am Freitagabend?
3. Wie fragt Debbie, ob Renate etwas geplant hat?   4. Weiß Renate, ob heute abend etwas los ist?   5. Wofür interessiert sich Renate?   6. Was soll sie sich holen?   7. Was kann sie sich nicht leisten? Warum?   8. Warum soll man sich Zeit für Filme und Partys nehmen?

---

*The verb **hocken** is used colloquially to mean *to sit around.*

B. Fragen Sie Ihren Nachbarn / Ihre Nachbarin:

1. Nimmst du dir auch Zeit für Filme? 2. Wie entspannst du dich?

Dative Reflexive Pronouns

You have seen a number of instances where a reflexive verb occurs with an accusative reflexive pronoun. When the reflexive verb has a direct object (accusative case), however, a dative reflexive pronoun is used.

ACCUSATIVE REFLEXIVE PRONOUN

Ich wasche **mich**. *I'm washing (myself).*

DATIVE REFLEXIVE PRONOUN

Ich wasche **mir** die Haare. *I'm washing my hair.*

The dative reflexive pronoun is frequently used when a specific part of the body is the direct object in a sentence.

Ich kämme **mir** die Haare.	*I'm combing my hair.*
Du wäschst **dir** das Gesicht.	*You're washing your face.*
Wir putzen **uns** die Zähne.	*We're brushing our teeth.*

The forms of the dative reflexive pronouns are the same as the dative forms of the personal pronouns, except in the third-person (singular and plural) and in the second-person formal. The dative form for these exceptions is the same as that of the accusative reflexive **sich**. The following chart summarizes the accusative and dative reflexive pronouns in relation to the personal pronouns.

Dative Reflexive Pronouns. Emphasize that it's a no-no in German to use *mein(e)* or other possessive adjective when referring to parts of body. Only definite article is used; possession shows up in dative reflexive (dative of possession).

Review with students the order of accusative object pronouns preceding dative object or dative reflexive pronouns: *Ich kaufe es mir. Ich kann es mir leisten.*

PRONOUNS					
PERSONAL NOMINATIVE		**REFLEXIVE ACCUSATIVE**		**REFLEXIVE DATIVE**	
ich	wir	mich	uns	mir	uns
du	ihr	dich	euch	dir	euch
er					
sie }	sie	**sich**	**sich**	**sich**	**sich**
es					
Sie		**sich**		**sich**	

Können sie **sich** einen Wagen leisten?	*Can they afford a car (for themselves)?*

Compare the forms of the indirect object in the following sentences, in which a verb is used nonreflexively and then reflexively.

NONREFLEXIVE

Du hast **ihm** einen Kaffee geholt.   *You got him a cup of coffee.*

REFLEXIVE

Du hast **dir** einen Kaffee geholt.   *You got yourself a cup of coffee.*
Er hat **sich** einen Kaffee geholt.   *He got himself a cup of coffee.*

Übungen

A. Ich . . . Und du? Und ihr?

Übung A, 3. If students have trouble with use of dative *mir* in these sentences, point out that sometimes dependent clause functions as direct object. You could illustrate point on board.

BEISPIEL: Ich kaufe mir ein neues Buch. →
Kaufst du dir ein neues Buch?
Kauft ihr euch ein neues Buch?

1. Ich hole mir ein Buch aus der Bibliothek.
2. Ich kann mir keine neuen Bücher leisten.
3. Ich denke mir, daß Bücher sehr teuer sind.
4. Ich wasche mir die Hände, nachdem ich gearbeitet habe.
5. Ich putze mir die Zähne nach dem Essen.

B. Was muß oder kann jede Person tun?

Übung B. There's room for humor here. If you have *künstliche Zähne*, then reflexives *sich holen* and *sich waschen* (*sich putzen*) might be quite appropriate. Other ridiculous combinations are likewise possible.

sich putzen   sich waschen
sich leisten   sich holen

1. Ich muß _____ jeden Tag die Zähne _____ .
2. Du mußt _____ jetzt das Gesicht _____ .
3. Wir müssen _____ vor dem Essen die Hände _____ .
4. Sie muß _____ jetzt einen Kaffee _____ .
5. Jeder Student kann _____ dieses Buch _____ .
6. Die Studentinnen können _____ die Studiengebühren einfach nicht _____ .

C. Was sagen die Eltern? Sie sind ein Vater / eine Mutter. Sagen Sie Ihrem Kind, was es tun soll!

BEISPIEL: sich das Gesicht waschen → Wasch dir das Gesicht!

1. sich die Schuhe putzen
2. sich die Haare kämmen
3. sich ein belegtes Brot machen
4. sich ein Glas Apfelsaft holen
5. sich einen neuen Bleistift kaufen

D. Haben Sie manchmal Geldsorgen (*money problems*)?

1. Was möchten Sie sich kaufen? Können Sie sich so etwas leisten?
2. Ärgern Sie sich, wenn Sie etwas kaufen möchten, aber zuwenig Geld dafür haben? Wie lösen Sie das Problem?

Übung E. For review and variety, add *sich beeilen, sich freuen auf.*

E. Morgens. Was machen Sie morgens, nachdem Sie aufgestanden sind und bevor Sie das Haus verlassen? Erklären Sie alles in einem kurzen Absatz (*paragraph*)!

anrufen	frühstücken	sich rasieren
sich anziehen	sich (etwas) holen	sich waschen
das Bett machen	sich kämmen	Zeitung lesen
sich duschen	sich . . . putzen	___?___
fernsehen	Radio hören	

Bill spricht mit Renate über das deutsche Universitätssystem, denn er möchte im nächsten Semester an einer deutschen Universität studieren.

RENATE: Deutsche Studenten müssen auch viel arbeiten, aber nicht Tag für Tag so regelmäßig wie amerikanische Studenten. Man trifft sich für viele Seminare nur einmal in der Woche, und man muß sich nicht ständig auf Prüfungen vorbereiten.

BILL: Ich will nicht unbedingt immer so viele Prüfungen schreiben. Sie helfen mir aber, den Stoff zu wiederholen. Um den Stoff zu lernen, muß ich pauken.

RENATE: Bei uns läßt man Studenten viel mehr selbständig arbeiten. Mir ist das langsamere Tempo in Deutschland angenehmer. Du wirst mich nie darüber klagen hören.

Dialogue. Vocabulary: *Tag für Tag = tagaus, tagein*; *ständig = die ganze Zeit*; *klagen = sich beschweren*

Neue Universitätsgebäude haben oft Wandgemälde (*murals*), die die Betonflächen (*concrete walls*) auflockern (*lighten up*).

A. Das deutsche Universitätssystem

1. Warum sprechen Bill und Renate über das deutsche Universitätssystem?
2. Arbeiten deutsche Studenten so viel wie amerikanische Studenten?
3. Wie oft trifft man sich für ein Seminar an einer deutschen Universität?
4. Muß man sich an einer deutschen Universität oft auf Prüfungen vorbereiten?   5. Was findet Bill gut an den vielen Prüfungen?   6. Warum muß Bill pauken?   7. Wie läßt man deutsche Studenten arbeiten?   8. Was ist Renate lieber?   9. Was wird man Renate nie tun hören?

B. Fragen Sie Ihren Nachbarn / Ihre Nachbarin:

1. Lassen deine Freunde dich in Ruhe arbeiten?   2. Worüber wird man dich nie klagen hören?

Infinitives With and Without *zu*

Infinitive Phrases

In English, the infinitive usually includes the word *to*: *to speak, to study, to go*. In German, the infinitive is a single word, usually the verb stem plus the ending **(e)n: sprechen, studieren, tanzen**. As in English, however, German sentences may include an infinitive phrase—that is, the preposition **zu** plus an infinitive: **zu sprechen, zu studieren, zu tanzen**. This construction may complement any number of verbal expressions.

Selten haben wir Zeit.	*We rarely have time.*
Selten haben wir Zeit **zu sprechen**.	*We rarely have time to talk.*
Es macht Spaß.	*It's fun.*
Es macht Spaß **zu tanzen**.	*It's fun to dance.*

An infinitive phrase often includes other sentence units, such as a direct object or a prepositional phrase. When other sentence units are present, the infinitive phrase is separated from the introductory clause by a comma.

INTRODUCTORY CLAUSE	INFINITIVE PHRASE
Selten haben wir Zeit,	über unsere Pläne **zu sprechen**.
Es macht Spaß,	auf Parties **zu tanzen**.

Separable Prefix Verbs

An infinitive phrase with a separable prefix verb appears as one word, with **zu** between the prefix and the verb.

Wir brauchen Zeit, unsere Mitstudenten besser **kennenzulernen**.
Finden Sie es schwer **anzufangen**?

Notice the position of the prefix in the following examples with a separable prefix verb plus an infinitive.

> Was **fingen** die Studenten *an* **zu tun**?
> Sie **fingen** *an*, Interviews mit den Politikern **zu halten**.

um . . . zu Plus Infinitive

The addition of the word **um** before a present infinitive phrase gives the meaning *in order* (*to do something*); it states an objective.

Wir sind auf die Party gegangen, **um** andere Studenten **kennenzulernen**.	*We went to the party* (*in order*) *to meet other students.*
Ich bin in die Bibliothek gekommen, **um** Bücher für mein Projekt **zu holen**.	*I came into the library* (*in order*) *to get books for my project.*

The infinitive phrase that begins with **um** often answers the question *why?* (**warum, aus welchem Grund**).

Warum seid ihr auf die Party gegangen?—**Um** andere Studenten **kennenzulernen**.	*Why did you go to the party?* *—In order to meet other students.*
Aus welchem Grund sind Sie in die Bibliothek gekommen?—**Um** Bücher für mein Projekt **zu holen**.	*For what reason did you come into the library?—In order to get books for my project.*

The implied subject of an infinitive phrase that begins with **um** is the same as that of the introductory clause: The subject does something in order to accomplish something else.

Verbs With Infinitives Without *zu*

Like modal constructions, certain German verbs are frequently used with an infinitive without **zu**. The more common of these verbs are **sehen**, **hören**, **lassen**, **lehren**, and **lernen**.

In the simple tenses (present and past), these verbs may be used with a simple infinitive.

PRESENT TENSE

Ich **sehe** die Studenten **arbeiten**.	*I see the students working.*
Wir **hören** sie **klagen**.	*We hear them complaining.*

PAST TENSE

Man **ließ** uns selbständig **arbeiten**.	*They let us work on our own.*
Ich **lehrte** dich Englisch **sprechen**.	*I taught you to speak English.*
Er **lernte** Deutsch **lesen**.	*He learned to read German.*

um . . . zu Plus Infinitive. In both *um . . . zu-* and *damit*-type purpose clauses, model and listen for correct intonation patterns and stress syntax. Example of a *damit* clause: *Wir fahren nach Deutschland, damit mein Sohn auch Deutsch lernt.* Key here is, of course, that *damit* permits one to change subject from main to subordinate clause.

Verbs With Infinitives Without *zu*. Structure is quite parallel to English if you recall that German infinitive-as-noun (*das Arbeiten, das Gehen*) is rendered more faithfully in English in "-ing" form ("working," "going") than in "to" form ("to work," "to go"). Hence,

I	see	him	working.
Ich	*sehe*	*ihn*	*arbeiten.*

In this section students will see and use *klagen*: *Wir hören die Studenten klagen.* If students are confused between *sich beklagen*, which they learned in Section A, and *klagen*, explain that the two verbs are often interchangeable: *Ich kann nicht darüber klagen. / Ich kann mich nicht darüber beklagen.* The important thing for students to remember is that *sich beklagen* is reflexive and must be used with the corresponding reflexive pronoun.

In the present perfect and past perfect tenses, **sehen**, **hören**, and **lassen** are used with a double infinitive.

PRESENT PERFECT

Ich **habe** die Studenten **arbeiten sehen**.   *I saw the students working.*

Wir **haben** sie **klagen hören**.   *We heard them complaining.*

PAST PERFECT

Man **hatte** uns selbständig **arbeiten lassen**.   *They had let us work on our own.*

Wir **hatten** sie nicht **klagen hören**.   *We had not heard them complaining.*

With the verbs **lehren** and **lernen**, however, an infinitive plus the past participle is preferred to the double infinitive construction in the present perfect and past perfect tenses.

PRESENT PERFECT

Ich **habe** dich Englisch **sprechen gelehrt**.   *I taught you to speak English.*

PAST PERFECT

Er **hatte** schon Deutsch **lesen gelernt**.   *He had already learned to read German.*

A double infinitive construction is used in the future tense with these five verbs.

FUTURE TENSE

Du **wirst** die Studenten **arbeiten sehen**.   *You'll see the students working.*

Wir **werden** sie nicht **klagen hören**.   *We won't hear them complaining.*

Man **wird** uns selbständig **arbeiten lassen**.   *They'll let us work on our own.*

Ich **werde** dich Englisch **sprechen lehren**.   *I'll teach you to speak English.*

Er **wird** Deutsch **lesen lernen**.   *He'll learn to read German.*

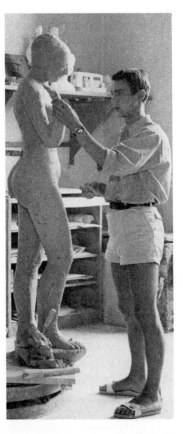

Angehende (*future*) Künstler studieren an der Kunstakademie.

A. Was macht Spaß?

BEISPIELE: fernsehen → Es macht Spaß fernzusehen.
ins Kino gehen → Es macht Spaß, ins Kino zu gehen.

1. schwimmen
2. Karten spielen
3. segeln
4. radfahren
5. in der Stadt spazierengehen
6. im Winter Skilaufen gehen
7. ein Wochenende auf dem Land verbringen
8. Studenten aus anderen Ländern kennenlernen

Übung A. Students could be asked to suggest other infinitives to use with this frame.

B. Was findet man schön?

BEISPIEL: Monika / in den Bergen wandern →
Monika findet es schön, in den Bergen zu wandern.

1. Georg / Sommerreisen nach Spanien machen
2. ich / in der Sonne liegen
3. Frau Becker / die Museen besuchen
4. wir / Briefe aus Deutschland bekommen
5. Renate / mit ihrem Freund ausgehen
6. die Studenten / im Herbst zur Uni zurückkommen

Übung B. A personalized spin-off could be done with pairs or triads of students working together. S1: *Was findest du schön?* S2: *Ich finde es schön, (länger im Bett zu bleiben).* S3: *Er (Sie) findet es schön, länger im Bett zu bleiben. Was findest du schön?* S1: *Ich . . .*

C. Warum? Aus welchem Grund?

BEISPIEL: Ute arbeitet schwer. Sie bekommt gute Noten. →
Ute arbeitet schwer, um gute Noten zu bekommen.

1. Paul läuft jeden Tag. Er kommt nicht aus der Übung.
2. Wir gehen fast immer in die Mensa. Wir essen billiger.
3. Erich bleibt zu Hause. Er sieht einen Dokumentarfilm im Fernsehen.
4. Ich rufe meine Freunde an. Ich lade sie zur Party ein.
5. Die Studenten müssen immer pauken. Sie lernen den Stoff.
6. Susi sucht einen Sommerjob. Sie verdient Geld fürs Studium.

Übung C. A personalized variation: Students ask one another "why" questions, things they've been curious about regarding each other; e.g., S1: *Warum trägst du immer Jeans?* S2: *Ich fühle mich bequemer. / Ich mag Jeans. / Andere Hosen kann ich mir nicht leisten,* etc. Responses with the *um . . . zu* structure: S2: *Um bequemer zu sein. / Um „in" auszusehen. / Um Geld zu sparen.*

D. Was ist in der Mensa passiert? Alle Sätze im Perfekt, bitte! (*Hint: 1–3, double infinitive; 4–5, infinitive + past participle.*)

1. Meine Freunde lassen mich nie allein sitzen.
2. Wir hören einen Studenten singen.
3. Ich sehe die Studentin die Mensa verlassen.
4. Während der Deutschstunde lernst du Deutsch sprechen.
5. Meine Freundin lehrt mich Schach spielen.

Übung D. This could also be done profitably in past tense.

E. Was wird in der Zukunft passieren? Alle Sätze im Futur, bitte!

1. Ich höre diese Studenten Deutsch sprechen.
2. Du lernst gut schreiben.

Übung E. Variation: Have students substitute modal auxiliaries for *werden* future auxiliary; e.g., 1: *Ich **kann** diese Studenten Deutsch sprechen hören.*

3. Ihr lehrt mich Fußball spielen.
4. Wir sehen ihn im Geschäft arbeiten.
5. Die Eltern lassen ihre Tochter allein wohnen.

F. Erweiterung (*expansion*). Arbeiten Sie mit zwei oder drei Studenten und Studentinnen zusammen! Erweitern Sie die Sätze! *Use your own ideas.*

BEISPIEL: Es macht Spaß . . .
S1: Es macht Spaß (auszugehen).
S2: Es macht Spaß, (freitagabends) auszugehen.
S3: Es macht Spaß, freitagabends (mit Freunden) auszugehen.
S4: Es macht Spaß, freitagabends mit Freunden (von der Uni) auszugehen.

1. Es ist besonders schön . . .
2. Es ist immer besser . . .
3. Es ist manchmal schwer . . .
4. Es ist nicht immer leicht . . .
5. Es macht mir keinen Spaß . . .
6. Es ist oft nötig . . .
7. Es ist billiger . . .

Alte Universitätsge-bäude in Berlin schaffen (*create*) eine entspannte Atmosphäre.

Sammeltext

Bloomington, den 14. September

Liebe Leute!

Seit drei Wochen bin ich nun in Amerika, und ich habe mich gerade an den Zeitunterschied° und das Wetter gewöhnt, aber an die Uni kann ich mich gar nicht gewöhnen. Ich will mich ja nicht beklagen, aber in den drei Wochen habe ich schon zwei Prüfungen gehabt. In vier Wochen gibt es wieder Prüfungen, und dann muß ich gleich für die Klausuren° am Ende des Semesters studieren. Dazu soll ich noch vier Referate° schreiben. Um alles fertigzubringen, funktioniere ich wie eine Maschine. Das werdet Ihr nicht glauben, wo ich doch zu Hause immer der Langschläfer° der Familie war. Jeden Morgen springe ich um sieben aus dem Bett, dann putze ich mir die Zähne, dusche und kämme mich. Dann laufe ich zur Mensa, hole mir einen Kaffee und frühstücke im Stehen.° Den ganzen Tag verbringe ich in Vorlesungen und in der Bibliothek; manchmal ist es sogar nötig, abends dort zu arbeiten. Ich fürchte mich ständig vor schlechten Noten, denn blamieren will ich mich nicht! Was mich ein bißchen ärgert—oder vielleicht bin ich nur etwas neidisch°—ist, daß das alles für amerikanische Studenten viel einfacher scheint.

Meine Zimmergenossin° (ja denkt nur, ich wohne in einem Doppelzimmer) hat den gleichen Stundenplan wie ich. Aber während ich mich abends nur so ins Bett schleppe, geht sie auf Partys und amüsiert sich. Sie sagt, daß das auch nötig ist. Klar, aber es ist mir schleierhaft,° wie sie das durchhält.°

Es gibt ja so viel auf der Uni zu tun, und die Studenten lassen sich von der Uni gern ihre Freizeit gestalten.° Es gibt Filme, Theater, Tanzveranstaltungen° und Vorträge.° Vieles ist kostenlos.

Ich habe immer gedacht, daß ich besser arbeite, wenn ich mich intensiv mit einem Problem beschäftigen kann. Dazu hat man hier natürlich keine Zeit. Aber es ist unglaublich, wieviel ich in diesem Jahr lernen werde. Hier beschäftigt man sich erst in der *Graduate School* intensiv mit dem Hauptfach. Ich lege Euch ein Informationsblatt° bei;° so werde ich Euch nicht mit Einzelheiten° langweilen.°

Was mir aber am meisten fehlt ist Zeit zum politischen Engagement. Aber, wie mein Freund hier sagt, für manche Sachen muß man sich einfach die Zeit nehmen.

Ganz liebe Grüße,

Eure
Renate

difference in time

final exams
reports
late riser

im. . . standing up

envious

roommate

mir. . . beyond me / keeps up

organize / dances
lectures

pamphlet / lege . . . bei am enclosing / details / bore

If there is a German student on campus or American who has recently spent time at German university, it could be interesting to have her/him come to class and answer questions.

Sammeltext. Letter contains opinions and facts. As students read, they should be aware which sentences reflect opinion and which state facts, and how choice of words differs between two types of sentences. This can be checked at end of reading with series of content questions.

Renate und Sie

1. a. Hat Renate sich an den Zeitunterschied und das Wetter gewöhnt? Kann sie sich an die Uni gewöhnen?
   b. Haben Sie sich schon an die Uni gewöhnt?

2. a. Will Renate sich über die vielen Prüfungen beklagen?
   b. Beklagen Sie sich über Prüfungen?
3. a. Um wieviel Uhr springt Renate morgens aus dem Bett?
   b. Um wieviel Uhr springen Sie morgens aus dem Bett?
4. a. Was macht Renate, nachdem sie aufgestanden ist?
   b. Was machen Sie morgens, nachdem Sie aufgestanden sind?
5. a. Wo verbringt Renate den ganzen Tag?
   b. Wo verbringen Sie meistens Ihren Tag?
6. a. Wovor fürchtet Renate sich ständig?
   b. Fürchten Sie sich auch davor?
7. a. Was macht Renate abends?
   b. Um wieviel Uhr schleppen Sie sich abends ins Bett?
8. a. Wer geht auf Partys und amüsiert sich?
   b. Gehen Sie oft auf Partys und amüsieren sich?
9. a. Was gibt es an der Uni zu tun, wo Renate studiert?
   b. Was gibt es an Ihrer Universität während der Freizeit zu tun?
10. a. Wann arbeitet Renate besser?
    b. Arbeiten Sie auch besser so?
11. a. Was fehlt Renate?
    b. Was fehlt Ihnen?
12. a. Was sagt Renates Freund?
    b. Wofür nehmen Sie sich die Zeit?

Schule in Deutschland

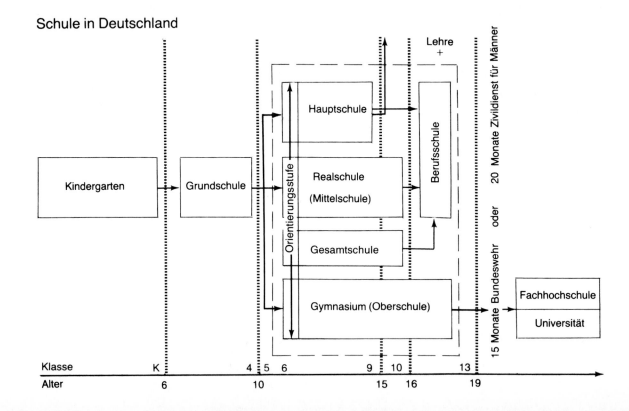

KULTURECKE

Das deutsche Schulsystem. German children enter the **Grundschule** at age six. Around age ten a decision is made concerning which of the three different schools a child will attend from the fifth year on. This decision is based on grades, tests, teacher recommendations, and parental preference. Many pupils (in **Niedersachsen**, **Hessen**, and **Nordrhein-Westfalen**, for example) first attend two years of **Orientierungsstufe** (**Klasse 5 und 6**), during which time the decision for a type of school is postponed.

Nearly half of the pupils who attend the **Grundschule** continue at the **Hauptschule**. Most of these students later enter the job market on a full-time basis as skilled or semiskilled laborers. Many also open small businesses or work in service industries. The remaining **Grundschule** pupils attend either the **Realschule** or the **Gymnasium**. Most of the **Realschule** students eventually enter the job market as middle-level civil servants and managers, secretaries, nurses, medical technicians, practical engineers, social workers, or salespersons.

Gymnasium students are given a test at the end of their study to complete the degree (called **Abitur**). Some graduates go on to a teacher-training institution that prepares them to teach at a **Grundschule** or **Hauptschule**; many others enter a **Fachhochschule** (*technical college*) or a university.

Wir freuen uns mit unserem Neffen
Markus Wilamoski aus Steinsberg,
der am Gymnasium das Abitur gut bestanden hat.

Herzlichen Glückwunsch!

Helmut Wenzel mit **Frau Laura und Susanne**
8000 München 2

Sammelübungen

A. Was ist nicht immer leicht?

BEISPIELE: lachen → Es ist nicht immer leicht zu lachen.

sich mit anderen Leuten verstehen →
Es ist nicht immer leicht, sich mit anderen Leuten zu verstehen.

1. arbeiten
2. Geld verdienen
3. sich an alles erinnern
4. hierher zurückkommen
5. morgens aus dem Bett springen
6. sich an neue Situationen gewöhnen
7. ein billiges Studentenzimmer finden

B. Das Studentenleben

BEISPIEL: man / sehen / die Studenten / auf Prüfungen / sich vorbereiten →
Man sieht die Studenten sich auf Prüfungen vorbereiten.

1. ich / hören / die Studenten / in / Studentenheim / sich unterhalten
2. wir / sich interessieren / wenig / für Politik
3. Ilse / sich beschäftigen / intensiv / mit / das Problem
4. Erich / sich ärgern / über / die Studiengebühren
5. wir / sich erinnern / gern / an / die Semesterferien
6. ich / sich fühlen / schlecht / an / Prüfungstage
7. ihr / sehen / der Student / sich kämmen
8. du / können / ein neues Auto / sich leisten
9. Sie / sollen / nach / jedes Essen / die Zähne / sich putzen
10. der Professor / sich verstehen / gut / mit / die deutschen Studenten

Übung C. This lends itself to "reconstruction" approach, with cues on separate cards: *sich an (eine Uni) gewöhnen; sich beklagen*; etc.

C. Jürgen studiert an einer amerikanischen Universität. Wie steht's mit ihm? Auf deutsch, bitte!

Jürgen can't get used to the university. He doesn't want to complain, but in four weeks he's had three tests. Every morning he gets out of bed at seven o'clock. He brushes his teeth, showers, and combs his hair. Then he runs to the cafeteria and gets himself a coffee and two rolls. He spends the whole day in lectures and in the library. It's also necessary to work evenings. He is constantly afraid of bad grades. During the week he is intensely concerned with his work. Saturday evenings he sometimes goes to parties and enjoys himself.

D. Interview: Wieviel Zeit . . . ? Fragen Sie einen Studenten / eine Studentin:

1. Wie viele Stunden schläfst du täglich?
2. Wie viele Stunden arbeitest du täglich?
3. Wieviel Zeit brauchst du morgens, um dich zu kämmen und zu frühstücken?
4. Wieviel Zeit brauchst du, um vom Studentenheim oder von deiner Wohnung zur Deutschklasse zu kommen?

abgespannt = müde
im Unterricht = in der Vorlesung
mir genügt's = das ist genug für mich
täglich = pro Tag
wirkst *seem*

5. Wieviel Zeit hast du täglich, um dich mit Freunden zu unterhalten?
6. Wieviel Freizeit möchtest du täglich haben, um dich zu entspannen oder zu machen, was du willst?

E. Wie fühlen Sie sich heute? Warum? Schreiben Sie alle Gründe dafür in einem kurzen Absatz (*paragraph*)!

Anwendung

Beim Arzt

Rollenspiel: Arzt / Ärztin und Patient / Patientin. Der Patient / Die Patientin hat einen Termin (*appointment*) beim Arzt / bei der Ärztin. Was ist das Problem?

Bronchitis fängt oft harmlos an ....

Mehr als 2,7 Millionen Bundesbürger leiden an Erkrankungen der Atemwege – die chronische Bronchitis ist eine regelrechte Volkskrankheit. Mit starkem Husten fängt's an.

Dr. Boether Bronchitten S Tabletten. Anwendungsgebiete: akute und chronische Bronchitis, Husten und Verschleimung. MEDOPHARM Arzneimittelwerk, 8032 Gräfelfing

ARZT/ÄRZTIN

Wo haben Sie Schmerzen?
Wie lange fühlen Sie sich so?
Tief atmen, bitte. (*Breathe deeply*.)
Machen Sie bitte den Mund auf.
Ich brauche eine Röntgenaufnahme (*X ray*).
Es ist infiziert (*infected*).
Sie haben eine Erkältung.
      die Grippe (*flu*).
      Lungenentzündung (*pneumonia*).
      Lebensmittelvergiftung (*food poisoning*).
Ich gebe Ihnen eine Spritze (*injection*).
Nehmen Sie dieses Medikament.
Sie müssen ins Bett gehen.
      ins Krankenhaus gehen.
      . . . Tage zu Hause bleiben.
      in . . . Tagen zurückkommen.

PATIENT/PATIENTIN

Ich fühle mich nicht wohl.
Ich bin krank.
Ich habe Fieber.
      Husten (*cough*).
      Kopfschmerzen.
      Ohrenschmerzen.
      Halsschmerzen (*sore throat*).
      Magenschmerzen (*stomachache*).
      Atembeschwerden (*respiratory problems*).
Mein . . . tut weh.
Mir ist schwindlig. (*I'm dizzy*.)
Ich bin gegen Antibiotika/ Penizillin (nicht) allergisch.
Wie oft soll ich dieses Medikament nehmen?

die Atemwege (*pl.*) *respiratory tracts*
die Erkrankung, -en *disease*
leiden an *suffer from*
regelrecht *real, typical*
die Volkskrankheit, -en *widespread illness, epidemic*

Ich fühl' mich gut.

Routine

Gewohnheitstiere° leben länger

creatures of habit

Dynamisch sollen wir sein: um 11 Uhr genauso wie um 20 Uhr. Flexibel sollen wir sein: stets° in der Lage,° umzuschalten.° Spontan sollen wir sein: immer auf dem Sprung° zu neuen Taten.° Nur was wir in Wirklichkeit° sind, dürfen wir nicht sein oder jedenfalls sagen: Gewohnheitstiere. Oder kämen Sie auf den Gedanken,° sich bei einem Personalchef° mit den Worten zu bewerben:° „Ich bin ein großartiges Gewohnheitstier"?

immer / *position* / *to change*

auf... *on the go* / *feats* / *reality*

kämen... *would it occur to you* / *personnel director* / *sich...* bewerben *to apply (for a job)*

Dabei hätten Sie dazu allen Grund.° Wissenschaftler° sind nämlich sicher, daß Menschen, die nicht nur ständig auf die Armbanduhr,° sondern auch auf ihre innere, biologische Uhr schauen, länger leben, weniger krank sind und mehr Leistung bringen.° Von der besseren Laune,° die sie verbreiten,° nicht zu reden.° Chronobiologen nennen sich diese Wissenschaftler, „Zeitbiologen". Und mit den Leuten, die an der Straßenecke einen sogenannten Bio-Rhythmus erstellen° (und gut verkaufen), haben sie nichts zu tun.

dabei... *you would have every reason to do so* / *scientists* wristwatch

mehr... *achieve more success* / *mood* / *radiate* / sprechen

calculate

Chronobiologen erforschen° komplizierte Vorgänge° unseres Organismus bis in die kleinste Zelle. Unzählige° winzige° Uhren haben sie entdeckt,° phantastische Taktgeber,° die alle zusammenhängen und die Melodie des Lebens mit vielen verschiedenen Rhythmen unterlegen:° mit schnellen und langsamen, kurzen und langen, lauten und leisen.° Wer diese Rhythmen durch seine Lebensweise° ständig stört° und durcheinander bringt,° kann krank werden. Und umgekehrt:° Wer krank ist, kann dadurch gesund werden, daß er sich und seine innere Uhr wieder in den richtigen Schwung° bringt. Immer mehr Ärzte machen sich diese Erkenntnisse° bei der Behandlung° ihrer Patienten mit Erfolg° zunutze.° Und auf immer mehr medizinischen Kongressen taucht ein sonderbares° Wort auf:° Ordnungstherapie.

research / processes

countless / sehr kleine / discovered
time keepers
accompany

nicht lauten / Lebensstil

disturbs / durcheinander... muddles / vice versa

swing / findings

treatment / success / machen sich... zunutze *utilize* strange / taucht... auf *turns up*

A. Wer ist ein Gewohnheitstier? Fragen Sie einen Studenten / eine Studentin:

1. Bist du ein Gewohnheitstier?
2. Schaust du ständig auf die Uhr?
3. Schaust du ständig auf deine innere, biologische Uhr?
4. Wirst du krank, wenn dein Leben besonders hektisch ist?
5. Glaubst du den Chronobiologen oder Zeitbiologen? Warum (nicht)?

B. Zur Diskussion

1. Ist es Ihrer Meinung nach wichtig, einer persönlichen, täglichen Routine zu folgen? Warum (nicht)?
2. Glauben Sie, daß Gewohnheitstiere länger leben? Warum (nicht)?
3. Kann man gleichzeitig (*at the same time*) ein Gewohnheitstier und auch dynamisch, flexibel und spontan sein? Erklären Sie Ihre Antwort!

Die neuen Bundesländer

Vorschau. Brainstorming ideas: *Wetter: es regnet, Frühling oder Sommer, warm, keine Mäntel, nur Hemden und Hosen, Schirm, Bäume mit Blättern; Kleinstadt: charmant, romantisch, gemütlich, mittelalterliche Architektur, Kirche, historische Gebäude, Straße mit Kopfsteinpflaster*

Vorschau

Die historische Stadt Meißen ist über tausend Jahre alt. Seit Anfang des 18. Jahrhunderts stellt man in Meißen Porzellan nach alter Tradition her (stellt . . . her   *has been been producing*). Beschreiben Sie die Stadt, wie Sie sie aus der Perspektive des Fotos sehen! Meißen liegt im neuen Bundesland Sachsen. Wie viele neue Länder hat Deutschland? Wie heißen sie?

Wortgebrauch

Übung A. Students can do exercise in pairs, twice, so that each person practices questions and answers; or, they can write out questions and answers as written homework. Check that students use correct article before noun.

Extend exercise, using known vocabulary and cognates: 5. *Bürste / Haar* 6. *Hemd / Polo* 7. *Tasche / Mantel* 8. *Tasche* (with another meaning) */ Reise* 9. *Schlüssel / Auto* 10. *Tür / Haus* 11. *Ball / Golf* 12. *Bett / (Doppel)* 13. *Haus / (Einfamilien)* 14. *Zimmer / (Einzel)*, etc.

Übung B. Write names of professions, as cues, on board. Include masculine and feminine forms when appropriate. Extend exercise in pairs to practice previous vocabulary as well. 5. S1: *Was ist ein Universitäts professor?* S2: *Das ist jemand, der Studenten unterrichtet (jemand, der auf der Uni lehrt).* 6. S1: *Was ist ein Oberschullehrer?* S2: *Das ist jemand, der Schüler und Schülerinnen lehrt (jemand, der auf der Oberschule lehrt).* 7. S1: *Was ist ein Autofahrer?* S2: *Das ist jemand, der Auto fährt.*

A. Was für . . . ?

BEISPIEL: Bürste / Zahn
S1: Was für eine Bürste ist das?
S2: Das ist eine Zahnbürste.

1. Hemd / Nacht
2. Fachmann / Computer
3. Tasche / Jacke + n
4. Idee / Geschäft + s

B. Wer sind diese Leute? Was ist ein Flüchtling? ein Einwohner? eine Krankenschwester? ein Computerfachmann?

1. Das ist jemand, der Spezialist für Computertechnik ist.
2. Das ist jemand, der in einem Krankenhaus arbeitet und für die Patienten sorgt (cares).
3. Das ist jemand, der aus einem Land fliehen mußte.
4. Das ist jemand, der in einer Stadt oder in einem Land wohnt.

C. Welche Antworten sind logisch? Suchen Sie die zwei passenden Antworten zu jeder Frage!

1. Was bemerkt man oft?
   a. die Temperatur   b. die Uhrzeit   c. die Entscheidung
2. Was verliert man leicht?
   a. Stühle   b. Bleistifte   c. Schlüssel
3. Was versucht man zu verbessern?
   a. die Qualität eines Produkts   b. den Lebensstandard   c. die Mauer
4. Was kann sich schnell verschlechtern?
   a. die Antwort   b. die Gesundheit   c. das Wetter
5. Wovon träumt man?
   a. von der Freiheit   b. vom Erfolg   c. vom Elend
6. Worauf hofft man?
   a. auf Fortschritt   b. auf das Elend   c. auf gute Gelegenheiten
7. Was findet man schwer zu ertragen?
   a. das Elend   b. das Gerät   c. den Krieg
8. Was versucht man zu tun?
   a. Bücher zu verlieren
   b. Anderen Leuten zu helfen
   c. Krieg zu überleben
9. Was kann ein Krieg zerstören?
   a. Städte   b. ein Volk   c. das Elend
10. Was hat man erfunden?
    a. das Fahrrad   b. den Anblick   c. die Zahnbürste

408

D. Persönliche Fragen

1. Bemerken Sie immer das Wetter, bevor Sie das Haus verlassen?
2. Was haben Sie einmal verloren?
3. Haben Ihre Noten sich dieses Jahr verbessert oder verschlechtert?
4. Wie möchten Sie Ihr Leben verbessern?
5. Wovon träumen Sie?
6. Worauf hoffen Sie? (auf + *acc.*)
7. Was finden Sie schwer zu ertragen?
8. Was versuchen Sie zu tun?
9. Hat das Wetter einmal Ihre Pläne zerstört? Wenn ja: Warum?
10. Kennen Sie jemand, der etwas erfunden hat? Wenn ja: Was hat er/sie erfunden?

E. Deutschland. Woran denken Sie, wenn Sie an die ehemalige DDR denken? wenn Sie an das vereinigte Deutschland von heute denken? (die Vereinigung, der Eiserne Vorhang, Flüchtlinge, der kalte Krieg, die Öffnung der Mauer, staatliche Zensur, soziale und wirtschaftliche Probleme, die Geschichte der Mauer, Umweltverschmutzung, Freiheit, Olympiasieger (*winners of Olympic competition*), Berlin, die Nachkriegszeit, ____?____)

Übung E. Write *DDR* and *Deutschland* on board and write words connected with each name as students shout them out. During brainstorming phase, encourage as many ideas as possible. When students have no more terms, ask them individually: (*Michael*), *woran denkst du, wenn du an das vereinigte Deutschland denkst?* (Michael) should then answer using some ideas listed on board.

Ask students to answer questions at beginning and then again at end of chapter, to compare their responses.

Wortschatz

Adjectives and Adverbs

allgemein	general
bescheiden	modest
bisher	until now, up to now
ehemalig	former
merkwürdigerweise	strangely, oddly enough
mitten (in)	in the middle (of)
plötzlich	sudden(ly)
täglich	daily
unbestritten	irrefutable; irrefutably
veraltet	outdated, obsolete
wirtschaftlich	economic

Nouns

der Anblick, -e	sight
die Antwort, -en	answer
die Behaglichkeit	coziness; contentment
der Betrieb, -e	business
der Computerfachmann, *pl.* Computerfachleute	computer specialist
der Einwohner, -	resident
der Eiserne Vorhang	Iron Curtain
das Elend	misery
die Entscheidung, -en	decision

der Erfolg, -e	success
das Fahrrad, ̈-er	bicycle
die Flucht	flight
der Flüchtling, -e	refugee
der Fortschritt, -e	progress, advance
die Freiheit	freedom
das Gebiet, -e	area, region
die Gelegenheit, -en	opportunity
das Gerät, -e	apparatus
die Idee, -n	idea
die Krankenschwester, -n / der Krankenpfleger, -	nurse
der Krieg, -e	war
die Küste, -n	coast
die Maßnahme, -n	measure
die Mauer	(Berlin) Wall
die Menge, -n	crowd
das Nachthemd, -en	nightshirt
die Öffnung, -en	opening
die Rechentechnik	computer technology
die Tasche, -n	pocket; bag
die Vereinigung, -en	unification
die Ware, -n	merchandise, *pl.* goods
die Wirtschaft	economy
die Zahnbürste, -n	toothbrush

Indefinite Pronoun

irgendein*	some; any

Verbs

behalten (behält), behielt, hat behalten	to keep, preserve
bemerken, hat bemerkt	to notice
drängeln, hat gedrängelt	to push; to jostle
erfahren (erfährt), erfuhr, hat erfahren	to experience
erfinden, erfand, hat erfunden	to invent
ergreifen, ergriff, hat ergriffen	to seize
ertragen (erträgt), ertrug, hat ertragen	to bear, tolerate
fliehen, floh, ist geflohen	to flee
heraus • reißen, riß heraus, hat herausgerissen	to tear from, out
hoffen, hat gehofft	to hope
schieben, schob, hat geschoben	to shove

träumen, hat geträumt	to dream
überleben, hat überlebt	to survive
über • werfen (wirft über), warf über, hat übergeworfen	to throw on, over (*clothes*)
(sich) verbessern, hat verbessert	to improve
verlieren (verlor), hat verloren	to lose
(sich) verschlechtern, hat verschlechtert	to worsen
versuchen, hat versucht	to try
zerstören, hat zerstört	to destroy

Useful Phrases

beim Zubettgehen	at/by bedtime
(etwas) in Frage stellen	to question (something)
Lust haben	to want to (*do something*), feel like (*doing something*)
sich (*dat.*) über etwas (*acc.*) Gedanken machen	to think about something; to worry about something

Grammatik

A

„Süddeutsche Zeitung", Samstag/Sonntag, 17./18. Februar 1990: Berlin/DDR, 16. Februar—So schön war sie, die Revolution—und nun? „Beim Zubettgehen hatte man von der Öffnung der Mauer erfahren. Plötzlich stand man auf der Straße, das Nachthemd unter den übergeworfenen Sachen, die Zahnbürste (man würde es später im Westen bemerken) merkwürdigerweise in der Jackentasche. Und schob und drängelte und konnte nicht mehr heraus aus der Menge. Und war plötzlich im Westen, mitten in der Nacht, als ob man träumte." So erinnert sich die Krankenschwester Brigitte R. an die historische Nacht. Drei Monate später

---

* The pronoun **irgendein** takes the same endings as **ein**-words.

hat sie sich an die geöffnete Mauer gewöhnt. Aber sie geht nicht gern in den Westen: „Wenn ich in westliche Kaufhäuser ginge, könnte ich den Anblick der Waren nicht ertragen."

A. Eine schöne Nacht—und nun?

1. Was hatte man beim Zubettgehen erfahren? 2. Was für Kleider hat man getragen? Warum? 3. Was würde man später bemerken? 4. Wer erzählt hier? 5. Warum sagt Brigitte, es war „als ob man träumte"? 6. Woran hat sie sich jetzt gewöhnt? 7. Was macht Brigitte immer noch nicht gern? Warum? Wie sagt sie das?

B. Fragen Sie Ihren Nachbarn / Ihre Nachbarin:

1. Wenn du abends aus dem Haus laufen müßtest, was würdest du mitnehmen? 2. Welche Wünsche hast du? (Wenn ich nur . . . hätte.)

Subjunctive II: Present Tense

Subjunctive

The *mood* of a verb is the manner or mode in which the action or condition is expressed. In German, as in English, there are three moods: the *indicative* (used to express facts), the *imperative* (used to issue commands or to make requests), and the *subjunctive* (used for contrary-to-fact statements, unrealizable wishes, and hypothetical or unlikely situations). Although the indicative forms are by far the most commonly used, the subjunctive forms are also used frequently and are important to know.

INDICATIVE	Wir **fahren** nach Magdeburg.
	We're going to Magdeburg.
IMPERATIVE	**Fahren** wir nach Magdeburg!
	Let's go to Magdeburg.
SUBJUNCTIVE	Wenn wir nur nach Magdeburg **führen**!
	If only we were going to Magdeburg!

The subjunctive has two forms: Subjunctive I and Subjunctive II. Subjunctive II is used more frequently.

Subjunctive II Stem

The Subjunctive II stem, to which the subjunctive personal endings are attached, is derived from the *second* principal part of the verb.

PRINCIPAL PARTS			SUBJUNCTIVE STEM
I	II		
schreiben	schrieb	→	schrieb
sagen	sagte	→	sagte

Subjunctive II. Bring German newspapers to class. Have pairs or small groups of students look for examples of Subjunctive II. Encourage students to figure out gist from context.

Subjunctive II Stem. Point out that *e* of Subjunctive II personal endings is already attached to stem of weak and irregular weak verbs: *sagte, dächte.*

The past stem vowels **a**, **o**, and **u** of strong and irregular weak verbs usually take an umlaut in the present Subjunctive II.

PRINCIPAL PARTS			SUBJUNCTIVE STEM
I	II		
finden	fand	→	fänd
sehen	sah	→	säh
denken	dachte	→	dächte
schließen	schloß	→	schlöss
fahren	fuhr	→	führ
wissen	wußte	→	wüßte

If a modal has an umlaut in the infinitive, it takes an umlaut in the subjunctive.

dürfen	durfte	→	dürfte
können	konnte	→	könnte
mögen	mochte	→	möchte
müssen	mußte	→	müßte

but :

sollen	sollte	→	sollte
wollen	wollte	→	wollte

Subjunctive II Personal Endings

The present tense of Subjunctive II is formed with the subjunctive stem plus the subjunctive personal endings. Note that the **e** is already present on the Subjunctive II stem of weak and irregular verbs.

	I	II	III	
PRINCIPAL PARTS	**gehen,**	**ging,**	**ist gegangen**	
		↓		
SUBJUNCTIVE II STEM		**ging**		
(SUBJUNCTIVE)	ich	ging**e**	wir	ging**en**
PERSONAL ENDINGS	du	ging**est**	ihr	ging**et**
	er			
	sie }	ging**e**	sie	ging**en**
	es			
		Sie	ging**en**	

Wenn wir nur öfter ins Theater **gingen**!

If only we went to the theater more often!

The Subjunctive II forms of **haben** and **sein** follow the same pattern as that of other verbs.

haben, hatte, hat gehabt			
↓			
	hätte		
ich	hätte	wir	hätten
du	hättest	ihr	hättet
er sie es	hätte	sie	hätten
	Sie	hätten	

sein, war, ist gewesen			
↓			
	wär		
ich	wäre	wir	wären
du	wärest	ihr	wäret
er sie es	wäre	sie	wären
	Sie	wären	

Wenn wir nur mehr Geld **hätten**!
If only we had more money!

Wenn sie nur zu Hause **wäre**!
If only she were at home!

Note that the present Subjunctive II forms of regular weak verbs are identical to those of the past indicative.

fragen, fragte, hat gefragt			
↓			
	fragte		
ich	fragte	wir	fragten
du	fragtest	ihr	fragtet
er sie es	fragte	sie	fragten
	Sie	fragten	

Whether the indicative or the subjunctive is intended in a sentence is usually evident from the context and often from the sentence structure as well.

PAST INDICATIVE   Er **fragte** mich schon gestern.
He already asked me yesterday.

PRESENT SUBJUNCTIVE II   Wenn er mich nur **fragte**!
If only he would ask me!

Usage: Unrealizable Wishes

Whereas the indicative describes situations that are factual, realizable, or possible, the subjunctive expresses situations that are unlikely or unrealizable: If only such-and-such *were* the case or *would* happen. The basic structure of the unrealizable wish is **wenn** (+ subject) **nur . . .** (+ subjunctive verb)**!**

Wenn wir nur so ein Auto **hätten**!	*If only we had such a car!*
Wenn der Preis nur nicht so hoch **wäre**!	*If only the price were not so high!*
Wenn wir nur eine größere Wohnung **bekämen**!	*If only we were getting a bigger apartment!*
Wenn sie nur mehr Geld **verdiente**!	*If only she earned more money!*

würde Alternative

The **würde** alternative consists of a Subjunctive II form of **werden** plus an infinitive. This construction corresponds to the English *would* construction. It is frequently used in situations that call for the subjunctive. When there is confusion between weak verbs that have the same form in the past indicative and the subjunctive, for example, the **würde** alternative takes care of the problem. The **würde** alternative is also used in conversation in place of many verbs that sound awkward or old-fashioned in Subjunctive II.

PRINCIPAL PARTS **werden, wurde, ist geworden**
↓
SUBJUNCTIVE II STEM **würde**

Wenn er nur ein Auto **kaufen würde**!	*If only he would buy a car!*
Wenn du daran nur **denken würdest**!	*If only you would think about it!*
Wenn sie nur dorthin **gehen würde**!	*If only she would walk there!*
Wenn wir nur einen Brief **bekommen würden**!	*If only we would get a letter!*

würde **Alternative.** Stress how frequently this (so-called) alternative *würde* construction is heard in contemporary German. It is easier to form than straight Subjunctive II and often sounds less stuffy. Point out, however, that *würde* is normally not used with *sein* and *haben*.

Übungen

A. Was sind die Tatsachen (*facts*)?

Übung A. Encourage straightforward answers in indicative here. These exercises are for recognition: do students understand implications of hypothetical constructions in subjunctive, and can they exhibit their comprehension in the indicative?

1. Lothar sagt: „Wenn ich nur ein Auto hätte!" Hat er ein Auto? Will er eines?
2. Ute sagt: „Wenn wir nur eine größere Wohnung bekämen!" Bekommen Ute und Lothar bald eine größere Wohnung?
3. Christoph sagt: „Wenn ich nur in Berlin wäre!" Ist er jetzt in Berlin? Wo will er sein?
4. Helga sagt: „Wenn ich mir nur eine Fahrkarte nach England leisten könnte!" Hat Helga schon eine Fahrkarte nach England? Kann sie sich eine leisten?

5. Heinz sagt: „Wenn meine Familie nur öfter zu mir käme!" Kommt die Familie oft zu Heinz? Will er das?

6. Karin sagt: „Wenn mein Freund mich nur anrufen würde!" Hat Karins Freund sie schon angerufen?

B. Wenn das Wetter nur besser wäre! Benutzen Sie die „würde"-Alternative —aber nicht mit „sein"!

BEISPIELE: Die Sonne scheint nicht. → Wenn die Sonne nur scheinen würde!

Es ist kalt. → Wenn es nur nicht so kalt wäre!

Es ist heute nicht schön. → Wenn es heute nur schöner wäre!

1. Es regnet.
2. Es donnert und blitzt.
3. Morgen schneit es.
4. Es ist windig.
5. Es ist nicht warm.
6. Der Winter ist lang.
7. Der Frühling kommt langsam.
8. Das Wetter verbessert sich nicht.

Übung C. Extend exercise as personalized pair exercise eliciting first- and second-person statements—e.g.,
S1: *Ich habe leider keinen Wagen.*
S2: *Ach, wenn du nur einen Wagen hättest!*
Cues: *kein Geld; eine Erkältung; so viele Probleme; keine Kinder; keine Zeit mehr.*

C. Vielen Leuten in der Welt geht es schlecht. Reagieren Sie auf jeden Satz!

BEISPIEL: Viele Leute verhungern.

Wenn sie nur nicht verhungern müßten!

oder: Wenn sie nur mehr zu essen hätten!

oder: Wenn wir ihnen nur Essen schicken könnten!

oder: ____?____

Viele Leute verhungern.

haben keine Wohnung.
sind krank.
haben keine Freiheit.
sind arbeitslos.
haben keine Ausbildung.
haben kein Glück.
leben im Elend.
träumen von einem besseren Leben.

Übung D. Each sentence could also generate interrogative word question/answer—e.g., *Beispiel*: **was**: *Was könnte er nicht machen?*

1. **was**: *Was dürften sie nicht machen?* 2. **wann**: *Wann müßte er zu Hause sein?* 3. **wann**: *Wann dürfte sie nicht ausgehen?* 4. **mit wem**: *Mit wem wollte sie nicht spielen?* 5. **wann**: *Wann müßten sie das Geschirr spülen?* 6. **was**: *Was dürfte er vor Schultagen nicht machen?* 7. **was**: *Was wollten sie nicht machen?* 8. **welchen Sport**: *Welchen Sport dürften sie nicht treiben?* 9. **wo**: *Wo müßten sie bleiben?*

D. Wenn nur . . . ! Wie ist es mit den Kindern? Wie könnte es sein?

BEISPIEL: Martin kann nicht schwimmen. →
Wenn er nur schwimmen könnte!

1. Hans und Willi dürfen kein Picknick machen.
2. Erich muß um sieben Uhr zu Hause sein.
3. Elisabeth darf nicht am Abend ausgehen.
4. Annegret will nicht mit den anderen Kindern spielen.
5. Max und Hanna müssen jeden Tag das Geschirr spülen.
6. Andreas darf am Abend vor Schultagen nicht fernsehen.
7. Alex und Ernst wollen diesen Film nicht sehen.
8. Petra und Christiane dürfen nicht Rollschuhlaufen gehen.
9. Josef und Anna müssen zu Hause bleiben.

415

Übung E. This might be personalized student pair exercise, à la "Can You Top This?" S1: *Wenn ich nur **einen Wagen** hätte!* S2: *Wenn ich nur **einen Porsche** hätte!*

E. Worüber beklagen sich die Studenten? Geben Sie ihnen Ratschläge (*advice*)!

> BEISPIEL: Wenn ich nur mehr Geld hätte!
>
> SIE: Du solltest einen Job suchen!
>
> *oder*: Du solltest weniger Geld ausgeben!
>
> *oder*: Du solltest dein Auto verkaufen!
>
> *oder*: ___?___

1. Ich habe keine Freizeit.
2. Ich treibe keinen Sport.
3. Ich fühle mich krank.
4. Ich bekomme schlechte Noten.
5. Ich bin immer müde.
6. Ich bin mit meinen Kursen unzufrieden.

F. Was wünschen Sie sich?

> Wenn ich nur . . . hätte!
>
> . . . wäre!
>
> . . . könnte!
>
> nicht . . . müßte!
>
> . . . würde!

„. . . daß die Sonne schön wie nie über Deutschland scheint!"

„Scala", August 1990: Der Computerfachmann Eckart S. ist sofort am zweiten Wochenende nach dem Fall der Mauer in die Bundesrepublik gefahren und hat für seine Geschäftsidee einen Partner gesucht—und gefunden. Jetzt will er mit Westtechnik den veralteten DDR-Betrieben helfen zu überleben. „Mit östlichen Geräten wie denen von Robotron geht das nicht", sagt der Rechentechniker. „Erstens sind sie viel zu schlecht und zweitens viel zu teuer. Selbst wenn ich sie zu einem Kurs von eins zu zehn verkaufen würde, wären die westlichen Computer noch billiger." Seine Arbeitsphilosophie ist, den westlichen Fortschritt einfach zu übernehmen: „Wenn wir versuchten, das Fahrrad nochmal zu erfinden, würden wir den Anschluß verlieren."*

A. Anschluß: Ost und West

1. Was hat Eckart S. sofort gemacht? 2. Warum hat er einen neuen Partner gesucht? 3. Wie will er den DDR-Betrieben helfen? 4. Warum kann er das nicht mit östlichen Geräten machen? 5. Was ist seine Arbeitsphilosophie? 6. Was würde passieren, wenn er den westlichen Fortschritt nicht übernähme?

B. Fragen Sie Ihren Nachbarn / Ihre Nachbarin:

Hättest du Angst vor einem neuen Beginn? einer neuen Arbeitsstelle? einer neuen Universität?

Uses of the Subjunctive

Polite Requests

Although a request, suggestion, or invitation may be expressed in either the indicative or the subjunctive, the Subjunctive II verb form softens the question and makes it more polite.

INDICATIVE

Können Sie mir die Uhr zeigen?
Can you show me the clock?
Darf ich euch einladen?
May I invite you?
Hast du Lust, Kaffee zu trinken?
Do you feel like having coffee?

SUBJUNCTIVE II

Könnten Sie mir die Uhr zeigen?
Could you show me the clock?
Dürfte ich euch einladen?
Might I invite you?
Hättest du Lust, Kaffee zu trinken?
Would you feel like having coffee?

Polite Requests. Remind students that they have been using Subjunctive II form *möchte* since Section C of Chapter 4.

You can convey much of "solicitude" or politesse of Subjunctive II, as opposed to indicative, by overdoing it here in modeling sentences and by accompanying them with sufficiently obsequious body language.

---

* An English speaker would say: "If we tried to reinvent the wheel, we'd miss the boat."

Polite requests may also be expressed using the **würde** alternative.

Würden Sie mir bitte den Wagen **zeigen**?	*Would you please show me the car?*
Würden Sie bitte heute zu mir **kommen**?	*Would you please come over to my place today?*
Würden Sie Kaffee mit mir **trinken**?	*Would you have coffee with me?*

Another common phrase for politely requesting or offering something is **hätte gern**.

Hättest du gern eine Tasse Tee, Kaffee oder sonst was? —Ich hätte gern eine Tasse Pfefferminztee.	*Would you like a cup of tea, coffee, or something else? —I would like a cup of peppermint tea.*

Hypothetical Statements

The Subjunctive II is used to speculate about how things would or might be in hypothetical or as yet unrealized situations.

Wenn wir nur in einer Großstadt **wohnten**!	*If only we lived in a major city.*
Dann **hätten** wir eine tolle Wohnung.	*Then we'd have a great apartment.*
Dort **müßten** wir aber viel mehr **zahlen**.	*But there we'd have to pay a lot more.*
Die Miete **wäre** viel höher.	*The rent would be a lot higher.*

The **würde** alternative may also be used in hypothetical statements. If a modal is involved, a double infinitive construction is used.

Wenn wir nur in einer Großstadt **wohnten**.
Dann **würden** wir eine tolle Wohnung **haben**.
Dort **würden** wir aber auch viel mehr **zahlen müssen**.

Contrary-to-Fact Conditional Sentences

A conditional sentence has two parts: (1) the condition, a subordinate clause usually introduced by **wenn**; and (2) the conclusion, the main clause. A conditional sentence in the indicative states a general rule or a condition that can be fulfilled, whereas a contrary-to-fact conditional sentence in the subjunctive expresses an unlikely or imagined situation.

INDICATIVE CONDITIONAL

Wenn ich genug Geld **habe, kaufe** ich mir ein Auto.
When I have enough money, I'll buy myself a car.

Contrary-to-Fact Conditional. Point out that neither half of a contrary-to-fact conditional sentence has anything to do with situational reality. He **doesn't have** enough money and therefore **is not buying** himself car; he **isn't rich** and therefore **isn't getting** larger apartment, etc.

SUBJUNCTIVE CONTRARY-TO-FACT CONDITIONAL

Wenn ich genug Geld **hätte**, **würde** ich mir ein Auto **kaufen**.
If I had enough money, I would buy myself a car.

Übungen

Übung A. s1 could read sentences, with s2 commenting either *realistisch* or *spekulativ*.

A. Realität oder Spekulation? *Indicate which sentences state a fact and which express a hypothetical situation.*

1. Wenn ich mehr Geld hätte, würde ich jeden Freitagabend ins Theater gehen.
2. Wenn ich in Berlin bin, gehe ich ins Theater.
3. Wenn du öfter zu mir kämest, wäre ich froh.
4. Komm doch zu uns, wenn du in der Stadt bist.
5. Wenn ich mehr Geld verdiente, würde ich in eine Wohnung in der Innenstadt ziehen.
6. Wenn die Karten nicht so teuer wären, ginge ich jede Woche ins Theater.

Übung B. s1 could read sentences, with s2 commenting either, *höflich* or *höflicher*.

B. Welcher Satz ist höflicher?

1. Zeigen Sie mir bitte das Buch! / Könnten Sie mir bitte das Buch zeigen?
2. Willst du mit mir ins Kino gehen? / Hättest du Lust, mit mir ins Kino zu gehen?
3. Dürfte ich Sie zum Kaffee einladen? / Trinken Sie eine Tasse Kaffee mit mir?
4. Bringen Sie mir bitte die Zeitung! / Würden Sie mir bitte die Zeitung bringen?
5. Hättest du gern ein Stück Käsekuchen? / Willst du ein Stück Käsekuchen?

C. Was würden Sie machen, wenn . . . ? Bilden Sie Sätze!

Wenn ich mehr Zeit hätte,	würde ich (ein neues Auto) kaufen.
Wenn ich in Deutschland wäre,	würde ich öfter ausgehen.
Wenn ich besser Deutsch sprechen könnte,	würden meine Freunde öfter zu mir kommen.
Wenn ich nicht studierte,	würde ich (Dresden) besuchen.
Wenn ich einen guten Job hätte,	würde ich eine Reise nach Deutschland machen.
____?____	würde ich einen Job in Deutschland suchen.
	____?____

D. Was hätten Sie gern?

1. Sie sitzen im Kaffeehaus. Was hätten Sie gern zu essen und zu trinken?
2. Sie sind im Kaufhaus. Was hätten Sie gern für sich oder als Geschenk für jemanden?
3. Sie gehen in eine Buchhandlung. Was für ein Buch hätten Sie gern?
4. Sie sehen einen Blumenstand. Was für Blumen hätten Sie gern?
5. Sie gehen an den Fahrkartenschalter im Bahnhof. Was für eine Fahrkarte hätten Sie gern?
6. Sie stehen am Empfang im Hotel. Was für ein Zimmer hätten Sie gern?
7. Sie sind im Autohaus. Was für ein Auto hätten Sie gern? Was für ein Auto können Sie sich leisten?

VIELE LEUTE HÄTTEN GERN EIN AUTO, BEI DEM „KOMPAKT" NICHT „KOMPROMISS" BEDEUTET...

E. Rollenspiel. Wählen (*choose*) Sie eine Situation aus Übung D! Arbeiten Sie dann mit einem Partner / einer Partnerin, und sprechen Sie miteinander! *Oder*: Schreiben Sie dann einen Dialog darüber!

ROLLEN

Gast
Kunde / Kundin
Reisender / Reisende
Angestellter / Angestellte
   (*employee*; *clerk*)
Empfangschef /
   Empfangschefin
Verkäufer /
   Verkäuferin

Katzen würden Futons kaufen

FUTON COMPANY
Tel.: 030/312 92 61
Leibnizstraße 71 · 1000 Berlin 12

F. Was für Pläne würden Sie machen?

1. Was würden Sie kaufen, wenn Sie es sich leisten könnten?
2. Was würden Sie heute abend machen, wenn Sie nicht lernen müßten?
3. Wohin würden Sie reisen, wenn Sie eine kostenlose Fahrkarte bekämen?
4. Wo würden Sie wohnen, wenn Sie irgendwo auf der Welt leben könnten?
5. Was würden Sie erleben wollen, wenn Sie den ganzen Sommer lang tun könnten, was Sie wollten?
6. Was würden Sie machen, wenn Sie die Gelegenheit hätten, das Leben Ihrer Mitmenschen zu verbessern?

Übung F. You could stimulate this exercise by bringing in magazine pictures—e.g., for #3, an ad for package tour to Hawaii!

G. Warum? Wählen Sie eine Frage aus Übung F, und schreiben Sie einen Absatz (*paragraph*) darüber! Beantworten Sie die Frage im Detail, und beantworten Sie auch die Frage „warum"!

Seit dem Fall der Mauer hat man viele ehemalige Ostdeutsche gefragt, ob es ihnen besser gefiele, wenn die Mauer noch stände. Die Antwort ist immer „nein", manchmal auch ein „nein, aber. . . ."

Ein Berliner Professor, 62: „Hat die Revolution nicht auch manches zerstört, was man lieber behalten hätte? Man lebte nicht im Elend. Es gab doch diese etwas bescheidene Behaglichkeit, und aus der sind die Leute nun herausgerissen."

Eine Potsdamer Hausfrau, 57: „Wenn die Mauer nicht gefallen wäre, hätte ich meine Mutter vielleicht nie mehr gesehen. So ist es mir möglich, meine Mutter täglich zu besuchen."

Ein Frankfurter/Oder Azubi,* 18: „Was ich nicht so gut finde ist, daß man jetzt in unserem Land alles in Frage stellt, was bisher auch unbestritten gut war, bestimmte soziale Maßnahmen zum Beispiel."

Eine Berliner Studentin, 19: „Wenn die Mauer nicht gefallen wäre, hätte irgendein Amt mir gesagt, was ich studieren kann, was nicht, und wo. Jetzt mache ich diese Entscheidungen selbst. Die Welt ist plötzlich offener, und von der Zukunft kann man wieder träumen."

A. Wie wäre es, wenn die Mauer noch stände?

1. Was fragt man die ehemaligen Ostdeutschen? 2. Was war positiv am Leben in der alten DDR? Gibt es das noch? 3. Was hätte die Hausfrau vielleicht nicht machen können, wenn die Mauer nicht gefallen wäre? 4. Worüber macht sich der Azubi Gedanken? 5. Welche Entscheidungen hätte die Studentin vor dem Fall der Mauer nicht selber machen können? 6. Wie sieht ihre Welt nun aus?

B. Fragen Sie Ihren Partner / Ihre Partnerin:

1. Hättest du vor zehn Jahren gedacht, daß du an dieser Universität studieren würdest? 2. Was hättest du nicht erwartet? (Ich hätte nicht gedacht, daß ich . . .)

Subjunctive II: Past Tense

Whereas the indicative has three tenses to express the past, the subjunctive has only one.

INDICATIVE	SUBJUNCTIVE II
PAST TENSE Sie war hier.	
PRESENT PERFECT TENSE Sie ist hier gewesen.	PAST TENSE Wenn sie nur hier gewesen wäre!
PAST PERFECT TENSE Sie war hier gewesen.	

Subjunctive II: Past Tense. You might give students feel for concept of "mood" by charting "mood spectrum" on board, showing progression from reality to unreality. Stress also that "time" or "tense" (*Tempus*) is only relative in imaginary world of subjunctive but absolute in factual world of indicative. Hence simplicity of only 1 past in subjunctive versus 3 nuances of past in "real world" of indicative!

---

* **Azubi = Auszubildender** *trainee*

It is a compound tense made up of the Subjunctive II form of the auxiliary **haben** or **sein** and a past participle.

PAST TENSE WITH **haben**

Wenn wir nur ein besseres Auto **gehabt hätten**!	*If only we had had a better car!*
Wenn du mich nur öfter **besucht hättest**!	*If only you had visited me more often!*

PAST TENSE WITH **sein**

Wenn sie nur hier **gewesen wäre**!	*If only she had been here!*
Wenn ihr nur mit mir ins Theater **gegangen wäret**!	*If only you had gone with me to the theater!*

When a modal is present, a sentence in the past subjunctive contains a *double infinitive*. A conjugated form of **hätte** is used with the double infinitive, rather than with the past participle of either the main verb or the modal. The double infinitive stands at the end of a clause.

Ich wünschte, wir **hätten** uns ein besseres Auto **leisten können**.	*I wished we could have afforded a better car.*
Wenn wir uns nur ein besseres Auto **hätten leisten können**!	*If only we could have afforded a better car.*

Subjunctive II: Double Infinitive. The double infinitive was first presented in Section B of Chapter 9. Refer students to that explanation if necessary.

Unrealizable Wishes

Except for the tense, the structure of the unrealizable wish is the same in both the present and the past subjunctive.

PRESENT	**Wenn** (+ subject) **nur** . . . (+ subjunctive verb)!
PAST	**Wenn** (+ subject) **nur** . . . (+ past participle + subjunctive auxiliary)!

The wish in both the present and past tenses may also be introduced by a present Subjunctive II form of a main verb, such as **wünschen**: ich **wünschte** (**nur**) (*I [only] would wish*; *I [only] wished*). This introductory clause may be followed by either an independent clause with normal word order or a subordinate clause that begins with **daß** and ends with the verb.

PRESENT	Ich **wünschte** (nur), { ich **hätte** mehr Geld. { daß ich mehr Geld **hätte**.
	I (only) wished *I had more money.*
PAST	Ich **wünschte** (nur), { ich **hätte** das Buch vorher **gelesen**. { daß ich das Buch vorher **gelesen hätte**.
	I (only) wished *I had read the book beforehand.*

Unrealizable Wishes. Emphasize that in actuality speaker does **not** have more money and has **not** read book previously.

Contrary-to-Fact Conditional Sentences

The contrary-to-fact conditional sentence may be expressed in the past as well as in the present Subjunctive II, depending on the time frame. In the past subjunctive, however, the **würde** alternative is generally not used.

CONTRARY-TO-FACT CONDITION (UNREALIZABLE WISH)	CONCLUSION (HYPOTHETICAL STATEMENT)
Wenn ich genug Geld **gehabt hätte,** *If I had had enough money,*	**hätte ich mir ein Auto gekauft.** *I would have bought myself a car.*

CONCLUSION	CONTRARY-TO-FACT CONDITION
Ich **hätte** mir ein Auto **gekauft,** *I would have bought myself a car*	wenn ich genug Geld **gehabt hätte.** *if I had had enough money.*

als ob with Subjunctive II

The two-word subordinating conjunction **als ob** (*as if*) introduces a contrary-to-fact comparison in a dependent clause. The indicative is used in the introductory clause; the Subjunctive II is used in the **als ob** clause.

Er tut, **als ob** er zu Hause **wäre.**   *He acts as if he were at home.*
Sie sah aus, **als ob** sie krank **gewesen wäre.**   *She looked as if she had been sick.*

als ob. Remark that *als ob* structure is quite frequently heard in spoken German and is very useful to master.

Übungen

Übung A. You might wish to have students repeat German sentences and replace objects, prepositional phrases, or any other sentence elements with something personal—e.g., 1. *die Museen / das Autokino*; 2. *nach Leipzig / nach Maui.*

A. Eine Reise durch die neuen Bundesländer. *Indicate which subjunctive expressions are in the present and which are in the past tense. Offer an English equivalent for each sentence.*

1. Wenn es mir besser ginge, würde ich die Museen besuchen.
2. Wenn wir mehr Zeit hätten, könnten wir auch eine Reise nach Jena machen.
3. Ich wünschte, daß wir noch einen Tag in Dresden verbracht hätten!
4. Es wäre billiger gewesen, wenn wir nicht in einem Luxushotel übernachtet hätten.
5. Ich wünschte, daß wir ein Theaterstück von Brecht sähen!
6. Wenn wir nach Berlin zurückkämen, gingen wir unbedingt ins Theater.
7. Wenn das Wetter besser gewesen wäre, hätten wir die Ostseeküste besucht.

Übung B. Each infinitive phrase could likewise elicit question—e.g., 1. *Was hat Erika?* 2. *Woran gewöhnt sich Marianne?* 3. *Wie ist Thomas?*, etc. This could in fact be done as intermediate stage before generating actual *als ob* sentence.

B. Wie sehen die Studenten und Studentinnen aus?

BEISPIEL: Michael / krank sein
Michael sieht aus, als ob er krank wäre.

1. Erika / eine Erkältung haben
2. Marianne / sich an die Uni gewöhnen
3. Thomas / sehr müde sein

Übungen B, C. Make clear to students that verb tense in Subjunctive II *als ob* clause does not have to be same tense as indicative introductory clause. Proper understanding of sequence of tenses is important. Also possible: *Michael **sieht** aus, als ob er krank **gewesen wäre**—i.e., reporting today he had been sick yesterday. Also possible: *Michael **sah** aus, als ob er krank **wäre**—reporting yesterday that he looked sick yesterday.

4. Susanne und Hans / sich amüsieren
5. Claudia und Monika / schwer arbeiten
6. Andreas / sich beeilen

C. Wie sahen die Nachbarn aus?

BEISPIEL: die Schmidts / sich für Gartenarbeit interessieren
Die Schmidts sahen aus, als ob sie sich für Gartenarbeit
interessiert hätten.

1. Herr Möller / kein Geld haben
2. Frau Krüger / reich sein
3. Herr und Frau Preiß / sich während der Ferien entspannen
4. Karin Geisler / sich über die Nachrichten wundern
5. Walter Schäfer / sich über den Lärm ärgern
6. Herr und Frau Wagner / sich mit den jungen Leuten verstehen

D. Wie war es vor der Vereinigung in der früheren DDR? Was wünschte
man damals? Bilden Sie Sätze im Konjunktiv!

BEISPIEL: Vor der Vereinigung gab es weniger Weiter-
bildungsmöglichkeiten (*possibilities for further education*).

Man wünschte, es hätte damals mehr Weiter-
bildungsmöglichkeiten gegeben.

VOR DER VEREINIGUNG

1. hatte man weniger Fernsehprogramme.
2. gab es weniger Freizeitangebote.
3. konnte man seine Meinung nicht frei äußern
(*express*).
4. bekam man weniger Chancen für berufliche
Selbständigkeit.
5. durfte man nicht überall hinreisen.
6. konnte man keine Bücher und Zeitungen
aus dem Westen lesen.
7. fand man weniger Warenangebote in den
Geschäften.

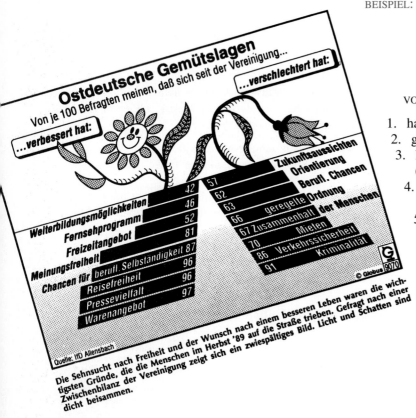

**E. Wie hat sich das Leben nach der Ver-
einigung verschlechtert?** Was wünscht
man heute?

BEISPIEL: Die Zukunft sieht unsicher aus.
Wenn die Zukunft nur nicht so
unsicher aussähe!

1. Man verliert seine Orientierung. (*Use* würde.)
2. Man hat weniger berufliche Chancen.
3. Die Menschen halten nicht mehr zusammen. (nicht mehr → wieder)
4. Man bezahlt eine höhere Miete. (höhere → niedrigere [*lower*])
5. Es gibt weniger Verkehrssicherheit (*traffic safety*).
6. Es gibt mehr Kriminalität.

Ostdeutsche Landschaft

Sammeltext

Eine kleine Geschichte der Vereinigung

Nach dem Ende des zweiten Weltkrieges wurde der östliche Teil° Deutschlands zur sowjetischen Besatzungszone.° Am 7. Oktober 1949 ist daraus die Deutsche Demokratische Republik geworden. Die Regierung der DDR hat im August 1961 die Berliner Mauer gebaut, weil zu viele Ostdeutsche über West-Berlin in den Westen geflohen sind. Nun war die DDR für lange Zeit gegen den Westen abgeriegelt.° Der „Eiserne Vorhang"° war geschlossen.

Zwischen 1986 und 1988 kündigte Michail Gorbatschow seine Reform-programme an.° Es sah nun so aus, als ob die Sowjetunion auch bei Reformen in anderen Ostblockländern nicht militärisch eingreifen° würde. Polen und Ungarn fingen mit den Reformen an. Das SED-Regime* in der DDR lehnte jedoch jede Reformbewegung° ab.° Wenn die DDR-Regierung die Initiative ergriffen hätte, wäre sie vielleicht an der Macht° geblieben. Aber so nahmen die Dinge ihren Lauf.°

part
occupied zone

sealed off / Iron Curtain

kündigte . . . an announced
intervene

reform movement / lehnte . . . ab . . . rejected
power / course

---

* **SED** = **Sozialistische Einheitspartei Deutschlands**

Die allgemeine Unzufriedenheit in der DDR stieg,° und als Ungarn am 11. September 1989 die Grenze nach Österreich öffnete, benutzten viele „Touristen" aus der DDR die Gelegenheit zur Flucht. Noch mehr DDR-Bürger wären über Ungarn in den Westen geflohen, wenn sie ein Visum nach Ungarn bekommen hätten. So reisten viele in die Tschechoslowakei, weil sie dorthin ohne Visum reisen konnten. Etwa 6000 Flüchtlinge besetzten° die deutsche Botschaft° in Prag. Am 30. September 1989 genehmigte° die DDR Sonderzüge, die die Flüchtlinge von Prag über die DDR in die BRD bringen sollten. DDR-Bürger kamen an die Bahnhöfe, durch die die Züge fahren mußten. In Dresden wollten verzweifelte° Menschen auf die rollenden Züge springen. Die DDR-Regierung hatte diese Freiheitszüge genehmigt, um die politische Situation vor der geplanten 40-Jahr-Feier zu entschärfen,° aber die Demonstrationen in der DDR gingen weiter und nahmen sogar zu.° Besonders an der sogenannten „Montagsdemonstration"* in Leipzig beteiligten sich° immer mehr Menschen. Am 9. November 1989 erklärte die DDR-Regierung eine allgemeine Reisefreiheit, und wenige Stunden später gingen Tausende von Ost-Berlinern an die Grenze. Sie stürmten die Mauer. Auch nach dieser historischen Nacht gingen die Demonstrationen weiter. Der Slogan war jetzt nicht mehr „wir sind das Volk", sondern „wir sind ein Volk". Am 3. Oktober 1990 wurde aus BRD und DDR wieder ein Land, ein neues Deutschland.

rose

occupied / embassy
sanctioned

desperate

defuse
nahmen . . . zu increased
beteiligten . . . participated

Die wichtigen Daten. Was passierte:

1. am 7. Oktober 1949?
2. im August 1961?
3. zwischen 1986 und 1988?
4. am 11. September 1989?

5. am 30. September 1989?
6. am 9. November 1989?
7. am 3. Oktober 1990?

Die fünf neuen Bundesländer

Ost-Berlin und West-Berlin sind jetzt wieder eine Stadt und eine Verwaltungseinheit.° Die Vereinigung brachte fünf neue Länder in das neue Deutschland: Mecklenburg-Vorpommern, Brandenburg, Sachsen-Anhalt, Thüringen und Sachsen.

governmental unit

Mecklenburg-Vorpommern, das fast 2 Millionen Einwohner hat, ist für seine Schlösser, für die Mecklenburger Seeplatte° und für die zahlreichen° Badeorte° an der Ostseeküste bekannt. Bad Doberan zum Beispiel, 1793 gegründet, war das erste deutsche Seebad. Schwerin ist die Landeshauptstadt; andere wichtige Städte sind die ehemaligen Hansestädte† Wismar, Stralsund, Rostock und Greifswald. Die letzteren zwei sind auch Universitätsstädte. Mecklenburg-Vorpommern ist auch für

lowland plain full of lakes / numerous / resorts

---

* **Montagsdemonstrationen**: During the 1980s the churches in the old **DDR** became a haven for people interested in political discussion. Starting in 1987, many churches held prayer services for peaceful change. In Leipzig, people began to march peacefully after the service, which was held on Mondays. In 1989, the number of marchers increased steadily as tensions escalated. On October 9, 1989 there were 70,000 marchers, and by October 16, 1989 the number swelled to 120,000.

† The Hanseatic League was formed in the thirteenth century by various German cities to promote trade.

die Backsteingotik° bekannt; die Ruine Eldena, die der Maler° Caspar David Friedrich als Motiv liebte, ist ein gutes Beispiel dafür. Viele Dichter und Künstler stammen aus diesem Land. Fritz Reuter ist wegen seiner Erzählungen, die oft die sozialen Verhältnisse° des 19. Jahrhunderts° schilderten,° verehrt.° Landwirtschaft° ist wichtig in diesem Land, und das Freilichtmuseum° in Mueß dokumentiert das Leben der Landbevölkerung.°

*Gothic architecture built of brick /
painter*

*conditions / century / portrayed /
honored / agriculture
open-air museum*

rural population

Badefreuden an der Ostsee

Schloß Sanssouci in Potsdam wurde
1745–1747 erbaut.

Brandenburg mit etwa 2,64 Millionen Einwohner war das ehemalige Zentrum Preußens. Die heutige Landeshauptstadt Potsdam symbolisiert das alte Deutschland, denn hier ließ Friedrich der Große das Schloß Sanssouci erbauen. Am 21. März 1933 verneigte sich° Hitler vor Hindenburg in der Garnisonskirche, um zu suggerieren, daß er die alten deutschen Traditionen fortführen° würde. Im Jahre 1945 wurde aber auch das Potsdamer Abkommen* im Potsdamer Cecilienhof unterschrieben. Heute besuchen viele Touristen Potsdam wegen seiner vielfältigen historischen Rolle in der Geschichte Deutschlands.

Andere bedeutende Städte Brandenburgs sind Cottbus, das Zentrum des Braunkohleabbaus,° Frankfurt an der Oder, eine ehemalige Hansestadt und heutige Universitätsstadt, die Stadt Brandenburg mit Stahl-° und Walzwerken° und Rathenow, das Zentrum der optischen Industrie. Verehrt in ganz Deutschland ist der Neuruppiner Theodor Fontane, der 1889 mit den „Wanderungen durch die Mark Brandenburg" das Land für seine Mitbürger entdeckte.°

verneigte . . . bowed

continue

brown coal mining

steel / rolling mills

discovered

---

* Between July 17 and August 2, 1945, the Allied leaders drew the new borders of Germany, decided on the reparations to be made by Germany, and spelled out the measures to be taken to demilitarize Germany and to promote democratic ideals. The agreement was signed by Truman, Stalin, and Attlee, who had succeeded Churchill on July 28, 1945.

Sachsen-Anhalt hat etwa 3 Millionen Einwohner. Das Land entstand° 1945 aus kleineren Gebieten, und wurde 1952 als Einheit° wieder aufgelöst.° Heute ist Magdeburg die Landeshauptstadt und ein wichtiges Industriezentrum. Im Mittelal-

originated

unit / dissolved

Sachsen-Anhalt. The Instructor's Resource Kit includes a copy of each of the mentioned songs by Wilhelm Müller.

Mit Wittenberg verbindet man auch heute noch Luthers Thesen und den Anfang der Reformation im Jahre 1517.

Leipzig ist für seine Messen (*trade shows*) berühmt.

ter war Magdeburg schon eine blühende Stadt, doch wurde sie im 30jährigen Krieg völlig zerstört. Merseburg war eine alte Kaiserstadt und ist heute auch eine Industriestadt, wie auch Bitterfeld und Halle. In den letzten Jahrzehnten hat die chemische Industrie die Umwelt um diese Städte schwer beschädigt;° die Behebung° der Umweltschäden° wird also noch lange dauern. Wittenberg, die als die „Lutherstadt" bekannt ist, ist auch eine Universitätsstadt. Interessant ist die alte Residenzstadt Dessau, wo der Komponist Kurt Weill geboren ist und wo der berühmte Künstlerverein,° genannt „Bauhaus", von 1925–1932 ihren Sitz hatte. Der Name des Dessauer Lieddichters° Wilhelm Müller ist wohl nicht so bekannt, doch seine Lieder, zum Beispiel „Am Brunnen vor dem Tore" und „Das Wandern ist des Müllers Lust", kennt jeder Deutsche.

Sachsen hat fast 5 Millionen Einwohner. Dresden, die heutige Landeshauptstadt, war im 17. Jahrhundert eine Kunstmetropole° Europas. Im Februar 1945 zerstörten aber Bomben viele der alten Prachtbauten.° Sachsen ist stark industrialisiert: Chemnitz und Zwickau sind Zentren des Maschinenbaus; Braunkohleabbau ist auch wichtig für die Wirtschaft dieses Landes. In Leipzig, der größten ostdeutschen Handelsstadt,° finden jährlich Industrie- und Buchmessen° statt.° Die Universität ist mit Namen wie den Philosophen Leibniz und Nietzsche und dem Dramatiker Lessing verbunden. Leipzig ist aber auch die Stadt der Montagsdemonstrationen, die zum Fall des SED–Staates führten. Die berühmteste Stadt neben Dresden und Leipzig ist aber wohl Meißen wegen seines Porzellans, ein Begriff in aller Welt.°

damaged / removal

pollutants

artists' group

songwriter

art center

magnificent buildings

trade city / book fairs / finden . . . statt *take place*

ein. . . *known throughout the world*

Thüringen hat etwa 2,7 Millionen Einwohner. Dieses Land entstand 1920 aus sieben Kleinstaaten, und Erfurt, die heutige Landeshauptstadt, wurde erst 1945 Teil des Landes. Während Erfurt seine Blütezeit vor dem 18. Jahrhundert erlebte, wurden Weimar, Gotha und Jena im 18. und frühen 19. Jahrhundert kulturelle Zentren Deutschlands. Namen der deutschen Klassik wie Goethe und Schiller, und der Romantik wie Brentano und Novalis, sind mit diesen Orten° verbunden. Die Schönheit dieses Landes und die Popularität des Thüringer Waldes als Wander- und Wintersportgebiet machen Thüringen zu einem der beliebtesten Reisegebiete Deutschlands.

places

A. Students should make chart fairly large with plenty of space for filling in information.

A. Die neuen Bundesländer. Machen Sie eine Tabelle wie die folgende und füllen Sie sie dem Text gemäß (*in accordance with*) aus!

NAME	HAUPTSTADT	ANDERE STÄDTE	SEHENSWÜRDIGKEITEN	INDUSTRIE	BERÜHMTE EINWOHNER
			viele Schlösser die Seenplatte die Backsteingotik die Ruine Eldena das Freilichtmuseum		
Brandenburg					
	Magdeburg: im 30jährigen Krieg zerstört; heute eine Industriestadt				
				Maschinenbau Braunkohleabbau Meißener Porzellan	
		Weimar, Gotha, Jena: kulturelle Zentren des 18.–19. Jahrhunderts; bekannt für die Klassik und Romantik			

DIE   OSTSEE

In Weimar sind noch viele historische Gebäude erhalten, und man atmet (*breathes*) den Geist (*spirit*) von Goethe und Schiller.

B. Wie gut kennen Sie die neuen Bundesländer?
Arbeiten Sie in Kleingruppen! Beantworten Sie die folgenden Fragen, und stellen Sie ähnliche Fragen über alle Bundesländer! Benutzen Sie die Karte (*map*) und die Tabelle, die Sie in Übung A gemacht haben!

1. Durch welche Länder fließt die Elbe?
2. Welches Land liegt an der Ostseeküste?
3. In welchem Land liegt (Meißen)?
4. Was ist die Landeshauptstadt von (Thüringen)?
5. Welche Städte liegen in (Sachsen-Anhalt)?
6. Wofür ist (Potsdam) bekannt?
7. Was für Industrie hat (Mecklenburg-Vorpommern)?
8. Was für Sehenswürdigkeiten gibt es in (Sachsen)?
9. Welche berühmten Menschen haben in (Brandenburg) gewohnt? Warum sind ihre Namen heute noch bekannt?

C. Welches von den neuen Bundesländern möchten Sie besonders gern besuchen? Warum interessieren Sie sich für dieses Land? Was würden Sie alles dort machen? Schreiben Sie darüber!

D. Ein berühmter Mensch. Wählen Sie den Namen von einem berühmten Menschen, den der Text erwähnt (*mentioned*) hat! Suchen Sie Informationen über diesen Menschen, und schreiben Sie eine kurze Biographie auf deutsch!

Gruß aus Österreich

17

Vorschau. *Fragen: Wie würden Sie den Nachmittag in einem Café verbringen? Würden Sie Kaffee trinken? ein Stück Torte oder Kuchen essen? eine Zeitung oder ein Buch lesen? Briefe oder Postkarten oder vielleicht ein Kapitel für Ihr neues Buch schreiben? die Leute beobachten (observe)? mit Freunden reden? ___?___*

Vorschau

„Herrengasse" heißt diese elegante Einkaufsstraße in Graz, der Hauptstadt von Steiermark. Wie viele Stockwerke haben die Gebäude? Was für Geschäfte sehen Sie im Erdgeschoß? Warum fahren Ihrer Meinung nach keine Autos in dieser Straße? Glauben Sie, daß Busse in diesem Abschnitt der Herrengasse erlaubt sind? Taxis? Fahrräder? Straßenbahnen? Möchten Sie einen Einkaufsbummel in der Herrengasse machen?

Wortgebrauch

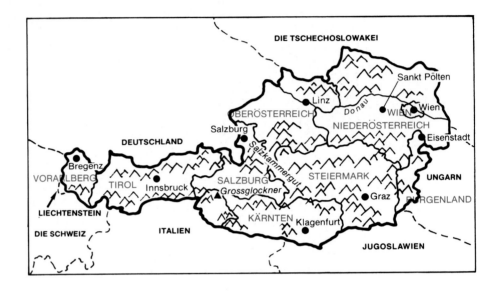

Übung A. *Wien* is considered by Austrians to be both *Stadt* and *Land*.

A. Wie gut kennen Sie Österreich?

1. Wie heißen die neun Länder (*provinces*) von Österreich?
2. Wie heißt die Landeshauptstadt (*provincial capital*) jedes Landes?
3. Was ist die Hauptstadt Österreichs?
4. Durch welche österreichischen Länder fließt die Donau?
5. In welchen österreichischen Ländern liegt das Salzkammergut?
6. In welchem Land ist der Großglockner, der höchste Berg Österreichs?
7. Wie heißen die sieben Nationen, die an Österreich grenzen?

B. Möchten Sie eines Tages eine Reise nach Österreich machen?

1. Wenn Sie Interesse an der Natur haben, würden Sie die österreichische Landschaft herrlich und vielfältig finden. In diesem kleinen Land können Sie Alpenland und Flachland (*low country*), Hügel und Wälder, viele Seen und auch die Donau sehen.
2. Wenn Sie Skilaufen wollten, könnten Sie Wintersportorte in Vorarlberg, Tirol, Salzburg, Kärnten, der Steiermark, Niederösterreich und Oberösterreich finden. Österreich ist ein Wintersportparadies.
3. Möchten Sie gern Ruinen, Burgen und Schlösser sehen? Möchten Sie alte Klöster (*monasteries/convents*) und Kirchen besuchen? Möchten Sie durch kleine malerische Dörfer mit alten Stadttoren fahren? Dann sollten Sie besonders Niederösterreich, Oberösterreich, die Steiermark und das Burgenland besuchen.

Übung B, 3. There's an old rhyme worth mentioning: *Österreich, Klösterreich.*

4. Wenn Sie Musikliebhaber sind, würden Sie gern während der Salzburger Festspiele die Geburtsstadt von Mozart besuchen. Vielleicht würden Sie auch Eisenstadt, die Geburtsstadt von Haydn, besuchen. Natürlich würden Sie mehrere Tage in Wien verbringen, wo Sie nicht nur ins Konzert, sondern auch in die Oper oder ins Theater gehen könnten.

C. Urlaub in Österreich. Fragen Sie Ihren Nachbarn / Ihre Nachbarin: Wenn du einen Urlaub in Österreich verbringen könntest, was würdest du tun? Was möchtest du sehen? Warum?

Wandgemälde an Privathäusern sind besonders in Süddeutschland und Österreich beliebt.

D. Wie gut kennen Sie Wien?

1. Wie heißen die verschiedenen Teile der berühmten Ringstraße, die die innere Stadt umgibt? (Sie heißen der Stubenring, . . .)
2. Wie heißt der Kanal, der an die Innenstadt grenzt?
3. Wie heißt die berühmte Straße, die von der Staatsoper (32) bis zum Stephansdom (1) läuft? Keine Autos dürfen auf dieser Straße fahren, weil

sie den Fußgängern (*pedestrians*) vorbehalten (*reserved*) ist.

4. Ein Teil der Ringstraße heißt der Parkring. Warum? Wie heißt der Garten neben dem Opernring? neben dem Dr. Karl Renner Ring?

E. Sie sind neu in Wien. Sie stehen jetzt vor der Wiener Universität (15). Fragen Sie andere Studenten/Studentinnen: Wie komme ich am besten zum Rathaus (14)? zum Parlament (12)? zum Kunsthistorischen Museum (36)? zum Burgtheater (13)? zur Staatsoper (32)? zum Konzerthaus (27)? zum Volkstheater (38)? zum Theater an der Wien (34)? zur Ruprechtskirche (23)? zum Stephansdom (1)? ___?___

F. Eine Woche in Wien. Fragen Sie einen Studenten / eine Studentin: Wenn du eine Woche in Wien verbringen könntest, was würdest du tun? Warum?

Wortschatz

Adjectives and Adverbs

bereit	ready
fest	solid(ly)
malerisch	picturesque
mehrere (*pl.*)	several
prächtig	magnificent(ly)
schläfrig	sleepy, sleepily
sichtbar	visible, visibly
steif	stiff(ly)
vielfältig	varied

Nouns

der Dichter, - / die Dichterin, -nen	poet
die Glasur, -en	icing
die Hitze	heat
der Hügel, -	hill
das Jahrhundert, -e	century
der Kanal, ̈e	canal
der Löffel, -	spoon
die Masse, -n	batter, dough; mass
das Mehl	flour
die Milch	milk
die Mischung	mixture
das Museum, *pl.* **Museen**	museum
der Ort, -e	place
die Realität	reality
das Salz	salt
der Schnitt, -e	cut
der Teig, -e	batter, dough; mixture
der Zucker	sugar
die Zutaten (*pl.*)	ingredients

Verbs

achten (auf + *acc.*)**, hat geachtet**	to pay attention (to), regard
ein • lullen, hat eingelullt	to lull
fallen (fällt), fiel, ist gefallen	to fall
fließen, floß, ist geflossen	to flow
gähnen, hat gegähnt	to yawn
genießen, genoß, hat genossen	to enjoy
gießen, goß, hat gegossen	to pour
hinzu • geben (gibt hinzu), gab hinzu, hat hinzugegeben	to add
komponieren, hat komponiert	to compose
malen, hat gemalt	to paint
schlagen (schlägt), schlug, hat geschlagen	to whip, beat
trennen, hat getrennt	to separate
umgeben (umgibt), umgab, hat umgeben	to encircle, surround
vermischen, hat vermischt	to mix

Useful Phrases

es ist kein Wunder	it's no wonder
in weite Fernen transportieren	to transport into the far reaches

Grammatik

Sachertorte, eine Wiener Spezialität

DIE ZUTATEN

Für den Teig:

150 g* Butter   150 g Schokolade
150 g Zucker   250 g Weißmehl
1 Teelöffel Vanille-Zucker $1\frac{1}{2}$ Teelöffel Backpulver
4 Eier   etwa 4 Eßlöffel Milch
eine Prise Salz

Für die Glasur:

150 g Schokolade   1 Teelöffel Rum-Aroma
150 g Butter

eine Prise Salz

das Eigelb   das Eiweiß

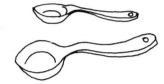

ein Teelöffel

ein Eßlöffel

1. Das Eigelb wird vom Eiweiß getrennt.
2. Die Butter wird mit dem Zucker schaumig (*frothy*) geschlagen. (Mit dem Mixer geht es schnell.)
3. Der Vanille-Zucker, das Eigelb und das Salz werden zu der Masse hinzugegeben.
4. Der Backofen wird auf 220° C vorgeheizt (*preheated*).
5. Die Schokolade wird im Wasserbad erweicht (*softened*) und dann hinzugegeben.
6. Das Backpulver wird mit dem Mehl vermischt. Dann wird die Mischung eßlöffelweise (*by tablespoons*) in den Teig gegeben.
7. Dann wird die Milch hinzugegeben, aber nur so viel, daß der Teig schwer vom Löffel fällt.
8. Man schlägt das Eiweiß zu steifem Schnee (*peaks*). Er muß so fest sein, daß ein Schnitt mit dem Messer sichtbar bleibt.
9. Dieser Schnee wird dann vorsichtig unter den Teig gemischt.
10. Man fettet den Boden einer Springform ein (fettet . . . ein *greases*) und gießt die schaumige Masse langsam in die Form.
11. Man bäckt die Torte 60 Minuten bei mittelstarker Hitze (150° C).
12. Für die Glasur erweicht man die Schokolade im Wasserbad. Dann gibt man die Butter und das Aroma hinzu. Diese Masse wird kaltgestellt, bevor die Torte damit bestrichen (*spread*) wird.

*g = Gramm

Im Hotel Sacher genießt man Sachertorte (feine Schokoladentorte) und Kaffee mit Schlag (*whipped cream*).

A. Wie macht man eine Sachertorte?

1. Welche Zutaten braucht man für den Teig? für die Glasur?   2. Was macht man mit den Eiern?   3. Was schlägt man?   4. Was vermischt man mit dem Mehl?   5. Was schlägt man zu steifem Schnee?   6. Was gibt man dann vorsichtig unter den Teig?   7. Wie lange bäckt man die Torte? 8. Wann bestreicht man die Torte mit der Glasur?

B. Fragen Sie Ihren Nachbarn / Ihre Nachbarin:

1. Kennst du diese Wiener Spezialität? Wenn ja, wie findest du sie? Was für eine Spezialität gibt es in deiner Stadt?   2. Bäckst du gern? Warum (nicht)? Was für einen Nachtisch machst du gern? am liebsten?

Passive Voice

Most sentences are in the *active voice*, which means that the subject performs the action or is the topic of the sentence. In the *passive voice*, the subject plays a passive rather than an active role. The subject is not the agent of the action but is acted on by an agent that is introduced in a prepositional phrase with **von** or **durch**. **Von** is followed by the dative case and indicates the person or thing that causes the action; **durch** is followed by the accusative case and indicates the means of carrying out the action.

SUBJECT	AUXILIARY	AGENT	VERB
Der Kuchen	**wird**	von dem Koch	**gebacken**.
The cake	*is baked*	*by the chef.*	
Das Museum	**wird**	durch freiwillige Spenden	**finanziert**.
The museum	*is financed*	*by voluntary donations.*	

Note that when the active voice is changed to the passive voice, two sentence elements change:

1. The direct object in the active voice becomes the subject in the passive voice.
2. The subject in the active voice becomes the object of a preposition in the passive voice.

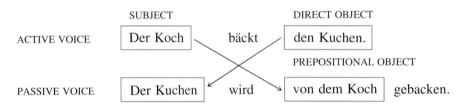

In both English and German, the active voice is used more frequently than the passive voice and is generally preferred, especially in speaking. It is simply a more direct way of saying who is doing what. The passive voice is used to emphasize the person or thing toward whom the action is directed rather than the initiator of the action. It occurs more often in writing than in speaking.

Formation and Tenses

The passive voice is formed with the auxiliary **werden**. One way to learn the five tenses in the passive voice is to divide them into two groups: (1) simple tenses: present and past; and (2) compound tenses: present perfect, past perfect, and future.

The passive voice in simple tenses is formed with the present or past tense of **werden** in the appropriate verb position and the past participle of the main verb at the end of the sentence.

PRESENT PASSIVE

Die Postkarte **wird geschrieben**. *The postcard is being written.*

PAST PASSIVE

Die Postkarte **wurde geschrieben**. *The postcard was being written.*

The passive voice in compound past tenses is formed with the present or past tense of **sein**, as an auxiliary of **werden**, and the past participle of the main verb plus **worden**. It is important to remember the following two points:

1. **Sein** is not used as the verb *to be*, but as the auxiliary to the perfect tenses of **werden**.

2. In the passive construction, **worden**—not **geworden**—is the past participle of **werden**: **Der Brief ist geschrieben worden** (*The letter was written*).

PRESENT PERFECT PASSIVE

Die Briefe **sind** nicht **gelesen worden**. *The letters weren't (haven't been) read.*

PAST PERFECT PASSIVE

Die Briefe **waren** nicht **gelesen worden**. *The letters had not been read.*

A sentence in the future passive contains two forms of **werden**:

1. a present-tense form of **werden** as the future auxiliary and

2. the infinitive (**werden**) in the final position following the past participle of the main verb.

FUTURE PASSIVE

Die Wanderung **wird diskutiert werden**. *The hike will be discussed.*

Modals

Present or past passive sentences with modals parallel the future passive construction, except that the present or past form of the modal is used in place of the present form of **werden**.

MODAL (PRESENT) Der Brief **kann** von ihm **geschrieben werden**.
The letter can be written by him.

MODAL (PAST) Der Brief **konnte** von ihm **geschrieben werden**.
The letter could have been written by him.

Modals. Remind students of neat structural parallelism between modals and *werden* as future auxiliary. Use simple sentences in various tenses of active voice as warm-up and review—e.g..

Der Mann { *wird* / *muß* } *den Brief schreiben.*

Impersonal Usage

The passive voice is commonly used in German signs and notices that have no real subject.

> Hier **wird** Englisch **gesprochen.** *English is spoken here.*
> Hier **wird** nicht **geraucht.** *No smoking.*

Unless another sentence element is in the first position, **es** often functions as the subject of a passive sentence.

> **Es wurde** auf der Wanderung bis spät in die Nacht **diskutiert.**
> Auf der Wanderung **wurde** bis spät in die Nacht **diskutiert.**
> *On the hike there was discussion till late at night.* (lit. *It was discussed . . .*)

> **Es wird** in diesem Restaurant schwer **gearbeitet.**
> In diesem Restaurant **wird** schwer **gearbeitet.**
> *In this restaurant people work hard.* (lit. *It is worked . . .*)

The impersonal **es** is often the subject in a passive sentence that has a dative object. Or, the sentence may have no subject, and the dative object itself may be in first position. Either way, the conjugated verb form is in the third-person singular.

> **Es wurde der Frau** für das gute Essen **gedankt.**
> **Der Frau wurde** für das gute Essen **gedankt.**
> *The woman was thanked for the good food.*

> **Den Besuchern wurde** das Zimmer **gezeigt,** in dem Mozart gewohnt hatte.
> *The visitors were shown the room in which Mozart had lived.*

ÜBER GESUNDHEIT WIRD GESPROCHEN

Impersonal Usage. Remark how often this kind of structure is heard colloquially and how useful it is to learn. Improvise parallel examples, using common group activities such as *singen, lachen, essen,* etc.

Übungen

A. Das „Boat in a Box"

1. Was kann aus Holz gemacht werden?
2. In wie vielen Tagen kann dieses Dingi zusammengebaut werden?
3. In wie vielen Größen kann dieses Dingi gemacht werden?
4. Für wieviel Mark kann dieses „Boat in a Box" gekauft werden?

Boot für Bastler

In ein bis zwei Tagen kann dieses Holzdingi von jedermann nach einer einfachen Anleitung zusammengebaut werden. Das „Boat in a Box" gibt's in zwei Größen: Als Mini für 1 bis 2 Personen (1350 Mark) und als Maxi für 2 bis 3 Personen (2150 Mark, beide Victoria-Versand, 7120 Bietigheim-Bissingen).

die Anleitung *instructions*
das Holzdingi *wooden dinghy*
jedermann *everyone*
zusammenbauen *to put together*

Übung A. Questions could be rephrased in active voice: 1. *Was kann man aus Holz machen?* 2. *In wie vielen Tagen kann man dieses Dingi zusammenbauen?* 3. *In wie vielen Größen macht man dieses Dingi?* 4. *Für wieviel Mark kann man dieses „Boat in a Box" kaufen?*

B. In der Galerie

1. Von wem wurde „Kinder im Fenster" gemalt? Wann wurde es gemalt?
2. Wie viele europäische Gemälde werden in der Residenzgalerie gezeigt?
3. Wann kann diese Ausstellung gesehen werden?
4. Wann kann die Galerie besucht werden?

RESIDENZGALERIE
Salzburg, Residenzplatz 1

Ferdinand G. Waldmüller: Kinder im Fenster, 1853

In 15 historischen Prunkräumen der ehemaligen erzbischöflichen Residenz werden ca. 200 Gemälde der europäischen Malerei des 16. bis 19. Jahrhunderts (mit den Abteilungen Niederländer, Franzosen, Italiener, Österreichischer Barock und 19. Jahrhundert) gezeigt.

Sonderausstellung von 5. Juni bis 18. Oktober »Hans Makart - Gemälde aus Salzburger Sammlungen«

Geöffnet täglich von 10.00 bis 17.00 Uhr

Führungen nach Voranmeldung: Tel. 0662/8042/2270

◆ ZUR ABWECHSLUNG MAL HAYDN Nichts gegen Mozart. Aber Wolfgang hier, Amadeus da – und das ein ganzes Jahr lang. Da empfehle ich zur Abwechslung mal eine Portion Joseph Haydn. Mozarts Landsmann und Zeitgenosse steht ja heute etwas in dessen Schatten. Aber gefeiert wurde er damals wie ein Popstar, besonders in London. Dort schrieb er 1791 (noch ein Jubiläum) die schwungvollen Symphonien Nr. 93 und 101, die **Claudio Abbado** und das englische **Chamber Orchestra of Europe** jetzt in einer wunderschönen Aufnahme vorlegen (Deutsche Grammophon). Ebenfalls empfehlenswert sind die Haydn-Streichquartette Opus 77 und 103 des **Tacács-Quartetts** (Decca) sowie eine gelungene Aufnahme der Haydn-Symphonien 92, 94 (die mit dem Paukenschlag) und 96 des **Cleveland-Orchestras** unter der Leitung von **George Szell** (Sony Classical). Und falls die Frage aufkommt, wer von wem abgeschrieben haben könnte: Haydn war immerhin 25 Jahre älter als Mozart und längst etabliert, als das Salzburger Genie von sich hören machte . . .

die Aufnahme, -n *recording*
gelungen *successful*
die Leitung *direction*
der Paukenschlag (*Surprise Symphony*)
der Schatten, - *shadow*
schwungvoll *sweeping*
vorlegen *to present*
der Zeitgenosse, -n (*wk.*) *contemporary*

erzbischöflich *archepiscopal*
das Gemälde *painting*
die Malerei *art*
die Prunkräume = prächtige Räume
die Sonderausstellung *special exhibition*
die Voranmeldung *appointment*

C. Zwei Komponisten aus Österreich

1. Welcher österreichische Komponist wird heute besonders verehrt (*honored*)?
2. Welcher Komponist wurde im späten 18. Jahrhundert wie ein Popstar gefeiert?
3. Von wem wurden die Symphonien Nr. 93 und 101 geschrieben?
4. Wer war schon längst etabliert, als das Salzburger Genie von sich hören machte?

D. Wie gut kennen Sie Haydn und Mozart und ihre Werke?

1. Wer wurde in Salzburg geboren?
2. Von wem wurden Opern wie „Die Zauberflöte" und „Figaros Hochzeit" komponiert?
3. Von wem wurden 104 Symphonien komponiert?
4. Nach wem wurde eine Kirche in Eisenstadt benannt?
5. Wer wurde von der Familie Esterházy eingestellt (*hired*)?
6. Nach wem wurde eine berühmte Süßigkeit aus Marzipan, Nougat und Schokolade benannt?

E. Das Hotel Fürstenhaus

Übung E. Ask students to rephrase questions in active voice: 1. Wann hat man das „Fürstenhaus", das als Lusthaus für Jagd und Fischerei diente, erbaut? 2. Wer hat das Lusthaus erbaut? 3–5. [already active voice] 6. Wann hat man das Haus völlig neu gestaltet? 7. Was bietet man den Hotelgästen heute?

1. Wann wurde das „Fürstenhaus", das als Lusthaus für Jagd und Fischerei diente, erbaut?
2. Durch wen wurde das Lusthaus erbaut?
3. Wer hat dieses Lusthaus besonders geliebt?
4. Wann wurde das Fürstenhaus ein Hotel?
5. Wer hat 1900 seine Sommerferien hier verbracht?
6. Wann wurde das Haus völlig neu gestaltet?
7. Was wird den Hotelgästen heute geboten?

HOTEL FÜRSTENHAUS

A-6213 PERTISAU/ACHENSEE · TIROL · AUSTRIA
BOX 21 · TEL. 05243/54 42, 54 47 · TELEX 534 447 ★★★★

Das „Fürstenhaus" wurde 1469 durch Herzog Sigismund von Tirol als Lusthaus für Jagd und Fischerei erbaut und diente als solches bis zur Mitte des 19. Jahrhunderts. Auch Kaiser Maximilian, bekannt für seine Jagdleidenschaft, liebte diesen Platz ganz besonders. Mit Beginn des Tourismus in Pertisau um 1850 war das Fürstenhaus bereits Gästehaus und Hotel. 1900 verbrachte der berühmte Psychoanalytiker Sigmund Freud hier seine Sommerferien.

1981 wurde das Haus völlig neu gestaltet. Nun bieten sich den Gästen 64 Zimmer, alle mit Bad und getrennten WC, Telefon und TV-Anschluß. 48 Zimmer haben Balkone oder Terrassen.

bieten, hat geboten *to offer*
erbauen *to build*
das Fürstenhaus *royal house*
der Herzog *duke*
die Jagd und Fischerei *hunting and fishing*
das Lusthaus *summerhouse*
neu gestalten *to remodel*

F. „**Trivia.**" Schreiben Sie mindestens sechs „Trivia"-Fragen!

BEISPIEL: Von wem wurde (die Rolle des Nosferatu im Stummfilm) gespielt?

fotografieren	malen	spielen
gewinnen	schreiben	tanzen
machen	singen	___?___

Wien: in der Staatsoper. Heute abend sehen Robert und Hannelore die Oper „Der Rosenkavalier" von Richard Strauss.

(Der Vorhang geht auf. Auf der Bühne sind ein prächtiges Schlafzimmer im alten Stil und das Liebespaar, die Marschallin und Octavian, zu sehen.)

ROBERT: *(schläfrig)* Die Realität ist leicht zu vergessen, wenn man in der Oper sitzt. Ich lasse mich so gern von der Musik einlullen.

HANNELORE: Ja, kein Wunder, daß du nie weißt, was passiert. Du mußt auf den Text achten.

ROBERT: Ich lasse mich gern in weite Fernen transportieren. *(Er gähnt.)*

HANNELORE: Man vergißt leicht, daß der Text von einem berühmten Dichter geschrieben worden ist.

ROBERT: Ja, ja, ich werde ihn schon noch lesen.

A. Wie finden Robert und Hannelore die Oper?

1. Was ist auf der Bühne zu sehen? 2. Was vergißt Robert leicht, wenn er in der Oper sitzt? Wie sagt er das? 3. Lullt die Musik ihn ein? Wie sagt er das? 4. Warum weiß Robert nicht, was passiert? 5. Was kann man bei dieser Oper leicht vergessen? 6. Was verspricht Robert Hannelore?

B. Fragen Sie Ihren Nachbarn / Ihre Nachbarin:

1. Von welcher Musik läßt du dich gern einlullen? 2. Vergißt du leicht die Realität, wenn du im Theater oder im Kino sitzt?

Szene aus dem „Rosenkavalier" von Richard Strauss

Alternatives to the Passive Voice

The passive voice emphasizes the recipient rather than the agent of the action. When the agent of the action is unnamed or nonspecific, there are other ways to emphasize the recipient without using the passive voice construction. First, recall the contrast between the same sentences in the active and in the ordinary passive voice:

Alternatives to the Passive Voice: *man.*
Students may be relieved to hear they are not expected to master passive voice and all alternatives in speech and writing. They do need to be reasonably aware of these forms, however, in reading more formal prose such as research publications.

	ACTIVE	PASSIVE
PRESENT	Die Frau **schließt** die Tür.	Die Tür **wird** von der Frau **geschlossen**.
PAST	Die Frau **schloß** die Tür.	Die Tür **wurde** von der Frau **geschlossen**.
PRESENT PERFECT	Die Frau **hat** die Tür **geschlossen**.	Die Tür **ist** von der Frau **geschlossen worden**.
PAST PERFECT	Die Frau **hatte** die Tür **geschlossen**.	Die Tür **war** von der Frau **geschlossen worden**.
FUTURE	Die Frau **wird** die Tür **schließen**.	Die Tür **wird** von der Frau **geschlossen werden**.

Now compare the following alternative methods of shifting the emphasis in a sentence without using the passive voice.

man + ACTIVE VOICE	**Man schließt** diese Tür leicht. *One easily closes this door. This door is easily closed.*
sein + **zu** + ACTIVE INFINITIVE	Diese Tür **ist** leicht **zu schließen**. *This door is easy to close.*
REFLEXIVE USE OF VERB	Diese Tür **schließt sich** leicht. *This door closes easily (is easily closed, is easy to close).*
sich lassen + ACTIVE INFINITIVE	Diese Tür **läßt sich** leicht **schließen**. *This door can be closed easily* (lit. *This door lets itself be closed easily.*)

The **man** plus active voice construction is the most common alternative to the passive voice, and you can use the construction with nearly all verbs. Some of the other alternatives are less common and work only with certain verbs. Compare the following passive sentence with the alternative:

Die Realität wird leicht vergessen. }
Die Realität ist leicht zu vergessen. } *Reality is easily forgotten.*

Übungen

A. Eine Theatervorstellung. *Restate each question in the active voice with* wer *as the subject.*

1. Von wem wird heute abend die Hauptrolle gespielt?
2. Von wem wird die Tenorrolle gesungen?
3. Von wem ist der Text geschrieben worden?
4. Von wem wird das Orchester dirigiert (*conducted*)?
5. Von wem sind die Tänze choreographiert worden?

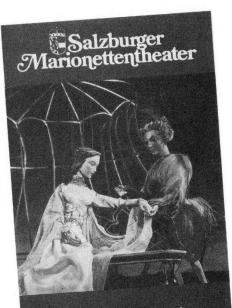

Salzburger Marionettentheater

A-5024 Salzburg/Austria
Schwarzstraße 24
Telefon 0662/72406

15.6. / 20 Uhr DIE ZAUBERFLÖTE	15.7. / 20 Uhr DER BARBIER VON SEVILLA
16.6. / 20 Uhr DON GIOVANNI	16.7. / 16 Uhr DER NUSSKNACKER
17.6. / 20 Uhr DIE ZAUBERFLÖTE	16.7. / 20 Uhr DIE ZAUBERFLÖTE
18.6. / 20 Uhr DIE ENTFÜHRUNG AUS DEM SERAIL	17.7. / 20 Uhr FIGAROS HOCHZEIT
19.6. / 20 Uhr LES CONTES D'HOFFMANN	18.7. / 16 Uhr DIE ZAUBERFLÖTE

B. Ein Theaterabend. *Restate each question in the active voice with* man *as the subject.*

1. Sind Theaterkarten leicht zu bekommen?
2. Wird Deutsch auf der Bühne gesprochen?
3. Was ist auf der Bühne zu sehen?
4. Ist die Realität hier leicht zu vergessen?
5. Ist der Text leicht zu verstehen?

C. Das Marionettentheater

1. Am 15. Juni wird „Die Zauberflöte" gespielt. An welchen Tagen kann man sie nochmal sehen?
2. Um wieviel Uhr ist der „Nußknacker" zu sehen? Um wieviel Uhr sind die meisten Marionettenopern zu sehen?
3. In welcher Stadt befindet sich das Marionettentheater?

D. Und Sie?

1. Kennen Sie die Opern, die von den Marionetten gespielt werden? Wenn ja: Welche?
2. Haben Sie einmal eine Marionettenvorstellung gesehen?
3. Haben Sie als Kind mit Marionetten gespielt? mit Handpuppen?

„Die Entführung aus dem
    Serail" *The Abduction from the
    Seraglio*
„Les Contes d'Hoffmann" *The
    Tales of Hoffmann*

Sammeltexte

Gruß aus Wien. You
might refer students to
realia in *Grammatik C*
of Chapter 12 (*Ich bin
ein freundlicher Wiener*).
Pointed head stands for
Stephansdom.

Gruß aus Wien

Wien, die Hauptstadt Österreichs, hat eine lange Geschichte, nicht nur als kultureller Mittelpunkt° sondern auch als geistiger° Mittelpunkt des Landes. Wegen Österreichs zentraler Lage° sind dort viele Kulturen des Westens und des Ostens zusammengekommen, und die Spuren° davon findet man vor allem in der Hauptstadt.

center / intellectual

location

traces

Die folgende Geschichte wird häufig° in Wien erzählt: Nach der letzten Belagerung° Wiens durch die Türken, 1683, ließen die Türken mehrere Säcke Kaffee zurück. Ein Mann, der Kolschitzky hieß, gründete am 27. Februar 1684 das erste Wiener Kaffeehaus „Zur blauen Flasche". Die Kultur des Kaffeehauses wird auch heute noch gepflegt.°

Wien hat die zweitälteste deutschsprachige Universität: Sie wurde 1365 gegründet (die älteste wurde 1342 in Prag gegründet).

Die alten Festungsmauern,° die die Stadt umgaben, wurden 1857 zerstört, und an ihrer Stelle° entstand° die berühmte Ringstraße. Sie ist mehr als 4 km lang.

Wien hat auch viele herrliche Gebäude, die aus verschiedenen Jahrhunderten stammen. Die Hofburg und Neue Hofburg werden von vielen Touristen besucht, und viele gehen zur Spanischen Reitschule, um die Lippizaner trainieren zu sehen.

Den Bau des Stephansdomes° begann man schon um 1137. Es ist der Höhepunkt° jedes Wienbesuches, vom 137 Meter hohen Turm° des Domes auf die Stadt hinunterzuschauen. Das Dach° des Domes mit seinen bunten° Glasziegeln° ist eine Attraktion für sich.

frequently
siege

carried on

fortress walls
place / emerged

St. Stephan's Cathedral
highlight / tower
roof / colorful / glazed tiles

Der Stephansdom in Wien: mit dem Aufzug kann man bis in die Spitze des Turms hinauffahren.

Geschichte

1. Wie kommen die Kulturen des Westens und des Ostens in Österreich zusammen?
2. Wann wurde das erste Kaffeehaus in Wien gegründet?
3. Erzählen Sie kurz die Geschichte vom ersten Wiener Kaffeehaus!
4. Wann wurde die Wiener Universität gegründet?
5. Wann und wo wurde die erste deutschsprachige Universität gegründet?
6. Was wurde 1857 in Wien zerstört?
7. Welche Gebäude werden von vielen Touristen besucht?
8. Wann wurde der Bau des Stephansdomes begonnen?

Die jüngste Vergangenheit°

jüngste . . . *recent past*

Seit 1955 genießt Österreich als neutraler, jedoch westlich orientierter Staat internationale Achtung.° Daß Österreich heute ein wichtiges Asylland ist, ist nicht allgemein bekannt. Dabei hat Österreich seit dem Ende des Zweiten Weltkrieges mehr als 2 Millionen Flüchtlinge aufgenommen, von denen über 600 000 im Lande geblieben sind. Und seit vielen Jahren arbeitet Österreich aktiv an den großen internationalen Organisationen mit. So gibt es zum Beispiel in etlichen° Krisengebieten° starke Kontingente österreichischer UNO-Soldaten.

esteem

several / regions in crisis

Die Nachkriegszeit ist heute auch für Österreich vorbei. Seit 1989 ist es nicht mehr der „Wachtturm° der Freiheit am Eisernen Vorhang". Seit die Grenzen offen sind, kommen viele Besucher aus den osteuropäischen Ländern. Und die wollen nicht nur schauen und einkaufen. Viele sehen in Österreich ein Vorbild.° Für sie ist Österreich ein „westliches Ufer",° von dem aus sie Hilfe, Kooperation und westliches Knowhow bekommen. Die meisten Österreicher sind ja den Nachbarn gegenüber auch durchaus hilfsbereit° eingestellt;° viele hoffen auf gute Geschäfte.

watchtower

model
bank

ready to help / of a mind

Mit seinem EG*-Beitrittsantrag° hat Österreich 1989 jedoch ein Signal gesetzt. Es will eindeutig° im Westen stehen und ist bereit, voll und gleichberechtigt° an dem Prozeß der europäischen Integration teilzunehmen° und ihn in Zukunft mitzugestalten.° Mit seiner starken Wirtschaft° sieht sich Österreich als wertvoller° Partner der EG.

application for membership
definitely / with equal rights
to participate
to help structure / economy / valuable

Der deutschen Wiedervereinigung stehen die meisten Österreicher positiv gegenüber, doch an einem Wiederanschluß† Österreichs ist niemand interessiert. Der österreichische Bundeskanzler Vranitzky sprach wohl für die Mehrheit° seiner Landsleute, als er 1989 erklärte: „Österreich wird ein selbständiger und selbstbewußter° Staat bleiben."

majority

self-confident

Österreich heute. *Restate each sentence in the active voice. Use* man *as the subject unless another subject is indicated in parentheses.*

---

*EG = Europäische Gemeinschaft (community)
†The Anschluß (annexation) of Austria into Hitler's Third Reich took place in March, 1938.

BEISPIEL: Österreich wird als neutraler, jedoch westlich orientierter Staat gesehen. →
Man sieht Österreich als neutralen, jedoch westlich orientierten Staat.

1. Österreich wird als ein wichtiges Asylland anerkannt.
2. Mehr als 2 Millionen Flüchtlinge wurden von Österreich aufgenommen. (Österreich)
3. UNO-Soldaten aus Österreich sind in Krisengebieten zu sehen.
4. Österreich wird nicht mehr der „Wachtturm der Freiheit am Eisernen Vorhang" genannt.
5. Österreich wird von vielen Leuten aus den osteuropäischen Ländern besucht. (viele Leute)
6. Ein Signal wurde von Österreich mit seinem EG-Beitrittsantrag gesetzt. (Österreich)
7. Österreich ist als wertvoller Partner der EG zu sehen.

In der Schweiz

Vorschau. Brainstorming ideas: *Straßenbahn, 11, viele Fenster; Taxis; Geschäftsmann, Anzug, weißes Hemd, Krawatte, Mantel, Brieftasche, nasse Straße, hat vielleicht geregnet; Confiserie (Konditorei); Café, Bar, Straßenlaterne, Straßenschild, Bäume mit Blättern, elegant, schön, teuer, ___?___*

Vorschau

Sind Sie je mit der Straßenbahn gefahren? Wenn ja: In welcher Stadt? Wohin sind Sie gefahren? Warum? Wenn nein: Womit fahren Sie meistens innerhalb Ihrer Stadt? mit dem Bus? Taxi? Auto? Fahrrad? Sieht diese Straße in Zürich wie eine in Ihrer Stadt aus? Was ist ähnlich (*similar*)? Was finden Sie anders? Beschreiben Sie die Straßenszene im Foto!

Wortgebrauch

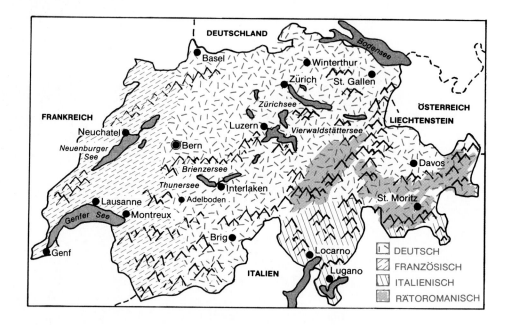

Übung A. See if students can answer questions with books closed.

A. Die Schweiz. Fragen Sie einen Studenten / eine Studentin:

1. Welche Länder grenzen an die Schweiz?
2. Wie heißen die zwei großen Seen, die an der Grenze liegen?
3. Wie heißen fünf kleinere Seen, die in der Schweiz liegen?
4. Welche vier Sprachen hört man in der Schweiz?
5. Welche Sprache spricht man hauptsächlich in Basel? in Genf? in Davos? in Lugano? in ___?___
6. Was ist die Hauptstadt der Schweiz?

Ihr Partner / Ihre Partnerin sollte jetzt die farbige (*colored*) Karte am Anfang des Buches ansehen! Fragen Sie ihn/sie:

7. Wie viele Kantone hat die Schweiz?
8. Wie heißen die drei größten Kantone?
9. Wie heißen die vier kleinsten Kantone?
10. Welcher Kanton liegt im nördlichsten (südlichsten, östlichsten, westlichsten) Teil der Schweiz?
11. Jura ist der jüngste Kanton der Schweiz. Wo liegt er?
12. Welche Kantone grenzen an (den Vierwaldstättersee)? Wo liegt der (Thunersee)?
13. In welchem Kanton liegt (Winterthur)?

Wenn Sie die Schweiz kennenlernen möchten, kommen Sie nach Bern. Bern ist eine typische Schweizer Stadt. In einer typisch schweizerischen Landschaft. In Bern lernen Sie die Schweiz kennen.

Die Schweiz ist in Bern.

B. Diskussionsthema: Ist die Schweiz in Bern?

Im 12. Jahrhundert hat der Herzog Berthold V. von Zähringen einen Bären getötet. Nach der Legende hat er gesagt, daß er eine Festung nach dem ersten Tier nennen würde, das er in der Gegend töten könne. So hat die Stadt Bern ihren Namen bekommen. Glauben Sie, daß man heute Bären in Bern sehen würde? Man sieht sie nicht auf den Straßen, sondern in den Bärengraben (*bear pits*).

1. Wenn Sie an die Schweiz denken, was kommt Ihnen in den Sinn? die Alpen? kleine malerische Dörfer? Schweizer Käse, Uhren und Schokolade? Banken? Neutralität? ___?___
2. Glauben Sie, daß Sie die Schweiz kennenlernen würden, wenn Sie nur die Hauptstadt Bern besuchten? Warum (nicht)?
3. Wie kann man, Ihrer Meinung nach, am besten ein Land und seine Leute kennenlernen? durch Reisen? durch Lesen? durch Diskussionen? durch Wohnen in der Hauptstadt? ___?___
4. Was ist für Sie eine typisch amerikanische Stadt in einer typisch amerikanischen Landschaft? Erklären Sie Ihre Antwort!

5. Könnte man die USA von nur einer Stadt kennenlernen? von nur einem Staat? Warum (nicht)?
6. Wenn Schweizer die USA kennenlernen möchten, welche Staaten und welche Städte sollten sie besuchen? Warum?

Wortschatz

Adjectives and Adverbs

hauptsächlich	mainly, chiefly
scheu	shy(ly)
zahlreich	numerous

Nouns

die Alp, -en	alpine meadow; (*pl.* mountains)
der Ausflug, ⸚e	excursion, outing
das Bestehen	existence
die (Schweizer) Eidgenossenschaft	(Swiss) Confederation
die Feier, -n	celebration
die Festung, -en	fortification
das Feuer, -	fire
der Hotelwirt, -e / die Hotelwirtin, -nen	innkeeper
der Kanton, -e	(Swiss) canton
die Käsezubereitung	making of cheese
die Legende, -n	legend

der Rauch	smoke
die Sennhütte, -n	cowherd's hut
das Tier, -e	animal

Verbs

erreichen, hat erreicht	to reach, attain
gelten (gilt), galt, hat gegolten	to be valid
statt · finden, fand statt, hat stattgefunden	to take place
teil · nehmen (nimmt teil), nahm teil, hat teilgenommen	to participate

Useful Words and Phrases

ein paar	a few
klar	of course
was kommt (Ihnen) in den Sinn?	what comes to (your) mind?

Grammatik

Viktor und Niklaus, zwei Schüler aus Zürich, verbringen ihre Ferien in Adelboden im Berner Oberland. Sie wollen einen Ausflug auf die Alp machen. Viktor fragt den Hotelwirt, was es auf der Alp zu sehen gebe. Der Wirt schlägt vor, er solle eine Sennhütte besuchen, wo Käse gemacht wird.

NIKLAUS: Aber wie wissen wir denn, in welchen Hütten Käse gemacht wird?
VIKTOR: Man kann das an dem Rauch erkennen.
NIKLAUS: Wieso denn?
VIKTOR: Zur Käsezubereitung braucht man ein Feuer.
NIKLAUS: Meint er, man könne da einfach hingehen?
VIKTOR: Klar. Sei doch nicht so scheu.

Dialogue. In spring, when snow recedes, farmers hire *Senn* to take cows up to high meadows to feed on fresh grass. *Senn* milks cows and makes cheese over open fire in his hut. In fall, cows are decorated and led back into village. Cheese is divided among farmers according to number of cows they sent with *Senn*.

A. Im Berner Oberland

1. Wo verbringen Viktor und Niklaus ihre Schulferien? 2. Was fragt Viktor den Hotelwirt? 3. Was schlägt der Hotelwirt vor? 4. Was hat er über den Rauch gesagt? 5. Meint der Hotelwirt, man könne eine Sennhütte besuchen?

B. Fragen Sie Ihren Nachbarn / Ihre Nachbarin:
Möchtest du deine Ferien im Berner Oberland verbringen? Warum (nicht)?

Eine Alpgenossenschaft im Berner Oberland beim „Käseteilen" (*distribution of cheese according to the amount of milk produced by each cow*)

Subjunctive I

Present Tense

Of the two forms of the subjunctive, Subjunctive I and Subjunctive II, the latter is the more commonly used form. Whereas Subjunctive II comes from the *second* principal part of the verb, Subjunctive I is derived from the *first* principal part, the infinitive. The present tense of Subjunctive I is formed by adding the subjunctive personal endings to the Subjunctive I stem, which is the same as the infinitive stem. Note that Subjunctive I has the same personal endings as Subjunctive II; only the stems are different.

	I	II	III
PRINCIPAL PARTS	**gehen, ging, ist gegangen**		
	↓		
SUBJUNCTIVE I STEM	**geh**		
SUBJUNCTIVE PERSONAL ENDINGS	ich geh**e**	wir	geh**en**
	du geh**est**	ihr	geh**et**
	er sie } geh**e** es	sie	geh**en**
	Sie	geh**en**	

454 • Kapitel 18 In der Schweiz

Sein is one verb that is frequently used in all forms of Subjunctive I. The subjunctive personal endings are added to the stem, except in the first- and third-person singular.

		sein, war, ist gewesen		
		↓		
ich	sei		wir	sei**en**
du	sei**est**		ihr	sei**et**
er sie es	sei		sie	sei**en**
		Sie	sei**en**	

In Subjunctive I, the stem vowel is the same as that of the infinitive, and umlauts are neither added nor subtracted: **du gebest**, **du fahrest**, **er dürfe**, **er spreche**.

Past Tense

The past-tense formation of Subjunctive I parallels that of Subjunctive II. It is based on the appropriate Subjunctive I form of **haben** or **sein** plus the past participle.

PAST (**haben**)   Ilse sagte, daß sie das Buch schon **gelesen habe**.
Ilse said that she had already read the book.

PAST (**sein**)   Sie dachten, daß wir schon **angekommen seien**.
They thought that we had already arrived.

In indirect speech, the indicative verb (in the introduction) may be in any tense. The subjunctive verb in the speech clause may be in either the present or the past tense of Subjunctive I or II, depending on the tense of the direct quotation.

VERB OF INTRODUCTORY CLAUSE	VERB OF SPEECH CLAUSE
any tense → indicative	present or past → Subjunctive I or II

Sie **sagt**,
Sie **sagte**,
Sie **hat gesagt**,
Sie **hatte gesagt**,
Sie **wird sagen**,

sie {**sei** / **wäre**} morgen in Luzern.

sie {**sei** / **wäre**} gestern in Luzern **gewesen**.

She says
She said
She said/has said
She had said
She'll say

she'll be in Lucerne tomorrow.
she was in Lucerne yesterday.

Indirect Speech

Whereas direct speech is an accurate, word-for-word quotation of someone else's words, indirect speech is a secondhand report, rather than an actual replay, of those words.

DIRECT	Franz sagte: „Ich habe kein Geld.“	*Franz said, "I have no money."*
INDIRECT	Franz sagte, er habe kein Geld.	*Franz said he had no money.*

A German sentence that expresses indirect speech has two parts: an introductory clause and a speech clause. The introductory clause is in the indicative, and the speech clause is in the *subjunctive* since it expresses assertion rather than fact. The speech clause may be an independent clause with normal word order (subject-verb), or it may begin with **daß** and take the form of a subordinate clause with the verb at the end. Note that **daß** is equivalent to *that*, a word commonly used to begin indirect speech in English: *Franz said that he had no money.* The speech clause may also appear first, followed by a comma and the verb of the introductory clause.

INTRODUCTORY CLAUSE	SPEECH CLAUSE (INDEPENDENT)
Franz sagte,	er habe kein Geld.

INTRODUCTORY CLAUSE	SPEECH CLAUSE (SUBORDINATE)
Franz sagte,	daß er kein Geld habe.

SPEECH CLAUSE (INDEPENDENT)	INTRODUCTORY CLAUSE
Er habe kein Geld,	sagte Franz.

Indirect Speech.
Although students must mainly be able to recognize and understand written and spoken examples of Subjunctive I, it is also important that they understand its structure.

Ein Dorf in 1549 Meter Höhe in der Nähe von Graubünden in den Schweizer Alpen

In instances where the Subjunctive I and the indicative forms are the same, the use of that subjunctive would be unclear, and the exact meaning of the sentence might be questionable. To avoid such ambiguity, you can use Subjunctive II instead. There is no difference in meaning between Subjunctive I and Subjunctive II, and it is acceptable to alternate between the two forms.

SUBJUNCTIVE I
SUBJUNCTIVE II } Sie sagten, sie { ~~haben~~ / **hätten** } kein Geld.
They said they had no money.

Indirect Questions

In indirect speech a direct yes/no question is phrased as a subordinate clause beginning with **ob** and ending with the subjunctive verb. This use of **ob** corresponds to that of the English *if* or *whether*.

DIRECT   Ich fragte ihn: „Hast du das Buch?"

INDIRECT   Ich fragte ihn, ob er das Buch { habe. / hätte.

DIRECT   Er fragte mich: „Sind Sie auch morgen hier?"

INDIRECT   Er fragte mich, ob ich auch morgen hier { sei. / wäre.

A question that begins with an interrogative word is also phrased in indirect speech as a subordinate clause, with the interrogative word first and the subjunctive verb last.

DIRECT   Er fragte sie: „Was liest du?"

INDIRECT   Er fragte sie, was sie { lese. / läse.

DIRECT   Der Tourist fragte: „Wo ist die Hütte?"

INDIRECT   Der Tourist fragte, wo die Hütte { sei. / wäre.

Indirect Commands

Commands, requests, or suggestions that are quoted in the imperative may be phrased in indirect speech by using the appropriate present-tense form of **sollen** in Subjunctive I or II plus the infinitive of the main verb.

DIRECT   Der Kellner sagte zu ihr: „Besuchen Sie Bern!"
           The waiter said to her, "Visit Bern."

INDIRECT { Der Kellner sagte zu ihr, sie { solle / sollte } Bern besuchen.

           Der Kellner sagte zu ihr, daß sie Bern besuchen { solle. / sollte.

The waiter told her [that] she should visit Bern.

Indirect Commands.
English and German indirect commands show marked structural contrast. English uses infinitive, whereas German employs clause with inflected verb.

Der Kellner sagte zu ihr,
sie solle *Bern* **besuchen**.
The waiter told her **to visit** Bern.

Other Uses of Subjunctive I

In addition to indirect speech, Subjunctive I has the following other applications that are encountered more frequently in written than in spoken German:

1. Realizable wishes: On certain formal occasions, at ceremonies, or in greeting card messages, fulfillable wishes or set phrases may be expressed in Subjunctive I.

Es **lebe** die Freiheit!	*Let freedom live!*
Möge das Neue Jahr viel Erfolg **bringen**!	*May the new year bring much success!*
Gott **gebe** ein langes und glückliches Leben!	*God grant a long and happy life!*

2. Suggestions to readers or listeners: Subjunctive I may be used in an article or speech to guide the audience.

Man **denke** in diesem Zusammenhang an den deutschen Dichter Friedrich Schiller.	*In this context one would think of the German writer Friedrich Schiller.*

3. Directions in formulas or recipes: Subjunctive I may be used to instruct the reader in carrying out a process.

Man **nehme** zunächst ein halbes Pfund Butter, dazu noch vier Eier und zwei Liter Milch.	*First take a half pound of butter, then four eggs and two liters of milk.*

4. Mathematical propositions: Subjunctive I is used to postulate data and solve problems.

Die Figur d **sei** . . .	*Let the figure* d *be (stand for)* . . .

Other Uses of Subjunctive I. Students planning to proceed to such intermediate courses as "Scientific German" or "Reading German," or those who will otherwise deal with technical or nonfictional prose, should become familiar with these forms for ease of recognition.

Texte und Übungen

Zeitungsartikel 1: Schweiz feiert

2. August 1991. Schwyz (dpa/AP). Die Feiern zum 700jährigen Bestehen° der Schweiz haben gestern, am Nationalfeiertag, mit einer Kundgebung° auf der Rütliwiese° am Vierwaldstättersee ihren Höhepunkt° erreicht. An ihr nahmen nicht nur die gesamte° Regierung, sondern auch 1800 offizielle Gäste teil, unter° ihnen zahlreiche Parlamentspräsidenten aus Europa.

existence

manifestation

Rütli (Mountain) Meadow / high point
whole / among

Auf dem Rütli wurde der Legende nach° 1291 die Eidgenossenschaft gegründet. Parlamentspräsident Ulrich Bremi sagte bei der Feier, die Schweiz sei an ihrem 700. Geburtstag erneut—wie 1291—im Aufbruch,° und zwar nach einem gemeinsamen° Europa. Als multikulturelle Demokratie sei das Land verpflichtet,° in Europa aktiv an der Lösung der gewaltigen° Probleme mitzuwirken.

Der Schweizer Bundespräsident Flavio Cotti rief seine Landsleute in einer Rundfunk-° und Fernsehansprache zu mehr Zuversicht° auf. Vielleicht nicht ganz zu Unrecht° sprächen einige angesichts° der europäischen Integration von einer schleichenden° Sinn-° und Identitätskrise der schweizerischen Gesellschaft.° Cotti zeigte sich aber überzeugt,° daß die Schweiz ihre Selbstzweifel° überwinden° und die Zukunft meistern werde.

Auf der Rütliwiese sagte Nationalratspräsident Ulrich Bremi, das Rütli sei vor 700 Jahren der Ort des Aufbegehrens° und des Aufbruchs gewesen und solle nun zum Ausgangspunkt° einer modernen europäischen Schweiz werden. Ziel° des Aufbruchs könne nur Europa heißen, und zwar Europa als Ganzes vom Atlantik bis zum Ural. Wirtschaftlich° sei die Schweiz schon heute internationaler als viele andere Nationen. In anderen Bereichen° sei aber auch Selbstkritik am Platz: „Noch sind wir Schweizer sehr auf uns selbst bedacht. Noch sind wir zu wenig herausgetreten aus der Rolle der scheinbar° nicht betroffenen,° der verschonten° Nation."

der . . . *according to legend*

erneut. . . *once again—as in 1291—in a state of change / common*

obliged

colossal

radio / confidence

zu. . . *unfairly / in the face of*

insidious / (crisis regarding) purpose / society convinced / self-doubts / overcome

revolt

point of departure / goal

economically

areas

apparently / affected / spared

A. Am 1. August

1. Was haben die Schweizer am 1. August 1991 gefeiert?
2. Wo haben die Feiern stattgefunden?
3. Wann wurde die Eidgenossenschaft gegründet?
4. Wer hat an den Feiern teilgenommen?

B. Was sagte man über die Schweiz? *Identify the tense of each statement and whether the verb is in Subjunctive I or II. Then restate the sentence in the indicative as a direct quotation.*

Pralinen mit Füllung, Schokoladentrüffel und Rumkugeln: „Wahl ist Qual." (*"Choice is torture."*)

BEISPIEL: Der Parlamentspräsident sagte, die Schweiz sei an ihrem 700. Geburtstag zu einem neuen Start bereit. (present tense, Subjunctive I)

Der Parlamentspräsident sagte: „Die Schweiz ist an ihrem 700. Geburtstag zu einem neuen Start bereit."

1. Der Parlamentspräsident sagte, das Land sei eine Demokratie.
2. Der Bundespräsident sagte, einige sprächen von einer Identitätskrise der schweizerischen Gesellschaft.
3. Er sagte, die Schweiz werde die Zukunft meistern.
4. Der Nationalratspräsident sagte, das Rütli sei vor 700 Jahren der Ort des Aufbruchs gewesen.
5. Er sagte, das Rütli solle zum Ausgangspunkt einer modernen europäischen Schweiz werden.
6. Er sagte, das Ziel des Aufbruchs könne nur Europa heißen.
7. Er sagte, die Schweiz sei wirtschaftlich schon heute internationaler als viele andere Nationen.
8. Er sagte, Kritik sei in manchen Bereichen am Platz.

Zeitungsartikel 2: Schweizer Nationalfeiertag

2. August 1991 (AP). Der Schweizer Nationalfeiertag am 1. August stand in diesem Jahr ganz im Zeichen° der 700-Jahr-Feier der Schweiz. An jenem Tag des Jahres 1291 soll der Grundstein° für die Eidgenossenschaft gelegt worden sein.

Der 1. August wurde jetzt allerdings erst zum 101. Male gefeiert. Denn bis weit in das vergangene Jahrhundert hinein galt der 7. November 1307 als Datum des Rütlischwurs.* Erst spät setzte sich die Erkenntnis durch,° daß die Eidgenossenschaft im Jahre 1291 gegründet worden sei. Seither gilt der Bundesbrief von 1291 als Gründungsdokument. Und vor 100 Jahren fand die sogenannte Bundesfeier aus Anlaß° des 600jährigen Bestehens der Eidgenossenschaft erstmals am 1. August statt: Diese erste Feierstunde wurde 1891 als nationale Feierstunde in Schwyz abgehalten.

Als Termin° für eine gesamteidgenössische° Bundesfeier wurde der 1. August aber durch einen Beschluß° der Regierung (Bundesrat) von 1899 bestimmt.° Und doch ist dieser Tag immer noch kein arbeitsfreier Feiertag im ganzen Land. Erst fünf der 26 Kantone erkennen den 1. August als gesetzlichen° Feiertag an. In den meisten anderen läuft das öffentliche Leben immerhin auf kleineren Touren° als an einem normalen Arbeitstag. Die große Ausnahme° bildet ausgerechnet° der jüngste Kanton: Als einziger gewährt° der Kanton Jura seinen Beamten und Angestellten° keinen arbeitsfreien Tag. Sogar der Postdienst,° der in der übrigen° Schweiz ruhte,° mußte dort gestern aufrechterhalten° werden.

stand . . . im Zeichen *revolved around*

foundation

setzte . . . *the recognition (of the fact) prevailed*

aus . . . *on, the occasion of*

Datum / *confederation-wide*
resolution / determined

legal
auf. . . *at a slower pace*
exception / of all things
grants / employees
postal service / rest of / was suspended (temporarily) kept going

---

* **Der Rütlischwur** was the oath taken by the founders of Switzerland on the meadow of Rütli Mountain.

C. Was berichtete die Zeitung? *To repeat what was reported in the newspaper, rephrase the following statements in the subjunctive. Use the correct tense of Subjunctive I; if a Subjunctive I form is identical to the indicative form of the verb, however, use Subjunctive II.*

1. Die Schweiz feierte am 1. August 1991 ihren 700. Geburtstag.
2. An jenem Tag des Jahres 1291 soll der Grundstein für die Eidgenossenschaft gelegt worden sein.
3. Bis weit in das vergangene Jahrhundert hinein war der 7. November 1307 das Datum des Rütlischwurs.
4. Seither gilt der Bundesbrief von 1291 als Gründungsdokument.
5. Vor 100 Jahren fand die Bundesfeier des Bestehens der Eidgenossenschaft erstmals am 1. August statt.
6. 1891 feierte man die erste nationale Feierstunde in Schwyz.
7. Der 1. August ist aber kein arbeitsfreier Feiertag im ganzen Land.
8. Nur fünf der 26 Kantone erkennen den 1. August als gesetzlichen Feiertag an.
9. Das öffentliche Leben läuft in den meisten Kantonen fast wie an einem normalen Arbeitstag.
10. Im Kanton Jura müssen sogar alle Beamten und Angestellten an diesem Tag arbeiten.

D. Was haben Sie neulich gefeiert? Arbeiten Sie mit einem Partner / einer Partnerin! Stellen und beantworten Sie Fragen über eine Feier (Geburtstagsfeier, Hochzeitsfeier, Feier zum 4. Juli)! Wann und wo fand die Feier statt? Warum? Wer nahm an der Feier teil? Wer sagte was? Was machten die Gäste? Machen Sie sich Notizen darüber!

E. Ein Zeitungsartikel. Benutzen Sie Ihre Notizen aus Übung D, und schreiben Sie einen kurzen Artikel im Konjunktiv!

Wilhelm Tell

Wilhelm Tell ist der Nationalheld der Schweiz, Symbol einer Freiheitsbewegung, die im 14. Jahrhundert die Schweiz von den Habsburgern befreit° hat.   *liberated*

Viktor und Niklaus lesen „Wilhelm Tell" von Friedrich Schiller und „Wilhelm Tell für die Schule" von dem Schweizer Autor Max Frisch. Die zwei Autoren haben völlig verschiedene Theorien über die Legende.

Die Schillerversion

Schiller war der Meinung, die Schweizer seien revolutionär gewesen. Sie seien fast alle freie Bauern° gewesen, die die feudalistische Gesellschaftsstruktur° des Mittelalters schon abgeschafft° hätten. Sie hätten sich von den Habsburgern befreien wollen, um einen demokratischen Staat zu gründen. Die Habsburger und ihre Vertreter, die Landvögte,° hätten sie sehr unterdrückt.° Zum Beispiel: Der Landvogt Landberg habe gehört, daß der Bauer Melchtal zwei schöne Ochsen habe. Er habe einen Knecht° zu Melchtal geschickt, der ihm diese Ochsen wegnehmen sollte. Melchtal habe sich gewehrt.° Bei diesem Kampf° habe er dem Knecht des Land-

farmers / social structure
abolished

provincial governors / oppressed

servant

sich. . . resisted / fight

Wilhelm Tell und sein Sohn vor dem Apfelschuß

vogts einen Finger gebrochen.° Melchtal sei dann geflohen. Als der Landvogt das erfahren habe, habe er den alten Vater von Melchtal festgenommen.° Diesem habe er dann die Augen ausstechen° lassen.

    Der schlimmste Landvogt sei Geßler gewesen. Aus reiner° Bosheit° habe er einen Hut auf eine Stange° gehängt und diese Stange dann in Altdorf aufgestellt. Dann habe er alle Schweizer gezwungen,° sich vor diesem Hut zu verbeugen,° denn er habe sie alle demütigen° wollen. Tell habe sich nicht verbeugt, weil ihm das zu weit gegangen sei. Daraufhin habe Geßler ihn dazu gezwungen, mit der Armbrust° einen Apfel vom Kopf seines Sohnes zu schießen. Auch dagegen habe sich Tell gewehrt. Er habe es aber trotzdem tun müssen, und es sei ihm auch gelungen.° Er habe aber zwei Pfeile° aus seinem Köcher° genommen. Auf Geßlers Frage, warum er das getan habe, habe er gesagt, er habe Geßler erschießen wollen, wenn ihm der Apfelschuß nicht gelungen wäre. Geßler habe ihn dann festgenommen. Tell habe sich aber befreit, und dann habe er auf Geßler in der „Hohlen Gasse" bei Küßnacht gewartet. Als Geßler in die Gasse geritten sei, habe er ihn mit seiner Armbrust erschossen. Das sei eine Heldentat° gewesen. Daraufhin hätten die Schweizer eine Demokratie gegründet, die sie dann gegen die Habsburger erfolgreich verteidigt° hätten.

	broke
	apprehended
	put out, blinded
	pure / malice
	pole
	forced / bow
	to humiliate
	crossbow
	es. . . he succeeded
	arrows / quiver
	heroic deed
	defended

Die Frischversion

Liest man aber die Erzählung von Frisch, so bekommt man ein völlig anderes Bild von der Geschichte. Frisch ist der Meinung, daß die Schweizer nicht revolutionär, sondern reaktionär gewesen seien. Sie seien nicht alle freie Bauern gewesen, sondern ihre Gesellschaftsstruktur sei, wie bei allen europäischen Ländern im Mittelalter, feudalistisch gewesen. Sie hätten alle Ausländer° gehaßt,° und da die Habsburger Ausländer waren, sich von ihnen befreien wollen. Die Habsburger seien aber wohlmeinende,° progressive Herrscher° gewesen. Die Geschichte von Melchtal und seinen Ochsen stimme nicht. Der Landvogt Landberg habe dem Bauern Melchtal seine Ochsen weggenommen, weil Melchtal ein Verbrechen° begangen° habe. Und der Landvogt habe dann Melchtals Vater die Augen ausgestochen (was im Mittelalter üblich° gewesen sei), weil der Vater verschwiegen° habe, wohin sein Sohn, der Verbrecher,° geflohen sei. Auch Tells Geschichte stimme nicht. Geßler sei kein Tyrann gewesen, sondern, im Gegensatz° zu Tell, ein gebildeter,° höflicher Mann. Geßler habe den Hut auf eine Stange gehängt, weil das damals Sitte° gewesen sei. Tell habe sich nicht vor dem Hut verbeugt, weil er den Hut nicht gesehen habe. Erst nachher habe er dann versucht, einen Protest daraus zu machen, weil er sich vor seinen Landsleuten wichtig tun° wollte. Geßler habe den Apfelschuß gar nicht gewollt. Das sei nur ein Scherz° gewesen, den die Schweizer ernst genommen hätten. Tell habe unbedingt schießen wollen, Geßler habe es ihm aber verboten. Tell habe dann gesagt, er wolle Geßler erschießen. Geßler habe ihn deswegen festnehmen müssen. Später habe er ihn freigelassen. Tell habe den Geßler dann aber doch erschossen—in der „Hohlen Gasse" bei Küßnacht. Das sei keine Heldentat gewesen, sondern eher° ein Mord.° Tell habe sich wie ein Terrorist verhalten.°

foreigners / hated

well-intentioned / rulers

crime / committed

customary / kept secret
criminal
contrast / educated
custom

sich . . . wichtig tun to show off
  one's importance
joke

rather / murder
habe sich verhalten behaved

F. Zwei verschiedene Meinungen. Wer hat das Folgende gesagt? Schiller oder Frisch?

1. Die Schweizer seien reaktionär gewesen.
2. Die Schweizer seien revolutionär gewesen.
3. Sie seien fast alle freie Bauern gewesen, die die feudalistische Gesellschaftsstruktur schon abgeschafft hätten.
4. Ihre Gesellschaftsstruktur sei feudalistisch gewesen.
5. Sie hätten die Habsburger nur gehaßt, weil sie Ausländer waren.
6. Sie hätten sich von den Habsburgern befreien wollen, um einen demokratischen Staat zu gründen.
7. Die Habsburger hätten sie sehr unterdrückt.
8. Die Habsburger seien wohlmeinende, progressive Herrscher gewesen.
9. Der schlimmste von den Landvögten sei Geßler gewesen.
10. Geßler sei ein gebildeter, höflicher Mann gewesen.

G. Die Geschichte von Wilhelm Tell. Wählen (*choose*) Sie entweder (*either*) die Schillerversion oder die Frischversion von der Geschichte, und schreiben Sie sie im Indikativ um! *Use the simple past tense.*

APPENDIX 1 Dialogue Translations

KAPITEL 1

A *Student café in Tübingen. Hans is a student and comes from Cologne. Karin is a student and she works as a waitress. They are friends.* HANS: Hello, Karin. How are you? KARIN: Fine, thank you. And you? HANS: Oh, not bad. Coffee and cheesecake, please. And also **Die Zeit**. KARIN: **Die Zeit** isn't here anymore. Here's the **Tübinger Wochenchronik**. It's interesting. HANS: What? The **Tübinger Wochenchronik**? Well, all right. KARIN: There you are.

B *Student café.* DIETER AND SUSI: Excuse me, is this seat free? HANS: Yes, sit down! SUSI: Karin says you come from Cologne and are new in Tübingen. We're studying too. DIETER: What are you studying? HANS: I'm studying music and literature. SUSI: Music? *The Magic Flute* by Bergman is playing this evening. DIETER: Yes, Susi and I are going. You too? HANS: Well, sure. DIETER: Then let's all go together.

C *Neckargasse.* KARIN: Aren't you working today? HANS: Yes, of course, but I need paper. KARIN: Now? It's already after 12:00, isn't it? It's lunch break. HANS: Lunch break? Everywhere? We're not familiar with that in Cologne. Is it always that way from 12:00 to 1:00, then? KARIN: One is never sure. Lunch break is usually from 12:00 to 12:45. PETER: And sometimes, too, from 12:30 to 2:00. HANS: How annoying!

KAPITEL 2

A *The dormitory: Walter's room.* PETER: Oh Walter, the room is luxurious. Is the rent high? WALTER: No, the room costs only 350 marks per month. The water, the electricity, and the heat are included. PETER: That's unbelievable. I pay 400 marks without utilities. WALTER: Yes, but the room actually isn't so large: four by three meters. PETER: There's room for the bed, the computer, the desk, and the closet. That's enough, isn't it?

B *A house in Tübingen: Peter's room.* WALTER: The room is really cozy. PETER: Yes, but it's a little dark. The window is very small. WALTER: But the view is great. I don't know Tübingen well at all yet. Is that a lake down there? PETER: No, that's not a lake; that's the Neckar. WALTER: That's probably the **Stiftskirche** over there? PETER: No, that's not the **Stiftskirche**; that's the Old University.

C *The rental agency.* STUDENT: I'm looking for a room. MR. BRAUN: I have three rooms available right now. STUDENT: Good. But I don't have much money. MR. BRAUN: The room here isn't so expensive. It has a cooking niche and a washing niche. STUDENT: Is it also furnished? MR. BRAUN: Yes, two chairs, a table, a desk, and closets. The furniture is modern and beautiful. The Murphy bed is even new. STUDENT: A table and a desk, too? That's ideal.

KAPITEL 3

A *Frankfurt: the airport.* THE CUSTOMS OFFICIAL: Do you have anything to declare? SARAH: I'm not sure. Which things are dutiable? THE CUSTOMS OFFICIAL: Cigarettes, brandy, wine, perfume . . . Is that your luggage? SARAH: Yes. The suitcase is already open. THE CUSTOMS OFFICIAL: Good. You have three cartons of cigarettes, two bottles of whiskey, and perfume. Is that all? SARAH: Yes, that's everything. But this is my perfume. Only these things are presents. THE CUSTOMS OFFICIAL: These cigarettes and this whiskey are dutiable.

B *Frankfurt: the airport.* CHRISTOPH: Hello, Sarah. Welcome to Germany. Here are some flowers. SARAH: Oh Christoph, how nice! How are you? (*They shake hands.*) CHRISTOPH: Fine, thanks. Unfortunately, we don't have much time. The train to Bonn goes at 1:10. SARAH: We have only twenty minutes. But I need marks. CHRISTOPH: No problem. I already have two tickets. You'll get marks this afternoon in Bonn.

C *Bonn: the train station.* SARAH: When does the bus go to Bad Godesberg? CHRISTOPH: It doesn't leave until 6:30. SARAH: Oh, we have some time then. Do you see a phone booth anywhere? CHRISTOPH: Yes, there's one over there, and it's even "international." SARAH: Uh, it's for telephone cards, but I have only coins. CHRISTOPH: Here, I have a telephone card.

KAPITEL 4

A *The train station in Oberstdorf: the ticket counter.* EDITH: How much does a junior pass cost? THE CLERK: The pass costs 110 marks. EDITH: Is it always valid? THE CLERK: Yes. EDITH: Good, I'll buy the pass, and I also need two tickets to Stuttgart. THE CLERK: One way or round trip? EDITH: One way, please. THE CLERK: These tickets cost 46 marks each, but the junior pass reduces *your* ticket by 50 percent. So the tickets and the pass together cost 179 marks.

B *The train station in Oberstdorf.* MRS. RICHTER: Our train is an IC, but I don't see it yet. EDITH: It'll come soon. Do you see this poster? A chartered trip to Dresden. Your cousin lives there. MRS. RICHTER: That interests me very much. I think Dresden is so beautiful, and you don't know this city yet. Why don't we go to Dresden together sometime?

C *The dining car. Mrs. Richter and Edith read the menu.* THE WAITER: What would you like, please? MRS. RICHTER: I'll order only a pot of coffee. EDITH: You really wouldn't like any lunch? I'm so hungry. The selection is large; they even have your favorite cake. MRS. RICHTER: Really? Black Forest cherry cake? I'd like that very much. THE WAITER: So, you would like a pot of coffee and a piece of cake. And the lady? EDITH: I'll take a plate of cold cuts and a cola, please.

KAPITEL 5

A *The border between Belgium and Germany. Mr. Schmidt, a German from Bremen, and Tom, his nephew from Chicago, are taking a car trip through Germany together.* MR. SCHMIDT: (*He sees a road sign.*) The B1 highway starts here. I know this road from before. It runs through Aachen, Braunschweig, and Berlin, and ends in Küstrin. Now this road joins West and East again. TOM: So we'll drive three or four days? MR. SCHMIDT: Yes, the B1 is almost 1000 kilometers long. It's 500 kilometers to Braunschweig. We'll travel through countryside and industrial areas. It will be varied. TOM: For me, the cities are especially interesting.

B *Tom writes a postcard to two acquaintances in Bremen.* Magdeburg, 8/23. Dear Heike and Susanne, Our trip through Germany continues. Yesterday we traveled from Braunschweig to Magdeburg. We stayed overnight here. It's especially nice for my uncle, because he lived here as a child. A lot of things in Magdeburg are very different from before, and my uncle says only the countryside around the city is the same. But today we visited the cathedral and also the cloister, and they are of course very old. I bought you a book in Braunschweig about environmental protection in Germany. It's amazing how active the people are here, especially the young people. I've learned a lot about energy problems and recycling. See you soon, Your Tom.

C *The Rennsteig. Tom and his uncle are hiking through the Thuringian Forest.* TOM: Why is this trail called the "Rennsteig"? MR. SCHMIDT: I don't know; they have always called it that. This hiking trail is very old and very famous as well. TOM: (*He laughs.*) Famous? I knew it: Goethe slept here! MR. SCHMIDT: Yes, he did, and he wrote poetry here, too. I knew the "Wanderer's Song at Night" as a schoolboy: "Over all the mountaintops / Is calm, / In all the treetops / You feel / Hardly a breath: / The little birds are quiet in the woods. / Just wait, soon / You will rest too."

KAPITEL 6

A *The Kurz family—Maria, Jan, and daughter Susi—live in Frankfurt an der Oder. The family is visiting Maria's cousin Karin in Lübeck.* KARIN: Have you eaten lunch yet? SUSI: Yes, we found a fast-food place. Only Mother didn't eat anything. MARIA: I think I have a cold. My head is throbbing. KARIN: Do you need an aspirin? MARIA: No thanks, I've already taken two. And we also bought a thermometer in the pharmacy. Look, it has a digital display and a peeping sound.

B *Maria and Jan are reading magazines.* MARIA: Look, here's an article about prejudices in East and West. (*She reads:*) "This is the way they are, the Ossis: eyes cast downward, quilted jackets, jeans, shoes are old, without color or shape, a plastic bag in their hands." JAN: The Wessis see us that way? And how do we see them? MARIA: (*She reads:*) "They are chic, they smell like Joop and

Lauder [fragrances], they wear Gucci shoes and have credit cards." JAN: Well, obviously we didn't have those things. Our life over there was very different; they really don't understand that very well.

C *A shopping trip.* MARIA: I promised presents to my sister, brother, and parents. JAN: I sent edible gifts to my parents. Chocolate, cookies, and of course Lübeck marzipan. MARIA: Good idea. Maybe I'll send my parents sweets and coffee as well. I'll buy my sister a blouse and my brother a traditional woolen jacket.

KAPITEL 7

A *A television commercial. A boy is shopping with his mother.* THE BOY: Mommy, will you please buy me this chewing gum? THE MOTHER: No, Hänschen, I'm definitely not going to buy it for you. You don't need it. It's bad for your teeth. THE SALESLADY: But Mrs. Miller, why don't you buy him this sugar-free "Gummi-Mint"? My dentist recommended it to me. THE MOTHER: Really? Then maybe we'll buy a pack after all. THE CHILD: Mommy, this gum is great! THE SALESLADY: Yes, "Gummi-Mint": refreshing, healthy, and also good for children. "Gummi-Mint."

B *Konrad Kurz is making supper tonight. His wife is watching television.* ANGELA: "Scene of the Crime" is on tonight. You like that detective show so much. KONRAD: Right now? ANGELA: No, you have another ten minutes yet. Only the commercials are on now. KONRAD: What good are ten minutes to me? I'll never be finished by then. Maybe you'll help me? ANGELA: All right, you make the sandwiches and I'll make the tea.

C *An evening of television with the Kurz family.* ANGELA: The television has been going again for an hour. Except for the commercials, there's nothing on now. KONRAD: Soccer's coming on after the commercials. ANGELA: Oh, isn't there anything coming (on) tonight except soccer? KONRAD: (*jokingly*) Sure, my colleagues are coming tonight. An evening of soccer at our house! ANGELA: Well fine, then, I'll get you some pretzels and beer from the kitchen . . . KONRAD: Oh, how nice of you. ANGELA: . . . and then I'm going shopping with my friend. Today is (long) Thursday. And you'll be at home with the children.

KAPITEL 8

A *Breakfast. Mrs. Kronz is sitting alone at a table next to the window. The waitress brings a tray with breakfast and sets it on the table.* MRS. KRONZ: Oh, the weather is so beautiful today. I think I'd like to have breakfast on the terrace. Is that all right? THE WAITRESS: Of course. Sit down at a table outside, and I'll bring breakfast onto the terrace. MRS. KRONZ: Thank you. That's very nice of you.

B *Hotel zum Adler: the reception desk. The father works as the desk clerk, and his son works as a bellhop during the school vacation.* A GUEST: I need a single room with a bath. THE CLERK: We have only a single room without a bath and a double room with a bath. THE GUEST: Well, then give me the double room. (*The clerk gives the guest a key, a registration form, and also a ballpoint pen.*) THE CLERK: Please write your name and address on this form. Leave your luggage here; my son will carry it right up to your room. (*He says to his son:*) Carry the luggage up to Room 25, and also show the gentleman the breakfast room at the same time.

C *Hotel zum Adler. Two guests are standing (in the hallway) in front of the elevator.* MR. GRUBER: The weather is so beautiful today. Let's take a walk to the bakery for a change and have breakfast there. MRS. GRUBER: But they even serve breakfast here on the terrace, and, anyway, we've already paid for breakfast. MR. GRUBER: Well, all right, but then I would like to go into town for lunch.

KAPITEL 9

A *The Schuberts have bought a piece of land and will now be building a house. They are talking with the architect, Mrs. Kitz, about their plans.* MR. SCHUBERT: You will not have an easy time with us, Mrs. Kitz. We would like to live grandly but build small. Just what can one do with 110 square meters? MRS. KITZ: Really quite a bit. This is a problem we know all too well here. (*She laughs.*) Our motto is: "Be it ever so humble . . ." I will be glad to help you. But tell me exactly what you wish [to have]. *One week later the Schuberts are at the architect's office again.* MRS. SCHUBERT: I like the plan for the first floor, but . . . MR. SCHUBERT: Will the kitchen really be next to the half-bath (toilet)? MRS. SCHUBERT: Yes, and the children's room is so small, we'll need a bunk-bed.

B *In the flower shop. Gretchen (five years old) and her father, Mr. Schubert, are buying flowers.* GRETCHEN: Daddy, I want to give Grandma some flowers too! MR. SCHUBERT: We can buy two bouquets. GRETCHEN: Do you think Grandma wants a bouquet with buttercups? MR. SCHUBERT: You can't buy flowers like that; you just pick them. GRETCHEN: Look, I'd like to have these flowers. They're so nice and yellow. MR. SCHUBERT: Those are chrysanthemums. You can't take those to her, because they're cemetery flowers. You shouldn't give those. How do you like the roses here? GRETCHEN: Great. I'll buy those.

C *In the living room. The grandmother is visiting Gretchen and her sister Helene today.* GRANDMA: Who baked so nicely? HELENE: We each made a cake for you, grandma. Mine is the gugelhupf (*Austrian yeast bread with raisins and almonds*) . . . GRETCHEN: . . . and I made the nut cake. GRANDMA: Then of course I want to have a piece of both [cakes]. Gretchen, your cake is delicious, and Helene, I think yours is also excellent. But, children, where did you get these recipes? HELENE: Grandma, they're both yours. GRANDMA: Are they really mine? Great.

KAPITEL 10

A *Martin is an exchange student from New York. He is living with a German family for a year while going to a Gymnasium in Germany. Margit is a classmate. Martin meets her on the street in front of his house.* MARGIT: Hi, Martin. I'm glad I ran into you. (*lit.:* It's good that I see you.) I'm supposed to ask you whether you're free this evening. MARTIN: Yes, why? MARGIT: Because we want to go to the theater. MARTIN: Great! I haven't been to the theater since I've been in Germany. What do you want to see? MARGIT: *The Threepenny Opera* by Brecht. If you want, we'll come to your place at 6:30; then we can all go together.

B *In the lobby during intermission. Martin and Margit want something to drink. Since many of the theatergoers want the same thing, however, they have to stand in line.* MARGIT: I like the play, especially because of the music by Kurt Weill. We often listened to Brecht's *Threepenny Opera* at home. That was one of my father's favorite records. MARTIN: Yes, I know the music too, but popularized. I recognized "Mack the Knife" immediately. (*He sings a bit.*) MARGIT: But sing in German instead of in English! MARTIN: (*He smiles.*) As the representative of the USA this evening, I prefer to stay with English.

C *Margit and Martin are reading the movie listings in the newspaper. Silent films from the '20s are showing. They discuss them.* MARGIT: You're really crazy about silent films. Look, on Friday Murnau's *Nosferatu* is coming. MARTIN: Really? I've already seen the film. Max Schreck in the role of Nosferatu impressed me very much. Isn't he creepy? MARGIT: Yes; you're going to laugh, but I can't sleep when I think about him at night. MARTIN: Well, I really do have to laugh. Let's look at the listings again, then. There—look! They're also showing Fritz Lang's *Metropolis*.

KAPITEL 11

A *Anne-Marie and Petra are two students in a Gymnasium class that is visiting Marburg on a school outing. The students, who have already grown somewhat impatient, are sitting together on the tour bus while the tour guide speaks through the microphone.* GUIDE: In front of us we see the Michelchen. That is the church in which Martin Luther preached. ANNE-MARIE: And that's a talk I've certainly heard countless times! I think it's so dumb when students who are 17 or 18 years old still have to go on school outings. PETRA: But I think it's interesting sometimes when I hear about things or people whose history I already know well. Saint Elisabeth, for example, is a woman [whom] I have admired for a long time.

B The Pied Piper of Hameln: Years ago the people of the town of Hameln were in despair. So many rats lived in their town that the people had nothing more to eat. One day a stranger visited the town and said, "I can help you, but only if you promise me a lot of money for my help." The people were happy and accepted his offer. The Pied Piper played on his flute and all the rats followed him, even when he marched into a river. All the rats drowned in the river. Later, when the Pied Piper demanded his payment, the people didn't want to pay him. He had to leave the town without his money. One week later the Pied Piper could be seen in the town once again. It was Sunday, and all the people except for the children were in church. The Pied Piper played on his flute again, but now it wasn't the rats who followed him but rather all the children in town. He led the children of Hameln into a mountain. One boy could not follow the Pied Piper because he was lame, so later he was able to tell the people of Hameln everything. Although the people regretted their crime and looked for the children a long time, they could never find their children.

C The Women of Weinsberg: Many years ago an army came to Weinsberg and conquered the town. The general of the army wanted to kill all the men in the town. However, he had sympathy with the women, and he said, "Tomorrow all of you may leave town, and anything you can carry on your backs you may also take with you out of town."

That night the women hardly slept. They didn't know what they should do, and thought only about their husbands, who had to die the next day.

As it grew light the next day, the women left the town. But to the amazement of the general, each woman carried her husband on her back. The general admired the women's brainstorm so much that he did not kill the men because of it. In this way the women of Weinsberg were able to save their husbands.

KAPITEL 12

A *Mr. and Mrs. Braun—young working people—are on their way home one evening.* MRS. BRAUN: I'm so hungry. Can't we go to a fast-food place? There's good sausage and fresh salad there, too. MR. BRAUN: But at the market you can get fresh country eggs and crusty country bread today. My mouth waters when I think about it. MRS. BRAUN: Okay, then let's make a **Strammen Max** at home; that's fast too.

B *Mr. and Mrs. Braun go to lunch.* MR. BRAUN: After such a long morning I'm really glad when I can just go into the nearest restaurant. MRS. BRAUN: Yes, but look, the corner table is taken today. MR. BRAUN: There are still some places at the huge **Stammtisch** in the back. MRS. BRAUN: Let's ask the waiter whether that's reserved right now. MR. BRAUN: That's not necessary. The regular guests will certainly come later, and by then the small table may be free and we can sit there.

C *After lunch.* MRS. BRAUN: That was an excellent lunch. MR. BRAUN: Yes, I don't know the last time I ate such a beautiful thick steak. MRS. BRAUN: Yes, but now I need a [cup of] strong coffee; otherwise I can't do anything else today. MR. BRAUN: I'd also like coffee, and for dessert I'm ordering a wonderful ice cream sundae. I don't care about the calories today. (*Half an hour later: Mr. and Mrs. Braun are finished with their meal.*) MR. BRAUN: Waiter, the check, please. WAITER: Together or separately? MR. BRAUN: Together. WAITER: 39 marks and 40 pfennigs. MR. BRAUN: 40 marks. Keep the change. [That's OK.]

KAPITEL 13

A *Karl, 25, is studying mechanical engineering in Aachen, and Claudia, 28, is an intern [in medicine]. For the time being they are still living in Claudia's old student "pad," but they really want a two-room apartment.* CLAUDIA: Well, Darling, did you have any luck today? KARL: Yes and no. I was the first at the newsstand at the railroad station, bought the newspaper, and went with the "for rent" section straight to the telephone booth. CLAUDIA: And? KARL: The first call was in vain, the second call was in vain, . . . CLAUDIA: And the third? KARL: With the third call I got lucky. But the apartment is somewhat on the outskirts [of the city], and we have to renovate it. CLAUDIA: That doesn't matter. The main thing is that we have something.

B *Maria, Nicole, and Anne are students at a Gymnasium in Berlin, formerly East Berlin. They answer their teacher's question about their plans after graduation.* MARIA: If I get a job at MBB, I want to start as a machinist and study mechanical engineering on the side. That way I can earn money and make progress in my studies. NICOLE: I want to start studying (at the university) right away—English and German literature, in Munich. ANNE: I want to be independent and find a job, but without first having to go to the university for years. Maybe I can work at a bank or in the public service sector.

C *Dieter Müller, 46, and his wife Sabine, 29, are talking with Dieter's parents.* DIETER: We have a big surprise for you. MRS. MÜLLER: Yes? What is it? SABINE: We're expecting a baby. MRS. MÜLLER: What! My first grandchild! That I lived to see the day! How nice. MR. MÜLLER: Congratulations! But it is not going to be easy. And later, when you're 60, you'll still have a teenager in the house. When I was your age, we had already raised our children.

KAPITEL 14

A *On the tennis court after the game. Theo, a German sports teacher from Frankfurt am Main, is visiting his younger cousin Simon in Los Angeles. The athletic German would like to engage in sports every day, because he doesn't want to get out of practice.* SIMON: Man, Theo, you were really chasing me all over the court. You play much better than I do, and I thought you only played soccer in Germany. THEO: No, not at all. Tennis is just as popular at home as it is here. And not only as a spectator sport. SIMON: Yes, Becker and Graf proved that. THEO: That's for sure. I think more and more people want to play tennis just because of Boris [Becker] and Steffi [Graf].

B *Simon and Theo are driving on the freeway through a suburb of Los Angeles.* THEO: I like to drive this way best of all: long stretches without lights and without intersections. SIMON: Yes, we probably have the largest freeway system in the world. THEO: You don't exactly have the fastest car. SIMON: What do you want, anyway? I'm just observing the speed limit. THEO: Hey, look at that old tank up there! Those are the slowest cars, and they guzzle the most gas. Why don't you pass him? SIMON: Why should I? I'm driving fast enough. THEO: I can't understand why you don't want to pass that lame duck.

C *Theo has a German soccer match on videocassette. His parents sent it to him because they know what a soccer fan their son is.* AUDIENCE: (*in the background*) Zicke, zacke, zicke, zacke, heu, heu, heu . . . THEO: Shoot . . . go on! THE ANNOUNCER: There it is!

Barely three seconds before the end of the game, Frankfurt's treacherous center forward shoots the ball into the goal! THEO: (*jumps up*) Goal, goal, goal . . . THE ANNOUNCER: And that's the end of the game, with six to five for **Eintracht Frankfurt**. The next game is this coming Saturday in Kaiserslautern. We will broadcast the game live, and that evening we'll televise a repeat broadcast. SIMON: That was incredibly exciting. Some day I'd like to see a game like that in Germany.

KAPITEL 15

A *Bloomington, Indiana, U.S.A. Renate, a German student, goes to the student cafeteria almost every day. There she meets her German acquaintances at 4:00 in the afternoon, and they have coffee. (Renate is sitting at a table. Ingrid comes.)* RENATE: Have a seat! What's new? Aren't you feeling well? INGRID: Oh, I'm O.K., I'm just upset about my courses. You always have to cram here. RENATE: Yes, I know. I can't quite get used to it either. INGRID: I don't have much time. I've got to hurry. There's another test again tomorrow.
B *It's Friday evening, and Renate is sitting alone in her dormitory room. Debbie knocks on the door and then goes in. They talk.* DEBBIE: It surprises me that you sit around in your room on a Friday evening. Don't you have any plans? RENATE: Is something going on tonight? DEBBIE: Fridays and Saturdays there's always something going on at the university. You're interested in films. Why don't you just get yourself a film schedule sometime? RENATE: I can't afford any evenings at the movies right now. I have too little money and too much work. DEBBIE: These films are free, and when you really relax, the work goes much better.
C *Bill is talking to Renate about the German university system because he would like to study at a German university the following semester.* RENATE: German students have to work hard, too, but not day after day as regularly as American students. You meet for many seminars only once a week, and you don't have to prepare for exams constantly. BILL: I don't necessarily want to take so many exams all the time. They help me to review the material, though. I have to cram in order to learn the material. RENATE: At home they let students work much more on their own. I find the slower pace in Germany more pleasant. You'll never hear me complain about that.

KAPITEL 16

A *Süddeutsche Zeitung*, Saturday/Sunday, 17/18 February, 1990: Berlin/DDR, 16 February—It was so beautiful, the revolution—and now? "By bedtime we had heard about the opening of the wall. Suddenly we stood in the street, our nightgowns under the other things we had thrown over them, our toothbrushes for some strange reason in the pockets of our jackets (they would notice this later in the West). And [we] shoved and pushed and couldn't get out of the crowd. And [we] were suddenly in the West, in the middle of the night, as though we were dreaming." This is the way nurse Brigitte R. remembers the historic night. Three months later she had gotten used to the open wall. But she does not like to go to the West: "If I were to go into the large western stores, I couldn't tolerate the sight of [all] the goods."
B *Scala*, August 1990: Right away on the second weekend after the wall fell, the computer expert Eckart S. traveled to the Federal Republic of Germany [FRG] and looked for—and found—a partner for his business idea. Now with the aid of western technology, he wants to help the outdated businesses in the former German Democratic Republic [GDR] survive. "It won't work with machines from the East like those from Robotron," says the computer technologist. "First of all, they are much too poor [in quality] and, second, much too expensive. Even if I were to sell them at an exchange rate of one to ten, the western computers would still be cheaper." His business philosophy is simply to adopt western progress: "If we tried to reinvent the wheel, we'd miss the boat."
C Since the fall of the wall, many former East Germans have been asked whether they would like it better if the wall were still standing. The answer is always "no," sometimes also a "no, but . . . " A Berlin professor, 62: "Didn't the revolution also destroy some things that we would rather have kept? We weren't living in misery. There was this rather modest comfort, and now the people have been torn from it." A Potsdam housewife, 57: "If the wall had not fallen, perhaps I would never have seen my mother again. Now it's possible for me to visit my mother every day." A Frankfurter/Oder apprentice, 18: "What I don't find so good is that now in our country everything that was earlier [considered] irrefutably good is questioned, certain social measures, for example." A Berlin student, 19: "If the wall had not fallen, some office would have told me what I can study, what I can't, and where. Now I'm making these decisions myself. The world is suddenly more open, and we can dream again about the future."

KAPITEL 17

A *Sachertorte, a Viennese specialty.* THE INGREDIENTS—*For the batter*: 150 g butter; 150 g sugar; 1 tsp vanilla sugar; 4 eggs; a pinch of salt; 150 g chocolate; 250 g white flour; $1\frac{1}{2}$ tsp baking powder; about 4 tbs milk *For the icing*: 150 g chocolate; 150 g butter; 1 tsp rum extract 1. Separate the egg yolks from the whites. 2. Beat the butter and the sugar together until they are frothy. (This goes fast with a mixer.)   3. Add the vanilla sugar, the egg yolks, and the salt to the mixture.   4. Preheat the oven to 220°C.   5. Soften the chocolate over hot water, and then add it to the batter.   6. Mix the baking powder with the flour. Then add the mixture by tablespoonfuls to the batter.   7. Then add the milk, but only enough so that the batter does not fall easily from the spoon.   8. Beat the egg whites until they form stiff peaks, so that a slice made with a knife remains visible.   9. Gently fold the egg whites into the batter.   10. Grease the bottom of a springform cake pan, and slowly pour the mixture into the pan.   11. Bake the cake for 60 minutes in a moderately hot oven (150°C).   12. For the icing, soften the chocolate over hot water. Then add the butter and the flavoring. Chill this mixture before icing the cake with it.

B *Vienna: at the National Opera. Tonight Robert and Hannelore are seeing the opera* **Der Rosenkavalier** *by Richard Strauss. (The curtain goes up. On stage can be seen a magnificent old-fashioned bedroom and the lovers, the Marschallin and Octavian.)* ROBERT: (*sleepily*) Reality is easy to forget when you sit in the opera. I really like to let myself be lulled by the music. HANNELORE: Yes, no wonder you never know what's happening. You have to pay attention to the text. ROBERT: I like to let myself be transported into the far reaches. (*He yawns.*) HANNELORE: One easily forgets that the text was written by a famous poet. ROBERT: Okay, okay, I *will* read it.

KAPITEL 18

Viktor and Niklaus, two students from Zurich, are spending their vacation in Adelboden in the Bernese Alps. They want to take a trip to the alpine meadow. Viktor asks the innkeeper what there is to see on the alpine meadow. The innkeeper suggests he should visit a cowherd's hut where cheese is made. NIKLAUS: But how do we know in which huts the cheese is being made? VIKTOR: You know that by the smoke. NIKLAUS: Why is that? VIKTOR: You need a fire to make cheese. NIKLAUS: Does he think you can just go there? VIKTOR: Of course. Don't be so shy.

APPENDIX 2 Verbs

Principal Parts of Strong and Irregular Weak Verbs

INFINITIVE	(PRESENT)	PAST	AUXILIARY +	PAST PARTICIPLE
backen	(bäckt)	backte	hat	gebacken
beginnen		begann	hat	begonnen
bieten		bot	hat	geboten
bitten		bat	hat	gebeten
bleiben		blieb	ist	geblieben
braten	(brät)	briet	hat	gebraten
bringen		brachte	hat	gebracht
denken		dachte	hat	gedacht
dürfen	(darf)	durfte	hat	gedurft
einladen	(lädt ein)	lud ein	hat	eingeladen
empfehlen	(empfiehlt)	empfahl	hat	empfohlen
erziehen		erzog	hat	erzogen
essen	(ißt)	aß	hat	gegessen
fahren	(fährt)	fuhr	ist (hat)	gefahren
fallen	(fällt)	fiel	ist	gefallen
fangen	(fängt)	fing	hat	gefangen
finden		fand	hat	gefunden
fliehen		floh	ist (hat)	geflohen
fließen		floß	ist	geflossen
geben	(gibt)	gab	hat	gegeben
gehen		ging	ist	gegangen
genießen		genoß	hat	genossen
gewinnen		gewann	hat	gewonnen
gießen		goß	hat	gegossen
haben	(hat)	hatte	hat	gehabt
halten	(hält)	hielt	hat	gehalten
hängen		hing	hat	gehangen
heben		hob	hat	gehoben
heißen		hieß	hat	geheißen
helfen	(hilft)	half	hat	geholfen
kennen		kannte	hat	gekannt
kommen		kam	ist	gekommen
können	(kann)	konnte	hat	gekonnt
lassen	(läßt)	ließ	hat	gelassen
laufen	(läuft)	lief	ist (hat)	gelaufen
lesen	(liest)	las	hat	gelesen
liegen		lag	hat	gelegen
mögen	(mag)	mochte	hat	gemocht
müssen	(muß)	mußte	hat	gemußt
nehmen	(nimmt)	nahm	hat	genommen
nennen		nannte	hat	genannt

INFINITIVE	(PRESENT)	PAST	AUXILIARY +	PAST PARTICIPLE
raten	(rät)	riet	hat	geraten
reiten		ritt	ist (hat)	geritten
rennen		rannte	ist (hat)	gerannt
riechen		roch	hat	gerochen
scheinen		schien	hat	geschienen
schießen		schoß	hat	geschossen
schlafen	(schläft)	schlief	hat	geschlafen
schlagen	(schlägt)	schlug	hat	geschlagen
schließen		schloß	hat	geschlossen
schreiben		schrieb	hat	geschrieben
schwimmen		schwamm	ist (hat)	geschwommen
sehen	(sieht)	sah	hat	gesehen
sein	(ist)	war	ist	gewesen
singen		sang	hat	gesungen
sitzen		saß	hat	gesessen
sprechen	(spricht)	sprach	hat	gesprochen
springen		sprang	ist (hat)	gesprungen
stehen		stand	hat	gestanden
steigen		stieg	ist	gestiegen
sterben	(stirbt)	starb	ist	gestorben
stoßen	(stößt)	stieß	hat (ist)	gestoßen
streiten		stritt	hat	gestritten
tragen	(trägt)	trug	hat	getragen
treffen	(trifft)	traf	hat	getroffen
treiben		trieb	hat	getrieben
trinken		trank	hat	getrunken
tun		tat	hat	getan
verbinden		verband	hat	verbunden
vergessen	(vergißt)	vergaß	hat	vergessen
vergleichen		verglich	hat	verglichen
verlieren		verlor	hat	verloren
verschweigen		verschwieg	hat	verschwiegen
wachsen	(wächst)	wuchs	ist	gewachsen
waschen	(wäscht)	wusch	hat	gewaschen
werden	(wird)	wurde	ist	geworden
wissen	(weiß)	wußte	hat	gewußt
wollen	(will)	wollte	hat	gewollt
ziehen		zog	ist (hat)	gezogen

stehen, hat gestanden. Only *haben* is used with *stehen* in this book. In southern Germany, Switzerland, and Austria, *sein* is used with *stehen*: *stehen, ist gestanden.*

Conjugation of Verbs

A. KEY AUXILIARY VERBS

INFINITIVE: **haben** (*to have*)   PRINCIPAL PARTS: **haben (hat), hatte, hat gehabt**

INDICATIVE				
PRESENT	PAST	FUTURE	PRESENT PERFECT	PAST PERFECT
ich habe	ich hatte	ich werde haben	ich habe gehabt	ich hatte gehabt
du hast	du hattest	du wirst haben	du hast gehabt	du hattest gehabt
er sie es } hat	er sie es } hatte	er sie es } wird haben	er sie es } hat gehabt	er sie es } hatte gehabt
wir haben	wir hatten	wir werden haben	wir haben gehabt	wir hatten gehabt
ihr habt	ihr hattet	ihr werdet haben	ihr habt gehabt	ihr hattet gehabt
sie Sie } haben	sie Sie } hatten	sie Sie } werden haben	sie Sie } haben gehabt	sie Sie } hatten gehabt

SUBJUNCTIVE				
PRESENT I	PRESENT II	FUTURE/ALTERNATE PRESENT I & II	PAST I	PAST II
ich [habe]*	ich hätte	ich { [werde] würde } haben	ich [habe] gehabt	ich hätte gehabt
du habest	du hättest	du { werdest würdest } haben	du habest gehabt	du hättest gehabt
er sie es } habe	er sie es } hätte	er sie es } { werde würde } haben	er sie es } habe gehabt	er sie es } hätte gehabt
wir [haben]	wir hätten	wir { [werden] würden } haben	wir [haben] gehabt	wir hätten gehabt
ihr habet	ihr hättet	ihr { [werdet] würdet } haben	ihr habet gehabt	ihr hättet gehabt
sie Sie } [haben]	sie Sie } hätten	sie Sie } { [werden] würden } haben	sie Sie } [haben] gehabt	sie Sie } hätten gehabt

IMPERATIVE
FORMAL: Haben Sie . . .   INFORMAL SINGULAR: Hab(e) . . .   INFORMAL PLURAL: Habt . . .   FIRST-PERSON PLURAL: Haben wir . . .

*Brackets indicate that Subjunctive II forms are preferred here.

INFINITIVE: **sein** (*to be*)   PRINCIPAL PARTS: **sein (ist), war, ist gewesen**

INDICATIVE				
PRESENT	PAST	FUTURE	PRESENT PERFECT	PAST PERFECT
ich bin	ich war	ich werde sein	ich bin gewesen	ich war gewesen
du bist	du warst	du wirst sein	du bist gewesen	du warst gewesen
er sie es ⟩ ist	er sie es ⟩ war	er sie es ⟩ wird sein	er sie es ⟩ ist gewesen	er sie es ⟩ war gewesen
wir sind	wir waren	wir werden sein	wir sind gewesen	wir waren gewesen
ihr seid	ihr wart	ihr werdet sein	ihr seid gewesen	ihr wart gewesen
sie Sie ⟩ sind	sie Sie ⟩ waren	sie Sie ⟩ werden sein	sie Sie ⟩ sind gewesen	sie Sie ⟩ waren gewesen

SUBJUNCTIVE				
PRESENT I	PRESENT II	FUTURE/ALTERNATE PRESENT I & II	PAST I	PAST II
ich sei	ich wäre	ich { [werde] / würde } sein	ich sei gewesen	ich wäre gewesen
du sei(e)st	du wär(e)st	du { werdest / würdest } sein	du sei(e)st gewesen	du wär(e)st gewesen
er sie es ⟩ sei	er sie es ⟩ wäre	er sie es ⟩ { werde / würde } sein	er sie es ⟩ sei gewesen	er sie es ⟩ wäre gewesen
wir seien	wir wären	wir { [werden] / würden } sein	wir seien gewesen	wir wären gewesen
ihr seiet	ihr wäret	ihr { [werdet] / würdet } sein	ihr seiet gewesen	ihr wäret gewesen
sie Sie ⟩ seien	sie Sie ⟩ wären	sie Sie ⟩ { [werden] / würden } sein	sie Sie ⟩ seien gewesen	sie Sie ⟩ wären gewesen

IMPERATIVE
FORMAL: Seien Sie . . .   INFORMAL SINGULAR: Sei . . .   INFORMAL PLURAL: Seid . . .   FIRST-PERSON PLURAL: Seien wir . . .

B. REGULAR WEAK VERBS

INFINITIVE: **fragen** (*to ask*)   PRINCIPAL PARTS: **fragen, fragte, hat gefragt**

INDICATIVE				
PRESENT	PAST	FUTURE	PRESENT PERFECT	PAST PERFECT
ich frage	ich fragte	ich werde fragen	ich habe gefragt	ich hatte gefragt
du fragst	du fragtest	du wirst fragen	du hast gefragt	du hattest gefragt
er/sie/es fragt	er/sie/es fragte	er/sie/es wird fragen	er/sie/es hat gefragt	er/sie/es hatte gefragt
wir fragen	wir fragten	wir werden fragen	wir haben gefragt	wir hatten gefragt
ihr fragt	ihr fragtet	ihr werdet fragen	ihr habt gefragt	ihr hattet gefragt
sie/Sie fragen	sie/Sie fragten	sie/Sie werden fragen	sie/Sie haben gefragt	sie/Sie hatten gefragt

SUBJUNCTIVE				
PRESENT I	PRESENT II	FUTURE/ALTERNATE PRESENT I & II	PAST I	PAST II
ich [frage]	ich fragte	ich {[werde] / würde} fragen	ich [habe] gefragt	ich hätte gefragt
du fragest	du fragtest	du {werdest / würdest} fragen	du habest gefragt	du hättest gefragt
er/sie/es frage	er/sie/es fragte	er/sie/es {werde / würde} fragen	er/sie/es habe gefragt	er/sie/es hätte gefragt
wir [fragen]	wir fragten	wir {[werden] / würden} fragen	wir [haben] gefragt	wir hätten gefragt
ihr fraget	ihr fragtet	ihr {[werdet] / würdet} fragen	ihr habet gefragt	ihr hättet gefragt
sie/Sie [fragen]	sie/Sie fragten	sie/Sie {[werden] / würden} fragen	sie/Sie [haben] gefragt	sie/Sie hätten gefragt

IMPERATIVE
FORMAL: Fragen Sie . . .   INFORMAL SINGULAR: Frag(e) . . .   INFORMAL PLURAL: Fragt . . .   FIRST-PERSON PLURAL: Fragen wir . . .

C. IRREGULAR WEAK VERBS

INFINITIVE: **bringen** (*to bring*)   PRINCIPAL PARTS: **bringen, brachte, hat gebracht**

INDICATIVE				
PRESENT	**PAST**	**FUTURE**	**PRESENT PERFECT**	**PAST PERFECT**
ich bringe	ich brachte	ich werde bringen	ich habe gebracht	ich hatte gebracht
du bringst	du brachtest	du wirst bringen	du hast gebracht	du hattest gebracht
er sie } bringt es	er sie } brachte es	er sie } wird bringen es	er sie } hat gebracht es	er sie } hatte gebracht es
wir bringen	wir brachten	wir werden bringen	wir haben gebracht	wir hatten gebracht
ihr bringt	ihr brachtet	ihr werdet bringen	ihr habt gebracht	ihr hattet gebracht
sie Sie } bringen	sie Sie } brachten	sie Sie } werden bringen	sie Sie } haben gebracht	sie Sie } hatten gebracht

SUBJUNCTIVE				
PRESENT I	**PRESENT II**	**FUTURE/ALTERNATE PRESENT I & II**	**PAST I**	**PAST II**
ich [bringe]	ich brächte	ich {[werde]/würde} bringen	ich [habe] gebracht	ich hätte gebracht
du bringest	du brächtest	du {werdest/würdest} bringen	du habest gebracht	du hättest gebracht
er sie } bringe es	er sie } brächte es	er sie } {werde/würde} bringen es	er sie } habe gebracht es	er sie } hätte gebracht es
wir [bringen]	wir brächten	wir {[werden]/würden} bringen	wir [haben] gebracht	wir hätten gebracht
ihr bringet	ihr brächtet	ihr {[werdet]/würdet} bringen	ihr habet gebracht	ihr hättet gebracht
sie Sie } [bringen]	sie Sie } brächten	sie Sie } {[werden]/würden} bringen	sie Sie } [haben] gebracht	sie Sie } hätten gebracht

IMPERATIVE
FORMAL: Bringen Sie . . .   INFORMAL SINGULAR: Bring(e) . . .   INFORMAL PLURAL: Bringt . . .   FIRST-PERSON PLURAL: Bringen wir . . .

D. STRONG VERBS

INFINITIVE: **sehen** (*to see*)   PRINCIPAL PARTS: **sehen (sieht), sah, hat gesehen**

INDICATIVE

PRESENT	PAST	FUTURE	PRESENT PERFECT	PAST PERFECT
ich sehe	ich sah	ich werde sehen	ich habe gesehen	ich hatte gesehen
du siehst	du sahst	du wirst sehen	du hast gesehen	du hattest gesehen
er sie } sieht es	er sie } sah es	er sie } wird sehen es	er sie } hat gesehen es	er sie } hatte gesehen es
wir sehen	wir sahen	wir werden sehen	wir haben gesehen	wir hatten gesehen
ihr seht	ihr saht	ihr werdet sehen	ihr habt gesehen	ihr hattet gesehen
sie Sie } sehen	sie Sie } sahen	sie Sie } werden sehen	sie Sie } haben gesehen	sie Sie } hatten gesehen

SUBJUNCTIVE

PRESENT I	PRESENT II	FUTURE/ALTERNATE PRESENT I & II	PAST I	PAST II
ich [sehe]	ich sähe	ich {[werde] würde} sehen	ich [habe] gesehen	ich hätte gesehen
du sehest	du sähest	du {werdest würdest} sehen	du habest gesehen	du hättest gesehen
er sie } sehe es	er sie } sähe es	er sie {werde würde} sehen es	er sie } habe gesehen es	er sie } hätte gesehen es
wir [sehen]	wir sähen	wir {[werden] würden} sehen	wir [haben] gesehen	wir hätten gesehen
ihr sehet	ihr sähet	ihr {[werdet] würdet} sehen	ihr habet gesehen	ihr hättet gesehen
sie Sie } [sehen]	sie Sie } sähen	sie Sie {[werden] würden} sehen	sie Sie } [haben] gesehen	sie Sie } hätten gesehen

IMPERATIVE

FORMAL: Sehen Sie . . .   INFORMAL SINGULAR: Sieh(e) . . .   INFORMAL PLURAL: Seht . . .   FIRST-PERSON PLURAL: Sehen wir . . .

Vocabulary

Abbreviations

acc.	accusative		*infor. pl.*	informal plural
adv.	adverb		*infor. sg.*	informal singular
coll.	colloquial		*lit.*	literally
coord. conj.	coordinating conjunction		*pl.*	plural
dat.	dative		*prep.*	preposition
d.o.	direct object		*sg.*	singular
for.	formal		*subord. conj.*	subordinating conjunction
gen.	genitive		*wk.*	weak noun
indef. art.	indefinite article			

Chapter References

The chapter number is listed after the translation of those words or phrases that appear in the **Wortschatz**. The initial **Z** refers to the preliminary chapter, **Zur deutschen Sprache und Landeskunde**.

Separable Prefix Verbs

For easy identification only, separable prefix verbs are listed with a dot between the prefix and the verb: **ab·fahren**. In actual usage, the infinitive (prefix plus verb) would be written as one unbroken word: **abfahren**.

Principal Parts of Verbs

The principal parts of verbs are listed only when the forms are irregular. The present-tense form of the third-person singular occurs in parentheses. Other irregular forms include the past-tense form of the third-person singular and the auxiliary plus past participle.

GERMAN–ENGLISH

A

ab as of, from . . . on; **ab und zu** off and on
der **Abend, -e** evening; **am Abend** at night, in the evening; **guten Abend** good evening Z; **heute abend** this evening 1

das **Abendbrot** supper
das **Abendessen, -** evening meal 12
der **Abendkurs, -e** evening course
das **Abendprogramm, -e** evening (TV or radio) program
abends evenings, in the evening 1
der **Abenteuerfilm, -e** adventure film
aber (*coord. conj.*) but; however 3

ab·fahren (fährt ab), fuhr ab, ist abgefahren to depart
ab·fliegen, flog ab, ist abgeflogen to depart by plane
der **Abgeordnete, -n (ein Abgeordneter)** / die **Abgeordnete, -n** delegate, representative (*of a political party*)
abgespannt weary, exhausted

ab·gewöhnen (+ *dat.*) to get somebody to give up something
ab·halten (hält ab), hielt ab, hat abgehalten to hold (*a celebration*)
abhängig dependent 13
ab·holen to pick up 13
das **Abitur** *examination given at the end of secondary school* (**Gymnasium**)
das **Abkommen, -** agreement, treaty
ab·lehnen to refuse
die **Abreise, -n** departure
ab·riegeln to bolt (*a door*)
ab·säbeln to chop off
der **Absatz, ⸚e** paragraph
ab·schaffen to eliminate
der **Abschluß,** *pl.* **Abschlüsse** completion
der **Abschnitt, -e** section
ab·schreiben, schrieb ab, hat abgeschrieben to copy
das **Abteil, -e** (train) compartment 4
die **Abteilung, -en** department
ab·warten to wait and see
die **Abwechslung, -en** change; **zur Abwechslung** for a change
abwechslungsreich varied 5
ach oh
acht eight
achten (auf + *acc.*) to pay attention (to), regard 17
die **Achtung** respect; **Achtung!** (your) attention, please!
achtzehn eighteen
achtzig eighty
Ade! farewell! good-bye!
das **Adjektiv, -e** adjective
der **Adler, -** eagle
die **Adresse, -n** address 8
der **Affe, -n** (*wk.*) ape, monkey
aggressiv aggressive(ly) 14
die **Agrarwissenschaft** (science of) agriculture
der **Ägypter, -** / die **Ägypterin, -nen** Egyptian (*person*)
ähneln (+ *dat.*) to resemble
ähnlich similar
die **Ähnlichkeit, -en** similarity; **Ähnlichkeit haben (mit)** to be/look like
der **Akt, -e** act (*of a play*)
aktiv active(ly)
die **Aktivität, -en** activity
aktuell relevant
der **Akzent, -e** accent
akzeptieren to accept
der **Alkohol** alcohol
alle (*pl.*) all 1; **vor allem** above all
allein alone 4

der **Alleinerziehende, -n (ein Alleinerziehender)** / die **Alleinerziehende, -n** single parent
allerdings however
allergisch allergic
alles everything 3
allgemein general(ly) 16
der **Alltag, -e** everyday life, routine
die **Alp, -en** alpine meadow 18
das **Alpenland, ⸚er** alpine country
als as; **als (Kind)** as (a child) 6; than; (*subord. conj.*) when; **als ob** as if
also well then, now 3; therefore
alt old 2
der **Altbürger, -** / die **Altbürgerin, -nen** *term used for citizens of the original* **Bundesrepublik** *before unification*
das **Alter** age; **in seinem Alter** at his age 13
die **Alternative, -n** alternative
das **Altersheim, -e** home for senior citizens
das **Altpapier** wastepaper
die **Altstadt** old (part of) city 11
der **Amazonas** Amazon River
(das) **Amerika** America
der **Amerikaner, -** / die **Amerikanerin, -nen** American (*person*) 1
amerikanisch American
die **Ampel, -n** traffic light 14
das **Amt, ⸚er** office
das **Amulett, -e** amulet
sich **amüsieren** to enjoy oneself, have a good time 15
an (+ *acc./dat.*) at; up to; to 8; on; **am** at the; on the; **am Fuße** (+ *gen.*) at the foot of; **am nächsten Tag** on the next day 11
die **Anatomie** anatomy
an·bieten, bot an, hat angeboten to offer
der **Anblick, -e** sight 16
ander- other; **andere** (*pl.*) other 12; **etwas ander(e)s** something different, something else
ändern to change, alter 13
anders otherwise; different 6
anerkannt admitted; recognized
die **Anerkennung, -en** recognition
der **Anfang, ⸚e** start, beginning; **am Anfang** in the beginning
an·fangen (fängt an), fing an, hat angefangen to begin, commence 13
der **Anfänger, -** / die **Anfängerin, -nen** beginner
das **Angebot, -e** offering, selection 4
angehend budding, future

angemessen suitable
angenehm pleasant(ly) 15
angesichts (+ *gen.*) in the face of, considering
der **Angestellte, -n (ein Angestellter)** / die **Angestellte, -n** employee
die **Anglistik** (study of) English language and literature
die **Angst, ⸚e** anxiety; **Angst haben (vor** + *dat.*) to be afraid (of)
der **Anhängerverleih, -e** trailer rental company
an·klopfen to knock 13
an·kommen, kam an, ist angekommen to arrive 13
die **Ankunft, ⸚e** arrival
die **Anlage, -n** installation; equipment
der **Anlaß,** *pl.* **Anlässe** occasion; **aus Anlaß** (+ *gen.*) on the occasion of
die **Anleitung, -en** instruction(s)
der **Anlieger, -** resident (*of a certain street*)
die **Anmeldung, -en** registration
an·nehmen (nimmt an), nahm an, hat angenommen to accept 13
die **Annonce, -n** ad
an·packen to take action
der **Anruf, -e** telephone call 13
an·rufen, rief an, hat angerufen to call up, phone 13
der **Ansager, -** / die **Ansagerin, -nen** announcer
der **Anschluß** connection; **den Anschluß verlieren** to lose the connection, be left behind
die **Anschovis, -** anchovy
an·sehen (sieht an), sah an, hat angesehen to look at
anstatt (+ *gen.*) instead of 10
der **Anteil, -e** portion, share
die **Anthropologie** anthropology
das **Antibiotikum,** *pl.* **Antibiotika** antibiotic
das **Antiquariat, -e** old/rare book store
die **Antiquität, -en** antique
die **Antwort, -en** answer 16
antworten (+ *dat.*) to answer 7; **antworten auf** (+ *acc.*) to respond to 10
die **Anwendung** application
die **Anzeige, -n** announcement, ad
die **Anzeigenannahme: telefonische Anzeigenannahme** acceptance of ads by telephone
(sich) an·ziehen, zog an, hat angezogen to dress (oneself) 15

der **Anzug, ⸚e** suit 6
der **Apfel, ⸚** apple 12
der **Apfelkuchen, -** apple cake
der **Apfelsaft** apple juice
der **Apfelschuß** apple shot
der **Apfelstrudel** apple strudel
die **Apotheke, -n** pharmacy 6
der **Apotheker, - / die Apothekerin,
   -nen** pharmacist
das **Appartement, -s** apartment
der **Appetit** appetite; **guten Appetit**
   enjoy your meal
der **Applaus** applause
die **Aprikose, -n** apricot
(der) **April** April
das **Aquarium,** *pl.* **Aquarien** aquarium
die **Arbeit, -en** work 15
arbeiten to work; to study 1; **arbeiten
   an** (+ *dat.*) to work on 10
der **Arbeitnehmer, - / die Arbeitneh-
   merin, -nen** employee
arbeitsfrei: ein arbeitsfreier Tag a day
   off
arbeitslos unemployed
der **Arbeitsplatz, ⸚e** work place
die **Arbeitsstelle, -n** place of work
der **Arbeitstag, -e** workday
das **Arbeitstempo** pace of work
das **Arbeitszimmer, -** study, den 9
der **Architekt, -en** (*wk.*) / die **Architektin, -nen** architect 9
die **Architektur, -en** architecture
der **Argentinier, - / die Argentinierin,
   -nen** Argentinian (*person*)
ärgern (+ *d.o.*) to tease, annoy (*someone
   or something*)
sich ärgern (über + *acc.*) to be upset
   (about) 15
arm poor(ly)
der **Arm, -e** arm 15
die **Armbanduhr, -en** wristwatch
die **Armbrust, ⸚e** crossbow
die **Armee, -n** army 11
das **Aroma,** *pl.* **Aromen** flavoring
aromatisch aromatic(ally)
die **Arthrose, -n** arthrosis
der **Artikel, -** article
der **Arzt, ⸚e** / die **Ärztin, -nen** physician,
   doctor
(das) **Aschenputtel** Cinderella
das **Aspirin** aspirin 6
der **Assistent, -en** (*wk.*) / die **Assistentin,
   -nen** assistant
das **Asthma** asthma
der **Astronaut, -en** (*wk.*) / die **Astro-
   nautin, -nen** astronaut

das **Asylland, ⸚er** country granting
   asylum
das **Atelier, -s** artist's studio
die **Atembeschwerden** (*pl.*) breathing
   difficulties
die **Atemwege** (*pl.*) respiratory system
der **Äthiopier, - / die Äthiopierin, -nen**
   Ethiopian (*person*)
der **Atlantik** Atlantic Ocean
atmen to breathe
die **Atmosphäre** atmosphere
die **Atomindustrie** nuclear industry
das **Atomkraftwerk, -e** nuclear power
   plant
die **Atomwaffe, -n** nuclear weapon
die **Attraktion, -en** attraction
attraktiv attractive(ly)
auch also, too 1
auf (+ *acc./dat.*) on; upon; onto 8; **auf
   deutsch** in German 1; **auf einmal** all
   of a sudden, at once 7; **auf Wiedersehen** good-bye Z
die **Aufbauschule, -n** secondary school
das **Aufbegehren** protest, rebellion
der **Aufbruch, ⸚e** upheaval
der **Aufenthalt, -e** stay, stopover
auf·flammen, ist aufgeflammt to flare up
die **Aufführung, -en** performance
die **Aufgabe, -n** task
**auf·geben (gibt auf), gab auf, hat
   aufgegeben** to give up
aufgehoben: gut aufgehoben in good
   hands
**auf·kommen, kam auf, ist aufgekom-
   men** to come up
auf·machen to open 13
die **Aufnahme, -n** (*here*:) recording
**auf·nehmen (nimmt auf), nahm auf,
   hat aufgenommen** to take in
**aufrecht·erhalten (erhält aufrecht),
   erhielt aufrecht, hat aufrechterhal-
   ten** to maintain, keep up
der **Aufsatz, ⸚e** essay, composition;
   theme
der **Aufschnitt: kalter Aufschnitt** cold
   cuts, cold meat
das **Aufsehen** sensation; **Aufsehen
   erregen** to cause a stir
**auf·springen, sprang auf, ist
   aufgesprungen** to jump up 14
**auf·stehen, stand auf, ist aufge-
   standen** to get up 13
**auf·wachsen (wächst auf), wuchs auf,
   ist aufgewachsen** to grow up
der **Aufzug, ⸚e** elevator 8
das **Auge, -n** eye 15

(der) **August** August
die **Auktion, -en** auction
aus (+ *dat.*) out of; from (*origin*) 7; **aus
   (Köln) kommen** to come from
   (Cologne) 1; **aus der Übung kommen** to get out of practice 14
die **Ausbildung** education, preprofes-
   sional training, training
die **Ausbildungsberatung** career coun-
   seling
der **Ausflug, ⸚e** excursion, outing 18
ausführlich detailed, extensive
aus·füllen to fill out
der **Ausgangspunkt, -e** starting place
ausgebucht fully booked, sold out
ausgedehnt extensive(ly)
aus·gehen, ging aus, ist ausgegangen to
   go out 13
ausgemergelt emaciated
ausgerechnet: ausgerechnet, du/er you/
   he of all people
ausgezeichnet excellent(ly) 9
**aus·graben (gräbt aus), grub aus, hat
   ausgegraben** to dig up
die **Aushilfe, -n** temporary help; **zur
   Aushilfe** to help out, for helping out
die **Auskunft,** *pl.* **Auskünfte** information; **Auskunft erteilen** to give out
   information
das **Ausland** foreign countries; **im
   Ausland** abroad
der **Ausländer, - / die Ausländerin,
   -nen** foreigner
die **Ausnahme, -n** exception; **mit
   Ausnahme** (+ *gen.*) with the
   exception (of)
ausschließlich exclusive(ly)
**aus·sehen (sieht aus), sah aus, hat
   ausgesehen** to look, appear 13
außer (+ *dat.*) except, besides 7
außerdem anyway, besides 8
außerhalb (+ *gen.*) outside (of)
äußern to utter, remark
die **Aussicht, -en** view 2
**aus·sprechen (spricht aus), sprach aus,
   hat ausgesprochen** to pronounce
**aus·stechen (sticht aus), stach aus, hat
   ausgestochen** to put out (the eyes),
   blind
die **Ausstellung, -en** exhibition
der **Austausch** exchange 10
das **Austauschprogramm, -e** exchange
   program
der **Austauschschüler, - / die
   Austauschschülerin, -nen** exchange
   student 10

der **Austauschstudent, -en** (*wk.*) / die
  Austauschstudentin, -nen exchange
  student
der **Australier, -** / die **Australierin,**
  -nen Australian (*person*)
aus·**üben** to practice; **einen Beruf**
  ausüben to pursue a career 13
die **Auswahl** choice; variety
der **Auszubildende, -n (ein Auszubilden-**
  der) / die **Auszubildende, -n** trainee
der **Auszug, ̈-e** excerpt
das **Auto, -s** car 2
die **Autobahn, -en** freeway 14
das **Autobahnsystem, -e** freeway system
der **Autobesitzer, -** car owner
die **Autobiographie, -n** autobiography
die **Autofabrik, -en** car factory
der **Autofahrer, -** / die **Autofahrerin,**
  -nen driver
automatisch automatic(ally)
der **Autor, -en** / die **Autorin, -nen**
  author 10
das **Autorennen** car racing 14
autoritär authoritarian
Azubi = der **Auszubildende**

B

das **Baby, -s** baby
backen (bäckt), backte, hat gebacken to
  bake 9
der **Bäcker, -** / die **Bäckerin, -nen** baker
die **Bäckerei, -en** bakery 8
der **Backofen, ̈-** oven 9
das **Backpulver, -** baking powder
die **Backsteingotik** brick Gothic (style)
das **Bad, ̈-er** bath
der **Badeort, -e** health resort, spa
die **Bahn, -en** track, railway
der **Bahnhof, ̈-e** railway station 3
die **Bahnhofshalle, -n** railway station
  lobby
der **Bahnsteig, -e** platform
bald soon 3
der **Balkon, -e** balcony, terrace
der **Ball, ̈-e** ball 14
das **Ballett, -e** ballet
die **Banane, -n** banana 12
die **Bank, -en** bank 8
bar in cash
der **Bär, -en** (*wk.*) bear
der **Barbier, -e** barber
der **Bärengraben, ̈-** pit; trench
die **Barmherzigkeit** mercy

das **Barock** (*also* der) baroque
der **Baseball** baseball
der **Basketball** basketball
der **Bastler, -** / die **Bastlerin, -nen** "do-
  it-yourselfer"
der **Bau, -ten** construction; *pl.* buildings
bauen to build 9
der **Bauer, -n** (*wk.*) / die **Bäuerin, -nen**
  farmer, peasant
das **Baugrundstück, -e** building site
der **Baum, ̈-e** tree
die **Baumwolle** cotton
das **Bauwesen** construction industry
der **Bayer, -** / die **Bayerin, -nen**
  Bavarian (*person*)
bay(e)risch Bavarian
(das) **Bayern** Bavaria
beachten to observe 14
der **Beamte, -n (ein Beamter)** / die
  Beamtin, -nen official, clerk 3
beantworten to answer
der **Becher, -** beaker, cup
bedacht sein auf (+ *acc.*) to be
  concerned about
bedeckt overcast
bedeuten to mean, signify 13
bedienen (+ *d.o.*) to serve
die **Bedienung** service
sich beeilen to hurry 15
beeindrucken to impress 10
beenden to end
befahren (befährt), befuhr, hat be-
  fahren to sail on (*a body of water*)
sich befinden, befand, hat befunden to
  be; to be situated
befragen to question
befreien (von) to free, liberate (from)
befriedigen to satisfy
begehen, beging, hat begangen to
  commit
begeistert (von) enthusiastic (about);
  enthusiastically 14
der **Beginn** beginning; **mit Beginn**
  (+ *gen.*) at the start (of)
beginnen, begann, hat begonnen to
  begin 7
begrüßen to greet, welcome
die **Behaglichkeit** comfort 16
behalten (behält), behielt, hat
  behalten to keep, preserve 16
die **Behandlung, -en** treatment
die **Behebung, -en** removal
behindern to hinder
der **Behinderte, -n (ein Behinderter)** /
  die **Behinderte, -n** handicapped person

bei (+ *dat.*) with; near; at the place of 7;
  beim Zubettgehen at bedtime 16
beide (*pl.*) both 9
beim = bei dem
das **Bein, -e** leg 15
beisammen together
das **Beispiel, -e** example, model; **zum**
  Beispiel (z.B.) for example (e.g.:
  Latin for exempli gratia, *meaning* for
  example)
der **Beitrittsantrag, ̈-e** membership
  application
bekannt well known
der **Bekannte, -n (ein Bekannter)** / die
  Bekannte, -n acquaintance 9
die **Bekanntschaft (mit)** acquaintance
  (with)
sich beklagen (über + *acc.*) to complain
  (about) 15
bekommen, bekam, hat bekommen to
  get, receive 3
die **Belagerung, -en** siege
belästigen to harass
belegen to cover; **das belegte Brot (ein**
  belegtes Brot) (open-faced) sandwich
  12; **einen Kurs belegen** to take a
  subject, course
beleidigt insulted, offended 8
(das) **Belgien** Belgium
beliebt popular
die **Beliebtheit** popularity; **sich großer**
  Beliebtheit erfreuen to be very
  popular
bemerken to notice 10
benennen, benannte, hat benannt to
  name; to call; to designate, term
benutzen to use 9
das **Benzin** gas; **Benzin schlucken** to
  guzzle gas 14
beobachten to observe
der **Bereich, -e** area, realm
bereit ready 17
bereits already, previously
bereuen to regret 11
der **Berg, -e** mountain 5
der **Bericht, -e** report
berichten to report
der **Beruf, -e** profession 13; **einen Beruf**
  ausüben to pursue a career
beruflich professional(ly)
berufstätig professional(ly), working 12
berühmt famous 2
die **Berührung** touch; **in Berührung**
  mit in contact with
die **Besatzungszone, -n** occupied area

beschädigt damaged

sich beschäftigen (mit) to be concerned (with), occupy oneself (with) 15

bescheiden modest 16

beschimpfen (+ *d.o.*) to scold, curse

der Beschluß, *pl.* **Beschlüsse** decision

beschreiben, beschrieb, hat beschrieben to describe 6

die Beschreibung, -en description

besetzt occupied, taken 12

besichtigen to visit, inspect

der Besitzer, - / **die Besitzerin, -nen** owner

besonders especially 5; **etwas Besonderes** something special

besprechen (bespricht), besprach, hat besprochen to discuss 10

bespritzen to splash

besser better; **etwas Besseres** something better

best- best; **am besten** best

das Besteck, -e cutlery

bestehen, bestand, hat bestanden to exist; **bestehen auf** (+ *acc.*) to insist on; **bestehen aus** to consist of; **eine Prüfung bestehen** to pass an exam

das Bestehen existence 18

bestellen to order 4

bestimmen to determine

bestimmt certain(ly); definite(ly) 4

bestreichen, bestrich, hat bestrichen to spread, cover

der Bestseller, - best-seller

der Besuch, -e visit; company; **zu Besuch** for a visit

besuchen to visit 4

der Besucher, - visitor

das Betätigungsfeld, -er professional field

sich beteiligen to participate

betrachten to observe

die Betreuung care

der Betreuungsplatz, ˙-e place in a day-care center

der Betrieb, -e firm, business 16

die Betriebswirtschaft business administration

betroffen affected

der Betrüger, - swindler, crook

das Bett, -en bed 2

bevor (*subord. conj.*) before 10

der Bewegungstherapeut, -en (*wk.*) / **die Bewegungstherapeutin, -nen** physical therapist

der Beweis, -e proof; **zum Beweis** as proof

beweisen, bewies, hat bewiesen to prove 14

sich bewerben (bewirbt), bewarb, hat beworben to apply (for a job)

die Bewerbungsunterlagen (*pl.*) application documents

bewundern to admire 11

bezahlen to pay (*something*) 7

die Bezahlung payment

die Beziehung, -en relationship

die Bibel, -n Bible

die Bibliothek, -en library 15

die Biene, -n bee

das Bier, -e beer

bieten, bot, hat geboten to offer

der Bikini, -s bikini

das Bild, -er picture 12

bilden to form

billig cheap(ly) 4

die Biographie, -n biography

der Biologe, -n (*wk.*) / **die Biologin, -nen** biologist

die Biologie biology

biologisch biological(ly)

bis (+ *acc.*) until, up to; **bis bald** see you soon 5; **bis dahin** by then 7; **von (zwölf) bis (eins)** from (twelve) to (one)

bisher until now 16

bißchen little; **ein bißchen** a little bit

bitte please; you're welcome; here you are; that's all right; **bitte schön / bitte sehr** you're very welcome Z; **wie, bitte?** what did you say?

bitten (um + *acc.*)**, bat, hat gebeten** to ask (for), request

sich blamieren to disgrace oneself, lose face 15

das Blatt, ˙-er leaf

blau blue

der Blazer, - blazer (*jacket*)

die Blechtrommel, -n tin drum

bleiben, blieb, ist geblieben to stay, remain 7

der Bleistift, -e pencil 2

der Blick, -e look

blind blind(ly); **blindes Gekaufe** mindless shopping

blitzen to flash (*lightning*); **es blitzt** there is (*impersonal*) lightning

der Block, ˙-e apartment complex

blöd dumb 11

blond blond

bloß (*coll.*) merely, only

blühen to bloom

die Blume, -n flower 3

der Blumenstand, ˙-e flower stand

der Blumenstrauß, ˙-e bouquet of flowers

die Bluse, -n blouse 6

die Blüte, -n blossom

die Blütezeit, -en prime, height (*of an era*)

der BMW, -s BMW (Bayerische Motorenwerke) (*car*)

die Bockwurst, ˙-e *type of sausage*

der Boden, ˙- ground; bottom

der Bodensee Lake Constance

die Bohne, -n bean 12

der Bohnenkaffee real coffee (*not instant*)

die Bombe, -n bomb

das Boot, -e boat

böse angry; angrily 8

boshaft spiteful(ly), malicious(ly)

die Bosheit, -en malice

die Botanik botany

der Bote, -n (*wk.*) messenger

die Botschaft, -en embassy

die Boutique, -n boutique

boykottieren to boycott

der Brasilianer, - / **die Brasilianerin, -nen** Brazilian (*person*)

braten (brät), briet, hat gebraten to roast, bake

brauchen to need; to require 1

braun brown

der Braunkohleabbau lignite (brown coal) mining

das Brautkleid, -er bridal dress

die Brautmode, -n bridal fashion

der Brautstrauß, ˙-e bridal bouquet

die BRD = Bundesrepublik Deutschland

brechen (bricht), brach, hat gebrochen to break

brennen, brannte, hat gebrannt to burn; **wenn's wo brennt** if it's urgent

die Brezel, -n pretzel 7

der Brief, -e letter 6

die Briefmarke, -n stamp 6

das Briefpapier stationery 6

der Briefträger, - / **die Briefträgerin, -nen** mail carrier

bringen, brachte, hat gebracht to bring 5

die Bronchitis bronchitis

die Bronzemedaille, -n bronze medal

das Brot, -e bread 4; **das belegte Brot (ein belegtes Brot)** (open-faced) sandwich 12

das **Brötchen, -** roll 8
der **Bruder, ⸚** brother 6
brüllen to yell, shout
der **Brunnen, -** well, spring
brutal brutal(ly)
das **Buch, ⸚er** book 3
die **Buchhandlung, -en** bookstore
die **Buchmesse, -n** book fair
die **Bude, -n** room, "pad" 15
die **Bühne, -n** (*coll.*) stage 10
(das) **Bulgarien** Bulgaria
das **Bund, -e** bunch
die **Bundesbahn: die Deutsche Bundes-bahn** German railway system
der **Bundesbrief, -e** *type of government bond*
der **Bundesbürger, - / die Bundes-bürgerin, -nen** citizen of the Federal Republic of Germany
das **Bundesfamilienministerium** federal ministry for family matters
die **Bundesfeier, -n** Swiss national celebration
der **Bundeskanzler, -** Chancellor of the Federal Republic of Germany
das **Bundesland, ⸚er** province, state
der **Bundespräsident, -en** (*wk.*) president of the Federal Republic of Germany
der **Bundesrat** upper house of German parliament (representing the states)
die **Bundesrepublik Deutschland** Federal Republic of Germany
die **Bundesstraße, -n** national highway
der **Bundestag** lower house of German parliament (representing the populace)
die **Bundeswehr** (German) armed forces
bundesweit nationwide
der **Bungalow, -s** bungalow
bunt colored, bright(ly)
das **Burgenland** *name of Austrian province*
der **Bürger, - / die Bürgerin, -nen** citizen 11
das **Büro, -s** office 13
die **Büroeinrichtung, -en** office furnishings
der **Bürokaufmann,** *pl.* **Bürokaufleute / die Bürokauffrau, -en** businessperson
die **Bürste, -n** brush
der **Bus, -se** bus 3
der **Busfahrer, - / die Busfahrerin, -nen** busdriver
die **Butter** butter 6
die **Butterblume, -n** buttercup (*flower*)
das **Butterbrot, -e** sandwich (slice of bread and butter) 7

der **Butterreis** buttered rice
bzw. = beziehungsweise and . . . respectively

C

ca. = circa circa, approximately
das **Café, -s** café
der **Cartoon, -s** cartoon
das **Casino, -s** casino
(das) **Celsius** centigrade
der **Centime, -** *French currency*
das **Chamäleon, -s** chameleon
der **Champignon, -s** mushroom
die **Chance, -n** chance
der **Charakter, -e** character
die **Charaktereigenschaft, -en** character trait
charmant charming
der **Charme** charm
der **Chef, -s / die Chefin, -nen** boss
die **Chefredaktion, -en** chief editorship
die **Chemie** chemistry
chemisch chemical
chic chic(ly), stylish(ly)
der **Chilene, -n** (*wk.*) **/ die Chilenin, -nen** Chilean (*person*)
(das) **China** China
der **Chinese, -n** (*wk.*) **/ die Chinesin, -nen** Chinese (*person*)
chinesisch Chinese
choreographieren to choreograph
die **Chorprobe, -n** choir practice, rehearsal
chronisch chronic(ally)
der **Chronobiologe, -n** (*wk.*) **/ die Chronobiologin, -nen** chronobiologist
die **Chronologie** chronology
die **Chrysantheme, -n** chrysanthemum
die **Cola, -s** cola 4
der **Computer, -** computer 2
der **Computerfachmann,** *pl.* **Computer-fachleute** computer specialist 16
die **Computertechnik** computer technology
der **Cowboy, -s** cowboy

D

da there 1; (*subord. conj.*) since, because 10; **da drüben** over there 2; **da hinten** back there; **da unten** down below 2
dabei in connection with that; **dabei sein** to be there
die **Dachstudiowohnung, -en** attic studio apartment

dadurch by so doing; because of that/it
dafür for that; about that/it
dagegen against that/it
daher from there; accordingly
dahin: bis dahin by that time
dahinten back there
dahinter behind that/it
damals at that time, then
die **Dame, -n** lady, woman
damit with it; (*subord. conj.*) in order that, so that 10
danach after that/it; for that/it
daneben next to that/it
(das) **Dänemark** Denmark
(das) **Dänisch** Danish (*language*)
dankbar grateful
danke thanks; **danke schön / danke sehr** thank you very much Z
danken (+ *dat.*) to thank 7
dann then 3; **erst dann** only then
daran on that/it; of that/it; **ich arbeite daran** I'm working on it
darauf on that/it; to that/it; for that/it
daraufhin thereupon
daraus from that/it, out of that/it
darin in that/it, inside that/it
darüber about that/it
darum therefore
darunter under that/it
das that, this; **das reicht** that'll do 2; **das stimmt so** keep the change 12
da·sein (ist da), war da, ist dagewesen to be there
daß (*subord. conj.*) that 10
dasselbe the same thing
das **Datum,** *pl.* **Daten** date
die **Dauermiete, -n** long-term rental
dauern to last 4
die **Dauerstellung, -en** permanent job
davon of that/it
davor in front of that/it
dazu (in addition) to that/it; for that/it; with that/it
dazu·kommen, kam dazu, ist dazugekommen to join; to be added
dazwischen in between; between that/them
die **DB = Deutsche Bundesbahn**
die **DDR = Deutsche Demokratische Republik**
der **Deckel, -** lid
die **Deckenlampe, -n** ceiling lamp
definieren to define
die **Definition, -en** definition
dein (*infor. sg.*) your 3
die **Dekoration, -en** decoration

die **Delikatesse, -n** delicacy
der **Delphin, -e** dolphin
die **Demokratie, -n** democracy
demokratisch democratic
die **Demonstration, -en** demonstration
demonstrieren to demonstrate 5
demütigen to humble, humiliate
denkbar conceivable, conceivably;
  denkbar einfach extremely simple
denken, dachte, hat gedacht to think 5;
  denken an (+ *acc.*) to think of 10
der **Denkmalschutz** preservation of
  historical monuments
denn (*coord. conj.*) because; for 3
das **Deodorant, -e** deodorant
die **Depression, -en** depression
derb crude, coarse
desto: je mehr, desto besser the more
  the better
deswegen for that reason, therefore
das **Detail, -s** detail
deutsch German
(das) **Deutsch** German (*language*) 1; **auf
  deutsch** in German 1
der **Deutsche, -n (ein Deutscher)** / die
  Deutsche, -n German (*person*) 3
die **Deutsche Bundesbahn** German
  Federal Railway
die **Deutsche Bundespost** German
  Federal Post (Office)
die **Deutsche Demokratische Republik** (*former*) German Democratic
  Republic
die **Deutsche Reichsbahn** German
  National Railway (*of former GDR*)
die **Deutsche Mark (D-Mark)** German
  mark (*currency*)
die **Deutsche Weinstraße** *highway
  through the wine region in southwest
  Germany*
(das) **Deutschland** Germany
deutschsprachig German-speaking
die **Deutschstunde, -n** German lesson
(der) **Dezember** December
Di. = Dienstag
das **Dia, -s** slide (*photographic*)
der **Dialekt, -e** dialect
der **Dialog, -e** dialogue
der **Diamant, -en** (*wk.*) diamond
dichten to write poetry 5
der **Dichter, -** / die **Dichterin, -nen** poet
  17
dick fat; thick
dienen to serve
der **Dienst, -e** service; **der öffentliche
  Dienst** public service 13

(der) **Dienstag** Tuesday; **dienstags** (on)
  Tuesdays 1
dieser, diese, dieses this, that 3
differenziert sophisticated
die **Digitalanzeige** digital display
das **Ding, -e** thing 11
das **Dingi, -s** dinghy
die **Diplomprüfung, -en** diploma
  examination
direkt direct(ly)
der **Direkttausch, -e** direct (two-party)
  exchange
dirigieren to conduct (*an orchestra*)
die **Diskussion, -en** discussion
diskutieren (über + *acc.*) to discuss 5
disputieren to debate
die **Disziplin** discipline
DM = D-Mark
die **D-Mark (Deutsche Mark)** German
  mark (*currency*)
doch yes (*on the contrary*); oh yes, of
  course; though
der **Dokumentarfilm, -e** documentary
  film
dokumentieren to document
der **Dollar, -s** dollar
der **Dom, -e** cathedral
die **Donau** Danube (River)
donnern to thunder; **es donnert** it's
  thundering
(der) **Donnerstag** Thursday; **donnerstags** (on) Thursdays 1; **langer
  Donnerstag** "long" Thursday
  (*extended business hours*)
das **Doppelzimmer, -** double room
das **Dorf, ̈er** village 5
(das) **Dornröschen** Sleeping Beauty
dort there 1
dorthin to that place, there
die **Dose, -n** can
der **Drache, -n** (*wk.*) dragon
das **Drama,** *pl.* **Dramen** drama
der **Dramatiker, -** / die **Dramatikerin,
  -nen** playwright
dramatisch dramatic(ally)
drängeln to push, jostle 16
draußen outside 8
drehen to turn; to produce (*a film*)
drei three
die „**Dreigroschenoper**" *Three-Penny
  Opera*
dreißig thirty
dreizehn thirteen
dringend urgent(ly)
drinnen und draußen inside and outside
das **Drittel** one third

die **Droge, -n** drug
die **Drogerie, -n** drugstore 8
drüben, da drüben over there 6
du (*infor. sg.*) you 1
duften to smell good, be fragrant 6
duftig airy, dainty
die **Duftlampe, -n** *lamp that burns
  fragrant oils*
dumm stupid, dumb
die **Düne, -n** dune 5
dunkel dark 2
durch (+ *acc.*) through 5
durchaus thoroughly, totally
der **Durchbruch, ̈e** breakthrough
**durcheinander·bringen, brachte
  durcheinander, hat durcheinanderge-
  bracht** to mix up, confuse
der **Durchgangsverkehr** through traffic
durchgebraten well-done (*meat*)
**durch·halten (hält durch), hielt durch,
  hat durchgehalten** to survive; to
  keep up
der **Durchschnitt, -e** average
durchschnittlich average 15
(die) **Durchschnitts(temperatur, -en)** average (temperature) 5
dürfen (darf), durfte, hat gedurft to be
  allowed to, may 9
der **Durst** thirst; **Durst haben** to be
  thirsty 4
durstig thirsty
die **Dusche, -n** shower
sich duschen to shower 15
dynamisch dynamic(ally)

E

eben simply; just now; just, exactly
ebenfalls likewise, also
echt genuine, authentic
die **Ecke, -n** corner 2
der **Ecktisch, -e** corner table
EG = Europäische Gemeinschaft
egal equal; all the same; **das ist mir
  egal** I don't care 12
die **Ehe, -n** marriage 13
die **Ehefrau, -en** married woman
ehemalig former 16
eher rather
das **Ehrenwort, -e** word of honor
der **Ehrgeiz** ambition
das **Ei, -er** egg 8
das **Eichhörnchen, -** squirrel
die **Eidgenossenschaft, -en** (Swiss)
  Confederation 18
der **Eierbecher, -** eggcup

das **Eigelb** egg yolk
eigen own
eigentlich actually, really 2
ein, eine a, an; one; **ein bißchen** a little 2; **ein paar** a few 18
einander one another, each other
ein·atmen to inhale
eindeutig clear(ly), obvious(ly)
der **Eindruck, ¨-e** impression
einfach one way (*ticket*); simple, simply 4
der **Einfall, ¨-e** notion, brainstorm 11
das **Einfamilienhaus, ¨-er** one-family house 9
einfühlsam sensitive(ly)
der **Eingang, ¨-e** entrance 8
ein·greifen, griff ein, hat eingegriffen to intervene
die **Einheit, -en** unit
einige (*pl.*) a few, several
ein·kaufen to shop; **einkaufen gehen** to go shopping 6
der **Einkaufsbummel, -** shopping trip 6
die **Einkaufsfahrt, -en** shopping trip
die **Einkaufsliste, -n** shopping list
das **Einkaufsnetz, -e** string bag (*for shopping*)
das **Einkaufszentrum,** *pl.* **Einkaufszentren** shopping center
das **Einkommen, -** income
ein·laden (lädt ein), lud ein, hat eingeladen to invite 13
die **Einladung, -en** invitation 13
ein·lullen to lull 17
einmal once 5; **auf einmal** all of a sudden, at once 7; **einmal (Sauerbraten)** one order of (sauerbraten) 12; **noch einmal** once again
einmalig unique
eins one
einsam lonely
die **Einsatzfreude** dedication
einschließlich including
einst once, formerly
ein·steigen, stieg ein, ist eingestiegen to step in, board (*a vehicle*)
ein·stellen to give up, stop
ein·treffen (trifft ein), traf ein, ist eingetroffen to arrive; to come about
der **Einwohner, -** inhabitant, resident 16
die **Einzelheit, -en** detail
das **Einzelzimmer, -** single room 8
einzig single, only
die **Einzimmerwohnung, -en** one-room apartment
das **Eis** ice cream 12

der **Eisbär, -en** (*wk.*) polar bear
der **Eisbecher** ice cream sundae 12
die **Eisenbahn** railway
der **Eiserne Vorhang** Iron Curtain 16
die **Eiskrem** ice cream
das **Eiswasser** ice water
das **Eiweiß** egg white
die **Elbe** Elbe (River)
der **Elefant, -en** (*wk.*) elephant
elegant elegant(ly)
der **Elektrofachmarkt, ¨-e** large store for electrical appliances
die **Elektronik** electronics
das **Elend** misery 16
elf eleven
die **Eltern** (*pl.*) parents 6
der **Elternurlaub, -e** parental leave
emigrieren, ist emigriert to emigrate
emotional emotional
der **Empfang, ¨-e** reception (area) 8
der **Empfangschef, -s** / die **Empfangschefin, -nen** desk clerk
empfehlen (empfiehlt), empfahl, hat empfohlen to recommend 7
empfehlenswert recommendable
empört indignant
emsig busy, busily; diligent(ly)
das **Ende, -n** end; **am Ende** at the end
enden to end 14
endlich finally
die **Endung, -en** ending
die **Energie, -n** energy
engagiert committed
der **Engel, -** angel
(das) **England** England
der **Engländer, -** / die **Engländerin, -nen** Englishman/Englishwoman
(das) **Englisch** English (*language*) 1; **auf englisch** in English
der **Enkel, -** / die **Enkelin, -nen** grandson/granddaughter
das **Enkelkind, -er** grandchild 13
entdecken to discover
die **Ente, -n** duck; **die lahme Ente** lame duck
entfernt removed, away from
die **Entführung, -en** abduction
enthusiastisch enthusiastic(ally)
entkoffeiniert decaffeinated
entsagen (+ *dat.*) to renounce
entschärfen to render harmless
die **Entscheidung, -en** decision 16
sich entschließen, entschloß, hat entschlossen to decide
entschuldigen to excuse
Entschuldigung excuse me Z

sich entspannen to relax 15
entsprechen (entspricht), entsprach, hat entsprochen (+ *dat.*) to fulfill
entstehen, entstand, ist entstanden to emerge
entweder . . . oder either . . . or
er he; it 1
erbauen lassen (läßt erbauen), ließ erbauen, hat erbauen lassen to have (*something*) built
der **Erbsbrei** dried pea paste
die **Erdbeere, -n** strawberry 12
die **Erde** Earth; earth
das **Erdgeschoß,** *pl.* **Erdgeschosse** ground floor 8
erfahren (erfährt), erfuhr, hat erfahren to learn, experience 16
erfinden, erfand, hat erfunden to invent 16
der **Erfolg, -e** success 16
erfolgreich successful(ly)
erforschen to explore
erfreuen: sich großer Beliebtheit erfreuen to be very popular
erfrischen to refresh
erfrischend refreshing 7
erfüllen to fulfill
ergänzen to complete
ergreifen, ergriff, hat ergriffen to seize 16
erhalten (erhält), erhielt, hat erhalten to receive, obtain, get
erhältlich obtainable
erinnern to remind; **sich erinnern (an** + *acc.*) to remember 15
sich erkälten to catch a cold 15
die **Erkältung, -en** cold 6
erkennen, erkannte, hat erkannt to recognize 10
die **Erkenntnis, -se** finding
erklären to declare; to explain 11
die **Erkrankung, -en** disease
erleben to experience 13
das **Erlebnis, -se** experience
erlernen to learn, acquire knowledge of
erlesen selected
die **Ermäßigung, -en** discount 10
ernähren to feed; to support 13
ernst serious(ly) 14
erobern to conquer 11
erreichen to reach 18
erschießen, erschoß, hat erschossen to shoot
ersetzen to replace, provide a substitute
erst only; first; **dann erst** only then; **erst um sieben** not before 7 o'clock 3

das **Erstaunen** amazement 11
erstaunlich amazing 5
erstechen (ersticht), erstach, hat erstochen to stab (*to death*)
erstellen to calculate; to draw up
erstmals for the first time
erteilen: Auskunft erteilen to give out information
ertragen (erträgt), ertrug, hat ertragen to bear, tolerate 16
ertrinken, ertrank, ist ertrunken to drown 11
der **Erwachsene, -n (ein Erwachsener)** / die **Erwachsene, -n** adult
erwähnen to mention
die **Erwärmung** warming up, rise in temperature
erwarten to expect 13
die **Erwartung, -en** expectation
erweichen to soften
erweitern to expand, extend
die **Erweiterung, -en** expansion
der **Erwerb** acquisition
erzählen to tell 11
die **Erzählung, -en** story
erzbischöflich archiepiscopal
erziehen, erzog, hat erzogen to bring up (*a child*); to educate
die **Erziehung** education, upbringing
der **Erziehungsurlaub, -e** parental leave
es it 1; **es geht mir gut/schlecht** I am fine/not well Z
der **Esel, -** donkey
eßbar: etwas Eßbares something edible 6
essen (ißt), aß, hat gegessen to eat 3
das **Essen** food, meal 12
die **Essenz, -en** essence
der **Eßlöffel, -** tablespoon
eßlöffelweise by the tablespoon
das **Eßzimmer, -** dining room 9
etabliert established
das **Etagenbett, -en** bunk-bed
etliche (*pl.*) numerous
etwa perhaps
etwas something 3; somewhat; **etwas anderes** something different, something else 6; **etwas Eßbares** something edible 6
euer (*infor. pl.*) your 3
die **Eule, -n** owl
(das) **Europa** Europe
europäisch European
die **Europäische Gemeinschaft (EG)** European Community
exact precise

das **Examen, -** exam
die **Existenz** existence
existieren to exist
extra some (additional), extra; (*coll.*) specially
extrem extreme(ly)

F

die **Fabrik, -en** factory
der **Fabrikant, -en** (*wk.*) producer, manufacturer
das **Fach, ̈er** subject 15
das **Fachgeschäft, -e** specialty shop
die **Fachhochschule, -n** technical college
der **Fachmann,** *pl.* **Fachleute** specialist, expert
die **Fachschule, -n** trade school
fahren (fährt), fuhr, ist (hat *with d.o.*) **gefahren** to travel, go; to drive 3; **Auto fahren** to drive a car
der **Fahrer, -** / die **Fahrerin, -nen** driver
die **Fahrerlaubnis** driving permit
die **Fahrkarte, -n** travel ticket 3
der **Fahrkartenschalter, -** ticket window
die **Fahrpraxis** driving experience
das **Fahrrad, ̈er** bicycle 16
die **Fahrt, -en** trip 4
die **Fakultät, -en** university department
der **Fall, ̈e** case
fallen (fällt), fiel, ist gefallen to fall 17
falls (*subord. conj.*) in case
falsch wrong, false
das **Fältchen** wrinkle
die **Familie, -n** family
die **Familienanzeige, -n** birth, marriage, or death announcement
das **Familienleben** family life
der **Familienname, -n** (*wk.*) last name
die **Familienpolitik** policy regarding family matters
der **Familienstand** marital status
fangen (fängt), fing, hat gefangen to catch
fantastisch fantastic(ally)
die **Farbe, -n** color 3
farblos colorless
fast almost 3
faul lazy 8
(der) **Februar** February
fehlen to be missing, absent 15; **es fehlt mir** I miss, lack; **was fehlt Ihnen?** what's wrong with you?
die **Feier, -n** celebration, party 18
feiern to celebrate 17
die **Feierstunde, -n** hour of celebration

der **Feiertag, -e** holiday
fein fine(ly)
der **Feind, -e** enemy
das **Feld, -er** field
das **Fenster, -** window 2
die **Ferien** (*pl.*) vacation 8
die **Ferienfahrschule, -n** vacation driving school
die **Ferienwohnung, -en** vacation home
die **Fernmeldenummer, -n** account number for telephone and TV
die **Fernsehansprache, -n** televised speech
Fernen: in weite Fernen transportieren to transport into the far reaches 17
der **Fernsehapparat, -e** TV set
fern·sehen (sieht fern), sah fern, hat ferngesehen to watch TV 7
das **Fernsehen** TV 7
der **Fernseher, -** TV (set)
das **Fernsehgerät, -e** TV set
die **Fernsehnachrichten** (*pl.*) TV news
das **Fernsehprogramm, -e** TV channel; TV program
die **Fernsehsendung, -en** TV show
die **Fernsehserie, -n** TV series
der **Fernsehsprecher, -** / die **Fernsehsprecherin, -nen** TV speaker, host
fertig finished, done 7
fest solid(ly) 17
festlich festive
fest·nehmen (nimmt fest), nahm fest, hat festgenommen to apprehend
die **Festung, -en** fortification 18
feucht humid, moist
feudalistisch feudalistic
das **Feuer, -** fire 18
das **Fieber, -** fever; **Fieber haben** to have a fever
das **Fieberthermometer, -** (fever) thermometer
die **Figur, -en** figure
die **Filiale, -n** branch (establishment or office)
der **Film, -e** film, movie 7
die **Filmkritik, -en** film review
der **Filmnarr** (*wk.*) / die **Filmnärrin, -nen** movie buff
der **Filmregisseur, -e** / die **Filmregisseurin, -nen** film director
der **Filmschauspieler, -** / die **Filmschauspielerin, -nen** movie actor/actress
der **Filmstar, -s** movie star
der **Filzball, ̈e** felt ball
finanzieren to finance 7

die **Finanzierung** financing
finden, fand, hat gefunden to find 4
der **Finger, -** finger 15
(das) **Finnland** Finland
die **Firma,** *pl.* **Firmen** firm, company
der **Fisch, -e** fish 12
die **Fischerei** fishing
fit: fit bleiben to stay fit
die **Fitneß** fitness
flach flat
das **Flachland** lowland, flat country
die **Flasche, -n** bottle 3
das **Fleisch** meat 12
der **Fleischer, -** butcher
flexibel flexible
die **Fliege, -n** fly
fliehen, floh, ist geflohen to flee 16
fließen, floß, ist geflossen to flow 17
die **Flöte, -n** flute 1; **auf der Flöte spielen** to play the flute
die **Flucht** flight 16
der **Flüchtling, -e** refugee 16
der **Flughafen, ⸚** airport 3
die **Flugkarte, -n** plane ticket
der **Flugschein, -e** plane ticket
das **Flugzeug, -e** airplane
der **Flur, -e** hallway 8
der **Fluß,** *pl.* **Flüsse** river 5
der **Föhn** *warm wind, typical in Alpine regions*
folgen, ist gefolgt (+ *dat.*) to follow 7
der **Football** football
fordern to demand 11
die **Forderung, -en** demand
die **Form, -en** form
formlos shapeless
das **Formular, -e** (registration) form 8
formulieren to formulate
die **Fortbildung** advanced training
fort·fahren (fährt fort), fuhr fort, ist fortgefahren to continue
der **Fortgeschrittene, -n (ein Fortgeschrittener) / die Fortgeschrittene, -n** advanced learner
der **Fortschritt-** progress, advance 16
das **Foto, -s** photo
der **Fotograf, -en** (*wk.*) / die **Fotografin, -nen** photographer
fotografieren to take pictures, photograph
das **Fotomodell, -e** photo model
das **Foyer, -s** lobby 10
die **Frage, -n** question; **Fragen stellen** to ask, pose questions 6; **(etwas) in Frage stellen** to question (something) 16
der **Fragebogen, -** questionnaire

fragen to ask; to question 1; **fragen nach** (+ *dat.*) to ask about 10
der **Franken, -** franc (*currency*)
(das) **Frankreich** France
der **Franzose, -n** (*wk.*) / die **Französin, -nen** French (*person*)
französisch French
(das) **Französisch** French (*language*)
die **Frau, -en** woman; **Frau** Mrs.; Ms. Z
Fräulein Miss Z
frei free(ly) 2; **ist dieser Platz frei?** is this seat taken? **ist hier noch frei?** is this seat free?
die **Freiheit, -en** freedom 16
die **Freiheitsbewegung** freedom movement
frei·lassen (läßt frei), ließ frei, hat freigelassen to set free
freilich of course
(der) **Freitag** Friday; **freitags** (on) Fridays 1
die **Freizeit** leisure time 14
der **Fremde, -n (ein Fremder) / die Fremde, -n** stranger 11
der **Fremdenführer, - / die Fremdenführerin, -nen** tour guide 11
das **Fremdenverkehrsamt, ⸚er** tourist office 8
die **Fremdsprache, -n** foreign language
fressen (frißt), fraß, hat gefressen to devour
die **Freude, -n** joy
sich freuen to be pleased; **es freut mich** it's a pleasure; **sich freuen auf** (+ *acc.*) to look forward to 15
der **Freund, -e / die Freundin, -nen** friend 1, 3
freundlich friendly 1
die **Friedhofsblume, -n** cemetery flower
frisch fresh(ly) 12
der **Friseur, -e / die Friseuse, -n** barber/beautician; barber/beauty shop
froh happy, glad 6
der **Frosch, ⸚e** frog
die **Frucht, ⸚e** fruit
früh early 11; **morgen früh** tomorrow morning
früher earlier, in the past 5
(der) **Frühling** spring
das **Frühstück, -e** breakfast 8
frühstücken to breakfast, have breakfast 8
der **Frühstücksraum, ⸚e** breakfast area, space 8
das **Frühstückszimmer, -** breakfast room
der **Fuchs, ⸚e** fox

fühlen to feel (*something*)
sich fühlen to feel (*some way*) 15
führen to lead 5
der **Führerschein, -e** driver's license
die **Führung, -en** guided tour
fünf five
fünfzehn fifteen
fünfzig fifty
funktionieren to function, work
für (+ *acc.*) for 5
sich fürchten (vor + *dat.*) to be afraid (of) 15
der **Fuß, ⸚e** foot 15; **am Fuße** (+ *gen.*) at the foot (of); **zu Fuß** on foot
der **Fußball** soccer 7
der **Fußballnarr, -en** (*wk.*) / die **Fußballnärrin, -nen** soccer fan, fool 14
das **Fußballspiel, -e** soccer game
der **Fußballspieler, - / die Fußballspielerin, -nen** soccer player
das **Fußballstadion,** *pl.* **Fußballstadien** soccer stadium
der **Fußgänger, -** pedestrian
die **Fußgängerzone, -n** pedestrian mall
das **Futur** future tense

G

die **Gabel, -n** fork 4
gähnen to yawn 17
die **Galerie, -n** gallery
ganz entire(ly), complete(ly) 6; quite; **ganz besonders** especially; **ganz schön schwer** (*coll.*) pretty hard
ganzjährig all year round
gar: gar nicht not at all
die **Garage, -n** garage 9
die **Garderobe, -n** wardrobe
der **Garten, ⸚** garden
die **Gasse, -n** alley, street
der **Gast, ⸚e** guest 8
das **Gästehaus, ⸚er** guest house
das **Gästezimmer, -** guest room 9
die **Gastfamilie, -n** host family
der **Gasthof, ⸚e** restaurant; inn 12
der **Gastschüler, - / die Gastschülerin, -nen** visiting student
die **Gaststätte, -n** restaurant 12
der **Gastwirt, -e** innkeeper
das **Gebäude, -** building 11
geben (gibt), gab, hat gegeben to give 3; **die Hand geben** to shake hands, extend one's hand; **es gibt** there is/are 5; **gibt's . . . ?** is/are there . . . ?
das **Gebiet, -e** region, area 5
gebildet educated

der **Gebirgsblick** mountain view
geboren sein / geboren werden to be born
gebraten fried; grilled
die **Gebrauchsgüter** (*pl.*) consumer goods
der **Gebrauchtwagen, -** used car
gebräunt tanned
die **Gebühr, -en** fee 7
die **Geburtsstadt, ¨e** city of birth
der **Geburtstag, -e** birthday 6; **zum Geburtstag** for (one's) birthday
die **Geburtstagsfeier, -n** birthday party
das **Geburtstagsgeschenk, -e** birthday present
die **Geburtstagskarte, -n** birthday card 6
der **Gedanke, -n** (*wk.*) thought; **sich über etwas Gedanken machen** to worry about something
das **Gedicht, -e** poem
die **Geduld** patience
geduldig patient(ly) 8
geehrt: sehr geehrter / sehr geehrte . . . dear . . .
geeignet suitable; right 7
die **Gefahr, -en** danger
gefährlich dangerous(ly), treacherous(ly) 14
gefallen (gefällt), gefiel, hat gefallen (+ *dat.*) to please 7
die **Gefriertruhe, -n** freezer (chest)
das **Gefühl, -e** feeling, emotion
gegen (+ *acc.*) against 5; toward, around (*time*)
die **Gegend, -en** area
der **Gegensatz, ¨e** contrast; **im Gegensatz zu** in contrast to
gegenseitig reciprocal(ly), mutual(ly)
das **Gegenteil, -e** opposite
gegenüber (+ *dat.*) in comparison to
die **Gegenwart** present (time)
der **Gegner, - / die Gegnerin, -nen** opponent
gehackt ground (*meat*)
gehen, ging, ist gegangen to go; to walk 1; **einkaufen gehen** to go shopping 6; **es geht mir gut/schlecht** I'm fine. / I'm not doing well Z; **wie geht es dir?** (*infor.*) / **wie geht es Ihnen?** (*for.*) how are you? Z; **wie geht's?** how's it going?
gehören (+ *dat.*) to belong to 7
geistig spiritual(ly)
das **Gekaufe: blindes Gekaufe** mindless shopping
gelb yellow
das **Geld** money 2

der **Geldwechsel** currency exchange
die **Geldwechselstube, -n** money exchange office
die **Gelegenheit, -en** opportunity 16
das **Gelenk, -e** joint
der **Gelenkverschleiß** arthrosis
gelingen, gelang, ist gelungen to succeed; **es ist ihm gelungen** he succeeded (in)
gelten (gilt), galt, hat gegolten (als) to be regarded (as) 18
gemäß (+ *dat.*) according to
gemäßigt temperate, moderate
gemeinsam common
das **Gemüse, -** vegetable 12
die **Gemüsesorte, -n** sort/type of vegetable 12
gemustert patterned (*fabric*)
das **Gemüt** mind; soul
gemütlich cozy 2, cozily; comfortable, comfortably; genial(ly)
die **Gemütslage, -n** emotional state
genau exact(ly) 9; **genauso wie** exactly as/like
genehmigen to authorize
der **General, ¨e** general
die **Generation, -en** generation
(das) **Genf** Geneva
das **Genie, -s** genius
genießen, genoß, hat genossen to enjoy 17
der **Genitiv** genitive case
genug enough 2
geöffnet open 16
die **Geographie** geography
das **Gepäck** baggage, luggage 3
der **Gepäckträger, - / die Gepäckträgerin, -nen** bellhop 8
gerade just, exactly; **nicht gerade** not exactly
geradeaus straight ahead 8
das **Gerät, -e** apparatus 16; appliance
geregelt regulated
das **Gericht, -e** dish, course 12
germanisch Germanic
die **Germanistik** (study of) German language and literature
gern(e) *with verb*: like to, enjoy 7; **(Autos) gern haben** to like (cars) 2
die **Gesamtschule, -n** comprehensive school
das **Geschäft, -e** shop, store 6
die **Geschäftsfrau, -en** businesswoman
der **Geschäftsmann,** *pl.* **Geschäftsleute** businessman, *pl.* businesspeople
die **Geschäftszeiten** (*pl.*) business hours

das **Geschehen** event
das **Geschenk, -e** present, gift 3
die **Geschichte, -n** story; history 10
das **Geschirr** dishes; **Geschirr spülen** to wash dishes 7
die **Geschirrspülmaschine, -n** dishwasher
geschlossen closed
der **Geschmack** taste
das **Geschnitzelte** *southern German meat dish*
die **Geschwindigkeitsbegrenzung, -en** speed limit
die **Geselligkeit** conviviality
die **Gesellschaft, -en** society; company
die **Gesellschaft mit beschränkter Haftung (GmbH)** limited company (Ltd.)
gesetzlich legal(ly)
das **Gesicht, -er** face 15
der **Gesprächspartner, - / die Gesprächspartnerin, -nen** interviewee, conversational partner
das **Gespür** understanding, sensitivity
gestalten to shape; to arrange; **neu gestalten** to remodel
gestern yesterday 5
gesund healthy 7
die **Gesundheit** health
geteilt divided
getoastet toasted
das **Getränk, -e** drink, beverage 12
getrennt: zusammen oder getrennt (zahlen) (to pay) together or separately
gewähren to grant
gewaltig powerful, enormous
gewinnen, gewann, hat gewonnen to win 14
das **Gewitter, -** thunderstorm
sich gewöhnen (an + *acc.*) to get used (to), accustomed (to) 15
die **Gewohnheit, -en** habit
das **Gewohnheitstier, -e** creature of habit
gewöhnlich usual(ly)
es gibt there is, there are
gießen, goß, hat gegossen to pour 17
die **Gladiole, -n** gladiolus
das **Glanzstück, -e** showpiece
das **Glas, ¨er** glass
die **Glasur, -en** icing 17
der **Glasziegel, -** glass tile
das **Glatteis** ice (on the roads or sidewalks)
glauben to believe 6
glaublich believable, believably 2
gleich right away; equal, same 8

gleichberechtigt sein to have equal rights

gleichwohl nevertheless

gleichzeitig at the same time

das **Gleis, -e** (railroad) track 4

gleiten, glitt, ist geglitten to slide, slip

das **Glück** luck, good fortune; **Glück haben** to be lucky 13

glücklich happy, happily

der **Glückwunsch, ¨e** felicitation; **herzlichen Glückwunsch / herzliche Glückwünsche (zum Geburtstag, zur Verlobung, zur Hochzeit)** best wishes / congratulations (on your birthday, engagement, marriage)

die **Glückwunschkarte, -n** greeting card

GmbH = Gesellschaft mit beschränkter Haftung

gnadenlos merciless(ly)

der **Gnom, -en** (*wk.*) gnome

das **Gnu, -s** gnu

das **Gold** gold

der **Goldfisch, -e** goldfish

das **Golf** golf

gotisch Gothic

(der) **Gott** God; **grüß (Sie) Gott** hello

das **Grab, ¨er** grave

der **Grad, -e** degree (*temperature*)

die **Grammatik** grammar

gratis free of charge, gratis

grau gray

die **Grenze, -n** border 5

grenzen (an + acc.) to border (on)

der **Grieche, -n** (*wk.*) / die **Griechin, -nen** Greek (*person*)

(das) **Griechenland** Greece

(das) **Griechisch** Greek (*language*)

die **Grippe** influenza

(das) **Grönland** Greenland

der **Groschen, -** *Austrian currency*

groß big, large 2

großartig great, fabulous 2

(das) **Großbritannien** Great Britain

die **Größe, -n** size 6

die **Großeltern** (*pl.*) grandparents 6

großgewachsen tall

der **Großglockner** *name of mountain in Austria*

die **Großmutter, ¨** grandmother 6

die **Großstadt, ¨e** major city

der **Großvater, ¨** grandfather 6

groß·ziehen, zog groß, hat großgezogen to raise (*a child*) 13

grün green

der **Grund, ¨e** reason 15; **aus welchem Grund** for what reason

gründen to found 17

gründlich thorough(ly)

das **Grundrecht, -e** basic (constitutional) right

Grundstein: den Grundstein legen to lay the foundation

das **Grundstück, -e** lot, piece of land 9

die **Grundschule, -n** elementary school

die **Gründung, -en** founding

die **Gruppe, -n** group

gruselig creepy 10

der **Gruß, ¨e** greeting; **herzliche Grüße / mit freundlichen Grüßen / viele Grüße** kind regards (*at end of letter*)

grüßen to greet; **grüß (Sie) Gott, grüß dich** hello

gucken to look; **guck mal!** hey, look! 14

gültig valid

der **Gummi** gum; rubber

das **Gürkchen** midget gherkin

die **Gurke, -n** cucumber; pickle

der **Gürtel, -** belt 7

gut good; well; fine 1; **gut, danke** fine, thanks Z; **gut aufgehoben** in good hands; **gute Idee** good idea 6; **gute Nacht** good night Z; **guten Abend** good evening Z; **guten Appetit** enjoy your meal 12; **guten Morgen** good morning Z; **guten Tag** good day

gut situiert well off

das **Gymnasium,** *pl.* **Gymnasien** academic preparatory school 10

H

das **Haar, -e** hair 15

das **Haarfärbemittel, -** hair-coloring product

haben, hatte, hat gehabt to have 2; **gern haben** to like (*something or someone*); **Platz haben** to have space; to have room

der **Hafen, ¨** harbor, port

das **Hähnchen, -** chicken

halb half; **um halb acht** at seven thirty

die **Halbpension** half-board (*room and one or two meals*)

halbtags part-time

die **Halle, -n** hall

hallo hello

die **Halsschmerzen** (*pl.*) sore throat

halten (hält), hielt, hat gehalten to hold, keep 3; **halten von** to think of; **Interviews halten** to conduct interviews

hämmern to throb, hammer; **mein Kopf hämmert** my head is throbbing 6

der **Hamster, -** hamster

die **Hand, ¨e** hand 15; **die Hand geben** to shake hands, extend one's hand 15

handeln von (+ dat.) to be about 10; **wovon handelt (das Stück)?** what is (the play) about?

die **Handelskette, -n** chain of stores

die **Handelsschule, -n** trade school or college

die **Handelsstadt, ¨e** trade city

die **Handlung, -en** plot 10

das **Handtuch, ¨er** towel

hängen to hang (+ *d.o.*)

hängen, hing, hat gehangen to hang, be suspended

die **Hansestadt, ¨e** *member city of Hanseatic League*

harmlos harmless(ly)

harmonisch harmonious(ly)

hassen to hate

der **Hauch, -e** breeze

hauen to hit

häufig frequent(ly)

das **Hauptfach, ¨er** (academic) major 15

das **Hauptgericht, -e** main dish, entrée

der **Hauptgrund, ¨e** main reason

die **Hauptmahlzeit** main meal

die **Hauptrolle, -n** main role

die **Hauptsache, -n** main thing 13

hauptsächlich mainly, chiefly 18

die **Hauptschule, -n** middle school

die **Hauptstadt, ¨e** capital

das **Haus, ¨er** house 2; **nach Hause** home; **zu Hause** at home

die **Hausaufgaben** (*pl.*) homework

die **Hausfrau, -en** housewife, homemaker

hausgebacken home-baked

hausgemacht homemade 12

der **Haushalt, -e** household

das **Haushaltsgerät, -e** household appliance 9

der **Hausmann, ¨er** house husband

der **Hausmeister, -** custodian

der **Hausplan, ¨e** floor plan, layout

die **Haustür, -en** front door

die **Haut, ¨e** skin

(das) **Hebräisch** Hebrew (*language*)

das **Heft, -e** notebook 2

die **heilige (Elisabeth) / der heilige (Augustinus)** Saint (Elizabeth) / Saint (Augustine) 11

das **Heilmittel, -** remedy

die **Heimatstadt, ¨e** hometown

heiraten to marry, get married 11

heiß hot 5

heißen, hieß, hat geheißen to be called 1; **ich heiße . . .** my name is . . . ; **wie heißen Sie?** what's your name?; **das heißt (d.h.)** that is (i.e.); **willkommen heißen** to welcome (*somebody*)

heiter clear (*weather*)

die **Heizung** heat 2

hektisch hectic

der **Held, -en** (*wk.*) / die **Heldin, -nen** hero, heroine 10

die **Heldentat, -en** heroic deed

helfen (hilft), half, hat geholfen (+ *dat.*) to help 7

das **Hemd, -en** shirt 6

herauf·kommen, kam herauf, ist heraufgekommen to come up

heraus·finden, fand heraus, hat herausgefunden to find out

heraus·kommen, kam heraus, ist herausgekommen to come out

heraus·nehmen (nimmt heraus), nahm heraus, hat herausgenommen to take out

heraus·reißen, riß heraus, hat herausgerissen to tear out

heraus·treten (tritt heraus), trat heraus, ist herausgetreten to step outside

(der) **Herbst** fall, autumn

der **Herd, -e** stove, range 9

herein·kommen, kam herein, ist hereingekommen to come in

der **Heringssalat, -e** herring salad (*type of potato salad with pieces of marinated herring and pickled beets*)

her·kommen, kam her, ist hergekommen to come from 13

die **Herkunftsbezeichnung, -en** designation of origin

der **Herr, -en** (*wk.*) gentleman 4; **Herr** Mr. Z

herrlich wonderful(ly), splendid(ly) 8

herrschaftlich stately

der **Herrscher, -** / die **Herrscherin, -nen** ruler

her·stellen to manufacture

herum·hocken to sit around

herum·tollen to romp around

herunter·kommen, kam herunter, ist heruntergekommen to come down

herzhaft hearty, heartily

herzlich warm; sincere; **herzliche Grüße** kind regards; **herzlichen Glückwunsch / herzliche Glückwünsche** best wishes / congratulations 13

der **Herzog, ⸚e** duke

der **Heurige, -nr Heuriger)** current year's wine

der **Heurigenbesucher, -** visitor to the current year's wine tasting

heute today 1; **heute abend** this evening 1

heutig modern, current

hier here 1

hierher (to) here

die **Hilfe, -n** help 11

hilfsbereit ready to help

der **Himbeerkuchen, -** raspberry cake

der **Himmel, -** heaven, sky

hin *direction away from* 4

hinauf·gehen, ging hinauf, ist hinaufgegangen to go up

hinein into

hinein·fahren (fährt hinein), fuhr hinein, ist hineingefahren to travel into 13

hinein·führen to lead into

hinein·gehen, ging hinein, ist hineingegangen to enter, go into

hinein·marschieren, ist hineinmarschiert to march into 11

hin·fahren (fährt hin), fuhr hin, ist hingefahren to travel to (*away from speaker*)

hin·gehen, ging hin, ist hingegangen to go to

hin·reisen: überall hinreisen to travel everywhere

hinten: da hinten back there

hinter (+ *acc./dat.*) behind 8

im Hintergrund in the background 14

hinterlassen (hinterläßt), hinterließ, hat hinterlassen to leave behind

hinunter·gehen, ging hinunter, ist hinuntergegangen to go down

hinunter·schauen to look down

hinzu·geben (gibt hinzu), gab hinzu, hat hinzugegeben to add 17

der **Hirsch, -e** deer

der **Historiker, -** / die **Historikerin, -nen** historian

historisch historical

die **Hitze** heat 17

hoch/hoh (+ *ending that begins with* **e**) tall; high(ly) 2

(das) **Hochdeutsch** standard German (*language*)

das **Hochdruckzentrum,** *pl.* **Hochdruckzentren** high-pressure system

die **Hochzeit, -en** wedding 13

hocken to squat

der **Hof, ⸚e** (court)yard

hoffen to hope 16

hoffnungslos hopeless

hoffnungsvoll full of hope

höflich polite(ly)

das **Hohe „A"** high "A" (*musical note*)

der **Höhepunkt, -e** highlight

holen to go, get, fetch 7

(das) **Holland** Holland

der **Holländer, -** / die **Holländerin, -nen** Dutch (*person*)

das **Holz, ⸚er** wood

das **Holzklötzchen, -** wooden block

hören to hear 5; to listen to; **von sich hören machen** to make a name for oneself

die **Hose, -n** (pair of) pants 6

das **Hotel, -s** hotel 8

der **Hotelgast, ⸚e** hotel guest

der **Hotelwirt, -e** / die **Hotelwirtin, -nen** innkeeper 18

das **Hotelzimmer, -** hotel room

der **Hügel, -** hill 17

das **Huhn, ⸚er** chicken

humorvoll with a sense of humor

der **Hund, -e** dog

hundert hundred

der **Hunger** hunger 4; **Hunger haben** to be hungry 4

hungrig hungry 3

der **Husten** cough

der **Hut, ⸚e** hat 6

hygienisch sanitary

die **Hymne, -n** hymn

I

ich I 1; **ich heiße** my name is Z

ideal ideal 2

der **Idealist, -en** (*wk.*) / die **Idealistin, -nen** idealist

idealistisch idealistic(ally)

die **Idee, -n** idea; **gute Idee!** good idea! 16

die **Identität** identity

die **Identitätskrise** identity crisis

der **Igel, -** hedgehog

ignorieren to ignore

die **Iguana,** *pl.* **Iguanen** iguana

ihr (*infor. pl.*) you 1; her, its, their 3

Ihr (*for. sg. and pl.*) your 3

imaginär imaginary

der **Imbiß,** *pl.* **Imbisse** snack

die **Imbißstube, -n** fast-food place 6

imitieren to imitate

immer always 1; **immer noch** still

immerhin after all

der **Imperativ** imperative mood
das **Imperfekt** past tense
importieren to import 7
in (+ *acc./dat.*) in; on (*street*); into 8
inbegriffen included 2
der **Inder, -** / die **Inderin, -nen** Indian
 (*person*)
der **Indikativ** indicative mood
der **Individualist, -en** (*wk.*) / die
 Individualistin, -nen individualist
individuell individual(ly)
industrialisiert industrialized
die **Industrie, -n** industry 5
das **Industriegebiet, -e** industrial area 5
industriell industrial
die **Industriestadt, ⁓e** industrial city 5
das **Industriezentrum,** *pl.* **Industrie-**
 zentren industrial center
infiziert infected
die **Informatik** computer science
die **Informationen** (*pl.*) information
das **Informationsblatt, ⁓er** information
 sheet
informiert informed
die **Ingenieurwissenschaft** (science of)
 engineering
inklusiv (inkl.) inclusive
die **Innenstadt, ⁓e** inner city, center of
 town
inner inner
das **Insekt, -en** insect
die **Insel, -n** island
das **Inserat, -e** advertisement
der **Inspektor, -en** inspector
das **Instrument, -e** instrument
intakt in order, functioning
die **Integration** integration
intellektuell intellectual(ly)
intelligent intelligent(ly)
intensiv intensive; intensely 15
die **Interaktion, -en** interaction
der **Intercity-Zug, ⁓e** intercity train
interessant interesting(ly) 1
das **Interesse, -n** interest; **Interesse**
 haben (an + *dat.*) to have an interest
 (in); **Interesse haben (für)** to be
 interested (in)
interessieren to interest 4
sich interessieren (für) to be interested
 (in) 15
international international(ly)
das **Interview, -s** interview 3
interviewen to interview
der **Interviewer, -** / die **Interviewerin,**
 -nen interviewer
der **Interviewte, -n (ein Interviewter)** /

die **Interviewte, -n** person being inter-
 viewed, interviewee
inzwischen (in the) meantime
der **Iraner, -** / die **Iranerin, -nen** Iranian
 (*person*)
irgendein some, any 16
irgendwo somewhere 3
die **Iris, -se** iris (*flower*)
(das) **Irland** Ireland
(das) **Italien** Italy
der **Italiener, -** / die **Italienerin, -nen**
 Italian (*person*)
italienisch Italian
(das) **Italienisch** Italian (*language*)

J

ja yes 1
die **Jacke, -n** jacket 6
die **Jackentasche, -n** jacket pocket
die **Jade** jade
jagen to chase, pursue, hunt 14
das **Jahr, -e** year 14; **die (zwanziger)**
 Jahre the (twenties) 10
jahrelang for years
das **Jahrhundert, -e** century 17
(der) **Januar** January
der **Japaner, -** / die **Japanerin, -nen**
 Japanese (*person*)
japanisch Japanese
jawohl yes; yes, sir; yes, indeed
der **Jazz** jazz
je each; ever; **je mehr, desto besser** the
 more the better 9
die **Jeans** (*pl.*) jeans 6
der **Jeansstoff** denim
jedenfalls anyway, in any case
jeder, jede, jedes each, every 3
jedermann everyone
jedoch however
jemand someone 9
jetzt now 1
der **Job, -s** job 13
der **Joga** yoga
das **Jo-jo, -s** yo-yo
joggen to jog
der **Joghurt** yogurt
das **Journal, -e** periodical
der **Journalist, -en** (*wk.*) / die
 Journalistin, -nen journalist 3
das **Jubiläum,** *pl.* **Jubiläen** anniversary
die **Jugend** youth 5
der **Jugendliche, -n (ein Jugendlicher)** /
 die **Jugendliche, -n** young person
der **Jugoslawe, -n** (*wk.*) / die **Jugoslawin,**
 -nen Yugoslav (*person*)

(das) **Jugoslawien** Yugoslavia
jugoslawisch Yugoslavian
(der) **Juli** July
jung young 12
der **Junge, -n** (*wk.*) boy 4
(der) **Juni** June
der **Junior-Paß,** *pl.* **Junior-Pässe** junior
 pass 4
Jura law (*studies*)
Jura Jura (*name of Swiss canton*)
der **Jurist, -en** (*wk.*) / die **Juristin, -nen**
 lawyer
das **Juwel, -en** jewelry

K

das **Kabelfernsehen** cable television
der **Käfer, -** bug
der **Kaffee** coffee 1
das **Kaffeehaus, ⁓er** coffeehouse
der **Kaffeehausgänger, -** person who
 frequents coffeehouses
die **Kaffeekanne, -n** coffee pot 8
die **Kaffeemaschine, -n** coffee maker 9
der **Kaiser, -** / die **Kaiserin, -nen**
 emperor/empress
die **Kaiserstadt, ⁓e** imperial city
das **Kalb, ⁓er** calf
der **Kalender, -** calendar
die **Kalorie, -n** calorie 12
kalorienarm low in calories
kalorienreich rich in calories
kalt cold 5
kalter Aufschnitt cold cuts, cold
 meat 12
die **Kaltfront** cold front (*weather*)
die **Kaltluftzufuhr** influx of cold air
kalt·stellen to put in a cool place
die **Kamera, -s** camera
sich kämmen to comb one's hair 15
der **Kampf, ⁓e** fight, struggle
kämpfen to fight 5
der **Kanadier, -** / die **Kanadierin, -nen**
 Canadian (*person*)
der **Kanal, ⁓e** canal; channel 17
das **Känguruh, -s** kangaroo
das **Kaninchen, -** rabbit
das **Kännchen, -** (small) pot 4
der **Kanton, -e** (Swiss) canton 18
das **Kanu, -s** canoe
die **Kaper, -n** caper
das **Kapitel, -** chapter
das **Karate** karate
(das) **Kärnten** Carinthia (*name of
 Austrian province*)
die **Karotte, -n** carrot

die **Karriere, -n** career
die **Karte, -n** ticket; map; **Karten spielen** to play cards 1
die **Kartoffel, -n** potato 12
der **Käse** cheese 12
der **Käsekuchen** cheesecake 1
die **Käsezubereitung** making of cheese 18
die **Katze, -n** cat
kaufen to buy 4
das **Kaufhaus, ¨er** department store 6
der **Kaufmann,** *pl.* **Kaufleute** / die **Kauffrau, -en** merchant, businessperson
der **Kaugummi, -s** chewing gum 7
kaukasisch Caucasian
kaum hardly 11
die **Kegelbahn, -en** bowling alley
kegeln to bowl
kein no, not a, not any
der **Keks, -e** cookie 6
der **Kellner, -** / die **Kellnerin, -nen** waiter/waitress 1
kennen, kannte, hat gekannt to be acquainted with, familiar with; to know 1
kennen·lernen to get to know, become acquainted with
das **Kennzeichen, -** identification sign/ letter
der **Kilometer, -** kilometer
das **Kind, -er** child 2
die **Kinderbetreuung** child care
die **Kindererziehung** bringing up of children
kinderfreundlich nice for children
der **Kindergarten, ¨** nursery school
kinderlos childless
der **Kinderreim, -e** nursery rhyme
das **Kinderspiel, -e** children's play
das **Kinderzimmer, -** children's room
kindisch childish(ly)
kindlich childlike
das **Kino, -s** movie theater 8; **ins Kino gehen** to go to the movies
die **Kinokarte, -n** movie ticket
der **Kiosk, -e** kiosk
die **Kirche, -n** church 2
die **Kirchenglocke, -n** church bell
kirchlich in church; **kirchliche Trauung** church wedding
die **Kirsche, -n** cherry 12
die **Kirschtorte, -n** cherry pie; **Schwarzwälder Kirschtorte** Black Forest cake
klagen (über + *acc.***)** to complain (about) 15

klappen to work out, go smoothly 13
klar clear(ly); of course 18
die **Klasse, -n** class
der **Klassenkamerad, -en** (*wk.*) / die **Klassenkameradin, -nen** classmate
das **Klassenzimmer, -** classroom
der **Klassiker, -** / die **Klassikerin, -nen** classical author 10
klassisch classical
die **Klatsche, -n** flyswatter
das **Kleid, -er** dress 6; (*pl.*) clothes
das **Kleidungsstück, -e** piece of clothing
klein small, little 2
die **Kleingruppe, -n** small group
das **Kleinkind, -er** small child; toddler
der **Kleinstaat, -en** small state
die **Kleinstadt, ¨e** small town
klettern to climb
das **Klima** climate
die **Klimaanlage, -n** air conditioner
das **Klopapier** toilet paper
klopfen to knock
das **Kloster, ¨** convent
km = Kilometer
knapp only, barely, scarcely
der **Knecht, -e** servant
die **Kneipe, -n** bar
der **Knochen, -** bone
knusprig crusty 12
der **Koch, ¨e** / die **Köchin, -nen** cook
die **Kochecke, -n** cooking niche 2
das **Kochei, -er** boiled egg
kochen to cook 9
der **Koffer, -** suitcase 3
der **Kollege, -n** (*wk.*) / die **Kollegin, -nen** colleague
Köln Cologne (*name of German city*)
kombinieren to combine
der **Komfort: mit Komfort** leisurely
der **Komiker, -** / die **Komikerin, -nen** comedian/comedienne 10
komisch funny, strange(ly)
kommen, kam, ist gekommen to come 1; **auf die Welt kommen** to be born, come into this world; **aus (Köln) kommen** to come from (Cologne); **aus der Übung kommen** to get out of practice
kommend coming 14
kommunistisch communist
die **Komödie, -n** comedy
kompakt compact
der **Komparativ** comparative
kompetent competent(ly)
komplett complete
das **Kompliment, -e** compliment
kompliziert complicated

komponieren to compose
der **Komponist, -en** (*wk.*) / die **Komponistin, -nen** composer
der **Kompromiß,** *pl.* **Kompromisse** compromise
der **Konferenzraum, ¨e** conference room
der **Kongreß,** *pl.* **Kongresse** congress; convention
der **König, -e** / die **Königin, -nen** king/ queen 11
der **Konjunktiv, -e** subjunctive mood
können (kann), konnte, hat gekonnt to be able to, can; to know how to 9
konservativ conservative(ly)
die **Konsumgüter** (*pl.*) consumer goods
der **Kontakt, -e** contact
der **Kontinent, -e** continent
das **Kontingent, -e** contingent
Kontra: (das) Pro und (das) Kontra pros and cons
die **Konversation, -en** conversation
konzeptionell conceptional
das **Konzert, -e** concert
das **Konzerthaus, ¨er** concert hall
die **Kooperation** cooperation
der **Kopf, ¨e** head 6; **mein Kopf hämmert so** my head is throbbing 6
der **Kopfsalat** lettuce 12
die **Kopfschmerzen** (*pl.*) headache
der **Korb, ¨e** basket
die **Kornblume, -n** corn flower, bachelor's button
der **Körper, -** body 15
die **Körperschaft, -en** corporation
der **Körperteil, -e** part of body
kostbar precious
kosten to cost 2
die **Kosten** (*pl.*) expenses 15
kostenlos free of charge
die **Kostprobe, -n** sample, taste
kräftig strong
krank sick, ill 11
das **Krankenhaus, ¨er** hospital
die **Krankenschwester, -n** (female) nurse / der **Krankenpfleger, -** (male) nurse 16
die **Krankheit, -en** illness 11
die **Krawatte, -n** tie 6
kreativ creative(ly)
die **Kreditkarte, -n** credit card
der **Kreidekreis, -e** chalk circle
die **Kreislaufstörung, -en** circulatory disturbance
die **Kreuzung, -en** intersection 14
der **Kreuzzug, ¨e** crusade
der **Krieg, -e** war 16

der **Krimi, -s** detective show, detective story 7
die **Kriminalität** crime
das **Krisengebiet, -e** crisis area
die **Kritik** criticism
der **Kritiker, -** critic
kritisieren to criticize
das **Krokodil, -e** crocodile
die **Krone, -n** crown
die **Kruste, -n** crust
(das) **Kuba** Cuba
die **Küche, -n** kitchen 7; cuisine 12
der **Kuchen, -** cake 1
Ku'damm = Kurfürstendamm
die **Kugel, -n** ball
der **Kugelschreiber, -** ballpoint pen 8
kühl cool 5
der **Kühlschrank, ¨e** refrigerator 9
die **Kultur, -en** culture
die **Kulturecke, -n** culture corner
kulturell cultural(ly)
sich kümmern um (+ *acc.*) to take care of
der **Kunde, -n** (*wk.*) / die **Kundin, -nen** customer 4
die **Kundgebung, -en** proclamation
die **Kunst** art
die **Kunstfaser, -n** synthetic fiber
der **Künstler, -** / die **Künstlerin, -nen** artist
der **Künstlerverein, -e** artists' club
die **Kunstmetropole, -n** art center, metropolis
die **Kur, -en** cure, medical treatment
(der) **Kurfürstendamm** *name of famous shopping street in Berlin*
das **Kurgästehaus, ¨er** building for spa guests
der **Kurort, -e** health resort, spa 5
der **Kurs, -e** (academic) course 15; **einen Kurs belegen** to take a course
das **Kursprogramm, -e** course schedule
kurz short(ly) 14
die **Kusine, -n** (female) cousin 6
die **Küste, -n** coast 16
die **Kutsche, -n** coach, carriage

L

lächeln to smile 10
lachen (**über** + *acc.*) to laugh (at) 10
der **Laden, ¨** store, shop 6
lahm lame 11; **die lahme Ente** lame duck 14
das **Lamm, ¨er** lamb

die **Lampe, -n** lamp
das **Land, ¨er** country 3; state; **auf dem Land** in the country(side)
die **Landbevölkerung** rural population
das **Landbrot, -e** *brown bread usually made from rye flour*
das **Landei, -er** farm egg
landen, ist (**hat** *with d.o.*) **gelandet** to land 5
die **Landeshauptstadt, ¨e** state capital
die **Landeskunde** (study of) country and culture
der **Landgraf, -en** (*wk.*) / die **Landgräfin, -nen** count/countess
das **Landhaus, ¨er** country house
die **Landschaft, -en** landscape, scenery, countryside 5
der **Landsmann,** *pl.* **Landsleute** compatriot
der **Landvogt, ¨e** provincial governor
die **Landwirtschaft** agriculture
lang long; tall 14; **lange** long (*with time*); **lange dauern** to take a long time; **langer Donnerstag/Samstag** long Thursday/Sunday (*days when stores stay open late*)
die **Langeweile** boredom
langfristig long lasting
langlebig durable
langsam slow(ly) 9
langweilig boring
der **Lärm** noise 9
lassen (läßt), ließ, hat gelassen to leave; to allow, let 8; **erbauen lassen** to have (*something*) built
lästig annoying; **wie lästig!** how annoying!
laufen (läuft), lief, ist (**hat** *with d.o.*) **gelaufen** to run 3; **mir läuft das Wasser im Mund zusammen** my mouth waters
die **Laune, -n** mood
laut loud(ly)
leben to live 1
das **Leben** life 13
der **Lebensgefährte, -n** (*wk.*) / die **Lebensgefährtin, -nen** lifelong companion
die **Lebensgemeinschaft, -en** lifelong partnership
die **Lebensmittel** (*pl.*) food, groceries
die **Lebensnotwendigkeit, -en** necessity
der **Lebensstandard** standard of living
der **Lebensstil, -e** life-style
die **Lebensweise, -n** way of life

lecker delicious 9
die **Lederhose, -n** (pair of) leather pants
ledig unmarried, single 13
leer empty
legen to lay, put down, place 8; **den Grundstein legen** to lay the foundation
die **Legende, -n** legend 18
das **Lehrbuch, ¨er** textbook
lehren to teach, instruct
der **Lehrer, -** / die **Lehrerin, -nen** teacher, instructor 13
die **Lehrstelle, -n** apprenticeship
leicht easy, easily; light(ly) 9
leichtsinnig foolhardy
leiden, litt, hat gelitten to suffer; **leiden an** (+ *dat.*) to suffer from
leider unfortunately 3
sich (*dat.*) **leisten** to afford 15
die **Leistung, -en** performance; achievement, accomplishment
die **Leitung: unter der Leitung von** (+ *dat.*) conducted by
lernen to learn 1
lesen (liest), las, hat gelesen to read 3
der **Leserbrief, -e** letter to the editor, reader's letter
letzt last; **zum (letzten) Mal** for the (last) time
die **Leute** (*pl.*) people 4
der **Leutnant, -s** lieutenant
liberal liberal(ly)
das **Licht, -er** light
lieb kind; nice; **lieber / liebe . . .** dear . . . (*salutation in a letter*)
lieben to love 6
liebenswert lovable
lieber rather 8
der **Liebesbrief, -e** love letter
die **Liebesgeschichte, -n** love story
das **Liebespaar, -e** (pair of) lovers
liebevoll loving(ly)
die **Lieblings(torte)** favorite (torte, cake) 4
(das) **Liechtenstein** Liechtenstein
das **Lied, -er** song
die **Lieferung, -en** delivery
liegen, lag, hat gelegen to lie, recline, rest 8
die **Linguistik** linguistics
die **Linie, -n** line
links left 4
die **Liste, -n** list
die **Literatur, -en** literature 1
die **Lizenz, -en** license

der **Löffel, -** spoon 17
logisch logical(ly)
der **Lohn, ⸚e** pay, payment, wages 11
lösen to solve 5
die **Lösung, -en** solution
der **Lottogewinn, -e** lottery winnings
der **Löwe, -n** (*wk.*) lion
die **Luft** air
die **Lungenentzündung** pneumonia
die **Lust** desire; **Lust haben** to want, to
  feel like (*doing something*); **ich habe
  (keine) Lust dazu** I (don't) want to do
  that, I (don't) feel like doing that
das **Lusthaus, ⸚er** (*old*) summerhouse
lustig merry; funny, amusing
(das) **Luxemburg** Luxembourg
der **Luxemburger, -** / die **Luxem-
  burgerin, -nen** Luxembourger
  (*person*)
(das) **Luxemburgisch** Luxembourgian
  (*language*)
luxuriös luxurious 2
das **Luxushotel, -s** luxury hotel
Luzern Lucerne (*name of city in
  Switzerland*)

M

m = Meter
m² = Quadratmeter
machen to do; to make 1; **(das) macht
  nichts** (that) doesn't matter 13;
  zunutze machen to use
die **Macht, ⸚e** power, might
das **Mädchen, -** girl 4
das **Magazin, -e** magazine
die **Magenschmerzen** (*pl.*) stomachache
mager lean 12
mähen to mow (*lawn*) 9
die **Mahlzeit, -en** meal
(der) **Mai** May
mal times; *emphatic word*
das **Mal, -e** point of time, time; **zum . . .
  Mal** for the . . . time
malen to paint 17
der **Maler, -** / die **Malerin, -nen** painter,
  artist
malerisch picturesque 17
man one, people, they, you 1
mancher, manche, manches some 3
manchmal sometimes 3
das **Mandelhörnchen, -** almond pastry
der **Mann, ⸚er** man 2
die **Mannschaft, -en** team 14
der **Mantel, ⸚** coat 6

das **Märchen, -** fairy tale
die **Margerite, -n** daisy
die **Marionette, -n** marionette
die **Mark, -** (German) mark (*currency*) 3
der **Markt, ⸚e** market
der **Marktplatz ⸚e** marketplace
die **Marmelade, -n** jam, preserves 8
der **Marmorkuchen, -** marble cake
der **Marschall, ⸚e** / die **Marschallin,
  -nen** high-ranking official
(der) **März** March
das **Marzipan** marzipan 6
die **Maschine, -n** machine
der **Maschinenbau** mechanical
  engineering
die **Masse, -n** batter, dough; mass 17
die **Massenmedien** (*pl.*) mass media
die **Maßnahme, -n** measure 16
das **Material, -ien** material
(die) **Mathe** (*coll.*) Math
die **Mathematik** mathematics
der **Mathematiker, -** / die
  Mathematikerin, -nen mathematician
die **Matratze, -n** mattress
der **Matrose, -n** (*wk.*) sailor
die **Mauer, -n** wall 5; (Berlin) Wall
die **Maus, ⸚e** mouse
der **Mechaniker, -** / die **Mechanikerin,
  -nen** mechanic
(das) **Mecklenburg-Vorpommern** *name
  of German state*
das **Medikament, -e** medicine
die **Medizin** medicine
medizinisch medical
das **Meeresrauschen** sound of the surf
das **Mehl** flour 17
mehr more 1
mehrere (*pl.*) several 17
die **Mehrheit** majority
mein my 3
meinen to mean, be of the opinion 5
die **Meinung: meiner Meinung nach** in
  my opinion 7
meist most
meistens mostly; usually 1
meistern to master
die **Meisterschaft, -en** championship
die **Menge, -n** crowd 16
die **Mensa,** *pl.* **Mensen** student
  cafeteria 15
der **Mensch, -en** (*wk.*) human being;
  person; (*pl.*) people 4
das **Menschenkind, -er** human being
menschlich human
der **Mercedes, -** Mercedes (*car*)

merkwürdigerweise strangely, oddly
  enough 16
das **Messer, -** knife 4
das **Metall, -e** metal
der **Meter, -** meter (*measurement*)
die **Methode, -n** method
der **Metzger, -** butcher
der **Mexikaner, -** / die **Mexikanerin,
  -nen** Mexican (*person*)
(das) **Mexiko** Mexico
die **Miete, -n** rent 2; **Miete zahlen** to
  pay rent 2
mieten to rent 5
das **Mietshaus, ⸚er** apartment building 9
die **Mietwohnung, -en** (rental)
  apartment 9
das **Mikrophon, -e** microphone
der **Mikrowellenherd, -e** microwave
  oven
die **Milch** milk 17
mild mild 5
militärisch military; with military force
die **Million, -en** million
mindestens at least 10
die **Mineralien** (*pl.*) minerals
das **Mineralwasser** mineral water
die **Minibar, -s** (portable) snackbar 4
minus: minus drei Grad three degrees
  below zero (Centigrade)
die **Minute, -n** minute
mischen to mix
die **Mischung, -en** mixture 17
**mißfallen (mißfällt), mißfiel, hat
  mißfallen** (+ *dat.*) to displease
das **Miststück, -e** (*coll.*) beast
mit (+ *dat.*) with, in the company of 7;
  by (*some means of transportation*)
der **Mitbewohner, -** / die **Mitbe-
  wohnerin, -nen** (fellow) occupant,
  roommate
der **Mitbürger, -** / die **Mitbürgerin,
  -nen** fellow citizen
miteinander with one another, with each
  other
das **Mitglied, -er** member
**mit·kommen, kam mit, ist mitgekom-
  men** to come along, accompany 13
das **Mitleid** compassion 11
der **Mitmensch, -en** (*wk.*) fellowman
**mit·nehmen (nimmt mit), nahm mit,
  hat mitgenommen** to take along
mit·rauchen to have a smoke with
  someone
der **Mitstudent, -en** (*wk.*) / die
  Mitstudentin, -nen fellow student

der **Mittag, -e** midday; **mittags** at noon, middays, at midday; **zu Mittag** for lunch; **zu Mittag essen** to eat lunch

das **Mittagessen, -** lunch, midday meal 4

die **Mittagspause, -n** lunch break 1

der **Mittagstisch** lunch club; lunch table

die **Mitte** middle

das **Mittelalter** Middle Ages 11

(das) **Mitteleuropa** Central Europe

der **Mittelpunkt, -e** center; focus

die **Mittelschule, -n** intermediate school

mittelstark medium, moderate(ly) (strong)

der **Mittelstürmer, -** center forward (*soccer*)

mitten (in) in the middle (of) 16

(der) **Mittwoch** Wednesday; **mittwochs** (on) Wednesdays 1

mit·wirken to work together with

der **Mixer, -** blender 9

die **Möbel** (*pl.*) furniture 2

das **Möbelstück, -e** piece of furniture

möbliert furnished 2

das **Modegeschäft, -e** fashion store

das **Modehaus, ¨er** designer; fashion store

das **Modell, -e** model

modern modern 2

die **Modistin, -nen** milliner

mögen (mag), mochte, hat gemocht to like 9; **ich möchte** I would like

möglich possible

die **Möglichkeit, -en** possibility

die **Möhre, -n** carrot 12

der **Moment, -e** moment; **im Moment** at the moment

der **Monat, -e** month 2; **pro Monat** per month

monatlich monthly

die **Monatsmiete, -n** monthly rent 2

der **Mönch, -e** monk

der **Mond, -e** moon

(der) **Montag** Monday; **montags** (on) Mondays 1

das **Moped, -s** moped

morgen tomorrow 1; **morgen früh** tomorrow morning 1

der **Morgen, -** morning; **guten Morgen** good morning; **morgens** mornings 1

die **Mosel** Moselle (River)

das **Motiv, -e** motive

motivieren to motivate

motorisieren to motorize

das **Motorrad, ¨er** motorcycle

die **Motte, -n** moth

das **Motto, -s** motto, slogan

die **Möwe, -n** seagull

müde tired 3

die **Mülltonne, -n** garbage can

(das) **München** Munich

der **Mund, ¨er** mouth 15; **mir läuft das Wasser im Mund zusammen** my mouth waters

die **Münze, -n** coin 3

das **Museum, pl. Museen** museum 17

die **Musik** music 1

musikalisch musical

der **Musiker, -** / die **Muskierin, -nen** musician 8

der **Musikliebhaber, -** music lover

die **Musikpflege** cultivation of music

das **Musikstück, -e** piece of music

der **Muskel, -n** muscle

müssen (muß), mußte, hat gemußt to have to, must 9

mutig courageous

die **Mutter, ¨** mother 6

die **Muttersprache, -n** native language

die **Mutti, -s** mommy

N

na well

nach (+ *dat.*) after; according to; to (*with names of geographical places*); **(meiner) Meinung nach** in (my) opinion 7; **nach (Bonn) reisen** to travel to (Bonn) 1

der **Nachbar, -n** (*wk.*) / die **Nachbarin, -nen** neighbor 4

die **Nachbarschaft, -en** neighborhood 9

nachdem (*subord. conj.*) after 10

die **Nachfrage, -n** demand; inquiry

nachher afterward

nach·jagen to chase after

die **Nachkriegszeit** post-war time

nach·lassen (läßt nach), ließ nach, hat nachgelassen to subside

der **Nachmittag, -e** afternoon

nachmittags afternoons, in the afternoon 3

die **Nachricht, -en** notification; (*pl.*) news 7

nächst nearest 12; **am nächsten Tag** on the next day

die **Nacht, ¨e** night; **gute Nacht** good night (*at bedtime*); **nachts** nights 1; **über Nacht** overnight

der **Nachteil, -e** disadvantage

das **Nachthemd, -en** nightshirt, nightgown 16

der **Nachtisch, -e** dessert 12

nageln to nail

nagelneu brand new

nah, näher, nächst- near, nearer, next/nearest

die **Nähe** vicinity; **in der Nähe (von)** near, close (to), in the vicinity (of)

nahezu nearly

naiv naive

naja well

der **Name, -n** (*wk.*) name 4

nämlich namely

der **Narr, -en** (*wk.*) / die **Närrin, -nen** fool; fan, buff

die **Nase, -n** nose

das **Nashorn, ¨er** rhinoceros

naß wet

naßfest waterproof

die **Nation, -en** nation

national national

die **Nationalität, -en** nationality

die **Natur** nature 5

der **Naturdarm, ¨e** natural casing (*for sausages*)

naturell natural

natürlich of course; naturally 6

der **Nebel** fog

neben (+ *acc./dat.*) next to, beside 8

nebenbei besides 13

neblig foggy

der **Neffe, -n** (*wk.*) nephew 4

negativ negative(ly)

nehmen (nimmt), nahm, hat genommen to take 3; **Platz nehmen** to sit down, take a seat

neidisch envious

nein no

nennen, nannte, hat genannt to name 5

das **Nervensystem, -e** nervous system

nett nice 3

neu new 1

der **Neubürger, -** / die **Neubürgerin, -nen** new citizen (*including person from the former GDR*)

das **Neugeborene, -n (ein Neugeborenes)** newborn baby

neugierig curious(ly)

neulich recently

neun nine

neunzehn nineteen

neunzig ninety

(das) **Neuseeland** New Zealand

der **Neusiedlersee** *name of lake in Austria*

neutral neutral
die **Neutralität** neutrality
der **Nicaraguaner, -** / die **Nicaraguanerin, -nen** Nicaraguan (*person*)
nicht not 1; **nicht mehr** no longer 1; **nicht schlecht** not bad 2; **nicht (wahr)?** isn't that right? 1
die **Nichte, -n** niece 6
der **Nichtraucher, -** / die **Nichtraucherin, -nen** nonsmoker
nichts nothing; **(das) macht nichts** (that) doesn't matter
nie never 3
die **Niederlande** Netherlands
(das) **Niederösterreich** Lower Austria
(das) **Niedersachsen** Lower Saxony
niedrig low
niemand no one 9
der **Nigerianer, -** / die **Nigerianerin, -nen** Nigerian (*person*)
nirgends nowhere
der **Nobelpreis, -e** Nobel Prize
noch still; yet 4; **ist hier noch frei?** is this seat (still) free? **noch einmal / nochmal** once again; **noch nicht** not yet
die **Nonne, -n** nun
(das) **Norddeutschland** Northern Germany
der **Norden** the North; **im Norden** in the north
nördlich (to the) north
der **Nordosten** northeast
nordöstlich (to the) northeast
(das) **Nordrhein-Westfalen** North Rhine-Westphalia (*name of German state*)
die **Nordsee** North Sea
nordsüdlich (from) north (to) south
normal normal(ly); **normalerweise** normally
(das) **Norwegen** Norway
der **Norweger, -** / die **Norwegerin, -nen** Norwegian (*person*)
(das) **Norwegisch** Norwegian (*language*)
die **Note, -n** grade 15
nötig necessary, necessarily 12
die **Notiz, -en** note, notice; **Notizen machen** to take notes
(der) **November** November
die **Nudel, -n** noodle
null zero
numerus clausus restricted entry (*to a university*)

die **Nummer, -n** number
nun now
nur only 3
der **Nußknacker, -** nutcracker
nützen (+ *dat.*) to be of use 7

O

ob (*subord. conj.*) whether, if 10
oben up here
der **Ober, -** (head) waiter 4
(das) **Oberdeutsch** *Southern German dialect*
der **Oberinspektor, -en** chief inspector
(das) **Oberösterreich** Upper Austria
die **Oberschule, -n** nonclassical secondary school
die **Oberstufe, -n** *last three years of study at a Gymnasium*
die **Oboe, -n** oboe
das **Obst** fruit 12
die **Obstsorte, -n** type of fruit 12
obwohl (*subord. conj.*) even though 11
der **Ochse, -n** (*wk.*) ox
oder (*coord. conj.*) or 3; **entweder . . . oder** either . . . or
offen open(ly) 3
öffentlich public(ly); **der öffentliche Dienst** public service
offiziell official(ly)
öffnen to open 9
die **Öffnung, -en** opening 16
die **Öffnungszeiten** (*pl.*) store hours
oft often; **oftmals** often 3
ohne (+ *acc.*) without 5
das **Ohr, -en** ear 15
die **Ohrenschmerzen** (*pl.*) earache
okay OK
(der) **Oktober** October
die **Olympiade** Olympics, Olympic games
der **Olympiasieger, -** / die **Olympiasiegerin, -nen** Olympic champion
die **Oma, -s** grandma 6
die **Omelette, -n** omelet
der **Onkel, -** uncle 6
der **Onyx, -e** onyx
der **Opa, -s** grandpa 6
der **Opal, -e** opal
die **Oper, -n** opera 10
der **Optiker, -** / die **Optikerin, -nen** optician
optimistisch optimistic(ally)
das **Orakel, -** oracle
orange orange

das **Orchester, -** orchestra
ordinär vulgar, common
die **Ordnung** order; **in Ordnung sein** to be fine, in working order
die **Organisation, -en** organization
organisieren to organize
der **Organismus**, *pl.* **Organismen** organism
orientiert orientated
die **Orientierung** orientation
das **Original, -e** original; **im Original** in the original
der **Ort, -e** place 17
die **Ortskenntnis, -se** familiarity with a place; **Ortskenntnisse haben** to know one's way around
ÖS = Österreichischer Schilling (*currency*)
der/die **Ossi, -s** *nickname for citizen of the former GDR (East Germany)*
der **Ostdeutsche, -n (ein Ostdeutscher)** / die **Ostdeutsche, -n** (*former*) East German (*person*)
der **Osten** the East; **im Osten** in the East
(das) **Österreich** Austria
der **Österreicher, -** / die **Österreicherin, -nen** Austrian (*person*) 2
österreichisch Austrian
osteuropäisch Eastern European
der **Ostfriese, -n** (*wk.*) / die **Ostfriesin, -nen** East Frisian (*person*)
der **Ostler, -** *nickname for citizen of the former GDR*
östlich (to the) east
die **Ostsee** Baltic Sea
die **Ostseeküste** Baltic Sea coast
der **Otter, -** otter

P

das **Paar, -e** pair, couple
ein paar a few
ein paarmal several times
das **Päckchen, -** (small) package, pack 7
die **Pädagogik** pedagogy; (science of) education
paddeln to paddle, operate a canoe
das **Paket, -e** package
der **Palast, ⸚e** palace
der **Papagei, -en** parrot
das **Papier, -e** paper 1
der **Paprikastreifen, -** strip of bell pepper
der **Papst, ⸚e** pope
das **Parfüm, -e** perfume 3

die **Parfümerie, -n** perfume store
der **Park, -s** park 5
der **Parkplatz ⁻e** parking place
das **Parlament, -e** parliament
die **Partei, -en** (political) party
das **Parteimitglied, -er** party member
der **Partner, -** / die **Partnerin, -nen**
  partner
die **Party, -s** party 13
der **Paß**, *pl.* **Pässe** pass; passport 4
passen (+ *dat.*) to fit 7
passend suitable
passieren, ist passiert to happen, occur 5
passiv passive(ly)
der **Patient, -en** (*wk.*) / die **Patientin,
  -nen** patient
pauken to cram (for an exam) 15
die **Pause, -n** intermission 10
peinlich embarrassing
pendeln to commute
das **Penizillin** penicillin
die **Pension, -en** guest house, pension
die **Peperoni** pepperoni
das **Perfekt** present perfect tense
die **Perle, -n** pearl
die **Person, -en** person
die **Personenverwechslung, -en** (case of)
  mistaken identity
persönlich personal(ly)
pessimistisch pessimistic(ally)
die **Petunie, -n** petunia
die **Pfanne, -n** (frying) pan
der **Pfannkuchen, -** pancake
der **Pfeffer** pepper
der **Pfefferminztee** peppermint tea
der **Pfeil, -e** arrow
der **Pfennig, -e** German pfennig
  ("penny")
das **Pferd, -e** horse
der **Pfiff: mit Pfiff** with that "extra
  something"
der **Pfirsich, -e** peach 12
die **Pflanze, -n** plant
die **Pflege** care
pflegen to carry on, keep up
pflücken to pick, pluck 9
phantastisch fantastic
pharmazeutisch pharmaceutical
die **Philippinen** Philippines
der **Philosoph, -en** (*wk.*) / die
  Philosophin, -nen philosopher
die **Philosophie** philosophy
die **Phrase, -n** phrase
die **Physik** physics
der **Physiker, -** / die **Physikerin, -nen**
  physicist

das **Picknick, -e** picnic
pikant piquant
die **Pistole, -n** pistol
die **Pizza, -s** pizza
das **Plakat, -e** poster 4
der **Plan, ⁻e** plan 9
planen to plan 13
die **Plastiktüte, -n** plastic bag 6
(das) **Plattdeutsch** Low German
der **Platz, ⁻e** seat, place 4; **ist dieser
  Platz frei?** is this seat taken? 4; **Platz
  haben** to have space/room 2; **Platz
  nehmen** to sit down, take a seat 3
die **Platzkarte, -n** seat reservation
  (ticket)
plötzlich suddenly 16
der **Pole, -n** (*wk.*) / die **Polin, -nen** Pole,
  Polish (*person*)
(das) **Polen** Poland
polieren to polish
die **Politik** politics
der **Politiker, -** / die **Politikerin, -nen**
  politician
politisch political(ly)
die **Polizei** police
der **Polizeibeamte, -n (ein Polizeibeamter)** / die **Polizeibeamtin, -nen**
  police official
der **Polizist, -en** (*wk.*) / die **Polizistin,
  -nen** police officer
(das) **Polnisch** Polish (*language*)
das **Polohemd, -en** polo shirt
das **Polospiel, -e** polo match
die **Popmusik** pop music
der **Popstar, -s** pop star
populär popular(ly) 14
popularisiert popularized
die **Popularität** popularity
der **Porsche, -** Porsche (*car*)
die **Portion, -en** portion, serving
(das) **Portugal** Portugal
das **Porzellan, -e** china, porcelain
positiv positive(ly)
das **Postamt, ⁻er** post office 8
der **Postdienst** postal service
die **Postkarte, -n** postcard 6
die **Postleitzahl, -en** postal ZIP code
die **Prachtbauten** (*pl.*) magnificent
  buildings
prächtig magnificent(ly) 17
Prag Prague (*name of city in
  Czechoslovakia*)
der **Prahlhans, ⁻e** (*coll.*) show-off
praktisch practical(ly)
prall full, plump
das **Präsens** present tense

der **Präsident, -en** (*wk.*) / die
  Präsidentin, -nen president
die **Praxis**, *pl.* **Praxen** doctor's office
predigen to preach 11
der **Preis, -e** price 4; prize
der **Premierminister, -** / die **Premier-
  ministerin, -nen** prime minister
die **Pressestelle, -n** press office
prima! great! 10
die **Prise: eine Prise Salz** pinch of salt
privat private(ly) 2
die **Privatsphäre, -n** private sphere
pro per; **pro Monat** per month 2
die **Probelektion, -en** trial lesson
(das) **Pro und** (das) **Kontra** pros and cons
probieren to try, sample 12
das **Problem, -e** problem 3
problematisch problematic
das **Produkt, -e** product
produzieren to produce
der **Professor, -en** / die **Professorin,
  -nen** professor 2
das **Programm, -e** TV channel;
  program 7
progressiv progressive(ly)
das **Projekt, -e** project 10
das **Pronomen, -** (*also: pl.* **Pronomina**)
  pronoun
der **Prospekt, -e** brochure
protestantisch Protestant
protestieren to protest 5
das **Prozent, -e** percent, percentage
der **Prozeß**, *pl.* **Prozesse** trial
die **Prüfung, -en** test, exam 15
der **Prunkraum, ⁻e** stateroom
das **Pseudonym, -e** pseudonym
der **Psychoanalytiker, -** / die **Psychoana-
  lytikerin, -nen** psychoanalyst
die **Psychologie** psychology
das **Publikum** audience 14
der **Pudding, -s** pudding
der **Pudel, -** poodle
der **Pulli, -s** sweater
der **Pullover, -** sweater 6
pünktlich punctual
die **Pünktlichkeit** punctuality
putzen to clean 9; **sich** (*dat.*) **die Zähne
  putzen** to brush one's teeth

Q

der **Quadratmeter, -** square meter 9
die **Qualifikation, -en** qualification
die **Qualität, -en** quality
die **Qualle, -n** jellyfish
qualmverpestet smoke-polluted

das **Quartett, -e** quartet
der **Quatsch** (*coll.*) nonsense
quer across; **quer durch** all the way across
das **Quiz, -** quiz
die **Quizshow, -s** quiz show

R

rad·fahren (fährt Rad), fuhr Rad, ist radgefahren to cycle, ride a bicycle
radikal radical(ly)
das **Radio, -s** radio 7
der **Radiohörer, -** radio listener 7
der **Rand, ̈er** edge, border
rasch fast, speedy
der **Rasen, -** lawn 9
das **Rasenstück, -e** patch of lawn
(sich) rasieren to shave (oneself) 15
das **Rathaus, ̈er** city hall 11
(das) **Rätoromanisch** Rhaeto-Romanic (*language*)
der **Ratschlag, ̈e** piece of advice
die **Ratte, -n** rat 11
der **Rattenfänger, -** ratcatcher; pied piper 11
der **Räuber, -** robber
der **Rauch** smoke 18
rauchen to smoke 9
der **Raucher, -** / die **Raucherin, -nen** smoker; **Raucher/Nichtraucher** smoking/nonsmoking (*section*)
der **Raum, ̈e** area, space; room
die **Raupe, -n** caterpillar
reagieren to react
reaktionär reactionary
realistisch realistic(ally)
die **Realität** reality 17
die **Realschule, -n** science or modern secondary school
die **Rechentechnik** computer technology 16
rechnen (mit) to count (on)
recht (*adv.*) very, quite; **recht herzlich willkommen heißen** to extend a very warm welcome
recht right
das **Recht, -e** right
rechts right 4
die **Rechtswissenschaft** (science of) law
die **Redaktion, -en** editorial office
redaktionell editorial
die **Rede, -n** speech 11
reden to talk
reduzieren to reduce 4
das **Referat, -e** seminar paper

die **Reform, -en** reform
die **Reformbewegung, -en** reform movement
das **Reformhaus, ̈er** health food store
die **Reformkost** health food
die **Regel, -n** rule
regelmäßig regular(ly)
regelrecht downright
der **Regen** rain
der **Regenmantel, ̈** raincoat 6
die **Regie** (theater, film) direction
die **Regierung, -en** government 5
der **Regierungschef, -s** head of government
der **Regierungssitz, -e** seat of government
das **Regime, -s** regime
die **Region, -en** region
regional regional
der **Regisseur, -e** / die **Regisseurin, -nen** stage (or film) director 10
regnen to rain 5; **es regnet** it's raining
regnerisch rainy 5
reich rich(ly)
reichen: das reicht doch that's enough, that'll do
reichhaltig plentiful, more than sufficient
Reichsbahn = die Deutsche Reichsbahn
der **Reichstag** (German) Parliament
die **Reihe, -n** row
die **Reihenfolge, -n** sequence
das **Reihenhaus, ̈er** row house
rein pure(ly)
rein·kommen = hereinkommen
die **Reise, -n** trip 5
das **Reisebüro, -s** travel agency
die **Reisefreiheit** freedom to travel
der **Reiseführer, -** / die **Reiseführerin, -nen** tour guide
reisen, ist gereist to travel 1; **nach (Bonn) reisen** to travel to (Bonn)
der **Reisende, -n (ein Reisender)** / die **Reisende, -n** traveler
die **Reisetasche, -n** traveling bag
die **Reiseversicherung, -en** travel insurance
der **Reißzahn, ̈e** tooth for tearing
reiten, ritt, ist (hat *with d.o.***) geritten** to ride 14
relativ relative(ly)
rennen, rannte, ist (hat with *d.o.***) gerannt** to race 14
der **Rennwagen, -** racecar 14
renovieren to renovate
der **Reporter, -** / die **Reporterin, -nen** reporter

reservieren to reserve 4
reserviert reserved
die **Residenz, -en** residence
die **Residenzstadt, ̈e** seat of court
das **Restaurant, -s** restaurant 12
das **Resultat, -e** result, outcome
retten to save 11
die **Revolution, -en** revolution
revolutionär revolutionary
das **Rezept, -e** recipe 9
der **Rhein** Rhine (River)
der **Rhythmus,** *pl.* **Rhythmen** rhythm
richtig right, true; accurate(ly), correct(ly), real(ly), certainly
riechen, roch, hat gerochen to smell
riesig huge, gigantic 12
das **Rindfleisch** beef
der **Ring, -e** ring
der **Ringtausch** multiparty exchange
das **Rippchen, -** rib
der **Ritter, -** knight
der **Rock, ̈e** skirt 6
die **Rockmusik** rock music
der **Rockstar, -s** rock star
roden to cultivate, clear
der **Rohbau, -ten** shell of a building
rohbaufertig framed-in
die **Rolle, -n** role 10
rollend rolling, moving
das **Rollenspiel, -e** role play
der **Rollentausch** role exchange
das **Rollenverständnis** role perception
das **Rollschuhlaufen** roller skating 14
(das) **Rom** Rome
der **Roman, -e** novel
romanisch Romance (*language*)
die **Romanistik** (study of) Romance languages and literature
die **Romantik** Romanticism
romantisch romantic 12
die **Röntgenaufnahme, -n** X ray
rosa pink
die **Rose, -n** rose
das **Roß,** *pl.* **Rösser** horse, steed
rot red
rothaarig red-haired
(das) **Rotkäppchen** Little Red Riding Hood
der **Rotkohl, -e** red cabbage
der **Rotwein, -e** red wine 12
der **Rubin, -e** ruby
der **Rücken, -** back 11
rücksichtslos reckless(ly)
rufen, rief, hat gerufen to call out, yell 9
die **Ruhe** silence; **in Ruhe** in peace

der **Ruhetag, -e** day off
das **Ruhrgebiet** Ruhr district
die **Ruine, -n** ruin
(das) **Rumänien** Romania
rund round
der **Rundfunk** radio
runter = **herunter**
der **Russe, -n** (*wk.*) / die **Russin, -nen** Russian (*person*)
(das) **Russisch** Russian (*language*)
(das) **Rußland** Russia
die **Rüstung, -en** suit of armor

S

die **Sache, -n** thing, object 3
die **Sachertorte, -n** *a rich chocolate cake, specialty of Vienna's Hotel Sacher*
(das) **Sachsen** Saxony *name of German state*
(das) **Sachsen-Anhalt** *name of German state*
der **Sack, ⸚e** sack, bag
der **Saft, ⸚e** juice
saftig juicy
sagen to say 1
der **Salamander, -** salamander
die **Salami** salami (*sausage*)
der **Salat, -e** salad 12
das **Salz** salt 17
das **Salzkammergut** *name of mountainous area in Austria*
der **Sammeltext, -e** "recombination" text
die **Sammelübung, -en** "recombination" exercise
die **Sammlung, -en** collection
(der) **Samstag** Saturday 1; **samstags** Saturdays
die **Sandale, -n** sandal
das **Sandmännchen** sandman
der **Sänger, -** / die **Sängerin, -nen** singer
der **Saphir, -e** sapphire
sarkastisch sarcastic(ally)
der **Satellit, -en** (*wk.*) satellite
der **Satellitenfilm, -e** satellite film
der **Satz, ⸚e** sentence
das **Satzpaar, -e** sentence pair
der **Sauerbraten** sauerbraten
das **Sauerkraut** sauerkraut
sauer: der saure Regen acid rain
saugstark absorbent
das **Schach** chess 14
schaden (+ *dat.*) to harm
der **Schäferhund, -e** German shepherd

der **Schaffner, -** / die **Schaffnerin, -nen** (train) conductor 4
schälen to peel
die **Schallplatte, -n** phonograph record 10
der **Schatten, -** shadow
(der) **Schatz** sweetheart
die **Schätzung, -en** estimate
schauen to look 6; **schauen auf** (+ *acc.*) to look at 10
der **Schauer, -** (rain) shower
schaumig frothy
das **Schauspiel, -e** play
der **Schauspieler, -** / die **Schauspielerin, -nen** actor/actress 10
die **Scheibe, -n** slice
die **Scheidung, -en** divorce
scheinbar apparently
scheinen, schien, hat geschienen to seem
das **Schema, -s** pattern, model; **nach demselben Schema** schematically, routinely
schenken to give, make a present of 6
der **Scherz, -e** joke
scherzend jokingly
scheu shy(ly) 18
die **Scheußlichkeit, -en** monstrosity
schicken to send 6
schieben, schob, hat geschoben to shove, push 16
schießen, schoß, hat geschossen to shoot 14
das **Schiff, -e** ship
der **Schiffsverkehr** ship traffic
das **Schild, -er** sign
die **Schildkröte, -n** tortoise; turtle
der **Schilling, -e** (Austrian) schilling (*currency*)
der **Schinken, -** ham 12
schlafen (schläft), schlief, hat geschlafen to sleep 6
schläfrig sleepy, sleepily 17
der **Schlafwagen, -** sleeping car (*on a train*) 4
das **Schlafzimmer, -** bedroom 9
schlagen (schlägt), schlug, hat geschlagen to whip, beat 17
der **Schlager, -** hit, bestseller
die **Schlange, -n** snake; **Schlange stehen** to stand in line 10
schlank slim
schlau clever, cunning
schlecht bad(ly), poor(ly); **es geht mir schlecht** I'm not doing well

schleichen, schlich, ist geschlichen to sneak
schleichend creeping; insidious
schleierhaft baffling
sich schleppen to drag oneself 15
(das) **Schleswig-Holstein** *name of German state*
schließen, schloß, hat geschlossen to close 9
schließlich finally, eventually 11
schlimm bad(ly), terrible, terribly
das **Schlittschuhlaufen** ice skating 14
das **Schloß,** *pl.* **Schlösser** castle 11
schlucken: Benzin schlucken to guzzle gas 14
der **Schlüssel, -** key 8
schlüsselfertig ready to move in to
schmackhaft tasty
schmecken to taste 12; **es schmeckt mir** I like it, I enjoy it (*food*)
der **Schmerz, -en** pain; **wo haben Sie Schmerzen?** where does it hurt?
der **Schmetterling, -e** butterfly
schmutzig dirty
der **Schnaps, ⸚e** brandy, liquor
die **Schnauze, -n** snout, (*animal's*) mouth
der **Schnee** snow; **Eiweiß zu Schnee schlagen** beat egg white to a froth
der **Schneefall, ⸚e** snowfall
schneien to snow; **es schneit** it's snowing 5
schnell fast 8
der **Schnellimbiß,** *pl.* **Schnellimbisse** fast-food place 12
die **Schnellimbißkette, -n** fast-food chain
der **Schnitt, -e** slice, cut 17
das **Schnitzel, -** cutlet; **Wiener Schnitzel** breaded veal cutlet
die **Schokolade** chocolate 6
schon already 1
schön beautiful(ly), nice(ly) 1
die **Schönheit** beauty
der **Schrank, ⸚e** (freestanding) closet 2
das **Schrankbett, -en** Murphy bed 2
schreiben, schrieb, hat geschrieben to write 6; **schreiben auf** (+ *dat.*) to write on (*something*) 8
schreibfaul lazy about writing
die **Schreibmaschine, -n** typewriter 2
der **Schreibtisch, -e** desk 2
das **Schreibwarengeschäft, -e** stationery store 6
schreien, schrie, hat geschrie(e)n to scream
schriftlich in writing

der **Schriftsteller, -** / die **Schriftstellerin, -nen** writer

die **Schublade, -n** drawer

der **Schuh, -e** shoe 6

die **Schule, -n** school

der **Schüler, -** / die **Schülerin, -nen** student, pupil 10

die **Schulferien** (*pl.*) school vacation

das **Schuljahr, -e** school year

der **Schultag, -e** school day; **an Schultagen** (on) school days

schützen to protect

der **Schwager, ⁻** / die **Schwägerin, -nen** brother-in-law/sister-in-law 6

schwärmen für (+ *acc.*) to be crazy about 10

schwarz black

das **Schwarze Meer** Black Sea

der **Schwarzwald** Black Forest

die **Schwarzwälder Kirschtorte** Black Forest cherry cake

der **Schwede, -n** (*wk.*) / die **Schwedin, -nen** Swede

(das) **Schweden** Sweden

(das) **Schwedisch** Swedish (*language*)

schweigen, schwieg, hat geschwiegen to be silent

das **Schwein, -e** pig, swine

das **Schweinefleisch** pork

die **Schweiz** Switzerland 5

der **Schweizer, -** / die **Schweizerin, -nen** Swiss (*person*) 2

die **Schweizer Eidgenossenschaft** Swiss Confederation

der **Schweizer Franken (sfr)** Swiss franc (*currency*)

der **Schweizer Käse** Swiss cheese

schweizerisch Swiss

schwer hard, difficult 5

die **Schwester, -n** sister 6

schwimmen, schwamm, ist (**hat** *with d.o.*) **geschwommen** to swim 14

der **Schwimmer, -** / die **Schwimmerin, -nen** swimmer

schwind(e)lig dizzy; **mir ist schwind(e)lig** I'm dizzy

schwül muggy

der **Schwung, ⁻e** swing; **in den richtigen Schwung bringen** to get back on schedule

schwungvoll animated(ly)

Schwyz *name of Swiss canton*

sechs six

sechzehn sixteen

sechzig sixty

der **See, -n** lake 2

das **Seebad, ⁻er** seaside resort

die **Seenplatte, -n** lake district

segeln to sail

sehen (sieht), sah, hat gesehen to see 3

die **Sehenswürdigkeit, -en** worthwhile sight

die **Sehnsucht, ⁻e** longing

sehr very; very much

die **Seifenoper, -n** soap opera

sein his, its 3

sein (ist), war, ist gewesen to be 1

seit (+ *dat.*) since, for (*time span*) 7

seitdem (*subord. conj.*) since (*time*) 10

die **Seite, -n** page, side

der **Sekretär, -e** / die **Sekretärin, -nen** secretary

der **Sekt** champagne

sekundär secondary

die **Sekunde, -n** second

selber (selbst) oneself, myself, himself, herself, itself, yourself, ourselves, yourselves, themselves

selbst even

selbständig on one's own, independent(ly) 15

die **Selbständigkeit** independence

selbstbewußt self-confident

das **Selbstporträt, -s** self-portrait

die **Selbstverpflegung** supplying one's own meals

selbstverständlich naturally, of course

der **Selbstzweifel, -** self-doubt

selten rarely 3, seldom

das **Semester, -** semester

die **Semesterferien** (*pl.*) semester break

das **Seminar, -e** seminar

der **Senator, -en** / die **Senatorin, -nen** senator

die **Sendung, -en** program, broadcast 7

der **Senf** mustard

die **Sennhütte, -n** cowherd's hut (*where cheese is made*) 18

sensationell sensational

sensibel sensitive

separat separate(ly)

(der) **September** September

die **Serie, -n** series 7

servieren to serve 8

die **Serviette, -n** napkin 4

Servus! bye! (*used mostly in Austria*)

setzen to place, set, put 8

sich setzen to sit down 15

sfr = Schweizer Franken

sicher certain(ly) 1

die **Sicherheit** security, safety

sichtbar visible, visibly 17

sie she; it; they 1

Sie (*for. sg. and pl.*) you 1

sieben seven

siebzehn seventeen

siebzig seventy

die **Siedlung, -en** settlement (*of people*)

das **Silber** silver

die **Sinfonie, -n** symphony

singen, sang, hat gesungen to sing 10

der **Sinn, -e** sense; (*sg. only*) meaning; **was kommt (Ihnen) in den Sinn** what comes to (your) mind

die **Sitte, -n** custom

die **Situation, -en** situation

der **Sitz, -e** seat

die **Sitzecke, -n** corner booth

sitzen, saß, hat gesessen to sit

das **Skilaufen** skiing 14

slawisch Slavic

so so; that way, like that

die **Socke, -n** sock 6

das **Sofa, -s** sofa 8

sofort right away, at once 13

sogar even 2

sogenannt so-called

der **Sohn, ⁻e** son 6

solange (*subord. conj.*) as long as

solcher, solche, solches such 3

der **Soldat, -en** (*wk.*) / die **Soldatin, -nen** soldier

sollen, sollte, hat gesollt to be supposed to, should 9

der **Sommer, -** summer

die **Sommerferien** (*pl.*) summer vacation

der **Sommertag, -e** summer day

das **Sonderangebot, -e** special offer

die **Sonderausstellung, -en** special exhibition

sonderbar strange

die **Sonderfahrt, -en** special excursion, chartered trip 4

sondern (*coord. conj.*) but (on the contrary) 3

sonnabends (on) Saturdays 1

die **Sonne, -n** sun

die **Sonnenblume, -n** sunflower

der **Sonnenschein** sunshine

sonnig sunny

(der) **Sonntag** Sunday; **sonntags** (on) Sundays 1

sonst otherwise, else 4; **sonst was?** anything else?

sorgen (für) to take care (of)

sowie as well as
sowjetisch Soviet
die **Sowjetunion** Soviet Union
sozial social(ly)
der **Sozialismus** socialism
sozialistisch socialistic
die **Sozialwissenschaft, -en** sociology
die **Soziologie** sociology
sozusagen so to speak, as it were
die **Spaghetti** (*pl.*) spaghetti
(das) **Spanien** Spain
der **Spanier, -** / die **Spanierin, -nen**
  Spanish (*person*)
(das) **Spanisch** Spanish (*language*)
spanisch Spanish
spannend exciting 14
sparen to save (money)
die **Sparkasse, -n** savings bank
Spaß: Spaß haben to have fun; **es
  macht Spaß** it's fun 13
spät late; **wie spät ist es?** what time
  is it?
später later 5
spätestens at the latest
**spazieren·gehen, ging spazieren, ist
  spazierengegangen** to go for a walk
der **Spaziergang, ⸚e** walk 5; **einen
  Spaziergang machen** to take a walk
der **Speicher, -** attic; storage room
die **Speisekarte, -n** menu 4
der **Speisewagen, -** dining car 4
die **Spekulation, -en** speculation
die **Spezialität, -en** specialty 12
der **Spiegel, -** mirror
das **Spiel, -e** game; play 14
spielen to play 1
der **Spieler, -** / die **Spielerin, -nen**
  player 14
der **Spielfilm, -e** feature film
der **Spielkamerad, -en** (*wk.*) / die
  Spielkameradin, -nen playmate
der **Spielplan, ⸚e** film (or theater)
  schedule 15
der **Spielplatz, ⸚e** playground
das **Spielzeug** (*sg.*) toy(s)
der **Spinat** spinach
die **Spinne, -n** spider
das **Spinnennetz, -e** spider web
die **Spirituosen** (*pl.*) spirits, alcoholic
  beverages
der **Spitzensport** (*sg.*) top performance
  sport
das **Spitzenstück, -e** top (best) piece
der **Sponsor, -s** sponsor
spontan spontaneous(ly)

der **Sport** sports 14; **Sport treiben** to go
  in for sports 14
die **Sportart, -en** type of sport 14
der **Sportler, -** / die **Sportlerin, -nen**
  athlete 14
sportlich sporty; athletic 14
der **Sportverein, -e** sports club
die **Sprache, -n** language
die **Sprachfamilie, -n** language family
der **Sprachgebrauch** language use
die **Sprachwissenschaft** linguistics
**sprechen (spricht), sprach, hat
  gesprochen** to speak 3; **sprechen
  über** (+ *acc.*) / **von** (+ *dat.*) to talk
  about 10
der **Sprecher, -** / die **Sprecherin, -nen**
  speaker
die **Sprecherziehung** speech training
sprichwörtlich proverbial
springen, sprang, ist (hat with d.o.)
  gesprungen to jump
der **Sprinter, -** / die **Sprinterin, -nen**
  sprinter
die **Spritze, -n** injection
spritzig lively, witty
der **Spruch, ⸚e** saying
der **Sprühregen, -** fine rain
der **Sprung, ⸚e** jump, leap
spülen: Geschirr spülen to wash dishes
das **Spülmittel, -** detergent
die **Spur, -en** mark, trace
spüren to feel, sense
der **Staat, -en** state, nation
staatlich government owned 7
das **Staatsexamen, -** state examination
die **Stadt, ⸚e** city 2
die **Stadtmitte** city center
der **Stadtteil, -e** part of the city
das **Stadttor, -e** city gate
die **Stadttour, -en** city tour
der **Stahl** steel
der **Stamm, ⸚e** tribe
stammen (aus) to stem, come from
  (originally) 11
der **Stammgast, ⸚e** regular customer 12
der **Stammtisch, -e** table reserved for
  regular customers 12
das **Standesamt, ⸚er** marriage license
  bureau
standesamtlich by civil ceremony
ständig constant(ly) 15
die **Stange, -n** pole; carton (of cigarettes)
stark strong(ly) 12
der **Start, -s** start
statt, anstatt (+ *gen.*) instead of 10

**statt·finden, fand statt, hat
  stattgefunden** to take place 18
das **Statussymbol, -e** status symbol
der **Stau, -s** traffic jam
das **Steak, -s** steak 12
stehen, stand, hat gestanden to stand; 7
  (+ *dat.*) to suit, look good on (*somebody*); **Schlange stehen** to stand in line
steif stiff 17
der **Stein, -e** stone
die **Stelle, -n** place, position
stellen to place, put 8; **Fragen stellen** to
  pose questions, ask questions; **in Frage
  stellen** to question
die **Stellung, -en** position
die **Stenografie** stenography
die **Steppjacke, -n** quilted jacket
sterben (stirbt), starb, ist gestorben to
  die 11
das **Stereotyp, -e** stereotype
stereotypisch stereotypical(ly)
stets always
die **Steuererhöhung, -en** tax increase
der **Stief(bruder)** step(brother) 6
der **Stiefel, -** boot 6
der **Stiel: Eis am Stiel** ice cream bar
der **Stier, -e** bull
die **Stiftung, -en** foundation
der **Stil, -e** style
still quiet, calm
die **Stimme, -n** voice
stimmen to be right; **das stimmt nicht**
  that's not true; **das stimmt so** keep the
  change; that's OK
das **Stipendium,** *pl.* **Stipendien**
  scholarship 15
der **Stock,** *pl.* **Stockwerke** floor (*of a
  building*); **im ersten/zweiten Stock·** on
  the first/second floor (*second/third floor
  in U.S.*)
der **Stoff, -e** material, subject matter;
  cloth, fabric 15
stolz proud(ly)
stoppen to stop
stören to disturb
stoßen (stößt), stieß, hat gestoßen to
  push, shove
stramm: Strammer Max (*open-faced
  sandwich consisting of bread, ham, and
  a fried egg*)
der **Strand, ⸚e** beach
der **Strandkorb, ⸚e** basket chair
der **Strandläufer, -** sandpiper
die **Straße, -n** street 5
die **Straßenbahn, -en** streetcar

die **Straßenecke, -n** street corner
der **Straßenkreuzer, -** "tank," big car
der **Straßenmusikant, -en** (*wk.*) / die **Straßenmusikantin, -nen** street musician 8
das **Straßenschild, -er** street sign
der **Strauß, -e** ostrich
der **Strauß, ̈e** bouquet 9
die **Strecke, -n** stretch, certain distance (*e.g., of highway*) 14
das **Streichquartett, -e** string quartet
streiten, stritt, hat gestritten to argue, quarrel
die **Strickjacke, -n** cardigan sweater 6
der **Strom** electricity 2
die **Strumpfhose, -n** pantyhose 6
der **Stubenhocker, -** (*coll.*) stay-at-home
das **Stück, -e** piece; play 4
der **Student, -en** (*wk.*) / die **Studentin, -nen** student 1, 4
die **Studentenbude, -n** (*coll.*) student "pad"
das **Studentencafé, -s** student café
das **Studentenheim, -e** student dormitory 2
das **Studienfach, ̈er** subject of study
die **Studiengebühren** (*pl.*) tuition 15
der **Studienplatz, ̈e** place for study at a university
der **Studienplatztausch, -e** exchange of a place for study at a university
studieren to study 1
das **Studium,** *pl.* **Studien** study 13
der **Stuhl, ̈e** chair 2
der **Stummfilm, -e** silent film 10
die **Stunde, -n** hour 4
stundenlang for hours
der **Stundenplan, ̈e** class schedule
stürmen to storm
das **Substantiv, -e** noun
subventioniert subsidized
die **Suche** search
suchen to look for, seek 2
der **Sudanese, -n** (*wk.*) / die **Sudanesin, -nen** Sudanese (*person*)
süddeutsch southern German
der **Süden** the South; **im Süden** in the south
südlich (to the) south
südöstlich (to the) southeast
südwestlich (to the) southwest
suggerieren to talk into believing
der **Sumpf, ̈e** swamp
super super
der **Superlativ, -e** superlative

die **Suppe, -n** soup 12
das **Surfbrett, -er** surfboard
surfen to surf
die **Süßigkeiten** (*pl.*) sweets, candy 6
das **Symbol, -e** symbol
symbolisch symbolic(ally)
die **Symphonie, -n** symphony
die **Synagoge, -n** synagoge
das **Synonym, -e** synonym
das **System, -e** system 14
systematisch systematical(ly)
die **Szene, -n** scene
die **Szenerie** scenery

T

die **Tabelle, -n** (*statistical*) list, table
das **Tablett, -s** tray 8
der **Tag, -e** day; **guten Tag** good day
das **Tagebuch, ̈er** diary
die **Tagesmutter, ̈** childcare provider
die **Tagesstättengeneration, -en** daycare-center generation
die **Tagessuppe** soup of the day
täglich daily 16
der **Taktgeber, -** timepiece
der **Tanker, -** tanker
die **Tankstelle, -n** gas station
die **Tante, -n** aunt 6
tanzen to dance
der **Tänzer, -** / die **Tänzerin, -nen** dancer
die **Tanzveranstaltung, -en** dance
die **Tasche, -n** pocket; bag 16
das **Taschentuch, ̈er** handkerchief
die **Tasse, -n** cup
die **Tat, -en** act, action; crime
der **Tatort, -e** scene of the crime
tatsächlich really 4
die **Taube, -n** pigeon
tausend thousand
das **Tauwetter** thaw
das **Taxi, -s** taxi
der **Taxifahrer, -** / die **Taxifahrerin, -nen** cab driver
der **Taxischein, -e** license to drive a cab
die **Technikerschule, -n** technical trade school
technisch technical(ly)
der **Teddybär, -en** (*wk.*) teddybear
der **Tee** tea 7
der **Teelöffel, -** teaspoon
der **Teig, -e** batter; dough; mixture 17
der **Teil, -e** part
teilen to share, divide

teil·nehmen (nimmt teil), nahm teil, hat teilgenommen to participate 18
der **Teint** complexion
Tel. = Telefon
das **Telefon, -e** telephone
telefonieren to phone 3
telefonisch by telephone
die **Telefonkarte, -n** telephone credit card
die **Telefonnummer, -n** telephone number
die **Telefonzelle, -n** telephone booth 3
der **Teller, -** plate
die **Temperatur, -en** temperature 5
das **Tempo, -s** pace
das **Tempo-Taschentuch, ̈er** (**Tempos**) (*brand of*) facial tissue
das **Tennis** tennis 14
der **Tennisball, ̈e** tennis ball
die **Tennishose, -n** tennis shorts
der **Tennisplatz, ̈e** tennis court 14
der **Tennisprofi, -s** professional tennis player
das **Tennisspiel, -e** tennis match
der **Tennisspieler -** / die **Tennisspielerin, -nen** tennis player
die **Tenorrolle, -n** role of the tenor
der **Termin, -e** appointment
die **Terrasse, -n** terrace 8
der **Terrorist, -en** (*wk.*) / die **Terroristin, -nen** terrorist
Testament: das Neue Testament New Testament
teuer expensive 2
der **Text, -e** text
der **Textilarbeiter, -** / die **Textilarbeiterin, -nen** textile worker
das **Theater, -** theater 10
der **Theaterbesucher, -** / die **Theaterbesucherin, -nen** theatergoer 10
die **Theaterkarte, -n** theater ticket 10
das **Theaterstück, -e** stage play 10
die **Theatervorstellung, -en** theater performance
das **Thema,** *pl.* **Themen** theme
die **Theologie** theology
die **Theorie, -n** theory
der **Thunfisch, -e** tuna(fish)
(**das**) **Thüringen** *name of German state*
der **Thymian** thyme
tief low; deep(ly)
das **Tiefdruckzentrum,** *pl.* **Tiefdruckzentren** low-pressure system
die **Tiefgarage, -n** underground parking lot

das **Tier, -e** animal 18
der **Tierschutzverein, -e** organization for the protection of animals
der **Tiger, -** tiger
(das) **Tirol** Tyrolia (*name of Austrian province*)
der **Tisch, -e** table 2
die **Tischdecke, -n** tablecloth 4
die **Tischmanieren** (*pl.*) table manners
das **Tischtennis** table tennis 14
der **Titel, -** title
tja (*coll.*) well, . . .
der **Toaster, -** toaster 9
die **Tochter, ¨** daughter 6
der **Tod** death
die **Toilette, -n** toilet, restroom 9
das **Toilettenpapier** toilet paper
tolerant tolerant
toll great, terrific 7
die **Tomate, -n** tomato 12
die **Tomatensoße, -n** tomato sauce
tomatig tomato-tasting
das **Tonbandgerät, -e** tape recorder
die **Tonne, -n** ton
der **Topas, -e** topaz
das **Tor, -e** goal (*sports*); gate 14
die **Torte, -n** cake 4
töten to kill 11
die **Tour: auf kleineren Touren** at reduced capacity
der **Tourismus** tourism
der **Tourist, -en** (*wk.*) / die **Touristin, -nen** tourist 4
die **Tracht, -en** traditional costume
die **Trachtenjacke, -n** traditionally styled woolen jacket
die **Tradition, -en** tradition
traditionell traditional
tragen (trägt), trug, hat getragen to carry; to wear 6
die **Tragödie, -n** tragedy
trainieren to train
transportieren to transport
das **Transportnetz, -e** transportation network
der **Traubenzucker** dextrose
das **Trauergebinde, -** funeral flower arrangement
der **Traum, ¨e** dream
(das) **Traum(auto)** dream (car)
träumen to dream 16
das **Traumhaus, ¨er** dream house 9
traurig sad(ly) 8
die **Traurigkeit** sadness
der **Trauring, -e** wedding ring
die **Trauung, -en** marriage ceremony

treffen (trifft), traf, hat getroffen to meet
sich treffen (mit) to meet (with) 15
der **Treffpunkt, -e** meeting place
treiben, trieb, hat getrieben: Sport treiben to go in for sports
trennen to separate 17
die **Trennung, -en** separation
die **Treppe, -n** stairs, staircase 9
das **Treppenhaus, ¨er** stairwell 9
die **Treue** loyalty, fidelity
trinken, trank, hat getrunken to drink 4
das **Trinkgeld, -er** tip 3
trocken dry 5
der **Trog, ¨e** trough, vat
trotz (+ *gen.*) despite, in spite of 10
trotzdem nevertheless
die **Trümmer** (*pl.*) rubble, ruins
tschau! bye!
die **Tschechoslowakei** Czechoslovakia
tschüs! bye!
die **Tulpe, -n** tulip
tun, tat, hat getan to do 6; **weh tun** (+ *dat.*) to hurt; **mir tut (der Kopf) weh** my (head) hurts 15
die **Tür, -en** door 8
der **Türke, -n** (*wk.*) / die **Türkin, -nen** Turk
turnen to do gymnastics 14
der **Turnierspieler, -** / die **Turnierspielerin, -nen** competitive player
der **Turnlehrer, -** / die **Turnlehrerin, -nen** physical education teacher
der **Typ, -en** type; character, guy
typisch typical(ly)
der **Tyrann, -en** (*wk.*) tyrant

U

über (+ *acc./dat.*) over, above; across; (+ *acc.*) about; by way of 8; **über Nacht** overnight 4
überall everywhere 1
überhaupt at all
überholen to pass, overtake 14
überleben to survive 16
übermorgen day after tomorrow
übernachten to stay overnight 5
die **Übernachtung, -en** overnight stay
übernehmen (übernimmt), übernahm, hat übernommen to take over; to accept
die **Überprüfung, -en** inspection
die **Überraschung, -en** surprise 13
überschwemmen to flood
übersetzen to translate

die **Übersetzung, -en** translation
übersichtlich clearly arranged, easily surveyed
übersiedeln to move; to migrate
übertragen (überträgt), übertrug, hat übertragen to broadcast 14
überwachen to guard
über·werfen (wirft über), warf über, hat übergeworfen to throw on/over (*clothes*)
überwiegen, überwog, hat überwogen to outweigh
überwinden, überwand, hat überwunden to overcome
überzeugen to convince
üblich usual, customary
die **Übung, -en** exercise; **aus der Übung kommen** to get out of practice 14
das **Ufer, -** (river) bank; **das „westliche Ufer"** West Bank
die **Uhr, -en** clock 10; **um (sieben) Uhr** at (seven) o'clock 3; **wieviel Uhr ist es?** what time is it?
das **Uhrwerk, -e** clockwork
die **Uhrzeit** time of day
der **Uhu, -s** eagle-owl
um (+ *acc.*) around 5; **um (sieben)** at (seven) 3; **um . . . zu** (+ *inf.*) in order to
die **Umfrage, -n** opinion poll
umgeben (umgibt), umgab, hat umgeben to surround, encircle 17
die **Umgebung** surroundings
umgekehrt reversed, the other way around
um·schalten to switch, change over
umsonst in vain 13
umständlich complicated; awkward
die **Umstellung, -en** adjustment
die **Umwelt** environment
der **Umweltschaden** environmental damage
der **Umweltschutz** environmental protection 5
die **Umweltverschmutzung** environmental pollution 5
um·ziehen, zog um, ist umgezogen to move, change one's residence
unabhängig independent(ly) 13
unangenehm unpleasant(ly) 15
unbedingt absolutely 9; **nicht unbedingt** not necessarily
unbestritten irrefutable, irrefutably 16
und (*coord. conj.*) and 3
undeutlich not clear(ly)
unendlich never-ending, interminable
unfreundlich unfriendly 1

(das) **Ungarn** Hungary
ungeduldig impatient(ly)
ungefähr approximately
unglaublich unbelievable, unbelievably 2
unheimlich incredible, incredibly 14
die **Uni** = die **Universität**
die **Uniform, -en** uniform
unintelligent unintelligent
uninteressant uninteresting(ly) 1
die **Universität, -en** university 2
die **Universitätsstadt, ̈e** university town
unmöbliert unfurnished 2
unmöglich impossible
das **Unrecht: zu Unrecht** wrongfully
unreif not ripe, green (*fruit*)
die **Unruhe, -n** unrest
unser our 3
unsportlich not athletic
unsterblich immortal
die **Untat, -en** misdeed, crime 11
unten below, down; **da unten** down there
unter (+ *acc./dat.*) under, beneath; among 8
unterbrechen (unterbricht), unterbrach, hat unterbrochen to interrupt 7
die **Unterbrechung, -en** interruption 7
unterdrücken to suppress
das **Untergeschoß**, *pl.* **Untergeschosse** basement 9
sich unterhalten (mit; über + *acc.*) **(unterhält), unterhielt, hat unterhalten** to talk, converse (with; about) 15
die **Unterkunft, -e** accommodation
die **Unterlagen** (*pl.*) documents, papers
der **Unterricht** classes, instruction
der **Unterschied, -e** difference
die **Unterstützung, -en** support
unterwegs on the way
untolerant intolerant
unwahrscheinlich improbable 14
unwichtig unimportant 13
unzählig countless
unzufrieden dissatisfied 13
die **Unzufriedenheit** dissatisfaction
der **Ural** Ural (river or mountain range)
der **Urlaub, -e** vacation
die **USA** U.S.A.
die **Utopie, -n** utopia

V

das **Vagabundieren** wandering, roving
der **Vanille-Zucker** vanilla sugar
die **Vase, -n** vase
der **Vater, ̈** father 6

der **Vati, -s** daddy
(das) **Venedig** Venice
veraltet outdated, obsolete 16
verändern to change
verantwortlich responsible
die **Verantwortung, -en** responsibility; **die Verantwortung übernehmen** to take on the responsibility
das **Verb, -en** verb
(sich) verbessern to improve (oneself) 16
sich verbeugen to bow
verbieten, verbot, hat verboten (+ *dat.*) to forbid 11
verbinden, verband, hat verbunden to connect 5
die **Verbindung, -en** connection
das **Verbrechen, -** crime; **ein Verbrechen begehen** to commit a crime
der **Verbrecher, -** criminal
verbreiten to spread
verbringen, verbrachte, hat verbracht to spend (*time*) 5
verdienen to earn 13
verehren to admire
die **Verehrung** admiration, reverence
der **Verein, -e** club
vereinigt united
die **Vereinigung** unification 16
verfolgen to pursue, persecute
die **Verfügung: zur Verfügung stehen** to be at one's disposal
vergangen past
die **Vergangenheit** past
vergessen (vergißt), vergaß, hat vergessen to forget 3
vergleichen, verglich, hat verglichen to compare 14
sich verhalten (verhält), verhielt, hat verhalten to behave
das **Verhältnis, -se** circumstance
verheiratet married 13
verhungern to starve
der **Verkauf, ̈e** sale
verkaufen to sell 4
der **Verkäufer, -** / die **Verkäuferin, -nen** vendor, salesperson 4
der **Verkehr** traffic
die **Verkehrsmittel** (*pl.*) means of transportation
die **Verkehrssicherheit** traffic safety
der **Verlag, -e** publishing house
verlassen (verläßt), verließ, hat verlassen to leave, abandon 4
verlieren, verlor, hat verloren to lose 16

verlobt engaged (to be married) 13
die **Verlobung, -en** engagement
vermieten to rent
der **Vermieter, -** / die **Vermieterin, -nen** landlord/landlady 2
vermischen to mix 17
die **Vermittlung, -en** agency
sich verneigen to bow
verpflichtet obligated
die **Verpflichtung, -en** obligation
verschieden different
(sich) verschlechtern to get worse 16
verschont spared
verschweigen, verschwieg, hat verschwiegen to conceal
verschwenden to waste
verschwinden, verschwand, ist verschwunden to disappear
die **Versicherung, -en** insurance
versinken, versank, ist versunken to sink
die **Version, -en** version
versprechen (verspricht), versprach, hat versprochen to promise 6
der **Verstand** mind; **mit Verstand** intelligent(ly)
verstehen, verstand, hat verstanden to understand 9
sich verstehen (mit) to get along (with) 15
versuchen to try 16
verteidigen to defend
vertikal vertical
das **Vertrauen** trust
der **Vertreter, -** / die **Vertreterin, -nen** representative 10
vervollständigen to complete
verwandeln to transform 11
der **Verwandte, -n (ein Verwandter)** / die **Verwandte, -n** relative, relation
verwickelt mixed up, entangled
verwitwet widowed
Verzeihung pardon me Z
verzollen to declare for customs; **haben Sie etwas zu verzollen?** do you have something to declare?
verzweifelt in despair 11; desperate
der **Vetter, -n** (*male*) cousin 6
(das) **Video** video
das **Videogerät, -e** video player
die **Videokamera, -s** video camera
die **Videokassette, -n** video cassette
viel (*sg.*) much, a lot 2; **viele** (*pl.*) many
die **Vielfalt** diversity
vielfältig varied 17
vielleicht maybe 3

vier four
das **Viertel, -** fourth, quarter
der **Vierwaldstättersee** *name of lake in Switzerland*
vierzehn fourteen
vierzig forty
der **Vietnamese, -n** (*wk.*) / die **Vietnamesin, -nen** Vietnamese (*person*)
violett purple
das **Visum,** *pl.* **Visa/Visen** visa
der **Vogel, ∙̈** bird
das **Vöglein, -** little bird
das **Volk, ∙̈er** people, nation
die **Volkshochschule, -n** adult school
die **Volkskrankheit, -en** national disease
die **Volkstracht, -en** regional traditional costume
der **Volkswagen, -** Volkswagen
das **Volkswagenwerk, -e** Volkswagen factory
voll full (of)
der **Volleyball** volleyball
völlig completely, fully
vollständig complete(ly)
von (+ *dat.*) from (*departure point*); of (*about*); by (*authorship*) 7; **von (zwölf) bis (eins)** from (twelve) till (one); **von sich hören machen** to make a name for oneself
vor (+ *acc./dat.*) in front of; before 8
die **Voranmeldung, -en** appointment
(das) **Vorarlberg** *name of Austrian province*
vorbehalten reserved for
vorbei·kommen, kam vorbei, ist vorbeigekommen to come by 13
sich **vor·bereiten (auf** + *acc.*) to prepare oneself (for)
das **Vorbild, -er** model, example
der **Vorderschinken, -** shoulder of ham
der **Vorfahr, -en** (*wk.*) ancestor
vorgefertigt prefabricated
das **Vorgericht, -e** appetizer 12
vorgestern day before yesterday
vor·haben (hat vor), hatte vor, hat vorgehabt to plan; to intend; **etwas vorhaben** to have plans 13
vorhanden available
der **Vorhang, ∙̈e** curtain; **der Eiserne Vorhang** Iron Curtain
vor·heizen to preheat
vorher before 5
vorig- preceding, last; **vorige Woche** last week
vor·legen to present
die **Vorlesung, -en** lecture 15

vorm = **vor dem**
der **Vormittag, -e** morning 12; **vormittags** mornings, in the morning
der **Vorort, -e** suburb 14
Vorpommern = **Mecklenburg-Vorpommern**
die **Vorschau** preview
der **Vorschlag, ∙̈e** suggestion
vor·schlagen (schlägt vor), schlug vor, hat vorgeschlagen to suggest 13
vorsichtig careful(ly)
der **Vorsitzende, -n (ein Vorsitzender)** / die **Vorsitzende, -n** chairperson
die **Vorspeise, -n** appetizer
die **Vorstellung, -en** performance 10
der **Vorteil, -e** advantage
der **Vortrag, ∙̈e** lecture
vorübergehend temporary
das **Vorurteil, -e** prejudice 6
die **Vorwahl, -en** area code, prefix
vorweg before everything else

W

Wachsen (wächst), wuchs, ist gewachsen to grow
der **Wachtturm, ∙̈e** watch tower
der **Wagen, -** (train) car; car 4
wählen to choose; to elect
der **Wahnsinn** madness, insanity
wahr true; **nicht wahr?** isn't that right?
während (+ *gen.*) during, in the course of; (*subord. conj.*) while; whereas 10
wahrscheinlich probable, probably 14
der **Wald, ∙̈er** forest, woods 5
das **Waldsterben** dying of the forest 5
das **Walzwerk, -e** rolling mill
die **Wand, ∙̈e** wall 2
der **Wanderer, -** hiker
die **Wanderlust** wanderlust, urge to travel
wandern to hike 5
der **Wandertag, -e** outing, field trip 11; **auf Wandertag gehen** to go on a field trip
die **Wanderung, -en** hike; hiking trip
wann when 3
die **Ware, -n** merchandise, goods 16
das **Warenangebot, -e** selection of merchandise
warm warm 5
die **Wärmeplatte, -n** warming tray 8
die **Warmfront, -en** warm front (*weather*)
die **Warmluftzufuhr, -en** influx of warm air

die **Warmmiete, -n** rent including heating
warten to wait 8; **warten auf** (+ *acc.*) to wait for 10
warum why 3
was what 3; **was für** what kind(s) of 8; **was ist los?** what's happening? what's the matter? 14
die **Waschecke, -n** washing niche 2
waschen (wäscht), wusch, hat gewaschen to wash
sich **waschen (wäscht), wusch, hat gewaschen** to wash oneself
die **Waschküche, -n** laundry room 9
die **Waschmaschine, -n** washing machine 9
das **Wasser, -** water 2
das **Wasserbad: im Wasserbad** in a double boiler (*cooking*)
das **Wasserbett, -en** water bed
das **Wasserklosett, -s** toilet 8
die **Wasserratte, -n** enthusiastic swimmer
der **Wassersport** water sports
WC = **Wasserklosett**
weg away; **weit weg** far away
der **Weg, -e** way, path; **auf dem Weg (nach Hause)** on the way (home)
wegen (+ *gen.*) on account of, because of 10
weg·nehmen (nimmt weg), nahm weg, hat weggenommen to take away
die **Wegwerfpackung, -en** disposable package
weh tun: mir tut (der Kopf) weh (my head) hurts 15
wehen to blow; **der Wind weht** it is windy
sich **wehren** to defend oneself
das **Weib, -er** female, woman
weiblich feminine
weil (*subord. conj.*) because 10
die **Weile: eine Weile** a little while, a short time
der **Wein, -e** wine 12
der **Weinberg, -e** vineyard 5
weinen to cry
die **Weinkarte, -n** wine list
die **Weinliste, -n** wine list
die **Weinstraße** = **Deutsche Weinstraße**
weiß white
die **Weissagung, -en** prophecy
das **Weißbrot, -e** white bread
das **Weißmehl** white flour
der **Weißwein, -e** white wine 12
weit (weg) far (away) 3; **in weite Fernen transportieren** to transport into the far reaches

weiter further; farther; **und so weiter** and so on

die **Weiterbildungsmöglichkeit, -en** advanced training possibility

weiter·kommen, kam weiter, ist weitergekommen to progress 13

weiter·studieren to continue studying

welcher, welche, welches which 3

die **Welt, -en** world 10; **zur Welt kommen** to be born, come into the world

der **(erste/zweite) Weltkrieg** World War (I/II)

der **Weltraum** space

wenig (*sg.*) little; **wenige** (*pl.*) few; **weniger** less, fewer

wenn (*subord. conj.*) if; whenever 10

wer who 3; **wen** (*acc.*) whom 4; **wem** (*dat.*) whom; **wessen** (*gen.*) whose

die **Werbesendung, -en** TV commercial 7

die **Werbung, -en** advertising 7

werden (wird), wurde, ist geworden to become 3

das **Werk, -e** work

die **Werkstatt, ̈en** repair shop

wertvoll valuable

das **Wesen** essence

die **Weser** Weser (River)

der **Wessi, -s** *nickname for citizen of former West Germany*

der **Westen** the West; **im Westen** in the west

der **Western, -** Western (*movie*)

westlich (to the) west

das **Wetter** weather 5

der **Wetterbericht, -e** weather report

der **Whisky** whiskey

wichtig important(ly) 13

wie how 3; **wie, bitte?** what's that? what did you say? Z; **wie viele?** how many? 3

wieder again 5

wieder·finden, fand wieder, hat wiedergefunden to find again

wiederholen to repeat; to review 15

die **Wiederholung, -en** repeat, repetition; review 14

wieder·kommen, kam wieder, ist wiedergekommen to come by again, return 13

das **Wiedersehen: auf Wiedersehen** good-bye

die **Wiedervereinigung** (re)unification (of Germany)

die **Wiederverwertung** recycling

wiegen, wog, hat gewogen to weigh

(das) **Wien** Vienna; **Wiener** Viennese

der **Wienbesuch** visit to Vienna

der **Wienerwald** Vienna Woods

die **Wiese, -n** meadow

das **Wiesel, -** weasel

wieviel (*sg.*) how much 3; **wie viele** (*pl.*) how many 3; **wieviel Uhr ist es?** what time is it? Z; **um wieviel Uhr?** at what time?; **den wievielten haben wir heute?** what's the date today?

wievielmal how many times

das **Wild** (wild) game

die **Wildbretstation, -en** game station

der **Wildpark, -s** wild animal park

das **Wildpferd, -e** wild horse

willkommen (in Deutschland) welcome (to Germany) 3

der **Wind** wind

windig windy 5

(der) **Winter, -** winter

winzig tiny

der **Wipfel, -** tree top

wir we 1

wirklich real(ly) 2

die **Wirklichkeit** reality

die **Wirtschaft** economy

wirtschaftlich economic

die **Wirtschaftspolitik** economic policy

die **Wirtschaftswissenschaft** (science of) economy

wissen (weiß), wußte, hat gewußt to know (as a fact) 5

die **Wissenschaft, -en** science

der **Wissenschaftler, -** / die **Wissenschaftlerin, -nen** scientist

wo where 3

die **Woche, -n** week 5; **vorige Woche** last week

das **Wochenende, -n** weekend 14

wöchentlich weekly

die **Wochenzeitung, -en** weekly newspaper

wodurch how, through what

wofür why, for what

wogegen against what

woher from where 3; **woher kommen Sie?** where do you come from?

wohin (to) where 3; **wohin reisen Sie?** where are you going?

wohl probably 9

wohlfühlen: zum Wohlfühlen to (make one) feel comfortable

wohlmeinend well intentioned

wohnen to live (*somewhere*), reside 1; **in (Tübingen) wohnen** to live in (Tübingen) 1

die **Wohnfläche, -n** living area

die **Wohngemeinschaft, -en** people sharing an apartment or house

das **Wohnhaus, ̈er** apartment house

das **Wohnheim, -e** dormitory-style lodging

der **Wohnkomfort** living amenities

die **Wohnung, -en** apartment, residence 2

die **Wohnungsnot** housing shortage

das **Wohnzimmer, -** living room 9

der **Wolf, ̈e** wolf

wolkig cloudy

wollen (will), wollte, hat gewollt to want to 9

womit with what

wonach after what

woran of what; on what

worauf on what; for what

woraus from what; (out) of what

das **Wort ̈er/-e** word

die **Wortbildung, -en** word formation

der **Wortgebrauch** word usage

der **Wortschatz** vocabulary

worüber above what; about what

worum about what

worunter under what

wovon about what; **wovon handelt das Stück?** what is the play about? 10

das **Wunder, -** wonder; **es ist kein Wunder** it's no wonder

sich wundern (über + *acc.*) to be surprised (at) 15

wunderschön beautiful

der **Wunsch, ̈e** wish

wünschen to wish 4

das **Wunschkind, -er** a wanted baby

der **Wurm, ̈er** worm

die **Wurst, ̈e** sausage (frankfurter, bologna, etc.) 4

das **Wurstbrot, -e** sausage sandwich

das **Würstchen, -** small sausage

die **Wurstplatte, -n** plate of cold cuts 4

die **Wurzel, -n** root

würzen to season, add spices

würzig spicy

X

die **Xerokopie, -n** photocopy

x-mal countless times 11

das **Xylophon, -e** xylophone

Y

der **Yeti, -s** yeti, abominable snowman

Z

zahlen to pay 2; **Miete zahlen** to pay rent
zahlreich numerous 18
der **Zahn**, ⸚e tooth 7
der **Zahnarzt**, ⸚e / die **Zahnärztin**, **-nen** dentist 7
das **Zahnärzteblatt**, ⸚er dental journal
die **Zahnbürste**, **-n** toothbrush 16
der **Zahntechniker**, **-** / die **Zahntechnikerin**, **-nen** dental technician
zart tender
der **Zauber** magic
die „**Zauberflöte**" *The Magic Flute*
zehn ten
die **Zeichengeschichte**, **-n** cartoon strip
die **Zeichentrickfigur**, **-en** animated cartoon character
der **Zeichentrickfilm**, **-e** cartoon, animated film
zeigen to show 7
die **Zeit**, **-en** time 3
der **Zeitbiologe**, **-n** (*wk.*) / die **Zeit-biologin**, **-nen** *scientist who studies biological rhythms and inner clocks*
der **Zeitgenosse**, **-n** (*wk.*) / die **Zeitgenossin**, **-nen** contemporary
die **Zeitschrift**, **-en** periodical (publication), magazine 6
die **Zeitung**, **-en** newspaper 3; **Zeitung lesen** to read (a) newspaper 3
der **Zeitungsartikel**, **-** newspaper article
der **Zeitunterschied**, **-e** time difference
die **Zeitwahl** choice of time
die **Zelle**, **-n** cell
die **Zensur** censorship
zentral central(ly)
die **Zentralheizung** central heating
das **Zentrum**, *pl.* **Zentren** center
zerstören to destroy 16
zicke-zacke! *cheer at sports event*
die **Ziege**, **-n** goat
ziehen, **zog**, **ist gezogen** to move, change residence; **ziehen in** (+ *acc.*) to move into; **ziehen nach** (+ *name of city*) to move to (*a city*)
das **Ziel**, **-e** goal
ziemlich rather, pretty; (*coll.*) considerable

die **Zigarette**, **-n** cigarette 3
der **Zigarettenrauch** cigarette smoke
die **Zigarre**, **-n** cigar
das **Zimmer**, **-** room 2
die **Zimmerdecke**, **-n** ceiling
der **Zimmergenosse**, **-n** (*wk.*) / die **Zimmergenossin**, **-nen** roommate
der **Zimmerkellner**, **-** / das **Zimmermädchen**, **-** room service waiter/chambermaid 8
die **Zimmervermittlung**, **-en** renting of rooms; rental agency 2
die **Zinnie**, *pl.* **Zinnien** zinnia
das **Zitat**, **-e** quotation
das **Zitronat** candied lemon peel
die **Zitrone**, **-n** lemon
der **Zivildienst** civil service
der **Zoll** customs
der **Zollbeamte**, **-n** (**ein Zollbeamter**) / die **Zollbeamtin**, **-nen** customs official 3
zollpflichtig dutiable, subject to import tax 3
die **Zoologie** zoology
zu closed 9
zu (+ *dat.*) to (*persons, things*); for 7; **zu Besuch** for a visit 9; **zu Hause** at home 7; **zu Mittag** at noon 6; **zu Mittag essen** to eat lunch 6; **zum (letzten) Mal** for the (last) time 13; **zur Abwechslung** for a change 8; **zur Verfügung stehen** to be available; **zur Welt kommen** to be born, come into the world 11
das **Zubettgehen** going to bed; **beim Zubettgehen** at bedtime
der **Zucker** sugar 17
zuckerfrei sugarfree 7
zuerst first 3
zufrieden satisfied 13
der **Zug**, ⸚e train 3
die **Zugreise**, **-n** train trip
die **Zukunft** future 9
die **Zukunftsaussichten** (*pl.*) future prospects
zulässig permitted, allowed
zuletzt finally, (at) last
zunächst first (of all)
die **Zunge**, **-n** tongue
zunutze machen to use

(das) **Zürich** Zurich (*name of city in Switzerland*)
zurück back 4
zurück·fahren (**fährt zurück**), **fuhr zurück**, **ist zurückgefahren** to travel back 13
zurückhaltend reserved
zurück·kommen, **kam zurück**, **ist zurückgekommen** to come back, return 13
zusammen together 1; **mir läuft das Wasser im Mund zusammen** my mouth waters; **zusammen oder getrennt (bezahlen)** (to pay) together or separately 12
die **Zusammenarbeit** cooperation
zusammen·bauen to put together
die **Zusammenfassung**, **-en** summary
der **Zusammenhalt** cohesion
der **Zusammenhang**, ⸚e context
zusammen·kommen, **kam zusammen**, **ist zusammengekommen** to get together
der **Zuschauer**, **-** viewer 7
der **Zuschauersport** spectator sport
der **Zuschlag**, ⸚e additional fare
die **Zutaten** (*pl.*) ingredients 17
zuverlässig reliable
die **Zuversicht** confidence
zuviel too much
zuwenig too little, not enough
zwanzig twenty; **die zwanziger Jahre** the twenties 10
zwar indeed, certainly, of course
zwei two
der **Zweig**, **-e** branch
zweimal twice
zweitältest- second oldest
zweiteilig two-piece
zweitgrößt- second tallest
die **Zwiebelscheibe**, **-n** onion slice
zwiespältig conflicting
der **Zwilling**, **-e** twin
zwingen, **zwang**, **hat gezwungen** to force, compel
zwischen (+ *acc./dat.*) between 8
die **Zwischenbilanz**, **-en** interim results
zwölf twelve
der **Zyklop**, **-en** (*wk.*) cyclops
der **Zyklus**, *pl.* **Zyklen** cycle

ENGLISH–GERMAN

A

able: to be able to können (kann), konnte, hat gekonnt

about über (+ *acc.*); **to ask about** fragen nach; **to be about** handeln von; **to be crazy about** schwärmen für; **to talk about** sprechen (spricht), sprach, hat gesprochen über (+ *acc.*)

above über (+ *acc./dat.*)

absent: to be absent fehlen

absolute(ly) unbedingt

academic preparatory school das Gymnasium, *pl.* Gymnasien

to accept an·nehmen (nimmt an), nahm an, hat angenommen

to accompany mit·kommen (kommt mit), kam mit, ist mitgekommen

according to nach (+ *dat.*)

account: on account of wegen (+ *gen.*)

accustomed: to get accustomed to sich gewöhnen an (+ *acc.*)

acquaintance der Bekannte, -n (ein Bekannter) / die Bekannte, -n

acquainted: to be acquainted with (*to know*) kennen, kannte, hat gekannt

across über (+ *acc./dat.*)

actor/actress der Schauspieler, - / die Schauspielerin, -nen

actual(ly) eigentlich

to add hinzu·geben (gibt hinzu), gab hinzu, hat hinzugegeben

address die Adresse, -n

to admire bewundern

advance der Fortschritt, -e

advertising die Werbung

to afford sich (*dat.*) leisten

afraid: to be afraid of sich fürchten vor (+ *dat.*)

after nach (+ *dat.*); nachdem (*subord. conj.*)

afternoon der Nachmittag; **afternoons** nachmittags

again wieder

against gegen (+ *acc.*)

age das Alter; **at my age** in meinem Alter; **at the age of (18)** mit (18)

aggressive(ly) aggressiv

airport der Flughafen, ¨

all alle

to allow lassen (läßt), ließ, hat gelassen; **to be allowed to** dürfen (darf), durfte, hat gedurft

almost fast

alone allein

along: to get along (with) sich verstehen, verstand, hat verstanden (mit + *dat.*)

alpine meadow die Alp, -en

Alps die Alpen (*pl.*)

already schon

also auch

although obwohl (*subord. conj.*)

always immer

amazement das Erstaunen

amazing erstaunlich

American (*person*) der Amerikaner, - / die Amerikanerin, -nen

among unter (+ *dat.*)

and und (*coord. conj.*)

angry böse

animal das Tier, -e

annoying lästig; **how annoying!** wie lästig!

answer die Antwort, -en

to answer antworten (+ *dat.*); antworten (auf + *acc.*)

any irgendein

anyway außerdem

apartment die Wohnung, -en; die Mietwohnung, -en

apartment building das Mietshaus, ¨er

apparatus das Gerät, -e

to appear (*to look*) aus·sehen (sieht aus), sah aus, hat ausgesehen

appetizer das Vorgericht, -e

apple der Apfel, ¨

April der April

architect der Architekt, -en (*wk.*) / die Architektin, -nen

area das Gebiet, -e

arm der Arm, -e

army die Armee, -n

around um (+ *acc.*)

to arrive an·kommen, kam an, ist angekommen

as (a child) als (Kind)

to ask fragen; Fragen stellen; **to ask about** fragen nach (+ *dat.*)

aspirin das Aspirin

at an (+ *acc./dat.*); **at (seven)** um (sieben); **at the age of (18)** mit (18); **at (his) age** in (seinem) Alter; **at bedtime** beim Zubettgehen; **at home** zu Hause; **at least** mindestens; **at noon** zu Mittag; **at once** auf einmal

athlete der Sportler, - / die Sportlerin, -nen

athletic sportlich

to attain erreichen

attention: to pay attention (to) achten (auf + *acc.*)

audience das Publikum

August der August

aunt die Tante, -n

Austrian (*person*) der Österreicher, - / die Österreicherin, -nen

author der Autor, -en (*wk.*) / die Autorin, -nen

average der Durchschnitt; durchschnittlich; **average temperature** die Durchschnittstemperatur, -en

B

back zurück; **to come back** zurück·kommen; **to travel back** zurück·fahren

back der Rücken, -

background: in the background im Hintergrund

bag die Tasche, -n; die Tüte, -n

baggage das Gepäck

to bake backen (bäckt), backte, hat gebacken

bakery die Bäckerei, -en

ball der Ball, ¨e

ballpoint pen der Kugelschreiber, -

banana die Banane, -n

bank die Bank, -en

basement das Untergeschoß, *pl.* Untergeschosse

batter der Teig; die Masse

to be sein (ist), war, ist gewesen; **to be able to** können (kann), konnte, hat gekonnt; **to be about** handeln von; **to be afraid (of)** sich fürchten (vor + *dat.*); **to be born** zur Welt kommen, kam, ist gekommen; **to be called** heißen, hieß, hat geheißen; **to be concerned (with)** sich beschäftigen (mit + *dat.*); **to be crazy about** schwärmen für (+ *acc.*); **to be fine (in working order)** in Ordnung sein (ist), war, ist gewesen; **to be hungry** Hunger haben (hat), hatte, hat gehabt; **to be interested (in)** sich interessieren (für + *acc.*); **to be lucky** Glück haben (hat), hatte, hat gehabt; **to be missing** fehlen (+ *dat.*); **to be of the opinion** meinen; **to be of use** nützen; **to be supposed to** sollen (soll), sollte, hat gesollt; **to be surprised (at)** sich wundern (über + *acc.*); **to be thirsty** Durst haben (hat), hatte, hat gehabt; **to be up-**

set (about) sich ärgern (über + *acc.*);
to be valid gelten (gilt), galt, hat
   gegolten
bean die Bohne, -n
to bear (*to tolerate*) ertragen (erträgt),
   ertrug, hat ertragen
to beat schlagen (schlägt), schlug, hat
   geschlagen
beautiful(ly) schön
because denn (*coord. conj.*); weil
   (*subord. conj.*); **because of** wegen
   (+ *gen.*)
to become werden (wird), wurde, ist
   geworden
bed das Bett, -en
bedroom das Schlafzimmer, -
bedtime: at bedtime beim Zubettgehen
beer das Bier
before vor (+ *acc./dat.*); bevor, ehe
   (*subord. conj.*); **before that** vorher
to begin an·fangen (fängt an), fing an,
   hat angefangen; beginnen, begann, hat
   begonnen
behind hinter (+ *acc./dat.*)
to believe glauben
bellhop der Gepäckträger, - / die
   Gepäckträgerin, -nen
to belong to gehören (+ *dat.*)
below unten; **down below** da unten
belt der Gürtel, -
beneath unter (+ *acc./dat.*)
(Berlin) Wall die Mauer
beside neben (+ *acc./dat.*)
besides außer (+ *dat.*); nebenbei;
   außerdem
best wishes herzlichen Glückwunsch
between zwischen (+ *acc./dat.*)
beverage das Getränk, -e
bicycle das Fahrrad, ⸚er
big groß
birthday der Geburtstag, -e; **for (one's)
   birthday** zum Geburtstag
birthday card die Geburtstagskarte, -n
bit: a little bit ein bißchen
black schwarz
blender der Mixer, -
blouse die Bluse, -n
blue blau
body der Körper, -
book das Buch, ⸚er
boot der Stiefel, -
border die Grenze, -n
born: to be born zur Welt kommen,
   kam, ist gekommen
both beide

bottle die Flasche, -n
bouquet der Strauß, ⸚e
boy der Junge, -n (*wk.*)
brainstorm der Einfall, ⸚e
bread das Brot, -e
break die Pause, -n; **lunch break** die
   Mittagspause
breakfast das Frühstück, -e; **to eat
   breakfast** frühstücken
breakfast room, area der Frühstücksraum, ⸚e
to bring bringen, brachte, hat gebracht
broadcast die Sendung, -en
to broadcast übertragen (überträgt),
   übertrug, hat übertragen
brother der Bruder, ⸚
brother-in-law der Schwager, ⸚
brown braun
to brush (one's) teeth sich (*dat.*) die
   Zähne putzen
to build bauen
building das Gebäude, -
bus der Bus, -se
business der Betrieb, -e
but aber (*coord. conj.*); (*on the contrary*) sondern (*coord. conj.*)
butter die Butter
to buy kaufen
by von (+ *dat.*); **by then** bis dahin; **by
   train** mit dem Zug

C

cafeteria for students die Mensa, *pl.*
   Mensen
cake der Kuchen, -
call: phone call der Anruf, -e
to call nennen, nannte, hat genannt; **to
   call out** rufen, rief, hat gerufen; **to call
   up** an·rufen, rief an, hat angerufen
called: to be called heißen, hieß, hat
   geheißen
calorie die Kalorie, -n
can können (kann), konnte, hat gekonnt
canal der Kanal, ⸚e
canton (*Swiss state*) der Kanton, -e
car das Auto, -s; (*train*) der Wagen, -
car race, racing das Autorennen, -
card die Karte, -n
to care: I don't care (das) ist mir egal
carrot die Möhre, -n
to carry tragen (trägt), trug, hat getragen
castle das Schloß, *pl.* Schlösser
celebration die Feier, -n
century das Jahrhundert, -e

certain(ly) sicher
chair der Stuhl, ⸚e
chambermaid das Zimmermädchen, -
change: for a change zur Abwechslung;
   keep the change das stimmt so
to change verändern; (*to transform*)
   verwandeln
channel: TV channel das Programm, -e
chartered trip die Sonderfahrt, -en
to chase jagen
cheap(ly) billig
check, please zahlen, bitte
cheese der Käse, -; **making of cheese**
   die Käsezubereitung
cheesecake der Käsekuchen, -
cherry die Kirsche, -n
chess (das) Schach
chewing gum der Kaugummi, -s
chiefly hauptsächlich
child das Kind, -er; **as a child** als Kind
chocolate die Schokolade
church die Kirche, -n
cigarette die Zigarette, -n
citizen der Bürger, -
city die Stadt, ⸚e; **old (part of) city** die
   Altstadt
city hall das Rathaus, ⸚er
classic (author) der Klassiker, - / die
   Klassikerin, -nen
to clean putzen
clerk der Beamte, -n (ein Beamter) / die
   Beamtin, -nen
clock die Uhr, -en
to close schließen, schloß, hat
   geschlossen
close (to) in der Nähe (von + *dat.*)
closed zu
closet: freestanding closet der
   Schrank, ⸚e
cloth der Stoff, -e
clothes die Kleider (*pl.*)
coast die Küste, -n
coat der Mantel, ⸚
coffee der Kaffee
coffeemaker die Kaffeemaschine, -n
coffeepot die Kaffeekanne, -n
coin die Münze, -n
cola die Cola, -s
cold kalt; **cold** die Erkältung, -en
cold cuts (kalter) Aufschnitt; **plate of
   cold cuts** die Wurstplatte, -n
color die Farbe, -n
colorless farblos
to comb one's hair sich (*dat.*) kämmen
to combine verbinden, verband, hat verbunden

to come (from) kommen, kam, ist gekommen (aus + *dat.*)
comedian/comedienne der Komiker, - / die Komikerin, -nen
to commence an·fangen (fängt an), fing an, hat angefangen; beginnen, begann, hat begonnen
commercial (*TV*) die Werbesendung, -en
company: in the company of mit (+ *dat.*)
to compare vergleichen, verglich, hat verglichen
compartment (*train*) das Abteil, -e
compassion das Mitleid
to complain (about) klagen (über + *acc.*)
to compose komponieren
computer der Computer, -
computer specialist der Computerfachmann, *pl.* Computerfachleute
computer technology die Rechentechnik
concerned: to be concerned (with) sich beschäftigen (mit + *dat.*)
to conduct interviews Interviews halten (hält), hielt, hat gehalten
conductor (*train*) der Schaffner, - / die Schaffnerin, -nen
Confederacy (*Swiss*) die Schweizer Eidgenossenschaft
congratulations herzlichen Glückwunsch
to conquer erobern
constant(ly) ständig
content zufrieden
contrary: on the contrary, but sondern (*coord. conj.*)
to converse (with, about) sich unterhalten (mit + *dat.*) / (über + *acc.*)
to cook kochen
cookie der Keks, -e
cooking niche die Kochecke, -n
cool kühl
corner die Ecke, -n
to cost kosten
countless times x-mal
country das Land, -̈er
country(side) die Landschaft, -en
course der Kurs, -e; **to take a course** einen Kurs belegen; **in the course of** während (+ *gen.*)
of course natürlich, klar; doch (*affirmative answer to a negative question*)
cousin (*female*) die Kusine, -n; (*male*) der Vetter, -n
cowherd's hut die Sennhütte, -n
coziness die Behaglichkeit

cozy gemütlich
to cram (*for an exam*) pauken
crazy: to be crazy about schwärmen für (+ *acc.*)
crime die Untat, -en
crowd die Menge, -n
crusty knusprig
cuisine die Küche
curtain: Iron Curtain der Eiserne Vorhang
customer der Kunde, -n (*wk.*) / die Kundin, -nen
customs official der Zollbeamte, -n (ein Zollbeamter) / die Zollbeamtin, -nen
cut der Schnitt, -e

D

daddy (der) Vati, -s
daily täglich
dangerous(ly) gefährlich
dark dunkel
daughter die Tochter, -̈
day der Tag, -e; **good day** guten Tag; **(on) the next day** am nächsten Tag
death of the forest das Waldsterben
December der Dezember
decision die Entscheidung, -en
to declare (*customs*) verzollen; **do you have something to declare?** haben Sie etwas zu verzollen?; (*to state*) erklären
delicious lecker
to demand fordern
to demonstrate demonstrieren
den das Arbeitszimmer, -
dentist der Zahnarzt, -̈e / die Zahnärztin, -nen
department store das Kaufhaus, -̈er
dependent abhängig
to describe beschreiben, beschrieb, hat beschrieben
desk der Schreibtisch, -e
desk clerk der Empfangschef, -s / die Empfangschefin, -nen
despair: in despair, desperate verzweifelt
despite trotz (+ *gen.*)
dessert der Nachtisch, -e, die Nachspeise, -n; **for dessert** zum Nachtisch
to destroy zerstören
detective show, story der Krimi, -s
to die sterben (stirbt), starb, ist gestorben
different(ly) anders; **something different** etwas anderes
difficult schwer

dining car der Speisewagen, -
dining room das Eßzimmer, -
director (*film or stage*) der Regisseur, -e / die Regisseurin, -nen
discontent unzufrieden
discount die Ermäßigung, -en
to discuss besprechen (bespricht), besprach, hat besprochen
to disgrace oneself sich blamieren
dish das Gericht, -e; **to wash dishes** Geschirr spülen
dissatisfied unzufrieden
to do machen; tun, tat, hat getan; **that'll do** das reicht
done fertig
door die Tür, -en
dormitory das Studentenheim, -e
dough der Teig
down below da unten
to drag oneself sich schleppen
dream der Traum, -̈e
dream house das Traumhaus, -̈er
to dream träumen
dress das Kleid, -er
to dress, get dressed sich an·ziehen, zog an, hat angezogen
drink, beverage das Getränk, -e
to drink trinken, trank, hat getrunken
to drive fahren (fährt), fuhr, ist gefahren
to drown ertrinken, ertrank, hat ertrunken
drugstore die Drogerie, -n
dry trocken
duck die Ente, -n; **lame duck** die lahme Ente
dumb blöd; dumm
dune die Düne, -n
during während (+ *gen.*)
dutiable (*subject to import tax*) zollpflichtig

E

each jeder
ear das Ohr, -en
earlier früher
early früh
to earn verdienen
easy, easily leicht
to eat essen (ißt), aß, hat gegessen; **to eat lunch** zu Mittag essen
economic wirtschaftlich
economy die Wirtschaft
edible: something edible etwas Eßbares
education die Ausbildung

egg das Ei, -er
eight acht
eighteen achtzehn
eighty achtzig
electricity der Strom
elevator der Aufzug, ¨-e
eleven elf
else: something else etwas anderes
to encircle umgeben (umgibt), umgab, hat umgeben
to end enden
engaged (to be married) verlobt
English (*language*) (das) Englisch
to enjoy gern (+ *verb*); genießen, genoß, hat genossen; **enjoy your meal** guten Appetit
to enjoy oneself sich amüsieren
enough genug; **that's enough** das reicht
enthusiastic (about), enthusiastically begeistert (von + *dat.*)
entire(ly) ganz
entrance der Eingang, ¨-e
environmental pollution die Umweltverschmutzung
environmental protection der Umweltschutz
equal gleich
especially besonders
even sogar
evening der Abend, -e; **evenings** abends; **good evening** guten Abend; **in the evening** am Abend; **this evening** heute abend
evening meal das Abendessen, -
eventually schließlich
ever je
every jeder, jede, jedes
everything alles
everywhere überall
exact(ly) genau
exam die Prüfung, -en
example das Beispiel, -e; **for example** zum Beispiel
excellent(ly) ausgezeichnet
except außer (+ *dat.*)
exchange der Austausch
exchange student der Austauschschüler, - / die Austauschschülerin, -nen
exciting spannend
excursion der Ausflug, ¨-e; **special excursion** die Sonderfahrt, -en
excuse me Entschuldigung
existence das Bestehen
to expect erwarten

expenses die Kosten (*pl.*)
expensive teuer
to experience erleben; erfahren (erfährt), erfuhr, hat erfahren
eye das Auge, -n

F

fabric der Stoff, -e
fabulous großartig
face das Gesicht, -er
fall der Herbst
to fall fallen (fällt), fiel, ist gefallen
familiar: to be familiar with kennen, kannte, hat gekannt
family die Familie, -n
famous berühmt
fan (*soccer*) der Fußballnarr, -en (*wk.*) / die Fußballnärrin, -nen
far (away) weit (weg)
fast schnell
fast-food place der Schnellimbiß, *pl.* Schnellimbisse
father der Vater, ¨
favorite (cake) (der) Lieblings(kuchen)
February der Februar
fee die Gebühr, -en
to feed ernähren
to feel (*some way*) sich fühlen; **to feel like (*doing something*)** Lust haben (hat), hatte, hat gehabt
to fetch holen
a few ein paar
field trip der Wandertag, -e; **to go on a field trip** Wandertag haben (hat), hatte, hat gehabt
fifteen fünfzehn
fifty fünfzig
to fight kämpfen
film (*movie*) der Film, -e; **silent film** der Stummfilm
film director der Regisseur, -e / die Regisseurin, -nen
film (or theater) schedule der Spielplan, ¨-e
finally schließlich
to finance finanzieren
to find finden, fand, hat gefunden
fine gut; **fine, thanks** gut, danke; **I'm fine** es geht mir gut; **that's fine** das ist in Ordnung
finger der Finger, -
finished fertig
fire das Feuer, -

first zuerst; erst
fish der Fisch, -e
to fit passen (+ *dat.*)
five fünf
to flee fliehen, floh, ist geflohen
flight (*escape*) die Flucht
floor der Stock; **on the second/third floor** im ersten/zweiten Stock
flour das Mehl
to flow fließen, floß, ist geflossen
flower die Blume, -n
flute die Flöte, -n
to follow folgen, ist gefolgt (+ *dat.*)
food das Essen
foot der Fuß, ¨-e; **at the foot (of)** am Fuße (+ *gen.*)
for für (+ *acc.*); zu (+ *dat.*); (*time span*) seit (+ *dat.*); denn (*coord. conj.*); **for a change** zur Abwechslung; **for example** zum Beispiel; **for the (last) time** zum (letzten) Mal
to forbid verbieten, verbot, hat verboten
forenoon der Vormittag, -e
forest der Wald, ¨-er; **death of the forest** das Waldsterben
to forget vergessen (vergißt), vergaß, hat vergessen
fork die Gabel, -n
form (*to fill in*) das Formular, -e
former ehemalig
fortification die Festung, -en
fortunate: to be fortunate Glück haben
forty vierzig
four vier
fourteen vierzehn
fragrant: to be fragrant duften
free(ly) frei; kostenlos, gratis
freedom die Freiheit
freeway die Autobahn, -en
fresh frisch
Friday der Freitag; **Fridays** freitags
friend der Freund, -e / die Freundin, -nen
friendly freundlich
from aus (+ *dat.*); von (+ *dat.*); **from (twelve) to (one)** von (zwölf) bis (eins); **from where** woher
front: in front of vor (+ *acc./dat.*)
fruit das Obst; **type of fruit** die Obstsorte, -n
fun: to be fun Spaß machen; **to have fun** Spaß haben (hat), hatte, hat gehabt
furnished möbliert
furniture die Möbel (*pl.*)
future die Zukunft

G

game das Spiel, -e
garage die Garage, -n
gas (*for cars*) das Benzin; **to guzzle gas** Benzin schlucken
gate das Tor, -e
general allgemein
gentleman der Herr, -en (*wk.*)
German deutsch (*adj.*); **German** (*language*) (das) Deutsch; **in German** auf deutsch; **German** (*person*) der Deutsche, -n (ein Deutscher) / die Deutsche, -n
German mark (*currency*) die Mark
to get bekommen, bekam, hat bekommen; holen; **to get along (with)** sich verstehen, verstand, hat verstanden (mit + *dat.*); **to get dressed** sich an·ziehen, zog an, hat angezogen; **to get married** heiraten; **to get out of practice** aus der Übung kommen, kam, ist gekommen; **to get up** auf·stehen, stand auf, ist aufgestanden; **to get used to** sich gewöhnen an (+ *acc.*)
gigantic riesig
girl das Mädchen, -
to give geben (gibt), gab, hat gegeben; (*as a present*) schenken
glad froh
to go gehen, ging, ist gegangen; fahren (fährt), fuhr, ist gefahren; **to go home** nach Hause gehen, ging, ist gegangen; **to go in for sports** Sport treiben, trieb, hat getrieben; **to go out** aus·gehen, ging aus, ist ausgegangen; **to go shopping** einkaufen gehen, ging, ist gegangen; **to go skiing** Skilaufen gehen, ging, ist gegangen
goal (*sports*) das Tor, -e
good gut; **good-bye** auf Wiedersehen; **good day** guten Tag; **good evening** guten Abend; **good idea!** gute Idee! **good morning** guten Morgen; **good night** gute Nacht;
goods die Waren (*pl.*)
government die Regierung, -en; **government owned** staatlich
grade (*in school*) die Note, -n
grandchild das Enkelkind, -er
grandfather der Großvater, ⸚
grandma (die) Oma, -s
grandmother die Großmutter, ⸚
grandpa (der) Opa, -s

grandparents die Großeltern (*pl.*)
gray grau
great! prima!, toll!, großartig!
green grün
ground floor das Erdgeschoß; **on the ground floor** im Erdgeschoß
guest der Gast, ⸚e
guest room das Gästezimmer, -
guide: tour guide der Fremdenführer, - / die Fremdenführerin, -nen
to guzzle gas Benzin schlucken
gymnastics: to do gymnastics turnen

H

hair das Haar, -e
hallway der Flur, -e
ham der Schinken, -
hand die Hand, ⸚e; **to shake hands** (sich) die Hand geben (gibt), gab, hat gegeben
to happen passieren, ist passiert; **what's happening?** was ist los?
happy froh; glücklich
hard schwer
hardly kaum
hat der Hut, ⸚e
to have haben (hat), hatte, hat gehabt; **to have to** müssen (muß), mußte, hat gemußt; **to have a good time** sich amüsieren; **to have an interest in** Interesse haben (hat), hatte, hat gehabt an (+ *dat.*); **to have breakfast** frühstücken; **to have fun** Spaß haben; **to have space, room** Platz haben (hat), hatte, hat gehabt;
he er
head der Kopf, ⸚e; **my head is throbbing** mein Kopf hämmert
health resort der Kurort, -e
healthy gesund
to hear hören
heat die Heizung, -en; die Hitze
hello guten Tag
help die Hilfe
to help helfen (hilft), half, hat geholfen (+ *dat.*)
her ihr
here hier; da; **here you are** bitte
hero/heroine der Held, -en (*wk.*) / die Heldin, -nen
high(ly) hoch
to hike wandern
hill der Hügel, -

his sein
history die Geschichte
to hold halten (hält), hielt, hat gehalten
home: at home zu Hause; **to go home** nach Hause gehen, ging, ist gegangen
homemade hausgemacht
to hope hoffen
hot heiß
hotel das Hotel, -s
hour die Stunde, -n
house das Haus, ⸚er; **single family house** das Einfamilienhaus, ⸚er
household der Haushalt, -e
household appliance das Haushaltsgerät, -e
how wie; **how annoying!** wie lästig!; **how are you?** wie geht es dir? (*infor.*), wie geht es Ihnen? (*for.*); **how is it going?** wie geht's? **how many?** wie viele?; **how much?** wieviel?; **how nice!** wie schön!
however aber
huge riesig
human being der Mensch, -en (*wk.*)
hundred, one hundred (ein) hundert; **two hundred** zweihundert
hunger der Hunger
hungry hungrig; **to be hungry** Hunger haben (hat), hatte, hat gehabt
to hunt jagen
to hurry sich beeilen
to hurt weh·tun, tat, hat getan; **(my head) hurts** mir tut (der Kopf) weh
hut die Hütte, -n

I

I ich; **I'm fine** es geht mir gut
ice cream das Eis; **ice cream sundae** der Eisbecher, -
ice skating das Schlittschuhlaufen
icing die Glasur, -en
idea die Idee, -n; **good idea!** gute Idee!
ideal ideal
if ob; wenn (*subord. conjs.*)
ill krank
illness die Krankheit, -en
immediately sofort
impatient(ly) ungeduldig
to import importieren
important wichtig
to impress beeindrucken
improbable unwahrscheinlich
to improve (sich) verbessern

in in (+ *acc./dat.*)
included inbegriffen
incredible unglaublich; **incredibly** unheimlich, unglaublich
independent(ly) unabhängig, selbständig
industrial area das Industriegebiet, -e
industrial city die Industriestadt, ̈-e
industry die Industrie
inexpensive(ly) billig
ingredients die Zutaten (*pl.*)
inn der Gasthof, ̈-e
innkeeper der Hotelwirt, -e / die Hotelwirtin, -nen
instead of (an)statt (+ *gen.*)
insulted beleidigt
to intend vor·haben (hat vor), hatte vor, hat vorgehabt
intense(ly) intensiv
intensive intensiv
to interest interessieren; **to be interested in** sich interessieren für (+ *acc.*); **to have an interest in** Interesse haben an (+ *dat.*)
interesting(ly) interessant
intermission die Pause, -n
to interrupt unterbrechen (unterbricht), unterbrach, hat unterbrochen
interruption die Unterbrechung, -en
intersection die Kreuzung, -en
interview das Interview, -s; **to conduct interviews** Interviews halten (hält), hielt, hat gehalten
into in (+ *acc.*)
to invent erfinden, erfand, hat erfunden
invitation die Einladung, -en
to invite ein·laden (lädt ein), lud ein, hat eingeladen
Iron Curtain der Eiserne Vorhang
irrefutable, irrefutably unbestritten
it es; er; sie
its sein; ihr

J

jacket die Jacke, -n
jam die Marmelade, -n
January der Januar
jeans die Jeans (*pl.*)
job der Job, -s
to join, connect verbinden, verband, hat verbunden
to jostle drängeln
journalist der Journalist, -en (*wk.*) / die Journalistin, -nen
July der Juli

to jump up auf·springen, sprang auf, ist aufgesprungen
June der Juni
junior pass der Junior-Paß, *pl.* Junior-Pässe

K

to keep behalten (behält), behielt, hat behalten; halten (hält), hielt, hat gehalten; **keep the change** das stimmt so
key der Schlüssel, -
to kill töten
kind: what kind of (a) was für (ein)
king der König, -e
kitchen die Küche, -n
knife das Messer, -
to knock an·klopfen
to know (as a fact) wissen (weiß), wußte, hat gewußt; **to know, be familiar with** kennen, kannte, hat gekannt; **to know how to** können (kann), konnte, hat gekonnt

L

lake der See, -n
lame lahm; **lame duck** lahme Ente
to land landen, ist (hat *with d.o.*) gelandet
landlord / landlady der Vermieter, - / die Vermieterin, -nen
landscape die Landschaft, -en
large groß
to last dauern
later später
to laugh at lachen über (+ *acc.*)
laundry room die Waschküche, -n
lawn der Rasen
to lay (to put, place) legen
lazy faul
to lead (into) (hinein)·führen
lean mager
to learn lernen
least: at least mindestens
to leave lassen (läßt), ließ, hat gelassen; verlassen (verläßt), verließ, hat verlassen; **to leave open** offen lassen
lecture die Vorlesung, -en
left links
leg das Bein, -e
legend die Legende, -n
leisure time die Freizeit
letter der Brief, -e
lettuce (*butter lettuce*) der Kopfsalat
library die Bibliothek, -en

to lie (*recline*) liegen, lag, hat gelegen
life das Leben
light: traffic light die Ampel, -n
to like mögen (mag), mochte, hat gemocht; **I would like** ich möchte; **to like (cars)** (Autos) gern haben (hat), hatte, hat gehabt; gefallen (gefällt), gefiel, hat gefallen (+ *dat.*); **I like it** es gefällt mir; **I like it** (*food*) es schmeckt mir
literature die Literatur
little: a little bit ein bißchen; **a little while** eine Weile
to live leben; (*to reside*) wohnen
live: to broadcast live direkt übertragen (überträgt), übertrug, hat übertragen
living room das Wohnzimmer, -
lobby das Foyer, -s
long lang; **for a long time** schon lange
longer: no longer nicht mehr
to look (*to appear*) aus·sehen (sieht aus), sah aus, hat ausgesehen; **to look at** schauen auf (+ *acc.*); **to look for** suchen; **to look forward to** sich freuen auf (+ *acc.*); **to look good on** stehen, stand, hat gestanden (+ *dat.*); **hey, look!** guck mal!
to lose verlieren, verlor, hat verloren
to lose face sich blamieren
lot das Grundstück, -e; **a lot** viel
to love lieben
lucky: to be lucky Glück haben (hat), hatte, hat gehabt
luggage das Gepäck
to lull ein·lullen
lunch das Mittagessen; **to eat lunch** zu Mittag essen (ißt), aß, hat gegessen
lunch break die Mittagspause, -n

M

magazine die Zeitschrift, -en
magnificent(ly) prächtig
main: the main thing die Hauptsache, -n
mainly hauptsächlich
major (*academic*) das Hauptfach, ̈-er
to make machen; (*food*) zu·bereiten
making of cheese die Käsezubereitung
man der Mann, ̈-er
many viele; **how many** wie viele
to march into hinein·marschieren
March der März
marriage die Ehe, -n
married verheiratet; **to get married** heiraten

to marry heiraten
marzipan das Marzipan
material der Stoff, -e
matter: no matter what unbedingt; **that doesn't matter** das macht nichts
may dürfen (darf), durfte, hat gedurft
May der Mai
maybe vielleicht
meadow (*alpine*) die Alp, -en
meal das Essen, -; **enjoy your meal** guten Appetit
to mean meinen; bedeuten
measure die Maßnahme, -n
meat das Fleisch; **cold meat** kalter Aufschnitt
to meet (with) (sich) treffen (trifft), traf, hat getroffen
menu die Speisekarte, -n
merchandise die Ware, -n
meter der Meter, -; **square meter** der Quadratmeter, -
middle: in the middle of mitten in (+ *dat.*)
Middle Ages das Mittelalter
mild mild
milk die Milch
million die Million, -en
mind: what comes to (your) mind? was kommt (Ihnen) in den Sinn?
minute die Minute, -n
misdeed die Untat, -en
misery das Elend
Miss Fräulein
missing: to be missing fehlen (+ *dat.*); **I miss (something)** (etwas) fehlt mir
to mix vermischen
mixture (*in baking*) der Teig; die Mischung, -en; die Masse
modern modern
modest bescheiden
mommy (die) Mutti, -s
Monday der Montag; **Mondays** montags
money das Geld
month der Monat, -e; **per month** pro Monat
monthly rent die Monatsmiete, -n
more mehr
morning der Morgen, -; **good morning** guten Morgen; **late morning** der Vormittag; **mornings** morgens; **this morning** heute morgen
mostly meistens
mother die Mutter, ⸚
mouth der Mund, ⸚er; **my mouth waters** mir läuft das Wasser im Mund zusammen

movie der Film, -e
movie theater das Kino, -s
Mr. Herr
Mrs. Frau
Ms. Frau
much viel; **how much** wieviel
Murphy bed das Schrankbett, -en
museum das Museum, *pl.* Museen
music die Musik
musician der Musiker, - / die Musikerin, -nen; **street musician** der Straßenmusikant, -en (*wk.*) / die Straßenmusikantin, -nen
must müssen (muß), mußte, hat gemußt
my mein; **my name is** ich heiße

N

name der Name, -n (*wk.*); **my name is** ich heiße; **what's your name?** wie heißen Sie? (*for.*), wie heißt du? (*infor.*)
to name (+ *d.o.*) nennen, nannte, hat genannt
napkin die Serviette, -n
natural(ly) natürlich
nature die Natur
near bei (+ *dat.*); in der Nähe (von); **nearest** nächst-
necessary nötig
to need brauchen
neighbor der Nachbar, -n (*wk.*) / die Nachbarin, -nen
neighborhood die Nachbarschaft, -en
nephew der Neffe, -n (*wk.*)
never nie
new neu
news (report) die Nachrichten (*pl.*)
newspaper die Zeitung, -en
next to neben (+ *acc./dat.*)
nice(ly) schön; nett; **how nice!** wie schön!
niece die Nichte, -n
nightgown das Nachthemd, -en
nights nachts
nightshirt das Nachthemd, -en
nine neun
nineteen neunzehn
ninety neunzig
no nein; kein; **no longer** nicht mehr; **no one** niemand
noise der Lärm
noon der Mittag; **at noon** zu Mittag
not nicht; **not any** kein; **not until (seven)** erst um (sieben)

notebook das Heft, -e
to notice bemerken
notion der Einfall, ⸚e
November der November
now jetzt
numerous zahlreich
nurse die Krankenschwester, -n / der Krankenpfleger, -

O

object die Sache, -n
to observe beachten
obsolete veraltet
occupied besetzt
to occupy oneself (with) sich beschäftigen (mit + *dat.*)
to occur passieren, ist passiert
October der Oktober
oddly enough merkwürdigerweise
of von (+ *dat.*); **out of** aus (+ *dat.*)
offended beleidigt
offering das Angebot, -e
office das Büro, -s
official der Beamte, -n (ein Beamter) / die Beamtin, -nen
often oft
oh ach
o.k.: that's o.k., keep the change (das) stimmt so
old alt
old (part of) city die Altstadt
on auf (+ *acc./dat.*); (+ *street*) in (+ *dat.*); **on account of** wegen (+ *gen.*)
once einmal; **at once** auf einmal
one eins; (*indef. art.*) ein, eine; (*nonspecific person*) man
one thousand eintausend
one-way (*ticket*) einfach
only nur
onto auf (+ *acc.*)
open offen
to open öffnen, auf·machen
opening die Öffnung, -en
opera die Oper, -n
opinion: to be of the opinion meinen; **in (my) opinion** (meiner) Meinung nach
opportunity die Gelegenheit, -en
or oder (*coord. conj.*)
orange die Orange, -n
to order bestellen
order: in order that damit (*subord. conj.*); **one order of (sauerbraten)** einmal (Sauerbraten)

other andere (*pl.*)
our unser
out, out of aus (+ *dat.*)
outdated veraltet
outing der Wandertag, -e; der Ausflug, ⸚e
outside draußen
oven der Backofen, ⸚
over über (+ *acc./dat.*); **over there** drüben, da drüben
overnight über Nacht; **to stay overnight** übernachten
to overtake, pass überholen
own: on one's own selbständig

P

pack (*small package*) das Päckchen, -
to paint malen
pants, pair of die Hose, -n
pantyhose die Strumpfhose, -n
paper das Papier, -e
pardon me Verzeihung
parents die Eltern (*pl.*)
park der Park, -s
to participate teil·nehmen (nimmt teil), nahm teil, hat teilgenommen
party die Party, -s
pass, passport der Paß, *pl.* Pässe
to pass überholen; vorbei·kommen, kam vorbei, ist vorbeigekommen
patient(ly) geduldig
pay, payment der Lohn, ⸚e
to pay zahlen; **to pay rent** Miete bezahlen
to pay attention (to) achten (auf + *acc.*)
peach der Pfirsich, -e
pencil der Bleistift, -e
people die Leute (*pl.*)
performance die Vorstellung, -en
perfume das Parfüm, -e
person der Mensch, -en (*wk.*)
pharmacy die Apotheke, -n
phone booth die Telefonzelle, -n
to phone telefonieren; an·rufen, rief an, hat angerufen
phone call der Anruf, -e
phonograph record die Schallplatte, -n
physical education teacher der Turnlehrer, - / die Turnlehrerin, -nen
to pick pflücken
to pick up ab·holen
picture das Bild, -er
picturesque malerisch
piece das Stück, -e; **piece of news** die Nachricht, -en

pied piper der Rattenfänger, -
pink rosa
place der Platz, ⸚e; der Ort, -e; **at the place of** bei (+ *dat.*); **to take place** statt·finden, fand statt, hat stattgefunden
to place legen; setzen; stellen
to plan planen; **to plan to do** (*something*) (etwas) vor·haben (hat vor), hatte vor, hat vorgehabt
plane das Flugzeug, -e
plate of cold cuts die Wurstplatte, -n
play das Stück, -e; **what's the play about?** wovon handelt das Stück?
to play spielen; **to play (cards)** (Karten) spielen
player der Spieler, - / die Spielerin, -nen
pleasant(ly) angenehm
please bitte
to please gefallen (gefällt), gefiel, hat gefallen (+ *dat.*)
plot (*of a book or play*) die Handlung, -en
pocket die Tasche, -n
poet der Dichter, - / die Dichterin, -nen
poetry: to write poetry dichten
popular populär, beliebt
portable snack bar die Minibar, -s
to pose questions Fragen stellen
post office das Postamt, ⸚er
postage stamp die Briefmarke, -n
postcard die Postkarte, -n
poster das Plakat, -e
pot (*small pot*) das Kännchen, -
potato die Kartoffel, -n
to pour gießen, goß, hat gegossen
practice: to get out of practice aus der Übung kommen, kam, ist gekommen
to preach predigen
prejudice das Vorurteil, -e
to prepare oneself (for) sich vor·bereiten (auf + *acc.*)
present das Geschenk, -e; **to make a present of** schenken
to preserve (*to keep*) behalten (behält), behielt, hat behalten
preserves die Marmelade, -n
pretzel die Brezel, -n
price der Preis, -e
private(ly) privat
probably wohl; wahrscheinlich
problem das Problem, -e
profession der Beruf, -e
professional, working berufstätig
professor der Professor, -en / die Professorin, -nen

program (*TV*) das Programm, -e; die Sendung, -en
progress der Fortschritt, -e
to progress weiter·kommen, kam weiter, ist weitergekommen
project das Projekt, -e
to promise versprechen (verspricht), versprach, hat versprochen
to protest protestieren
to prove beweisen, bewies, hat bewiesen
public service der öffentliche Dienst
pullover der Pullover, -
pupil der Schüler, - / die Schülerin, -nen
purple violett
to pursue a career einen Beruf aus·üben
to push (*to jostle*) drängeln
to put (down), place legen; setzen; stellen

Q

queen die Königin, -nen
question die Frage, -n; **to pose questions** Fragen stellen
to question fragen; **to** (*call something into*) **question** (etwas) in Frage stellen

R

to race rennen, rannte, ist (hat *with d.o.*) gerannt
race car der Rennwagen, -
radio das Radio, -s
radio listener der Radiohörer, - / die Radiohörerin, -nen
railway station der Bahnhof, ⸚e
to rain regnen; **it's raining** es regnet
raincoat der Regenmantel, ⸚
rainy regnerisch
to raise (*children*) groß·ziehen, zog groß, hat großgezogen
range (*cooking*) der Herd, -e
rarely selten
rat die Ratte, -n
rather lieber
to reach erreichen
to read lesen (liest), las, hat gelesen; **to read a newspaper** Zeitung lesen
ready bereit
reality die Realität
really tatsächlich, wirklich
reason der Grund, ⸚e
to receive bekommen, bekam, hat bekommen
reception (area) der Empfang, ⸚e
recipe das Rezept, -e

to recline (*to lie*) liegen, lag, hat gelegen
to recognize erkennen, erkannte, hat erkannt
to recommend empfehlen (empfiehlt), empfahl, hat empfohlen
record (*phonograph*) die Schallplatte, -n
red rot
to reduce reduzieren
refreshing erfrischend
refrigerator der Kühlschrank, ⸚e
refugee der Flüchtling, -e
to regard achten (auf + *acc.*)
region das Gebiet, -e
registration form das Formular, -e
to regret bereuen
regular guest der Stammgast, ⸚e
to relax sich entspannen
to relay übertragen (überträgt), übertrug, hat übertragen
to remain bleiben, blieb, ist geblieben
to remember sich erinnern (an + *acc.*)
rent die Miete, -n
rental agency die Zimmervermittlung, -en
repeat die Wiederholung, -en
to repeat wiederholen
repetition die Wiederholung, -en
representative der Vertreter, - / die Vertreterin, -nen
to reserve reservieren
to reside wohnen
resident der Einwohner, - / die Einwohnerin, -nen
to respond to antworten auf (+ *acc.*)
restaurant das Restaurant, -s; der Gasthof, ⸚e; die Gaststätte, -n
restroom die Toilette, -n
to return wieder·kommen, kam wieder, ist wiedergekommen; zurück·kommen, kam zurück, ist zurückgekommen
to review wiederholen
to ride fahren (fährt), fuhr, ist gefahren; **to ride horseback** reiten, ritt, ist (hat *with d.o.*) geritten
right rechts; **isn't that right?** nicht wahr?
right away gleich; **right now** jetzt
river der Fluß, *pl.* Flüsse
role die Rolle, -n
roll das Brötchen, -
roller skating das Rollschuhlaufen
romantic romantisch
room das Zimmer, -; **single room** das Einzelzimmer; **student room ("digs")** die Bude, -n; **to have room** Platz haben (hat), hatte, hat gehabt

room-service waiter der Zimmerkellner, -
round trip hin und zurück
to run laufen (läuft), lief, ist gelaufen

S

sack die (Plastik)tüte, -n
sad(ly) traurig
Saint (Elizabeth) / Saint Augustine die heilige Elisabeth / der heilige Augustinus
salad der Salat, -e
salt das Salz
same gleich
to sample probieren
sandwich das Butterbrot, -e; das belegte Brot
satisfied zufrieden
Saturday der Samstag/Sonnabend; **Saturdays** samstags/sonnabends
sausage die Wurst, ⸚e
to save (*somebody*) retten
to say sagen
scenery die Landschaft
schedule (film/theater) der Spielplan, ⸚e
school: academic preparatory school das Gymnasium, *pl.* Gymnasien
seat der Platz, ⸚e; **to take a seat** Platz nehmen (nimmt), nahm, hat genommen; sich setzen; **is this seat free?** ist hier noch frei?
second floor der erste Stock; **on the second floor** im ersten Stock
to see sehen (sieht), sah, hat gesehen; **see you soon** bis bald
to seize ergreifen, ergriff, hat ergriffen
selection das Angebot, -e
to sell verkaufen
to send schicken
to separate trennen
separate(ly) getrennt; **(to pay) together or separately** zusammen oder getrennt (bezahlen)
September der September
series die Serie, -n
serious(ly) ernst
to serve servieren
to set setzen
seven sieben
seventeen siebzehn
seventy siebzig
several mehrere
to shake hands (sich) die Hand geben (gibt), gab, hat gegeben

to shave (oneself) (sich) rasieren
she sie
shirt das Hemd, -en
shoe der Schuh, -e
to shoot schießen, schoß, hat geschossen
shop das Geschäft, -e; der Laden, ⸚
shopping: to go shopping einkaufen gehen, ging, ist gegangen
shopping list die Einkaufsliste, -n
shopping trip der Einkaufsbummel, -
short kurz; **a short time** eine Weile
should sollen (soll), sollte, hat gesollt
to shove schieben, schob, hat geschoben
to show zeigen
to shower sich duschen
shy(ly) schüchtern
sick krank
sight der Anblick, -e
to signify bedeuten
silent film der Stummfilm, -e
simple, simply einfach
since seit (+ *dat.*); da (*subord. conj.*); **since (then)** seitdem
to sing singen, sang, hat gesungen
single ledig
single-family house das Einfamilienhaus, ⸚er
single room das Einzelzimmer, -
sister die Schwester, -n
sister-in-law die Schwägerin, -nen
to sit sitzen, saß, hat gesessen; **to sit down** sich setzen; Platz nehmen (nimmt), nahm, hat genommen
six sechs
sixteen sechzehn
sixty sechzig
size die Größe, -n
skiing das Skilaufen; **to go skiing** Skilaufen gehen, ging, ist gegangen
skirt der Rock, ⸚e
to sleep schlafen (schläft), schlief, hat geschlafen
sleeping car der Schlafwagen, -
sleepy, sleepily schläfrig
slow(ly) langsam
small klein
to smell good duften
to smile lächeln
smoke der Rauch
to smoke rauchen
smoothly: to go smoothly klappen
snack bar (*portable*) die Minibar, -s
to snow schneien; **it's snowing** es schneit
so so; **so long** bis bald

so that damit (*subord. conj.*)
soccer der Fußball
soccer evening der Fußballabend, -e
soccer fan der Fußballnarr, -en (*wk.*) / die Fußballnärrin, -nen
sock die Socke, -n
sofa das Sofa, -s
soldier der Soldat, -en (*wk.*) / die Soldatin, -nen
solid fest
to solve lösen
some mancher, manche, manches
some, any irgendein
someday eines Tages
someone jemand
something etwas; **something different/ else** etwas anderes; **something edible** etwas Eßbares; **something like that** so etwas
sometimes manchmal
somewhere irgendwo
son der Sohn, ⸚e
soon bald
sort of fruit/vegetable die Obstsorte/ Gemüsesorte, -n
soup die Suppe, -n
spa der Kurort, -e
space: to have space Platz haben (hat), hatte, hat gehabt
to speak sprechen (spricht), sprach, hat gesprochen
special excursion die Sonderfahrt, -en
specialty die Spezialität, -en
speech die Rede, -n
speed limit die Geschwindigkeitsbegrenzung, -en
to spend (*time*) verbringen, verbrachte, hat verbracht
spite: in spite of trotz (+ *gen.*)
splendid(ly) herrlich
spoon der Löffel, -
sports der Sport; **to go in for sports** Sport treiben, trieb, hat getrieben
sporty sportlich
spring der Frühling
square meter der Quadratmeter, -
stage die Bühne, -n
stage director der Regisseur, -e / die Regisseurin, -nen
stage play das Theaterstück, -e
stairs, staircase die Treppe, -n
stairwell das Treppenhaus, ⸚er
to stand in line Schlange stehen, stand, hat gestanden

to start an·fangen (fängt an), fing an, hat angefangen; beginnen, begann, hat begonnen
station: railway station der Bahnhof, ⸚e
stationery das Briefpapier
stationery store das Schreibwarengeschäft, -e
to stay bleiben, blieb, ist geblieben; **to stay overnight** übernachten
steak das Steak, -s
to stem, come from stammen aus (+ *dat.*)
step(brother) der Stief(bruder), ⸚
stiff steif
still noch
store das Geschäft, -e; der Laden, ⸚
story die Geschichte, -n
stove der Herd, -e
straight ahead geradeaus
strangely enough merkwürdigerweise
stranger der Fremde, -n (ein Fremder) / die Fremde, -n
strawberry die Erdbeere, -n
street die Straße, -n
street musician der Straßenmusikant, -en (*wk.*) / die Straßenmusikantin, -nen
stretch (*of highway*) die Strecke, -n
strong stark
student der Student, -en (*wk.*) / die Studentin, -nen; der Schüler, - / die Schülerin, -nen
student cafeteria die Mensa, *pl.* Mensen
student dormitory das Studentenheim, -e
student room die Bude, -n
studies das Studium, *pl.* Studien
study das Arbeitszimmer, -
to study studieren; arbeiten; lernen
subject (*academic*) das Fach, ⸚er
subject matter der Stoff, -e
subject to import tax zollpflichtig
suburb der Vorort, -e
success der Erfolg, -e
such solcher, solche, solches
sudden(ly) plötzlich
sugar der Zucker
sugarfree zuckerfrei
to suggest vor·schlagen (schlägt vor), schlug vor, hat vorgeschlagen
suit der Anzug, ⸚e
to suit stehen, stand, hat gestanden (+ *dat.*)
suitable geeignet
suitcase der Koffer, -
summer der Sommer

Sunday der Sonntag; **Sundays** sonntags
to support (*a family*) ernähren
supposed to: to be supposed to sollen (soll), sollte, hat gesollt
surprise die Überraschung, -en
to surprise überraschen
surprised; to be surprised (at) sich wundern (über + *acc.*)
to surround umgeben (umgibt), umgab, hat umgeben
to survive überleben
sweater der Pullover, -; **cardigan sweater** die Strickjacke, -n
sweets die Süßigkeiten (*pl.*)
to swim schwimmen, schwamm, ist (hat *with d.o.*) geschwommen
Swiss (*person*) der Schweizer, - / die Schweizerin, -nen
(Swiss) canton der Kanton, -e
Swiss Confederation die Schweizer Eidgenossenschaft
Switzerland die Schweiz
system das System, -e

T

table der Tisch, -e; (*reserved for regular customers*) der Stammtisch, -e
tablecloth die Tischdecke, -n
to take nehmen (nimmt), nahm, hat genommen; **to take a course** einen Kurs belegen; **to take place** statt·finden, fand statt, hat stattgefunden; **to take a seat** Platz nehmen (nimmt), nahm, hat genommen
taken, occupied besetzt
to talk about sprechen (spricht), sprach, hat gesprochen über (+ *acc.*)
tall hoch; lang
to taste schmecken
tea der Tee
teacher der Lehrer, - / die Lehrerin, -nen
team die Mannschaft, -en
to tear out heraus·reißen, riß heraus, hat herausgerissen
teeth: to brush one's teeth sich (*dat.*) die Zähne putzen
television das Fernsehen; **to watch television** fern·sehen (sieht fern), sah fern, hat ferngesehen
television (set) der Fernseher, -
to tell erzählen; sagen
temperature die Temperatur, -en
ten zehn

tennis das Tennis

tennis court der Tennisplatz, ¨e

terrace die Terrasse, -n

terrific toll

test die Prüfung, -en

than als

to thank danken (+ *dat.*)

thank you (very much) danke (schön/ sehr)

thanks danke

that das; dieser, diese, dieses; daß (*subord. conj.*); **that's o.k.** das stimmt so

theater das Theater, -

theater ticket die Theaterkarte, -n

theatergoer der Theaterbesucher, - / die Theaterbesucherin, -nen

their ihr

then dann; **by then** bis dahin

there da; dort; **there is/are** es gibt

therefore also

they sie; man

thing das Ding, -e; die Sache, -n; **the main thing** die Hauptsache, -n; **things like that** so (et)was

to think denken, dachte, hat gedacht; **to think of** denken an (+ *acc.*); **to think about something** sich (*dat.*) über etwas (*acc.*) Gedanken machen

thirst der Durst

thirsty durstig; **to be thirsty** Durst haben (hat), hatte, hat gehabt

thirteen dreizehn

thirty dreißig

this dieser, diese, dieses

thousand tausend

three drei

through durch (+ *acc.*)

to throw on/over (*clothes*) über·werfen (wirft über), warf über, hat übergeworfen

Thursday der Donnerstag; **Thursdays** donnerstags

ticket die Karte, -n; die Fahrkarte, -n

tie die Krawatte, -n

tights die Strumpfhose, -n

time die Zeit; **for (the last) time** zum (letzten) Mal; **to have a good time** sich amüsieren; **what time is it?** wieviel Uhr ist es?

times mal

tip das Trinkgeld, -er

to nach (+ *dat.*); zu (+ *dat.*); an (+ *dat.*); in (+ *acc.*)

toaster der Toaster, -

today heute

together zusammen; **together or separately?** zusammen oder getrennt?

toilet die Toilette, -n; das WC (Wasserklosett), -s

to tolerate ertragen (erträgt), ertrug, hat ertragen

tomato die Tomate, -n

tomorrow morgen; **tomorrow morning** morgen früh

tonight heute abend

too auch

tooth der Zahn, ¨e

toothbrush die Zahnbürste, -n

torte die Torte, -n

tour bus der Tourbus, -se

tour guide der Fremdenführer, - / die Fremdenführerin, -nen

tourist der Tourist, -en (*wk.*) / die Touristin, -nen

tourist office das Fremdenverkehrsamt, ¨er

town die Stadt, ¨e; (*small*) das Dorf, ¨er

traffic der Verkehr

traffic light die Ampel, -n

train der Zug, ¨e

train conductor der Schaffner, - / die Schaffnerin, -nen

to transform verwandeln

to transport into the far reaches in weite Fernen transportieren

to travel reisen; fahren (fährt), fuhr, ist gefahren; **to travel to** (*away from speaker*) hin·fahren (fährt hin), fuhr hin, ist hingefahren; **to travel to (Bonn)** nach (Bonn) reisen

to travel back zurück·fahren (fährt zurück), fuhr zurück, ist zurückgefahren

travel ticket die Fahrkarte, -n

tray das Tablett, -s

treacherously gefährlich

trip die Fahrt, -en; die Reise, -n; **to take a trip** eine Reise machen

to try probieren, versuchen

Tuesday der Dienstag; **Tuesdays** dienstags

tuition die Studiengebühren (*pl.*)

twelve zwölf

twenties: the (twenties) die (zwanziger) Jahre

twenty zwanzig

two zwei

type of (fruit/vegetable) die (Obst/ Gemüse)sorte, -n

type of sport die Sportart, -en

typewriter die Schreibmaschine, -n

U

unbelievable, unbelievably unglaublich; **that's unbelievable** das ist unglaublich

uncle der Onkel, -

under unter (+ *acc./dat.*)

to understand verstehen, verstand, hat verstanden

unfortunately leider

unfriendly unfreundlich

unfurnished unmöbliert

unification die Vereinigung, -en

unimportant unwichtig

uninteresting uninteressant

university die Universität, -en

unmarried ledig

unpleasant unangenehm

until bis (+ *acc.*); **until now** bisher; **not until (seven)** erst um (sieben)

up to an (+ *acc./dat.*); **up to now** bisher

upon auf (+ *acc./dat.*)

upset: to be upset (about) sich ärgern (über + *acc.*)

use: to be of use to nützen (+ *dat.*)

to use benutzen

used to: to get used to sich gewöhnen an (+ *acc.*)

usually meistens

V

vacation die Ferien (*pl.*)

vain: in vain umsonst

valid gültig; **to be valid** gelten (gilt), galt, hat gegolten

varied abwechslungsreich; vielfältig

vegetable das Gemüse, -; **type of vegetable** die Gemüseart, -en

vendor der Verkäufer, - / die Verkäuferin, -nen

vicinity: in the vicinity (of) in der Nähe (von)

view die Aussicht

viewer der Zuschauer, -

village das Dorf, ¨er

vineyard der Weinberg, -e

visible, visibly sichtbar

to visit besuchen; **to come for a visit** zu Besuch kommen, kam, ist gekommen

W

wages der Lohn, ⁻e
to wait (for) warten (auf + *acc.*)
waiter/waitress der Kellner, - / die Kellnerin, -nen; der Ober, -
walk der Spaziergang, ⁻e; **to take a walk** einen Spaziergang machen
to walk gehen, ging, ist gegangen
wall die Wand, ⁻e; **(Berlin) Wall** die Mauer
to want to wollen (will), wollte, hat gewollt
war der Krieg, -e
warm warm
warming tray die Wärmeplatte, -n
to wash dishes Geschirr spülen
washer, washing machine die Waschmaschine, -n
washing niche die Waschecke, -n
watch die Uhr, -en
to watch TV fern·sehen (sieht fern), sah fern, hat ferngesehen
water das Wasser
to water: my mouth waters mir läuft das Wasser im Mund zusammen
way der Weg, -e; **on the way home** auf dem Weg nach Hause; **one way** einfach; **this way** so
we wir
to wear tragen (trägt), trug, hat getragen
weather das Wetter
wedding die Hochzeit, -en
Wednesday der Mittwoch; **Wednesdays** mittwochs
week die Woche, -n
weekend das Wochenende, -n
welcome (to Germany) willkommen (in Deutschland); **you're (very) welcome** bitte (schön/sehr)

well gut
well then . . . also . . .
what was; **what comes to (your) mind?** was kommt (Ihnen) in den Sinn?; **what did you say?** wie bitte?; **what kind of (a)** was für (ein); **what's happening?** was ist los?; **what's your name?** wie heißen Sie?; **what time is it?** wieviel Uhr ist es, wie spät ist es?
when als; wenn; wann (*subord. conj.*)
whenever wenn (*subord. conj.*)
where wo; **(from) where** woher; **(to) where** wohin
whether ob (*subord. conj.*)
which welcher, welche, welches
while während (*subord. conj.*); **a little while** eine Weile
to whip schlagen (schlägt), schlug, hat geschlagen
white weiß
who wer
whom wen (*acc.*); wem (*dat.*)
whose wessen (*gen.*)
why warum
to win gewinnen, gewann, hat gewonnen
window das Fenster, -
windy windig
wine der Wein, -e; **red wine** der Rotwein; **white wine** der Weißwein
winter der Winter
wish der Wunsch, ⁻e; **best wishes** herzlichen Glückwunsch
to wish wünschen
with bei (+ *dat.*); mit (+ *dat.*)
without ohne (+ *acc.*)
wonder: it's no wonder es ist kein Wunder
wonderful(ly) herrlich
work die Arbeit, -en

to work arbeiten; **to work on** arbeiten an (+ *dat.*)
to work out (*to go smoothly*) klappen
working berufstätig; **to be in working order** in Ordnung sein (ist), war, ist gewesen
world die Welt, -en
to worry (about something) sich (*dat.*) (über etwas) Gedanken machen
worse: to get worse (sich) verschlechtern
would: I would like ich möchte
to write schreiben, schrieb, hat geschrieben
to write poetry dichten

Y

to yawn gähnen
year das Jahr, -e
to yell rufen, rief, hat gerufen
yellow gelb
yes ja; **oh yes** (*in positive answer to negative question*) doch
yesterday gestern
you du (*infor. sg.*); Sie (*for. sg. and pl.*); ihr (*infor. pl.*); man; **and (how are) you?** und dir? (*infor.*); und Ihnen? (*for.*)
young jung
your dein (*infor. sg.*); Ihr (*for. sg. and pl.*); euer (*infor. pl.*)
you're welcome bitte
youth die Jugend

Z

zero null

Index

Following the Index are two reference lists: a list of cultural topics from the **Kulturecke** sections under "culture" and a list of vocabulary items grouped by category under "vocabulary."

A

aber
  as emphatic particle, 82
  vs. **sondern,** 82
accusative case
  of definite articles, 98
  definite time expressions in, 371
  of **der-**words, 99–100
  direct objects in, 98–100
  of **ein-**words, 99–100
  of indefinite articles, 98
  of nouns, 99
  of personal pronouns, 105–106
  of possessive adjectives, 99, 239
  of possessive pronouns, 239
  prepositions requiring, 124
  prepositions requiring dative or, 202–205
  of reflexive pronouns, 386–388, 393
  of relative pronouns, 285
  of weak masculine nouns, 106, 163
  of **wer,** 99
active voice vs. passive voice, 437–438, 443
address, forms of, 8–11
adjective endings
  with comparative degree, 361
  strong, 311–312, 321
  summary of, 321
  with superlative degree, 366
  weak, 315–316, 321
  weak vs. strong, 320–321
adjectives
  attributive, 311–312, 315–316, 320–321, 361
  comparative degree of, 361
  comparison of, 360–363, 366–367
  endings of, 311–312, 315–316, 321
  indefinite plural, 312
  possessive, 73–74, 99, 163, 239
  predicate, 311, 361
  superlative degree of, 360, 366
  used as nouns, 74, 107

adverbs
  comparative degree of, 360, 361
  comparison of, 360–363, 366–367
  gern, 24–25, 362
  of manner, 214
  nicht, 37, 56
  of place, 213
  positive degree of, 360–361
  as separable prefix, 340
  superlative degree of, 360, 366
  of time, 23, 213–214, 372
  word order of, 213
agent in passive voice, 437–438
alphabet, 2–3
als, in sequence of tenses, 348
als ob plus subjunctive II, 423
am
  as contraction, 202
  with superlative degree of adjectives and adverbs, 366
  in time expressions, 370
an, in time expressions, 370
antecedent, in relative clauses, 284, 286
arbeiten vs. **lernen** and **studieren,** 22
articles
  definite, 50–51, 53, 58, 162–163, 263
  indefinite, 55
attributive adjectives
  in comparisons, 361
  endings of, 311–312
  following **der-**words, 315–316
  following **ein-**words, 320–321
auxiliary verbs, 128, 130

B

bei vs. **mit,** 184–185
bevor, in sequence of tenses, 348

C

capitalization, 8
cardinal numbers, 7, 13–14, 20, 337
case system, 50, 106

clauses
  coordinate, 81
  dependent, 255–258, 286
  independent, 81, 255–256
  introductory, 396–397, 422, 454–456
  main, 255–256
  relative, 284–285
  subordinate, 255–258, 286, 456
commands
  direct, 209–210
  indirect, 456
comparative degree, of adjectives and adverbs,
  function of, 361
  immer with, 363
  irregular forms of, 362, 367
comparison, of adjectives and adverbs,
  degrees of, 360–361, 366
  formation of, 361–363
  irregular forms of, 362–363, 367
compounds
  da- and **wo-,** 268–269
  noun, 52, 59, 197
conditional sentences
  in indicative mood, 418
  in subjunctive mood, 419
conjunctions
  coordinating, 81–82, 255
  subordinating, 255–258
contrary-to-fact statements
  in past tense, 423
  in present tense, 419
conversational past, 291
coordinate clauses, 81
coordinating conjunctions, 81, 255

D

da- and **wo-**compounds, 268–269
dates, 338
dative case
  of **der-** and **ein-**words, 162–163
  direct objects in, 181
  indirect objects in, 161

519

Vocabulary

About the Authors

John E. Crean, Jr., is Professor of German at the University of Hawaii, where he has taught undergraduate and graduate level language courses since 1971. For over twenty years, while teaching at Yale, the University of Wisconsin, and the University of Hawaii, he has given graduate seminars in foreign language teaching methodology and coordinated lower-division German instruction. He is the author, co-author, or editor of twelve textbooks and two language-laboratory learning packages. Professor Crean received the Ph.D. in Germanic philology from Yale University in 1966. Professor Crean is also a medievalist specializing in German religious literature.

Marilyn Scott is Associate Professor of German at the University of North Carolina at Chapel Hill, where she teaches undergraduate courses in language and literature and graduate-level literature courses. She directed the undergraduate language program in German for five years and taught courses in foreign language methodology. The recipient of the Tanner Award for Excellence in Undergraduate Teaching at Chapel Hill, she is currently Assistant Dean of the College of Arts and Sciences. Professor Scott received her Ph.D. in German from the University of Oregon in 1975 and has published articles on nineteenth- and twentieth-century German and Austrian literature.

Jeanine Briggs has worked in educational publishing as a writer and editor since 1969 and has been involved in numerous foreign language projects. She is principal author of **Alles Gute!**, a first-year college German program. Ms. Briggs has also worked for many years as a volunteer for public and private schools and was a two-year participant in the Think/Write project, which paired writers from various fields of business with classroom teachers and their students.